제2판

생산경제학

권오상 지음

PRODUCTION
ECONOMICS

박영사

제2판 머리말

『생산경제학』 초판은 학부와 대학원의 수업교재 수요를 충족코자 발간되었었다. 해당 과목 교재의 시장규모가 크지 않고, 또 과목 특성상 상대적으로 난이도가 높을 수밖에 없어 본서는 꽤 많은 우려 속에 출간되었었다. 하지만 우려에 비해서는 독자들의 반응이 좋아, 당초 예상보다 빠른 시일 내에 제2판을 이렇게 발간하게 되었다. 본서를 교재로, 그리고 개인 학습용으로 선택해 준 분들께 감사드린다. 제2판은 보다 최근의 연구 성과는 물론, 초판 집필 시 포함여부를 망설였던 내용 중 일부를 추가하여 생산경제학 교재로서 보다 완비성을 갖도록 하였다. 주요 변화는 다음과 같다.

첫째, 가장 큰 변화는 제10장과 제11장이 추가되어 불확실성과 위험하에서의 생산자행위를 설명한다는 점이다. 불확실성하 의사결정문제는 경제학의 오래된 주제이지만 생산경제학에서는 현재 많이 연구되는 주제 중 하나이다. 불확실성하에서 이루어지는 의사결정은 경제학의 여러 분야에서 다루어지지만 구체적인 생산행위와 불확실성의 관계를 분석하는 것은 생산경제학 분야에서만 논의된다. 생산자는 판매가격과 같은 가격변수의 불확실성은 물론, 많은 경우 생산량 자체가 여러 확률적 요인에 의해 영향을 받는 불확실성에 처하게 된다. 이러한 생산기술 자체의 불확실성까지 분석한다는 점에 있어 생산경제학은 이 분야의 이론발전에 많은 기여를 하고 있다.

제10장은 1970년대 이래 꾸준히 발전해온 불확실성관련 전통적 분석법을 사용한다. 여기에서는 산출의 불확실성을 반영하는 확률생산함수와 기대효용이론을 도입하여 주요 생산자 행위를 분석하며, 자료를 이용하는 실증분석법도 설명한다. 제11장은 보다 최근에 개발된 상태의존 생산이론을 사용하여 역시 가격과 생산의 불확실성하에서 이루어지는 생산자 의사결정을 설명한다.

이 새로운 이론은 기존 이론보다 더 신축적이고 현실적인 생산기술 특성을 분석에 반영할 수 있다는 장점을 가진다. 제11장은 개발된 이론을 중심으로 생산자들이 위험을 줄이기 위해 행하는 여러 행동도 분석·설명한다.

둘째, 제9장의 기술변화와 생산성변화에 있어서도 상당한 내용 추가와 변화가 있다. 제9장은 최근에도 관련 이론과 응용분석법이 빠르게 발전하고 있어, 이에 맞추어 내용을 개정하였다. 특히 생산성 분석수단으로 제1판이 자세히 설명했던 맘퀴스트지수와 더불어 가장 많이 사용되는 지수인 힉스－무어스틴지수를 새로 도입하였다. 이 두 가지 지수를 모두 도입함으로써 기술변화와 생산성변화 간의 관계에 대한 설명이 보다 분명해지도록 하였다. 또한 투입요소 종류가 혁신을 통해 늘어남에 따른 생산성변화 계측방법도 제시하여, 이 주제의 중요도를 반영하였다. 그 외에도 생산성관련 이론의 설명방식을 개선하고 최근 연구 성과를 반영하는 여러 변화를 주었다.

이상 세 가지 장이 새로 추가되거나 크게 바뀐 장들이지만, 다른 장에서도 꽤 많은 내용을 보충하고 필요한 부분은 변화를 주어 독자들의 이해도를 높이도록 하였으며, 참고문헌도 보완하였다. 구체적으로, 다음 내용들을 추가하거나 크게 보완하였다.

- 생산함수의 수학적 특성(제2장)
- 투입요소 대체탄력성과 비용함수의 관계(제4장)
- 모든 원 기술함수와 간접목적함수들 간의 관계 도식화(제5장)
- 힉스 복합재 정리와 투입물 통합(제6장)
- 개별 생산자 자료로부터 산업 전체 대체탄력성 도출(제6장)
- 산업 전체 대표 생산자의 투입물 가격에 대한 반응(제6장)
- 신축적 비용함수의 오목성 부여 방법(제7장)
- 신축적 거리함수의 형태와 그 도출 방법(제7장)
- 투자행위를 포함하는 동태적 생산자행위 분석과 통계적 추정 방법(제7장)
- 확률경계분석을 위한 R코드(제8장) 등

제2판의 발간에도 많은 분들이 도움을 주셨다. 특히 경북대학교의 허등용 교수님은 원고 전체를 읽고 여러 유익한 지적을 해주었다. 초판과 마찬가지로 제2판도 박영사 전채린 차장님과 손준호 과장님의 탁월한 업무지원에 힘입어 발간될 수 있었다.

초판에는 몇 군데의 오탈자와 오류가 포함되어 있었다. 지면 제약상 성함을 모두 밝히지는 않겠지만 여러 분들이 오류를 찾는 데 도움을 주셨다. 이렇게 발견된 오류는 제2판을 발간하면서 모두 수정하였다. 하지만 제2판에서는 새로운 내용이 추가되었기 때문에 그 과정에서 오류도 추가되었을 수 있다. 오류가 발견될 경우 그 정정 내용과, 본서에서 사용된 데이터와 R 프로그램, 그리고 ★ 표시된 일부 연습문제에 대한 해답을 박영사 홈페이지 도서자료실에 게재할 예정임을 밝힌다.

2023년 봄
서울대학교 관악캠퍼스에서
권오상

초판 머리말

    본서는 응용미시경제학과 생산경제학을 수강하는 학부 학생들과 대학원 석사과정 학생들을 위해 만들어졌다. 본서는 또한 경영학이나 공학 분야에서 생산경제학 관련 수업을 듣는 학생들의 교재로도 사용될 수 있다. 생산경제학은 응용미시경제학의 한 분야로서, 경제학이나 농업·자원경제학 분야 학과에서는 중요 전공과목의 하나이지만, 비교적 최근까지의 학문적 발전성과를 반영하면서 학생들이 손쉽게 접근할 수 있는 교재가 국내는 물론 해외에서도 많지 않다는 점이 본서가 만들어진 기본적인 이유이다. 생산경제학은 경제 주체의 미시적 행위를 분석하기 때문에 미시경제학의 한 영역이 될 수 있지만, 일반 미시경제학이 다루는 생산자행위론 외의 다양한 주제에 관한 이론들을 발전시켜 왔기 때문에 생산이론을 좀 더 폭넓게 공부하려는 경제학도들에게 본서는 어느 정도 도움이 될 것이다.

    본서는 난이도와 주제의 선택과 관련해 다음과 같은 원칙을 지키고자 하였다. 첫째, 난이도 문제와 관련하여, 생산경제학은 그 핵심 내용을 전달하려면 어쩔 수 없이 어느 정도의 수학적 분석수단을 사용해야 하는 난점이 있다. 생산경제학 교재가 다양하게 제작되어 시장에 공급되지 못하는 이유 중에 하나가 아마도 그 난이도 조절의 어려움일 것이다. 본서는 가능한 한 일반적인 기술조건과 생산자행위를 분석하고자 하므로 어느 정도의 수식표현 사용은 불가피하였다. 하지만 벡터나 행렬 표기는 꼭 필요한 경우가 아니면 사용을 자제하여 독자들이 주요 분석수단의 개념을 이해하는 데 있어 장벽을 낮추고자 하였다. 그리고 경제학에서 사용되는 몇몇 중요한 수학개념은 본문에서 별도로 설명하여, 추가적인 경제수학 문헌의 도움없이도 본서를 이해할 수 있도록 하였다. 결과적으로 기본적인 미분개념과 미분법칙을 이해하는 독자들은 본서를 이해하는 데 어려움이 없을 것으로 기대한다.

둘째, 본서가 다루는 주제와 관련하여, 이론과 응용분석의 균형을 유지하고자 하였다. 오래전부터 개발·축적된 기본이론을 설명한 후에는, 비교적 최근에 개발된 이론의 응용방식에 대한 설명까지 하도록 하였다. 따라서 전반부의 기본이론에 대한 설명도 궁극적으로는 실제 자료에 적용하는 것을 염두에 두고 진행하였다. 본서를 학부수업에서 사용할 경우에는 제5장까지의 기본이론 위주로 활용할 수 있을 것이고, 대학원 수업에서는 제6장 이후의 응용분석 부분까지 사용할 수 있을 것이다.

셋째, 본서에 포함되는 내용을 선택함에 있어 생산경제학 관련 다양한 관점을 포함하고 나름대로 균형을 유지하고자 하였다. 예를 들면 생산자 간 기술효율성 격차가 존재함을 인정함은 물론, 이를 분석하는 것을 가장 중요한 주제로 간주하는 생산경제학 문헌도 있고, 반대로 생산자의 합리적 의사결정을 전제하고 기술효율성 격차는 인정하지 않는 문헌도 있다. 본서는 이 두 가지 접근법을 모두 반영하며, 동일 주제에 대한 분석이 기술효율성 격차를 인정하지 않을 때와 인정할 때 어떻게 달라지는지 등도 비교하여 제시하였다. 또한 실증분석 부분에서도 통계적 분석법과 수리계획법을 이용하는 분석법을 대등한 비중을 두고 소개·설명하였다.

본서는 제5장까지는 기본적인 생산경제이론을 다루고, 제6장부터는 이론의 응용, 즉 경제자료를 분석에 도입하는 방법, 생산경제 분석수단의 함수형태를 설정하고 계량적으로 분석하는 방법 등을 설명한다. 실증분석 부분에서는 중요한 몇 가지 계량분석기법을 통계 소프트웨어 R을 이용해 시행하고 그 결과를 보여주며, 분석에 사용된 통계자료의 일부도 제공하였다. 또한 본서의 모든 그래프는 저자가 수식과 수치 예를 활용해 R로 그린 것이다. 전문 편집인이 그린 도표만큼 아름답지는 않으나, 대신 보다 '정확한' 그래프들이라 할 수 있다.

저자는 대학원 수학시절 저명한 생산경제학자 R. Chambers 교수의 연구조교로 수년간 일하였고, 초기 생산경제학 발전에 기여도가 큰 계량경제학자 M. Nerlove 교수의 대학원 강의조교로 일하기도 하였다. 저자의 최종 학위논문 주제가 자원·환경경제학 분야로 선택되면서 이분들과의 학문적 인연이 계속 연결되지는 못하였으나, 이분들의 연구와 강의에 참여하면서 저자가 습득한 내용들이 본서의 전반부에 많이 반영되어 있다. 또한 본서는 저자가 담당하고 있는 서울대학교 대학원 생산경제학과목 강의내용을 난이도를 낮추어 교과서 형식으로 작성한 것이기도 하다.

본서의 발간을 위해 많은 분들이 도움을 주셨다. 먼저 잠재적 독자층이 두텁지 않은 본서의 발간계획을 받아주고 출판이 가능토록 해주신 박영사의 안종만 회장님과 안상준 대표님, 관련 임직원들께 감사드린다. 특히 본서의 기획단계에서부터 도움을 주신 조성호 이사님과 손준호 과장님, 그리고 높은 숙련도와 정성으로 편집업무를 해주신 전채린 과장님께 감사드린다.

강원대학교의 김경덕 객원교수님과 한국마사회의 조현경 박사는 본서의 구상 단계에서부터 저자의 의논 상대가 되어 주었고, 일부 내용에 대해서는 구체적인 지적도 해주었다. 캘리포니아−데이비스 대학에서 박사과정 수학 중인 이한빈 군은 본인 학업에 여념이 없을 텐데도 원고 전부를 읽고 유익한 조언을 해주었다. 현재 서울대학교 박사과정에 재학 중인 박윤선, 이승호 학생과 석사과정의 이혜원 학생은 원고가 가지고 있던 많은 수식 타이핑 실수와 표현 오류를 찾아내는 수고를 하였다. 이분들의 도움에 다시 한 번 감사드린다. 그러한 도움에도 불구하고 이 정도 수준만의 교과서를 발간하게 된 것은 저자가 가진 한계 때문이며, 본서의 모든 흠결에 대한 책임도 저자에게만 있다.

2019년 여름
서울대학교 관악캠퍼스에서
권오상

차례

CHAPTER 04
비용최소화

CHAPTER 05
이윤극대화

CHAPTER 06

분리가능성, 집계문제, 함수형태 선택

CHAPTER 09
기술변화와 생산성변화

CHAPTER 10
불확실성과 생산자 의사결정

수학 정리 목차

서론

생 산 경 제 학
PRODUCTION
ECONOMICS

CHAPTER 01 서론

　생산(production)은 원료, 에너지, 자본, 노동과 같은 물질로 구성된 생산요소 혹은 투입물(inputs)과, 생산계획이나 기술과 같은 비물질적 생산요소를 사용해 한 가지 이상의 유용한 산출물(outputs)을 만들어내는 과정을 의미한다. 생산자들은 자신이 가진 기술조건, 자원제약, 비용조건과 가격조건 등을 감안하여 최적의 생산행위를 한다. 본서는 생산자들이 이러한 조건들을 어떻게 반영하여 의사결정을 하는지를 그동안 개발되어온 이론을 통해 설명하고, 몇 가지 내용에 대해서는 실제 자료를 이용해 분석하는 절차도 보여주고자 한다.

　이러한 생산행위에 대한 분석은 개별 경제행위자의 행위를 분석하고, 그 결과가 모여 만들어지는 시장의 균형을 분석하는 미시경제학에서 큰 비중을 차지하기도 한다. 그러나 생산행위를 분석하는 생산경제학은 단순히 미시경제학의 한 분야로 한정하기에는 그 범위의 폭이 넓을 뿐 아니라, 일반 미시경제학에서는 다루지 못하는 고유한 영역들을 개발하여 분석하고 있기도 하다.

　이러한 생산경제학이 그동안 어떻게 발전되어 왔는지를 논의하는 것은 유용하지만, 아직 본서의 내용을 익히지 못한 상태에서 전달되는 이론발전과정에 관한 자세한 설명은 본장의 가독성을 떨어뜨릴 수가 있어 시도하지 않으려고 한다. 생산경제학 발전과정에 관해서는 본서가 여러 곳에서 활용하고 있는 탁월한 생산경제학 교재인 Chambers(1988)와,[1] 생산경제학 발전에 영향을 미친 가장 중요한 문헌 중 하나인 McFadden(1978),[2] 그리고 최근까지의 연구 성과를 집대성한 Ray et al.(2022)에[3] 실린 45편의 논문들에서

---

[1] Chambers, R. G., 1988, *Applied Production Analysis: A Dual Approach*, Cambridge University Press.

[2] McFadden, D., 1978, "Cost, Revenue, and Profit Functions," in Fuss, M. and D. McFadden, eds., *Production Economics: A Dual Approach to Theory and Applications*, Vol 1, North-Holland, pp. 3-109.

얻을 수 있다. 하지만 이 문헌들이 소개하는 생산경제학의 주요 발전과정도 본서를 공부한 이후에야 잘 이해할 수 있을 것이다. 따라서 본장은 매우 간략한 서론으로서, 본서에서 앞으로 어떤 내용을 다룰 것인지만을 소개한다.[4]

생산자의 의사결정은 무엇보다도 생산기술에 대한 이해로부터 출발한다. 생산자들은 생산행위를 시작하기 전에 어떤 생산요소를 어느 정도 사용하면 무엇을 얼마나 생산할 수 있는지를 먼저 이해하여야 한다. 또한 본인이 기획하고 있는 생산기간 동안 무엇을 선택할 수 있고, 무엇은 바꿀 수 없는지도 파악하여야 한다.

기술에 대한 이해가 이루어지면, 이어서 생산자는 본인이 처한 자원제약과 생산을 위해 지불해야 하는 비용을 검토해야 한다. 얼마나 많은 자본과 노동력, 기타 투입재를 사용할 수 있는지, 또한 각 생산요소의 가격은 어느 정도인지를 확인하여야 하고, 특정 방식으로 특정 양을 생산할 때 지불해야 하는 비용이 어느 정도인지를 이해하여야 한다.

마지막으로 생산자는 실제로 선택을 한다. 생산기술의 특성과 가용자원과 생산비용에 대한 이해를 결합하여 본인에게 가장 유리한 선택이 무엇인지를 결정한다. 이 선택은 어떤 기준을 가지고 이루어지는데, 목표 생산량을 최소의 비용으로 생산하거나, 아니면 주어진 자원을 이용해 최대한의 판매수입을 얻거나, 혹은 판매수입에서 비용을 빼준 이윤을 극대화하기 위한 행동을 한다. 생산자의 이러한 선택은 기술조건, 비용조건, 그리고 변경할 수 없는 생산수단이 있을 경우 그러한 제약하에서만 이루어질 수 있다.

본서의 제2장에서 제5장까지는 이러한 생산자의 의사결정과정을 따라가며 작성되었다. 먼저 제2장은 단일 산출물을 생산하는 생산자가 처해있는 기술조건은 어떤 것이며, 그러한 기술조건은 어떤 수단을 통해 나타낼 수 있는지를 설명한다. 여기에서는 경제원론에서도 사용되고 있는 생산함수를 통해 투입물과 산출량의 관계를 설명하고, 생산기간 동안 선택할 수 있는 투입요소가 한 가지뿐인 경우와 다수인 경우를 구분하여 생산기술을 설명한다. 제2장은 또한 다수의 투입물이 사용될 때에는 생산에 사용되는 투입물 간의 관계를 어떻게 파악할 수 있는지도 도표와 수식표현을 통해 이해하도록 한다. 아울러 생산요소 사용량이 변할 때 그에 맞추어 산출물 생산량은 얼마나 순조롭게 늘어나는지를 규모수익성 개념을 이용해 설명한다. 제2장 말미에는 이후의 장들에서 다루는 개념들과 연결될 수 있도록 생산기술에 대한 수학적 표현을 더불어 제시한다.

---

3 Ray, S. C., R. G. Chambers, and S. C. Kumbhakar, eds., 2022, *Handbook of Production Economics,* Springer.

4 본서는 대신 각 장 말미에 "References"란을 가지고 있고, 여기에서 해당 장의 이론발전에 기여도가 큰 문헌과 추가 정보를 얻을 수 있는 문헌들을 소개하고 있다.

제3장에서는 제2장에서와 마찬가지로 아직 생산자는 등장하지 않고, 오로지 투입물과 산출물 간의 물리적, 수량적 관계만 논의된다. 하지만 제3장은 제2장과 달리 다수 산출물을 생산하는 경우의 생산기술을 분석한다는 차이를 가진다. 기존의 생산경제학 교재와 본서가 차별화되는 점은 다수 산출물 생산을 특수한 경우로 분류하지 않고, 본서의 모든 주제들을 논의함에 있어 일상적으로 가정한다는 점이다. 단일 산출물 생산에 비해 다수 산출물 생산의 기술적 특성을 논의하는 것은 훨씬 난이도가 높은 일이기는 하지만, 그동안 생산경제학자들이 개발해온 생산기술 설명방식, 특히 거리함수 개념을 활용할 경우 독자들이 큰 어려움 없이 다수 산출물 생산기술 특성에 대해 이해할 수 있을 것으로 기대한다. 본서는 이를 위해 1990년대 중반 이후에 개발된 비교적 새로운 생산기술 표현수단도 활용한다.

다수 산출물 생산기술에 대한 이해는 생산이론의 완결성을 위해서도 중요하지만, 무엇보다도 대부분의 현실 생산자들이 다수 산출물 생산을 선택한다는 점에서 특히 중요하다. 제3장은 생산자들이 왜 특정 품목에 특화하지 않고 다수의 산출물 생산을 선택하는지를 생산기술측면에서 논의한다. 그리고 다수 투입물을 이용해 다수 산출물을 생산하는 생산자의 기술특성을 다양한 종류의 집합과 함수를 도입하여 설명하고, 생산기술에 대한 제약을 가능한 한 가지지 않은 일반적인 상황에서의 특성을 그래프와 수식을 활용해 설명한다. 이어서 제2장의 단일 산출물의 경우와 마찬가지로 다수 산출물일 때에는 규모수익성이 어떻게 정의되는지도 확인한다. 그리고 무엇보다도 다수 산출물일 경우 새로이 등장하는 산출물 간의 보완성이나 경합성은 어떻게 분석할 수 있는지도 설명한다.

제4장에서는 처음으로 의사결정자로서의 생산자가 등장한다. 여기에서 생산자는 어떤 계기로 인해 생산해야 할 양이 정해진 상태에서 생산비를 최소화하는 행동을 한다. 이러한 비용최소화 행위는 단일 산출물을 단일 투입물을 이용해 생산할 때에서, 단일 산출물을 다수 투입물을 이용해 생산할 경우, 마지막으로 다수의 산출물을 다수 투입물을 이용해 생산할 경우로 나아가며 분석을 한다. 이 과정에서 차례로 새로운 주제가 등장하는데, 단일 산출물을 단일 투입물을 이용해 생산할 경우에는 생산자는 수동적으로 비용을 지불하는 역할만 하지만, 다수 투입물을 선택할 수 있는 경우에는 어떤 투입물 결합을 선택할 것인지를 결정하여야만 한다. 따라서 이 경우에는 투입물 간의 대체관계와 투입물들의 가격비율을 함께 검토하여 의사결정을 해야 한다. 그리고 투입물 간의 대체가 얼마나 원활한지가 중요한 문제로 대두된다. 가장 일반적인 경우인 다수 산출물을 다수 투입물을 이용해 생산하는 경우에는, 산출물들이 생산비 측면에서 서로 어떤

관계를 맺고 있는지도 분석해야 한다. 이 부분은 본서가 어떤 생산경제학 교재보다도 중요하게 다루는 부분으로서, 생산자가 특정 산출물에 특화하는 것보다 여러 품목을 생산할 경우 얻는 경제적 이득이 무엇인지를 명시적으로 정의하고, 그러한 다각화의 이득이 발생하는 원인, 발생하는 정도를 분석토록 한다.

　본서는 최소한의 수학적 설명을 사용하면서도, 현대 생산경제학의 가장 중요한 토대라 할 수 있는 쌍대성 원리(principle of duality)를 거의 모든 내용에서 적용하려고 한다. 제4장에서는 비용을 최소화하려 생산자가 행동한 결과물인 최소비용을 나타내는 비용함수가, 생산자가 의사결정을 할 때 반영했던 생산기술의 특성과 어떤 관계를 가지는지를 명시적으로 설명한다. 예를 들면 규모수익성과 같은 투입요소 사용량과 산출량 간의 관계를 나타내는 개념이 비용함수에서는 어떻게 정의되고 측정되는지를 설명한다. 그리고 하나의 품목에 특화하는 대신 다수 산출물 생산을 선택했을 때 발생하는 이득은 생산기술이 어떤 특성을 지닐 때 나타나며, 이것이 비용함수에서는 어떤 의미를 지니는지도 설명한다.

　제5장은 생산자가 이윤을 극대화하는 행위를 분석한다. 생산자는 이제 이윤을 극대화하기 위해 최적의 산출량까지 선택하는 의사결정을 한다. 여기에서도 단일 산출물을 단일 투입물로 생산하는 경우부터 다수 산출물을 다수 투입물로 생산하는 경우까지를 분석하며, 이윤극대화의 결과물인 이윤함수가 생산기술과 어떤 관련성을 맺는지를 상세하게 분석한다. 그리고 이윤극대화를 추구하되 투입요소 사용량에 제약이 있는 경우도 분석하며, 이때 등장하는 수입함수를 이용해 몇 가지 중요한 경제 분석을 행하는 사례도 소개한다. 아울러 이윤을 극대화하는 행위는 주어진 산출물을 최소비용으로 생산하는 방법을 찾는 비용최소화와 달리 투입물 사용량과 산출물량 결정을 동시에 행하는 보다 장기적인 의사결정이기 때문에, 이러한 이윤극대화 행위와 비용최소화 행위 간의 상호 관련성이 어떠한지도 파악한다. 제5장의 뒷부분에서는 제2장 및 제3장에서 도입된 생산기술 특성을 나타내는 함수들과 제4장 및 제5장에서 도입된 생산자의 경제적 의사결정을 나타내는 함수개념들 사이에 존재하는 일반적인 관계를 종합하여 제시한다.

　제6장은 제5장까지 이루어진 이론적 분석과, 제7장 이후 전개될 실증분석의 가교역할을 한다. 실제 생산경제 분석을 행할 때에는 수없이 많은 투입물과 산출물을 모두 별개의 변수로 취급하여 분석할 수 없기 때문에 전체 투입물을 몇 개의 투입물로 묶어주고, 산출물에 대해서도 그러한 시도를 할 수 있다. 또한 수없이 많은 개별 생산자 자료를 이용해 생산자별로 생산행위를 분석하는 데에는 많은 어려움이 있으므로 생산자들의 자료를 묶어 산업 전체를 대표하는 자료를 구축한 후 분석하기도 한다. 이렇게 실제 분

석에서는 상품이나 품목 간, 그리고 생산자 간 자료를 통합하는 절차를 흔히 적용하는데, 생산자들은 실제로는 통합된 투입물이나 산출물을 선택하는 것이 아니고, 또한 경제행위를 하는 것도 산업 전체가 아닌 개별 생산자 자신이기 때문에 이 과정은 자칫 생산자들의 행위를 크게 왜곡할 수 있다. 제6장에서의 논의는 이러한 품목 간, 생산자 간 통합이 가능하기 위해서는 생산기술이 어떤 특성을 지녀야 하는지, 생산기술이나 의사결정을 왜곡하지 않으면서 통합하려면 어떤 절차를 밟아야 하는지를 설명한다. 이 과정에서도 통합을 허용하는 생산기술의 특성과, 생산자행위의 결과물인 비용함수나 이윤함수의 특성이 상호 일관성을 가질 수 있는지를 중점 분석한다.

제6장의 마지막 부분은 실제로 생산기술과 생산자행위의 특성을 계량경제기법을 이용해 분석하기 위해서는 생산함수, 비용함수, 이윤함수에 대해 어떤 함수형태를 설정할수 있는지를 설명한다. 특정 생산함수의 선택은 그 자체로 생산기술의 특성을 한정해버릴 수 있다. 따라서 분석에 사용되는 이들 함수들은 가능한 한 일반적이고 다양한 기술형태를 포괄할 수 있어야 한다. 하지만 동시에 이 함수들은 최소한의 자료만으로도 쉽게 추정하거나 분석할 수 있게 설정되어야 한다. 사실 현대 생산경제학의 큰 특징 중 하나가 통계자료를 이용하는 실증분석을 염두에 둔 이론개발을 해왔다는 점이다. 따라서 뛰어난 생산경제학자 중에는 탁월한 계량경제학자들이 많으며, 이들이 개발해온 매우유용한 함수형태들이 있다. 제6장에서는 이들 함수를 종합적으로 소개하고, 앞에서 도입되었던 생산기술의 여러 특성들을 이들 함수에 반영하는 방법을 보여준다.

제7장에서는 처음으로 통계학적 혹은 계량경제학적 기법이 적용된다. 생산경제학의실증 분석은 생산함수와 같은 기술적 관계를 나타내는 함수를 추정하기도 하고, 비용함수나 이윤함수와 같은 생산자행위의 결과를 나타내는 함수를 추정하기도 하는데, 이 장에서는 경제학자들이 왜 후자의 방법을 더 선호하는지를 계량경제학적 원리를 이용해설명한다. 그리고 단일 방정식과 다변량 방정식을 각각 추정하는 방법에 대해 설명한다. 이어서 처음으로 R 프로그램을 활용하고 실제 한국 경제자료를 도입하여, 생산행위모형을 추정하고 결과를 해석하는 방법을 보여준다.

제8장은 생산효율성문제를 본서에서는 처음으로 도입한다. 생산자들은 자기에게 주어진 여건하에서 가장 효율적으로 생산을 하고, 이윤을 극대화하거나 비용을 최소화하지만, 어떤 이유로 인해 생산자 간의 효율성 차이가 지속적으로 유지될 수도 있다. 제8장은 이러한 개별 생산자 간의 효율성 격차가 있을 경우 이를 어떻게 생산기술에 반영할 수 있는지를 다룬다. 그리고 그러한 효율성 격차를 실제로 도출하고 의미를 해석하며, 또한 효율성 격차가 있는 상황에서 비용최소화 등을 행하는 경우를 분석하고자 한

다. 그러한 계량분석은 DEA(data envelopment analysis)라 불리는 일종의 비모수적 방법을 이용하기도 하고, 제7장에서 다룬 통계학적 함수추정기법을 효율성 격차가 존재하는 경우로 확장하여 적용하기도 하는데, 이 두 가지 방법을 모두 설명하고, 실제 자료와 R 프로그램을 이용해 분석하는 절차를 보여준다.

제9장은 동태적이고 보다 장기적인 생산경제관련 주제인 기술변화와 생산성변화를 다룬다. 먼저 기술변화를 생산기술에 어떻게 반영하는지를 설명하고, 기술변화를 측정하는 방법에 대해 설명한다. 기술변화의 성격, 특히 요소편향성을 측정하는 방법에는 어떤 것들이 있으며, 그 방법 간의 차이점과 공통점은 무엇인지를 알아본다. 또한 투입량 대비 산출량을 나타내는 생산성의 변화와 기술변화 간의 관계는 어떠한지도 확인하며, 생산성변화를 지수를 이용하거나, 함수를 추정하여 실제로 계측하는 방법의 이론적 타당성과 실행방법을 설명한다. 아울러 제8장에서 도입되었던 개별 생산자 간 효율성 격차가 있을 경우로 생산성변화 계측문제를 확장하는 방법도 다룬다. 그리고 개별 생산자 자료를 이용해 생산성을 분석함에 있어 대두되는 몇 가지 계량경제학적 문제를 완화하고자 최근에 개발된 분석기법들이 있어, 이에 대한 설명도 함께 제시한다. 마지막으로, R&D 등을 통해 새로운 투입요소가 이용가능해지면서 발생하는 생산성변화를 분석하는 방법도 논의한다.

제10장과 제11장은 생산관련 정보가 불확실한 상태에서의 생산자선택을 다룬다. 생산자가 생산계획을 수립하고 실행한 뒤, 최종적으로 성과물을 판매할 때까지는 상당한 시간이 걸릴 수 있다. 이 경우 생산자는 자연재해나 병충해 등의 영향 때문에 최종 산출물이 어느 정도나 될지 정확히 알 수 없고, 상품의 판매가격도 시장여건에 따라 달라질 수 있어 역시 정확히 모르는 상태에서 생산행위를 시작해야 한다. 이렇게 생산 혹은 가격관련 불확실성이 있을 경우 생산자는 상당한 위험부담하에 생산관련 선택을 해야 하고, 이러한 위험의 존재가 생산자의 의사결정 자체에 영향을 미치게 된다. 제10장은 불확실성하에서 생산자가 의사결정을 하는 일반적인 원리에 대해 먼저 설명한다. 이어서 그러한 원리를 적용했을 때 생산자의 의사결정이 불확실성이 없을 때에 비해 어떻게 달라지는지를 설명한다. 제11장은 생산경제학 분야에서 최근 많은 연구성과가 쌓이고 있는 상태의존 분석법을 이용해 불확실성하의 생산자행위를 설명한다. 이 기법과 관련해서는, 불확실성하에서도 생산자행위를 가격정보를 이용해 분석하는 방법과, 발생가능한 상태별로 생산기술을 달리 설정해 분석하는 방법 등을 소개하고 그 활용도에 대해 논의한다.

마지막 제12장은 수리계획법(mathematical programming)을 이용한 생산행위 분석을 다룬다. 수리계획법은 계량경제 분석법과 더불어 생산행위를 분석하는 주요 수단으로 발전해왔으나, 확률변수의 영향을 고려하기가 어렵고, 무엇보다도 최적화모형의 특성상 특정 생산요소나 산출물로 선택이 과다하게 집중되는 분석결과를 제시하는 비현실성 문제가 있다. 하지만 최근 이 문제를 해결하는 새로운 기법이 개발되어 수리계획모형이 생산행위 분석에 활용되는 사례가 늘고 있고, 기법 자체의 발전도 빠른 속도로 이루어지고 있다. 따라서 이에 대한 논의를 진행하며 본서를 마감한다.

이상의 내용으로 구성된 본서는 비교적 최근 연도까지 생산경제학이 발전시킨 이론적, 실증적 주제들을 나름대로의 균형을 유지하며 전달하고 있으나, 기본적으로 완전경쟁시장에서 활동하는 생산자행위를 분석한다. 즉 투입물과 산출물의 가격은 생산자에게는 시장에 의해 주어진 것으로 가정한다. 시장이 비경쟁적이고 개별 생산자행위가 시장가격에 역으로 영향을 미칠 수 있는 경우는 매우 흔하지만, 불완전경쟁시장에서의 생산자행위에는 생산량이나 방법을 결정하는 차원을 넘어서는 보다 다양한 전략적 선택들이 포함되기 때문에 이를 생산경제학 교재에서 다루기는 적절치 않을 것으로 판단된다. 본서는 기술변화와 생산성변화 등의 동태적 측면을 분석하고, 제7장 말미에서는 동태최적화 기법을 도입해 투자행위와 같은 동태적 의사결정도 분석한다. 하지만 이러한 동태적 의사결정을 제10장, 11장의 불확실성하 의사결정과 연계하는 과정까지는 포함하지 못하였다. 불확실성하의 동태적 의사결정에는 새로운 사업의 선택과 시작여부, 기존 사업의 포기나 전환 등과 같은 보다 다양한 생산자 선택이 포함되어야 하는데 이들 주제는 본서에 포함되기에는 너무 광범위하다 하겠다.

생산기술의 특성과 생산자의 비용최소화 행위, 이윤극대화 행위를 다루는 본서의 제5장까지는 일부 주제를 제외하고는 생산경제학의 비교적 표준적인 이론들로 구성된다. 반면 제6장 이후의 내용들은 실증분석을 염두에 두거나 실제로 실행하며, 비교적 최근에 개발된 내용들을 포함하고 있다. 따라서 본서의 후반부는 전반부 내용에 대한 이해를 전제하고 있고, 상대적으로 난이도가 높으며, 다루는 주제 자체도 선택의 여지가 있다.

본서를 학부 수업용 교재로 사용할 경우에는 제5장까지는 대부분의 내용을 수업시간에 다룰 수 있을 것이며, 그 이후에는 함수형태를 설정하고 실제로 자료를 이용해 분석하는 제7장, 생산효율성을 분석하는 제8장, 기술변화와 생산성변화에 관한 제9장, 혹은 불확실성에 관한 제10장 중 일부를 추가로 강의에 포함하는 선택을 할 수가 있을 것이다.

본서를 대학원 수업에 사용할 경우에는 제5장까지 내용은 일반 미시경제학 교재에서는 다루지 않는 내용을 중심으로 공부하고, 이어서 제6장 이후의 생산경제학의 고유한 분석내용을 자세히 다루는 방식으로 활용할 수 있을 것이다.

CHAPTER
02

생산기술

생 산 경 제 학
PRODUCTION
ECONOMICS

생산기술

본장은 생산자가 의사결정을 할 때 무엇보다도 우선적으로 고려해야 하는 생산기술의 특성에 대해 논의한다. 즉 아직은 생산관련 의사결정을 하는 생산자는 등장하지 않고, 이들이 의사결정 시 고려해야 하는 투입물과 산출물의 순전한 물량적, 기술적 관계에 대해 논의한다. 이러한 생산기술에 대한 파악은 생산량이나 생산방식을 결정하기 이전에 먼저 이루어져야만 한다.

생산기술의 특성은 집합이나 수식을 통해 표현할 수도 있고, 그보다 제한적이긴 하지만 그래프를 이용해 표현할 수도 있다. 생산기술에 대한 표현방식으로 어떤 것을 선호할지, 그리고 기술의 특성과 관련하여 무엇을 논의할지는 생산자가 선택할 수 있는 투입물의 수나 산출물의 수에 따라 달라지기도 한다. 따라서 아래에서는 생산기술에 대한 논의를 선택할 수 있는 투입물의 수가 하나인 경우와 다수인 경우로 나누어 진행한다. 본장은 산출물은 한 가지뿐이라 가정하며, 다수 산출물 생산기술은 제3장이 설명한다.

SECTION 01 단일 가변투입물 생산함수

생산되는 산출물이 한 가지라 하고, 이를 y로 표기하자. 비음(nonnegative)의 실수인 y는 산출물 자체를 의미하기도 하고, 그 양을 의미하기도 한다. y를 생산하기 위해 총 N 가지의 투입물이 필요하다고 하고, 이들을 $x_1, ..., x_N$과 같이 표기하자. x_i 역시 i번째 투입물 자체를 의미하기도 하고, 그 수량을 의미하기도 한다. 각각의 투입물 역시 비음의 실수 값을 가진다. 많은 경우 투입요소와 산출물 모두 특정 단위가 정해져 있어 이산적(discrete)으로만 측정될 수 있겠지만, 본장에서는 편의를 위해 모두 연속적인 실수라 가정한다. 또한 투입물과 산출물은 모두 금액이 아닌 수량(physical)단위로 계측된다.

생산자가 비교적 단기간에 걸쳐 생산의사결정을 할 때에는 투입요소 중 상당수는 그 양을 바꾸기가 어려울 것이다. 예를 들면 공장의 설비규모라든지 농가의 농지규모나 유리온실 규모 등이 그러하다. 반면 노동력이나, 원료, 혹은 에너지처럼 일부 투입물은 상시 사용량을 바꿀 수 있다. 본절에서는 다른 모든 투입물은 그 양이 고정되어 있지만 특정 투입물 한 가지는 수량을 바꿀 수 있는 경우를 검토한다.

생산기술을 표현할 수 있는 수단은 사실 매우 많다. 그 중 가장 흔히 사용되고 이해하기도 쉬운 것이 생산함수(production function)이다. 생산함수는 투입물을 설명변수로, 산출물을 종속변수로 하는 함수이고, 생산요소의 사용량과 그것이 생산해낼 수 있는 '최대한'의 산출물 간의 관계를 나타낸다. 이를 식 (2.1)과 같이 표현하자.

$$(2.1) \qquad y = f(x_1, ..., x_N)$$

투입요소들에 구체적인 값이 주어지면 식 (2.1)의 함수는 그에 해당되는 산출물의 양을 계산할 수 있게 한다.

단기적으로 N 가지의 투입물 중 $x_2, ..., x_N$은 그 양이 각각 $\bar{x}_2$, ..., $\bar{x}_N$에 고정되어 있고, x_1만 양을 선택할 수 있다고 하자. 이때 생산함수는 아래와 같이 다시 표현할 수 있다.

$$(2.2) \qquad y = f(x_1 | \bar{x}_2, ..., \bar{x}_N)$$

이 경우 x_1은 가변투입물(variable input), x_2에서 x_N까지는 고정투입물(fixed input)이라 부른다. 어떤 생산요소가 가변이고 어떤 것이 고정인지는 상황에 따라 다를 것이며, 특히 생산자가 의사결정을 하는 데 허용된 시간의 길이에 따라서 달라질 것이다. 장기적인 의사결정이 가능할수록 보다 많은 생산요소가 가변투입물이 될 것이므로, 식 (2.1)의 생산함수는 장기 생산함수, 식 (2.2)의 경우는 단기 생산함수라 부를 수 있다.

하나의 가변투입물만 존재하는 경우 그 투입물을 x라 하면, 생산함수는 $f(x)$와 같이 보다 간단하게 표현할 수 있다. x 외의 모든 투입물의 사용량은 불변이다. 생산행위 분석에 있어 투입물 사용량에 대응하는 산출물량 자체에 당연히 관심이 있겠지만, 그 외에도 가변투입물을 현 수준보다도 하나 더 많이 사용할 때 생산이 얼마나 늘어나는지, 그리고 현재까지 투입된 가변생산요소 단위당 산출물의 양이 얼마인지에 대해서도 우리는 관심이 있다. 전자를 가변투입물의 한계생산성(marginal productivity, *MP*), 후자를 평균생산성(average productivity, AP)이라 부른다. 이러한 한계생산성과 평균생산성도 고정되지 않고 투입물 사용량에 따라 그 값이 달라질 수 있다. 따라서 이들 두 생산성도 투입물 사용량의 함수로 표현할 수 있으며, 우리는 다음과 같은 세 가지 단기 생산함수를 정의할 수 있다.

단기 총생산함수: $TP = f(x)$

단기 한계생산함수: $MP = \dfrac{df(x)}{dx}$

단기 평균생산함수: $AP = \dfrac{f(x)}{x}$

예를 들어 총생산함수가 $y = 2x + x^2 - 0.1x^3$과 같다고 하자. 이 생산함수로부터 다음의 한계생산함수와 평균생산함수를 도출할 수 있다.

$MP = 2 + 2x - 0.3x^2$

$AP = 2 + x - 0.1x^2$

이상 세 가지 함수의 모양이 어떠한지를 파악하기 위해 그래프로 그려보면 〈그림 2-1〉이 얻어진다.

〈그림 2-1〉의 생산함수곡선들은 경제학이 흔히 가정하는 모습을 보여준다. 먼저 총생산의 경우 x가 약 7.55가 될 때까지는 가변투입물 사용량을 늘릴수록 많아진다. 그러다가 $x = 7.55$를 넘어서면서 가변투입물 추가 투입은 오히려 생산을 감소시킨다. 총생산은 아울러 x 투입량이 적을 때에는 그 투입량을 늘릴 때 가파르게 증가하다가 점차 추가적인 투입이 초래하는 증가분이 감소하기 시작하고, 급기야는 추가 생산이 음(−)이 되는 모습을 보인다.

예를 들어 가변투입물 x가 노동이고 여타 투입물은 자본 등으로서 그 양이 고정되었다고 하자. 공장 설비가 있는 상태에서 노동력이 아주 적다면 한 명의 노동자가 재료의 획득, 가공, 저장, 판매 등의 모든 작업을 수행하여야 하고, 따라서 생산성이 대단히 낮을 수밖에 없다. 이때 추가 인력이 투입되면 분업이 가능해 생산효율이 급격히 높아지고, 총생산은 가파르게 증가한다. 그러나 추가로 노동이 계속 투입되면 여타 투입물 대비 노동 고용량이 커지면서 추가 노동의 생산기여도가 낮아지고, 총생산은 초기에 비하면 완만하게 증가한다. 급기야 $x = 7.55$를 넘어서는 노동이 공급되면 설비규모에 비해

그림 2-1 고전적 생산함수와 생산의 3단계

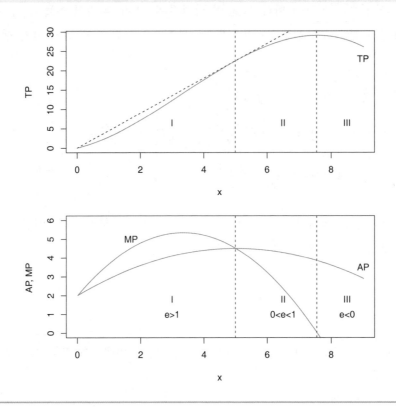

노동력이 과다하여 작업에 서로 방해되는 일까지 발생할 수 있어, 추가 노동투입은 총생산을 감소시키게 된다.

　〈그림 2-1〉의 아래 쪽 그림은 위쪽 그림의 총생산과 부합하는 평균생산성 AP와 한계생산성 MP를 보여준다. 두 그래프 모두 역U자형을 가져 증가하다가 감소하는 형태를 보여준다. 아래쪽 그림의 한계생산성은 위쪽 그림의 총생산곡선의 접선의 기울기와 같다. 앞에서 설명한 총생산의 x에 대한 반응형태를 반영하여, 한계생산성 MP는 x를 늘릴수록 증가하다가, $x = 3.33$이 되는 순간 $\dfrac{dMP}{dx} = 0$가 성립해 그 값이 최대에 이른 후, 다시 x가 추가로 투입되면 감소하게 되고, 총생산이 정점에 달하는 $x = 7.55$가 되면 0에 이르게 된다. 이후 x를 더 투입하면 MP는 음의 값을 갖게 된다. 가변생산요소 사용량을 늘려갈 때 한계생산성이 결국은 이렇게 감소하게 된다는 성질을 한계생산 감소의 법칙(law of diminishing returns)이라 부르기도 한다.

평균생산성 AP는 위쪽 그림에서는 TP곡선상의 점들과 원점을 잇는 직선의 기울기와 같아야 하는데, 아래쪽 그림에서는 역U자형을 보여주고 있다. 평균생산성이 최대가 되는, 즉 $\dfrac{dAP}{dx} = 0$의 조건이 성립하는 가변투입물의 양은 $x = 5$임을 알 수 있다. 아울러 AP가 최대가 되는 $x = 5$에서는 한계생산성 MP가 평균생산성 AP와 동일하다. 위쪽 그림에서는 $x = 5$에서 TP곡선의 접선의 기울기와 이 점과 원점을 지나는 직선의 기울기가 동일함을 보여주고, 아래쪽 그림에서는 따라서 MP곡선과 AP곡선의 높이가 일치한다. 왜 이런 일이 벌어질까?

〈그림 2−1〉을 보면 한계생산성과 평균생산성이 일치하는 $x = 5$보다 x 사용량이 더 적을 경우에는 $MP > AP$의 관계가 성립하고, x 사용량이 그보다 많을 경우에는 반대로 $MP < AP$의 관계가 성립한다. 한계생산성은 새로이 투입되는 x 한 단위가 추가로 생산하는 양이고, 평균생산성은 지금까지 투입된 모든 투입물의 한 단위 평균생산량이다. 따라서 전자가 후자보다 더 크다는 것은 새로이 투입되는 가변생산요소가 기존 투입물보다 생산성이 더 높다는 것을 의미하며, 이 경우 새로운 생산요소가 투입되면 평균생산성이 더 높아지게 된다. 반대로 전자가 후자보다 더 작을 경우 새로 투입되는 생산요소가 기존 생산요소보다 더 생산성이 낮다는 것을 의미하고, 이 경우에는 가변생산요소의 추가 투입은 평균생산성을 낮추게 된다. 이는 어느 학급에 새로 전학 온 학생이 학급의 평균 수학성적보다 더 높은 성적을 받는 학생이면 이 학생이 전학 오면서 학급 전체 평균 수학성적이 올라가고 그 반대인 경우 내려가는 경우와 같다고 할 것이다.

평균생산성과 한계생산성이 가지는 이상의 관계는 다음처럼 평균생산함수를 다시 x에 대해 미분한 결과를 이용해 일반화할 수 있다.

$$(2.3) \qquad \frac{dAP}{dx} = \frac{d[f(x)/x]}{dx} = \frac{f'(x)x - f(x)}{x^2} = \frac{MP - AP}{x}$$

따라서 우리는 다음 관계를 도출한다.

$$\frac{dAP}{dx} > 0 \Leftrightarrow f'(x) > \frac{f(x)}{x} \Leftrightarrow MP > AP$$

$$\frac{dAP}{dx} = 0 \Leftrightarrow f'(x) = \frac{f(x)}{x} \Leftrightarrow MP = AP$$

$$\frac{dAP}{dx} < 0 \Leftrightarrow f'(x) < \frac{f(x)}{x} \Leftrightarrow MP < AP$$

〈그림 2-1〉이 보여주는 바와 같은 가변생산요소 투입량이 총생산, 평균생산성, 한계생산성과 각각 가지는 관계는 경제학이 전통적으로 가정하는 생산기술의 특성이라 할 수 있는데, MP가 AP보다 더 크고 AP가 계속 증가하는 단계를 생산의 제I단계, AP와 MP가 모두 감소하지만 TP는 계속 증가하여 그 정점에 이르기 전까지의 단계를 생산의 제II단계, 그리고 TP가 감소하는 마지막 단계를 생산의 제III단계라 부른다.

연습문제 2.1

모든 생산함수가 생산의 세 가지 단계를 모두 나타내는 것은 아니다. $y = 10x^{0.5}$와 같은 생산함수가 있다고 하자. 이 생산함수의 TP, AP, MP를 그리고 그 특성을 파악하라.

총생산, 평균생산성, 한계생산성이 가지는 이상과 같은 관계는 식 (2.4)와 같이 정의되는 요소탄력성(factor elasticity)을 통해 표현할 수도 있다.

$$(2.4) \qquad e = \frac{dy/y}{dx/x} = \frac{dy}{dx}\frac{x}{y} = \frac{MP}{AP}$$

요소탄력성은 고정투입물은 불변인 상태에서 가변투입물이 1% 변할 때 산출물이 몇 %나 변하는지를 나타내는 지표인데, 가변투입물과 산출물이 모두 변화율로 반영되어 있으므로 투입물과 산출물의 측정 단위와 상관없이 사용할 수 있다. 식 (2.4)는 이 탄력성이 한계생산성과 평균생산성의 비율임을 보여주고 있다. 따라서 e는 생산의 제I단계에서는 1보다 커야 하고, 제II단계에서는 0과 1사이, 그리고 제III단계에서는 0보다 작아야 한다. 그리고 제I단계와 제II단계의 경계에서 $e = 1$이고, 제II단계와 제III단계의 경계에서 $e = 0$이 되어야 한다.

SECTION 02 다수 가변투입물 생산함수

생산자들은 시간적 여유만 주어진다면 여러 가지의 투입요소를 변경할 수가 있다. 이때에는 가변투입물이 다수가 되며, 극단적인 경우 모든 투입요소가 선택가능하기 때

문에 이미 도입했던 식 (2.1)과 같은 생산함수가 정의된다. 도표로 생산함수를 그리는 것이 편리하도록 가변투입물이 x_1과 x_2 두 가지라 하고, 나머지 생산요소는 모두 고정되어 있다 하자. 이때 생산함수는 $y = f(x_1, x_2 | \overline{x}_3, \ldots, \overline{x}_N)$와 같이 표현될 수 있는데, 더 간단히 다음과 같이 나타내자.

$$(2.5) \qquad y = f(x_1, x_2)$$

이제 선택가능한 투입물이 두 가지이므로 사실 동일한 양의 산출물을 생산할 수 있는 방법이 대단히 많다. 만약 x_1과 x_2가 각각 노동과 자본을 나타낸다면 동일 수량의 생산을 위해 노동을 많이 투입하고 자본은 적게 사용하는 방법이 있을 수 있고, 반대로 노동은 절약하면서 자본을 많이 사용할 수도 있다.

두 가지 가변투입물을 가진 생산함수의 예로 다음을 검토하자.

$$(2.6) \qquad y = 100 \times \exp\left(-\left[(x_1 - 2)^2 + (x_2 - 2)^2\right]\right)$$

식 (2.6)에서 x_1과 x_2가 가변투입물이다. 숫자 100은 나머지 고정투입물이 생산에 미친 영향을 반영한다. 이 함수의 값은 $x_1 \in (0,2)$와 $x_2 \in (0,2)$의 영역에서는 두 가변투입물에 대해 각각 증가하고, $x_1 = x_2 = 2$에서 정점에 달한다. x_1과 x_2를 모두 2보다 크게 하면 함수의 값이 이들 두 가변투입물에 대해 감소하는 것으로 바뀐다. 이 생산함수를 $x_1 \in (0,2)$와 $x_2 \in (0,2)$의 영역에서 3차원 그래프로 그린 것이 〈그림 2-2(a)〉이다. 가로축이 x_1, 세로축이 x_2, 그리고 높이가 y를 나타낸다. 이 그래프는 성당이나 교회에서 사용하는 종모양(bell-shaped)을 보여준다.

〈그림 2-2(b)〉는 가로축이 x_1, 세로축이 y로서, 각각 x_2를 0.5, 1, 1.3, 2의 값을 취하게 할 때 x_1의 변화가 초래하는 y의 값들을 네 개의 그래프로 보여준다. 이들 그래프는 〈그림 2-2(a)〉의 3차원 그래프를 각 x_2에서 칼로 잘라 단면을 들여다보는 것에 해당된다. x_2의 값을 특정 수준에 고정시키면 가변투입물은 다시 x_1 한 가지가 되므로 〈그림 2-2(b)〉의 각 그래프는 각기 다른 $\overline{x}_2$ 값에서의 식 (2.2)와 같은 단일 가변투입물 생산함수를 보여준다. 각각의 그래프들은 〈그림 2-1〉의 TP처럼 x_1에 대해 증가하되, 한계생산성이 증가하다가 다시 감소하는 형태를 보여준다. 그리고 보다 많은 x_2가 투입될수록 단일 가변투입물 생산함수가 보다 위쪽에 위치한다는 것을 알 수 있다. x_1

그림 2-2 두 가지 가변투입요소가 있을 경우의 생산함수

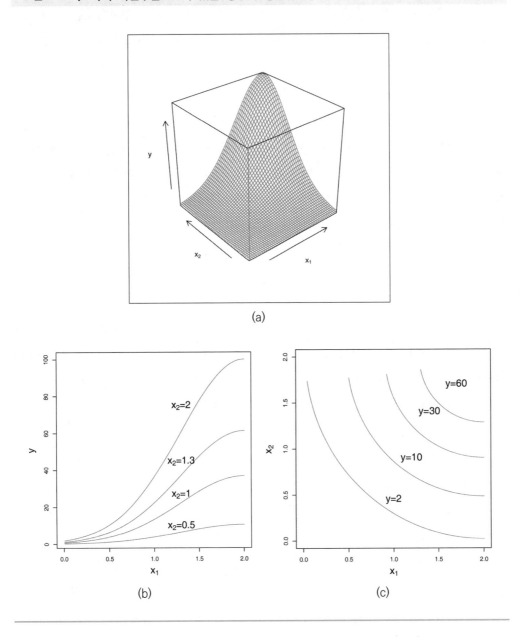

(a)

(b)

(c)

의 투입량이 2를 넘어서면 산출은 감소하기 때문에 각각의 단일가변투입물 생산함수는 〈그림 2-1〉이 보여준 바와 같은 생산의 세 가지 단계를 모두 보여준다.

〈그림 2-2(c)〉 역시 2차원 그림이지만 이제는 가로축이 x_1, 세로축이 x_2이다. 이

그림은 〈그림 2-2(a)〉의 3차원 그래프를 각 y의 수준에서 수평으로 자른 후, 이를 평면에 놓아둔 것과 같다. 달리 얘기하면 〈그림 2-2(a)〉의 3차원 그래프의 등고선(contours)에 해당된다. 네 개의 등고선은 y가 각각 2, 10, 30, 60에 해당되는 높이를 나타내며, 우하향하는 원점에 대해 볼록한 곡선 위의 점들은 해당 y를 생산해낼 수 있는 x_1과 x_2의 조합들이다. y가 x_1과 x_2에 대해 증가하기 때문에 보다 큰 y를 나타내는 등고선일수록 보다 많은 가변투입물을 사용해야 하므로 원점에서 멀리 떨어져 있다.

다수의 가변투입물이 있을 경우에도 단일 가변투입물의 경우처럼 평균생산성과 한계생산성을 식 (2.7)처럼 정의할 수 있다.

(2.7)
$$AP_i = \frac{y}{x_i} = \frac{f(x_1, x_2)}{x_i}$$

$$MP_i = \frac{\partial y}{\partial x_i} = \frac{\partial f(x_1, x_2)}{\partial x_i} = f_i, \quad i = 1, \, 2$$

AP_i는 i번째 투입물 한 단위가 생산할 수 있는 산출물의 양이고, MP_i는 나머지 투입요소 사용량이 고정된 상태에서 x_i만 한계적으로 늘릴 때 증가하는 산출물량을 나타낸다. 따라서 MP_i는 생산함수 $f(x_1, x_2)$의 편도함수(partial derivative)이다.

식 (2.6)의 함수는 생산의 세 가지 단계를 모두 잘 보여주지만, 현실 경제분석에서 잘 사용되는 생산함수는 아니다. 〈표 2-1〉의 여섯 가지 함수들이 사실은 경제학에서 전통적으로 많이 사용되고 있는 함수들인데, 〈표 2-1〉은 이들 생산함수와, 각 생산함수에 대응되는 x_1의 한계생산함수를 함께 보여준다.

▼ 표 2-1 주요 생산함수

명칭	생산함수	x_1의 한계생산함수
레온티에프함수	$y = \min[x_1, ax_2]$	미분 불가능
선형함수	$y = a + bx_1 + cx_2$	$MP_1 = b$
2차함수	$y = a_0 + a_1 x_1 + a_2 x_2 + b_1 x_1^2 + b_2 x_2^2 + cx_1 x_2$	$MP_1 = a_1 + 2b_1 x_1 + cx_2$
콥-더글라스함수	$y = A x_1^a x_2^b$	$MP_1 = aA x_1^{a-1} x_2^b$
CES함수	$y = A \left[bx_1^\rho + (1-b)x_2^\rho \right]^{(v/\rho)}$	$MP_1 = bvA^{\rho/v} y^{(v-\rho)/v} x_1^{(\rho-1)}$
초월대수함수	$\ln y = a_0 + a_1 \ln x_1 + a_2 \ln x_2 + b_1 (\ln x_1)^2 + b_2 (\ln x_2)^2 + c(\ln x_1)(\ln x_2)$	$MP_1 = (a_1 + 2b_1 \ln x_1 + c \ln x_2) \frac{y}{x_1}$

〈표 2−1〉의 생산함수들은 본서에서 앞으로 자주 만나게 될 함수들이다. 레온티에프(Leontief) 생산함수는 자동차회사의 타이어나 운수회사의 트럭과 운전기사처럼 투입요소들이 특정 비율로 결합되어 반드시 함께 사용되어야만 생산이 가능한 경우를 보여준다. 그 생산함수가 $y = \min[x_1, ax_2]$라는 것은 1개의 x_1은 항상 $\frac{1}{a}$개의 x_2와 결합되어 생산에 사용됨을 의미한다. 따라서 예를 들어 $a = 2$이면 x_1 한 개는 0.5개의 x_2와 결합한다. x_1이 하나 투입될 때 x_2도 한 개가 투입되면 0.5개의 x_2는 과잉 투입되는 것이고 생산에 기여하지 못한다. 이 경우 산출량은 $\min[1, 2 \times 1] = 1$이 되어, x_2가 적절하게 0.5만 사용될 경우의 생산량인 $\min[1, 2 \times 0.5] = 1$과 동일하다. 마찬가지로 x_1이 x_2에 비해 필요이상으로 투입되어도 생산량은 늘어나지 않는다. 이 생산함수는 미분이 불가능하므로 한계생산함수는 정의되지 않는다.

선형 생산함수에서는 투입물의 한계생산성이 항상 일정하다. 이는 매우 강한 제약조건이고 현실에서 성립하기 어렵기 때문에 이 함수는 생산함수로는 자주 사용되지 않는다. 반면 2차 생산함수는 x_1의 한계생산성이 x_1은 물론 나머지 투입요소 x_2의 사용량에 따라서도 변하게 허용한다.

콥−더글라스(Cobb-Douglas) 생산함수는 경제학에서 매우 자주 사용되는 함수로서, 거듭제곱이 또다시 곱해진 간단한 형태의 함수이다. 그 편도함수, 즉 한계생산함수 역시 쉽게 도출되며, 여전히 거듭제곱이 곱해진 형태를 가진다.

CES(constant elasticity of substitution) 생산함수 역시 콥−더글라스 생산함수만큼 많이 사용되는데, 이 함수가 왜 이런 명칭을 지니는지, 그리고 파라미터 b, ρ, v 등이 각각 어떤 의미를 지니는지는 뒤에서 설명될 것이다. 이 함수도 미분하여 한계생산함수를 도출하는 것이 어렵지는 않으나, 다소 복잡한 형태를 지니기 때문에 〈표 2−1〉에서처럼 편도함수에 y를 다시 대입하여 정리하는 것이 간편하다.

초월대수(transcendental logarithmic, 줄여서 translog) 생산함수는 특이하게 산출물 y를 로그변환하고, 투입요소 사용량도 모두 로그변환하여 사용한다. 이 함수는 로그변환된 산출물을 로그변환된 투입요소의 2차함수가 되게 하는데, 이 함수 역시 이와 같은 형태를 가지는 이유가 있으며 이는 뒤에서 설명된다. 이 함수의 한계생산성은 $\frac{\partial \ln y}{\partial \ln x_1} = \frac{\partial y}{\partial x_1} \frac{x_1}{y}$라는 관계를 이용해 쉽게 도출할 수 있다.

이상 소개된 여섯 가지 생산함수는 가변투입물이 세 개 이상으로 더 많은 경우로도 일반화할 수 있다. 그리고 대부분의 함수에 있어서 x_1과 같은 특정 투입물의 한계생산성은 그 투입물 사용량은 물론이고 여타 투입물 사용량에 의해서도 영향을 받는, 그 자체가 생산요소들의 함수임을 확인할 수 있다.

특정 투입물의 한계생산성이 다른 투입물 사용량에 의해 어떤 영향을 받는지에 따라서 투입물 간의 기술적인 관련성을 논의하기도 한다. 만약 $\dfrac{\partial f_1}{\partial x_2} = f_{12} > 0$일 경우, 즉 x_1의 한계생산성이 x_2 사용량을 늘릴 때 커지면, 두 투입물은 서로 기술적으로 보완적(complementary)이라고 한다. 반면 $\dfrac{\partial f_1}{\partial x_2} = f_{12} = 0$이면 x_2 사용량은 x_1의 한계생산성에 영향을 미치지 않기 때문에 두 투입물은 기술적으로 독립이며(independent), 만약 $\dfrac{\partial f_1}{\partial x_2} = f_{12} < 0$이면 x_2의 추가 투입은 x_1의 한계생산성을 하락시키기 때문에 두 투입물은 기술적으로 경합적(competitive)이라 말한다.[1]

> **연습문제 2.2** 〈표 2−1〉의 생산함수가 각각 어떤 경우에 투입물 간 보완성, 독립성, 경합성을 가지는지를 설명하라.

한편, 가변투입물이 두 가지 이상인 경우 생산량을 바꿀 수 있는 방법은 무수히 많다. 위에서 정의된 각 생산요소의 한계생산성은 다른 투입물은 현 수준을 유지하는 상태에서 해당 투입물 사용량만 한계적으로 바꿀 때의 생산량 변화이다. 그러나 우리는 두 가지 이상의 투입물 사용량을 동시에 바꾸어 생산량을 바꿀 수도 있다. 이때 발생하는 생산량 변화는 다음과 같은 전미분(total differentiation)을 통해 도출한다.

$$(2.8) \qquad dy = \frac{\partial f(x_1, x_2)}{\partial x_1} dx_1 + \frac{\partial f(x_1, x_2)}{\partial x_2} dx_2 = f_1 dx_1 + f_2 dx_2$$

즉 발생하는 y의 변회분 dy는 각 투입물의 한계생산성에 ᄀ 부입불의 사용량 변화분을 곱한 후 모두 더 해준 것과 같다.

아울러 요소탄력성 역시 이제는 아래와 같이 각 투입물별로 개별적으로 정의되며, 이를 편요소탄력성(partial factor elasticity)이라 부른다.

---

[1] 소위 영(Young)의 정리에 의해 2계 교차미분은 순서에 의해 영향을 받지 않고 $f_{12} = f_{21}$의 관계가 성립한다. 따라서 이 세 가지 관계는 x_1과 x_2의 역할을 서로 바꾸어도 동일하게 성립한다.

$$(2.9) \qquad e_i = \frac{dy/y}{dx_i/x_i} = \frac{dy}{dx_i}\frac{x_i}{y} = \frac{MP_i}{AP_i}$$

e_i는 다른 투입물은 고정시킨 채 i번째 가변투입물 사용량을 1% 늘렸을 때 발생하는 생산량의 변화율이다.

등량곡선

1. 등량곡선의 도출

〈그림 2−2(c)〉는 〈그림 2−2(a)〉와 같은 3차원 그래프로 표현된 $y = f(x_1, x_2)$라는 함수의 네 가지 y 값에서의 등고선을 보여주었다. 경제학에서는 이 등고선에 이름을 붙여 등량곡선(isoquant)이라 부른다. 등량곡선은 특정 수준의 산출물을 낭비 없이 효율적으로 생산해낼 수 있는 투입물 결합들을 연결한 선이다. 이 등량곡선은 x_1과 x_2 공간에 표시되기 때문에 이를 그리기 위해서는 다음처럼 세로축에 표기될 x_2를 나머지 투입물 x_1과 산출물 y의 함수로 풀어내면 된다.

$$(2.10) \qquad x_2 = g(x_1, y)$$

예를 들어 생산함수가 $y = 100x_1^{0.4}x_2^{0.6}$과 같은 콥−더글라스형이라면, $x_2 = \left[\frac{y}{100}x_1^{-0.4}\right]^{1/0.6}$ 와 같이 변환하여 x_2를 x_1과 y의 함수로서 풀어낼 수 있고, 이렇게 하여 등량곡선을 그려낼 수 있다. 〈표 2−1〉에 수록된 여섯 가지 생산함수의 등량곡선을 특정 파라미터 값을 가정한 상태에서 모두 구해보면 〈그림 2−3〉과 같다. 각 그림에서의 각 등량곡선은 해당되는 산출량을 생산해낼 수 있는 x_1과 x_2의 조합을 보여준다.

그림 2-3 각 생산함수별 등량곡선의 형태

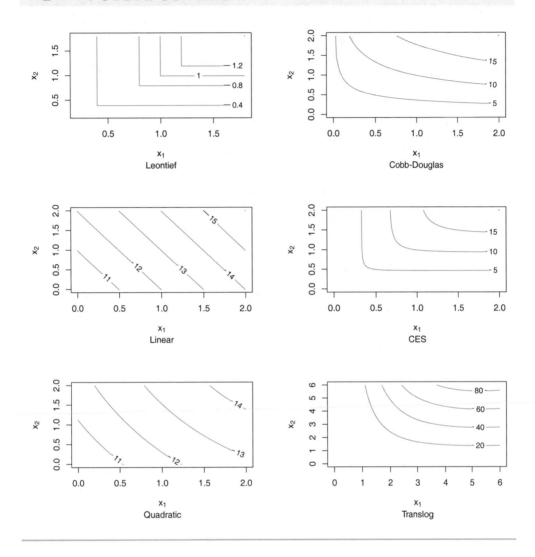

2. 등량곡선의 성질

〈그림 2-3〉에서는 다양한 형태의 등량곡선이 생산함수별로 도출되었지만, 이들 등량곡선은 세 가지 점에 있어 공통점을 가진다. 첫째, 서로 다른 산출물량에 해당되는 등량곡선은 서로 만나지 않는다. 둘째, 레온티에프 생산함수를 제외하면 모두 다 우하향하는 모습을 보인다. 즉 x_1 사용량이 늘어나면 대신 x_2 사용량은 줄어들어도 동일 생산을

유지할 수 있다. 레온티에프함수에서는 투입물 간 대체가 되지 않으므로 예를 들어 $x_1 = 1$을 유지하면서 x_2를 늘려도 생산이 늘어나지 않기 때문에 우하향하는 대신 직각 인 등량곡선이 만들어진다. 셋째, 모든 등량곡선이 원점에 대해 볼록한 형태를 보여주지 만, 그 볼록한 정도는 다양하다. 직각인 레온티에프 등량곡선이 가장 볼록하고, 선형 생 산함수의 등량곡선은 직선이라 가장 덜 볼록하다.

세 가지 성질 중 첫 번째 성질은 등량곡선이 지도의 등고선과 같은 특성을 가지기 때문에 발생한다. 서로 다른 높이의 등고선이 서로 만날 일이 없듯이 등량곡선 역시 그 러하다. 만약 다른 두 등량곡선이 하나의 투입요소 결합 (x_1^0, x_2^0)을 모두 지나간다면, 이 투입물결합으로 두 가지 서로 다른 수준의 산출물을 생산할 수 있다는 것을 의미하는 데, 우리는 이런 비논리적인 경우는 배제한다.[2]

두 번째 성질, 즉 등량곡선이 레온티에프형을 제외하고는 우하향한다는 것은 투입 물 간 대체가 가능하다는 것을 의미한다. 그렇지 않고 만약 등량곡선이 우상향하게 되 면 x_1 투입량을 늘릴 때 x_2도 투입량을 함께 늘려야 동일한 양의 y를 생산할 수 있다는 것을 의미한다. 비록 기술적으로는 이런 경우가 있다고 하더라도 투입물 비용을 감안하 는 생산자들은 이러한 상태에서의 생산은 선택하지 않을 것이다.

등량곡선이 우하향한다면 그 기울기는 어느 정도일까? 이는 다음처럼 생산함수를 전 미분하여 확인할 수 있다.

(2.11) $dy = f_1 dx_1 + f_2 dx_2 = 0$

식 (2.11)의 dy는 산출물의 변화량을 의미하는데, 특정 등량곡선 위에서는 y는 불변 이므로 $dy = 0$이어야 한다. 따라서 식 (2.11)을 다음과 같이 정리하면 등량곡선의 기울 기를 도출할 수 있다.

(2.12) $-\dfrac{dx_2}{dx_1} = \dfrac{f_1}{f_2} = \dfrac{MP_1}{MP_2}$

등량곡선 기울기의 음($-$)의 값은 결국 두 투입요소의 한계생산성의 비율이고, 이를 두 투입요소의 한계기술대체율(marginal rate of technical substitution, *MRTS*)이라 부른다. 식 (2.12)의 한계기술대체율은 x_1 사용량을 한 단위 늘리는 대신 x_2 투입은 어느 정도까지

---

2 생산함수의 값, 즉 〈그림 2-2〉의 3차원 그래프의 높이는 각 투입물결합으로 생산해낼 수 있는 최 대한의 산출물을 나타냄을 상기하차.

줄여도 동일한 y를 계속 생산할 수 있는지를 나타낸다. 이를 x_2의 사용량을 늘려 x_1을 대체하는 경우와 구분하기 위해 하첨자를 첨부해 $MRTS_{12}$와 같이 표기하자.

〈표 2-1〉의 여섯 가지 생산함수 중에서 선형 생산함수 $y = a + bx_1 + cx_2$에서는 $f_1 = b$, $f_2 = c$이므로 $MRTS_{12} = -\dfrac{dx_2}{dx_1} = \dfrac{b}{c}$로 그래프의 어디에서나 값이 같다(단, $b > 0$, $c > 0$).

그러나 콥-더글라스 생산함수의 하나인 $y = Ax_1^a x_2^{1-a}$에서는, $f_1 = aAx_1^{a-1}x_2^{1-a}$이고 $f_2 = (1-a)Ax_1^a x_2^{-a}$이므로 $MRTS_{12} = \dfrac{a}{1-a}\dfrac{x_2}{x_1}$이 되어 그 값은 x_1이 커질수록 감소한다. 예를 들어 $A = 10$, $a = 0.1$, $1 - a = 0.9$이고, $y = 100$이라면, 〈그림 2-4〉에서 $x_1 = 1$, $x_2 = 12.92$에서의 $MRTS_{12}$는 1.435로서, x_1을 하나 더 투입하면 대신 x_2는 1.435개를 줄일 수 있다. 그러나 동일한 $y = 100$을 $x_1 = 4$, $x_2 = 11.07$에서 생산하고 있었다면 여기서 하나 더 투입되는 x_1은 0.308개의 x_2만을 대체할 수 있다. 이렇게 x_1의 사용량을 늘릴수록 x_1이 x_2를 대체할 수 있는 정도는 줄어든다.

한편, 생산함수 자체만을 놓고 볼 때 등량곡선의 기울기는 반드시 음(-)일 필요는 없다. 〈그림 2-2(a)〉의 3차원 생산함수 그래프는 x_1과 x_2가 모두 2 미만으로 투입될 때에 대해서만 그려져 있지만, 만약 x_1 투입량을 2보다 크게 하면 등량곡선이 양(+)의 기울기를 가지도록 바뀐다는 것을 확인할 수 있다.

〈그림 2-5〉의 등량곡선 예는 전체 투입물 공간에서 타원의 형태를 보여준다. 두 가지 생산요소가 모두 비용을 수반할 것이므로 x_1 사용량을 늘릴 때 x_2도 덩달아 늘려야만 동일 생산량을 유지할 수 있는, 양의 기울기를 가지는 등량곡선 영역에서는 생산이 이루어지지 않을 것이다. 아울러 타원의 기울기가 다시 음이 되지만 원점에 대해 오목한 타원의 오른쪽 경계상의 투입물들도 원점에 대해 볼록한 왼쪽 경계에서의 투입물보다는 양이 더 많으므로 역시 선택되지 않는다. 즉 $f_2 = 0$이라 표기된 수직선과 $f_1 = 0$이라 표기된 수평선이 이루는 경계 내에 있는, 우하향하면서 원점에 대해 볼록한 등량곡선상의 생산요소 결합만 선택될 것이다.

이를 한계기술대체율과 연결하여 생각해보자. $MRTS_{12} = \dfrac{f_1}{f_2}$이기 때문에 $f_2 = 0$이 되면, 즉 더 이상의 x_2 투입이 생산을 늘리지 않는 상태가 되면, x_1에 비해 x_2가 지나치게 많이 사용된다. 이때는 $MRTS_{12} = \infty$이라 그 값이 정의되지 않는다. 반면 $f_1 = 0$인 경우는 x_1의 투입이 x_2에 비해 지나치게 많아 더 이상 x_1을 늘려도 이제는 생산이

그림 2-4 등량곡선의 곡률

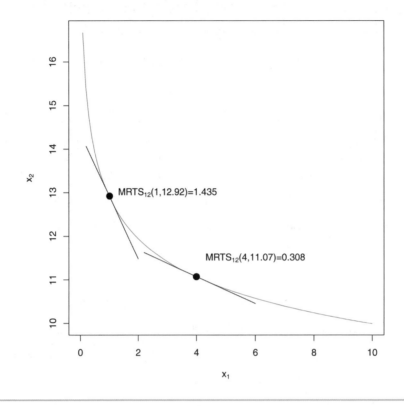

늘어나지 않는다. 이때는 $MRTS_{12} = 0$이 되어, x_1은 x_2를 더 이상 대체하지 못하게 된다. 따라서 생산이 선택되는 영역은 $MRTS_{12}$가 0보다는 크고 유한한 양(+)의 값을 가지는 영역으로서 〈그림 2-5〉에서는 $x_1 \in (x_1^0, x_1^1)$이고 $x_2 \in (x_2^0, x_2^1)$인 영역이다. 즉 순전히 기술적인 관계만으로는 등량곡선이 우상향하는 영역이 존재하더라도 경제적으로 의미 있는 영역은 등량곡선이 오직 우하향하는 영역이다.

등량곡선의 세 번째 성질은 이미 〈그림 2-3〉 및 〈그림 2-4〉의 등량곡선들이 보여준 바와 같이 원점에 대해 볼록하다는 것이다. 즉 이 성질은 등량곡선의 기울기가 아니라 볼록한 정도를 나타내는 곡률(curvature)에 관한 것이다. 〈그림 2-4〉의 예가 보여준 바와 같이 이 성질은 특정 생산요소 사용량을 늘릴수록 이 생산요소가 다른 생산요소를 대체할 수 있는 정도가 줄어든다는 것 때문에 발생한다. 이 성질은 달리 표현하면, x_1이 x_2를 대체할 수 있는 정도를 나타내는 한계기술대체율 $MRTS_{12}$, 혹은 등량곡선 기울기의 음

그림 2-5 등량곡선의 기울기와 생산영역

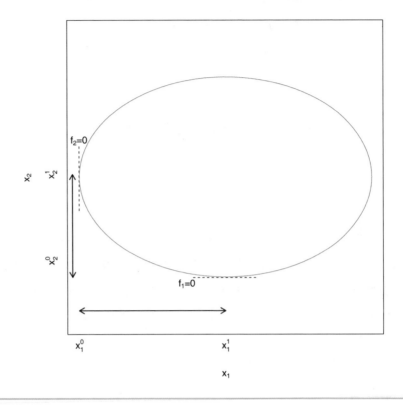

의 값이, 〈그림 2-4〉가 보여주는 바와 같이 x_1의 감소함수임을 의미한다. 생산기술들이 대개 이런 성질을 가진다는 것은 생산과정이 어느 한 가지 투입요소만을 사용하기 보다는 각 투입요소를 균형 잡히게 사용하는 것을 요구하기 때문일 것이다.

그렇다면 생산함수 $y = f(x_1, x_2)$가 구체적으로 어떤 특성을 지닐 때 그 등량곡선이 〈그림 2-4〉처럼 원점에 대해 볼록한 모습을 지닐까? 우리는 y의 값이 일정한 등량곡선 위에서는 $-\dfrac{dx_2}{dx_1} = \dfrac{f_1}{f_2}$의 관계가 성립함을 알고 있다. 등량곡선이 원점에 대해 볼록하다는 것은 $-\dfrac{dx_2}{dx_1}$가 x_1의 감소함수임을 의미하고, 반대로 $\dfrac{dx_2}{dx_1} = -\dfrac{f_1}{f_2}$는 x_1의 증가함수임을 의미한다. 따라서 우리는 $\dfrac{d}{dx_1}\left(\dfrac{dx_2}{dx_1}\right) > 0$의 조건을 필요로 한다. f_1과 f_2가 모두 x_1과 x_2의 함수이고, 또한 등량곡선 위에서는 x_2는 x_1이 변할 때 동일 y를 생산하기 위해서 함께 변해주어야 하는 x_1의 함수이므로, 다음과 같은 미분을 행할 수 있다.

$$(2.13) \quad \frac{d}{dx_1}\left(\frac{dx_2(x_1)}{dx_1}\right) = \frac{\partial(-f_1/f_2)}{\partial x_1} + \frac{\partial(-f_1/f_2)}{\partial x_2}\frac{dx_2}{dx_1}$$

$$= \frac{-f_{11}f_2 + f_1f_{21}}{f_2^2} + \frac{-f_{12}f_2 + f_1f_{22}}{f_2^2}\left(-\frac{f_1}{f_2}\right)$$

$$(\because \text{등량곡선 위에서는 } \frac{dx_2}{dx_1} = -\frac{f_1}{f_2})$$

$$= \frac{-f_{11}f_2^2 + f_1f_2f_{21} + f_1f_2f_{12} - f_1^2f_{22}}{f_2^3}$$

$$= \frac{-f_{11}f_2^2 + 2f_1f_2f_{21} - f_1^2f_{22}}{f_2^3} \quad (\because f_{12} = f_{21})$$

생산자들은 한계생산성이 음($-$)인 영역에서는 생산행위를 하지 않을 것이므로 수식 (2.13)의 분모 f_2^3은 0보다 큰 값을 가진다. 즉 우리는 $f_1 > 0$, $f_2 > 0$의 조건을 가정한다. 등량곡선이 원점에 대해 볼록할 조건은 이 가정과 더불어 수식 (2.13)의 분자가 음이 아니라는 조건이 되며, 이는 다음과 같이 다시 정리할 수 있다.

$$(2.14) \quad -f_2^2f_{11} + 2f_1f_2f_{21} - f_1^2f_{22} \geq 0$$

식 (2.14)의 좌변의 값이 0이면 등량곡선은 기울기가 일정한 우하향하는 직선이 된다. 그렇지 않고 만약 선택가능한 x_1과 x_2의 전체 영역에서 좌변의 값이 0보다 커서 등량곡선이 직선부분을 포함하지 않는다면, 이때의 등량곡선은 강볼록(strictly convex)하다고 얘기한다.

연습 문제 2.3

〈표 2-1〉의 여섯 가지 생산함수에서 식 (2.14)의 조건이 충족되는지, 충족되려면 어떤 구체적인 조건이 필요한지 확인하라.

3. 투입요소의 대체탄력성

가. 대체탄력성의 도출

위에서의 논의에 의하면, 등량곡선이 우하향하는 것은 생산요소들이 서로를 대체할 수 있기 때문이다. 그리고 등량곡선이 원점에 대해 볼록하다는 것은 특정 생산요소 투입량을 늘릴수록 이 생산요소가 다른 생산요소를 대체할 수 있는 능력이 줄어들고, 등량곡선이 점점 평평해짐을 의미한다. 그렇다면 우리는 특정 생산요소 사용량을 늘릴 때 이 생산요소가 다른 생산요소를 대체할 수 있는 정도가 얼마나 빨리 감소하는지에 관심을 가질 수가 있다. 특정 생산요소 사용량을 늘려가도 이 생산요소가 다른 생산요소를 대체할 수 있는 정도, 즉 $MRTS$가 별로 줄어들지 않으면 이 투입재에 의한 다른 생산요소 대체가 매우 원활하다고 할 수 있다. 반대로 조금만 투입량을 늘려도 다른 생산요소를 대체할 수 있는 정도인 $MRTS$가 급격히 작아지면 생산요소 대체는 원활하지 못하다고 할 수 있다. 이런 의미에서의 대체관계의 원활함을 지표화한 것이 바로 대체탄력성(elasticity of substitution)이고, 식 (2.15)와 같이 정의된다.

$$(2.15) \qquad \sigma = \frac{(x_2/x_1)의\ 변화율}{MRTS_{12}의\ 변화율} = \frac{d(x_2/x_1)/(x_2/x_1)}{d(f_1/f_2)/(f_1/f_2)}$$

$$= \frac{(f_1/f_2)}{(x_2/x_1)} \frac{d(x_2/x_1)}{d(f_1/f_2)}$$

〈그림 2-6〉에서 두 투입물결합이 A에서 B로 이동한다고 생각해보자. 이 이동으로 인해 x_1 투입량이 늘어나므로 $MRTS_{12}$가 감소하는데, $MRTS$는 등량곡선 접선의 기울기의 절댓값이므로 그림에서 Δt만큼 변했다. 이는 두 접선의 기울기의 차이이다. A에서 B로의 이동은 아울러 x_1과 x_2의 결합비율 x_2/x_1도 바꾸는데, 이 비율은 특정 투입물결합과 원점을 연결하는 직선의 기울기이므로 A에서 B로의 이동시 Δs만큼 바뀌었다. 이도 기울기의 차이이다. 대체탄력성은 x_2 대비 x_1의 사용비율이 늘어날 때 $MRTS$가 얼마나 빨리 변하는지를 측정하되, 단위에 영향을 받지 않는 탄력성 형태로 표현된 지표이다. 수식 (2.15)에서 $\frac{d(x_2/x_1)}{d(f_1/f_2)}$는 〈그림 2-6〉의 $\frac{\Delta s}{\Delta t}$를 의미하고, 여기에 탄력성 형태로 만들어주기 위해 $\frac{(f_1/f_2)}{(x_2/x_1)}$를 곱해 준 것이 바로 대체탄력성이다. 이렇게 정의된 대체탄력성은 0에서 무한대까지의 값을 가질 수 있다. 투입요소의 사용

그림 2-6 대체탄력성

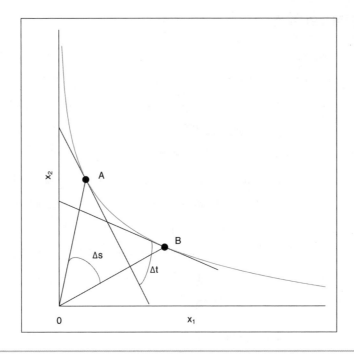

비율이 바뀌어도 $MRTS$가 별로 달라지지 않으면 $\dfrac{\Delta s}{\Delta t}$는 큰 값을 가질 것이므로 대체 탄력성의 값이 커지고 보다 원활한 대체가 가능함을 의미한다.

$y = f(x_1, x_2)$와 같은 두 가변투입물을 가지는 임의의 생산함수로부터 σ를 도출하는 것은 꽤 많은 절차를 거쳐야 하는 비교적 고통스러운 작업이지만, σ는 생산경제학에서는 대단히 중요한 개념이기 때문에 도출과정을 살펴보도록 한다. 먼저 특정 등량곡선 위에서는 이미 앞에서도 밝힌 바처럼 x_1과 x_2 중 하나가 변하면 나머지 하나도 그에 맞추어 변해주어야 한다. 이를 반영해 이번에는 x_2를 바꾸고 x_1이 그에 반응하는 즉, $x_1(x_2)$처럼 후자가 전자의 함수인 것처럼 생각해보자. 그렇다면 분수함수의 미분법칙을 이용해 다음을 도출할 수 있다.

$$\frac{d}{dx_2}\left(\frac{x_2}{x_1(x_2)}\right) = \frac{x_1 - x_2\dfrac{dx_1}{dx_2}}{x_1^2} \text{이고}, \quad d\left(\frac{x_2}{x_1(x_2)}\right) = \frac{x_1 - x_2\dfrac{dx_1}{dx_2}}{x_1^2}dx_2$$

마찬가지로 다음도 도출하자.

$$\frac{d}{dx_2}\left(\frac{f_1}{f_2}\right) = \frac{\left(f_{11}\dfrac{dx_1}{dx_2}+f_{12}\right)f_2 - f_1\left(f_{21}\dfrac{dx_1}{dx_2}+f_{22}\right)}{f_2^2} \text{이고,}$$

$$d\left(\frac{f_1}{f_2}\right) = \frac{\left(f_{11}\dfrac{dx_1}{dx_2}+f_{12}\right)f_2 - f_1\left(f_{21}\dfrac{dx_1}{dx_2}+f_{22}\right)}{f_2^2} dx_2$$

위의 두 결과를 대체탄력성 공식에 대입하고 다음을 도출하자.

$$\sigma = \frac{(f_1/f_2)}{(x_2/x_1)}\frac{d(x_2/x_1)}{d(f_1/f_2)}$$

$$= \frac{(f_1/f_2)}{(x_2/x_1)}\frac{\left[x_1 - x_2\dfrac{dx_1}{dx_2}\right]/x_1^2}{\left[\left(f_{11}\dfrac{dx_1}{dx_2}+f_{12}\right)f_2 - f_1\left(f_{21}\dfrac{dx_1}{dx_2}+f_{22}\right)\right]/f_2^2}$$

$$= \frac{f_1 x_1}{f_2 x_2}\frac{f_2^2\left[x_1 + x_2\dfrac{f_2}{f_1}\right]}{x_1^2\left[\left(-f_{11}\dfrac{f_2}{f_1}+f_{12}\right)f_2 + f_1\left(f_{21}\dfrac{f_2}{f_1}-f_{22}\right)\right]} \quad (\because \ \frac{dx_1}{dx_2}=-\frac{f_2}{f_1})$$

$$= \frac{f_1 f_2(f_1 x_1 + f_2 x_2)}{x_1 x_2\left[(-f_{11}f_2 + f_1 f_{12})f_2 + f_1 f_{21}f_2 - f_1^2 f_{22}\right]}$$

마지막으로, $f_{12} = f_{21}$ 임을 반영하면, 대체탄력성은 최종적으로 다음과 같이 도출된다.

$$(2.16) \qquad \sigma = \frac{f_1 f_2(f_1 x_1 + f_2 x_2)}{x_1 x_2\left(2f_1 f_2 f_{12} - f_2^2 f_{11} - f_1^2 f_{22}\right)}$$

식 (2.16)의 대체탄력성 공식에서 분자는 각 한계생산성 f_1과 f_2가 0보다 크기 때문에 0보다 작을 수가 없다. 분모의 부호는 $2f_1 f_2 f_{12} - f_2^2 f_{11} - f_1^2 f_{22}$의 부호에 달려있다. 그런데 우리는 수식 (2.14)에서 원점에 대해 볼록한 등량곡선, 즉 감소하는 $MRTS$를 가지는 생산함수에서는 이의 부호가 0보다 작을 수 없음을 이미 보았다. 따라서 σ 값 자체가 0보다 작을 수 없고 0 이상의 값을 가져야 한다.

가변투입물이 3가지 이상인 경우에도 그 중 두 생산요소 간의 대체탄력성을 정의할 수 있다. 총 N가지의 생산요소가 있다면, 이 중 x_i와 x_j 간의 대체탄력성은 식 (2.16)을 그대로 적용하여 아래의 식 (2.17)과 같이 도출할 수 있다.

$$(2.17) \qquad \sigma_{ij}^{D} = \frac{f_i f_j (f_i x_i + f_j x_j)}{x_i x_j \left(2 f_i f_j f_{ij} - f_j^2 f_{ii} - f_i^2 f_{jj}\right)} , \ i \neq j$$

식 (2.17)의 대체탄력성은 총 N가지의 생산요소 가운데 x_i와 x_j 간의 편(partial)대체탄력성이다. 이 탄력성은 x_i와 x_j 외 나머지 투입물은 모두 원래 수준에 고정시킨 상태에서 계산된다. $f_{ij} = f_{ji}$이기 때문에 $\sigma_{ij}^{D} = \sigma_{ji}^{D}$의 대칭성이 성립함을 알 수 있고, x_i와 x_j 중 무엇이 무엇을 대체하든 이들 두 생산요소 간에는 동일한 대체탄력성이 정의된다.

다수의 생산요소가 있는데 x_i와 x_j 간 대체탄력성을 측정할 때 다른 모든 투입요소가 고정되어 있다고 가정하는 것은 사실 매우 강한 가정이다. x_i 사용량을 바꾸어 x_j를 대체하고자 할 때 나머지 $N-2$개의 투입요소 중 x_i와 강한 대체관계나 보완관계를 가지는 투입요소가 있다면 현실적으로는 그 사용량도 함께 바뀔 것이다. 이 문제 때문에 $N \geq 3$인 경우 식 (2.17)과는 다른 탄력성들이 추천되기도 하였다. 이들 추가적인 탄력성개념에 대해서는 생산자의 비용최소화행위에 대해 논의할 때 다시 공부하기로 하자. 그러한 추가적인 탄력성 지표들과 구분하기 위해 식 (2.17)의 탄력성에는 상첨자 D가 포함되어 있다.

나. 주요 생산함수의 대체탄력성

이상과 같이 정의된 대체탄력성이 〈표 2−1〉에서 보여준 주요 생산함수에서는 어떤 값을 가지는지를 확인해보자. 이들 생산함수 중 2차 생산함수와 초월대수 생산함수의 경우 대체탄력성 값이 고정되어 있지 않고 생산요소와 산출물의 값이 달라지면 그 값도 달라진다. 이는 보다 다양한 형태의 대체가능성을 허용할 수 있는, 이들 생산함수가 가진 하나의 장점이지만, 여기에서는 항상 일정한 대체탄력성을 가지는 나머지 네 가지 생산함수에 대해서만 살펴보도록 한다.

먼저 레온티에프 생산함수의 경우 $\sigma = 0$이 되어야 한다. 〈그림 2−7〉에서 $\sigma = 0$으로 표기된 직각이 바로 $y = \min[x_1, x_2]$과 같은 레온티에프 생산함수가 만들어낸 등량곡선이다. 그림에서는 (2, 2)의 점에서 $y = 2$인 등량곡선의 직각이 형성된다. 자원낭비를 막기 위해 생산은 목표 생산량이 얼마냐에 따라 이러한 꼭짓점 중 한 군데에서만 이루어지지 꼭짓점 외에서는 이루어지지 않는다. 〈그림 2-7〉에서 $x_1 = 2$라면 $y = 2$의 등량곡선이 수직이라 $MRTS_{12}$가 ∞, 즉 무한대이다. 그러다 x_1을 늘려 2보다 크게 되면 등량곡선이 수평으로 바뀌고 $MRTS_{12}$가 0이 된다. 따라서 생산이 이루어지는 꼭짓점 부근에서 식 (2.15)의 σ공식의 분모인 '$MRTS_{12}$의 변화율'이 무한대의 변화를 하므로 $\sigma = 0$이 되어야 한다.

선형 생산함수의 경우 등량곡선의 기울기가 일정하므로 $MRTS_{12}$가 변하지 않는다. 반면 등량곡선 위에서 생산요소의 사용비율 x_2/x_1는 변하게 된다. 따라서 σ의 공식에서 분자인 '(x_2/x_1)의 변화율'은 0이 아니지만 분모인 '$MRTS_{12}$의 변화율'은 0이고, $\sigma = \infty$가 도출된다.

세 번째로 $y = Ax_1^a x_2^b$와 같은 콥-더글라스 생산함수를 검토하자. 먼저 $MRTS_{12} =$

그림 2-7 대체탄력성과 등량곡선의 형태

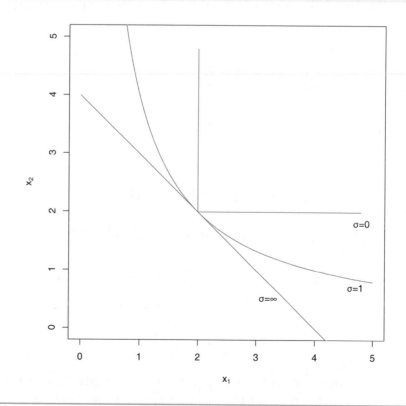

$\dfrac{f_1}{f_2} = \dfrac{aAx_1^{a-1}x_2^b}{bAx_1^a x_2^{b-1}} = \dfrac{a}{b}\dfrac{x_2}{x_1}$ 이고, $\dfrac{x_2}{x_1} = MRTS_{12}\dfrac{b}{a}$ 임을 알 수 있다. 따라서 $\dfrac{MRTS_{12}}{x_2/x_1} = \dfrac{a}{b}$ 이고, $\dfrac{d(x_2/x_1)}{dMRTS_{12}} = \dfrac{b}{a}$ 이며, 결국 $\sigma = \dfrac{d(x_2/x_1)}{dMRTS_{12}} \times \dfrac{MRTS_{12}}{x_2/x_1} = \dfrac{b}{a}\dfrac{a}{b} = 1$ 이다. 즉 콥 – 더글라스 생산함수의 대체탄력성은 항상 1이다.

마지막으로, CES 생산함수이다. 이 함수는 노벨경제학상 수상자 2명을 포함하는 당대의 경제학자 4명이 소개한 함수로서,[3] 2차함수나 초월대수함수와는 달리 변수 값에 상관없이 전 영역에서 일정한 대체탄력성을 가진다. 하지만 Leontief함수나, 선형함수, 콥 – 더글라스함수처럼 탄력성 값이 0, ∞, 1과 같은 특수한 값으로 고정되지 않고 0에서 무한대에까지 이르는 전체 영역에서 특정한 값을 하나 가질 수 있도록 한다. 즉 σ가 0.5, 1.3, 3.7 등과 같은 값을 자유로이 가질 수 있되, 생산요소가 분포하는 공간 전체에서 동일한 하나의 값을 가진다.

CES 생산함수는 $y = A\left[ax_1^\rho + bx_2^\rho\right]^{(v/\rho)}$ 와 같은 형태를 지니는데, 대개 $v = 1$을 가정하여 $y = A\left[ax_1^\rho + bx_2^\rho\right]^{(1/\rho)}$ 과 같이 설정한다. 또한 $\rho = \dfrac{\sigma - 1}{\sigma}$ 와 같이 변환하면 생산함수는 식 (2.18) 처럼 대체탄력성 σ가 포함되도록 할 수 있다. 아울러 뒤에서 보겠지만 $a + b = 1$의 관계가 성립하여야 한다.

$$(2.18) \qquad y = A\left[ax_1^{\frac{\sigma-1}{\sigma}} + bx_2^{\frac{\sigma-1}{\sigma}}\right]^{\sigma/(\sigma-1)}, \quad a + b = 1$$

먼저 이 생산함수의 대체탄력성이 실제로 σ가 된다는 것을 확인하기로 하고, 다음을 도출하자.

$$f_1 = \frac{\sigma}{(\sigma-1)}A\left[ax_1^{(\sigma-1)/\sigma} + bx_2^{(\sigma-1)/\sigma}\right]^{1/(\sigma-1)} a\frac{\sigma-1}{\sigma}x_1^{-1/\sigma}$$

$$f_2 = \frac{\sigma}{(\sigma-1)}A\left[ax_1^{(\sigma-1)/\sigma} + bx_2^{(\sigma-1)/\sigma}\right]^{1/(\sigma-1)} b\frac{\sigma-1}{\sigma}x_2^{-1/\sigma}$$

$$MRTS_{12} = \frac{f_1}{f_2} = \frac{a}{b}\left(\frac{x_2}{x_1}\right)^{1/\sigma}, \quad \frac{x_2}{x_1} = \left(\frac{b}{a}\right)^\sigma MRTS_{12}^\sigma$$

---

3 Arrow, K. J., H. Chenery, B. Minhas, and R. M. Solow, 1961, "Capital – Labor Substitution and Economic Efficiency," *The Review of Economics and Statistics* 43, pp. 225 – 250.

따라서 $\dfrac{(f_1/f_2)}{(x_2/x_1)}\dfrac{d(x_2/x_1)}{d(f_1/f_2)}=\dfrac{MRTS_{12}}{(b/a)^\sigma MRTS_{12}^\sigma}\times\left[\sigma\left(\dfrac{b}{a}\right)^\sigma MRTS_{12}^{\sigma-1}\right]=\sigma$ 이므로 실제

로 CES 생산함수의 대체탄력성은 σ가 되어야 한다.

CES함수가 가진 큰 장점은 선형함수, 콥－더글라스함수, 레온티에프함수보다는 훨씬 더 포괄적이어서 이들 세 함수를 모두 자신의 특수한 형태로 포함한다는 것이다. 즉 CES함수에서 σ의 값을 ∞, 1, 0으로 두면 각각 이들 세 함수를 도출해낼 수가 있다. 먼저 선형함수가 도출되는 경우를 검토하기 위해 식 (2.18)의 CES함수 $y=A\left[ax_1^{\frac{\sigma-1}{\sigma}}+bx_2^{\frac{\sigma-1}{\sigma}}\right]^{\sigma/(\sigma-1)}$ 에 $\sigma\to\infty$을 적용하면 $\dfrac{(\sigma-1)}{\sigma}=\dfrac{\infty}{\infty}$, $\dfrac{\sigma}{(\sigma-1)}=\dfrac{\infty}{\infty}$가 되어 그 값이 정의되지 않는 문제가 발생한다. 이 문제는 다음과 같은 로피탈의 법칙 (L'Hôpital's rule)을 적용하여 해결한다.

로피탈법칙에 의해 $\lim\limits_{\sigma\to\infty}\dfrac{(\sigma-1)}{\sigma}=\lim\limits_{\sigma\to\infty}\dfrac{1}{1}=1$이고 $\lim\limits_{\sigma\to\infty}\dfrac{\sigma}{(\sigma-1)}=\lim\limits_{\sigma\to\infty}\dfrac{1}{1}=1$이므로 $y=ax_1+bx_2$처럼 선형의 생산함수가 도출되고(단 $A=1$가정), 그 등량곡선도 〈그림 2-7〉이 보여주는 바와 같이 선형이 된다.

두 번째로, 콥－더글라스함수의 경우를 검토하기 위해 $y=A\left[ax_1^\rho+bx_2^\rho\right]^{(1/\rho)}$로 표현된 CES함수를 로그변환하면 다음과 같다.

$$\ln y=\ln A+\frac{1}{\rho}\ln\left(ax_1^\rho+bx_2^\rho\right),\ a+b=1$$

이 경우 $\sigma\to 1$일 때, $\rho\to 0$인데, $a+b=1$이기 때문에 $\lim\limits_{\rho\to 0}\dfrac{1}{\rho}\ln\left(ax_1^\rho+bx_2^\rho\right)=\dfrac{0}{0}$가 되어 역시 함수의 평가가 불가능한 문제가 있다. 이 문제도 로피탈의 법칙을 적용하여 해

결하는데, 다음처럼 분모 분자를 모두 ρ에 대해 미분한다.[4]

$$\lim_{\rho \to 0} \frac{1}{\rho} \ln\left(ax_1^\rho + bx_2^\rho\right) = \lim_{\rho \to 0} \frac{1}{1} \frac{ax_1^\rho \ln x_1 + bx_2^\rho \ln x_2}{ax_1^\rho + bx_2^\rho} = \frac{a \ln x_1 + b \ln x_2}{a + b} = \ln\left(x_1^a x_2^b\right)$$

따라서 $\sigma \to 1$, 즉 $\rho \to 0$일 때 $\ln y = \ln A + \ln\left(x_1^a x_2^b\right)$이고, $y = Ax_1^a x_2^b$가 되어, 콥－더글라스 생산함수가 도출된다.

마지막으로 $\sigma \to 0$인 경우에 레온티에프함수를 도출하는데, 이것이 조금 어렵다. 어떤 변수의 값이 x_1부터 x_N까지 N개가 있고 모두 양(+)이라 하자. 이러한 N개의 값의 대푯값을 정해주는 여러 가지 방법이 있는데, 그 중 하나가 r계 평균(mean value of order r) 혹은 가중 멱(冪)평균(weighted power mean)이라 불리는 $\left(\sum_{i=1}^N q_i x_i^r\right)^{1/r}$ 이다. 파라미터 q_i는 x_i에 부여되는 양(+)의 가중치이다. r계 평균은 변수의 평균치를 구하는 일반적인 방법이다. 예를 들어 $q_i = 1/N$로 가중치가 모두 동일하고 $r = 1$이면, 통상적인 산술평균을 얻게 된다. 이런 식으로 q_i들과 r을 어떻게 정해주느냐에 따라서 우리는 다양한 대표치를 구해낼 수가 있다. r계 평균은 아래의 math 2.2가 보여주는 바와 같은 성질을 가진다.

ılılıl math 2.2　　r계 평균의 극한치

$$\lim_{r \to -\infty} \left(\sum_{i=1}^N q_i x_i^r\right)^{1/r} = \min\left(x_1, ..., x_N\right), \quad \sum q_i = 1, \ q_i > 0, \ x_i > 0 \ \ \forall i$$

---

x_k를 $x_1, ..., x_N$의 값 중 가장 큰 값이라 하고, x_j를 가장 작은 값이라 하자. 즉 $x_k = \max\left(x_1, ..., x_N\right)$이고, $x_j = \min\left(x_1, ..., x_N\right)$이다. $r > 0$이라면 우리는 다음 관계를 얻는다.

$$\left(q_1 0^r + ... + q_{k-1} 0^r + q_k x_k^r + q_{k+1} 0^r + ... + q_N 0^r\right)^{1/r}$$

$$= q_k^{1/r} x_k \leq \left(\sum_{i=1}^N q_i x_i^r\right)^{1/r} \leq \left(\sum_{i=1}^N q_i x_k^r\right)^{1/r} = x_k$$

4　미분과정에서 $\dfrac{d \ln f(x)}{dx} = \dfrac{f'(x)}{f(x)}$ 와 $\dfrac{dx_1^\rho}{d\rho} = x_1^\rho \ln x_1$과 같은 미분법칙이 사용된다.

위의 관계는 다른 모든 변수 값들은 0으로 두고 x_k만 반영하여 r계 평균을 취하면 당연히 이는 모든 x_i들을 반영한 $\left(\sum_{i=1}^{N} q_i x_i^r\right)^{1/r}$ 보다도 작고, 이어서 이것은 또한 가장 큰 값만을 대입하여 평균값을 구한 것인 $\left(\sum_{i=1}^{N} q_i x_k^r\right)^{1/r} = x_k$보다 작다는 것을 의미한다. 그런데 $r \to \infty$일 경우 $\lim_{r \to \infty} q_k^{1/r} x_k = x_k$가 되고, $\lim_{r \to \infty}\left(\sum_{i=1}^{N} q_i x_i^r\right)^{1/r}$ 는 x_k와 x_k사이에 놓이게 되어 결국 우리는 $\lim_{r \to \infty}\left(\sum_{i=1}^{N} q_i x_i^r\right)^{1/r} = x_k = \max(x_1, ..., x_N)$의 결과를 얻는다. 이 관계는 x_i가 아닌 $\frac{1}{x_i}$에의 r계 평균을 취할 때에도 성립하므로 이를 대입하면 다음 관계를 얻는다.

$$\lim_{r \to \infty}\left(\sum_{i=1}^{N} q_i (1/x_i)^r\right)^{1/r} = \max\left(\frac{1}{x_1}, ..., \frac{1}{x_N}\right) = \frac{1}{x_j}$$

이제 $s = -r$이라 하면, $\lim_{r \to \infty}\left(\sum_{i=1}^{N} q_i (1/x_i)^r\right)^{1/r} = \lim_{s \to -\infty}\left(\sum_{i=1}^{N} q_i x_i^s\right)^{-1/s} = \dfrac{1}{\lim_{s \to -\infty}\left(\sum_{i=1}^{N} q_i x_i^s\right)^{1/s}} = \dfrac{1}{x_j}$ 을 얻고, 따라서 우리가 최종적으로 원하는 다음의 결과를 얻는다.

$$\lim_{s \to -\infty}\left(\sum_{i=1}^{N} q_i x_i^s\right)^{1/s} = \min(x_1, ..., x_N)$$

우리의 CES함수에서 $\sigma \to 0$은 $\rho \to -\infty$을 의미한다. 이를 그대로 적용하면, 다음처럼 CES함수로부터 레온티에프함수를 얻는다(단, $a + b = 1$).

$$\lim_{\rho \to -\infty} A\left[ax_1^{\rho} + bx_2^{\rho}\right]^{(1/\rho)} = A\min[x_1, x_2]$$

이상 살펴본 바와 같이 CES함수로부터 콥－더글라스함수를 도출할 때와 마찬가지로 레온티에프함수를 도출하기 위해서도 $a + b = 1$이라는 조건이 항상 적용되어야 한다.

연 습 문 제 2.4 〈표 2−1〉의 2차 생산함수와 초월대수함수의 대체탄력성 공식을 도출하라.

SECTION 04 규모수익성

단일 가변투입물만 있는 경우 얼마나 많은 생산을 할 것인지와 어떻게 생산할 것인 지는 사실 같은 문제이다. 산출량을 늘리는 유일한 방법은 한 가지뿐인 가변투입물 사용량을 늘리는 것이기 때문에 그렇다. 반면 가변투입물이 두 가지 이상인 경우에는 동일한 산출을 얻는 방식 자체가 매우 많고, 따라서 어떻게 생산하느냐와 얼마나 생산하느냐는 같은 문제가 될 수 없다. 제2절과 제3절에서 등량곡선과 대체탄력성 등을 이용해 논의한 내용들은 모두 정해진 산출량을 어떻게 생산해낼 수 있는지에 대한 기술적 조건과 관련된 것들이다. 이번 절에서는 얼마나 생산할 것인지와 관련된 기술적 조건을 다룬다. 어떻게 생산할 것인지도 마찬가지겠으나 얼마나 생산할지에 관한 의사결정은 생산기술상의 특성뿐 아니라 투입물과 산출물의 가격조건까지도 고려해야 한다. 따라서 그에 대한 분명한 분석은 가격자료를 함께 반영하는 본서의 제4장 이후에서 이루어질 것이다. 다만 이번 절에서는 생산규모를 늘릴 때 필요한 자원은 어떻게 변하는지를 검토해 생산규모 결정 시 감안할 기술특성을 분석하도록 한다.

1. 단일 가변투입물의 경우

단일 가변투입물만이 있는 경우 생산규모와 관련하여 고려해야 할 것은 가변투입물 사용량을 늘리면 그 이상으로 산출이 늘어나는지 그렇지 않은지일 것이다. 현재 x의 투입을 하고 있는 상태에서 이를 λx로 늘린다고 하자($\lambda > 1$). 그렇다면 우리는 다음 세 가지 경우가 발생할 수 있음을 안다.

규모수익증가: $f(\lambda x) > \lambda f(x)$
규모수익불변: $f(\lambda x) = \lambda f(x)$
규모수익감소: $f(\lambda x) < \lambda f(x)$

첫 번째 경우는 규모수익증가(increasing returns to scale, IRS)가 발생하는 경우로서, $\frac{f(\lambda x)}{f(x)} > \lambda$를 의미하기 때문에 투입물의 증가비율 λ보다도 더 높은 산출물 증가율이 발생한다. 두 번째 경우는 규모수익불변(constant returns to scale, CRS)이 나타나는 경우로서, 투입물의 증가비율과 산출물의 증가비율이 동일하다. 마지막 규모수익감소(decreasing returns to scale, DRS)의 경우에는 투입물의 증가비율 보다도 산출물 증가율이 더 낮다. 이 세 가지 경우가 각각 무엇을 의미하는지를 좀 더 분명히 이해하기 위해 위의 조건들을 모두 λx로 다음과 같이 나누어보자.

$$\text{규모수익증가: } \frac{f(\lambda x)}{\lambda x} > \frac{\lambda f(x)}{\lambda x} = \frac{f(x)}{x}$$

$$\text{규모수익불변: } \frac{f(\lambda x)}{\lambda x} = \frac{\lambda f(x)}{\lambda x} = \frac{f(x)}{x}$$

$$\text{규모수익감소: } \frac{f(\lambda x)}{\lambda x} < \frac{\lambda f(x)}{\lambda x} = \frac{f(x)}{x}$$

$\lambda > 1$이어서 가변투입물을 x에서 λx로 늘렸다면, IRS의 경우에는 새로운 투입물수준에서의 평균생산성 $\frac{f(\lambda x)}{\lambda x}$가 원래의 투입물수준 x에서의 평균생산성 $\frac{f(x)}{x}$보다도 더 크다. 따라서 가변투입물 추가 투입을 통해 생산을 늘릴수록 평균생산성이 높아진다. 마찬가지 과정으로부터, CRS의 경우 산출을 늘려도 평균생산성이 변하지 않으며, DRS의 경우 산출을 늘리면 평균생산성이 하락함을 알 수 있다. 따라서 IRS인 경우에는 생산규모를 늘릴 때 평균생산성이 높아지는 기술적 측면의 이득이 있지만, DRS인 경우에는 반대로 생산규모 증대는 평균생산성 측면에서는 손실을 초래한다.

규모수익특성은 다른 지표를 이용해 확인할 수도 있다. 식 (2.4)는 가변생산요소의 탄력성을 $e = \frac{dy/y}{dx/x} = \frac{dy}{dx} \frac{x}{y} = \frac{MP}{AP}$와 같이 정의하였다. 그리고 생산의 제I단계에서는 $e > 1$이어서 x 추가 투입 시 평균생산성 AP가 상승함을 보았고, 생산의 제I단계와 제II단계의 경계에서는 $e = 1$이고, 생산의 제II단계에서는 $0 < e < 1$임을 확인하였다. 따라서 규모수익성은 다음과 같이 정리될 수도 있다.

규모수익증가: $e > 1$
규모수익불변: $e = 1$
규모수익감소: $e < 1$

〈그림 2-1〉이 보여준 바와 같이 동일한 단기 생산함수로부터도 생산의 제I단계, 제
II단계, 제III단계가 모두 나타날 수 있으므로 현재 생산규모가 어느 수준에 있느냐에 따
라서 IRS, CRS, DRS 중 하나가 나타날 수 있다. 물론 생산기술이 특정 조건을 충족하는
경우에는 전체 생산영역에서 이 세 가지 규모 특성 중 한 가지만 나타날 수도 있다.

> **연 습**
> **문 제**
> **2.5**
> $y = Ax^\alpha$와 같은 단기 생산함수가 있다면 이 함수의 규모수익특성은 어떻게 되
> 는가?

2. 다수 가변투입물의 경우

이제 $N(\geq 2)$개의 가변투입물이 있어 생산함수를 $y = f(x_1, ..., x_N)$과 같이 표현하
자. 이때의 규모수익성은 어떻게 정의할 수 있을까? 이제는 생산량을 늘릴 때 자본사용
량을 주로 늘릴 수도 있고, 아니면 노동사용량을 많이 늘릴 수도 있는 등, 생산량을 바
꾸는 방법 자체가 대단히 많기 때문에 규모수익성을 측정하되 어떻게 생산량을 늘릴지
도 함께 결정해야 한다. 그러나 우리는 가격변수와 같은 경제자료를 갖고 있지 않는 상
태에서는 어떤 투입물결합을 통해 생산량을 늘리는 것이 최선인지를 모른다는 근본적인
한계를 갖고 있다.

이 상황에서 선택할 수 있는 가장 자연스러운 방법은 '모든 투입물을 동일 비율로'
바꾸는 것이다. 이렇게 하면 N가지의 투입물을 적어도 규모수익성을 검토할 때에는 사
실상 한 가지 투입물이 되도록 묶어주는 것이 가능하고, 이를 통해 단일 가변투입물의
경우에 사용했던 방법들을 이용해 규모수익성을 정의하고 측정할 수 있다.

이제 규모수익성의 정의는 다음과 같이 바뀌고, 모든 투입물을 λ배하여 규모수익성
을 정의한다.

> 규모수익증가: $f(\lambda x_1, ..., \lambda x_N) > \lambda f(x_1, ..., x_N)$
> 규모수익불변: $f(\lambda x_1, ..., \lambda x_N) = \lambda f(x_1, ..., x_N)$
> 규모수익감소: $f(\lambda x_1, ..., \lambda x_N) < \lambda f(x_1, ..., x_N)$

이상의 조건을 좀 더 분명히 이해하기 위해 다음과 같은 규모탄력성(elasticity of scale)을
정의하자.

$$(2.19) \quad \epsilon = \frac{\partial f(\lambda x_1, \ldots, \lambda x_N)}{\partial \lambda} \frac{\lambda}{f(\lambda x_1, \ldots, \lambda x_N)}\Big|_{\lambda=1}$$

규모탄력성은 모든 생산요소의 동일한 변화비율인 λ가 1% 변하면 그로 인해 생산량 $f(\lambda x_1, \ldots, \lambda x_N)$은 몇 %가 변하는지를 나타내는 탄력성인데, 그 값은 $\lambda=1$, 즉 원래의 생산량 수준에서 평가한다. ϵ이 1보다 크면 생산요소의 비례적 증가율보다도 산출량 증가율이 더 높기 때문에 규모수익증대가 나타나고, 1일 때 규모수익불변, 1보다 작을 때 규모수익감소가 있다고 말한다. ϵ은 다시 다음과 같이 정리된다.

$$(2.20) \quad \epsilon = \sum_{i=1}^{N} \frac{\partial f(\lambda x_1, \ldots, \lambda x_N)}{\partial(\lambda x_i)} x_i \frac{\lambda}{f(\lambda x_1, \ldots, \lambda x_N)}\Big|_{\lambda=1}$$

$$= \sum_{i=1}^{N} \frac{\partial f(x_1, \ldots, x_N)}{\partial x_i} \frac{x_i}{f(x_1, \ldots, x_N)} = \sum_{i=1}^{N} f_i \frac{x_i}{y} = \sum_{i=1}^{N} e_i = \sum_{i=1}^{N} \frac{MP_i}{AP_i}$$

즉 다수 가변투입물 생산함수의 규모탄력성은 식 (2.9)에서 정의되었던 각 생산요소의 편요소탄력성 e_i의 합과 같아서, 다른 생산요소 사용량은 고정시킨 채 각 생산요소 사용량을 1% 늘릴 때 발생하는 산출의 증가율을 모두 합한 것과 같고, 또한 동시에 각 투입요소의 한계생산성과 평균생산성의 비율을 모두 합한 것과 같다.

단일 가변투입물 생산함수의 규모수익성은 그 투입물의 한계생산성과 평균생산성의 비율로 정의될 수 있었지만, 가변투입물이 다수인 경우에는 모든 투입요소의 한계생산성과 평균생산성의 비율이 다 반영되어 규모탄력성이 정의된다. 그러나 이 경우에도 하나의 한계생산성과 하나의 평균생산성만을 이용해 규모탄력성을 정의할 수 있는데, 이를 위해 다음과 같은 반직선(ray) 한계생산성(RMP)과 반직선(ray) 평균생산성(RAP)을 도입하자.

$$(2.21) \quad RMP = \frac{\partial f(\lambda x_1, \ldots, \lambda x_N)}{\partial \lambda} = \sum_{i=1}^{N} \frac{\partial f(\lambda x_1, \ldots, \lambda x_N)}{\partial(\lambda x_i)} x_i$$

$$RAP = \frac{f(\lambda x_1, \ldots, \lambda x_N)}{\lambda}$$

반직선 한계생산성과 반직선 평균생산성은 각각 한계생산성과 평균생산성을 나타내지만, 이때 원래의 투입물 $(x_1, \ldots, x_N)$이 아니라 투입물의 변화율인 λ를 마치 생산요소인 것처럼 처리한다. 하지만 사실은 λ를 생산요소의 대표로 간주하는 것은 모든 생산요소를 비례적으로 바꿀 때에는 타당한 선택이다. 산출량을 바꾸는 방법이 $(x_1, ..., x_N)$에서 모든 생산요소 사용량을 비례적으로 바꾸는 것이므로 생산수준을 결정하는 것은 사실 λ인 것이다. 따라서 우리는 마치 λ라는 하나의 가변투입물이 있는 것처럼 간주하고 규모수익성을 검토할 수 있다. 식 (2.19) 혹은 (2.20)의 규모탄력성 정의에 RMP와 RAP를 대입하면 다음을 얻는다.

$$\epsilon = \frac{\partial f(\lambda x_1, ..., \lambda x_N)}{\partial \lambda} \frac{\lambda}{f(\lambda x_1, ..., \lambda x_N)}\Big|_{\lambda=1} = \frac{RMP}{RAP}\Big|_{\lambda=1}$$

또한, $\dfrac{\partial RAP}{\partial \lambda} = \dfrac{1}{\lambda}\left[\dfrac{\partial f(\lambda x_1, ..., \lambda x_N)}{\partial \lambda} - \dfrac{f(\lambda x_1, ..., \lambda x_N)}{\lambda} \right]$ 이므로 다음의 관계도 도출된다.

$$\frac{\partial RAP}{\partial \lambda} > 0 \Leftrightarrow RMP > RAP \Leftrightarrow \epsilon > 1$$

$$\frac{\partial RAP}{\partial \lambda} = 0 \Leftrightarrow RMP = RAP \Leftrightarrow \epsilon = 1$$

$$\frac{\partial RAP}{\partial \lambda} < 0 \Leftrightarrow RMP < RAP \Leftrightarrow \epsilon < 1$$

즉, 단일 가변투입물 생산함수에서 한계생산성과 평균생산성 사이에 존재하던 관계가 RMP와 RAP 사이에 정확히 성립하며, RAP의 극대치에서 $RMP = RAP$관계가 성립한다. 따라서 λ를 유일한 가변투입물로 간주하고, 반직선(ray) 총생산(RTP), 반직선 한계생산성, 반직선 평균생산성의 관계를 〈그림 2−8〉처럼 그리고, 생산의 세 단계를 구분할 수도 있다.

연 습 문 제 2.6 〈표 2−1〉의 여섯 가지 생산함수의 규모탄력성, 반직선 한계생산성, 반직선 평균생산성을 도출해보라.

그림 2-8 반직선 생산함수

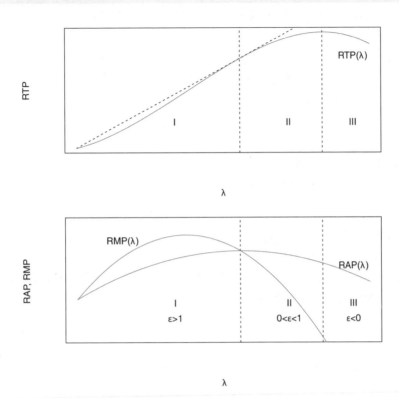

3. 동차 생산함수

규모수익성 논의와 관련하여, 다음과 같은 특수한 성질을 지니는 함수, 즉 동차함수 (homogeneous function)를 검토하자.

math 2.3   동차함수

함수 $f(x_1,...,x_N)$이 어떤 $\lambda > 0$에 대해서도 다음과 같은 성질을 가지면 r차 동차 함수(homogeneous of degree r)라 부른다.

$$f(\lambda x_1,...,\lambda x_N) = \lambda^r f(x_1,...,x_N)$$

어떤 함수가 r차 동차함수이면 모든 설명변수들을 λ배할 때 그 함수 자체의 값은 λ^r배가 된다. 모든 함수가 이런 성질을 충족하는 것은 아니다.

연 습
문 제
2.7
〈표 2–1〉의 생산함수 가운데 동차성을 충족하는 함수는 무엇이며, 충족한다면 몇 차의 동차함수인지 설명하라.

아울러 아래와 같이 어떤 함수가 r차 동차함수이면, 그 함수의 1계 편도함수들은 모두 $r-1$차 동차함수라는 성질도 있다.

math 2.4　　　**동차함수의 편도함수**

함수 $f(x_1,...,x_N)$이 미분가능한 r차 동차함수라면, 그 함수의 어떤 편도함수 f_i ($i=1,...,N$)도 $r-1$차 동차함수이다.

$f(x_1,...,x_N)$가 r차 동차함수이므로 $f(\lambda x_1,...,\lambda x_N) - \lambda^r f(x_1,...,x_N) \equiv 0$이다. 이를 x_i에 대해 미분하면 $\lambda \dfrac{\partial f(\lambda x_1,...,\lambda x_N)}{\partial(\lambda x_i)} - \lambda^r \dfrac{\partial f(x_1,...,x_N)}{\partial x_i} = 0$이다. 따라서 $\dfrac{\partial f(\lambda x_1,...,\lambda x_N)}{\partial(\lambda x_i)}$ $= \lambda^{r-1} \dfrac{\partial f(x_1,...,x_N)}{\partial x_i}$이기 때문에 위의 성질이 성립한다.

동차함수는 투입요소의 비례적 변화를 곧바로 산출물의 증가비율로 전환해서 나타내기 때문에 규모수익성을 분석하는 데 매우 유용하게 사용될 수 있다. 생산함수가 동차함수라면, 규모탄력성은 다음과 같이 계산된다.

$$\epsilon = \frac{\partial \lambda^r f(x_1,...,x_N)}{\partial \lambda} \frac{\lambda}{\lambda^r f(x_1,...,x_N)} = r$$

즉 r차 동차생산함수는 λ의 값이 무엇이든지 상관없이 r이 바로 규모수익성을 나타내며, 투입물 수준에 상관없이 규모수익성이 항상 일정한 값을 보인다. r이 1보다 크냐, 1이냐, 1보다 작으냐에 따라서 생산함수는 전체 영역에서 IRS, CRS, 혹은 DRS를 보인다.

동차함수는 이렇게 규모수익성을 매우 편리하게 검토할 수 있게 하지만, 이는 생산기술에 대해 강한 제약을 가했기 때문에 얻을 수 있는 편리성이다. 이 제약이 가장 잘 표현되는 동차 생산함수의 특성은 $N=2$일 때 (x_1, x_2) 공간의 원점을 지나는 모든 직선 위의 투입물결합에서 $MRTS_{12}$가 동일하다는 것인데, 이는 현실에서는 반드시 성립할 이유가 없는 강한 조건이다. $MRTS_{12} = \dfrac{f_1}{f_2}$ 이고, math 2.4에 의해 f_1과 f_2는 모두 $r-1$차 동차이다. 따라서 원래의 투입량에서 모든 투입요소를 λ의 비율로 비례적으로 바꾸면, 새로운 $MRTS_{12}$는 $\dfrac{f_1(\lambda x_1, \lambda x_2)}{f_2(\lambda x_1, \lambda x_2)} = \dfrac{\lambda^{r-1} f_1(x_1, x_2)}{\lambda^{r-1} f_2(x_1, x_2)} = \dfrac{f_1(x_1, x_2)}{f_2(x_1, x_2)}$ 로서 원래의 $MRTS_{12}$와 일치한다. 이 성질을 역으로 말하면, 생산함수가 동차함수이면 모든 등경사선(isocline)은 원점을 지나는 직선이 된다. 이때 등경사선은 동일한 한계기술대체율, 즉 $MRTS_{12}$를 연결한 선을 의미한다.

〈그림 2-9〉의 (a), (b), (c)는 CRS, IRS, DRS의 특성을 가지는 콥-더글라스함수 $y = x_1^a x_2^b$의 등량곡선을 보여준다. $(\lambda x_1)^a (\lambda x_2)^b = \lambda^{a+b} x_1^a x_2^b$ 이므로 이 함수는 $a+b$차 동차함수이다. 이 세 그림은 모두 생산량이 $y=10$, 20, 30인 세 가지 등량곡선들을 보여준다. $a+b=1$인 〈그림 2-9(a)〉의 CRS함수의 경우 생산량이 늘어날 때 두 투입요소가 동일 비율만큼 늘어나야 하므로 등량곡선 간의 간격이 일정하다. 그러나 세 등량곡선의 간격은 $a+b > 1$인 〈그림 2-9(b)〉의 IRS일 때는 y가 커지면서 좁아지고, 반대로 $a+b < 1$인 〈그림 2-9(c)〉의 DRS일 때는 넓어진다.

콥-더글라스함수는 동차함수이기 때문에 이들 세 가지 그래프 모두에 있어 등경사선이 원점을 지나는 직선이어서 직선 위의 $MRTS_{12}$는 동일하다. 즉 〈그림 2-9(a)〉의 세 점 A, A', A''에서의 $MRTS_{12}$가 모두 서로 일치하고, 또 다른 직선 위의 두 점 B와 B'에서의 $MRTS_{12}$가 서로 일치한다. 하지만 〈그림 2-9(d)〉는 동차함수가 아닌 2차 생산함수로부터 그려진 등량곡선들을 보여주는데, 함께 그려진 두 개의 등경사선이 콥-더글라스 생산함수의 경우와 달리 원점을 지나지 않음을 확인할 수 있다. 〈그림 2-9(d)〉에서는 등경사선이 원점을 지나지는 않으나 여전히 직선이지만, 다른 형태의 생산함수로부터 도출된 등량곡선의 경우 등경사선이 원점을 지나지 않을 뿐 아니라 직

그림 2-9 동차함수의 등량곡선

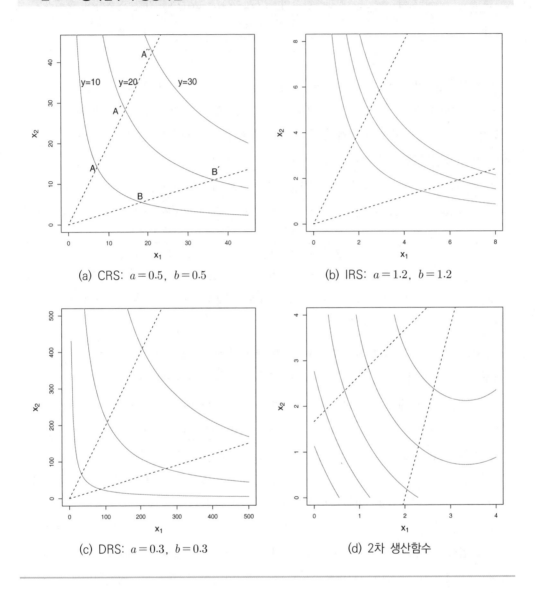

(a) CRS: $a = 0.5$, $b = 0.5$

(b) IRS: $a = 1.2$, $b = 1.2$

(c) DRS: $a = 0.3$, $b = 0.3$

(d) 2차 생산함수

선도 아닌 보다 불규칙한 형태를 가질 수 있다.

1차 동차인 콥−더글라스 생산함수 $y = Ax_1^a x_2^{1-a}$로부터

$$f_1 = aAx_1^{a-1}x_2^{1-a} = aA\left(\frac{x_2}{x_1}\right)^{1-a}, \quad f_2 = (1-a)Ax_1^a x_2^{-a} = (1-a)A\left(\frac{x_2}{x_1}\right)^{-a}$$ 가 도출되

어 두 가지 한계생산함수가 모두 두 투입요소의 비율로 표시된다. 즉 한계생산
성이 각 투입물의 크기가 아니라 사용비율에 의해 결정된다. 이를 일반화하여 1
차 동차 생산함수 $y = f(x_1,...,x_N)$가 있을 때 x_i의 한계생산성이 $f_i(x_1,...,x_N)$
$= f_i(1, x_2/x_1,...,x_N/x_1) = g_i(x_2/x_1,...,x_N/x_1)$처럼 x_1이라는 특정 투입물을 기준으
로 한 투입물 사용비율만의 함수임을 보여라.

한편, 동차함수가 가지는 다음과 같은 또 다른 중요한 성질이 있다.

math 2.5 　오일러 정리

함수 $f(x_1,...,x_N)$이 미분가능한 r차 동차함수라면,

$$\sum_{i=1}^N \frac{\partial f(x_1,...,x_N)}{\partial x_i} x_i = rf(x_1,...,x_N)$$의 관계가 성립한다.

오일러(Euler) 정리라 불리는 이 정리는 쉽게 증명된다. $f(\lambda x_1,...,\lambda x_N) - \lambda^r f(x_1,...,x_N)$
$\equiv 0$의 항등식을 이번에는 λ에 대해 미분하면, $\sum_{i=1}^N \frac{\partial f(\lambda x_1,...,\lambda x_N)}{\partial(\lambda x_i)} x_i - r\lambda^{r-1}f(x_1,...,x_N)$
$= 0$이 되고, 이 관계는 0보다 큰 모든 λ 값에서 성립해야 하므로 이를 $\lambda = 1$에서 평가하면
오일러 정리를 얻는다.

이 정리는 각 변수별 편도함수에 그 변수를 곱한 후 모두 더하면 동차함수 값에 r을
곱한 것과 같다는 내용인데, 특히 $r = 1$일 때, 즉 생산기술이 CRS의 특성을 가질 때 매
우 중요한 경제학적 의미를 가진다. 이 경우 오일러 정리는 $f_1 x_1 + f_2 x_2 = y$를 의미한
다. 각 투입물에 대한 보수로 산출물을 지급하고, 각 투입물의 한계생산성에 해당되는
만큼을 투입물 단위당 보수로 지급하면, 두 가지 투입물을 공급하는 사람이 받는 대가
의 합인 $f_1 x_1 + f_2 x_2$가 생산량 y와 정확히 일치한다. 따라서 생산된 산출물은 손실이나
누출이 없이 정확히 투입물에 대한 대가로 배분된다. 만약 투입물이 효과적으로 작동하
는 시장에서 거래된다면 실제로 그 시장가격은 한계생산성을 반영하여 결정될 것이다.

따라서 오일러 정리는 생산기술이 CRS의 특성을 가질 때 생산된 가치가 투입물을 제공한 사람에게 시장을 통해 그 가치에 맞게 빠짐없이 배분된다는 것을 의미하며, 자본주의 시장경제를 지탱하는 아주 중요한 원리가 된다.

등경사선이 원점을 지나는 직선이라는 것은 동차함수에서만 성립하는 성질은 아니다. $y = f(x_1, ..., x_N)$이 어떤 r차 동차함수라 하자. 그리고 이를 단조증가 변환하여 $z = F(y) = F(f(x_1, ..., x_N))$ $(F'(y) > 0)$와 같은 합성함수를 만들어 이를 $z = h(x_1, ..., x_N)$와 같이 생성하면, 이 함수를 동조함수(homothetic function)라 부른다. 로그변환 같은 것이 전형적인 단조증가 변환이다. 동차함수는 그 스스로가 동조함수이지만, 동조함수라고 해서 반드시 동차함수가 되는 것은 아니다. 하지만 생산함수가 동조함수일 때에도 $MRTS_{ij} = \dfrac{F'(y)f_i}{F'(y)f_j} = \dfrac{f_i}{f_j}$로서, 한계기술대체율이 두 $r-1$차 동차함수의 비율이므로 등경사선이 여전히 원점을 지나는 직선이 된다.

동조함수는 아울러 규모탄력성 측면에서도 일반적인 함수와는 다른 성질을 가진다. $z = h(x_1, ..., x_N) = F(y) = F(f(x_1, ..., x_N))$과 같은 동조함수에서, z는 최종 생산물, y는 모든 투입물 $(x_1, ..., x_N)$을 통합하는 일종의 총투입물(aggregate input)이라 생각할 수 있다. 즉 개별 투입물이 모두 $f(x_1, ..., x_N)$이라는 r차 동차인 일종의 생산함수를 통해 하나의 총투입물 y로 먼저 만들어지고, 이것이 함수 $F(y)$를 통해 최종 산출물 z를 생산해낸다. 이를 반영하여 식 (2.20)의 규모탄력성을 도출하면 다음과 같다.

$$\epsilon = F'(y) \sum_{i=1}^{N} \frac{\partial f(x_1, ..., x_N)}{\partial x_i} \frac{x_i}{z} = F'(y) \frac{ry}{z} \quad (\because r차 \ 동차성과 \ 오일러 \ 정리)$$

마지막 등식에서는 $y = f(x_1, ..., x_N)$이 r차 동차함수라는 성질이 반영되었다. 이제 $z = F(y)$의 역함수를 취하여 $y = g(z)$라 하자. 즉 $g(z) = F^{-1}(z) = y$이다. 이를 반영하면 위의 규모탄력성은 다음과 같이 바뀐다.[5]

$$\epsilon = \frac{rg(z)}{g'(z)z}$$

원래 규모탄력성은 사용되고 있는 투입물 $(x_1, ..., x_N)$과 최종 생산량 z의 값 모두의 영향을 받아서 결정된다. 그러나 생산함수 $h(x_1, ..., x_N)$가 동조함수의 성질을 가지면 규

---

5 $z = F(y) = F(g(z))$이어서 $1 = F'(y)g'(z)$이므로, $F'(y) = 1/g'(z)$의 관계가 성립한다.

모탄력성은 투입요소 사용량에 의해서는 영향을 받지 않고, 오로지 산출규모에 의해서만 결정된다. 이 결과는 물론 동조함수에서는 등경사선이 원점을 지나는 직선이라는 성질과 연계되어 있다.

한편 생산함수 자체가 r차 동차함수라면 $z = y$이고 $g'(z) = 1$이어서 이 경우 $\epsilon = r$임이 다시 한 번 확인된다.[6] 이 경우 규모탄력성은 생산요소 투입량은 물론 산출규모에 의해서도 영향을 받지 않고, 전체 투입량과 산출량의 공간에서 일정한 값을 가진다.

SECTION 05   생산함수의 수학적 특성

지금까지 우리는 생산함수와 그로부터 파생되는 등량곡선을 이용해 생산기술의 특성을 분석하였다. 지금까지 여러 가지 측면에서 살펴보았던 생산함수의 특성을 다음과 같이 정리할 수 있다.

> $f.1$ $f(x_1,...,x_N)$은 모든 유한한 비음의 $(x_1,...,x_N)$에 대해 유한하고 유일한 비음의 값을 가진다.
>
> $f.2$ $(x_1^1,...,x_N^1) \geq (x_1^0,...,x_N^0)$일 때 $f(x_1^1,...,x_N^1) \geq f(x_1^0,...,x_N^0)$이다 (단조성)
>
> $f.3$ $f(0,...,0) = 0$이다 (생산요소 필수성)
>
> $f.4$ $f(x_1,...,x_N)$은 연속이고 두 번 미분가능한 함수이다.
>
> $f.5a$ $f(x_1,...,x_N)$은 생산요소의 오목함수이다.
>
> $f.5b$ $f(x_1,...,x_N)$은 생산요소의 준오목함수이다.

이상의 특성들은 우리가 생산기술에 대해 흔히 적용하는 가정들로부터 도출된다. $f.1$은 생산요소 사용량이 무한대가 아니라면 어떤 생산요소 조합이라도 그에 해당되는 생산함수의 값이 유일하게 존재한다는 의미이다. 생산함수가 이 성질을 가지기 위해서는 유한한 생산요소로부터 무한히 많은 산출을 하는 것은 배제하여야 한다. 이 성질로

---

6 많은 문헌에서 동조함수를 1차 동차함수의 단조 증가변환이라 가정하기도 한다. 즉 $f(x_1,...,x_N)$이 1차 동차함수라 가정된다. 이 경우 $r = 1$이 된다. 이때에는 대신 함수 $g(z)$가 $1/s$차 동차함수이면 전체 생산함수는 다시 동차함수가 되고, 오일러 정리에 의해 $g'(z)z = \dfrac{1}{s}g(z)$이므로 $\epsilon = s$로 일정한 값을 가지게 된다.

인해 우리는 생산기술의 특성을 생산함수라는 수단을 이용해 분석할 수 있다.

$f.2$는 생산요소 사용량이 늘어날 때 산출이 오히려 줄어들지는 않는다는 것을 의미한다. 한편, 본서에서는 두 생산요소 묶음 간에 $(x_1^1, ..., x_N^1) \geq (x_1^0, ..., x_N^0)$의 관계가 성립한다는 것은 N가지의 투입요소 사용량을 1:1로 비교했을 때 모든 생산요소 사용량이 전자의 경우가 후자의 경우보다 작지 않아야 하고(즉 $x_i^1 \geq x_i^0 \ \forall i$), 동시에 두 투입요소의 묶음이 서로 같지는 않다는 의미이다(즉, $(x_1^1, ..., x_N^1) \neq (x_1^0, ..., x_N^0)$).

$f.3$은 투입요소를 하나도 사용하지 않고 생산하는 것은 불가능함을 의미한다.

$f.4$는 $f.1$처럼 수학적 편의를 위한 가정이다. 지금까지 우리가 살펴보았던 모든 생산함수는 연속적인 함수였다. 그러나 미분가능성의 경우 레온티에프함수에 있어서는 성립하지 않았다. 본서는 생산함수는 모두 두 번 이상 미분가능한 것으로 가정하지만, 레온티에프함수처럼 이 가정이 성립하지 않는 함수를 사용할 때에는 그에 맞게 설명하도록 한다.

$f.5a$와 $f.5b$는 생산함수의 곡률(curvature)에 관한 가정이다. 경우에 따라서 우리는 생산함수는 오목함수(concave function)이거나 아니면 준오목함수(quasi-concave function)임을 가정한다. 어떤 함수의 오목성이나 준오목성은 생산함수뿐 아니라 뒤에서 등장할 생산경제학의 다른 주요 함수의 성질을 논할 때에도 중요하게 사용되기 때문에 이에 대해서는 좀 더 자세한 설명이 필요하다.

두 가변투입물을 가지는 생산함수 $f(x_1, x_2)$가 있다고 하자. 우리가 선택할 수 있는 비음의 투입물조합 (x_1, x_2)의 집합을 X라 하자. 생산함수는 이 집합 X에서 정의되는데, 이 집합은 볼록집합(convex set)의 하나라고 가정한다. 즉 (x_1^0, x_2^0)와 (x_1^1, x_2^1)이 모두 X의 원소이면 두 투입물조합의 볼록결합(convex combination)인 $(\alpha x_1^0 + (1-\alpha)x_1^1, \alpha x_2^0 + (1-\alpha)x_2^1)$도 여전히 이 집합의 원소이다. 단 α는 0과 1사이의 값을 가지는데 ($\alpha \in [0,1]$), 이 값에 따라 $(\alpha x_1^0 + (1-\alpha)x_1^1, \alpha x_2^0 + (1-\alpha)x_2^1)$는 투입물조합 (x_1^0, x_2^0)와 (x_1^1, x_2^1)의 가운데의 값 중 하나를 가진다. 물론 $\alpha = 0$일 경우 볼록결합은 (x_1^1, x_2^1) 자체가 되고, $\alpha = 1$일 경우에는 (x_1^0, x_2^0) 자체가 된다. 이렇게 선택가능한 투입물조합의 집합 X가 볼록이라는 것은 투입물조합들을 혼합하여 새로운 투입물조합을 만들어낼 수 있음을 의미한다. 이제, 아래에서 가변투입요소가 2개일 때의 오목함수에 관한 정의가 제시된다.

함수의 오목성

정의 1: 함수 $f(x_1, x_2)$가 X의 임의의 두 원소 (x_1^0, x_2^0), (x_1^1, x_2^1)과, 그리고 모든 $\alpha \in [0,1]$에 있어 $f(\alpha x_1^0 + (1-\alpha)x_1^1, \alpha x_2^0 + (1-\alpha)x_2^1) \geq \alpha f(x_1^0, x_2^0) + (1-\alpha)f(x_1^1, x_2^1)$를 충족하면 오목함수이다. 아울러 $(x_1^0, x_2^0) \neq (x_1^1, x_2^1)$이고 모든 $\alpha \in (0,1)$에 있어 위 부등식이 등호를 포함하지 않으면 이 함수는 강오목(strictly concave)하다.

정의 2: 함수 $f(x_1, x_2)$가 오목이기 위한 필요충분조건은 모든 $(x_1, x_2) \in X$와 두 실수 (z_1, z_2)에 있어 $f(x_1 + z_1, x_2 + z_2) \leq f(x_1, x_2) + \sum_{i=1}^{2} f_i(x_1, x_2)z_i$라는 것이다 (단, $(x_1 + z_1, x_2 + z_2) \in X$). 아울러 $(z_1, z_2) \neq (0,0)$이고 이 부등식이 등호를 포함하지 않는 것은 함수 $f(x_1, x_2)$가 강오목함수이기 위한 필요충분조건이다.

정의 3: 함수 $f(x_1, x_2)$가 오목이기 위한 필요충분조건은 모든 $(x_1, x_2) \in X$에 있어 그 2계미분행렬 $F = \begin{bmatrix} f_{11} & f_{12} \\ f_{21} & f_{22} \end{bmatrix}$가 음의 반정부호행렬이라는 것이다. 나아가 F가 모든 $(x_1, x_2) \in X$에 있어 음의 정부호행렬이면, 함수 $f(x_1, x_2)$는 강오목이다.

위의 오목함수 정의 중 정의 1은 함수가 미분이 되지 않아도 적용되는 정의이고, 정의 2는 최소한 한 번은 미분이 될 경우, 정의 3은 두 번 이상 미분이 가능할 경우 적용될 수 있는 정의이다. 정의 2와 3은 사실 오목함수의 정의라기보다는 미분가능할 경우의 성질을 나타낸다고 할 수 있다. 이들 정의들은 가변투입물이 한 가지인 경우에도 적용가능하고 세 가지 이상인 경우에도 그대로 적용가능하다. 이 정의들에 대한 엄밀한 논의는 본서의 수준을 넘어서기에 생략하지만, $N=1$일 경우 그래프를 이용해 쉽게 그 의미를 이해할 수 있다.

〈그림 2-10〉은 $N=1$일 때의 오목함수 정의 1을 보여준다. 서로 다른 두 투입물 수준 x^0와 x^1에 있어서, $f(x^m) = f(\alpha x^0 + (1-\alpha)x^1) \geq \alpha f(x^0) + (1-\alpha)f(x^1)$이어서 두 투입물 수준의 볼록결합에서의 생산량이 각 투입물에서 생산한 양의 볼록결합보다 더 크다. 그리고 그림에서 보여주듯이 함수 $f(x)$는 오목함수인데,[7] 사실 직선부분을 가지지 않기 때문에 이 부등식은 등호를 포함하지 않으므로 생산함수는 강오목함수이다. math 2.6의 오목함수 정의는 〈그림 2-10〉의 내용을 $N=2$인 경우에 대해서 설명하고

---

[7] 함수 $f(x)$가 오목일 때 함수 $-f(x)$는 볼록(convex)함수이다.

그림 2-10 **오목함수 정의 1**

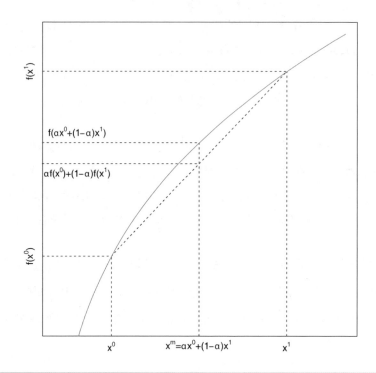

있고, 이 방식의 설명은 더 많은 수의 가변투입물이 있을 때에도 유효하다.

〈그림 2−11〉은 오목함수의 정의 2를 역시 강오목함수의 경우를 이용해 보여준다. x 보다 더 큰 $x+z$에서의 함수 값 $f(x+z)$와, x에서의 접선을 연장한 선이 $x+z$에서 가지는 높이인 $f(x)+f'(x)z$를 비교하면, 그림에서처럼 $f(x)+f'(x)z > f(x+z)$의 관계가 성립하면 함수 $f(x)$가 강오목이다. 즉 함수의 접선이 접점이 아닌 곳에서는 그 함수보다 높은 곳에 위치하는 함수가 강오목함수이다. 오목함수의 경우 위 부등식이 등호를 포함한다. 이 내용을 $N=2$의 경우로 확장한 것이 math 2.6의 정의 2이다.

연습 문제 2.10★ 생산함수 $y=f(x_1,\dots,x_N)$이 오목함수이면, 규모수익증가, 즉 IRS는 나타날 수 없다는 것을 오목함수의 정의 2를 이용해 증명해보라.

그림 2-11 오목함수 정의 2

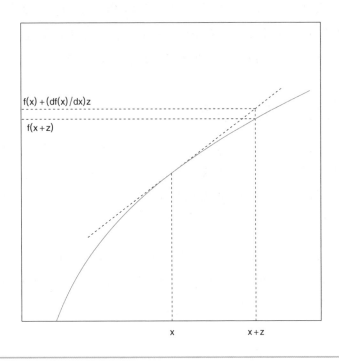

오목함수에 대한 정의 1과 정의 2는 잘 이해될 수 있지만, $N \geq 2$일 경우에는 실제로 어떤 함수가 오목인지 아닌지를 판정하는 데에는 크게 도움이 되지 않는다. 다수 가변투입물이 있는 경우 함수형태와 실제 자료를 이용해 함수의 오목성을 확인하고자 한다면 정의 3이 더 유용하다. 이를 활용하기 위해서는 행렬의 정부호성에 대한 이해가 필요하다. 어떤 행렬 $F = \begin{bmatrix} f_{11} & f_{12} \\ f_{21} & f_{22} \end{bmatrix}$가 있을 때 이 행렬이 $\begin{bmatrix} z_1 & z_2 \end{bmatrix} \begin{bmatrix} f_{11} & f_{12} \\ f_{21} & f_{22} \end{bmatrix} \begin{bmatrix} z_1 \\ z_2 \end{bmatrix}$ $= z_1^2 f_{11} + z_1 z_2 f_{21} + z_1 z_2 f_{12} + z_2^2 f_{22} \leq 0$의 조건을 충족하면 이 행렬은 음의 반정부호(negative semidefinite)행렬이라 부른다. 만약 $(z_1, z_2) \neq (0, 0)$인 어떤 (z_1, z_2)에 대해서도 이 부등식이 등호를 포함하지 않으면 행렬 F는 음의 정부호(negative definite)행렬이 된다. 음의 반정부호성이나, 부호가 그 반대인 양의 반정부호성은 행렬의 부호를 나타내는 지표라 생각하면 된다. 만약 〈그림 2-10〉이나 〈그림 2-11〉의 경우처럼 $N = 1$이라면 $f(x)$가 오목함수일 필요충분조건은 $z^2 f''(x) \leq 0$, 즉 $f'' \leq 0$이라는 것이 math 2.6의 정의 3이 의미하는 바이다. 그리고 $f''(x) < 0$이라면 이 함수는 강오목이다.[8]

---

8 이 조건은 강오목성을 위한 충분조건임에 유의하자. 그 역의 관계 즉, $f(x)$가 강오목일 때 반드시

정의 3과 같은 행렬의 정부호성을 이용한 오목성 판별은 $N \geq 3$인 경우로 확장할 수 있는데, 특히 행렬 F가 대칭이어서 모든 i와 j에 있어 $f_{ij} = f_{ji}$인 경우에는 아래의 수학적 정리를 이용해 보다 수월하게 판정할 수 있다. 생산함수를 두 번 미분한 결과물인 행렬 F는 헤시안행렬(Hessian matrix)이라 불리기도 하며, 이 대칭성을 충족한다.

ılıllı math 2.7   행렬의 정부호성 판정

F를 행과 열이 각각 N개인 대칭행렬이라 하자. $|_rF_r|$을 앞에서부터 r개의 행과 열을 취하여 만든 F의 부분 행렬의 행렬식(determinant)이라 할 때, F가 음의 정부호 행렬이 되기 위한 필요충분조건은 $(-1)^r|_rF_r| > 0 \ \ \forall r = 1,...,N$과 같다.

위의 정리는 크기가 1인 것부터 시작하여 전체 행렬 F에 이르기까지의 N개의 행렬식을 구하였을 때 그 부호가 음($-$)부터 시작하여 교대로 바뀔 때 행렬 F는 음의 정부호행렬이 됨을 의미한다. 우리의 $N=2$의 생산함수라면, 이는 다음의 조건을 의미한다.

$$(2.22) \qquad f_{11} < 0, \ \begin{vmatrix} f_{11} & f_{12} \\ f_{21} & f_{22} \end{vmatrix} > 0 \ \ \text{혹은} \ f_{11} < 0, \ f_{11}f_{22} - f_{12}^2 > 0$$

따라서 $f_{11} < 0$ 즉, x_1의 한계생산성이 감소하고, 더불어 $f_{11}f_{22} - f_{12}^2 > 0$의 조건까지 충족될 때 생산함수 $f(x_1, x_2)$는 강오목함수가 된다. 그리고 위의 정리에서 마지막을 $(-1)^r|_rF_r| \geq 0 \ \ \forall r = 1,...,N$로 바꾸면 행렬 F는 음의 반정부호행렬이 된다. 즉, F가 음의 반정부호행렬이고 $f(x_1, x_2)$가 만약 강오목이 아닌 그냥 오목함수라면 위의 부등식은 등호를 포함하여 $f_{11} \leq 0$ 및 $\begin{vmatrix} f_{11} & f_{12} \\ f_{21} & f_{22} \end{vmatrix} \geq 0$가 되어야 한다. 여기서 유념할 것은 사실 오목성 조건은 $f_{22} \leq 0$과 $f_{11}f_{22} - f_{12}^2 \geq 0$을 의미하기도 한다는 점이다. 그 이유는 생산함수에서 투입물 순서를 바꾸어 F를 $F = \begin{bmatrix} f_{22} & f_{21} \\ f_{12} & f_{11} \end{bmatrix}$로 표현할 수도 있기 때문이다. 즉 생산함수가 오목함수이면 모든 생산요소의 한계생산성은 증가하지 않아 $f_{ii} \leq 0$의 성질을 충족해야 한다.[9]

$f'(x) < 0$이 성립하는 것은 아님을 적절한 예를 찾아 확인해보라.

9 음의 정부호성의 경우 $f_{11} < 0$이고 $f_{11}f_{22} - f_{12}^2 > 0$이면 자동적으로 $f_{22} < 0$가 성립한다. 그러나 음의 반정부호성의 경우 $f_{11} \leq 0$이고 $f_{11}f_{22} - f_{12}^2 \geq 0$라 해서 자동적으로 $f_{22} \leq 0$가 성립하지는 않는다. 예

연 습
문 제

2.11★
생산함수 $y = f(x_1, ..., x_N)$이 오목함수이면, 반직선 한계생산성 RMP가 λ의 감소함수임을 보여라.

이제 준오목함수에 대해 알아보자. 오목함수와 준오목함수는 명칭이 비슷하긴 하지만 사실 서로 꽤 다르며, 양자 간의 차이를 이해하는 것이 생산기술 특성파악에 있어 중요하다. 아래의 math 2.8의 세 가지 정의 역시 $N = 2$를 가정한 상태에서, 각각 미분여부와 관계없는 정의, 1회 이상의 미분이 가능한 경우, 2회 이상의 미분이 가능한 경우에 해당되는 정의들이다.

math 2.8 함수의 준오목성

정의 1: X의 어떤 두 원소 (x_1^0, x_2^0)와 (x_1^1, x_2^1), 그리고 모든 실수 y와 $\alpha \in [0,1]$에 있어, $f(x_1^0, x_2^0) \geq y$이고 $f(x_1^1, x_2^1) \geq y$이면 $f(\alpha x_1^0 + (1-\alpha)x_1^1, \alpha x_2^0 + (1-\alpha)x_2^1)$ $\geq y$일 때 함수 $f(x_1, x_2)$는 준오목함수이다. 아울러 $(x_1^0, x_2^0) \neq (x_1^1, x_2^1)$이고 모든 $\alpha \in (0,1)$에 있어 위의 마지막 부등식이 등호를 포함하지 않으면 이 함수는 강준오목(strictly quasi-concave)하다.

정의 2: 함수 $f(x_1, x_2)$가 준오목이기 위한 필요충분조건은 모든 $(x_1^0, x_2^0) \in X$와 $(x_1^1, x_2^1) \in X$에 있어 $f(x_1^1, x_2^1) \geq f(x_1^0, x_2^0)$일 때마다 $\sum_{i=1}^{2} f_i(x_1^0, x_2^0)(x_i^1 - x_i^0) \geq 0$라는 것이다. $(x_1^0, x_2^0) \neq (x_1^1, x_2^1)$일 때 $\sum_{i=1}^{2} f_i(x_1^0, x_2^0)(x_i^1 - x_i^0) > 0$이면 $f(x_1, x_2)$는 강준오목함수이며, 역으로 $f(x_1, x_2)$가 강준오목함수이면 $(f_1, f_2) \neq (0,0)$이고 $(x_1^0, x_2^0) \neq (x_1^1, x_2^1)$일 때 $\sum_{i=1}^{2} f_i(x_1^0, x_2^0)(x_i^1 - x_i^0) > 0$가 성립한다.

정의 3: $\sum_{i=1}^{2} f_i z_i = 0$의 조건을 충족하는 (z_1, z_2)를 적용했을 때 모든 $(x_1, x_2) \in X$에

를 들어 $f_{11} = f_{12} = 0$이면 $f_{22} > 0$일 수 있다. 따라서 음의 반정부호성을 행렬식을 이용해 판정할 때에는, 음의 정부호성 판정 시와는 달리 행과 그에 상응하는 열의 순서를 바꾸어 가며 구축되는 모든 부분 행렬식의 부호를 검토할 필요가 있다(Strang, G., 1980, *Linear Algebra and Its Applications*, 2nd ed., Academic Press, pp. 256-258).

있어 F가 음의 반정부호행렬이라는 것은 함수의 준오목성을 위한 필요충분조건이다 (단, $(f_1, f_2) \neq (0,0)$). 같은 조건에서 F가 음의 정부호행렬이면 함수는 강준오목함 수이다(단, $(z_1, z_2) \neq (0,0)$).

오목성에 대한 설명 때와 마찬가지로 준오목성도 먼저 $N = 1$인 경우에 대해 설명하고, 이를 $N \geq 2$인 경우로 확장하고자 한다. 정의 1에서 $f(x^0) \geq y$이고 $f(x^1) \geq y$일 때 $f(\alpha x^0 + (1-\alpha)x^1) \geq y$라는 조건은, 모든 실수 y에 대해 성립해야 한다. 따라서 $y = \min[f(x^0), f(x^1)]$로 둘 경우 정의 1은 $f(x^m) = f(\alpha x^0 + (1-\alpha)x^1) \geq \min[f(x^0),$ $f(x^1)]$가 성립함을 의미한다.[10] 이 조건이 의미하는 바는 〈그림 2-12〉에서 확인할 수 있다. 〈그림 2-12(a)〉는 제1절의 〈그림 2-1〉처럼 생산의 제I, II, III단계를 모두 보여주는 생산함수이다. 이 함수는 생산의 제I단계에서는 볼록하고 $f''(x) > 0$인 영역도 가지므로 전체 영역에서는 오목함수라 할 수 없다. 하지만 이 함수는 전체 영역에서 준오목함수, 그 중에서도 강준오목함수이다. 임의의 두 점 x^0, x^1과 그 결합 $x^m =$ $\alpha x^0 + (1-\alpha)x^1$에서 $f(x^m) > \min[f(x^0), f(x^1)]$이므로 준오목함수의 성질을 충족한다. 마찬가지로 x^1과 또 다른 점 x^2 사이의 모든 x에서도 $f(x)$의 값이 $\min[f(x^1), f(x^2)]$ $= f(x^1)$보다 크기 때문에 역시 준오목성이 성립한다. 오목생산함수는 생산의 제I단계를 허용하지 않음에 반해 준오목생산함수는 이처럼 허용하기 때문에 오목함수에 비해서는 생산기술에 대해 약한 제약을 부과한다.[11]

하지만 〈그림 2-12(b)〉의 생산함수는 〈그림 2-12(a)〉의 경우와 달리 전체 영역에서는 준오목함수가 아니다. x 투입량이 적은 영역에서는 그래프가 우하향하다가 이후 다시 우상향하는 것으로 바뀌기 때문에 $f(x^m) < \min[f(x^0), f(x^1)] = f(x^0)$의 현상을 보여, 준오목성조건이 위배된다.

---

10 함수 $f(x)$가 준오목이면 함수 $-f(x)$는 준볼록(quasi-convex)함수이다.

11 따라서 어떤 생산함수가 오목이면 자동으로 준오목이지만 그 역은 성립하지 않는다. 그리고 준오목 이자 동시에 준볼록의 특성을 지니는 함수도 있다. 잘 알려진 경우로서, $f(x)$가 x에 대해 단조증가 혹은 단조감소하면 (강)준오목이자 (강)준볼록인 함수가 된다. 이 역시 증명해보기 바란다.

그림 2-12 함수의 준오목성

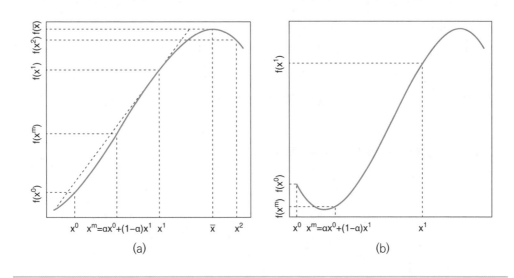

(a)　　　　　　　　　　　　　　(b)

　정의 1을 $N=2$인 경우에 대해 검토하면, $f(x_1^0, x_2^0) \geq y$와 $f(x_1^1, x_2^1) \geq y$가 성립하여 (x_1^0, x_2^0)와 (x_1^1, x_2^1)이 모두 y 이상을 생산할 수 있을 때 이들 조합의 볼록결합인 $(\alpha x_1^0 + (1-\alpha)x_1^1, \alpha x_2^0 + (1-\alpha)x_2^1)$도 여전히 y 이상을 생산할 수 있으면 생산함수 $f(x_1, x_2)$가 준오목이라는 의미이다. 이는 달리 표현하면 집합 $V(y) = \{(x_1, x_2) \in X : f(x_1, x_2) \geq y\}$가 볼록집합이라는 뜻이다. 이 집합 $V(y)$는 X의 부분집합으로, y 이상의 생산이 가능하게 하는 투입물조합의 집합이고, 목표 생산량 y에 따라 그 크기가 달라지는 집합이다. 또한 이 집합은 등량곡선을 그 경계로 하며, 등량곡선 위쪽에 있는 모든 투입물조합의 집합이다. 이 영역에 있는 투입물조합은 등량곡선상의 투입물결합보다 적지 않은 투입을 하고 있으므로 모두 y 이상의 생산을 할 수 있다.

　〈그림 2-13〉은 두 가지 형태의 $V(y)$와 그 경계인 등량곡선을 보여준다. 그림에서 음영으로 표시된 부분이 집합 $V(y)$이다. A와 B를 연결하는 화살표 직선 위의 모든 점들은 두 투입물조합 A와 B의 볼록결합들이다. 〈그림 2-13(a)〉는 우리가 지금까지 보아온 원점에 대해 볼록한 등량곡선을 가지고 있고, 또한 $V(y)$ 자체가 오목하게 들어간 곳이 없어 $V(y)$ 내의 임의의 두 투입요소 조합 A와 B의 모든 볼록결합이 여전히 최소한 y를 생산하게 한다. 이는 $V(y)$ 내의 어떤 두 투입요소 조합을 취하여 그 볼록결합을 만들어도 마찬가지이다. 사실 집합 내의 어떤 두 원소를 취하여 볼록결합을 만들어

도 그 볼록결합이 모두 그 집합 내에 포함된다는 것은 볼록집합(convex set)의 정의이기도 하다. 따라서 집합 $V(y)$가 볼록집합이면 그 경계인 등량곡선이 원점에 대해 볼록하고, 생산함수는 준오목이다.

한편 〈그림 2-13(b)〉에서는 두 생산요소 조합 C와 D의 볼록결합 중 일부는 집합 $V(y)$ 밖에 존재한다. 따라서 $V(y)$가 볼록집합이 아니고, 등량곡선이 원점에 대해 볼록하지 않다. 이런 등량곡선을 유발한 생산함수는 당연히 준오목이 아니다.

그림 2-13 등량곡선과 생산함수의 준오목성

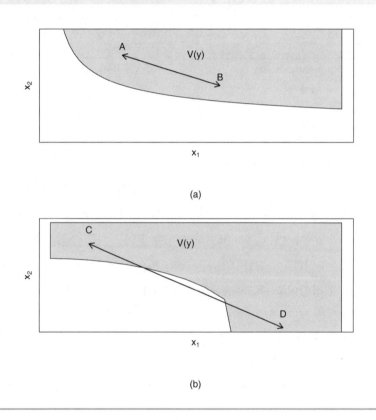

(a)

(b)

정의 2에서, $N=1$, $f(x^1) \geq f(x^0)$, 그리고 $f(x)$가 준오목임을 가정해보자. α에 따라 값이 달라지는 함수 $g(\alpha) = f(\alpha x^1 + (1-\alpha)x^0)$, $\alpha \in [0,1]$을 정의하면, $f(x)$가 준오목이므로 $g(\alpha) \geq \min[f(x^1), f(x^0)] = f(x^0) = g(0)$의 관계가 성립하고, 따라서 $g(\alpha)$는 $\alpha = 0$에서 α의 증가함수이다. 이는 $g'(0) = f'(x^0)(x^1 - x^0) \geq 0$을 의미한다. 이 부등

식은 〈그림 2-12(a)〉에서는 항상 성립하지만 〈그림 2-12(b)〉에서는 그렇지 않다. 역으로, 이 부등식이 성립하면 함수 $f(x)$가 준오목임을 보여줄 수 있다. 그리고 이 부등식이 등호를 포함하지 않는 순부등식(strict inequality)이면 함수는 강준오목이지만(단, $x^1 \neq x^0$), 역으로 함수가 강준오목함수일 때 이 부등식이 순부등식이 되기 위해서는 $f'(x) \neq 0$이어야 한다.

$N = 2$의 경우에 대해 적용되는 정의 2의 기하학적 의미는 〈그림 2-14〉가 보여준다. 그림에서는 강준오목한 생산함수의 등량곡선이 있고, 등량곡선 위의 투입물조합 (x_1^0, x_2^0)가 y를 생산할 수 있다. 직선 T는 (x_1^0, x_2^0)에서의 등량곡선의 접선이다. (x_1^0, x_2^0)에서의 두 한계생산성을 $f_i^0 = f_i(x_1^0, x_2^0)(i = 1, 2)$라 하자. 그리고 G는 일종의 벡터로서 (f_1^0, f_2^0)의 방향을 가지고 있다. 이 벡터는 접선 T와 직교한다는 점을 확인해보기 바란다. 이제 y 이상을 생산할 수 있는 또 다른 투입물조합 (x_1^1, x_2^1)을 검토하면(즉, $f(x_1^1, x_2^1) \geq f(x_1^0, x_2^0)$), 그 좌표가 〈그림 2-14〉에 표시되어 있다. 그림에서는 등량곡선이 강볼록하기 때문에 $V(y)$ 내의 투입물조합 중 점 (x_1^0, x_2^0) 외의 것들은 모두 직선 T보다 위쪽에 있어야 하며, (x_1^1, x_2^1)도 그러하다. 정의 2에서 $\sum_{i=1}^{2} f_i(x_1^0, x_2^0)(x_i^1 - x_i^0) > 0$라는 것은 (x_1^0, x_2^0)와 (x_1^1, x_2^1)을 잇는 직선과 방향 (f_1^0, f_2^0)인 벡터 G 사이의 각이 그림의 α처럼 예각(acute angle)임을 의미한다.[12] 반대로 생산함수가 준오목이 아니고 등량곡선이 (x_1^0, x_2^0) 부근에서 원점에 대해 오목하다고 가정해보자. 그렇다면 (x_1^0, x_2^0)가 여전히 등량곡선 위에 있고 T가 그 접선이라 하더라도 $V(y)$에 속하고 y 이상을 생산할 수 있는 투입물조합 중 T보다 아래쪽에 위치하는 것이 있을 수 있다. 이 투입물조합과 (x_1^0, x_2^0)를 연결하는 직선은 벡터 G와 둔각을 이룰 것이며, $\sum_{i=1}^{2} f_i(x_1^0, x_2^0)(x_i^1 - x_i^0) < 0$의 관계가 성립할 것이다.

---

12 어떤 두 벡터 u와 v 사이의 각도는 $\cos\alpha = \dfrac{\sum u_i v_i}{\sqrt{\sum u_i^2} \sqrt{\sum v_i^2}}$와 같이 정해진다. 〈그림 2-14〉는 $u_i = f_i(x_1^0, x_2^0)$이고 $v_i = (x_i^1 - x_i^0)$인 경우이다($i = 1, 2$). α가 예각이면 $\cos\alpha$의 값은 0과 1 사이에 위치하므로 이 경우 $\sum u_i v_i = \sum f_i(x_1^0, x_2^0)(x_i^1 - x_i^0) > 0$가 성립한다.

그림 2-14 준오목함수 정의 2

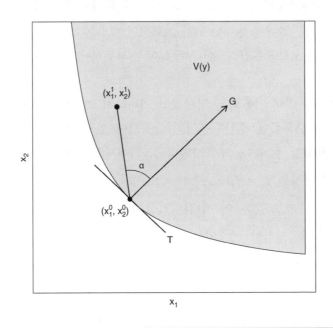

준오목성의 정의 3은 두 번 이상 미분이 가능할 때 적용된다. 함수가 준오목이면 $\begin{bmatrix} z_1 & z_2 \end{bmatrix} \begin{bmatrix} f_{11} & f_{12} \\ f_{21} & f_{22} \end{bmatrix} \begin{bmatrix} z_1 \\ z_2 \end{bmatrix} \leq 0$ 이지만 오목성의 경우와 달리 $\sum_{i=1}^{2} f_i z_i = 0$를 충족하는 (z_1, z_2)에 대해서만 이 부등식이 충족되므로 오목성 조건보다는 약한 조건이다. 그리고 이 조건은 준오목함수의 필요조건일 뿐이고 필요충분조건이 되기 위해서는 $(f_1, f_2) \neq (0,0)$, 즉 최소한 한 투입물의 한계생산성은 0이 아니라는 추가 조건이 있어야 한다. 또한 이 부등식이 순부등식이면 함수는 강준오목성을 지니는데, 이때에는 최소한 하나의 f_i가 0이 아니라는 조건은 순부등식 때문에 자동 충족되므로 조건 $(f_1, f_2) \neq (0,0)$은 불필요하다. 하지만 대신 $(z_1, z_2) \neq (0,0)$, 즉 z_i 중 최소한 하나는 0이 아니라는 조건이 필요하다.

$N=1$인 경우 준오목성의 정의 3에 따르면, $zf'(x) = 0$이지만 $f'(x) \neq 0$이므로 z는 0이어야 하고, 따라서 $z^2 f''(x) \leq 0$은 항상 성립한다. 가정에 의해 모든 x 값에서 $f'(x) \neq 0$이므로 $f(x)$는 계속 증가(혹은 감소)하기 때문에 정의 1 또는 정의 2에 의해 준오목함수이다.

한편 $N=1$일 때 $f'(x) \neq 0$라는 조건을 완화하여 준오목함수의 필요조건만 취하면,

정의 3은 〈그림 2−12(a)〉의 $\bar{x}$처럼 $f'(\bar{x}) = 0$인 투입량에서의 함수 특성도 설명할 수 있다. $f'(x) = 0$일 때 어떤 z에서도 $zf'(x) = 0$이다. 따라서 정의 3은 함수가 준오목이면 $f'(x) = 0$일 때 $f''(x) \leq 0$이어야 함을 의미한다. 즉 함수가 준오목이면 $f'(x) = 0$인 x 부근에서는 오목성을 지니지만, $f'(x) \neq 0$인 x에서는 반드시 오목일 필요가 없다. 준오목함수를 보여주는 〈그림 2−12(a)〉에서는 $f'(\bar{x}) = 0$이고 $\bar{x}$ 부근에서 오목성이 있다. 하지만 〈그림 2−12(b)〉의 생산함수에서는 $f'(x) = 0$일 때 $f''(x) > 0$이므로 이 조건이 충족되지 않는다.[13]

$N = 2$이고 최소한 f_1은 0이 아니라 하자. 정의 3에 의하면 $\sum_{i=1}^{2} f_i z_i = 0$을 대입하여 평가한 다음의 부호가 0 이하이거나, 아니면 0보다 작으면(단, $z_2 \neq 0$) 함수는 각각 준오목이거나 강준오목이다.

$$\begin{bmatrix} -(f_2/f_1)z_2 & z_2 \end{bmatrix} \begin{bmatrix} f_{11} & f_{12} \\ f_{21} & f_{22} \end{bmatrix} \begin{bmatrix} -(f_2/f_1)z_2 \\ z_2 \end{bmatrix}$$
$$= f_{22}z_2^2 - 2(f_2/f_1)f_{12}z_2^2 + (f_2/f_1)^2 f_{11}z_2^2$$

위의 부호가 0보다 작다는 것은 각 항에 (f_1^2/z_2^2)을 곱한 뒤 마이너스 부호를 붙여 정리하면 $-f_2^2 f_{11} + 2f_1 f_2 f_{21} - f_1^2 f_{22} > 0$임을 의미한다. 본장 제3절은 $f_i > 0 (i = 1,2)$임을 가정한 상태에서 $-f_2^2 f_{11} + 2f_1 f_2 f_{21} - f_1^2 f_{22} > 0$의 조건이 충족되면 등량곡선이 우하향하면서 원점에 대해 볼록하고(식 (2.14)), 또한 대체탄력성이 0보다 크다는 것(식 (2.16))을 보여주었다. 이 경우 생산함수는 강준오목하다.[14]

미분이 2회 이상 가능한 함수의 준오목성은 math 2.7의 오목성의 경우처럼 행렬식만을 이용해 판정할 수도 있다. 이 방식을 검토하기 위해 함수 $f(x_1, x_2)$의 도함수들로 구성된 행렬 $\bar{F} = \begin{bmatrix} 0 & f_1 & f_2 \\ f_1 & f_{11} & f_{12} \\ f_2 & f_{21} & f_{22} \end{bmatrix}$를 도입하자. 이 행렬 $\bar{F}$는 오목함수 정의에 활용된 행렬 F를 포함하면서, 동시에 첫 번째 행과 열에 0, f_1, f_2를 요소로 추가로 가지고 있다. 이러한 행렬을 함수 $f(x_1, x_2)$의 유테헤시안(bordered Hessian)행렬이라 부르는데, 강준오목

---

[13] 즉 $N = 1$인 (강)준오목함수는 계속 증가하거나, 계속 감소하거나, 증가하다가 감소할 수는 있지만 감소하다가 증가할 수는 없다.

[14] 정의 3의 (강)준오목성 조건은 하나 이상의 i에서 $f_i < 0$일 때에도 성립한다고 하는데, 그 이유를 생각해보기 바란다.

성의 경우 이를 활용하는 다음 판정법을 사용할 수 있다.

math 2.9 함수의 강준오목성 판정

$$(-1)^r |\overline{F_r}| = (-1)^r \begin{vmatrix} 0 & f_1 & \cdots & f_r \\ f_1 & f_{11} & \cdots & f_{1r} \\ \vdots & \vdots & \vdots & \vdots \\ f_r & f_{r1} & \cdots & f_{rr} \end{vmatrix} > 0, \quad r = 1, \ldots, N$$

$r = 1$부터 시작하여 하나씩 차원을 높이면서 구한 부분 유테헤시안행렬의 행렬식이 어떤 $(x_1, \ldots, x_N)$에서 평가하든 r이 홀수일 때에는 음$(-)$, 짝수일 때에는 양$(+)$의 부호를 교대로 가지면 함수는 강준오목하다. 이 경우 $|\overline{F_1}| = \begin{vmatrix} 0 & f_1 \\ f_1 & f_{11} \end{vmatrix} = -f_1^2 < 0$이므로 $f_1 \neq 0$이며, 따라서 최소한 하나의 f_i는 0이 아니라는 조건은 저절로 부여된다. 만약 math 2.9의 부등식들이 등호까지 포함하도록 완화되고, 조건 $(f_1, \ldots, f_N) \neq (0, \ldots, 0)$가 추가되면, 이는 준오목성의 필요충분조건이 된다.[15]

$N = 2$인 경우 행렬식 $|\overline{F_1}| = \begin{vmatrix} 0 & f_1 \\ f_1 & f_{11} \end{vmatrix}$와 $|\overline{F_2}| = \begin{vmatrix} 0 & f_1 & f_2 \\ f_1 & f_{11} & f_{12} \\ f_2 & f_{21} & f_{22} \end{vmatrix}$를 각각 구해보면, math 2.9는 다음 두 조건이 성립할 때 함수는 강준오목임을 의미한다.

(2.23a) $-f_1^2 < 0 \quad (r = 1)$

(2.23b) $-f_2^2 f_{11} + 2 f_1 f_2 f_{21} - f_1^2 f_{22} > 0 \quad (r = 2)$

예로서, 함수 $f(x_1, x_2) = (x_1 - 1)^2 (x_2 - 1)^2$을 고려하자. 단 x_i는 0보다 작을 수 없다. 이 함수에서 $f_1 = 2(x_1 - 1)(x_2 - 1)^2$, $f_2 = 2(x_1 - 1)^2 (x_2 - 1)$이므로, x_1 혹은 x_2 중 하나라도 1의 값을 가지면 두 편도함수 값이 모두 0이 된다. 그리고 $f_{11} = 2(x_2 - 1)^2$, $f_{22} = 2(x_1 - 1)^2$, $f_{12} = 4(x_1 - 1)(x_2 - 1)$이다. math 2.9에 대한 설명에 따르면 준오목성의 필요조건은 $-f_1^2 \leq 0$, $-f_2^2 f_{11} + 2 f_1 f_2 f_{21} - f_1^2 f_{22} \geq 0$ 두 가지이지만 전자는 저절로 충족된다. 위에서 도출된 도함수들을 대입하면 $-f_2^2 f_{11} + 2 f_1 f_2 f_{21} - f_1^2 f_{22} =$

---

15 이때에도 각주 9가 설명한 바와 같이, 있을 수 있는 모든 행과 열의 순서조합에 따라 구축된 부분 행렬식들을 검토해야 한다.

$16(x_1-1)^4(x_2-1)^4 \geq 0$이기 때문에 (x_1,x_2)의 값과 상관없이 준오목성의 필요조건은 충족된다.

하지만 이 함수는 준오목성의 충분조건을 충족하지 못해 모든 (x_1,x_2)에서 준오목함수라 할 수 없다. 두 투입물조합 $(0,0)$과 $(2,2)$를 고려하고, $\alpha=0.5$로 했을 때의 볼록결합 $(x_1^m, x_2^m)=(1,1)$을 검토하자. 이 경우 $f(x_1^m, x_2^m) = f(1,1) = 0 < 1 = \min[f(0,0), f(2,2)]$이기 때문에 이 함수는 $(1,1)$에서는 정의 1을 위반하며, 준오목이 아니다. 그리고 (x_1,x_2) $=(1,1)$에서는 f_i가 모두 0이다. 따라서 최소한 하나의 i에 대해 $f_i \neq 0$이라는 조건을 가하여 $(1,1)$과 같은 선택은 배제하여야 준오목성의 충분조건이 충족된다. 한편, 강준오목성의 충분조건을 확인할 때에는 행렬식 조건들이 순부등식이 되어야 하므로 $(1,1)$과 같은 선택은 자동적으로 배제된다.

마지막으로, 〈그림 2-15〉는 오목인 생산함수와 준오목인 생산함수의 차이를 $N=2$인 경우에 대해 3차원 그래프로 비교하여 보여준다. 이들 두 입체의 표면이 바로 각각 오목이고 준오목인 생산함수이다. 오목인 생산함수는 생산의 제I단계를 포함하지 않는다. 그렇기 때문에 이를 표면으로 하는 입체는 〈그림 2-15(a)〉처럼 마치 신석기시대의 토기를 거꾸로 세워 놓은 것 같이 전체적으로 볼록하게 튀어나오면서 폭이 점차 좁아지는 모습을 보인다. 반면 오목하지는 않지만 준오목인 생산함수의 경우 생산의 제I단계

그림 2-15 오목생산함수와 준오목생산함수

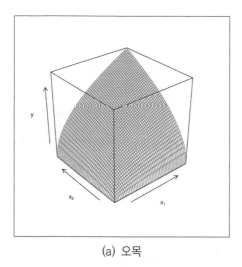

(a) 오목

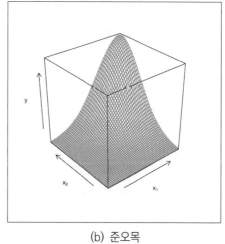

(b) 준오목

도 허용하며, 이를 표면으로 하는 입체는 〈그림 2-15(b)〉처럼 성당이나 교회의 종과 같이 입구가 펼쳐진 모습을 보인다.

References

■ Beattie, B. R., C. R. Taylor, and M. J. Watts, 2009, *The Economics of Production*, 2nd ed., Krieger Publishing Company: 미국에서 현재 가장 많이 사용되고 있는 학부생용 생산경제학 교재이다. 내용상 본장과 가장 가깝고 난이도는 본장과 비슷하거나 조금 더 높다. 제2장에서 그래프를 이용해 생산기술에 대한 설명을 보다 자세히 하고 있다.

■ Chambers, R. G., 1988, *Applied Production Analysis: A Dual Approach*, Cambridge University Press: 대학원 수준의 생산경제학 입문서이다. 제1장에서 생산함수를 다루는데 수학적 요구수준이 본서보다 더 높지만 많은 학부생들도 접근가능한 수준이다.

■ Debertin, D., 2012, *Agricultural Production Economics*, 2nd ed., Macmillan: 역시 미국의 학부 교재이다. Beattie et al.(2009)에 비해 좀 더 쉬운 설명을 하고 있고, 생산함수에 대한 기술이 두 개의 장으로 분리되어 있다.

■ Sundaram, R., 1996, *A First Course in Optimization Theory*, Cambridge University Press: 생산함수의 수학적 특성에 관한 본장의 설명이 불충분하다고 느끼는 독자들에게 권할 수 있는 경제수학 교재이다.

CHAPTER
03

다수 산출물의
생산기술

생 산 경 제 학
**PRODUCTION
ECONOMICS**

CHAPTER 03 다수 산출물의 생산기술

제2장에서는 생산자가 선택할 수 있는 가변투입물은 한 개일 수도 있고 여러 개일 수도 있지만 산출물은 항상 한 가지뿐인 경우의 생산기술을 그래프와 수식을 이용해 분석하였다. 현실의 생산자가 한 가지의 산출물만을 생산하는 경우는 사실 극히 드물다. 전자회사는 한 생산 공장에서 여러 가지 전자제품을 생산하여 판매한다. 컨설팅이나 법률자문과 같은 서비스기업도 마찬가지이며, 음식점에서도 다양한 메뉴가 제공된다. 우리나라 농민들은 특히 다품목을 생산하기로 유명하다. 생산자들이 이렇게 다품목을 생산하는 것은 그렇게 하는 것이 기술적으로 불가피하거나, 아니면 효율성 측면에서 더 유리하기 때문일 것이다. 따라서 생산기술의 특성을 파악할 때에도 이러한 다품목 생산의 경우를 분석할 수 있어야 한다. 본장에서는 다품목 생산이 이루어지는 이유를 살펴보고, 이때의 기술특성을 나타내는 수단에 대해 공부한다. 이 장에서는 제2장에서 사용했던 생산함수는 사실 사용하기 어렵기 때문에 보다 다양한 생산기술 표현수단을 새로이 도입한다.

SECTION 01 다품목 생산의 이유

가변투입물은 $x_1,...,x_N$의 N 가지가 있고, 산출물은 $y_1,...,y_M$의 M 가지가 있다고 하자. 모두 비음의 실수들이다. 편의상 $N=M=2$를 가정하면 (x_1,x_2)를 이용해 (y_1,y_2)를 생산할 수가 있다.[1] 두 산출물 y_1과 y_2는 x_1과 x_2로부터 동시에 함께 생산되고 따라서

---

1 보다 일반적으로는 $x=[x_1 \cdots x_N]^T$, $y=[y_1 \cdots y_M]^T$와 같은 벡터를 이용하는 것이 편리하지만, 이들 벡터를 단일 가변투입물 x 및 단일 산출물 y와 각각 구분하기가 힘들어 본서는 다소 번거롭더라도

두 산출물이 결합(jointed)생산된다고 말한다. 어떤 자동차공장이 자본과 노동, 원재료, 에너지 등을 이용해 승용차도 생산하고 트럭도 생산하는 경우나, 농민들이 농지와 노동력, 농기계, 여타 중간투입재를 이용해 쌀, 채소, 축산물 등을 함께 생산하는 경우를 생각하면 되겠다. 두 가지 이상의 산출물이 함께 생산되지만 그 생산비율이 고정될 필요는 없고, 생산자는 주어진 투입요소 총량을 이용해 y_1을 많이 생산할지 아니면 y_2를 많이 생산할지 등의 선택을 할 수 있다. 물론 두 생산요소 사용량 자체도 바꿀 수가 있다. 이 경우에 생산기술을 어떻게 표현할 수 있을까?

분명한 것은 이제 생산함수는 사용할 수 없다는 것이다. 생산함수는 생산요소 사용량과 생산된 산출물 간의 함수적 관계를 보여주는데, 산출물이 두 가지 이상이면 이런 함수가 정의되지 않는다. 하나의 방편으로서, 다음과 같은 전환함수(transformation function)를 생각해볼 수 있다.

$$(3.1) \qquad Y(x_1, x_2, y_1, y_2) = 0$$

즉, Y라는 함수의 설명변수로 x_1, x_2, y_1, y_2의 모든 투입물과 산출물이 함께 사용되고, 이 함수 값이 0이 되면 이때가 투입물의 손실 없이 효율적으로 산출물을 생산해 낼 수 있는 상태가 된다. 비현실적이긴 하지만 $-ax_1 - bx_2 + cy_1 + dy_2 = 0$도 전환함수의 예이다. 이러한 전환함수가 생산기술을 나타내는 수단으로서 가져야 할 성질을 부여할 수 있고, 이론적으로 생산기술의 특성을 논할 때 활용할 수도 있다. 하지만 이 전환함수는 사실 우리가 통상적으로 알고 있는 함수가 아닌 음함수(implicit function)이다. 통상적인 함수는 우리가 제2장에서 본 생산함수처럼 설명변수와 종속변수 간의 명확한 관계를 나타내어야 하는데, 식 (3.1)의 전환함수에서는 생산함수의 종속변수인 y_1, y_2가 독립변수인 x_1, x_2와 분리되지 않고, 단지 네 가지 변수 x_1, x_2, y_1, y_2가 서로 어떻게 연관되어 있는지를 보여줄 뿐이다. 아울러 우변의 값 0은 어떤 의미를 가지지 않는다. 즉 전환함수는 생산기술을 나타내는 수단으로 사용될 수 있으나 통상적인 함수처럼 그 값을 측정할 수는 없는 음함수로서의 특성만을 가진다. 그렇다면 다음과 같은 함수는 어떨까?

$$(3.2) \qquad y_1 = g(y_2, x_1, x_2)$$

개별 투입물과 개별 산출물을 모두 변수로 표기한다. 그러나 간편함을 위해 대부분 $N = M = 2$를 가정한다.

식 (3.2)는 종속변수 y_1과 나머지 세 변수 간의 관계를 명시적으로 나타내어 주는 함수이다. 하지만 이 함수는 설명변수로 산출물 y_2를 포함하기 때문에 우리가 알고 있는 '생산함수'는 물론 아니다. 그리고 사실 식 (3.2)의 함수는 식 (3.1)의 음함수와 차이가 없다고 할 수 있는데, $Y(x_1, x_2, y_1, y_2)$를 y_1에 대해 풀 수 있다면 $Y(x_1, x_2, y_1, y_2) = y_1 - g(y_2, x_1, x_2) = 0$을 의미하기 때문이다.

> **연습문제 3.1** $M = 1$이라 하고, 전환함수를 $Y(x_1, x_2, y) = y - f(x_1, x_2) = 0$으로 나타내자. 제2장에서 배웠던 생산함수 $f(x_1, x_2)$의 성질을 감안할 때 전환함수 $Y(x_1, x_2, y)$는 어떤 성질을 가져야 하는지 논의해보라.

즉, 다수 산출물을 생산할 때에는 각 산출물별로 명시적인 생산함수가 정의되지 않는다. 다만 모든 투입물과 모든 산출물이 동시에 맺고 있는 관계를 전환함수와 같은 수단을 통해 지정해줄 수 있다. 이렇게 생산함수가 정의되지 않는다는 것이 다수 산출물 생산기술이 단일 산출물 생산기술과 다른 큰 차이점이다.

다수 산출물을 생산할 때 이렇게 모든 투입요소 사용량과 모든 산출물 생산량을 동시에 고려해야 하는 이유, 즉 결합생산이 이루어지는 이유로 경제학에서는 전통적으로 산출물 간에 존재하는 기술적인 연관성을 들곤 했다. 예를 들면 낙농가의 젖소는 우유를 생산하지만 어느 정도 연령이 되면 식용으로 판매된다. 따라서 젖소 한 마리의 가치에는 우유생산 가치와 소고기의 가치가 모두 들어있다. 낙농가는 사육방식을 바꾸거나 식용으로 판매하는 시점을 조절하여 젖소라는 투입물로부터 얼마나 많은 우유를 생산하고 얼마나 많은 소고기 가치를 생산할지 선택할 수 있지만, 두 가지 산출물 우유와 소고기는 기술적으로 완전 분리할 수가 없다. 따라서 젖소, 사료 등의 모든 투입물과 우유, 소고기 등의 모든 산출물을 동시에 반영하는 기술적 관계를 검토하여야 한다.

그러나 현대 경제학에서는 이보다는 오히려 투입물의 배분불가능성(non-allocatable)에서 결합생산의 원인을 찾는다. 자동차회사의 경우 구매한 강판 중 얼마를 승용차 생산에 사용하고 얼마를 트럭 생산에 사용할지 결정할 수 있다. 즉 강판은 승용차와 트럭이라는 두 가지 산출물에 배분이 된다. 하지만 자동차회사의 기술개발비용, 기획, 재무, 인사, 마케팅관련 비용, 경영진의 경영능력 등을 승용차에 얼마나 그리고 트럭에 얼마나 배분할지를 결정할 수는 없다. 농업생산자들도 농지는 쌀, 채소 등으로 배분할 수 있을 것이나 농업인으로서의 경영능력이나 동력원과 작업용 기계, 운반수단으로 광범위하게 사용되는 트랙터 등의 역할 중 얼마를 쌀에, 얼마를 채소에 배분할지는 결정하기 어렵다. 이렇게 주요 투입물 중 산출물별로 용도배분을 할 수 없는 것이 있다면 개별 산출물별 생산함수는 정의되지 않는다.

따라서 다수 산출물을 생산할 때도 품목별 생산함수가 존재하기 위해서는 투입물의 비결합성(non-jointness in input)이 전제되어야 한다. 이 조건이 충족되면 모든 가변투입물을 어떤 품목에 얼마나 배정할지를 결정할 수 있고, 특정 산출물의 생산량은 이 산출물 생산에 배정된 투입물의 양에 의해서만 결정되지, 다른 산출물 생산에 배정된 투입물량이나 다른 산출물의 생산량에 의해 영향을 받지 않는다. 즉 다음과 같은 설정이 가능하다.

$$(3.3) \qquad y_1 = f^1(x_{11}, x_{21})$$
$$y_2 = f^2(x_{12}, x_{22})$$
$$x_{11} + x_{12} = x_1, \ x_{21} + x_{22} = x_2$$

식 (3.3)에서 x_{ij}는 j 산출물에 배정된 x_i의 양이다. 따라서 $x_{i1} + x_{i2} = x_i$로서, 두 산출물에 배정된 i번째 투입요소의 양을 합하면 전체 x_i가 된다. $f^1(x_{11}, x_{21})$과 $f^2(x_{12}, x_{22})$는 각각 y_1과 y_2의 생산함수이다. 이 경우에는 각 산출물별로 생산함수가 정의된다. 하지만 이미 위에서 설명한 대로 이러한 비결합성은 아주 예외적으로 발생할 뿐이다. 본서는 뒤에서 이와 같은 비결합성이 생산기술이나 생산자의 행위에 얼마나 강한 제약으로 작용하는지를 다시 논의하게 될 것이다.

비결합성을 도입하는 것이 이렇게 어렵기 때문에 본장에서는 모든 가변투입물과 모든 산출물을 동시에 고려하는 생산기술의 표현방법을 설명하고, 이들 수단을 통해 다수 산출물 생산기술을 정의하도록 한다. 이들 수단에는 몇 가지의 집합과 함수가 포함된다.

생산자가 선택할 수 있는 모든 투입물과 모든 산출물을 다 고려하여 생산기술을 표현하고자 할 때 우선 생각해볼 수 있는 방법은 투입물과 산출물 중 어떤 결합 혹은 조합이 기술적으로 가능하고 어떤 결합은 불가능한지를 파악하는 것이다. 기술집합(technology set) 혹은 생산가능집합(production possibilities set)은 기술적으로 가능한 투입물과 산출물의 결합들이 이루는 집합이다. 이 집합은 다음과 같이 정의된다.

(3.4) $T = \{(x_1, x_2, y_1, y_2) : (x_1, x_2)$로 (y_1, y_2) 생산가능$\}$

즉 기술집합 T는 생산이 이루어질 수 있는 기술적으로 허용되는 모든 투입물과 산출물 조합의 집합이다. 제2장에서 생산함수가 기본적인 성질을 가졌듯이 기술집합 T 역시 어떤 성질을 가질 수가 있는데, 우리는 집합 T가 다음과 같은 성질을 가진다고 가정한다.

$T.1$ 공집합이 아니다.

$T.2$ 폐집합이다.

$T.3$ 볼록집합이다.

$T.4$ $(x_1^0, x_2^0, y_1^0, y_2^0) \in T$이고 $(x_1^0, x_2^0) \leq (x_1^1, x_2^1)$이면 $(x_1^1, x_2^1, y_1^0, y_2^0) \in T$

$T.5$ $(x_1^0, x_2^0, y_1^0, y_2^0) \in T$이고 $(y_1^0, y_2^0) \geq (y_1^1, y_2^1)$이면 $(x_1^0, x_2^0, y_1^1, y_2^1) \in T$

$T.6$ 모든 유한한 (x_1, x_2)에 있어 T는 위로 유계(bounded)이다.

$T.7$ $(x_1, x_2, 0, 0) \in T$이지만 $(y_1, y_2) \geq (0, 0)$이면 $(0, 0, y_1, y_2) \notin T$

〈그림 3-1〉이 $N = M = 1$인 경우의 집합 T의 예를 보여준다.

먼저 $T.1$은 기술적으로 허용되는 투입물과 산출물의 결합은 최소한 하나는 존재한다는 것을 의미한다. 그렇지 않을 경우 생산이 가능한 경우가 하나도 없다는 얘기이므로 이는 당연히 필요한 가정이다.

어떤 집합이 폐집합(closed set)이라는 것은 그 경계를 집합의 원소로 포함한다는 것을 의미한다. 우리는 제2장에서 $M = 1$일 경우 생산함수는 주어진 투입요소로부터 최대한 생산할 수 있는 산출물의 양을 나타낸다고 정의했는데, 그렇다면 〈그림 3-1〉의 기술집합 T에서 이 집합의 경계는 바로 생산함수이다. 생산함수상의 산출물은 당연히 생산가

그림 3-1 기술집합

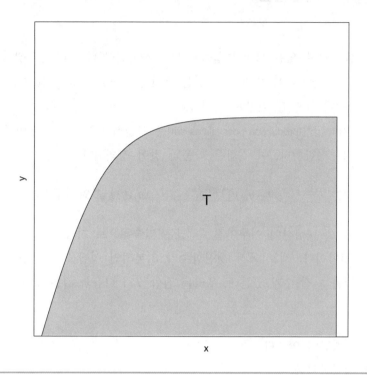

능하므로 기술집합 T의 원소가 되어야 한다. 즉 $T.2$는 생산함수가 존재하기 위한 조건이다.

$T.3$은 볼록집합 가정인데 이는 〈그림 3-1〉에서 $(x_1^0, y_1^0) \in T$이고 $(x_1^1, y_1^1) \in T$이면, $\alpha \in [0,1]$에 있어 $(\alpha x^0 + (1-\alpha)x^1, \alpha y^0 + (1-\alpha)y^1) \in T$가 성립한다는 것이다. 즉 기술적으로 가능한 투입물과 산출물의 두 조합이 있을 때 그 중간적인 조합도 생산이 가능하다. 〈그림 3-1〉을 보면 볼록집합 T가 오목하게 들어간 부분을 가지지 않기 때문에 그 경계인 생산함수는 오목함수가 된다. 즉 이 가정 때문에 생산의 제I단계는 허용되지 않는다.

$T.4$는 소위 투입물의 자유처분성(free disposability of input)으로서, 어떤 투입물로 생산가능했던 산출물은 그보다 많은 투입물로는 항상 생산할 수 있다는 가정이다. 의도적으로 비효율적인 생산방법을 선택하면 이는 가능한 일이다. $T.5$는 마찬가지로 어떤 투입물로 생산할 수 있었던 산출물보다 더 적게 생산하는 것은 항상 가능하다는 가정이

다.[2] 이를 산출물의 자유처분성이라 부르기도 한다. $T.4$와 $T.5$는 일종의 단조성 조건이다.

$T.6$은 투입물 사용량이 유한한데 산출물 생산은 무한히 많을 수 없다는 것을 의미한다. 유한한 투입물로 무한의 생산을 할 수 있다면 사실 이는 경제학의 분석대상은 아니다. 수학적으로 보면 이 조건은 $T.2$와 더불어 T의 경계인 생산함수가 존재하기 위해 필요한 가정이기도 하다.

$T.7$은 투입물의 자유처분성 때문에 생산요소를 가지고서도 생산을 안 하는 것은 가능하지만, 아무것도 투입하지 않고 양(+)의 생산을 하는 것은 불가능함을 의미한다. 무에서 유를 생산하는 것은 경제학의 분석대상이 아니므로 이 역시 당연한 가정이다.

이상 기술집합에 부여된 일곱 가지 가정은 제2장에서 보았던 생산의 제I단계를 허용하지 않는 $T.3$의 가정을 제외하면, 생산기술을 특별히 제약하지 않고 무리가 따르지 않는 가정들임을 알 수 있다. 하지만 생산기술이 어떤 구체적인 특성을 가지느냐에 따라서 이 집합의 형태도 달라질 것이다. 예를 들면, 생산기술이 규모수익불변일 때, 규모수익증가일 때, 규모수익감소일 때 각각 〈그림 3-1〉의 기술집합의 형태가 어떻게 달라질지 생각해보기 바란다.

SECTION 03 **투입물집합**

앞 절에서 도입되었던 기술집합 T가 다수 산출물을 생산하는 생산기술을 표현하는 유일한 방법은 물론 아니다. 특히 우리가 투입요소 간의 대체관계나 보완관계 등에 관심이 있을 경우에는 단일이든 다수이든 산출물의 양은 고정시켜놓고 이를 생산할 수 있는 투입물의 집합만을 검토할 수도 있다. 이 집합을 필요투입물집합(input requirement set), 줄여서 투입물집합(input set)이라 부를 수 있고, 다음과 같이 정의한다.

(3.5) $V(y_1, y_2) = \{(x_1, x_2) : (x_1, x_2, y_1, y_2) \in T\}$

---

2 따라서 우리는 당분간은 오염물질 등을 산출물로 간주하지는 않는다. 산출물 중 하나가 오염물질이면 배출량을 줄이기 위해 비용이 필요하므로 이 조건은 충족되지 않을 것이다.

즉 $V(y_1, y_2)$는 정해진 (y_1, y_2)의 산출물결합을 생산해낼 수 있는 모든 투입물의 결합을 의미한다. 사실 이 집합은 우리가 이미 제2장에서 만난 적이 있다. 우리는 제2장 제5절에서 생산함수의 준오목성을 논의하면서, $M = 1$일 때 $V(y) = \{(x_1, x_2) \in X : f(x_1, x_2) \geq y\}$라는 집합이 볼록집합이면 생산함수 $f(x_1, x_2)$가 준오목함수라고 하였다. 식 (3.5)가 정의하는 투입물집합은 바로 이 집합을 (y_1, y_2)의 두 가지 산출물이 있는 경우로 확장한 것이다. 집합 $V(y_1, y_2)$는 예를 들면 〈그림 3−2〉와 같이 그려볼 수 있다.

그림 3-2 투입물집합

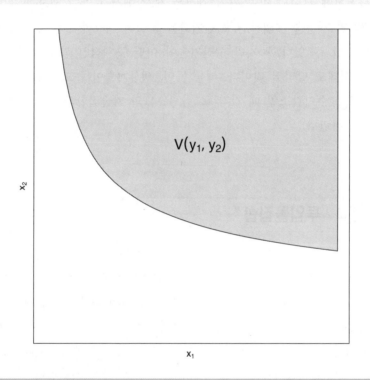

투입물집합 $V(y_1, y_2)$는 식 (3.5)가 보여주는 바와 같이 기술집합 T로부터 생성되는 것이기 때문에 T가 가지는 특성으로부터 $V(y_1, y_2)$의 특성도 도출할 수 있다. 우리는 다음과 같은 $V(y_1, y_2)$의 특성을 검토할 수 있다.

$V.1$ 최소한 하나의 유한한 산출물조합 (y_1, y_2)에 대해 공집합이 아니다.

$V.2$ 폐집합이다.

$V.3$ 볼록집합이다.

$V.4$ $(x_1^0, x_2^0) \in V(y_1, y_2)$이고 $(x_1^0, x_2^0) \leq (x_1^1, x_2^1)$이면 $(x_1^1, x_2^1) \in V(y_1, y_2)$

$V.5$ $(y_1^0, y_2^0) \leq (y_1^1, y_2^1)$이면 $V(y_1^1, y_2^1) \subseteq V(y_1^0, y_2^0)$

$V.6$ $(0,0) \in V(0,0)$이지만, $(y_1, y_2) \geq (0,0)$이면 $(0,0) \not\in V(y_1, y_2)$

$T.1$이 T가 공집합이 아니라 했으므로 기술적으로 가능한 투입물과 산출물의 조합이 최소한 하나는 존재해야 한다. 따라서 최소한 하나의 유한한 산출물조합을 생산할 수 있는 투입물은 존재해야 하고, 이것이 $V.1$이 의미하는 바이다.

$V.2$가 폐집합이라는 것은 집합 $V(y_1, y_2)$의 경계가 이 집합의 원소들이고, 따라서 그 위의 요소들은 모두 생산이 가능한 조합들임을 의미한다. 제2장에서 보았듯이 $M = 1$일 때 집합 $V(y)$의 경계는 등량곡선이다. 성질 $V.2$는 등량곡선이 존재하기 위한 조건이다.

$V.3$은 기술집합이 볼록이라는 $T.3$으로부터 도출된다. $T.3$은 $(x_1^0, x_2^0, y_1, y_2) \in T$이고 $(x_1^1, x_2^1, y_1, y_2) \in T$이라면, $\alpha \in [0,1]$에 있어 $\alpha y_1 + (1-\alpha)y_1 = y_1$이고 $\alpha y_2 + (1-\alpha)y_2 = y_2$이기 때문에 $(\alpha x_1^0 + (1-\alpha)x_1^1, \alpha x_2^0 + (1-\alpha)x_2^1, y_1, y_2) \in T$를 의미했다. 따라서 투입물조합 (x_1^0, x_2^0)와 (x_1^1, x_2^1)이 모두 (y_1, y_2)를 생산할 수 있으면, 그 볼록결합인 $(\alpha x_1^0 + (1-\alpha)x_1^1, \alpha x_2^0 + (1-\alpha)x_2^1)$도 (y_1, y_2)를 생산할 수 있다. 〈그림 3-2〉는 $N = 2$일 때 집합 $V(y_1, y_2)$가 볼록집합인 경우를 보여주고 있다. 이 조건이 왜 필요한지는 $M = 1$인 경우에 대해 제2장에서 상술하였다. 이 경우 이 조건은 등량곡선이 원점에 대해 볼록하고 생산함수가 준오목이 되게 하며, 투입물의 한계기술대체율이 감소하게 만든다. 한편, 이 조건은 위에서 설명한 바와 같이 기술집합 T가 볼록이라는 성질로부터 도출되었다. 하지만 T의 볼록성은 투입물과 산출물 모두에 적용되는 반면, $V(y_1, y_2)$의 볼록성은 투입물에만 적용되기 때문에 후자는 전자보다는 약한 성질이다. 이는 $M = 1$인 경우 전자는 생산함수를 오목하게 만들지만 후자는 단지 준오목하게 만든다는 점에서도 확인이 된다.

성질 $V.4$와 $V.5$는 각각 $T.4$와 $T.5$로부터 도출된다. $V.4$는 더 많은 투입물을 들여 원래 생산하던 양을 생산하는 것은 항상 가능하다는, 투입물의 자유처분성이다.

$V.5$는 투입물을 유지한 채 원래 생산하던 양보다 더 적은 양을 생산하는 것은 항상 가능하다는, 산출물의 자유처분성이다. 즉 $(y_1^0, y_2^0) \leq (y_1^1, y_2^1)$일 때 $(x_1, x_2) \in V(y_1^1, y_2^1)$이면 $(x_1, x_2) \in V(y_1^0, y_2^0)$이므로 $V(y_1^1, y_2^1) \subseteq V(y_1^0, y_2^0)$의 관계가 성립한다. 따라서 목표 생산량이 많을수록 집합 $V(y_1, y_2)$ 자체는 더 작아질 수밖에 없고, 집합 $V(y_1, y_2)$의 경계는 원점에서 멀어져야 한다.

성질 $V.6$은 $T.7$에 해당되는 성질이다. 무로부터 유를 산출할 수 없음을 나타낸다.

이상 본 바와 같이 투입물집합 $V(y_1, y_2)$은 그 볼록성을 제외하고는 기술집합 T의 특성을 모두 반영하여 표현할 수 있다. 집합 $V(y_1, y_2)$는 산출물을 특정 수준에 고정시키기 때문에 그만큼 제한적인 개념인 것으로 보이지만, 사실 투입물과 산출물을 모두 바꾸는 것을 허용하고 만들어지는 기술집합 T에 비해 손색없이 생산기술의 특성을 나타낼 수 있다.

SECTION 04 **산출물집합**

생산기술은 또한 특정 투입물조합 수준을 유지한 상태에서 생산이 가능한 산출물만의 집합을 통해서도 표현할 수 있다. 이를 생산가능 산출물집합(producible output set) 혹은 그냥 산출물집합(output set)이라 부른다. 산출물집합의 정의는 식 (3.6)과 같고, 그 전형적인 형태는 〈그림 3-3(a)〉가 보여준다.

$$(3.6) \qquad Y(x_1, x_2) = \{(y_1, y_2): \ (x_1, x_2, y_1, y_2) \in T\}$$

산출물집합의 성질은 다음과 같다.

$Y.1$ 공집합이 아니다.

$Y.2$ 폐집합이다.

$Y.3$ 볼록집합이다.

$Y.4$ $(x_1^0, x_2^0) \leq (x_1^1, x_2^1)$이면 $Y(x_1^1, x_2^1) \supseteq Y(x_1^0, x_2^0)$

$Y.5$ $(y_1^0, y_2^0) \in Y(x_1, x_2)$이고 $(y_1^0, y_2^0) \geq (y_1^1, y_2^1)$이면 $(y_1^1, y_2^1) \in Y(x_1, x_2)$

그림 3-3 산출물집합

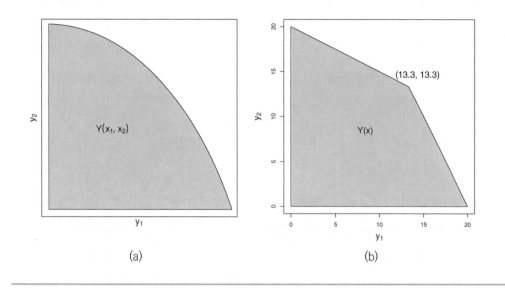

(a)   (b)

$Y.6$ 유한한 (x_1, x_2)에 대해 위로 유계이다.

$Y.7$ $(0,0) \in Y(x_1, x_2)$이지만 $(y_1, y_2) \ge (0,0)$라면 $(y_1, y_2) \notin Y(0,0)$

$Y.1$에서 $Y.7$에 이르는 산출물집합의 성질 역시 $T.1$에서 $T.7$에 이르는 기술집합의 성질로부터 도출되며, 그 도출과정을 확인하는 것은 연습문제로 남긴다. 다만 $Y.3$, 즉 $Y(x_1, x_2)$가 볼록집합이라는 성질에 대해서는 조금 더 논의할 필요가 있다. $N=1$이라 가정하고, 다음과 같은 함수를 생각해보자.

$$(3.7) \qquad x = g(y_1, y_2)$$

위의 함수는 주어진 투입물 x를 낭비 없이 효율적으로 사용했을 때 생산해낼 수 있는 y_1과 y_2를 나타내고 있고, $N=1$일 경우의 산출물집합 $Y(x)$의 바깥쪽 경계를 이룬다. 특정 x에 대해 이를 y_1과 y_2 공간에 그림으로 그리면 〈그림 3-3(a)〉와 같은 우하향하면서 원점에 대해 오목한 곡선이 된다는 것이 $Y.3$가 의미하는 바이다. 이 곡선은 흔히 생산가능경계(production possibilities frontier, *PPF*)라 불린다.[3] 이 곡선이 우하향한다는

---

3 성질 $Y.2$와 $Y.6$ 때문에 이 곡선은 존재한다.

것은 두 산출물 간에는 경합이 있어 x가 고정된 상태에서 y_1을 늘리면 y_2는 줄어들어야 함을 의미한다. 그렇다면 이 곡선의 곡률은 어떠한가? 식 (3.7)을 전미분하자.

$$dx = g_1 dy_1 + g_2 dy_2 = 0$$

특정 PPF 위에 머물기 위해서는 $dx = 0$이어야 하므로 PPF의 기울기(의 음의 값)는 다음과 같다.

$$(3.8) \qquad -\frac{dy_2}{dy_1} = \frac{g_1}{g_2}$$

식 (3.8)이 보여주는 y_1과 y_2의 교환비율, 즉 PPF 기울기의 음의 값은 산출물의 한계전환율(marginal rate of transformation, MRT)이라 부를 수 있고, y_1 생산을 하나 늘리면 y_2 생산은 몇 개를 포기해야 하는지를 나타낸다. 한계전환율은 y_1 생산을 하나 더 늘리기 위해 필요한 투입요소의 양인 g_1과 y_2 생산을 하나 더 늘리기 위해 필요한 투입요소의 양 g_2의 비율이기도 하다. 산출물집합 $Y(x)$가 볼록집합이면, 〈그림 3-3(a)〉에서처럼 그 경계인 PPF의 접선 기울기의 절댓값은 y_1 생산이 늘어날수록 커진다. 따라서 y_1 생산을 늘릴수록 y_1 하나 추가 생산을 위해 포기해야 하는 y_2 양은 늘어난다.

우리는 이상과 정반대의 경우를 $y = f(x_1, x_2)$의 생산함수에서 확인하였다. 이때에는 동일한 양을 산출하는 데 있어 x_1 사용량을 늘렸을 때 대신 줄일 수 있는 x_2의 양이 x_1 사용량이 늘어날수록 줄어든다는, 즉 한계기술대체율이 감소한다는 것을 확인하였다. 그 이유로는 통상적으로 생산기술은 특정 생산요소에 편중되기 보다는 균형 잡힌 투입물결합을 필요로 하기 때문임을 제시하였다. 그렇다면 산출물에 대해서도 그렇게 얘기할 수 있는가? 즉 투입물이 고정된 상태에서 y_1 생산을 하나 더 늘리기 위해 포기해야 하는 y_2 양이 y_1 생산이 많을수록 늘어나는 것은 생산기술 조건상 하나의 산출물에 편중되기보다는 '균형 잡힌' 산출물조합을 선택하는 것이 더 유리하기 때문이라 해석할 수 있는가?

이러한 주장은 아담 스미스(A. Smith)가 『국부론』을 발간한 이래 상식이 된, 생산자는 한 가지 산출물 생산에 특화하면 보다 효율적으로 생산할 수 있다는 분업의 원칙과 배치된다. 그럼에도 불구하고 $Y(x_1, x_2)$가 볼록집합이라 가정할 수 있는 근거는 어디에 있을까? 그 근거는 제1절에서 소개했던 결합생산이 이루어지는 이유와도 관련이 있다.

우선 기술조건상 두 가지 산출물이 생산과정에서 서로 연계되어 있고 그러한 연계성이 〈그림 3-3(a)〉와 같은 원점에 대해 오목한 PPF를 초래했을 수 있다.[4]

또 다른 설명으로는, 제1절에서 논의했던 배분이 불가능한 투입요소의 존재를 들 수 있다. 기업의 R&D 비용이나 농가의 트랙터, 경영주의 경영능력 등은 각 산출물별로 사용량을 배정하기 어려운 생산요소들이다. 뿐만 아니라 이들 생산요소들은 특정 산출물 생산을 위해 일단 구입하면, 다른 산출물 생산을 위해 추가 비용 없이도 거의 그대로 사용할 수 있는 소위 공공투입물(public input)의 성격을 가지는 경우가 많다. 이렇게 배분불가능한 공공투입물이 존재하면 한 가지 산출물에 특화하기보다는 다수 산출물을 생산할 때가 효율성이 더 높고, PPF는 원점에 대해 오목하고 $Y(x_1, x_2)$는 볼록집합이 될 수 있다.

예를 들어서, 쌀과 채소를 각각 따로 혹은 함께 생산할 수 있는 농업인이 있다고 하자. 생산은 트랙터와 연료 두 가지만 사용해 이루어진다. 트랙터 서비스의 투입량은 트랙터 구입액을 연간비용으로 환산하여 산정하는데, 편의상 쌀과 채소 모두 1단위의 생산을 위해서는 1단위의 연료와 1단위의 트랙터가 필요하다고 하자. 생산규모가 크면 트랙터도 더 큰 마력으로 구매해야 한다. 농가가 연간 사용할 수 있는 투입액은 $x = 40$이라고 하자. 이 상황에서 농가가 쌀만 생산하거나 채소만 생산하면 각각 20을 연간 생산할 수 있다. 그런데 쌀과 채소는 농번기도 다르고 주 작업의 성격도 달라 연료와는 달리 트랙터 사용을 두고는 서로 경쟁할 필요가 없다. 따라서 둘을 함께 생산하면 트랙터의 경우 두 작물 중 생산량이 더 많은 쪽의 규모에 맞게 구입하면 되고, 두 대의 트랙터를 구입하거나, 두 작물 생산량을 합한 것과 같은 마력의 트랙터를 구입할 필요도 없다. y_1과 y_2를 각각 쌀과 채소 생산량이라 하면, 이 경우 농가의 PPF는 식 (3.7)을 이용해 다음과 같이 나타낼 수 있다.

$$40 = (y_1 + y_2) + \max[y_1, y_2]$$

위의 식에서 $(y_1 + y_2)$는 두 작물 생산을 위한 연료비용을, $\max[y_1, y_2]$는 트랙터비용을 나타낸다. 이 PPF를 그림으로 그린 것이 〈그림 3-3(b)〉인데, $Y(x)$는 볼록집합을 형성하게 된다. 이 경우에는 쌀이나 채소만 특화해서 생산하면 어느 경우이든 20만

---

4 이렇게 원점에 대해 오목한 PPF를 가지기 위해 함수 $g(y_1, y_2)$가 충족해야 할 조건은 제2장에서 등량곡선이 원점에 대해 볼록하기 위해 생산함수 $f(x_1, x_2)$가 충족해야 할 조건을 도출했던 절차를 밟아 식 (2.14)에 상응하는 조건으로 도출할 수 있다.

을 생산할 수 있지만, 결합생산을 하면 각각 13.3씩, 최대 26.6의 생산을 할 수 있다.

이상 제시된 세 가지 집합이 거의 동일한 정도로 생산기술의 특성을 나타낼 수 있다는 것을 확인하기 위해, 생산기술이 투입물과 산출물이 분포하는 공간 전체에서 규모수익불변(CRS)의 특성을 가진다는 사실을 이들 집합이 어떻게 표현하는지를 살펴보면 다음과 같다.

$$(3.9) \quad (x_1, x_2, y_1, y_2) \in T \text{이면} \ (\lambda x_1, \lambda x_2, \lambda y_1, \lambda y_2) \in T$$
$$V(\lambda y_1, \lambda y_2) = \lambda V(y_1, y_2)$$
$$Y(\lambda x_1, \lambda x_2) = \lambda Y(x_1, x_2), \ \lambda > 0$$

식 (3.9)의 세 가지 CRS조건은 모두 (x_1, x_2)로 (y_1, y_2)를 생산할 수 있으면 어떤 경우이든 $(\lambda x_1, \lambda x_2)$로 $(\lambda y_1, \lambda y_2)$를 생산할 수 있음을 의미한다. 다만 그 표현방식이 어떤 집합을 사용하느냐에 따라 다를 뿐이다. 기술집합 T의 경우 정확히 그러한 의미를 표현하고 있는데, $N = M = 1$인 경우를 (x, y)의 공간에 그리면 그 경계선, 즉 생산함수가 원점을 지나는 직선이 되어야 한다(〈그림 3−4(a)〉). 마찬가지로, 〈그림 3−4(b)〉가 보여주는 바와 같이 CRS기술특성을 가진다면, 두 가지 산출물이 모두 λ배 증가하면 투입물집합 $V(y_1, y_2)$의 경계가 정확히 그 비율만큼 밖으로 확장된다. 그리고 CRS 특성하에서는 〈그림 3−4(c)〉에서 보듯이 두 가지 투입물이 λ배씩 증가하면 산출물집합 $Y(x_1, x_2)$의 경계도 그 비율만큼 밖으로 확장된다. 증가비율이 동일하다면 그 경계선의 이동 폭은 동일하며, 원점을 지나는 직선 위에서는 투입물집합과 산출물집합 모두 그 경계들의

그림 3-4 규모수익불변의 생산기술

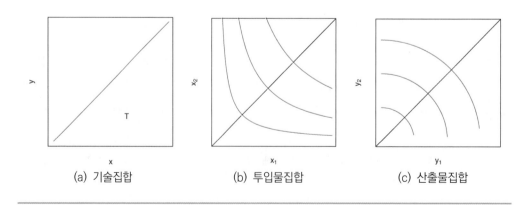

(a) 기술집합 (b) 투입물집합 (c) 산출물집합

기울기가 일정하게 유지된다.

이제 CRS조건에서는 투입물집합이 식 (3.9)의 성질을 가짐을 다음과 같이 확인하자.

$$\begin{aligned}
V(\lambda y_1, \lambda y_2) &= \{(x_1, x_2): \ (x_1, x_2, \lambda y_1, \lambda y_2) \in T\} \\
&= \{(x_1, x_2): \ (x_1/\lambda, x_2/\lambda, y_1, y_2) \in T\} \ (\because \ \text{CRS}) \\
&= \lambda\{(x_1/\lambda, x_2/\lambda): \ (x_1/\lambda, x_2/\lambda, y_1, y_2) \in T\} \\
&= \lambda\{(\overline{x}_1, \overline{x}_2): \ (\overline{x}_1, \overline{x}_2, y_1, y_2) \in T\} \\
&= \lambda V(y_1, y_2)
\end{aligned}$$

위의 도출과정에서 두 번째 등식이 성립하는 것은 CRS를 가정했기 때문이다. 나머지 절차는 단순한 변수변환인데, $\overline{x}_1 = x_1/\lambda$, $\overline{x}_2 = x_2/\lambda$를 각각 투입물의 지표로 간주하면 $\{(\overline{x}_1, \overline{x}_2): \ (\overline{x}_1, \overline{x}_2, y_1, y_2) \in T\}$는 (y_1, y_2)를 생산할 수 있는 투입물집합이므로 그 자체가 $V(y_1, y_2)$이고, 따라서 마지막 결과가 도출된다.

연습 문제

3.2 CRS 생산기술에서는 식 (3.9)의 산출물집합에 관한 세 번째 조건 $Y(\lambda x_1, \lambda x_2) = \lambda Y(x_1, x_2)$이 성립함을 보여라.

SECTION 05 **거리함수**

위에서 살펴본 바와 같이 기술집합, 투입물집합, 산출물집합은 모두 기술적으로 가능한 투입물과 산출물의 결합을 나타내기 때문에 생산기술의 특성을 표현하는 가장 기본적인 수단들이다. 하지만 이들은 모두 집합이기 때문에 실제 생산자료를 이용해 직접 구축하기는 쉽지가 않고,[5] 함수와 달리 미분 등을 이용해서는 특성을 파악할 수도 없다. 따라서 앞에서 소개하였던 전환함수보다는 좀 더 명확하게 경제학적 의미를 가지면서 다수 투입물, 다수 산출물의 생산기술 특성을 나타낼 수 있는 함수적 수단이 있으면 매

---

[5] 본서의 제8장에서 실제 자료를 이용해 이들 집합을 구축하는 방법을 배우게 될 것이다.

우 유용할 것이다. 거리함수(distance function)는 이러한 수요를 충족하기 위해 고안된 도구이다.

1. 산출물거리함수

거리함수에는 몇 가지 종류가 있는데, 먼저 산출물집합에서 정의되는 다음과 같은 산출물거리함수(output distance function)가 있다.

$$(3.10) \qquad D_o(x_1, x_2, y_1, y_2) = \min\{\theta > 0 : \; (y_1/\theta, y_2/\theta) \in Y(x_1, x_2)\}$$

산출물거리함수의 값 θ는 0보다 크고, 어떤 투입－산출물조합에서 평가하느냐에 따라 크기가 달라진다. 이 값은 모든 산출물을 동일하게 나누어주어도 여전히 주어진 투입물 (x_1, x_2)로 생산이 될 수 있게 하려면 나누어줄 수 있는 최소한이 어느 정도인지를 나타낸다. 따라서 이 값은 아무리 많은 가짓수의 산출물이 있고 투입물이 있더라도 하나의 값으로 나타난다. 투입요소가 (x_1, x_2)로 주어져 있을 때 산출량을 줄이는 데에는 제한이 없지만 늘리는 데에는 한계가 있고, 우리가 알고 싶은 것은 산출물들을 얼마나 비례적으로 늘릴 수 있는지이다. 따라서 θ의 값은 0보다 크지만 사실 1보다는 크지 않아서, 모든 산출물을 θ로 나누어준다는 것은 $1/\theta$의 비율로 비례적으로 늘린다는 의미를 가진다. 이는 〈그림 3－5〉를 보면 분명해진다.

〈그림 3－5〉는 주어진 투입요소로부터 생산될 수 있는 산출물들의 집합 $Y(x_1, x_2)$를 보여준다. 만약 점 A에서의 산출물조합 (y_1^A, y_2^A)가 현재 생산되고 있고, 이 점에서의 산출물거리함수 값을 알고자 한다면, 우리는 두 산출물을 원점에서 뻗어 나온 직선을 따라 얼마나 비례적으로 움직여서 $Y(x_1, x_2)$의 경계선에 이르게 할 수 있을지를 파악해야 한다. 다시 말해 점 A에서의 두 산출물을 어떤 숫자로 나누어주어야 점 A에서 점 B로까지 이동할 수 있는지를 알고자 하는데, 이는 $\theta = \dfrac{0A}{0B} < 1$이다. 이 숫자로 (y_1^A, y_2^A)를 나누어주면 생산은 정확히 점 B에서 이루어지며, 이것이 바로 점 A에서의 산출물거리함수의 값이다. 이렇게 점 A처럼 산출물집합의 내부에 있는 산출물조합은 경계로 이동이 가능하기 때문에 산출물거리함수의 값이 1보다 작다. 그러나 점 B처럼 산출물집합의 경계상에 있는 산출물조합의 경우 투입물을 추가하지 않는 한 더 이상 산출의

그림 3-5 산출물거리함수

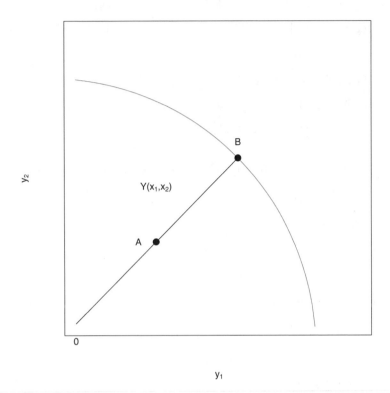

비례적인 증가가 불가능하기 때문에 그 산출물거리함수의 값은 1이 되어야 한다. 그리고 만약 $Y(x_1, x_2)$ 밖의 어떤 점이 있다면 이 점을 경계로 이동시키기 위해서는 1보다 큰 값으로 산출물들을 나누어주어야 하므로 산출물거리함수의 값이 1보다 클 것이다. 따라서 어떤 산출물조합에서의 산출물거리함수의 값이 1이하이냐 그렇지 않느냐 하는 것은 그 조합이 주어진 투입물로 생산이 가능한지 여부를 나타낸다.

$$(y_1, y_2) \in Y(x_1, x_2) \Leftrightarrow D_o(x_1, x_2, y_1, y_2) \leq 1$$

연습문제 3.3 $M = 1$이고 $f(x_1, ..., x_N)$이 생산함수인데 현재 생산량이 y라면, $D_o(x_1, ..., x_N, y) = \dfrac{y}{f(x_1, ..., x_N)}$임을 보여라.

산출물거리함수는 산출물들을 투입물들의 명시적인 함수로 표현하지는 않기 때문에 전환함수와 같은 일종의 음함수이다. 하지만 이 함수는 〈그림 3-5〉의 점 A와 같은 특정 투입물과 산출물의 조합이 산출물집합 $Y(x_1, x_2)$ 안에서 어느 위치에 있는지를 정확히 알게 해준다. 따라서 모든 조합에서의 산출물거리함수의 값을 알면 우리는 산출물집합 $Y(x_1, x_2)$의 형태를 완전히 알게 되고, 생산기술의 특성을 완전히 파악할 수 있다. 산출물거리함수가 정의되는 공간인 산출물집합이 $Y.1$에서 $Y.7$에 이르는 특성을 가지고 있었기 때문에 산출물거리함수도 아래와 같은 구체적인 함수적 특성을 가진다.

$D_o.1$ $D_o(x_1, x_2, 0, 0) = 0$, $(y_1, y_2) \geq (0,0)$이면 $D_o(0, 0, y_1, y_2) = +\infty$

$D_o.2$ $(x_1^0, x_2^0) \leq (x_1^1, x_2^1)$이면 $D_o(x_1^1, x_2^1, y_1, y_2) \leq D_o(x_1^0, x_2^0, y_1, y_2)$
(투입물에 대해 비증가)

$D_o.3$ $(y_1^0, y_2^0) \geq (y_1^1, y_2^1)$이면 $D_o(x_1, x_2, y_1^1, y_2^1) \leq D_o(x_1, x_2, y_1^0, y_2^0)$
(산출물에 대해 비감소)

$D_o.4$ $D_o(x_1, x_2, \mu y_1, \mu y_2) = \mu D_o(x_1, x_2, y_1, y_2)$, $\mu > 0$ (산출물에 대해 1차 동차)

$D_o.5$ $D_o(x_1, x_2, \alpha y_1^0 + (1-\alpha)y_1^1, \alpha y_2^0 + (1-\alpha)y_2^1) \leq \alpha D_o(x_1, x_2, y_1^0, y_2^0) +$
$(1-\alpha)D_o(x_1, x_2, y_1^1, y_2^1)$(단, $\alpha \in [0,1]$)
(산출물에 대해 볼록)

$D_o.1$에서 원래 θ의 최솟값, 즉 산출물거리함수의 값은 0보다 커야 하지만 모든 산출물의 값이 0이면 아무리 작은 값으로 나누어주어도 생산이 가능하다. 따라서 우리는 편의상 θ의 하한(infimum)을 부여하여 $D_o(x_1, x_2, 0, 0) = 0$이라 간주한다. 산출물이 양(+)이고 투입물이 0이면 이 산출물조합은 아무리 큰 수로 나누어주어도 집합 $Y(0,0)$ 안으로 넣을 수가 없으므로 무한대의 거리함수 값을 부여한다.

$D_o.2$와 $D_o.3$은 사실 엄밀한 증명이 불필요하다. 투입물이 늘어나면 $Y(x_1, x_2)$의 외연이 확장되므로 어떤 산출물조합이 그 경계로 이동하기 위해서는 더 작은 값으로 나누어주고 더 큰 비율로 증가시켜야 한다. 반대로 산출물량을 늘리면 $Y(x_1, x_2)$의 경계에 보다 가까워지므로 경계로 이동하기 위해서는 더 큰 값으로 나누어주고 더 작은 비율로 산출물을 증가시키면 된다.

$D_o.4$도 정의로부터 바로 입증된다. 모든 산출물을 μ배 했다는 것은 원점을 지나는 직선을 따라 그 비율만큼 $Y(x_1, x_2)$의 경계로 이동시켰다는 의미이므로 산출물거리함수

의 값은 그 비율만큼 증가해야 한다.

$D_o.5$는 산출물거리함수가 산출물의 볼록함수임을 의미하는데, 이 성질은 $Y(x_1,x_2)$가 볼록집합이기 때문에 얻어진다. 이 성질의 도출과정은 본장의 부록에 정리되어 있다.

2. 투입물거리함수와 방향거리함수

거리함수는 투입물집합 $V(y_1,y_2)$에서 정의할 수도 있고, 이를 투입물거리함수(input distance function)라 부른다.

(3.11) $D_i(x_1,x_2,y_1,y_2) = \max\{\lambda > 0 : (x_1/\lambda, x_2/\lambda) \in V(y_1,y_2)\}$

▎그림 3-6 투입물거리함수

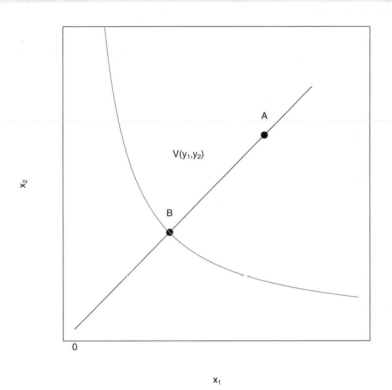

투입물거리함수는 모든 투입물을 동일 비율로 최대한 나누어주어 투입물집합의 경계, 즉 $M=1$인 경우 등량곡선 위로 이동시킬 수 있는 정도를 나타낸다. 산출물수준이 주어진 상태에서 그 값이 모든 투입물결합에서 알려지면 투입물집합 $V(y_1, y_2)$의 형태를 완전히 알 수 있으므로 투입물거리함수는 유용한 분석수단이다.

〈그림 3-6〉에서 현재 점 A에서 (x_1^A, x_2^A)의 투입물결합이 사용되고 있다면, 이는 원점과 연결된 직선을 따라 점 B까지 이동시켜도 여전히 (y_1, y_2)를 생산할 수 있다. 이렇게 하려면 (x_1, x_2)를 $\lambda = \dfrac{0A}{0B}$로 나누어주면 되고, 이것이 점 A에서의 투입물거리함수의 값이다. 이처럼 투입물집합 $V(y_1, y_2)$ 내부의 점에서는 투입물거리함수의 값이 1보다 커야 하고, 그 경계에서는 1이다. 그리고 투입물집합 외부의 투입요소결합의 경우 $V(y_1, y_2)$의 경계로 옮기기 위해서는 사용량을 더 늘려주어야 하므로 1보다 작은 투입물거리함수 값을 가지게 된다.

$$(x_1, x_2) \in V(y_1, y_2) \Leftrightarrow D_i(x_1, x_2, y_1, y_2) \geq 1$$

투입물거리함수는 다음과 같은 특성을 가지는데, 그에 대한 설명은 산출물거리함수의 경우와 동일하므로 생략한다.

$D_i.1$ $D_i(0, 0, y_1, y_2) = 0$, $(x_1, x_2) \geq (0, 0)$이면 $D_i(x_1, x_2, 0, 0) = +\infty$

$D_i.2$ $(y_1^0, y_2^0) \leq (y_1^1, y_2^1)$이면 $D_i(x_1, x_2, y_1^1, y_2^1) \leq D_i(x_1, x_2, y_1^0, y_2^0)$
（산출물에 대해 비증가）

$D_i.3$ $(x_1^0, x_2^0) \leq (x_1^1, x_2^1)$이면 $D_i(x_1^1, x_2^1, y_1, y_2) \geq D_i(x_1^0, x_2^0, y_1, y_2)$
（투입물에 대해 비감소）

$D_i.4$ $D_i(\mu x_1, \mu x_2, y_1, y_2) = \mu D_i(x_1, x_2, y_1, y_2)$, $\mu > 0$ （투입물에 대해 1차 동차）

$D_i.5$ $D_i(\alpha x_1^0 + (1-\alpha)x_1^1, \alpha x_2^0 + (1-\alpha)x_2^1, y_1, y_2) \geq \alpha D_i(x_1^0, x_2^0, y_1, y_2) +$
$(1-\alpha)D_i(x_1^1, x_2^1, y_1, y_2)$（단, $\alpha \in [0, 1]$）
（투입물에 대해 오목）

연습 문제

3.4

투입물거리함수가 다음과 같은 초월대수형이라 하자.

$$\ln D_i(x_1, x_2, y) = a_0 + b_1 \ln x_1 + b_2 \ln x_2 + c \ln y + d_1 \ln x_1 \ln y + d_2 \ln x_2 \ln y$$

이 거리함수가 $D_i.4$를 충족하게 하려면 파라미터들을 어떻게 제약해야 하나 확인해보라.

산출물거리함수는 투입물은 주어진 상태에서 특정 산출물조합을 얼마나 바꿀 수 있는지를 나타내는, 기본적으로 산출물 사이의 선택문제를 나타내는 지표이다. 반면 투입물거리함수는 목표 산출물은 주어진 상태에서 투입물의 선택문제에 활용될 수 있는 지표이다. 그리고 이들 두 함수는 각각 산출물집합과 투입물집합에서 정의된다. 그렇다면 기술집합 T를 이용해 투입물과 산출물을 동시에 바꾸는 것을 거리함수의 형태로 나타낼 수도 있지 않을까?

이것은 물론 가능하다. 어떤 방향을 정해 투입물들은 최대한 줄이고 동시에 산출물들은 최대한 늘릴 수 있는 정도를 지표로 만들 수 있는데, 생산경제학자들은 여기에 방향거리함수(directional distance function)라는 이름을 붙였다.[6] 방향거리함수는 다음과 같이 정의된다.

(3.12)
$$\vec{D}_T(x_1, x_2, y_1, y_2; g_{x1}, g_{x2}, g_{y1}, g_{y2})$$
$$= \max\{\beta : (x_1 - \beta g_{x1}, x_2 - \beta g_{x2}, y_1 + \beta g_{y1}, y_2 + \beta g_{y2}) \in T\}$$

위의 정의에서 $(g_{x1}, g_{x2}, g_{y1}, g_{y2})$는 모두 어느 쪽으로 투입물과 산출물을 움직일지를 결정하기 위해 부여되는 방향을 나타내는 비음의 숫자들이다. 예를 들면 $(1,1,1,1)$도 선택할 수 있는 방향 중 하나이다. 이렇게 방향을 임의로 부여한 상태에서 정해진 방향으로 각 투입물은 얼마나 줄이면서 동시에 각 산출물은 얼마나 늘릴 수 있는지를 β의 최댓값을 구해 도출하면 그것이 바로 방향거리함수의 값이다. 이 함수는 이제는 기술집합

---

6 이 함수에 대한 엄밀한 분석은 스탠퍼드 대학의 D. Luenberger가 1980년대 말과 1990년대 초반에 시행하였고, 이후 Chambers 외의 학자들이 그 성질을 추가로 규명하였다(Chambers, R. G., Y. Chung, and R. Färe, 1996, "Benefit and Distance Functions," *Journal of Economic Theory* 70, pp. 407–419; Chambers, R. G., Y. Chung, and R. Färe, 1998, "Profit, Directional Distance Functions and Nerlovian Efficiency," *Journal of Optimization Theory and Applications* 95, pp. 351–364; Luenberger, D. L., 1992, "Benefit Functions and Duality," *Journal of Mathematical Economics* 21, pp. 461–481).

T의 정확한 형태를 파악할 수 있게 하므로 유용한 생산기술 분석수단이 된다.

기술집합의 경계에서는 이미 효율적인 생산이 이루어지고 있어 투입물은 감소시키면서 생산은 늘리는 것이 불가능하므로 방향거리함수의 값은 0이다. 기술집합의 내부에서는 투입물을 감소시키면서 산출물은 증가시켜 집합의 경계로 이동하는 것이 가능하기 때문에 방향거리함수의 값이 0보다 크다. 기술집합의 밖에서는 오히려 투입물은 늘리면서 산출량은 줄여야 집합 내로의 진입이 가능하므로 방향거리함수 값이 음(−)이다. 따라서 다음이 성립하는데, 방향거리함수가 충족해야할 구체적인 추가 성질들은 본장의 부록에 정리되어 있다.

$$\overrightarrow{D}_T(x_1, x_2, y_1, y_2; g_{x1}, g_{x2}, g_{y1}, g_{y2}) \geq 0 \Leftrightarrow (x_1, x_2, y_1, y_2) \in T$$

$N = M = 1$의 경우의 방향거리함수의 예는 〈그림 3−7〉이 보여준다. 현재 점 A에서 생산되고 있다면 이로부터 점 B와 같은 생산경계 혹은 생산함수상의 한 점으로 이동할 수 있다. 점 g는 좌표 $(-g_x, g_y)$를 나타낸다고 하자. 즉 이 벡터는 x는 g_x방향으로 줄

그림 3-7 방향거리함수

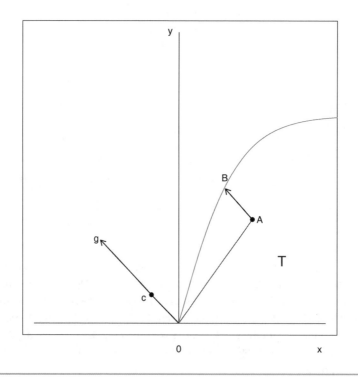

이고 y는 g_y방향으로 늘려 점 B를 향해 이동하는 경우의 방향을 표시하고 있다. 이 방향을 따라 점 A에서 이동하고자 한다면 최대 점 B까지 이동할 수 있다. 만약 점 c가 그 원점으로부터의 거리가 선분 AB의 길이와 일치하는 점이라면, 생산점 A에서의 방향거리함수 값은 $\vec{D}_T(x^A, y^A; g_x, g_y) = \dfrac{0c}{0g}$가 되어야 한다.

위에서 소개된 세 가지 거리함수들 간의 관계는 어떠할까? 먼저, 산출물거리함수의 값을 알면 동일 투입−산출물조합에서 투입물거리함수의 값도 알 수 있을까? 결론적으로 얘기하면 이들 두 함수는 각각 산출물들과 투입물들의 허용되는 비례적 변화를 분석하기 때문에 두 함수 간의 직접적인 관련성은 없다. 다만 생산기술이 전체 투입−산출물공간에서 규모수익불변을 보일 때에는 산출물이 고정된 상태에서 투입물의 비례적 증가는 투입물이 고정된 상태에서 산출물의 비례적 감소와 마찬가지의 의미를 가지므로 투입물거리함수는 산출물거리함수의 역수이고, 그 역관계도 성립한다. 즉 CRS의 기술조건에서는 $D_o(x_1, x_2, y_1, y_2) = \dfrac{1}{D_i(x_1, x_2, y_1, y_2)}$의 관계가 성립하는데, 이 관계를 아래의 연습문제를 풀며 함께 도출해보기 바란다.[7]

연습문제
3.5★
식 (3.9)가 보여주었던 규모수익불변에서의 기술집합, 산출물집합, 투입물집합의 특성을 반영하여, 이 경우 다음이 성립함을 보여라.

$$D_o(\lambda x_1, \lambda x_2, y_1, y_2) = \lambda^{-1} D_o(x_1, x_2, y_1, y_2), \ \lambda > 0$$
$$D_i(x_1, x_2, \theta y_1, \theta y_2) = \theta^{-1} D_i(x_1, x_2, y_1, y_2), \ \theta > 0$$

하지만 방향거리함수는 그 방향지표 $(g_{x1}, g_{x2}, g_{y1}, g_{y2})$를 적절히 선택하면, 그로부터 산출물거리함수의 값과 투입물거리함수의 값을 각각 도출할 수 있어 이들 두 거리함수와 직접적인 관련성이 있을 뿐 아니라, 이들을 특수한 예로 포함하는 보다 일반적인 거리함수이다. 〈그림 3−7〉의 예에서 $(g_x, g_y) = (0, 1)$로 둘 경우 점 A는 수직으로 이동시키고, 투입물은 그냥 둔 채 산출물만 늘려 산출물거리함수를 도출할 수 있다. 반대로 $(g_x, g_y) = (1, 0)$으로 둘 경우에는 점 A를 수평으로 이동시키면서 투입물만을 줄이는 것

---

7 아울러 보다 일반적인 경우로서 투입물거리함수가 산출물의 $-r$차 동차함수이면 두 가지 거리함수 간에 어떤 관계가 성립하는지도 검토해보기 바란다.

이 되어 투입물거리함수의 값을 도출할 수가 있다.

$N = M = 2$의 경우 생산점의 평행이동 방향을 예를 들어 $(g_{x1}, g_{x2}, g_{y1}, g_{y2}) = (0, 0, y_1, y_2)$로 정해보자. 즉 투입물은 변화시키지 않고 산출물은 실제로 관측되는 산출물의 방향대로 변화시킨다. 이 경우 방향거리함수는 다음과 같다.

$$\overrightarrow{D}_T(x_1, x_2, y_1, y_2; 0, 0, y_1, y_2) = \max\{\beta : (x_1, x_2, (1+\beta)y_1, (1+\beta)y_2) \in T\}$$

위 문제는 주어진 투입물 (x_1, x_2)를 가지고 두 산출물 (y_1, y_2)을 얼마나 비례적으로 늘릴 수 있는지를 찾는 문제이다. 따라서 그 확장비율인 $(1+\beta)$의 최댓값은 산출물을 비례적으로 나누어줄 수 있는 최소의 값인 산출물거리함수의 역수가 되어야 한다. 즉 다음의 관계가 성립한다.

(3.13) $$\overrightarrow{D}_T(x_1, x_2, y_1, y_2; 0, 0, y_1, y_2) = \frac{1}{D_o(x_1, x_2, y_1, y_2)} - 1$$

연습문제 3.6 방향거리함수로부터 투입물거리함수를 도출하라.

하나의 예로서, 전환함수를 이용해 다음과 같은 투입물집합을 정의하자.

$$V(y_1, y_2) = \{(x_1, x_2) : Y(x_1, x_2, y_1, y_2) \le 0\} = \{(x_1, x_2) : 2x_1 + 3x_2 \ge y_1 + y_2\}$$

그리고 현재 $(y_1, y_2) = (2, 2)$이고, 거리함수를 평가하고자 하는 투입물수준은 $(x_1, x_2) = (2, 1)$이라고 하자. 방향을 $(g_{x1}, g_{x2}, g_{y1}, g_{y2}) = (0, 0, 1, 1)$로 두면, 방향거리함수 값을 구하기 위해 다음을 풀어야 한다.

$$2x_1 + 3x_2 = 7 \ge (y_1 + \beta) + (y_2 + \beta) = 4 + 2\beta$$

β의 최댓값은 3/2이고 이것이 방향거리함수 값이다. 또 다른 방향설정 경우로 $(0, 0, y_1, y_2)$, 즉 $(0, 0, 2, 2)$이면 다음을 풀어야 한다.

$$2x_1 + 3x_2 = 7 \ge (1+\beta)y_1 + (1+\beta)y_2 = 4 + 4\beta$$

방향거리함수의 값은 이제 3/4이다. 식 (3.13)을 확인하기 위해 산출물거리함수를 구하려면, 다음을 풀어야 한다.

$$2x_1 + 3x_2 = 7 \geq y_1/\theta + y_2/\theta = 4/\theta$$

θ의 최솟값은 4/7이고 이것이 산출물거리함수의 값이다. 아울러 $\dfrac{1}{4/7} - 1 = \dfrac{3}{4}$이므로 식 (3.13)의 관계가 정확히 성립한다.

> **연습문제 3.7** 바로 위의 예를 (y_1, y_2)공간에 그림으로 그리고, 두 가지 방향거리함수와 산출물거리함수를 표시하라.

SECTION 06 다수 산출물 생산의 규모수익성과 생산 다각화 효과

1. 규모수익성

위에서 도입된 거리함수들은 기본적으로 다수 투입물과 다수 산출물 생산기술을 분석하기 때문에 제2장의 단일 산출물 생산에 한정해 분석하였던 규모수익성을 다수 산출물의 경우에 대해서도 분석할 수 있게 한다.

단일 산출물만 있어 $M = 1$인 경우에 우리는 제2장의 식 (2.20)에서 특정 투입-산출물결합 (x_1, x_2, y)에서의 규모탄력성을 다음과 같이 정의하였다.

$$\epsilon = \frac{\partial f(\lambda x_1, \lambda x_2)}{\partial \lambda} \frac{\lambda}{f(\lambda x_1, \lambda x_2)}\Big|_{\lambda=1} = \sum_{i=1}^{2} f_i \frac{x_i}{y}$$

즉 모든 투입물을 λ배 했을 때 산출물이 늘어나는 정도를 원래의 투입-산출물결합에서 평가한다. 이제 $M = 2$인데, 어떤 투입-산출물조합 (x_1, x_2, y_1, y_2)에서의 산출물거리함수의 값이 1이고, 이 조합은 생산경계에 있다고 하자. 이 조합에서의 규모탄력성을 다음과 같이 확장할 수 있다.

$$(3.14) \qquad \epsilon_o = \max\{r : (\lambda x_1, \lambda x_2, \lambda^r y_1, \lambda^r y_2) \in T, \lambda \geq 1\}, \quad D_o(x_1, x_2, y_1, y_2) = 1$$

즉, 이제는 현재의 투입-산출물조합 (x_1, x_2, y_1, y_2)를 투입물은 투입물대로, 산출물은 산출물대로 비례적으로 늘려 여전히 생산이 가능토록 하려면, 산출물은 투입물의 변화비율보다 최대한 어느 정도나 더 높은 비율로 증가시킬 수 있는지를 파악해 규모탄력성을 정의한다.

ϵ_o를 좀 더 구체적인 형태로 도출해보자. 거리함수 $D_o(\lambda x_1, \lambda x_2, \lambda^r y_1, \lambda^r y_2)$의 값은 원래의 투입-산출물조합을 비례적으로 바꾸므로 그 값이 λ에 의해 결정되며, 따라서 함수 $H(\lambda)$와 같이 표현할 수 있다. r이 식 (3.14)의 집합 내의 r이라면, $H(\lambda) = D_o(\lambda x_1, \lambda x_2, \lambda^r y_1, \lambda^r y_2) \leq 1$이 성립해야 한다. $H(\lambda)$는 그러나 원래의 투입-산출물조합 (x_1, x_2, y_1, y_2)가 정확히 기술집합의 경계에 있으므로 $H(1) = 1$이 되어야 한다. 따라서 $H(\lambda)$는 $\lambda = 1$에서 λ의 감소함수이고, $H'(1) \leq 0$의 성질을 가진다. 즉 다음이 성립한다.

$$\sum_{i=1}^{2} \frac{\partial D_o(x_1, x_2, y_1, y_2)}{\partial x_i} x_i + r \sum_{j=1}^{2} \frac{\partial D_o(x_1, x_2, y_1, y_2)}{\partial y_j} y_j \leq 0$$

이제 $\alpha = -\dfrac{\displaystyle\sum_{i=1}^{2} \frac{\partial D_o(x_1, x_2, y_1, y_2)}{\partial x_i} x_i}{\displaystyle\sum_{j=1}^{2} \frac{\partial D_o(x_1, x_2, y_1, y_2)}{\partial y_j} y_j}$ 와 같이 정의하면, $\dfrac{\partial D_o(\cdot)}{\partial y_i} \geq 0, \forall i$ 이므로 위의

부등식에 의해 $\alpha \geq r$의 관계가 성립한다. 즉 α는 식 (3.14)의 조건을 충족하는 어떤 r보다 커야 하므로 이 α가 바로 ϵ_o이다.[8] 따라서 규모탄력성은 다음과 같다.

$$
\begin{aligned}
(3.15) \qquad \epsilon_o &= -\frac{\displaystyle\sum_{i=1}^{2} \frac{\partial D_o(x_1, x_2, y_1, y_2)}{\partial x_i} x_i}{\displaystyle\sum_{j=1}^{2} \frac{\partial D_o(x_1, x_2, y_1, y_2)}{\partial y_j} y_j} \\
&= -\frac{\displaystyle\sum_{i=1}^{2} \frac{\partial D_o(x_1, x_2, y_1, y_2)}{\partial x_i} x_i}{D_o(x_1, x_2, y_1, y_2)} \quad (\because \text{1차 동차성과 오일러 정리}) \\
&= -\sum_{i=1}^{2} \frac{\partial D_o(x_1, x_2, y_1, y_2)}{\partial x_i} x_i \quad (\because D_o(x_1, x_2, y_1, y_2) = 1)
\end{aligned}
$$

---

8 완전한 증명은 $\alpha > \epsilon_o$의 관계는 성립하지 않는다는 것도 보여주어야 한다. 이를 시도해보기 바란다.

ϵ_o가 1보다 크면, 식 (3.14)에서 r의 최댓값이 1보다 크고, 투입물 증가가 초래하는 산출물 증가가 전자보다 더 커 규모수익증대가 발생한다. ϵ_o가 1이면 규모수익불변, 1보다 작으면 규모수익감소가 발생한다고 할 수 있다. 아울러 유사한 절차를 거쳐 규모탄력성은 다음처럼 투입물거리함수를 이용해서 정의할 수도 있다.[9]

$$(3.16) \qquad \epsilon_i = -\frac{D_i(x_1, x_2, y_1, y_2)}{\displaystyle\sum_{j=1}^{2} \frac{\partial D_i(x_1, x_2, y_1, y_2)}{\partial y_j} y_j}, \quad D_i(x_1, x_2, y_1, y_2) = 1$$

연습 문제

3.8★

$D_o(\lambda x_1, \lambda x_2, \theta y_1, \theta y_2) = 1$이고 $D_i(\lambda x_1, \lambda x_2, \theta y_1, \theta y_2) = 1$이라 하자. 즉 (x_1, x_2, y_1, y_2) 조합을 투입물들은 λ배, 산출물들은 θ배 했을 때 기술집합의 경계에서 생산할 수 있었다$(\lambda, \theta > 0)$.

1) $D_o(\lambda x_1, \lambda x_2, \theta y_1, \theta y_2) = 1$로부터 식 (3.15)의 탄력성은 $\epsilon_o = \frac{\partial \theta}{\partial \lambda} \frac{\lambda}{\theta}\big|_{\theta = \lambda = 1}$와 같음을 보여라. 그리고 $D_i(\lambda x_1, \lambda x_2, \theta y_1, \theta y_2) = 1$로부터 식 (3.16)의 탄력성은 $\epsilon_i = \frac{\partial \theta}{\partial \lambda} \frac{\lambda}{\theta}\big|_{\theta = \lambda = 1}$와 같음도 보여라.

2) $\vec{D}_T(\lambda x_1, \lambda x_2, \theta y_1, \theta y_2; g_{x1}, g_{x2}, g_{y1}, g_{y2}) = 0$일 때 규모탄력성을 $\epsilon_T = \frac{\partial \theta}{\partial \lambda} \frac{\lambda}{\theta}\big|_{\theta = \lambda = 1}$와 같이 방향거리함수를 이용해서 정의해 보고, ϵ_T를 식 (3.15)의 ϵ_o나 식 (3.16)의 ϵ_i처럼 거리함수의 편미분을 이용해 표현하라.

3) 동일 투입-산출물결합에서 평가했을 때 세 가지 탄력성 ϵ_o, ϵ_i, ϵ_T가 서로 일치하는지를 검토하라.

한편, 규모탄력성 ϵ_o와 ϵ_i는 원칙적으로는 투입물과 산출물의 크기에 따라 그 값이 달라질 수 있다. 하지만 만약 산출물거리함수가 투입물에 대해 $-r$차 동차이면, 오일러 정리에 의해 ϵ_o는 항상 r의 값을 가져야 한다. 마찬가지로 투입물거리함수가 산출물에 대해 $-\frac{1}{r}$차 동차함수이면 ϵ_i는 항상 r의 값을 가져야 한다. 이는 단일 산출물의 생산함수가 투입물의 r차 동차함수이면 그 규모탄력성이 항상 r이었던 것과 같은 경우이다. 예를 들어 산출물거리함수를 다음과 같이 콥-더글라스함수를 로그변환한 형태로 설정하면, 규모탄력성은 $\epsilon_o = -(a_1 + a_2)$와 같이 도출된다.

---

9 단, ϵ_i가 유한한 값을 가지기 위해서는 $\displaystyle\sum_{j=1}^{2} \frac{\partial D_i(x_1, x_2, y_1, y_2)}{\partial y_j} y_j \neq 0$의 조건이 필요하다.

$$\ln D_o(x_1, x_2, y_1, y_2) = a_0 + a_1\ln x_1 + a_2\ln x_2 + b_1\ln y_1 + b_2\ln y_2, \quad b_1 + b_2 = 1$$

그렇다면 동조적 단일 산출물 생산함수가 그랬던 것처럼 규모탄력성이 일정하지는 않지만 투입물에는 영향을 받지 않고 산출물의 영향만 받도록 할 수도 있을까? 이는 단일 산출물일 때 그랬던 것처럼 거리함수가 굳이 동차함수가 아니더라도 투입물들의 등량곡선이 서로 평행하도록 만들고 등경사선이 원점을 지나는 직선이 되게 하면 된다. 다음과 같은 투입물집합을 검토하자.

$$(3.17) \qquad V(y_1, y_2) = g(y_1, y_2)V(1,1)$$

식 (3.17)의 투입물집합에서 $g(y_1, y_2)$는 두 산출물의 함수로서 0보다 큰 실수 값을 가진다. $V(1,1)$은 어떤 기준이 되는 생산량, 예를 들면 $(1,1)$을 생산하는 데 필요한 투입물집합이다. 이를 단위 투입물집합이라 부르자. 산출량이 (y_1, y_2)이면 그 투입물집합은 단위 투입물집합을 원점에서 출발하는 직선을 따라 $g(y_1, y_2)$만큼 그대로 확장 혹은 축소해놓은 것이 된다. 이러한 생산기술특성을 우리는 투입물 동조성(input homotheticity)이라 부른다.[10] 이 경우 투입물거리함수는 다음과 같이 표현할 수 있다.

$$
\begin{aligned}
(3.18) \qquad D_i(x_1, x_2, y_1, y_2) &= \max\{\lambda: \ (x_1, x_2) \in \lambda g(y_1, y_2)V(1,1)\} \\
&= \max\left\{\lambda\frac{g(y_1, y_2)}{g(y_1, y_2)}: \ (x_1, x_2) \in \lambda g(y_1, y_2)V(1,1)\right\} \\
&= \frac{1}{g(y_1, y_2)}\max\{\overline{\lambda}: \ (x_1, x_2) \in \overline{\lambda}\,V(1,1)\} \\
&= \frac{D_i(x_1, x_2)}{g(y_1, y_2)}
\end{aligned}
$$

식 (3.18)의 세 번째 등식에서는 $\overline{\lambda} = \lambda g(y_1, y_2)$로 정의를 하는데, 이 실수는 비례적으로 수량을 바꾸고자 하는 (x_1, x_2)과는 독립이므로 이렇게 처리할 수가 있다. 식 (3.18)의 결과에 의하면 투입물 동조성이 있으면 투입물거리함수는 두 부분으로 구성된다. 첫 번째 부분은 생산량과는 상관없이 투입량의 1차 동차함수인 $D_i(x_1, x_2)$라는 함수

---

[10] 산출물 동조성(output homotheticity)을 정의할 수도 있다. 이는 산출물집합의 PPF가 서로 평행하도록 하는 제약이다. 아래의 분석절차를 반복하여 이 경우 ϵ_o가 투입물에 의해서만 영향을 받는다는 것을 확인해보기 바란다.

이고, 두 번째 부분은 생산량만으로 구성된 $g(y_1, y_2)$라는 함수이다. 이 두 함수의 비율이 투입물거리함수를 이룬다. 이는 사실 제2장에서 살펴보았던 $M = 1$ 생산함수의 동조성의 경우와 상응하는 것이다. 제2장에서는 $M = 1$이고 생산기술이 동조성을 지니면 최종 산출물을 z라 할 때 $g(z) = f(x_1, ..., x_N)$과 같은 관계가 성립하고, 함수 $f(x_1, ..., x_N)$가 r차 동차함수라고 하였다. 등량곡선에서는 투입물거리함수의 값이 1이므로 식 (3.18)과 비교하면 $g(z)$는 $g(y_1, y_2)$에 해당되고, 동차함수 $f(x_1, ..., x_N)$는 역시 동차함수인 $D_i(x_1, x_2)$에 해당된다. 식 (3.18)의 투입물거리함수를 식 (3.16)의 규모수익성 공식에 대입하면 다음을 얻는다.

$$\epsilon_i = \frac{g(y_1, y_2)}{\displaystyle\sum_{j=1}^{2} \frac{\partial g(y_1, y_2)}{\partial y_j} y_j}$$

따라서 이제 다수 산출물 생산의 규모탄력성은 투입물에는 영향을 받지 않고 산출물의 영향만 받는다. 그리고 만약 함수 $g(y_1, y_2)$마저 $1/r$차 동차함수라면, $\epsilon_i = r$로 아예 일정한 값이 되어 버린다.

2. 다각화 효과

우리는 본장을 시작하면서 다수 산출물이 있는 경우 한 가지만 생산하기보다는 여러 가지 산출물을 결합 생산하는 것이 일반적이고, 또한 최소한 일부 투입물이 공공투입물의 성격을 지닐 경우 그렇게 하는 것이 더 효율적인 생산이기도 함을 지적하였다. 따라서 다수 산출물을 생산할 때에는 생산규모뿐 아니라 산출물의 가짓수에 대한 검토도 필요하다. 즉 단일 산출물의 경우와 달리 생산하는 제품의 종류가 많아지는 것이 생산효율성 측면에서 어떤 의미가 있는지를 파악할 필요가 있다.

생산되는 제품의 범위를 넓히는 것의 경제적 이득은 생산비와 연결하여 검토하는 것이 적절하기 때문에 생산범위의 경제성 문제는 제4장에서 비용에 대한 논의를 할 때 본격적으로 다루기로 한다. 하지만 몇 가지 품목을 생산할 것인지가 문제가 된다는 것은 산출물들이 어떤 기술적인 관련성을 상호 맺고 있다는 것을 의미하므로, 여기에서는 이를 거리함수를 이용해 검토하기로 한다. 다음과 같은 지표를 고려하자.

$$(3.19) \qquad D_{i12} = \frac{\partial^2 D_i(x_1, x_2, y_1, y_2)}{\partial y_1 \partial y_2}$$

즉 투입물거리함수를 먼저 y_1에 대해 미분하고, 그 편도함수를 다시 y_2에 대해 미분한다. 이때 투입요소 사용량은 원래대로 고정된다. 투입물거리함수의 성질에 의해 $\frac{\partial D_i(x_1, x_2, y_1, y_2)}{\partial y_1}$은 0보다 작다. $\frac{\partial D_i(x_1, x_2, y_1, y_2)}{\partial y_1}$은 다른 변수들은 고정된 상태에서 y_1을 늘리면 특정 투입물결합이 투입물집합의 경계로 이동하는 데 필요한 투입물의 감소분이 얼마나 변하는지를 나타내는 것이다. 그런데 이것이 y_1이 아닌 다른 산출물 y_2의 생산에 의해 영향을 받을 수가 있으며, 식 (3.19)는 그 정도를 나타내고 있다.

제2장은 단일 산출물 생산함수 $y = f(x_1, x_2)$에서 $f_{12} > 0$이면 두 투입물 (x_1, x_2)는 기술적으로 상호 보완적이며, $f_{12} < 0$일 경우 상호 경합적이라 하였다. 식 (3.19)는 유사하게 두 가지 산출물 (y_1, y_2)의 상호 기술적 관계를 나타낸다. $D_{i12} > 0$라면, 두 산출물 사이에는 일종의 보완성이 존재하며, 반대로 $D_{i12} < 0$일 경우 상호 경합적인 관계가 있다고 할 수 있다. 그러나 한 가지 유의할 것은 $D_{i12} > 0$이라고 해서 투입물이 고정되었음에도 불구하고 y_1과 y_2 생산이 동시에 늘어날 수 있다는 것을 의미하지는 않는다는 점이다. 즉 산출물집합의 경계는 여전히 우하향 한다. 다만 y_2 생산이 많을수록 y_1 생산의 효율성이 높아진다는 의미는 가지고 있다.

〈그림 3-8〉은 투입물공간에 그려진 투입물집합과 그 경계인 등량곡선을 보여준다. 점 A에서 (x_1^A, x_2^A)의 투입물조합이 사용되어 (y_1^0, y_2^0)가 생산되고 있다고 하자. (y_1^0, y_2^0)를 생산할 수 있는 투입물집합의 경계, 즉 등량곡선은 그림에서 $IQ(y_1^0, y_2^0)$와 같이 그려져 있다. 따라서 $D_i(x_1^A, x_2^A, y_1^0, y_2^0) = \frac{0A}{0B^0}$임을 알 수 있다. 그리고 만약 $y_1 = y_1^0$이지만 y_2의 목표 생산량이 y_2^1로서 y_2^0보다 더 크다면$(y_2^1 > y_2^0)$, 후자의 경우에 비해 더 많은 투입물이 필요하므로 그 등량곡선은 $IQ(y_1^0, y_2^1)$이다. 따라서 이 경우 동일 투입물 (x_1^A, x_2^A)에서 평가한 거리함수 값은 $D_i(x_1^A, x_2^A, y_1^0, y_2^1) = \frac{0A}{0C^0}$이다.

이 상황에서 y_1의 생산량을 y_1^0에서 y_1^1으로 증가시킨다고 하자$(y_1^1 > y_1^0)$. 이 경우 필요 투입물의 양이 늘어나기 때문에 등량곡선이 이동하고, 따라서 투입물거리함수의 값이 변해야 하는데, y_2의 값이 y_2^0일 때와 y_2^1일 때 그 변하는 정도가 다르다는 것이 $D_{i12} > 0$의 조건이 의미하는 바이다. 먼저 $y_2 = y_2^0$인 상태에서 y_1을 y_1^0에서 y_1^1으로 생산을 늘린다고 하자. 이 경우 등량곡선이 $IQ(y_1^1, y_2^0)$가 되었다고 하자. 점 A에서의 투입물조합 (x_1^A, x_2^A)는 새로운 투입물집합의 내부에 있으므로 새로운 산출물 (y_1^1, y_2^0)을 여전히 생산할 수 있지만, 투입물거리함수의 값은 이제 $D_i(x_1^A, x_2^A, y_1^1, y_2^0) = \dfrac{0A}{0B^1}$로 줄어든다. 반면 y_2의 생산량이 y_2^1이었다면 y_1 생산 증가에 의해 등량곡선이 $IQ(y_1^1, y_2^1)$으로 이동했다고 하자. 이 경우에는 $D_i(x_1^A, x_2^A, y_1^1, y_2^1) = \dfrac{0A}{0C^1}$로 거리함수 값이 바뀐다.

즉 다음의 일이 벌어진다.

$$y_2 = y_2^0: y_1 \text{ 생산이 } y_1^0 \text{에서 } y_1^1 \text{으로 증가}$$

$$\Rightarrow \text{투입물거리함수 값 변화} = \frac{0A}{0B^1} - \frac{0A}{0B^0}$$

$$y_2 = y_2^1: y_1 \text{ 생산이 } y_1^0 \text{에서 } y_1^1 \text{으로 증가}$$

$$\Rightarrow \text{투입물거리함수 값 변화} = \frac{0A}{0C^1} - \frac{0A}{0C^0}$$

그림에서는 $\left[\dfrac{0A}{0C^1} - \dfrac{0A}{0C^0}\right]$와 $\left[\dfrac{0A}{0B^1} - \dfrac{0A}{0B^0}\right]$ 모두 0보다 작다. 그리고 그림에서처럼 $\left[\dfrac{0A}{0C^1} - \dfrac{0A}{0C^0}\right] - \left[\dfrac{0A}{0B^1} - \dfrac{0A}{0B^0}\right] > 0$의 관계가 성립하기 충분할 정도로 C^1과 C^0 사이의 거리가 B^1과 B^0 사이의 거리에 비해 가까우면, $D_{i12} > 0$가 성립한다. 이러한 결과가 나타나는 이유는 y_2 생산량이 적을수록 y_1 생산증가를 위해 등량곡선을 우측으로 이동시켜야하는 정도가 더 크고, 필요로 하는 투입물의 증가량이 더 많기 때문이다. 이것이 바로 $D_{i12} = \dfrac{\partial^2 D_i(x_1, x_2, y_1, y_2)}{\partial y_1 \partial y_2} > 0$일 때 두 산출물이 기술적으로 보완성을 가진다는 것이 의미하는 바이다.

이렇게 두 산출물 간에 일종의 보완성이 있으면, y_2는 생산을 아예 하지 않을 때에 비해서 어느 정도 생산을 하여 y_1과 결합 생산을 할 때가 y_1 생산 증가 시 필요로 하는 투입물 증가가 더 적으므로 생산품목 다각화가 효율성 측면에서 이득을 안겨준다.

하지만 투입물거리함수를 통해서 정의되는 이상의 산출물 간의 상호 보완성에 관한 논의는 다수 산출물을 결합 생산하는 것이 반드시 유리하다는 결론으로까지 연결되지는 않는다. 왜냐하면 y_1만 생산할 때와 y_1과 더불어 y_2도 함께 생산할 때에는 투입물 사용량 (x_1, x_2) 자체가 서로 다를 것이기 때문이다. 마찬가지로 두 산출물이 함께 생산될 때

그림 3-8 품목 다각화 효과

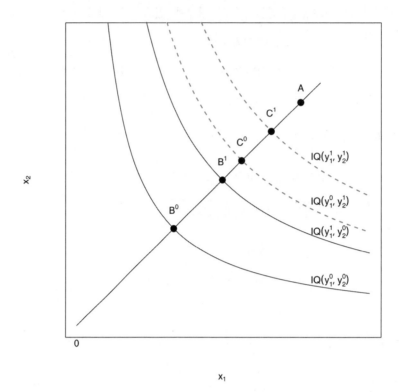

에도, 생산량을 바꿈에도 불구하고 여전히 원래의 투입물조합 (x_1, x_2)를 유지한다는 식 (3.19)의 가정은 사실 비현실적이다. 따라서 생산 다각화의 경제적 이득에 관한 논의는 산출물의 가짓수나 양을 바꿀 때 투입요소 사용량도 바꾸는 것이 허용되는 비용함수개념을 이용하는 것이 더 적합하다. 제4장에서 이 문제에 관한 비용함수 접근법을 다루도록 한다.

이상 논의한 바와 같이 현대 생산경제학에서는 단일 산출물의 생산기술 특성을 설명하기 위해 생산함수가 했던 역할을 다수 산출물의 경우 기술집합, 투입물집합, 산출물집합과 그로부터 정의되는 방향거리함수, 투입물거리함수, 산출물거리함수들이 잘 수행하고 있다. 제3장에서 추가로 도입된 이들 수단을 통해 규모탄력성이나 동조성과 같은 생산기술의 특성을 다수 산출물의 경우에도 모두 설명할 수 있었다. 아울러 본장에서 설명하지는 않았으나 투입물 간 대체의 수월성을 나타내는 대체탄력성이나 산출물 간 전환의 수월성을 나타내는 전환탄력성 등도 거리함수를 이용해 분석할 수 있다. 뿐만 아니라 다수 산출물 생산의 경우 생산품목의 다양성이 생산효율성에 미치는 영향에 대한 검토 문제도 추가로 제기한다. 제2장과 제3장에서 설명한 생산기술과 그 표현방식에 대한 이해를 바탕으로 하여 다음 장부터는 생산자들의 최적 생산행위를 분석하고자 한다.

> **부록**

1. 산출물거리함수의 볼록성

본문에서 밝힌 것처럼 이 성질은 기본적으로 산출물집합이 볼록집합이라는 것에서 유래한다. 이 성질은 사실 다음처럼 산출물거리함수가 산출물에 대해 준가법적(sub-additive)이라는 성질의 한 특수한 예이다.

$$D_o(x_1, x_2, y_1^a + y_1^b, y_2^a + y_2^b) \leq D_o(x_1, x_2, y_1^a, y_2^a) + D_o(x_1, x_2, y_1^b, y_2^b)$$

함수의 준가법성은 변수 값들을 더해 평가한 함수의 값이 각 변수 값에서 평가한 함수를 더한 것보다 작다는 의미이다. 위의 준가법성에 $(y_1^a, y_2^a) = (\alpha y_1^0, \alpha y_2^0)$, (y_1^b, y_2^b) $= ((1-\alpha)y_1^1, (1-\alpha)y_2^1)$를 대입하면 D_o.5의 볼록성이 도출된다($\alpha \in [0,1]$).

준가법성을 도출하기 위해 다음 두 가지를 확인하자.

$$\left(\frac{y_1^a}{D_o(x_1, x_2, y_1^a, y_2^a)}, \frac{y_2^a}{D_o(x_1, x_2, y_1^a, y_2^a)} \right) \in Y(x_1, x_2)$$

$$\left(\frac{y_1^b}{D_o(x_1, x_2, y_1^b, y_2^b)}, \frac{y_2^b}{D_o(x_1, x_2, y_1^b, y_2^b)} \right) \in Y(x_1, x_2)$$

산출물거리함수는 각 산출물결합을 나누어서 산출물집합의 경계로 보낼 수 있는 정도를 나타낸다. 따라서 각 산출물을 스스로의 산출물거리함수로 나누어주면 산출물집합의 경계에 머무르게 되어 여전히 생산가능한 수준이 된다. 이제 산출물집합 $Y(x_1, x_2)$가 볼록집합이라는 성질을 이용해 다음을 도출하자.

$$\alpha \left(\frac{y_1^a}{D_o(x_1, x_2, y_1^a, y_2^a)}, \frac{y_2^a}{D_o(x_1, x_2, y_1^a, y_2^a)} \right)$$

$$+ (1-\alpha) \left(\frac{y_1^b}{D_o(x_1, x_2, y_1^b, y_2^b)}, \frac{y_2^b}{D_o(x_1, x_2, y_1^b, y_2^b)} \right) \in Y(x_1, x_2)$$

그리고 $\alpha = \dfrac{D_o(x_1,x_2,y_1^a,y_2^a)}{D_o(x_1,x_2,y_1^a,y_2^a) + D_o(x_1,x_2,y_1^b,y_2^b)} \in (0,1)$를 위의 관계식에 대입하면 다음을 얻는다.

$$\left(\frac{y_1^a + y_1^b}{D_o(x_1,x_2,y_1^a,y_2^a) + D_o(x_1,x_2,y_1^b,y_2^b)}, \frac{y_2^a + y_2^b}{D_o(x_1,x_2,y_1^a,y_2^a) + D_o(x_1,x_2,y_1^b,y_2^b)} \right)$$
$$\in Y(x_1,x_2)$$

즉, 다음이 성립한다.

$$D_o\!\left(x_1,x_2, \frac{y_1^a + y_1^b}{D_o(x_1,x_2,y_1^a,y_2^a) + D_o(x_1,x_2,y_1^b,y_2^b)}, \frac{y_2^a + y_2^b}{D_o(x_1,x_2,y_1^a,y_2^a) + D_o(x_1,x_2,y_1^b,y_2^b)} \right)$$
$$\leq 1$$

성질 $D_o.4$에 의해 특정 값으로 모든 산출물을 곱해주면 산출물거리함수 값 자체를 그 값으로 곱해준 것이 되므로, 다음의 준가법성을 얻는다.

$$D_o(x_1,x_2,y_1^a + y_1^b, y_2^a + y_2^b) \leq D_o(x_1,x_2,y_1^a,y_2^a) + D_o(x_1,x_2,y_1^b,y_2^b)$$

2. 방향거리함수의 성질

아래의 성질은 g_{x1}, g_{x2}, g_{y1} g_{y2}가 모두 0보다 커서, 투입물과 산출물을 모두 바꾸고 자 할 때의 방향거리함수의 성질이다.

$\overrightarrow{D}_T.1$ $\overrightarrow{D}_T(0,0,0,0;g_{x1},g_{x2},g_{y1},g_{y2}) \geq 0$

$\overrightarrow{D}_T.2$ $\overrightarrow{D}_T(x_1 - \alpha g_{x1}, x_2 - \alpha g_{x2}, y_1 + \alpha g_{y1}, y_2 + \alpha g_{y2}; g_{x1},g_{x2},g_{y1},g_{y2})$
$\qquad = \overrightarrow{D}_T(x_1,x_2,y_1,y_2;g_{x1},g_{x2},g_{y1},g_{y2}) - \alpha$, α는 어떤 실수

$\overrightarrow{D}_T.3$ $\overrightarrow{D}_T(x_1,x_2,y_1,y_2;\lambda g_{x1},\lambda g_{x2},\lambda g_{y1},\lambda g_{y2})$,
$\qquad = \lambda^{-1}\overrightarrow{D}_T(x_1,x_2,y_1,y_2;g_{x1},g_{x2},g_{y1},g_{y2})$, $\lambda > 0$

$\overrightarrow{D}_T.4$ $(x_1^0,x_2^0) \leq (x_1^1,x_2^1)$이면
$\qquad \overrightarrow{D}_T(x_1^0,x_2^0,y_1,y_2;g_{x1},g_{x2},g_{y1},g_{y2}) \leq \overrightarrow{D}_T(x_1^1,x_2^1,y_1,y_2;g_{x1},g_{x2},g_{y1},g_{y2})$

$\vec{D}_T$.5 $(y_1^0, y_2^0) \leq (y_1^1, y_2^1)$이면

$$\vec{D}_T(x_1, x_2, y_1^0, y_2^0; g_{x1}, g_{x2}, g_{y1}, g_{y2}) \geq \vec{D}_T(x_1, x_2, y_1^1, y_2^1; g_{x1}, g_{x2}, g_{y1}, g_{y2})$$

$\vec{D}_T$.6 $\vec{D}_T(x_1, x_2, y_1, y_2; g_{x1}, g_{x2}, g_{y1}, g_{y2})$는 (x_1, x_2)와 (y_1, y_2)에 대해 동시에 오목하다.

$\vec{D}_T$.7 생산기술이 전체 영역에서 규모수익불변의 특성을 가지면 모든 $\lambda > 0$에 대해, $\vec{D}_T(\lambda x_1, \lambda x_2, \lambda y_1, \lambda y_2; g_{x1}, g_{x2}, g_{y1}, g_{y2})$

$$= \lambda \vec{D}_T(x_1, x_2, y_1, y_2; g_{x1}, g_{x2}, g_{y1}, g_{y2})$$

이상의 방향거리함수가 가지는 성질은 대부분 그 정의로부터 바로 도출된다. 예를 들면 $\vec{D}_T$2는 소위 평행이동(translation) 성질로서, 모든 투입물과 산출물을 방향거리함수를 정의할 때 움직여주는 방향으로 각각 α의 비율만큼 줄이고 늘리면, 방향거리함수의 형태는 전혀 변하지 않고 그 값만 α만큼 줄어든다는 성질이다. 이는 산출물거리함수와 투입물거리함수가 각각 산출물과 투입물에 대해 1차 동차라는 성질과 상응하는 성질로서, 식 (3.12)의 방향거리함수 정의식에 $x_i - \alpha g_{xi}$와 $y_j + \alpha g_{yj}$를 대입하면 바로 도출할 수 있다. 방향거리함수는 투입물에 대해 감소하지 않으며($\vec{D}_T$4), 산출물에 대해서는 증가하지 않는다($\vec{D}_T$5). 그리고 기술집합 T가 볼록이면 투입물과 산출물에 대해 동시에 오목한 함수이다($\vec{D}_T$6). 이 성질 역시 바로 위 부록에서 산출물거리함수가 볼록함수임을 증명하기 위해 사용한 것과 유사한 절차를 적용해 도출할 수 있다. 생산기술이 모든 투입물과 산출물의 영역에서 CRS의 특성을 가지면 방향거리함수는 투입물과 산출물에 대해 동시에 1차 동차이다($\vec{D}_T$7). 이 함수의 성질에 관한 보다 자세한 논의는 본문 각주에서 소개되었던 Luenberger(1992), Chambers et al.(1996; 1998)의 논문이 전개하였다.

References

■ Chambers, R. G., 1988, *Applied Production Analysis: A Dual Approach*, Cambridge University Press: 대학원 수준의 교재이지만, 제7장에서 다수 산출물 생산기술을 큰 어려움 없이 이해할 수 있도록 설명하고 있다.

■ Chambers, R. G. and R. Färe, 2022, "Distance Functions in Production Economics," in S. C. Ray, R. G. Chambers, and S. C. Kumbhakar, eds., *Handbook of Production Economics,* Springer, pp. 295−330: 거리함수관련 가장 권위 있는 두 연구자가 최근까지의 성과를 정리한 문헌이다.

■ Färe, R., 1988, *Fundamentals of Production Theory*, Springer−Verlag: 생산기술 분석에 관한 중요한 문서 중 하나이다. 이후 발간된 동일 저자의 수없이 많은 생산경제학 관련 논문과 저서들의 기초라고 할 수 있다. 일부 내용을 제외하고는 수월하게 읽을 수 있다.

■ Färe, R. and D. Primont, 1995, *Multi−Output Production and Duality: Theory and Applications*, Kluwer Academic Publishers: Färe(1988)의 보다 현대화된 저작물이다.

■ Luenberger, D. G., 1995, *Microeconomic Theory*, McGraw Hill: 수학자가 쓴 미시경제학 교재이지만 접근성이 높다. 저자 본인이 거리함수 관련 중요한 이론 개발자 중 한 명이다.

■ McFadden, D., 1978, "Cost, Revenue, and Profit Functions," in M. Fuss and D. McFadden, eds., *Production Economics: A Dual Approach to Theory and Applications*, Vol 1, North−Holland, pp. 3−109: 현대 생산경제이론을 정리한 가장 중요한 문헌 중 하나이다. 수학적 요구 수준이 매우 높으나, 본장에서 다룬 주요개념에 관한 보다 엄밀한 분석을 볼 수 있다.

■ Shephard, R. W., 1970, *Theory of Cost and Production Functions*, Princeton University Press: 비슷한 제목을 가진 동일 저자의 1953년도 책과 더불어 생산경제학 발전에 가장 큰 기여를 한 연구서이다. 거리함수 개념의 고향이기도 하다.

비용최소화

생 산 경 제 학
PRODUCTION
ECONOMICS

비용최소화

제2장과 제3장에서 생산기술의 특성을 표현하는 수단들을 배웠고, 이들 수단이 생산기술의 특성을 어떻게 표현할 수 있는지를 배웠다. 본장에서는 생산기술조건을 감안하여 생산자들이 행하는 의사결정에 관한 분석을 시작한다. 생산자들이 행하는 의사결정에는 여러 가지가 있지만, 본장에서 분석하는 것은 주어진 산출량이 있을 때 이를 최소의 비용으로 생산하는 방법을 찾는 행위이다. 통상적으로 생산규모 자체를 바꾸기 위해서는 설비와 여타 투입재 등 많은 것을 바꾸어야 하기 때문에 적어도 어느 기간 동안에는 생산자들은 생산규모를 쉽게 바꾸지 못할 수가 있다. 또는 공기업과 같이 정부 규제 등으로 인해 외부적으로 정해진 생산량을 충족해야 하는 경우도 있다. 이렇게 생산규모가 정해지면 생산자는 이를 최소의 비용으로 생산하는 방법을 찾으려 할 것인데, 본장은 다양한 조건하에서 이들이 선택할 수 있는 비용최소화 행위를 분석한다.

SECTION 01 단일 가변투입물의 경우

생산비는 생산에 투입하는 생산요소의 양에 가격을 곱하여 모두 합한 것이다. 따라서 생산비는 어떤 투입물조합을 선택하느냐에 따라 달라진다. 이러한 생산비용분석의 주 수단은 비용함수(cost function)이다. 비용함수는 주어진 투입요소가격조건하에서 목표 산출량을 최소의 비용으로 생산할 때 지불해야 하는 비용을 투입요소가격과 목표 산출량의 함수로 표현한 것이다. 즉 아래와 같이 비용함수를 정의하되, 당분간 $M=1$이라 산출물이 하나뿐인 경우를 가정하자.

$$(4.1) \qquad c(w_1, w_2, y) = \min_{(x_1, x_2)} \{ w_1 x_1 + w_2 x_2 : \ (x_1, x_2) \in V(y) \}$$
$$= \min_{(x_1, x_2)} \{ w_1 x_1 + w_2 x_2 : \ y \leq f(x_1, x_2) \}$$

식 (4.1)에서 w_1과 w_2는 두 가지 생산요소 x_1과 x_2의 가격을 나타내는 양(+)의 실수이다. 주어진 산출량 y를 생산할 수 있는 모든 (x_1, x_2)의 결합 중에서 생산비 $w_1 x_1 + w_2 x_2$를 최소로 만드는 투입요소결합을 찾았을 때 그때의 최소화된 비용이 바로 비용함수 $c(w_1, w_2, y)$의 값이 된다. 따라서 비용함수의 값은 생산요소의 가격과 더불어 목표 생산량에 따라서도 달라진다.

그런데 생산요소 중 x_2는 제2장 제1절에서 가정했던 것처럼 단기적으로 $x_2 = \overline{x}_2$에 묶여져 있다고 하자. 이 생산요소는 일종의 고정투입물이라 볼 수 있다. 즉 생산자는 x_1과 x_2 모두를 자유롭게 선택하지는 못하고, x_2의 경우 주어진 양을 받아들일 수밖에 없는 제약하에 있다. 생산요소가 가변생산요소 x_1과 고정생산요소 x_2 두 가지가 되므로 이런 제약하의 생산비는 다음처럼 가변비용(variable cost, VC)과 고정비용(fixed cost, FC)으로 분리된다.

$$(4.2) \qquad c^s(w_1, w_2, y | \overline{x}_2) = c^v(w_1, y | \overline{x}_2) + w_2 \overline{x}_2$$

즉 $x_2 = \overline{x}_2$ 제약하의 비용함수 $c^s(w_1, w_2, y | \overline{x}_2)$는 x_2가 $\overline{x}_2$로 주어진 상태에서 x_1을 선택하기 때문에 그에 지불해야 하는 가변비용 $c^v(w_1, y | \overline{x}_2)$와, x_2에 대해 생산량과 상관없이 지불해야 하는 고정비용 $w_2 \overline{x}_2$의 합으로 구성된다. $w_2 \overline{x}_2$은 이미 주어진 것이므로 단기의 비용최소화 문제는 다음과 같은 가변비용만의 선택문제로 바뀐다.

$$(4.3) \qquad c^v(w_1, y | \overline{x}_2) = \min_{x_1} \{ w_1 x_1 : \ (x_1, \overline{x}_2) \in V(y) \}$$

만약 단기에도 그 양을 선택해야할 투입물이 x_1 외에도 여러 가지가 있다면 비용최소화 선택은 보다 복잡하겠지만, x_1 한 가지 밖에 없는 경우라면 최적의 선택은 단순하게 기술집합 T의 경계 혹은 생산함수 $y = f(x_1 | \overline{x}_2)$ 위에서 생산하는 것이다. x_1의 낭비 없이 기술적으로 가장 효과적으로 생산을 하면 그것이 비용을 최소화하는 방법이 된다.

따라서 이 경우 식 (4.2)의 단기비용함수는 생산함수로부터 바로 도출할 수 있다. x_2 제약하의 생산함수 $y = f(x_1 | \overline{x}_2)$를 x_1에 대해 푼 것을 $x_1 = g(y | \overline{x}_2)$라 하면, 단기의 총

비용은 다음과 같다.

$$(4.4) \qquad c^s(w_1, w_2, y | \overline{x}_2) = w_1 g(y | \overline{x}_2) + w_2 \overline{x}_2$$

우리는 제2장에서 x_2가 고정되어 있을 경우 생산함수를 간편하게 $y = f(x)$로 표기했었다. 즉 $x = x_1$으로 간주하였다. 이를 그대로 따라서, $x = g(y)$를 이 단일 가변투입물 생산함수의 역함수라 하고, w_1을 w로 표기하면, 결국 가변비용은 $VC = wg(y)$가 된다. 단 $f'(x) > 0$이어서 역함수 $g(y)$가 존재함을 가정한다. 그리고 고정비용 FC는 주어진 w_2와 $\overline{x}_2$ 값에서는 특정 상수가 될 것이다. 만약 우리가 단기의 총비용(total cost, TC)이 생산량 y에 어떤 반응을 하는지를 알고 싶으면 다음과 같이 도출하면 된다.

$$TC(y) = VC(y) + FC = wg(y) + FC$$

우리는 또한 생산량이 한 단위 늘어날 때 가변비용이 늘어나는 정도인 한계비용(marginal cost, MC)에도 관심이 있고, 한 단위 생산이 필요로 하는 평균비용에도 관심이 있다. 한계비용은 가변비용 때문에만 발생하지만 평균비용은 가변비용과 고정비용 모두로부터 발생하기 때문에 평균가변비용(average variable cost, AVC)과 평균고정비용(average fixed cost, AFC)이 모두 정의된다. 평균총비용(average total cost, ATC)은 이들 두 평균비용의 합이다. 이들 비용 개념 간의 관계는 다음처럼 도출된다.

$$MC(y) = wg'(y) = \frac{w}{f'(x)} = \frac{w}{MP(x)}$$

$$AVC(y) = \frac{VC(y)}{y} = w\frac{g(y)}{y} = \frac{wx}{y} = \frac{w}{AP(x)}$$

$$AFC(y) = \frac{FC}{y}$$

$$ATC(y) = AVC(y) + AFC(y)$$

이상의 관계들이 보여주는 바와 같이, 단기의 총비용과 가변비용, 한계비용, 그리고 평균가변비용은 모두 단기생산함수의 역함수인 $g(y)$에 의해 결정되기 때문에 이들 비용과 산출량의 관계는 생산함수의 형태로부터 직접 도출할 수 있다. 그리고 한계비용은 한계생산성과, 평균가변비용은 평균생산성과 각각 반비례 관계를 형성하고 있다.

제2장 제1절에서 우리는 $y = 2x + x^2 - 0.1x^3$와 같은 생산함수를 도입하였다. 이

그림 4-1 비용곡선

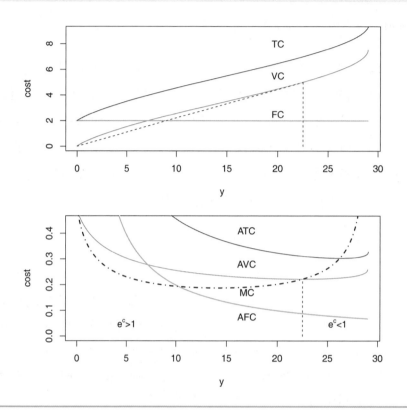

함수에 있어 경제적으로 의미가 있는 생산의 제I단계와 제II단계는 $x \in [0, 7.55]$의 영역이었다. 이 구간에 있어서 $g(y)$는 대수적으로 구하기는 어렵지만, 구간 내의 x 값을 수열로 취한 후, 그에 해당되는 y의 값을 구하여 그 조합들을 (y, x)공간에 그래프로 연결하면 $g(y)$의 형태를 파악할 수 있다. 이렇게 $g(y)$의 형태를 파악하고, $w = 1$, $FC = 2$를 각각 가정한 상태에서 총비용, 가변비용, 고정비용을 산출량 y에 대해 그리면 〈그림 4-1〉의 위쪽 그림과 같다.

단기 가변비용곡선 VC는 제2장의 총생산곡선 TP를 뒤집어 놓은 것과 같은 모양을 보여준다. 생산량이 늘어날 때 처음에는 가변비용이 완만하게 증가하다가 이후 급격히 증가하는 모습을 보인다. 고정비용 FC는 생산량과 관계없이 일정하며, 여기에 VC를 수직으로 더한 총비용곡선 TC는 VC곡선과 마찬가지로 완만하게 상승하다가 이후 급격하게 상승한다.

아래쪽 그림은 AVC, AFC, ATC, 그리고 MC를 생산량에 대해 그려놓은 것이다.

위에서 도출한 바와 같이 평균가변비용 AVC는 x의 평균생산성 AP에 반비례한다. 우리의 단기생산함수에서는 평균생산성 AP가 생산량에 대해 역 U자형을 보이기 때문에 AVC는 U자형을 보여 감소하다가 증가한다. 평균고정비용 AFC는 물론 생산량에 대해 지속적으로 감소해야 하고, AVC와 AFC를 수직으로 합한 것인 평균총비용 ATC도 U자 형이지만 계속 감소하는 AFC의 영향 때문에 그 최하점이 AVC에 비해 좀 더 오른쪽에 위치한다.

한계비용곡선 MC는 한계생산성 MP곡선과 그 높이가 반비례하고, 후자가 역 U자형이었으므로 U자형을 보인다. 아울러 평균생산 AP가 그 최고점에서 MP와 일치했기 때문에 AVC는 최하점에서 MC와 일치한다. 즉, MC곡선은 AVC곡선보다 먼저 최하점에 도달한 후, 우상향하는 영역에서 AVC의 최하점을 지나간다. 마찬가지로, MC곡선은 AVC곡선의 최하점보다 더 오른쪽에 있는 ATC의 최하점도 우상향하면서 지나간다. 이와 같은 평균비용곡선과 한계비용곡선 간의 관계는 아래 식을 통해 좀 더 분명해진다.

$$(4.5) \qquad \frac{dAVC(y)}{dy} = \frac{d[VC(y)/y]}{dy} = \frac{MC(y)y - VC(y)}{y^2}$$
$$= \frac{MC(y) - AVC(y)}{y}$$

따라서 다음 결과가 도출되고, MC곡선은 AVC곡선의 최하점을 지남을 알 수 있다.

$$\frac{dAVC(y)}{dy} > 0 \Leftrightarrow MC(y) > AVC(y)$$
$$\frac{dAVC(y)}{dy} = 0 \Leftrightarrow MC(y) = AVC(y)$$
$$\frac{dAVC(y)}{dy} < 0 \Leftrightarrow MC(y) < AVC(y)$$

마찬가지로, 위의 미분을 AVC 대신 ATC에 대해 취하면 MC곡선이 ATC곡선의 최하점을 지남을 확인할 수 있다.

우리는 제2장에서 가변투입요소가 한 가지일 때 어떤 생산규모가 효율적인지를 판단하는 정보를 얻고자 규모수익성을 확인하였고, 그 지표로 규모탄력성을 도입하였다. 규모탄력성은 투입요소 사용량을 늘릴 때 산출이 늘어나는 정도를 나타내는 탄력성 지표였다. 〈그림 4-1〉과 같이 생산량과 그 비용 간의 관계를 얻을 수 있으면, 이제는 생산량과 비용의 관계를 탄력성으로 나타낼 수가 있다. 이를 규모경제탄력성(elasticity of size)이라 이름 짓고,[1] 다음과 같이 정의하자.

$$(4.6) \qquad e^c = \frac{dy/y}{dVC/VC} = \frac{dy}{dVC}\frac{VC}{y} = \frac{AVC}{MC}$$

즉 규모경제탄력성 e^c는 가변비용이 1% 증가할 때 생산량은 몇 % 증가하는지를 나타내는 지표이고, 평균가변비용과 한계비용의 비율이 된다. 비용을 결정하는 것이 생산량이기 때문에 비용과 생산량 간의 관계를 생산량변화율 대비 비용변화율로 지표화 하는 것, 즉 e^c의 역수를 취하는 것이 더 자연스러울 수 있다. 하지만 제2장에서 도출한 규모탄력성과의 관계를 고려하여 규모경제탄력성은 비용변화율 대비 산출량변화율로 정의하도록 한다. 이 지표를 이용하여 우리는 규모의 경제성(economies of size)이라는 개념을 도출할 수 있고, 이를 다음과 같이 정리한다.

규모의 경제성: $e^c > 1$
규모의 비경제성: $0 < e^c < 1$

규모의 경제성이 존재한다는 것은 비용증가율보다도 더 높은 산출증가율을 얻을 수 있다는 의미이며, 산출량이 늘어날수록 평균가변비용이 감소한다는 의미이다. 〈그림 4-1〉의 아래쪽 그림에서 이는 AVC의 최하점에 도달하기 이전의 산출 수준에서 발생하고 있다. 반면 AVC의 최하점 보다 오른쪽에서 생산량을 더 늘리면 이제는 AVC가 상승하고, 규모의 비경제성(diseconomies of size)이 발생한다고 얘기한다.

---

1 규모탄력성(elasticity of scale)과 규모경제탄력성(elasticity of size)은 영문표현을 직역하면 둘 다 '규모탄력성'이다. 본서는 후자를 규모경제탄력성이라 불러 둘을 구분하는데, 이는 후자가 곧 등장하는 '규모의 경제성'(economies of size) 개념과 깊은 관련이 있기 때문이다. 아울러 우리가 총비용과 생산량의 관계에 관심이 있을 경우 식 (4.6)에서 AVC/MC대신 ATC/MC를 사용할 수도 있다.

이제 x_2마저도 가변이어서 생산자가 선택할 수 있는 투입물의 가짓수가 2가 되면, 생산량과 비용의 관계는 물론, 투입요소 선택문제 자체가 훨씬 복잡해진다. 단일 가변투입물의 경우 자원낭비가 없도록 생산함수상의 생산을 선택하면 된다. 가변투입물이 다수이면 등량곡선상의 모든 투입물결합이 자원의 낭비 없이 생산하는 방법들을 나타내므로 선택대상인 생산방법 자체가 수없이 많을 수 있다. 동일 산출을 하더라도 어떻게 투입물을 결합하느냐에 따라 비용 자체가 달라지므로 생산량과 비용 간의 관계를 파악하기 이전에 생산자들의 투입요소 선택 문제를 먼저 생각하여야 한다.

만약 $N = 2$이고 $M = 1$이어서 두 가지 가변투입물로 단일 산출물 y를 생산하는 경우라면, 식 (4.1)과 같은 비용최소화 문제를 설정할 수 있었다. 나아가 만약 $M = 2$여서 산출량도 두 가지라면 다음과 같은 비용최소화 문제를 설정할 수 있을 것이다.

$$(4.7) \qquad c(w_1, w_2, y_1, y_2) = \min_{(x_1, x_2)} \{w_1 x_1 + w_2 x_2 : (x_1, x_2) \in V(y_1, y_2)\}$$
$$= \min_{(x_1, x_2)} \{w_1 x_1 + w_2 x_2 : D_i(x_1, x_2, y_1, y_2) \geq 1\}$$

따라서 비용최소화 문제는 사실 산출물이 하나든 다수든 상관없이 동일한 방법으로 설정할 수 있다. 다수 산출물일 경우 생산기술조건을 그에 맞게 비용최소화 문제에 반영해주면 된다. 당분간 우리는 $M = 1$이어서 산출물은 한 가지뿐이라 가정한다.

식 (4.1)의 비용최소화 문제는 생산비를 최소화하는 최적화 문제이고, 투입물조합 (x_1, x_2)가 목표산출 y를 달성하는 제약을 가진 최적화 문제이다. 자원의 낭비 없이 생산하는 문제를 우리는 고려하므로 $y = f(x_1, x_2)$의 제약을 충족하는 (x_1, x_2) 중 생산비 $w_1 x_1 + w_2 x_2$를 최소화하는 결합을 찾는 것이 생산자의 목표이다. 이는 전형적인 제약하의 최적화 문제로서, 이와 관련된 기본적인 수학정리가 math 4.1의 라그랑지 정리 (theorem of Lagrange)이다.

$g(x_1, x_2) = b$라는 제약하의 문제 $\max f(x_1, x_2)$ 혹은 $\min f(x_1, x_2)$의 해를 (x_1^*, x_2^*)라 하고, 함수 $g(x_1, x_2)$와 $f(x_1, x_2)$가 모두 미분가능하다고 하자. $\dfrac{\partial g(x_1^*, x_2^*)}{\partial x_1}$와 $\dfrac{\partial g(x_1^*, x_2^*)}{\partial x_2}$ 중 최소한 하나는 0이 아니라면, 해 (x_1^*, x_2^*)에서 다음을 만족하는 승수 λ가 존재한다.

$$\frac{\partial f(x_1^*, x_2^*)}{\partial x_1} = \lambda \frac{\partial g(x_1^*, x_2^*)}{\partial x_1}$$

$$\frac{\partial f(x_1^*, x_2^*)}{\partial x_2} = \lambda \frac{\partial g(x_1^*, x_2^*)}{\partial x_2}$$

위의 라그랑지 정리는 제약 $g(x_1, x_2) = b$하에서 목적함수 $f(x_1, x_2)$를 극대화하거나 극소화할 때 그 해가 (x_1^*, x_2^*)라면, 그 해는 맨 마지막에 제시된 두 가지 조건을 충족해야 함을 의미한다. 즉 이 두 조건은 최적 해가 충족해야할 필요조건이다. 이때 승수 λ는 라그랑지 승수(Lagrange multiplier)라 불리며, 그 고유한 수학적, 경제학적 의미를 가지고 있다. 라그랑지 정리는 경제학도들에게 잘 알려져 있으나, 본서가 사용하는 가장 중요한 분석수단이기도 하므로 여기에서 간단히 그 의미를 해석해보기로 하자.

(x_1, x_2)를 선택할 때 이 두 변수는 제약식 $g(x_1, x_2) = b$를 충족해야 한다. 따라서 제약식을 전미분하면 다음을 얻는다.

$$g_1 dx_1 + g_2 dx_2 = db = 0$$

이처럼 제약식의 함수 값은 항상 b이어야 하므로 x_1이 변할 때 x_2는 제약을 충족하도록 변해야 하고, 그 역관계도 마찬가지이다. 만약 $g_2 = \dfrac{\partial g}{\partial x_2} \neq 0$이라면 x_2를 x_1의 함수로 간주하여 $\dfrac{dx_2}{dx_1} = -\dfrac{g_1}{g_2}$라고 표현할 수 있다. 또한 $\lambda = \dfrac{\partial f(x_1, x_2)/\partial x_2}{g_2}$라고 하자. 이 역시 $g_2 \neq 0$이라야 정의된다. 이제 이러한 제약관계를 반영하여 목적함수를 x_1에 대해 미분하면, 최적 선택에서는 다음이 성립하여야 한다.

$$\frac{df(x_1, x_2(x_1))}{dx_1} = \frac{\partial f(x_1, x_2(x_1))}{\partial x_1} + \frac{\partial f(x_1, x_2(x_1))}{\partial x_2}\frac{dx_2}{dx_1}$$

$$= \frac{\partial f(x_1, x_2(x_1))}{\partial x_1} - \frac{\partial f(x_1, x_2(x_1))}{\partial x_2}\frac{g_1}{g_2} = 0$$

따라서 최적 해 (x_1^*, x_2^*)에서 $\frac{\partial f(x_1^*, x_2^*)}{\partial x_1} = \lambda \frac{\partial g(x_1^*, x_2^*)}{\partial x_1}$가 성립해야 한다. 아울러 앞에서 도입한 λ의 정의에 의해 (x_1^*, x_2^*)에서는 $\frac{\partial f(x_1^*, x_2^*)}{\partial x_2} = \lambda \frac{\partial g(x_1^*, x_2^*)}{\partial x_2}$이므로, 우리는 두 가지 필요조건을 확인하였다. 이 두 필요조건은 제약식을 충족하도록 x_1을 x_2의 함수로 가정해도 동일하게 도출할 수 있지만, 이 경우에는 최적 해에서 $g_1 \neq 0$의 조건이 필요하다. 따라서 라그랑지 정리는 두 편도함수 g_1과 g_2 중 적어도 하나는 해에서 0이 아닐 것을 요구한다. 한편 이 문제가 찾아야 할 해에는 사실 (x_1, x_2)와 더불어 λ도 포함된다. 따라서 최종적인 해는 math 4.1의 두 가지 필요조건과 더불어 $g(x_1^*, x_2^*) = b$라는 제약식 자체도 필요로 한다. 이 세 방정식을 풀어 세 가지 내생변수 $(x_1^*, x_2^*, \lambda^*)$를 찾아내면 된다.

실제 분석에서는 라그랑지 정리의 내용에 부합하는 최적 해를 찾는 손쉬운 방법으로 다음과 같은 라그랑지안(Lagrangian)을 주로 사용한다.

(4.8) $L = f(x_1, x_2) + \lambda[b - g(x_1, x_2)]$

라그랑지안은 제약식의 우변에서 좌변을 빼준 것에 라그랑지 승수를 곱한 후, 원래의 목적함수에 더해주면 만들어진다. 이 라그랑지안을 세 개의 내생변수 x_1, x_2, λ에 대해 미분한 것을 0으로 두면, 아래와 같이 그로부터 최적화의 세 가지 필요조건이 모두 도출된다.

$$\frac{\partial L}{\partial x_1} = 0 \Rightarrow f_1(x_1, x_2) = \lambda g_1(x_1, x_2)$$

$$\frac{\partial L}{\partial x_2} = 0 \Rightarrow f_2(x_1, x_2) = \lambda g_2(x_1, x_2)$$

$$\frac{\partial L}{\partial \lambda} = 0 \Rightarrow b = g(x_1, x_2)$$

우리의 비용최소화 문제에서는 함수 표기가 좀 혼동스럽기는 하지만 목적함수가 $w_1 x_1 + w_2 x_2$였고, 제약식은 $y = f(x_1, x_2)$였다. 이를 감안하면 식 (4.1)의 비용최소화의 조건은 다음과 같다.

$$(4.9) \qquad w_1 = \lambda f_1(x_1^*, x_2^*)$$
$$w_2 = \lambda f_2(x_1^*, x_2^*)$$
$$y = f(x_1^*, x_2^*)$$

이상 세 가지 조건식으로부터 세 가지 미지수 x_1, x_2, λ를 풀어내는데, 이들 세 가지 내생변수는 당연히 이 문제의 주어진 조건인 두 가격 w_1, w_2, 그리고 목표 생산량 y에 의해 그 값이 결정된다. 이 중 최적의 투입물 사용량은 다음과 같이 이들 세 가지 파라미터의 함수로 표기할 수 있다.

$$(4.10) \qquad x_1 = x_1(w_1, w_2, y)$$
$$x_2 = x_2(w_1, w_2, y)$$

식 (4.10)의 두 가지 함수는 조건부 요소수요함수(conditional factor demand function)라 불린다. 이들은 생산량이 y로 주어진 상태에서의 수요함수이기 때문에 '조건부'라는 수식어가 붙는다. 이 두 함수는 목표 산출량을 주어진 가격조건에서 최소의 비용으로 생산하는 데 필요한 투입요소의 양을 보여준다.

이제 이 두 가지 조건부 요소수요함수를 이용해 최적의 생산비를 다음과 같이 도출해보자.

$$(4.11) \qquad c(w_1, w_2, y) = w_1 x_1(w_1, w_2, y) + w_2 x_2(w_1, w_2, y)$$

식 (4.11)의 함수 $c(w_1, w_2, y)$가 바로 비용함수(cost function)이다. 이 함수의 값은 주어진 생산요소 가격조건에서 목표 산출량을 최소의 비용으로 생산할 때의 생산비를 나타낸다. 비용최소화를 위한 생산요소의 사용량 자체가 생산요소가격과 산출량에 의해 결정되므로 비용함수 역시 생산요소가격과 목표 산출량의 함수이다.

이상의 요소수요와 비용함수를 도출하는 예를 하나 들어보자. 생산함수가 $y = Ax_1^a x_2^b$와 같다면, 식 (4.9)는 다음을 의미한다.

$$w_1 = \lambda a A x_1^{a-1} x_2^b$$

$$w_2 = \lambda b A x_1^a x_2^{b-1}$$

$$y = A x_1^a x_2^b$$

위의 세 식 중 처음 두 개를 결합하고 λ를 소거하면 다음을 얻는다.

$$x_2 = w_1 w_2^{-1} b a^{-1} x_1$$

아울러 마지막 식은 $x_1 = y^{1/a} A^{-1/a} x_2^{-b/a}$를 의미한다. 이를 바로 위의 식에 대입하여 최적 x_2를 도출한다. 그리고 이때 도출된 x_2를 $x_2 = w_1 w_2^{-1} b a^{-1} x_1$에 다시 대입하면, 최적 x_1도 도출할 수 있다. 이렇게 도출한 최적의 x_1과 x_2를 식 (4.11)에 대입해 비용함수까지 도출하면 다음과 같다.

(4.12)
$$x_1(w_1, w_2, y) = \left(\frac{w_2}{w_1}\right)^{\frac{b}{a+b}} \left(\frac{a}{b}\right)^{\frac{b}{a+b}} \left(\frac{y}{A}\right)^{\frac{1}{a+b}}$$

$$x_2(w_1, w_2, y) = \left(\frac{w_1}{w_2}\right)^{\frac{a}{a+b}} \left(\frac{b}{a}\right)^{\frac{a}{a+b}} \left(\frac{y}{A}\right)^{\frac{1}{a+b}}$$

$$c(w_1, w_2, y) = \left[\left(\frac{a}{b}\right)^{\frac{b}{a+b}} + \left(\frac{b}{a}\right)^{\frac{a}{a+b}}\right] w_1^{\frac{a}{a+b}} w_2^{\frac{b}{a+b}} \left(\frac{y}{A}\right)^{\frac{1}{a+b}}$$

따라서 위에서 밝힌 것처럼 생산요소 수요함수와 비용함수가 모두 생산요소가격과 산출량의 함수이다. 아울러 생산함수 $y = A x_1^a x_2^b$의 파라미터 A, a, b도 이들 함수의 구성요소로 모두 반영되어 있다. 즉 요소수요함수와 비용함수에 생산기술의 특성 파라미터가 모두 반영되게 되는데, 이 현상은 뒤에서 설명하지만 경제학적으로 매우 중요한 의미를 지닌다.

아울러 식 (4.12)에서 도출된 비용함수와 요소수요함수는 그 외에도 많은 특성을 보이고 있다. 우선 생산함수가 콥－더글라스함수였는데 이로부터 도출된 비용함수도 콥－더글라스 형태를 보인다. 또한 생산요소가격 w_i로 비용함수를 미분하면 $x_i(w_1, w_2, y)$가 도출되는 것이 확인된다. 즉 $\dfrac{\partial c(w_1, w_2, y)}{\partial w_i} = x_i(w_1, w_2, y)$라는 것을 확인할 수 있다 ($i = 1, 2$). 그리고 x_i의 수요는 자기가격에 대해서는 감소하고 다른 생산요소가격에 대해서는 증가한다. 비용함수는 (w_1, w_2)에 대해 1차 동차함수임이 쉽게 확인되고, 동시에 생산량 y에 대해서는 $\dfrac{1}{a+b}$차 동차함수이다. 이렇게 관찰되는 비용함수와 요소수요함수의 성질들이 항상 성립하는 것인지, 아니면 콥−더글라스 생산함수로부터 도출된 경우에만 가지는 성질인지는 확인될 필요가 있다. 여기에서는 일단 이런 성질들이 관찰된다는 것만 확인하자.

이제 이상과 같은 비용최소화원리가 가지는 경제적 의미를 살펴보자. f_i는 MP_i, 즉 x_i의 한계생산성이므로, 식 (4.9)의 최적화 조건 중 처음 두 가지는 다음처럼 정리할 수 있다.

$$(4.13) \qquad \frac{MP_1}{w_1} = \frac{MP_2}{w_2}$$

$$-\frac{dx_2}{dx_1} = \frac{MP_1}{MP_2} = \frac{w_1}{w_2}$$

식 (4.13)의 첫 번째 줄은 비용최소화를 위해서는 두 가변투입물의 비용 한 단위당 한계생산성이 서로 동일해야 함을 의미한다. 투입물 증가의 한계적인 편익은 생산이 늘어나는 정도, 즉 한계생산성이고, 한계적 비용은 단위당 투입물가격이다. 따라서 이 조건은 투입물 사용에 있어 각 투입물의 한계비용 대비 한계편익이 동일해야 함을 의미한다. 그렇지 않고 예를 들어 그 비율이 x_1의 경우가 더 높다면, 동일한 산출을 할 수 있는 (x_1, x_2)조합 중 현재보다 x_1은 더 많고 x_2는 더 적은 조합을 선택하면 현재보다 비용을 줄일 수 있다.

식 (4.13)의 두 번째 줄은 두 투입물의 한계생산성 비율이 그 가격비와 일치함을 의미한다. 아울러 제2장에서 본 바와 같이 두 투입물의 한계생산성 비율은 등량곡선의 기울기, 즉 한계기술대체율과 같으므로, 이 조건은 등량곡선의 기울기가 두 투입물의 가격비와 일치함을 의미하기도 한다.

주어진 가격조건에서 특정 투입물조합을 선택했을 때의 비용은 $c = w_1 x_1 + w_2 x_2$와 같다. 이를 x_2에 대해 풀면 다음과 같은 등비용선(iso-cost line)을 각 비용수준 c에 대해 도출할 수 있다.

$$(4.14) \qquad x_2 = \frac{c}{w_2} - \frac{w_1}{w_2} x_1$$

등비용선을 (x_1, x_2)공간에 그리면 원점에 대해 멀수록 높은 비용을 필요로 한다. 그리고 그 기울기의 절댓값이 가격 비율인 $\frac{w_1}{w_2}$가 된다. 따라서 식 (4.13)의 두 번째 비용최소화 조건은 특정 산출량의 등량곡선 기울기와 등비용선의 기울기가 같도록 투입물조합을 선택함을 의미한다.

〈그림 4-2〉는 특정 생산함수를 가정하고 도출된 등량곡선들을 보여준다. 또한 우하향하는 직선들은 특정 가격비 w_1/w_2로부터 도출된 다양한 비용수준 c에 해당하는 등비용선들이다. 예를 들면 생산량이 $y=20$인 등량곡선, 즉 원점에 가장 가까운 등량곡선과 등비용선의 접점은 점 A이다. 이 점에서의 투입물조합 (x_1^A, x_2^A)가 $y=20$을 최소비용으로 생산하게 한다. 그렇지 않고 예를 들어 점 D처럼 등량곡선이 등비용선보다 더 완만하고 지나치게 많은 x_1을 투입하는 조합을 선택하면, 동일한 $y=20$을 생산하면서도 더 많은 비용을 지불해야 한다. 점 D에서는 등량곡선과 등비용선이 접하는 또 다른 점 B에서 $y=40$까지도 생산할 수 있는 비용을 들여 $y=20$을 겨우 생산한다.

〈그림 4-2〉는 세 개의 등량곡선이 각각 등비용선과 접하는 A, B, C 세 점을 보여주고 있다. 이렇게 주어진 가격조건에서 등비용선과 등량곡선이 접하는 점들을 연결하여 도출되는 곡선을 확장경로(expansion path)라고 부른다. 즉 확장경로는 각 생산량에서의 비용최소화 투입물결합을 연결한 선으로서, 제2장에서 소개했던 등경사선 중 생산요소가격비 $\frac{w_1}{w_2}$와 상응하는 등경사선이다. 우리의 비용최소화 문제에서 라그랑지안을 x_1과 x_2에 대해 미분하여 도출하는 식 (4.9)의 첫 번째와 두 번째 조건식, 그리고 식 (4.13)의 조건은 모두 확장경로상에서는 x_1과 x_2가 어떤 관련을 맺어야 하는지를 보여준다.

확장경로상의 모든 투입물조합은 비용최소화 조건을 충족하지만, 각기 다른 등량곡선 위에 있어 생산할 수 있는 산출물수준이 서로 다르다. 우리가 최종적으로 산출물수준을 결정하려면, 이 확장경로상의 투입물결합 중 무엇을 선택할지를 판단해야 하는데, 이 결정은 식 (4.9)의 마지막 조건, 즉 생산량 제약식 $y=f(x_1, x_2)$로부터 온다. 따라서 〈그림 4-2〉에서 만약 목표 생산량이 $y=20$이라면 확장경로상의 세 점 A, B, C 중에서도 점 A가 선택될 것이고, $y=40$이라면 점 B, $y=60$이라면 점 C가 선택될 것이다.

아울러 〈그림 4-2〉는 생산요소 중 일부의 투입량은 고정된 단기의 생산비가 두 생산요소 사용량을 모두 변화시킬 수 있는 장기의 생산비에 비해 더 높을 수밖에 없다는 것도 보여준다. 예를 들어 현재 점 A에서 (x_1^A, x_2^A)의 투입물로 $y=20$을 생산하고 있는데, 목표 생산량이 $y=40$으로 바뀌었다고 하자. 그리고 이번에는 x_1이 고정투입요소

그림 4-2 다수 투입물의 선택과 확장경로

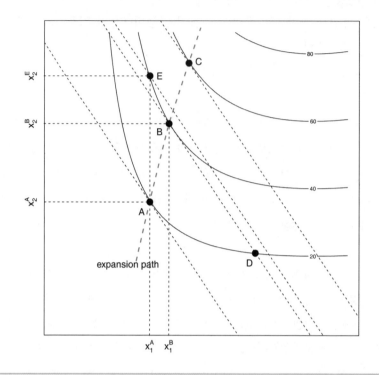

라서 그 사용량을 x_1^A에 고정시킬 수밖에 없다고 하자. 그렇다면 생산량을 40으로 늘리기 위해서는 x_1^A를 유지한 상태에서 x_2 투입량을 x_2^E로 대폭 늘리고 생산을 점 E에서 하여야 한다. 그러나 x_1과 x_2의 사용량을 모두 자유롭게 바꿀 수 있는 장기에 있어서는 확장경로 위에 있는 (x_1^B, x_2^B)의 조합을 선택할 수 있어, $y = 40$의 생산을 위해서는 점 E가 아닌 점 B를 선택할 것이다. 확장경로 밖에 있는 점 E에서는 점 B보다도 더 높은 비용에 해당되는 등비용선이 지나가기 때문에 두 점에서의 비용차이가 바로 단기비용과 장기비용의 차이가 된다.

한편, 두 가지 생산요소 사용량을 모두 자유로이 바꿀 수 있다고 해서 생산이 항상 확장경로 위에서 이루어지는 것은 아니다. 즉 생산은 장기에 있어서도 한계기술대체율과 생산요소가격비가 일치하지 않는 곳에서 이루어질 수 있는데, 이는 주로 구석 해(corner solution)가 선택될 때 발생한다. 구석 해는 두 가지 생산요소 중 하나는 선택되지 않고 나머지 한 가지 생산요소만 생산에 사용되는 경우를 말한다. 즉 x_1과 x_2 둘 중 하나는 0이다.

예를 들면 선택할 수 있는 x_1과 x_2의 전체 공간에서 등량곡선의 기울기가 매우 급하고 $MRTS_{12}$가 주어진 생산요소가격비, 즉 등비용선의 기울기에 비해 항상 더 큰 경우라면, x_1만 선택되고 x_2는 생산에 사용되지 않는 구석 해가 발생할 수 있다.

구석 해는 〈표 2-1〉이 보여준 생산함수 가운데 $y = a + bx_1 + cx_2$와 같은 선형함수에서도 흔히 발생한다. 이 경우 $MRTS_{12} = \dfrac{b}{c}$인데, 생산자 입장에서는 주어진 $\dfrac{w_1}{w_2}$가 $\dfrac{b}{c}$보다 크냐 작으냐에 따라서 두 가지 생산요소 중 한 가지만 선택하는 것이 유리하다. 아울러 만약 우연에 의해 $\dfrac{b}{c} = \dfrac{w_1}{w_2}$가 되면 등비용선이 곧 등량곡선이 되므로 이 선 위의 어떤 선택도 비용을 최소화하고, 비용최소화 선택이 수없이 많아진다.

> **연습문제 4.1** 〈표 2-1〉에서 소개되었던 콥-더글라스 생산함수에서도 구석 해가 가능한지 알아보라.

SECTION 03 비용함수의 성질

식 (4.1)과 같은 비용최소화 문제가 있다고 하자. 두 생산요소 x_1과 x_2 모두 그 양을 선택할 수 있다. 식 (4.11)은 최소화된 비용은 비용함수 $c(w_1, w_2, y)$와 같이 두 생산요소 가격과 목표 생산량의 함수가 됨을 보여주었다. 또한 두 생산요소의 최적 사용량은 $x_1(w_1, w_2, y)$과 $x_2(w_1, w_2, y)$처럼 역시 생산요소가격과 산출량의 함수이다. 그렇다면 이 비용함수와 조건부 요소수요함수들은 생산요소가격과 산출량의 함수로서 어떤 일반적인 성질들을 가지고 있을까? 아래에서 비용함수가 가져야 할 성질들을 확인할 수 있다.

c.1 $(w_1, w_2) > (0,0)$이고 $y > 0$이면 $c(w_1, w_2, y) > 0$

c.2 $(w_1^1, w_2^1) \geq (w_1^0, w_2^0)$이면 $c(w_1^1, w_2^1, y) \geq c(w_1^0, w_2^0, y)$ (생산요소가격에 비감소)

c.3 $c(\alpha w_1^0 + (1-\alpha)w_1^1, \alpha w_2^0 + (1-\alpha)w_2^1, y) \geq \alpha c(w_1^0, w_2^0, y)$

$\quad + (1-\alpha)c(w_1^1, w_2^1, y), \ \alpha \in [0,1]$ (생산요소가격의 오목함수)

$c.4\ \ c(\mu w_1, \mu w_2, y) = \mu c(w_1, w_2, y),\ \ \mu > 0$ (생산요소가격의 1차 동차함수)

$c.5\ \ y^1 \geq y^0$ 이면 $c(w_1, w_2, y^1) \geq c(w_1, w_2, y^0)$ (산출량에 비감소)

$c.6$ 미분가능할 경우 $x_i(w_1, w_2, y) = \dfrac{\partial c(w_1, w_2, y)}{\partial w_i}$ (셰퍼드 보조정리)

성질 $c.1$은 당연하기 때문에 설명이 필요 없겠다. $c.2$는 생산요소가격이 인상되면 y 의 생산을 유지하는 비용이 상승할 것이라는 의미이다. $N=1$일 경우 당연한 성질이겠 으나, 생산요소 간 대체가 가능한 $N=2$일 때에도 반드시 성립할 것인지는 검토가 필요 하다. 가격이 (w_1^0, w_2^0)일 때와 (w_1^1, w_2^1)일 때의 최적의 선택을 각각 (x_1^0, x_2^0)와 (x_1^1, x_2^1)이 라 하자. 그러면 우리는 다음의 관계가 있음을 안다.

$$c(w_1^0, w_2^0, y) = w_1^0 x_1^0 + w_2^0 x_2^0 \leq w_1^0 x_1^1 + w_2^0 x_2^1 \leq w_1^1 x_1^1 + w_2^1 x_2^1 = c(w_1^1, w_2^1, y)$$

첫 번째 부등식은 가격이 (w_1^0, w_2^0)일 때의 비용최소화 선택은 조합 (x_1^0, x_2^0)이지 조합 (x_1^1, x_2^1)이 아니기 때문에 성립한다. 그리고 두 번째 부등식은 동일하게 (x_1^1, x_2^1)가 선택 이 된다면 상승된 가격 (w_1^1, w_2^1)을 적용했을 때의 비용이 더 커지기 때문에 발생한다.

$c.3$은 비용함수는 생산요소가격의 오목함수임을 의미한다. $c.2$를 설명할 때처럼 가 격이 (w_1^0, w_2^0)일 때와 (w_1^1, w_2^1)일 때의 최적의 선택을 각각 (x_1^0, x_2^0)와 (x_1^1, x_2^1)이라 하자. 그리고 새로운 가격 $(w_1^2, w_2^2) = (\alpha w_1^0 + (1-\alpha)w_1^1, \alpha w_2^0 + (1-\alpha)w_2^1)$를 정의하고, 이때의 비용최소화 선택은 (x_1^2, x_2^2)라 하자. 그러면 다음을 얻는다.

$$
\begin{aligned}
c(\alpha w_1^0 + (1-\alpha)w_1^1,\ \alpha w_2^0 + (1-\alpha)w_2^1, y) &= w_1^2 x_1^2 + w_2^2 x_2^2 \\
&= \alpha[w_1^0 x_1^2 + w_2^0 x_2^2] + (1-\alpha)[w_1^1 x_1^2 + w_2^1 x_2^2] \\
&\geq \alpha c(w_1^0, w_2^0, y) + (1-\alpha)c(w_1^1, w_2^1, y)
\end{aligned}
$$

마지막 부등식은 가격이 (w_1^0, w_2^0)일 때와 (w_1^1, w_2^1)일 때 비용최소화 선택은 각각 (x_1^0, x_2^0)와 (x_1^1, x_2^1)이지 (x_1^2, x_2^2)가 아니기 때문에 성립한다.

$c.4$는 비용함수는 생산요소가격의 1차 동차함수라는 의미다. 즉 모든 투입물가격이 μ배로 상승하면 최소의 생산비도 그만큼 커진다. 이는 앞 절에서 사용했던 〈그림 4-2〉 를 보면 쉽게 이해된다. 예를 들어 점 A에서 (x_1^A, x_2^A)를 사용하여 생산하고 있는데, w_1

과 w_2가 모두 두 배가 되었다고 하자. 그러면 등비용선의 기울기는 $\dfrac{2w_1}{2w_2} = \dfrac{w_1}{w_2}$로 바뀌지가 않는다. 따라서 원래의 점 A가 여전히 $y = 20$ 생산의 확장경로상에 있게 되고, 동일한 투입물조합 (x_1^A, x_2^A)가 여전히 선택된다. 이 경우 비용최소화를 시도해도 비용은 두 배로 늘어나게 된다.

$c.5$는 자명한데, 산출 y가 커지면 등량곡선이 원점에서 멀어지고 투입물집합 $V(y)$의 크기가 줄어든다. 따라서 선택할 수 있는 대상 투입물조합의 범위가 줄어들고, 비용을 작게 만들 여지도 줄어들어 비용함수 값은 커지게 된다.

$c.6$은 이론적으로도 중요하지만 실제 자료를 이용해 생산행위를 분석할 때 특히 중요한 역할을 한다. 이는 식 (4.12)의 콥−더글라스 생산함수를 이용한 예에서 보았듯이, 비용함수가 있으면 이를 x_i의 가격 w_i로 미분하여 x_i의 조건부수요함수를 바로 도출할 수 있다는 성질이다. 물론 이때 비용함수의 미분가능성이 충족되어야 한다. 이 성질은 셰퍼드 보조정리(Shephard's lemma)라 불린다.

연 습
문 제
4.2
어떤 생산함수가 미분이 불가능한 비용함수를 초래하는지 생각해보라.

생산자가 투입물조합을 선택했을 때의 비용은 $c = w_1 x_1 + w_2 x_2$이다. 우리는 이 비용이 예를 들어 w_1이 바뀔 때 얼마나 바뀌는지를 알고자 한다. 물론 이때 $\dfrac{\partial c}{\partial w_1} = x_1$이기 때문에 x_1만큼 비용이 늘어난다고 말할 수 있겠지만, 이는 가격이 바뀌어도 현재의 투입물 선택이 그대로 유지될 때만 맞는 말이다. 실제로는 투입물 선택 x_1과 x_2는 그 자체가 가격 w_1의 함수라서 가격이 바뀔 때 그 양이 반응을 하므로, w_1 변화가 초래하는 그러한 간접효과까지 감안하면 $\dfrac{\partial c}{\partial w_1} = x_1$이라 말할 수 없다. 그런데 셰퍼드 보조정리는 간접효과에도 불구하고 '최적의 선택'에서는 $\dfrac{\partial c}{\partial w_1} = x_1$의 관계가 성립한다는 말을 하고 있다. 이 셰퍼드 보조정리는 여러 가지 방법으로 증명할 수 있다. 예를 들어 다음과 같은 함수를 생각해보자.

$$h(w_1, w_2) = c(w_1, w_2, y) - (w_1 x_1^0 + w_2 x_2^0)$$

이 함수에서 $c(w_1, w_2, y)$는 가격이 임의의 값 (w_1, w_2)일 때의 최소 비용이다. 그리고 투입물조합 (x_1^0, x_2^0)은 가격이 특정수준 (w_1^0, w_2^0)일 때 y 생산의 비용최소 조합이라 하자. 즉 $x_i^0 = x_i(w_1^0, w_2^0, y)\,(i=1,2)$이다. 따라서 함수 $h(w_1, w_2)$의 값은 0보다 클 수가 없고, $(w_1, w_2) = (w_1^0, w_2^0)$일 때만 극댓값 0을 갖는다. 이는 $(w_1, w_2) = (w_1^0, w_2^0)$일 때 다음이 성립함을 의미하고, 따라서 셰퍼드 보조정리를 증명한다.[2]

$$\frac{\partial c(w_1^0, w_2^0, y)}{\partial w_1} - x_1(w_1^0, w_2^0, y) = 0$$

$$\frac{\partial c(w_1^0, w_2^0, y)}{\partial w_2} - x_2(w_1^0, w_2^0, y) = 0$$

이 증명과정을 그림으로 나타낸 것이 〈그림 4−3〉이다. 이 그림에서는 가로축이 w_1. 세로축이 비용이다. 현재 가격이 (w_1^0, w_2^0)라고 하고, 최적의 선택이 (x_1^0, x_2^0)라 하자. 즉 생산은 점 A에서 이루어지고 있다. 이제 w_2는 불변인 채 w_1만 w_1^0에서 w_1^1으로 변한다고 하자. w_1의 변화에도 불구하고 (x_1^0, x_2^0)가 그대로 선택이 되면 생산은 점 B로 옮겨가게 되고, 비용은 점 A에서 연장된 직선을 따라서 결정된다. 즉 점 B의 높이가 가격변화에 반응하지 않을 때의 생산비이다. 그런데 생산비를 최소화하기 위해서는 생산요소가격의 변화에 반응을 해야 하므로, 최소의 비용을 나타내는 비용함수는 $c(w_1, w_2, y)$처럼 점 A의 접선보다 아래쪽에 위치하여야 한다. 따라서 점 C의 높이가 새로운 가격 w_1^1에서의 비용함수 값이다. 비용함수가 점 A를 지나는 직선 $w_1 x_1^0 + w_2 x_2^0$보다 아래쪽에 있는 이러한 현상은 사실은 제2장의 〈그림 2−11〉이 보여준 오목함수의 정의 2에 해당되기 때문에 〈그림 4−3〉은 비용함수가 가격 w_1의 오목함수임을 증명하고 있기도 하다.

가격이 w_1^0일 때 점 A에서의 생산은 최적의 선택이었고, 따라서 $c(w_1^0, w_2^0, y)$ $= w_1^0 x_1^0 + w_2^0 x_2^0$이었다. 직선 $w_1 x_1^0 + w_2 x_2^0$은 w_1 변화에도 불구하고 원래의 투입물 선택이 유지될 때의 비용선인데, 이 비용선은 점 A를 벗어나면 최소의 비용을 나타내는 비용함수 $c(w_1, w_2, y)$를 다시는 만날 수 없다. 직선인 비용선 $w_1 x_1^0 + w_2 x_2^0$이 오목함수인

---

2 특정 함수 $h(w_1, w_2)$가 미분가능하다면 그 극대나 극소는 두 선택변수 w_1과 w_2의 도함수의 값이 모두 0일 때 달성된다.

그림 4-3 셰퍼드 보조정리

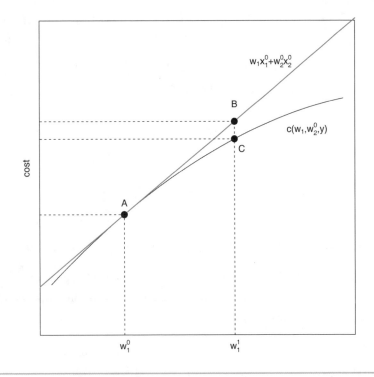

$c(w_1, w_2^0, y)$보다 항상 높은 쪽에 위치하면서 단 한번 점 A에서 서로 만날 수 있는 방법은, 전자가 점 A에서 후자의 접선인 경우 뿐이다. 따라서 w_1^0의 최적 선택점인 A에서는 $\dfrac{\partial c(w_1^0, w_2^0, y)}{\partial w_1} = x_1(w_1^0, w_2^0, y)$의 관계가 성립한다.

셰퍼드 보조정리는 우리가 비용함수의 형태를 알고 있으면 단 한 번의 미분을 통해 투입요소의 조건부수요함수를 도출할 수 있다는 점에 있어서 매우 유용한데, 이는 사실 경제학에서 대단히 중요한 역할을 하는 수학정리인 포락선 정리(envelope theorem)의 한 예일 뿐이다. 포락선 정리는 생산경제학의 다른 몇 가지 중요 개념에도 적용되기 때문에 여기에서는 아래와 같이 소개하고, 이를 이용해 셰퍼드 보조정리를 다시 도출하고자 한다. 아래의 정리는 간편함을 위해 $N = 2$이어서 최적화 문제의 선택변수가 두 개인 경우만을 설명하지만, 선택변수가 더 많은 경우로 바로 확장된다.

파라미터 a와 b를 가진 $g(x_1, x_2; a) = b$의 제약하에서 $\max f(x_1, x_2; a)$ 혹은 $\min f(x_1, x_2; a)$의 문제를 풀 때 그 최적 선택을 $x_i(a, b)(i = 1, 2)$라 하자. 최적 목적함수의 값을 $V(a, b)$라 하고, 라그랑지안을 $L(x_1, x_2, \lambda; a, b) = f(x_1, x_2; a) + \lambda[b - g(x_1, x_2; a)]$라 하면, 미분가능성이 충족될 때 다음이 성립한다.

$$\frac{\partial V(a, b)}{\partial a} = \frac{\partial L}{\partial a}\Big|_{x_i(a,b), \lambda(a,b)}, \qquad \frac{\partial V(a, b)}{\partial b} = \frac{\partial L}{\partial b}\Big|_{x_i(a,b), \lambda(a,b)}$$

위 문제의 주어진 조건 가운데 하나인 파라미터 a가 변하면 그에 대해 x_i와 λ 모두 반응을 한다. 이는 b에 대해서도 마찬가지이다. 따라서 최적 선택은 $x_i(a, b)$, $\lambda(a, b)$로 표현할 수 있다. 포락선 정리는 '최적 선택을 한 상태'에서는 x_i와 λ는 마치 a나 b에 대해 반응을 하지 않는 것처럼 간주할 수 있다는 의미이다. 따라서 이들 두 파라미터의 직접적인 효과만을 라그랑지안의 편도함수로 구해주면 이들 두 파라미터가 각각 최적의 목적함수에 미치는 전체 영향을 파악할 수 있다. 즉 이 편도함수에는 파라미터가 x_i 선택을 통해 목적함수 값에 미치는 간접영향까지도 포함되어 있다.

우리의 비용최소화 문제는 다음과 같았다. math 4.2에서 사용된 표현과의 혼동을 피하기 위해 생산함수를 $g(x_1, x_2)$로 표기하였다.

$$L = w_1 x_1 + w_2 x_2 + \lambda[y - g(x_1, x_2)]$$

이 문제를 풀어 도출하는 최소비용은 $c(w_1, w_2, y)$인데, 만약 w_1이 우리가 관심을 가진 일종의 파라미터라면 포락선 정리는 다음과 같은 셰퍼드 보조정리를 의미한다.

$$\frac{\partial c(w_1, w_2, y)}{\partial w_1} = \frac{\partial L}{\partial w_1} = x_1(w_1, w_2, y)$$

따라서 셰퍼드 보조정리는 포락선 정리의 한 적용 예임을 알 수 있다. 아울러 포락선 정리는 우리가 지금까지 논의를 미루어 두었던 λ의 정체에 대해서도 알게 해준다. 만약 우리가 관심이 있는 파라미터가 y, 즉 생산량이라면 이 생산량의 변화는 최적의 비용, 즉 비용함수 값에 어떤 영향을 미칠까? 포락선 정리를 적용하면 다음이 도출된다.

$$(4.15) \qquad \frac{\partial c(w_1, w_2, y)}{\partial y} = \frac{\partial L}{\partial y} = \lambda(w_1, w_2, y)$$

목표 생산량 y가 바뀌면 투입물 선택이 당연히 바뀌겠지만, 포락선 정리에 의해 이 경우에도 라그랑지안을 y에 대해서만 바로 미분해주면 y변화가 유발하는 비용함수 값 변화를 도출한다. 따라서 λ는 비용최소화를 달성할 때의 한계생산비이다.

이제 포락선 정리를 증명해보자. $\frac{\partial V(a,b)}{\partial a} = \sum_{i=1}^{2} \frac{\partial f(x_1, x_2; a)}{\partial x_i} \frac{\partial x_i}{\partial a} + \frac{\partial f(x_1, x_2; a)}{\partial a}$ 가 바로 간접효과까지 포함하는 a 변화의 전체 효과이다. 아울러 최적 선택에서는 $\frac{\partial L}{\partial x_i} = f_i - \lambda g_i = 0$이 성립한다. 이 최적화 조건을 a변화 효과에 대입하면 $\frac{\partial V(a,b)}{\partial a} = \lambda \sum_{i=1}^{2} \frac{\partial g(x_1, x_2; a)}{\partial x_i} \frac{\partial x_i}{\partial a} + \frac{\partial f(x_1, x_2; a)}{\partial a}$ 이다. 최적화는 또한 제약식 $g(x_1, x_2; a) \equiv b$도 항상 충족해야 한다. 즉 $\sum_{i=1}^{2} \frac{\partial g(x_1, x_2; a)}{\partial x_i} \frac{\partial x_i}{\partial a} + \frac{\partial g(x_1, x_2; a)}{\partial a} = 0$이다. 이 또한 대입하면 최적 해에서는 $\frac{\partial V(a,b)}{\partial a} = -\lambda \frac{\partial g(x_1, x_2; a)}{\partial a} + \frac{\partial f(x_1, x_2; a)}{\partial a} = \frac{\partial L}{\partial a}\big|_{x_i(a,b), \lambda(a,b)}$ 가 성립한다. 이러한 결과는 파라미터 a가 변하면 내생변수인 $x_i (i = 1, 2)$도 변하겠지만, 이들은 항상 최적화 조건과 제약식을 충족하도록 변하기 때문에 발생한다.

연습문제 4.3* 포락선 정리의 두 번째 내용 $\frac{\partial V(a,b)}{\partial b} = \frac{\partial L}{\partial b}\big|_{x_i(a,b), \lambda(a,b)}$ 을 증명하라. 그리고 제약이 없는 최적화 문제 $\max f(x_1, x_2; a)$ 혹은 $\min f(x_1, x_2; a)$ 에서도 포락선 정리가 성립함을 보여라.

연습문제 4.4 식 (4.12)는 콥－더글라스 생산함수와 상응하는 비용함수를 보여주었다. 이 비용함수로부터 한계비용을 도출하라. 이어서 비용최소화를 위한 라그랑지안을 만들고 식 (4.12)에는 제시되어 있지 않는 최적의 λ, 즉 $\lambda(w_1, w_2, y)$를 구하라. 비용함수로부터 직접 도출한 한계비용과 일치하는가?

비용함수는 식 (4.12)처럼 생산함수로부터 도출할 수도 있지만, 생산함수 없이 그 함수형태를 바로 설정할 수도 있다. 예를 들면 다음과 같은 초월대수 비용함수를 정의할 수 있다.

$$(4.16) \qquad \ln c(w_1, w_2, y) = \alpha_0 + \sum_{i=1}^{2} \alpha_i \ln w_i + \beta \ln y + \frac{1}{2} \sum_{i=1}^{2} \sum_{j=1}^{2} \alpha_{ij} \ln w_i \ln w_j$$

$$+ \frac{1}{2} \beta_{yy} (\ln y)^2 + \sum_{i=1}^{2} \beta_{iy} \ln y \ln w_i$$

$$\text{단,} \ \sum_{i=1}^{2} \alpha_i = 1, \ \sum_{i=1}^{2} \alpha_{ij} \left(= \sum_{i=1}^{2} \alpha_{ji} \right) = \sum_{i=1}^{2} \beta_{iy} = 0 \ \ \forall j, \ \alpha_{ij} = \alpha_{ji}$$

위의 초월대수 비용함수에 부가되는 파라미터 제약들은 변수의 값에 상관없이 비용함수가 생산요소가격에 대해 1차 동차가 되게 한다. 초월대수 비용함수는 앞으로 자주 사용하게 되며, 그 동차성 조건은 반드시 성립해야 하므로 그 조건을 다시 확인해보자. 우선 비용함수의 동차성 조건은 $c(\lambda w_1, \lambda w_2, y) = \lambda c(w_1, w_2, y)$를 의미하고(단, $\lambda > 0$), 오일러 정리(=math 2.5)에 의해 이는 다시 $\sum_{i=1}^{2} \frac{\partial c}{\partial w_i} w_i = c$를 의미한다. 따라서 $\sum_{i=1}^{2} \frac{\partial \ln c}{\partial \ln w_i} = \sum_{i=1}^{2} \frac{\partial c}{\partial w_i} \frac{w_i}{c} = 1$이 되어야 한다. 이 조건을 식 (4.16)에 적용하면 다음과 같다.

$$\sum_{i=1}^{2} \left(\alpha_i + \sum_{j=1}^{2} \alpha_{ij} \ln w_j + \beta_{iy} \ln y \right) = 1$$

위의 조건은 가격 w_i와 산출량 y의 크기와 관련없이 성립하여야 하므로 $\alpha_{ij} = \alpha_{ji}$의 조건과 함께 $\sum_{i=1}^{2} \alpha_i = 1$, $\sum_{i=1}^{2} \alpha_{ij} = \sum_{i=1}^{2} \alpha_{ji} = 0 \ \forall j$, 그리고 $\sum_{i=1}^{2} \beta_{iy} = 0$의 조건이 성립하여야 한다.

그렇다면 식 (4.16)으로부터 생산요소의 수요함수는 어떻게 도출할 수 있을까? 우리는 다음을 안다.

$$\frac{\partial \ln c}{\partial \ln w_i} = \frac{\partial c}{\partial w_i} \frac{w_i}{c} = \frac{w_i x_i}{c} = s_i$$

위의 관계를 도출하는 데에는 세퍼드 보조정리가 적용되었다. 즉 비용의 로그 값인 초월대수 비용함수를 투입요소의 로그 값으로 미분하면 비용최소화 행위에서는 그 생산요소가 전체 생산비에서 차지하는 비중이 된다. 이 결과를 식 (4.16)에 적용하면 다음의 비중방정식이 도출된다.

$$(4.17) \qquad \frac{w_1 x_1}{c} = s_1 = \alpha_1 + \alpha_{11}\ln w_1 + \alpha_{12}\ln w_2 + \beta_{1y}\ln y$$

$$\frac{w_2 x_2}{c} = s_2 = \alpha_2 + \alpha_{12}\ln w_1 + \alpha_{22}\ln w_2 + \beta_{2y}\ln y$$

이런 식으로 비용함수를 바로 설정한 후 셰퍼드 보조정리를 적용해 요소수요함수를 도출할 수가 있다. 비용함수와 요소수요함수가 이런 관계를 가지기 때문에 본절의 앞부분에서 설명된 $c.1$에서 $c.6$에 이르는 비용함수의 성질로부터 요소수요가 가져야 하는 성질을 다음처럼 도출할 수 있다.

$x.1 \quad \dfrac{\partial x_1(w_1, w_2, y)}{\partial w_2} = \dfrac{\partial x_2(w_1, w_2, y)}{\partial w_1}$

$x.2 \quad \dfrac{\partial x_i(w_1, w_2, y)}{\partial w_i} \leq 0$

$x.3 \quad x_i(tw_1, tw_2, y) = x_i(w_1, w_2, y), \ \ t > 0$

$x.4 \quad \displaystyle\sum_{j=1}^{2} \epsilon_{ij} = 0 \ \ 단, \ \epsilon_{ij} = \dfrac{\partial x_i(w_1, w_2, y)}{\partial w_j} \dfrac{w_j}{x_i(w_1, w_2, y)}$

$x.5 \quad \dfrac{\partial c(\mu w_1, \mu w_2, y)}{\partial y} = \mu \dfrac{\partial c(w_1, w_2, y)}{\partial y}, \ \ \mu > 0$

$x.1$은 생산요소 조건부수요의 교차가격효과가 대칭적임을 의미한다. 이는 셰퍼드 보조정리에 의해 $x_i(w_1, w_2, y) = \dfrac{\partial c(w_1, w_2, y)}{\partial w_i} = c_i(w_1, w_2, y)$이고 2계 미분은 미분순서에 영향을 받지 않아 $c_{ij}(w_1, w_2, y) = c_{ji}(w_1, w_2, y)$이기 때문에 발생한다.

$x.2$는 셰퍼드 보조정리와 비용함수가 오목함수라는 성질로부터 온다. 제2장의 math 2.7이 밝힌 바와 같이 비용함수가 오목이기 때문에 $\dfrac{\partial x_i(w_1, w_2, y)}{\partial w_i} = c_{ii}(w_1, w_2, y) \leq 0$가 성립하여야 한다.

$x.3$은 셰퍼드 보조정리와 비용함수의 생산요소가격에 대한 1차 동차성 때문에 발생한다. 비용함수가 생산요소가격에 대해 1차 동차이므로 그 편도함수인 생산요소 수요함수는 0차 동차여야 한다(math 2.4). 이는 아울러 모든 투입재의 가격이 동일 비율로 변하면 등비용선의 기울기가 변하지 않기 때문에 투입물 선택이 달라지지 않음을 의미한다.

$x.4$는 $x.3$의 직접적인 결과물이다. $\epsilon_{ij} = \dfrac{\partial x_i(w_1, w_2, y)}{\partial w_j} \dfrac{w_j}{x_i(w_1, w_2, y)}$는 생산요소 x_i의 수요가 가격 w_j가 1% 변할 때 몇 %나 변하는지를 나타내는 생산요소 수요의 가격탄력성이다.[3] $x_i(w_1, w_2, y)$가 요소가격에 대해 0차 동차이므로 오일러 정리(math 2.5)에 의해 $\displaystyle\sum_{j=1}^{2} \dfrac{\partial x_i(w_1, w_2, y)}{\partial w_j} w_j = 0$이 되어야 하고, 이를 $x_i(w_1, w_2, y)$로 나누어 탄력성 형태로 바꾸면 $\displaystyle\sum_{j=1}^{2} \dfrac{\partial x_i(w_1, w_2, y)}{\partial w_j} \dfrac{w_j}{x_i(w_1, w_2, y)} = \sum_{j=1}^{2} \epsilon_{ij} = 0$이 된다. 따라서 x_i의 수요에 영향을 미치는 모든 가격탄력성의 합은 0이다.

생산요소 수요의 가격탄력성 ϵ_{ij}가 0보다 크면 x_i 수요는 x_j 가격 상승 시 늘어나므로 두 투입재는 수요에 있어 대체성을 가진다. 반대로 ϵ_{ij}가 0보다 작으면 x_i 수요는 x_j 가격 상승 시 감소하므로 두 투입재는 수요의 보완성을 가진다.[4] $x.4$의 성질을 $N \geq 3$의 경우로 일반화하면 $\displaystyle\sum_{j=1}^{N} \epsilon_{ij} = 0$을 의미한다. 아울러 $x.2$에 의해 $\epsilon_{ii} \leq 0$이기 때문에 $\displaystyle\sum_{j \neq i}^{N} \epsilon_{ij} \geq 0$이 되어야 한다. 따라서 모든 $\epsilon_{ij}(j \neq i)$가 음일 수는 없다. 이는 특정 투입재의 수요는 나머지 생산요소 중 한 가지 이상과 반드시 대체성을 가짐을 의미한다. 즉 모든 생산요소가 수요에 있어 서로 보완성을 가질 수는 없다.

$x.5$는 한계생산비가 생산요소가격에 대해 1차 동차임을 의미한다. 만약 그렇다면 오일러 정리에 의해 $\displaystyle\sum_{i=1}^{2} \dfrac{\partial}{\partial w_i}\left(\dfrac{\partial c(w_1, w_2, y)}{\partial y}\right) w_i = \dfrac{\partial c(w_1, w_2, y)}{\partial y}$가 성립해야 한다. 그런데 2계 편미분의 시행순서는 문제가 되지 않으므로 $\displaystyle\sum_{i=1}^{2} \dfrac{\partial}{\partial w_i}\left(\dfrac{\partial c(w_1, w_2, y)}{\partial y}\right) w_i = \dfrac{\partial}{\partial y}\displaystyle\sum_{i=1}^{2} \dfrac{\partial c(w_1, w_2, y)}{\partial w_i} w_i$인데, 비용함수의 1차 동차성에 의해 이는 $\dfrac{\partial c(w_1, w_2, y)}{\partial y}$가 되므로 $x.5$가 성립한다.

---

3 ϵ_{ij}는 제2장과 제3장에서 도입되었던 규모탄력성 ϵ과 혼동될 수도 있다. 그러나 수요의 가격탄력성은 반드시 두 개의 하첨자를 필요로 한다는 점에서 규모탄력성과 구분된다는 것을 이해하기 바란다.

4 ϵ_{ij}와 ϵ_{ji}는 일반적으로 그 크기가 서로 다르지만 부호는 동일하다.

비용함수와 대체탄력성

제2장 제3절은 다음과 같이 두 투입요소 간의 대체탄력성을 도입하였다.

(4.18) $\qquad \sigma = \dfrac{f_1 f_2 (f_1 x_1 + f_2 x_2)}{x_1 x_2 \left(2 f_1 f_2 f_{12} - f_2^2 f_{11} - f_1^2 f_{22}\right)}$

또한 우리는 생산함수의 유테헤시안행렬식을 다음과 같이 제2장 제5절에서 도입하였다.

$$|\overline{F}| = \begin{vmatrix} 0 & f_1 & f_2 \\ f_1 & f_{11} & f_{12} \\ f_2 & f_{21} & f_{22} \end{vmatrix} = - f_2^2 f_{11} + 2 f_1 f_2 f_{21} - f_1^2 f_{22} \ \ (\because \ f_{12} = f_{21})$$

아울러 다음에 등장하는 여인수(cofactor)라는 개념을 숙지하자.

---

math 4.3 **행렬의 여인수(cofactor)**

행렬 $A = \begin{bmatrix} a_{11} & \dots & a_{1N} \\ a_{21} & \dots & a_{2N} \\ \vdots & \vdots & \vdots \\ a_{N1} & \dots & a_{NN} \end{bmatrix}$ 의 i번째 행과 j번째 열을 제거하고 만들어진 행렬을 A_{ij}라 할 때 그 행렬식 $|A_{ij}|$를 원소 a_{ij}의 소행렬(minor)이라 한다. 원소 a_{ij}의 여인수 $|C_{ij}|$는 다음과 같다.

$$|C_{ij}| = (-1)^{i+j} |A_{ij}|$$

$|\overline{F}_{ij}|$를 행렬 $\overline{F} = \begin{bmatrix} 0 & f_1 & \cdots & f_N \\ f_1 & f_{11} & \cdots & f_{1N} \\ \vdots & \vdots & \vdots & \vdots \\ f_N & f_{N1} & \cdots & f_{NN} \end{bmatrix}$ 에서 f_{ij}가 속한 행과 열을 제거한 행렬의 행렬식이라 하자. 행렬 $\overline{F}$는 첫 번째 행과 열에 $(0, f_1, \dots, f_N)$으로 구성된 테를 가지고 있으므로 f_{ij}의 여인수는 $|\overline{C}_{ij}| = (-1)^{i+j+2} |\overline{F}_{ij}|$와 같다. $N = 2$인 우리 예에서 $|\overline{C}_{12}|$는 다음처럼 계산된다.

$$|\overline{C}_{12}| = (-1)^5 \begin{vmatrix} 0 & f_1 \\ f_2 & f_{21} \end{vmatrix} = f_1 f_2$$

따라서 식 (4.18)의 대체탄력성은 다음처럼 표현할 수 있다.

$$(4.19) \qquad \sigma = \frac{f_1 x_1 + f_2 x_2}{x_1 x_2} \frac{|\overline{C}_{12}|}{|\overline{F}|}$$

우리는 지금까지 다수 투입물의 생산기술을 $N = 2$를 가정하고 논의해왔고, 이렇게 해도 다수 투입물의 특성을 잘 반영할 수 있었다. 그러나 생산요소 간 대체탄력성의 경우는 두 생산요소 간 쌍을 이루어 논의하기 때문에 $N = 2$는 최소한의 숫자일 뿐 충분히 많은 숫자는 아니다. 따라서 좀 더 일반적인 $N \geq 3$의 경우를 생각해보자. 이미 제2장에서 우리는 대체탄력성을 아래의 식 (4.20)처럼 하나 소개하였는데, 이는 x_i와 x_j를 제외한 모든 투입요소는 고정시킨 채 이들 두 요소 간의 대체가능성을 측정하는 탄력성으로서, 직접(direct) 편대체탄력성이라 부른다.

$$(4.20) \qquad \sigma_{ij}^D = \frac{f_i f_j (f_i x_i + f_j x_j)}{x_i x_j \left(2 f_i f_j f_{ij} - f_j^2 f_{ii} - f_i^2 f_{jj} \right)}, \ i \neq j$$

σ_{ij}^D는 $f_{ij} = f_{ji}$이기 때문에 대칭이어서 $\sigma_{ij}^D = \sigma_{ji}^D$가 성립한다. 이미 제2장에서 밝힌 바와 같이 이 탄력성은 x_i와 x_j를 제외한 모든 투입물의 사용량은 고정시킨다는 점에서 대단히 제한적이고, 극히 단기에만 적용가능한 개념이다. 또 다른 대체탄력성은 두 경제학자의 이름을 붙여 알렌–우자와(Allen-Uzawa) 편대체탄력성이라 부르는 다음의 탄력성이다.

$$(4.21) \qquad \sigma_{ij}^A = \frac{\sum_k f_k x_k}{x_i x_j} \frac{|\overline{C}_{ij}|}{|\overline{F}|}, \ i \neq j, \ |\overline{C}_{ij}| = (-1)^{i+j+2} |\overline{F}_{ij}|$$

$\overline{F}_{ij} = \overline{F}_{ji}$이기 때문에 σ_{ij}^A 역시 대칭이다. σ_{ij}^A는 σ_{ij}^D와 달리 x_i와 x_j 외의 투입요소 사용량을 모두 묶어두는 제약을 가하지는 않는다. 하지만 이 탄력성은 $N = 2$의 경우에 적용되었던 대체탄력성을 행렬식과 여인수를 이용해 $N \geq 3$의 경우로 그대로 확장했을 뿐, 그 분명한 의미가 무엇인지는 사실 알기 어렵다. 다음의 또 다른 대안이 있다.

$$(4.22) \qquad \sigma_{ij}^M = \frac{f_j}{x_i} \frac{|\overline{C}_{ij}|}{|\overline{F}|} - \frac{f_j}{x_j} \frac{|\overline{C}_{jj}|}{|\overline{F}|}$$

이 탄력성도 일본계 경제학자 이름을 붙여 모리시마(Morishima) 편대체탄력성이라 부른다. 이 탄력성은 다수의 투입물이 있을 때 x_j/x_i의 변화율과 f_i/f_j의 변화율 간의 관계를 탄력성으로 나타내되, x_i와 x_j 간의 한계기술대체율 f_i/f_j 외의 한계기술대체율과 산출물수준 y를 모두 고정시킬 때의 탄력성이다.[5] $\sigma_{ij}^M \neq \sigma_{ji}^M$이어서 모리시마 탄력성은 대칭이 아니다. 또한 적절한 변수를 분모 분자에 곱해주어 다음을 도출할 수도 있다.

$$\sigma_{ij}^M = \frac{f_j x_j}{\sum\limits_k f_k x_k} \frac{\sum\limits_k f_k x_k}{x_i x_j} \frac{|\overline{C}_{ij}|}{|\overline{F}|} - \frac{f_j x_j}{\sum\limits_k f_k x_k} \frac{\sum\limits_k f_k x_k}{x_j^2} \frac{|\overline{C}_{jj}|}{|\overline{F}|}$$

$$= \frac{f_j x_j}{\sum\limits_k f_k x_k} \left(\sigma_{ij}^A - \sigma_{jj}^A \right)$$

위의 정의에서 사용되는 σ_{jj}^A는 알렌-우자와 탄력성 형식으로 정의가 되어 있으나 동일 투입물에 대해 적용되는 대체탄력성 개념이라 그 경제학적 의미는 없다. $N \geq 3$일 경우 대체탄력성 평가 조합이 많기 때문에 개별 대체탄력성은 알렌-우자와 식으로 평가하든 모리시마 식으로 평가하든 양(+)의 값을 가질 수도 있고 음(−)의 값을 가질 수도 있다. 전자의 경우에는 해당되는 두 투입물이 대체탄력성을 기준으로 할 때 대체관계를, 후자의 경우 보완관계를 가진다고 말할 수 있다.[6] 그러나 $\sigma_{jj}^A < 0$이기 때문에, $\sigma_{ij}^M > 0$이어서 x_i와 x_j가 모리시마 탄력성 측면에서는 대체성이 있는 경우에도, $\sigma_{ij}^A < 0$이 성립해 알렌-우자와 탄력성으로는 서로 보완적일 수가 있다.

---

5 이들 제약하에서 식 (4.22)의 탄력성을 도출하는 과정은 다음에서 확인가능하다: Kuga, K. and T. Murota, 1972, "A Note on Definitions of Elasticity of Substitution in Many Input Case," *Metroeconomica* 24, pp. 285−290.

6 이 대체관계와 보완관계는 대체탄력성의 부호측면에서 성립한다는 것이고, 앞에서 요소수요함수의 교차가격탄력성 ϵ_{ij}의 부호에 따라 정의하였던 대체관계나 보완관계와는 다른 개념이다. 그러나 뒤에서 보겠지만 대체탄력성 측면에서의 대체 혹은 보완관계는 요소수요의 가격탄력성 ϵ_{ij}와 밀접한 관련을 맺고 있다.

N=2일 경우 $\sigma^A = \sigma^M$임을 보여라.

그렇다면 왜 $\sigma_{jj}^A < 0$일까? $\sigma_{jj}^A = \dfrac{\sum_k f_k x_k}{x_j^2} \dfrac{|\overline{C}_{jj}|}{|\overline{F}|}$ 이므로 그 부호는 $\dfrac{|\overline{C}_{jj}|}{|\overline{F}|}$ 에 달려있는데, $j+j$는 항상 짝수이므로 사실 $\dfrac{|\overline{F}_{jj}|}{|\overline{F}|}$ 가 부호를 결정한다. 생산요소들을 나열할 때 x_j가 어떤 생산요소이든 그 순서를 맨 마지막으로 돌릴 수가 있다. 그렇다면 $|\overline{F}_{jj}|$는 $\overline{F}$ 에서 2계미분들을 원소로 포함하는 제일 마지막 행과 열, 즉 f_{jj}가 속한 행과 열을 제외하여 구축되는, 후자보다 차원이 하나 작은 행렬의 행렬식이다. 제2장의 math 2.9에 의하면 $\overline{F}$의 부분 행렬식들이 그 차원이 하나 늘어날 때마다 부호를 교대로 바꾸면 생산함수가 (강)준오목이다. 즉 $|\overline{F}|$와 $|\overline{F}_{jj}|$는 서로 반대의 부호를 가지며, $\dfrac{|\overline{C}_{jj}|}{|\overline{F}|} = \dfrac{|\overline{F}_{jj}|}{|\overline{F}|} < 0$ 가 된다. 따라서 우리는 $\sigma_{jj}^A < 0$이라 간주한다.

사실 $N \geq 3$일 때 적용될 수 있는 탄력성 개념은 이 외에도 더 있지만, $N=2$인 경우와 달리 그 의미들이 명확하지는 않다. 이와 관련하여 큰 기여를 하는 것이 비용함수이다. 즉 비용함수를 통해 대체탄력성을 정의하고 도출하면 그 경제학적 의미가 보다 분명해진다. 또한 앞 절에서 소개했던 초월대수 비용함수 예가 보여주듯, 현대 생산경제학에서는 생산함수보다는 비용함수나 요소수요함수를 직접 설정하여 분석하는 것을 더 선호한다. 이 점에 있어서도 대체탄력성을 비용함수에서 어떻게 정의하는지를 확인할 필요가 있다.

먼저 $N=2$인 경우를 검토하자. 식 (4.18)의 대체탄력성은 사실 제2장에서 다음의 정의로부터 도출되었다.

$$\sigma = \frac{(f_1/f_2)}{(x_2/x_1)} \frac{d(x_2/x_1)}{d(f_1/f_2)}$$

비용함수는 비용최소화 행위를 반영하고 있으므로 우리는 $w_i = \lambda f_i$가 성립함을 알고 있다. 따라서 이를 위의 대체탄력성에 대입하면 다음을 얻는다.

(4.23) $\qquad \sigma = \dfrac{(w_1/w_2)}{(x_2/x_1)} \dfrac{d(x_2/x_1)}{d(w_1/w_2)}$

즉, 이제 대체탄력성은 두 생산요소의 가격비 w_1/w_2가 1% 변하면 그 투입비율 x_2/x_1은 몇 % 변하는지를 나타내는 탄력성이 된다. 가격비가 달라질 때 좀 더 싸진 생산요소를 많이 사용하는 쪽으로 투입비율을 원활하게 바꿀 수 있을수록 대체탄력성이 크다. 사실 비용최소화를 반영한 이러한 정의가 등량곡선에 대해 적용되었던 정의보다도 '대체탄력성'이라는 용어 자체의 의미와 훨씬 더 가깝다고 할 수 있다.

그렇다면 $N \geq 3$의 경우는 어떤가? 다음과 같은 비용최소화 문제와 그 최적화 조건을 고려하자.

$$L = w_1 x_1 + w_2 x_2 + w_3 x_3 + \lambda[y - f(x_1, x_2, x_3)]$$
$$y = f(x_1, x_2, x_3)$$
$$w_1 - \lambda f_1 = 0$$
$$w_2 - \lambda f_2 = 0$$
$$w_3 - \lambda f_3 = 0$$

위의 네 가지 최적화 조건을 전미분하면 다음과 같다.

$$dy - f_1 dx_1 - f_2 dx_2 - f_3 dx_3 = 0$$
$$dw_1 - d\lambda f_1 - \lambda f_{11} dx_1 - \lambda f_{12} dx_2 - \lambda f_{13} dx_3 = 0$$
$$dw_2 - d\lambda f_2 - \lambda f_{21} dx_1 - \lambda f_{22} dx_2 - \lambda f_{23} dx_3 = 0$$
$$dw_3 - d\lambda f_3 - \lambda f_{31} dx_1 - \lambda f_{32} dx_2 - \lambda f_{33} dx_3 = 0$$

위의 연립방정식은 행렬을 이용해 다음과 같이 정리할 수 있다.

$$\lambda \begin{bmatrix} 0 & f_1 & f_2 & f_3 \\ f_1 & f_{11} & f_{12} & f_{13} \\ f_2 & f_{21} & f_{22} & f_{23} \\ f_3 & f_{31} & f_{32} & f_{33} \end{bmatrix} \begin{bmatrix} d\lambda/\lambda \\ dx_1 \\ dx_2 \\ dx_3 \end{bmatrix} = \begin{bmatrix} \lambda dy \\ dw_1 \\ dw_2 \\ dw_3 \end{bmatrix}$$

여기서 우리가 알고 싶은 것은 $\dfrac{\partial x_i}{\partial w_j}$, 즉 비용을 최소화하는 선택을 할 때 w_j의 변화가 유발하는 x_i의 사용량 변화이다. 가격 중 w_2의 변화 효과를 보기 위해 나머지 가격과 생산량은 불변이라 하고($dw_1 = dw_3 = dy = 0$), 다음처럼 행렬표현을 바꾸어 보자.

$$\lambda \begin{bmatrix} 0 & f_1 & f_2 & f_3 \\ f_1 & f_{11} & f_{12} & f_{13} \\ f_2 & f_{21} & f_{22} & f_{23} \\ f_3 & f_{31} & f_{32} & f_{33} \end{bmatrix} \begin{bmatrix} d\lambda/(\lambda dw_2) \\ dx_1/dw_2 \\ dx_2/dw_2 \\ dx_3/dw_2 \end{bmatrix} = \begin{bmatrix} 0 \\ 0 \\ 1 \\ 0 \end{bmatrix}$$

위의 결과로부터 $\dfrac{dx_1}{dw_2}$ 혹은 $\dfrac{\partial x_1}{\partial w_2}$를 도출하기 위해 다음의 크래머 법칙(Cramer's rule)을 사용한다.

⠿ math 4.4 크래머 법칙(Cramer's rule)

다음은 행렬로 표시된 선형연립방정식이다.

$$\begin{bmatrix} a_{11} & \dots & a_{1N} \\ a_{21} & \dots & a_{2N} \\ \vdots & \vdots & \vdots \\ a_{N1} & \dots & a_{NN} \end{bmatrix} \begin{bmatrix} x_1 \\ x_2 \\ \vdots \\ x_N \end{bmatrix} = \begin{bmatrix} b_1 \\ b_2 \\ \vdots \\ b_N \end{bmatrix} \quad \text{혹은} \quad Ax = b$$

이 연립방정식의 해는 다음과 같이 도출된다.

$$x_i = \frac{1}{|A|}|A_i|, \ \ i = 1, \dots, N$$

단, $|A_i|$는 행렬 A의 i번째 열을 열벡터 b로 교체한 행렬의 행렬식이다.

크래머 법칙을 우리 문제에 적용하면 $\dfrac{\partial x_1}{\partial w_2} = \dfrac{1}{\lambda|\overline{F}|} \begin{vmatrix} 0 & 0 & f_2 & f_3 \\ f_1 & 0 & f_{12} & f_{13} \\ f_2 & 1 & f_{22} & f_{23} \\ f_3 & 0 & f_{32} & f_{33} \end{vmatrix} = \dfrac{-1}{\lambda|\overline{F}|} \begin{vmatrix} 0 & f_2 & f_3 \\ f_1 & f_{12} & f_{13} \\ f_3 & f_{32} & f_{33} \end{vmatrix}$

$= \dfrac{|\overline{C}_{21}|}{\lambda|\overline{F}|}$가 도출되고, 이를 일반화하면 $\dfrac{\partial x_i}{\partial w_j} = \dfrac{|\overline{C}_{ji}|}{\lambda|\overline{F}|} = \dfrac{\partial x_j}{\partial w_i}$와 같다. 식 (4.21)의 알렌-우자와 편대체탄력성에 이를 반영하고, 비용최소화 조건 $w_i = \lambda f_i$도 반영하면 다음을 얻는다.

$$\sigma_{ij}^A = \frac{\sum_k f_k x_k}{x_i x_j} \frac{|\overline{C}_{ij}|}{|\overline{F}|} = \frac{\sum_{k=1}^N w_k x_k}{x_i x_j} \frac{\partial x_i}{\partial w_j} = \frac{\partial x_i}{\partial w_j} \frac{w_j}{x_i} \frac{c}{w_j x_j} = \frac{\epsilon_{ij}}{s_j}$$

즉 비용함수로부터 알렌-우자와 편대체탄력성은 다음처럼 도출된다.

$$（4.24） \qquad \sigma_{ij}^A = \frac{\epsilon_{ij}}{s_j}$$

σ_{ij}^A는 요소수요의 교차가격탄력성 ϵ_{ij}와, x_j가 생산비에서 차지하는 비중 s_j의 비율이다. 따라서 비용함수의 형태를 알면 생산함수에 대한 분석 없이도 대체탄력성을 도출할 수 있다. 한편, 위의 σ_{ij}^A 도출과정을 보면 $\sigma_{ij}^A = \frac{\partial x_i}{\partial w_j}\frac{c}{x_i x_j}$이기도 하므로 여기에 셰퍼드 보조정리를 적용해 다음과 같이 표현하기도 한다.

$$（4.25） \qquad \sigma_{ij}^A = \frac{c(w_1,...,w_N,y)c_{ij}(w_1,...,w_N,y)}{c_i(w_1,...,w_N,y)c_j(w_1,...,w_N,y)}$$

$$\text{단,} \quad c_i(w_1,...,w_N,y) = \frac{\partial c(w_1,...,w_N,y)}{\partial w_i},$$

$$c_{ij}(w_1,...,w_N,y) = \frac{\partial c_i(w_1,...,w_N,y)}{\partial w_j}$$

모리시마 편대체탄력성은 위에서 $\sigma_{ij}^M = \frac{f_j x_j}{\sum_k f_k x_k}\left(\sigma_{ij}^A - \sigma_{jj}^A\right)$처럼 알렌-우자와 탄력성과 관련을 맺고 있었다. 여기에 $w_i = \lambda f_i$의 비용최소화 조건을 적용하여 정리하면 다음이 도출된다.

$$（4.26） \qquad \sigma_{ij}^M = \epsilon_{ij} - \epsilon_{jj}$$

모리시마 편대체탄력성은 이처럼 두 가지의 요소수요 탄력성 차이로 간편하게 정리된다.[7] 아울러 $\epsilon_{ij} = \frac{\partial \ln x_i(w_1,...,w_N,y)}{\partial \ln w_j}$이고 $\epsilon_{jj} = \frac{\partial \ln x_j(w_1,...,w_N,y)}{\partial \ln w_j}$이기 때문에 모리시마 편대체탄력성은 $\sigma_{ij}^M = \frac{\partial \ln(x_i/x_j)}{\partial \ln w_j} = \frac{w_j}{(x_i/x_j)}\frac{\partial(x_i/x_j)}{\partial w_j}$을 의미하기도 한다. 이는 사실 식 (4.23)이 보여준 대체탄력성 개념, 즉 생산요소가격비가 1% 변할 때 생산요소 사용비율이 몇 % 변하는지를 보여주는 탄력성 개념에 충실한 지표이다. 다만 w_i는 바꾸지 않고 w_j만 바꾸어 가격비가 변하도록 했을 뿐이다. 따라서 $N \geq 3$인 경우 생산함

---

7 ϵ_{ij}나 ϵ_{jj}는 x_i나 x_j의 가격변화 시 다른 생산요소 사용량이 불변임을 가정하지는 않는다. 따라서 알렌-우자와 탄력성과 모리시마 탄력성 모두 직접 편대체탄력성 σ^D와는 다르다.

수를 이용해 정의하면 알렌－우자와 편대체탄력성과 모리시마 편대체탄력성이 모두 그 의미가 불분명하지만, 비용함수를 이용해 정의하면 전자보다는 후자가 보다 분명한 경제학적 의미를 가짐이 확인된다.

$N \geq 3$의 경우 식 (4.26)에 의하면 모리시마 편대체탄력성은 비대칭이고 $\sigma_{ij}^M \neq \sigma_{ji}^M$이다. 따라서 두 생산요소 사이에 무엇이 무엇을 대체하느냐에 따라 그 값이 달라지는 문제가 있다. 이는 두 가격 w_i와 w_j 중 하나에만 변화를 주었기 때문인 것으로 해석될 수 있다. 그렇다면 식 (4.23)의 아이디어를 받아들여 모리시마 편대체탄력성을 다음처럼 다시 정의해보자.

$$\bar{\sigma}_{ij}^M = \frac{\partial \ln(c_i/c_j)}{\partial \ln(w_j/w_i)} = \frac{\partial \ln(x_i(w_1,...,w_N,y)/x_j(w_1,...,w_N,y))}{\partial \ln(w_j/w_i)}$$

즉 $\bar{\sigma}_{ij}^M$에서는 식 (4.26)과 달리 w_j가 아니라 가격비율 w_j/w_i의 변화에 대한 비용최소 투입물 비율 x_i/x_j의 반응을 도출한다. 하지만 이 경우에도 모리시마 편대체탄력성은 가격 w_j만 변화시키는 식 (4.26)의 탄력성 σ_{ij}^M과 결국 동일하며, 여전히 비대칭이라는 것을 보여줄 수 있다. $\hat{w}_k = w_k/w_i$처럼 모든 가격을 특정 가격 w_i로 정규화하자. 비용함수는 투입물가격에 대해 선형동차이므로 그 1계 편도함수이자 조건부요소수요인 c_i와 c_j는 투입물가격에 대해 0차 동차라야 한다(math 2.4). 즉 $c_k(w_1,...,w_N,y)$ $= c_k(\hat{w}_1,...,\hat{w}_N,y)$가 성립한다($k = 1,...,N$). 이는 〈그림 4－2〉에서 본 바와 같이 투입물의 가격비, 즉 등비용선의 기울기가 변하지 않으면 투입물 사용량도 달라지지 않기 때문이다. 따라서 위의 대체탄력성을 다음처럼 고쳐서 표기할 수 있다.

$$\bar{\sigma}_{ij}^M = \frac{\partial \ln(c_i/c_j)}{\partial \ln(\hat{w}_j)} = \frac{\partial \ln(c_i(\hat{w}_1,...,\hat{w}_N,y)/c_j(\hat{w}_1,...,\hat{w}_N,y))}{\partial \ln(\hat{w}_j)}$$

위의 편미분을 시행하려 가격비율 $\hat{w}_j = w_j/w_i$를 바꾸려면, w_i와 w_j 중 어느 하나만 바꿀 수도 있고 둘 다 바꿀 수도 있다. 어떤 방법을 통하든 원하는 만큼 $\hat{w}_j = w_j/w_i$를 바꿀 수 있다. 하지만 $\bar{\sigma}_{ij}^M$을 도출하려 할 경우에는 분자인 w_j만을 바꾸어 w_j/w_i에 변화를 주어야 한다. 그렇지 않고 분모인 w_i도 바꾸면 위의 정의 내 비용함수의 설명변수 중 $\hat{w}_j = w_j/w_i$는 물론, 다른 투입물 가격비 $\hat{w}_k = w_k/w_i$도 모두 바뀌는 문제가 발생하기 때문이다($k \neq j$). 간편함을 위해 $N = 2$로 두면 대체탄력성은 다음과 같다. 즉 $i = 1$,

$j = 2$이다.

$$\bar{\sigma}_{12}^M = \frac{\partial \ln \left(c_1(1, w_2/w_1, y) / c_2(1, w_2/w_1, y) \right)}{\partial \ln (w_2/w_1)}$$

먼저 다음을 확인하자.

$$\frac{\partial c_k(w_1, w_2, y)}{\partial w_2} = \frac{\partial c_k(1, w_2/w_1, y)}{\partial (w_2/w_1)} \frac{d(w_2/w_1)}{dw_2} = \frac{\partial c_k(1, w_2/w_1, y)}{\partial (w_2/w_1)} \frac{1}{w_1}$$

따라서 w_2/w_1를 변경하되 w_2만 바꾼다면, $c_k(\cdot)$는 다음처럼 반응한다($k = 1, 2$).

$$\frac{\partial \ln c_k(1, w_2/w_1, y)}{\partial \ln (w_2/w_1)} = \frac{\partial c_k(1, w_2/w_1, y)}{\partial (w_2/w_1)} \frac{w_2/w_1}{c_k(1, w_2/w_1, y)}$$

$$= \frac{\partial c_k(w_1, w_2, y)}{\partial w_2} \frac{w_2}{c_k(w_1, w_2, y)} = \epsilon_{k2}$$

이와 같이 도출되는 ϵ_{12}와 ϵ_{22}를 위의 $\bar{\sigma}_{12}^M$에 대입하면 $\bar{\sigma}_{12}^M = \epsilon_{12} - \epsilon_{22}$이고, σ_{12}^M과 일치한다. 이는 N이 3 이상일 경우에도, 그리고 어떤 두 투입물 사이에도 성립하므로 $\bar{\sigma}_{ij}^M = \epsilon_{ij} - \epsilon_{jj} = \sigma_{ij}^M$임을 의미한다. 따라서 모리시마 대체탄력성은 $N \geq 3$일 경우 어떻게 정의하더라도 비대칭이 되는데, 이는 이미 얘기한 대로 가격비율 w_j/w_i로 미분을 취하는 $\bar{\sigma}_{ij}^M$에서도 조건부요소수요는 동차성조건에 의해 각 개별가격이 아니라 그 비율에만 반응을 하고, 가격비 w_j/w_i는 w_j만을 바꾸어 변화시켜야 하기 때문이다.[8]

모리시마 편대체탄력성이 이처럼 비대칭이어서 그 수치를 해석하기 어려운 문제는 예를 들면 $\sigma_{ij}^S = \frac{s_i}{s_i + s_j} \sigma_{ij}^M + \frac{s_j}{s_i + s_j} \sigma_{ji}^M$처럼 비용 몫을 이용해 두 탄력성을 가중평균하는 방식으로 해결할 수도 있다.

이상에서 본 바와 같이 비용함수로 정의한 편대체탄력성들은 제3절에서 도출했던 생산요소 조건부수요의 가격탄력성 ϵ_{ij}와 밀접한 관련이 있다. 일단 알렌-우자와 편대체탄력성은 ϵ_{ij}와 부호가 같다. 따라서 요소수요가 대체성을 가지면 대체탄력성이 0보다 크고, 알렌-우자와 편대체탄력성 측면에서도 두 투입요소는 대체성을 가진다. 모리시마의 탄력성은 $\epsilon_{ij} - \epsilon_{jj}$인데 ϵ_{jj}는 0보다 작다. 따라서 만약 $\epsilon_{ij} > 0$이면, 즉 알렌-우자

---

8 단, $N \geq 3$이어도 생산함수가 CES함수이면 $\sigma_{ij}^M = \sigma_{ji}^M$의 대칭성이 성립함을 확인하기 바란다.

와 탄력성으로 볼 때 대체관계가 있으면 모리시마 탄력성도 0보다 커 역시 대체관계가 있다. 그러나 $\epsilon_{ij} - \epsilon_{jj} > 0$이라고 해서 반드시 $\epsilon_{ij} > 0$인 것은 아니기 때문에 모리시마 탄력성 기준으로는 대체성이 있는 두 생산요소가 알렌-우자와 탄력성 기준으로는 보완성을 가질 수도 있다.

제3절에서 $\sum_{j \neq i}^{N} \epsilon_{ij} = -\epsilon_{ii} > 0$이기 때문에 특정 생산요소는 수요측면에서 볼 때 다른 모든 생산요소와 동시에 보완적일 수는 없다고 하였다. 수요함수 탄력성의 부호는 알렌-우자와 편대체탄력성 σ_{ij}^{A}의 부호와 일치하기 때문에 이 대체탄력성 측면에서도 어떤 생산요소든 나머지 모든 생산요소와 동시에 보완관계를 형성할 수 없다. 아울러 모리시마 탄력성의 경우 $\sum_{j=1}^{N} \sigma_{ij}^{M} = \sum_{j=1}^{N} (\epsilon_{ij} - \epsilon_{jj}) = -\sum_{j=1}^{N} \epsilon_{jj} > 0$이어서 $\sum_{j=1}^{N} \sigma_{ij}^{M} > 0$이고, $\sigma_{ii}^{M} = 0$이므로 이 경우에도 모든 생산요소와 동시에 보완관계를 형성할 수는 없다.

제2장에서 우리는 투입물과 산출물의 전체 공간에서 대체탄력성이 같은 값을 유지하는 CES 생산함수를 다루었다. 이를 $y = 2(0.5x_1^{\rho} + 0.5x_2^{\rho})^{1/\rho}$와 같이 표시하고, 이 생산함수와 상응하는 비용함수를 도출해보자. 두 투입물 각자에 적용된 $w_i = \lambda f_i$라는 비용최소화 조건을 결합하여 다음의 확장경로를 얻는다.

$$\frac{w_1}{w_2} = \left(\frac{x_1}{x_2} \right)^{\rho - 1}$$

이를 생산함수에 다시 대입하면, 다음의 두 투입물 수요함수가 얻어지고, 이들에 각자의 가격을 곱하여 더하면 비용함수도 도출된다.

$$(4.27) \qquad x_1(w_1, w_2, y) = 0.5 w_1^{1/(\rho-1)} \left[0.5 w_1^{\rho/(\rho-1)} + 0.5 w_2^{\rho/(\rho-1)} \right]^{-1/\rho} y$$

$$x_2(w_1, w_2, y) = 0.5 w_2^{1/(\rho-1)} \left[0.5 w_1^{\rho/(\rho-1)} + 0.5 w_2^{\rho/(\rho-1)} \right]^{-1/\rho} y$$

$$c(w_1, w_2, y) = \left[0.5 w_1^{\rho/(\rho-1)} + 0.5 w_2^{\rho/(\rho-1)} \right]^{(\rho-1)/\rho} y$$

이상 도출된 비용함수에서 몇 가지 확인할 것이 있는데, 일단 요소수요함수와 비용함수를 식 (4.25)에 대입하면 대체탄력성을 다음과 같이 도출한다.

$$\sigma_{12}^{A} = \sigma_{12}^{M} = \frac{1}{1-\rho} = \sigma \ \left(\because \ \rho = \frac{\sigma - 1}{\sigma} \right)$$

따라서 생산함수 대신 비용함수로부터도 동일한 대체탄력성을 얻을 수가 있다. 그리고 이 비용함수는 선형 생산함수나 콥－더글라스 생산함수, 레온티에프 생산함수에 각각 해당되는 비용함수를 특수한 경우로 포함한다. 비용함수는 다시 다음과 같이 표현할 수 있다.

$$c(w_1, w_2, y) = \left[0.5w_1^{1-\sigma} + 0.5w_2^{1-\sigma}\right]^{1/(1-\sigma)} y$$

제2장에서 본 바와 같이 $\sigma \to 0$인 경우 생산함수는 $y = 2\min[x_1, x_2]$와 같은데, 비용함수는 $c(w_1, w_2, y) = 0.5(w_1 + w_2)y$가 된다. 이는 레온티에프 생산함수에 해당된다. 두 가지 생산요소가 등량곡선의 꼭짓점에서 $x_1 = x_2 = y/2$만큼 동일비율로 결합되어 사용되므로 이렇게 생산요소가격에 대해 선형인 비용함수가 도출된다.

$\sigma \to 1$인 생산함수는 $y = 2x_1^{0.5} x_2^{0.5}$가 된다. 비용함수를 로그변환하면 $\ln c(w_1, w_2, y) = \frac{1}{1-\sigma} \ln\left[0.5w_1^{1-\sigma} + 0.5w_2^{1-\sigma}\right] + \ln y$인데, $\sigma \to 1$인 경우 로피탈 법칙을 적용하면 이는 $\ln c(w_1, w_2, y) = 0.5\ln w_1 + 0.5\ln w_2 + \ln y$로 전환할 수 있고, 따라서 비용함수는 $c(w_1, w_2, y) = w_1^{0.5} w_2^{0.5} y$와 같은 콥－더글라스함수가 된다.

마지막으로 $\sigma \to \infty$일 경우 생산함수는 $y = 2(0.5x_1 + 0.5x_2)$와 같은 선형함수가 된다 (math 2.2). 이때의 비용함수는 $c(w_1, w_2, y) = \min[w_1, w_2]y$와 같다. 이 경우는 구석 해가 허용되는 경우로서 x_1과 x_2는 1:1로 완전 대체가 허용되는, 사실상 같은 역할을 하는 생산요소이다. 따라서 둘 중 가격이 더 싼 것만 생산에 사용한다.

이상 살펴본 바와 같이 생산함수가 가진 성질을 그로부터 도출되는 비용함수로부터도 찾아낼 수가 있다. 경제학에서는 이때 생산함수를 원함수(primal function)라 부르고 비용함수는 원함수의 쌍대함수(dual function)라 부른다. 쌍대함수는 최적화 행위결과 도출되는 함수로서, 최적화 과정에 원함수의 특성을 반영하기 때문에 원함수가 가진 특성을 보유하고 있다. 비용함수는 생산경제학에서 사용할 쌍대함수 중 하나이고, 후에 우리는 다른 종류의 쌍대함수도 만나게 된다. 이렇게 쌍대함수가 원함수의 성질을 모두 보유하기 때문에 양자 간에 쌍대성(duality)이 성립한다고 말한다. 이 쌍대성으로 인해 우리는 생산함수 대신 생산자의 비용함수나 요소수요함수를 대신 분석할 수 있고, 이를 통해서도 원 생산함수의 기술적 특성을 모두 파악할 수 있다.

특히 생산기술이 CES함수의 형태를 가질 경우에는 식 (4.27)이 보여주듯이 비용함수 자체도 CES함수의 형태를 가진다. 이렇게 원함수와 쌍대함수의 형태가 동일할 때 자기 쌍대성(self-dual)을 가진다고 말한다. 인류가 지금까지 발견한 바에 의하면 오로지 CES함수만이 자기 쌍대적이다. 예를 들면 초월대수 생산함수로부터 초월대수 비용함수가 도출되는 것은 아니고, 2차 생산함수로부터 2차 비용함수가 도출되는 것도 아니다. CES 생산함수에서 σ가 0이나 무한대와 같은 극한적인 숫자를 가지지 않으면 식 (4.27)이 보여주듯이 그 비용함수도 같은 형태를 유지하는 CES함수가 된다. $\sigma = 1$이면 생산함수도 비용함수도 모두 CES함수의 특수한 경우인 콥-더글라스함수가 된다. 다만 σ가 0이거나 무한대인 경우에는 그 형태의 교환현상이 발생한다. 즉 $\sigma = \infty$이면 생산함수는 투입물의 선형함수지만 비용함수는 미분이 불가능한 투입재가격의 레온티에프형에 해당되는 모습을 보이고, 반대로 $\sigma = 0$이면 생산함수는 투입물의 레온티에프형이지만 해당 비용함수는 가격의 선형함수이다. 그러나 이들 함수들도 모두 CES형 함수에 해당되기 때문에 여전히 자기 쌍대성이 성립하는 경우이다.

SECTION 05 비용함수와 규모의 경제성

본장의 제1절은 가변투입물이 한 가지인 경우의 규모경제탄력성을 도입하고, 이를 가변비용이 1% 증가할 때 생산량이 몇 % 증가하는지를 나타내는 지표라고 하였다. 규모경제탄력성은 가변투입물의 수가 많아도 아래처럼 정의할 수 있다.

$$(4.28) \qquad \epsilon^c(w_1, w_2, y) = \frac{c(w_1, w_2, y)}{y} \bigg/ \frac{\partial c(w_1, w_2, y)}{\partial y}$$

즉 규모경제탄력성은 평균생산비와 한계생산비의 비율이다. 이 탄력성의 크기에 따라 다음과 같이 규모의 경제성 여부가 결정된다.

규모의 경제성: $\epsilon^c(w_1, w_2, y) > 1$

규모의 비경제성: $\epsilon^c(w_1, w_2, y) < 1$

원칙적으로 규모경제탄력성은 생산비 자체가 투입물가격과 생산량의 함수이므로 이들 변수 값에 의존할 것이다. 하지만 바로 위에서 예를 들었던 CES 생산함수의 경우 그 비용함수가 생산량 y와 비례하기 때문에 생산요소가격이나 산출량과 관계없이 항상

$\epsilon^c(w_1, w_2, y) = 1$의 값을 가진다.

한편, 제2장과 제3장에서는 규모탄력성도 정의하였고, 이는 다음과 같이 다시 표기할 수 있다.

$$(4.29) \qquad \epsilon(x_1, x_2, y) = \sum_{i=1}^{2} f_i(x_1, x_2) \frac{x_i}{y}$$

이 규모탄력성은 모든 투입물을 비례적으로 바꿀 때 생산량은 어느 정도의 비율로 변하는지를 나타낸다. 생산함수를 통해 정의되는 $\epsilon(x_1, x_2, y)$는 투입요소 사용량과 생산량에 따라 값이 달라질 수가 있다. 물론 우리는 제2장 제4절에서 생산함수가 동조적이면 규모탄력성은 생산량에만 의존하고 투입요소 사용량에는 의존하지 않으며, 만약 동차함수이면 아예 일정한 값을 가짐을 보여준 바가 있다.

그렇다면 비용함수를 통해 정의되는 규모경제탄력성과 생산함수를 통해 정의되는 규모탄력성은 서로 어떤 관계를 가지고 있을까? 이 둘은 서로 관련성은 있지만 사실 동일한 탄력성은 아니다. 규모탄력성은 어떤 임의의 투입-산출물조합에서 투입물을 비례적으로 늘리면 산출이 얼마나 변하는지를 나타내기 때문에 비용최소화 행위가 개입되어 있지 않다. 반면 규모경제탄력성은 생산량과 이를 생산하기 위한 최소의 비용 간의 관계를 나타낸다. 생산량을 늘리는 방법이 반드시 투입요소를 비례적으로 늘리는 것은 아닐 것이므로 규모경제탄력성이 규모탄력성과 일치할 이유가 없다. 달리 얘기하면 규모탄력성은 (x_1, x_2)공간의 원점을 지나는 직선 위에서 평가되고, 규모경제탄력성은 오로지 확장경로상에서만 계측이 된다.

그러나 만약 규모탄력성 $\epsilon(x_1, x_2, y)$가 평가되는 투입물 사용량이 마침 y를 생산하는 최적의 투입물 사용량이라면, 두 탄력성은 일치해야 한다. 그 이유는 규모탄력성이 평가되는 투입물조합이 최적 조합이라면, 생산량을 한계적으로 늘리더라도 현재의 투입물 비율을 유지하는 것이 최선의 방법이기 때문이다. 즉 다음을 도출할 수 있다.

$$\epsilon(x_1(w_1, w_2, y), x_2(w_1, w_2, y), y) = \frac{1}{\lambda} \sum_{i=1}^{2} w_i \frac{x_i(w_1, w_2, y)}{y} \quad (\because w_i = \lambda f_i)$$

$$= \frac{c(w_1, w_2, y)}{y} / \frac{\partial c(w_1, w_2, y)}{\partial y} (\because \lambda = \frac{\partial c(w_1, w_2, y)}{\partial y})$$

$$= e^c(w_1, w_2, y)$$

즉 생산함수를 통해 정의되는 규모탄력성에 비용최소화 조건인 $w_i = \lambda f_i$를 반영하고, 식 (4.15)가 보여준 바와 같이 포락선 정리에 의해 λ가 한계생산비임을 반영하면, 최적의 투입물 선택 $x_i(w_1, w_2, y)$에서는 규모탄력성은 규모경제탄력성과 일치한다.

제2장과 제3장에서는 생산기술의 동조성은 규모탄력성의 형태를 매우 단순화시킴을 보여주었다. 이는 규모경제탄력성의 경우도 마찬가지이다. 제3장 제6절에서 도입했던 투입물 동조성을 단일 산출물의 경우를 가정하고 투입물집합과 투입물거리함수를 이용해 다시 쓰면 다음과 같다.

$$(4.30) \qquad V(y) = g(y)V(1)$$

$$D_i(x_1, x_2, y) = \frac{D_i(x_1, x_2)}{g(y)}$$

또는 등량곡선에서는 $D_i(x_1, x_2, y) = 1$이어야 하므로 $g(y) = D_i(x_1, x_2)$라 표현할 수 있고, 이때 $D_i(x_1, x_2)$는 1차 동차함수이다. 이 경우 비용최소화 문제는 다음처럼 진행된다.

$$
\begin{aligned}
(4.31) \qquad c(w_1, w_2, y) &= \min\{w_1 x_1 + w_2 x_2 : \ g(y) = D_i(x_1, x_2)\} \\
&= \min\{w_1 x_1 + w_2 x_2 : \ 1 = D_i(x_1/g(y), x_2/g(y))\} \ (\because 1\text{차 동차성}) \\
&= g(y)\min\{w_1 x_1/g(y) + w_2 x_2/g(y) : \ 1 = D_i(x_1/g(y), x_2/g(y))\} \\
&= g(y)\min\{w_1 \bar{x}_1 + w_2 \bar{x}_2 : \ 1 = D_i(\bar{x}_1, \bar{x}_2)\} \\
&= g(y)c(w_1, w_2)
\end{aligned}
$$

동조적 생산기술이 있으면 투입물거리함수가 산출량의 함수부분 $g(y)$와 투입물의 함수부분 $D_i(x_1, x_2)$로 분리되고, 후자는 투입물의 1차 동차함수이다. 이 성질을 이용하여 비용함수를 도출하면 비용함수 자체가 산출량의 함수 $g(y)$와 투입물가격의 함수 $c(w_1, w_2)$로 분리되고, 이들 두 함수의 곱이 된다. 이때 가격의 함수 $c(w_1, w_2)$는 단위비용함수(unit cost function)라 불리는데, 식 (4.31)의 도출과정에서 알 수 있듯이 두 가격의 1차 동차함수이다.

투입물 동조성이 성립하면 이제는 규모경제탄력성은 '항상' 규모탄력성과 일치함을 보여줄 수 있다. 그 이유는 전자는 투입물 공간의 확장경로상에서 측정되고, 후자는 원점을 지나는 직선상에서 측정되는데, 투입물 동조성이 성립하면 확장경로 자체가 원점을 지나는 직선이기 때문이다. 아울러 제2장과 제3장에서 보았듯이 이때의 규모탄력성은 생산요소 사용량에 의해서는 영향을 받지 않고 산출수준의 영향만 받는다는 것도 한 원인이 된다. 먼저 규모탄력성은 제3장의 식 (3.16)을 이용하면 다음과 같다.

$$\epsilon(x_1, x_2, y) = \frac{g(y)}{g'(y)y}$$

규모경제탄력성은 식 (4.28)과 식 (4.31)에 의해 다음처럼 도출되며, 규모탄력성과 일치한다.

$$\epsilon^c(w_1, w_2, y) = \frac{c(w_1, w_2, y)}{y} \bigg/ \frac{\partial c(w_1, w_2, y)}{\partial y}$$
$$= \frac{g(y)c(w_1, w_2)}{y} \frac{1}{g'(y)c(w_1, w_2)} = \frac{g(y)}{g'(y)y}$$

또한 규모탄력성과 규모경제탄력성이 모두 투입물이나 투입물가격에는 영향을 받지 않고 오로지 생산량만의 함수임이 다시 확인된다.

만약 생산기술이 동조적일뿐 아니라 동차성을 가지고, 그 중에서도 1차 동차, 즉 규모수익불변의 특성을 가지면 어떻게 될까? 이는 $g(y) = y$임을 의미한다. 따라서 $\epsilon(x_1, x_2, y) = \epsilon^c(w_1, w_2, y) = 1$일 뿐 아니라, $c(w_1, w_2, y) = c(w_1, w_2)y$를 의미한다. 이 경우 최소비용은 산출량과 비례한다. 우리가 앞에서 보았던 CES 비용함수가 그 한 예이다.

그러나 생산비와 생산량 y는 보다 다양한 관계를 가진다. 우리는 〈그림 4-1〉에서 $N = 1$인 경우 평균가변비용곡선은 U자형이고, 그 최하점은 역시 U자형인 한계비용곡선과 만날 때, 그리고 규모경제탄력성이 1일 때 달성됨을 확인하였다. N이 2 이상인 경우에도 한계비용곡선과 평균비용곡선이 U자형이라면, $\epsilon^c(w_1, w_2, y) = 1$인 y에서 평균비용 $\dfrac{c(w_1, w_2, y)}{y}$가 최소가 되고, 한계비용과 일치한다. 이는 다음에서 확인된다.

$$\frac{\partial}{\partial y}\left(\frac{c(w_1, w_2, y)}{y}\right) = \frac{(\partial c(w_1, w_2, y)/\partial y)y - c(w_1, w_2, y)}{y^2}$$
$$= \frac{c}{y^2}\left[\frac{1}{\epsilon^c(w_1, w_2, y)} - 1\right]$$

아울러 제3장에서 도입되었던 가정으로서, 기술집합이 볼록집합이거나 혹은 생산함수가 오목함수면, 비용함수 $c(w_1,w_2,y)$는 y의 볼록함수임을 보여줄 수 있다. (x_1^0,x_2^0)와 (x_1^1,x_2^1)이 각각 y^0와 y^1을 최소비용으로 생산한다고 하자. 생산함수가 오목이면 모든 $\alpha \in [0,1]$에 있어 다음이 성립한다(제2장 math 2.6).

$$f(\alpha x_1^0 + (1-\alpha)x_1^1, \alpha x_2^0 + (1-\alpha)x_2^1) \geq \alpha f(x_1^0,x_2^0) + (1-\alpha)f(x_1^1,x_2^1)$$
$$\geq \alpha y^0 + (1-\alpha)y^1$$

즉 두 투입물조합의 볼록결합 $(\alpha x_1^0 + (1-\alpha)x_1^1, \alpha x_2^0 + (1-\alpha)x_2^1)$으로 두 산출물의 볼록결합 $\alpha y^0 + (1-\alpha)y^1$만큼을 생산할 수 있다. 그러나 $(\alpha x_1^0 + (1-\alpha)x_1^1, \alpha x_2^0 + (1-\alpha)x_2^1)$이 $\alpha y^0 + (1-\alpha)y^1$를 생산하는 최소비용 선택이라는 보장은 없다. 따라서 다음이 성립해야 한다.

$$w_1(\alpha x_1^0 + (1-\alpha)x_1^1) + w_2(\alpha x_2^0 + (1-\alpha)x_2^1)$$
$$= \alpha(w_1 x_1^0 + w_2 x_2^0) + (1-\alpha)(w_1 x_1^1 + w_2 x_2^1)$$
$$= \alpha c(w_1,w_2,y^0) + (1-\alpha)c(w_1,w_2,y^1)$$
$$\geq c(w_1,w_2,\alpha y^0 + (1-\alpha)y^1)$$

마지막 부등식에 의해 비용함수는 산출량 y의 볼록함수이다. 이 경우 $\dfrac{\partial^2 c(w_1,w_2,y)}{\partial y^2} \geq 0$이어서 한계생산비가 생산량에 대해 증가한다.

SECTION 06 단기비용과 장기비용

본장의 제1절에서는 투입요소 중 일부가 사용량이 고정되어 있을 때의 비용최소화 행위를 분석하고 비용함수를 도출한 후, 단기비용함수라는 이름을 붙였다. 제2절에서 제5절까지는 원칙적으로 모든 투입요소의 사용량을 바꿀 수 있는 경우의 비용최소화 행위를 분석하였다. 이때 도출되는 비용함수는 장기비용함수라 부를 수 있을 것이다. 이렇게 단기와 장기의 비용함수를 각각 분석하였으므로 둘 사이의 관계를 살펴볼 필요가 있다. 단기비용함수와 장기비용함수는 세 가지 측면에서 비교할 수 있는데, 첫 번째는 그 값의 차이이고, 두 번째는 곡률의 차이, 그리고 세 번째는 투입요소 사용량 반응에 있어서의 차이이다.

여기에서는 논의의 편의를 위해 세 가지 투입물이 있고, 이 가운데 마지막 투입물 x_3가 단기적으로 고정된다고 하자. x_1과 x_2는 단기에도 수량을 선택할 수 있고, 장기에는 세 가지 투입물 사용량을 모두 선택할 수 있다. 만약 x_3가 $\overline{x}_3$로 고정되어 있으면, 제1절의 식 (4.2)와 식 (4.3)이 정의했던 단기비용함수는 다음과 같이 수정하여야 한다.

$$c^s(w_1, w_2, w_3, y | \overline{x}_3) = c^v(w_1, w_2, y | \overline{x}_3) + w_3 \overline{x}_3$$
$$c^v(w_1, w_2, y | \overline{x}_3) = \min_{(x_1, x_2)} \{ w_1 x_1 + w_2 x_2 : (x_1, x_2, \overline{x}_3) \in V(y) \}$$

반면 장기비용함수는 세 가지 투입물을 모두 자유로이 선택할 수 있어 다음과 같이 정의된다.

$$c(w_1, w_2, w_3, y) = \min_{(x_1, x_2, x_3)} \{ w_1 x_1 + w_2 x_2 + w_3 x_3 : (x_1, x_2, x_3) \in V(y) \}$$
$$= \min_{x_3} c^v(w_1, w_2, y | x_3) + w_3 x_3$$

비용함수 $c(w_1, w_2, w_3, y)$를 도출하는 것은 위의 첫 번째 정의처럼 세 가지 투입물의 사용량을 모두 동시에 결정하는 모형으로 설정할 수도 있고, 두 번째 정의처럼 먼저 각 x_3 수준에서 가변비용을 최소화하여 $c^v(w_1, w_2, y | x_3)$를 도출한 후, 제2단계로 가변비용과 고정비용을 합한 총비용 $c^v(w_1, w_2, y | x_3) + w_3 x_3$를 최소화하는 투입물 x_3를 선택하는 문제로 설정할 수도 있다.

$c(w_1, w_2, w_3, y)$와 $c^s(w_1, w_2, w_3, y | \overline{x}_3)$의 크기를 비교하면 전자가 더 작아야 한다. 이는 장기일수록 생산자가 선택할 수 있는 수단이 많아지기 때문에 당연하다. 하지만 만약에 x_3의 고정된 양 $\overline{x}_3$가 목표 생산량 y의 비용최소화 x_3라면, 즉 $x_3 = \overline{x}_3$라는 제약이 없어도 비용최소화 행위에 의해 $\overline{x}_3$가 선택되는 경우라면, 이 두 가지 비용함수의 값은 같아야 할 것이다. 따라서 다음의 관계가 있다.

(4.32) $c(w_1, w_2, w_3, y) \leq c^s(w_1, w_2, w_3, y | \overline{x}_3)$
           $c(w_1, w_2, w_3, y) = c^s(w_1, w_2, w_3, y | x_3(w_1, w_2, w_3, y))$

$c^s(w_1,w_2,w_3,y|x_3(w_1,w_2,w_3,y))$는 여전히 단기비용함수이지만 고정투입요소 x_3의 사용량이 장기비용을 최소화하는 수준에 고정되었을 때의 단기비용함수이다. 단기비용 함수와 장기비용함수의 상대적 크기는 이상과 같이 정리되었고, 그렇다면 그 곡률, 특히 가변 투입물의 가격에 대한 곡률은 어떨까?

일단 비용함수는 단기이든 장기이든 생산요소가격의 오목함수이다. 투입물가격은 y 와 더불어 장기에는 x_1, x_2, x_3의 선택에 영향을 미친다. 단기와 장기의 비용은 이미 밝힌 대로 $\bar{x}_3 = x_3(w_1,w_2,w_3,y)$가 되게 하는 생산요소 가격수준에서만 서로 일치하고 나머지 모든 가격수준에서는 단기비용이 장기비용보다 더 크다. 정리하면 단기비용과 장기비용의 관계는 세 가지 특성을 가진다. 1) 두 함수가 투입물가격에 대해 증가하는 오목함수이고, 2) $\bar{x}_3 = x_3(w_1,w_2,w_3,y)$가 되게 하는 투입물가격에서는 서로 일치하고, 3) 장기선택이 $\bar{x}_3$와 다른 x_3를 선택하게 하는 모든 투입물가격에서 단기비용이 더 크다.

이상 세 가지 조건이 모두 충족되려면 단기비용곡선과 장기비용곡선은 $\bar{x}_3 = x_3(w_1,w_2,w_3,y)$일 때 서로 접해야 하지만, 단기비용곡선이 상대적으로 덜 오목해야 한 다. 예를 들어 다른 가격은 불변인 채 단기에 있어도 가변인 투입물의 가격 w_1만 변한 다고 하자. 그리고 w_1^0가 $\bar{x}_3 = x_3(w_1^0,w_2,w_3,y)$가 되게 하는 x_1의 가격이라 하자. 그렇다 면 이상의 세 가지 조건이 모두 충족되기 위해서는 〈그림 4-4〉가 보여주는 바와 같이 단기비용곡선과 장기비용곡선은 w_1^0에서 서로 접해야 하고, 동시에 단기비용곡선이 w_1 에 대해 상대적으로 덜 오목하여야 한다. 다시 말해 w_1에 대한 곡률, 즉 2계 미분은 아 래와 같이 단기비용함수가 더 커야 한다.

$$(4.33) \qquad \frac{\partial^2 c(w_1,w_2,w_3,y)}{\partial w_1^2} \leq \frac{\partial^2 c^s(w_1,w_2,w_3,y|x_3(w_1,w_2,w_3,y))}{\partial w_1^2}$$

이상 논의한 단기비용곡선과 장기비용곡선의 관계는 다음과 같이 정리된다.

$$c(w_1,w_2,w_3,y) = c^s(w_1,w_2,w_3,y|x_3(w_1,w_2,w_3,y))$$

$$(\bar{x}_3 = x_3(w_1,w_2,w_3,y)\text{에서 일치})$$

$$c(w_1,w_2,w_3,y) \leq c^s(w_1,w_2,w_3,y|\bar{x}_3)$$

$$(\text{단기비용} \geq \text{장기비용})$$

그림 4-4 르샤틀리에 원리

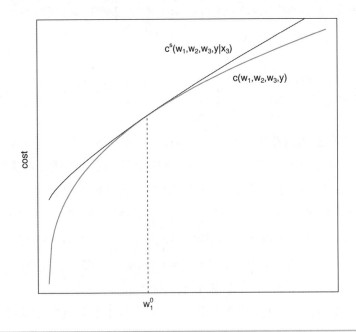

$$\frac{\partial c(w_1, w_2, w_3, y)}{\partial w_i} = \frac{\partial c^s(w_1, w_2, w_3, y | x_3(w_1, w_2, w_3, y))}{\partial w_i}$$

$$(\overline{x}_3 = x_3(w_1, w_2, w_3, y) \text{에서 서로 접함})$$

$$\frac{\partial^2 c(w_1, w_2, w_3, y)}{\partial w_i^2} \leq \frac{\partial^2 c^s(w_1, w_2, w_3, y | x_3(w_1, w_2, w_3, y))}{\partial w_i^2}, \ i = 1, 2$$

$$(\text{단기비용곡선이 덜 오목})$$

이상의 특성 중 식 (4.33)과 같은 곡률의 차이는 곧바로 단기와 장기에 있어 투입요소 수요가 자기가격 변화에 대해 반응하는 정도의 차이로 연결된다. 단기비용함수는 $c^s(w_1, w_2, w_3, y | \overline{x}_3) = c^v(w_1, w_2, y | \overline{x}_3) + w_3 \overline{x}_3$와 같으므로 여기에 셰퍼드 보조정리를 적용하면 다음이 도출된다.

$$(4.34) \qquad x_i^s(w_1, w_2, y | \overline{x}_3) = \frac{\partial c^s(w_1, w_2, w_3, y | \overline{x}_3)}{\partial w_i} = \frac{\partial c^v(w_1, w_2, y | \overline{x}_3)}{\partial w_i}, \ i = 1, \ 2$$

즉, $x_i^s(w_1, w_2, y|\bar{x}_3)$는 단기가변비용을 최소화하는 x_i의 단기수요함수로서 주어진 고정투입요소량 $\bar{x}_3$에 의존한다. 식 (4.33)의 좌변에도 셰퍼드 보조정리를 적용하고 $\bar{x}_3 = x_3(w_1, w_2, w_3, y)$에서 평가하면 다음이 도출된다.

$$(4.35) \quad \frac{\partial x_i(w_1, w_2, w_3, y)}{\partial w_i} \leq \frac{\partial x_i^s(w_1, w_2, y|x_3(w_1, w_2, w_3, y))}{\partial w_i}, \ i = 1, 2$$

투입물의 수요는 자기가격에 대해 감소하므로 식 (4.35)의 두 편도함수는 모두 음(−)의 값을 가진다. 따라서 우변이 좌변보다 더 크다는 것은 절댓값은 오히려 왼쪽, 즉 장기수요함수의 경우가 더 크며, 투입물의 자기가격에 대한 반응은 장기에서 더 탄력적임을 의미한다. 생산행위가 이루어지는 기간이 길고, 따라서 생산자행위에 대한 제약이 적을수록 생산자의 반응이 더 탄력적이라는 것은 경제학의 여러 분야에서 일반화할 수 있는 내용으로서, 르샤틀리에 원리(Le Châtelier principle)라 불린다.[9] 우리는 이 원리가 적용되는 다른 예들을 뒤에서 추가로 보게 될 것이다.

르샤틀리에 원리는 그러나 각 투입물 수요의 자기가격에 대한 반응에만 적용된다. $i \neq j$일 경우 x_i의 w_j에 대한 반응은 그 크기는 물론 부호까지 불분명하기 때문에 장기와 단기의 탄력성 중 무엇이 큰지를 단정지을 수가 없다. 또한 식 (4.33)의 두 비용함수의 곡률차이는 단일 투입물가격 w_1에 대해서만 〈그림 4−4〉를 보고 추론한 것으로서, 보다 엄밀한 분석이 필요하다. $\bar{x}_3 = x_3(w_1, w_2, w_3, y)$일 때에는 단기의 수요량은 장기의 수요량과 일치해야 하므로 다음이 성립한다.

$$(4.36) \quad x_i(w_1, w_2, w_3, y) = x_i^s(w_1, w_2, y|x_3(w_1, w_2, w_3, y)), \ i = 1, \ 2$$

이제 이 관계를 가격 w_i에 대해 미분하면 다음과 같다. 단 수식이 복잡해지는 것을 막기 위해 각 함수의 설명변수들은 표기하지 않기로 한다.

$$(4.37) \quad \frac{\partial x_i}{\partial w_i} = \frac{\partial x_i^s}{\partial w_i} + \frac{\partial x_i^s}{\partial x_3} \frac{\partial x_3}{\partial w_i}$$

---

9 원래 자연과학법칙 중 하나인 르샤틀리에 원리를 경제학에 도입한 사람은 새무엘슨(P. A. Samuelson)이기 때문에 이를 경제학문헌에서는 르샤틀리에−새무엘슨 원리라 부르기도 한다.

즉 w_i에 대한 장기반응은 [단기반응＋가격변화로 인한 단기 고정투입요소 조정에 따른 반응]이 된다. 셰퍼드 보조정리와 2계 편도함수의 대칭성에 의해 우리는 $\frac{\partial x_3}{\partial w_i} = \frac{\partial x_i}{\partial w_3}$ 임을 알고 있다. 아울러 식 (4.36)의 좌우변을 w_3로 미분하면 다음을 얻는다.

$$\frac{\partial x_i}{\partial w_3} = \frac{\partial x_i^s}{\partial x_3} \frac{\partial x_3}{\partial w_3}$$

위의 미분에서 w_3의 경우 단기에는 고정비용에만 반영되므로 x_i의 단기반응은 유발하지 않는다. 즉, $\frac{\partial x_i^s}{\partial w_3} = 0$이다. 그러나 장기에는 w_3의 변화는 최적의 x_3 규모를 바꾸고 이때문에 x_i 사용량에 영향을 미친다. 위의 미분을 다시 정리하고 2계 편도함수의 대칭성을 반영하면 $\frac{\partial x_i^s}{\partial x_3} = \frac{\partial x_i}{\partial w_3} \Big/ \frac{\partial x_3}{\partial w_3} = \frac{\partial x_3}{\partial w_i} \Big/ \frac{\partial x_3}{\partial w_3}$이고, 이를 식 (4.37)에 대입하면 다음을 얻는다.

$$(4.38) \qquad \frac{\partial x_i}{\partial w_i} = \frac{\partial x_i^s}{\partial w_i} + \frac{(\partial x_3 / \partial w_i)^2}{\partial x_3 / \partial w_3} , \ i = 1, \ 2$$

식 (4.38)에서 마지막 항 $\frac{(\partial x_3 / \partial w_i)^2}{\partial x_3 / \partial w_3}$은 0보다 작고, 따라서 우리는 $\frac{\partial x_i}{\partial w_i} \leq \frac{\partial x_i^s}{\partial w_i}$, 즉 르샤틀리에 원리를 증명하였다.

마지막으로, 〈그림 4−5〉는 전형적인 단기평균비용과 장기평균비용의 관계를 보여준다. 생산량이 적을 때에는 단기비용이든 장기비용이든 규모의 경제성, 즉 $\epsilon_c > 1$의 모습을 보이다가 생산량이 많아지면 규모의 비경제성, 즉 $\epsilon^c < 1$인 경우를 보여주고 있다. SAC_1, SAC_2, SAC_3은 각각 고정투입요소 $\overline{x}_3$가 $\overline{x}_3^1$, $\overline{x}_3^2$, $\overline{x}_3^3$으로 묶여 있을 때의 단기평균비용곡선이고, LAC는 모든 투입요소가 선택가능할 때의 평균비용곡선이다. 장기일수록 생산이 효율적이어서 LAC곡선은 SAC곡선들 보다 더 높은 곳에 위치할 수 없다. 그러면서도 y_1, y_2, y_3처럼 각각 $\overline{x}_3^1$, $\overline{x}_3^2$, $\overline{x}_3^3$을 장기에서도 최적의 선택이 되게 하는 생산 수준에서는 그에 해당되는 SAC와 LAC는 일치하여야 한다. 이런 관계가 형성되기 위해서는 y_1, y_2, y_3처럼 장기비용과 단기비용이 만나는 곳에서는 기울기가 일치하여야 한다. 즉 장기평균비용곡선은 단기평균비용곡선을 아래에서 싸고도는 포락선(envelope)이 되어야 한다. 또한 이는 각 단기평균비용곡선이 장기평균비용곡선보다는 더 볼록해야 함을 의미하기도 한다.

그림 4-5 단기평균비용과 장기평균비용

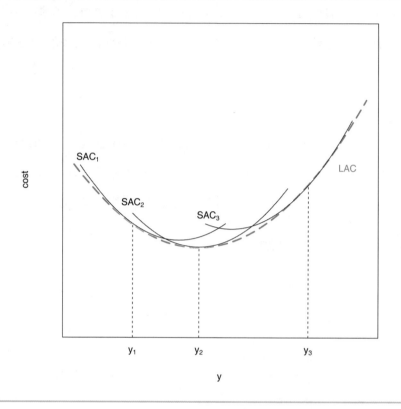

연습
문제

4.6

〈그림 4-5〉의 단기평균비용곡선들과 장기평균비용곡선에 해당되는 단기한계비
용곡선들과 장기한계비용곡선을 그리고, 그들 간의 관계, 그리고 평균비용곡선들
과의 관계를 설명하라.

연습
문제

4.7

〈그림 4-5〉에서 SAC_2는 자신의 최하점에서 LAC와 접하지만 SAC_1은 최하점
의 생산량보다도 더 적은 생산량에서 LAC와 접하고, 반대로 SAC_3는 자신의 최
하점 생산량보다 더 많은 생산량에서 LAC와 접한다. 그 이유를 설명해보라.

다수 산출물 생산과 범위의 경제성

생산하는 산출물의 가짓수가 많아도 식 (4.7)이 이미 보여준 바와 같이 비용함수는 단일 산출물의 경우와 별다르지 않게 정의되며, $c.1$에서 $c.6$에 이르는 함수적 성질을 모두 보유한다. 각 성질의 표현에서 산출물이 다수임을 반영해주면 된다.

산출물이 다수일 때 비용함수와 관련하여 추가로 고려할 필요가 있는 것은 규모경제성과 범위의 경제성(economies of scope) 문제이다. 다수 산출물이 있을 경우 규모탄력성은 이미 제3장 제6절에서 거리함수를 이용해 정의하였다. 본절에서는 나아가 이를 비용함수와 어떻게 연결할 것인지를 검토한다. 산출물이 두 가지 이상이면 투입물과 산출물 간의 관계뿐 아니라 산출물 간의 관계도 발생한다. 이와 관련된 중요개념이 범위의 경제성 문제이다. 이는 품목 다각화가 경제적으로 더 유리한 선택인지를 논의하는 것인데, 생산자의 품목 선택측면에서도 중요하고 공기업 등의 민영화나 규제조치 도입과도 연관되어 있는 내용이다. 본절에서는 산출물이 두 가지임을 가정하고($M = 2$) 이들 내용들을 분석한다.

제3장의 식 (3.16)은 다수 산출물 규모탄력성을 투입물거리함수를 이용해 다음과 같이 정의하였다.

$$(4.39) \qquad \epsilon(x_1, x_2, y_1, y_2) = - \frac{D_i(x_1, x_2, y_1, y_2)}{\displaystyle\sum_{j=1}^{2} \frac{\partial D_i(x_1, x_2, y_1, y_2)}{\partial y_j} y_j}$$

그렇다면 다수 산출물 규모경제탄력성을 다음과 같이 정의할 수 있다.

$$(4.40) \qquad \epsilon^c(w_1, w_2, y_1, y_2) = \frac{c(w_1, w_2, y_1, y_2)}{\displaystyle\sum_{j=1}^{2} \frac{\partial c(w_1, w_2, y_1, y_2)}{\partial y_j} y_j}$$

단일 산출물일 경우 규모경제탄력성은 평균비용과 한계비용의 비율이었지만, 산출물의 수가 다수이면 한계비용도 그만큼 숫자가 많다. 식 (4.40)에서의 확장된 탄력성은 각 산출물별 한계생산비를 구한 후 해당 산출물과 모두 곱해 더하고, 이것으로 생산비를 나누어준 것이다. $M = 1$이면 식 (4.40)의 정의는 식 (4.28)의 단일 산출물 규모경제탄력성 정의와 일치한다. 아울러 단일 산출물의 경우와 마찬가지로 생산비를 최소로 만드는 최적의 투입물조합에서는 $\epsilon(x_1, x_2, y_1, y_2)$와 $\epsilon^c(w_1, w_2, y_1, y_2)$는 일치한다. 이를 확인하기 위해 다음의 비용최소화 문제를 고려하자.

$$(4.41) \qquad L = w_1 x_1 + w_2 x_2 + \lambda \left[1 - D_i(x_1, x_2, y_1, y_2) \right]$$

최적화조건은 $w_i = \lambda \dfrac{\partial D_i}{\partial x_i}$이고, 포락선 정리에 의해 $\dfrac{\partial c}{\partial y_j} = -\lambda \dfrac{\partial D_i}{\partial y_j}$가 성립한다. 이 두 관계를 대입하고 투입물거리함수의 동차성을 반영하면, 규모경제탄력성은 다음처럼 변환된다.

$$\epsilon^c(w_1, w_2, y_1, y_2) = -\frac{\displaystyle\sum_{i=1}^{2} w_i x_i(w_1, w_2, y_1, y_2)}{\lambda \displaystyle\sum_{j=1}^{2} \frac{\partial D_i(w_1, w_2, y_1, y_2)}{\partial y_j} y_j} = -\frac{D_i(x_1, x_2, y_1, y_2)}{\displaystyle\sum_{j=1}^{2} \frac{\partial D_i(x_1, x_2, y_1, y_2)}{\partial y_j} y_j}$$

이상에서 본 바와 같이 규모탄력성과 규모경제탄력성 모두 다수 산출물일 때에도 단일 산출물일 때처럼 분석을 할 수 있다. 이런 결과는 두 지표가 모든 산출물을 비례적으로 바꾸는 것을 전제로 하기 때문에 산출물의 가짓수가 많아도 실질적으로는 한 가지 산출물만 있는 경우와 동일한 방법으로 계산되기 때문에 얻어진다. 그러나 산출물이 다수이면 이들이 서로의 생산에 영향을 미치고 비용에도 영향을 미치기 때문에 사실은 산출물들 간의 상호관련성도 분석하여야만 한다. 즉, 비용최소화 생산행위를 도출하기 위해 생산요소들 간의 대체관계나 보완관계를 분석하였던 것처럼 생산비 측면에서 산출물 상호 간의 관계를 분석할 필요가 있다.

이를 위해서 이제 개별 산출물별로 추가 생산비를 정의해보자. 예를 들면 산출물 y_2의 추가생산비(incremental cost)를 다음과 같이 정의한다.

$$IC_2(w_1, w_2, y_1, y_2) = c(w_1, w_2, y_1, y_2) - c(w_1, w_2, y_1, 0)$$

y_2의 추가생산비는 y_1만 생산하다가 y_2만큼 두 번째 산출물도 생산하게 되면서 늘어나는 생산비이다. 같은 방법으로 y_1의 추가생산비 $IC_1(w_1, w_2, y_1, y_2)$를 정의할 수 있다. y_2의 평균추가생산비(average incremental cost)는 다음과 같이 정의된다.

$$AIC_2(w_1, w_2, y_1, y_2) = \frac{IC_2(w_1, w_2, y_1, y_2)}{y_2}$$

물론 같은 방법으로 y_1의 평균추가생산비 $AIC_1(w_1,w_2,y_1,y_2)$를 정의할 수 있다. 이제 산출물 y_2만의 규모경제탄력성을 다음과 같이 정의하자.

$$(4.42) \qquad e_2^c(w_1,w_2,y_1,y_2) = \frac{AIC_2(w_1,w_2,y_1,y_2)}{\partial c(w_1,w_2,y_1,y_2)/\partial y_2}$$

즉 산출물 y_2만의 규모경제탄력성은 y_2만의 평균추가생산비를 y_2의 한계생산비로 나누어준 것이다. 이 값이 1보다 크면 y_2는 규모수익 증가(혹은 규모의 경제성), 1이면 y_2는 규모수익불변, 1보다 작으면 y_2는 규모수익감소(혹은 규모의 비경제성)의 특성을 보인다고 말한다. 같은 품목별 규모경제탄력성이 y_1에 대해서도 $e_1^c(w_1,w_2,y_1,y_2) = \frac{AIC_1(w_1,w_2,y_1,y_2)}{\partial c(w_1,w_2,y_1,y_2)/\partial y_1}$와 같이 정의된다. 이제 다음의 다품목 규모경제탄력성(multi-output degree of scale economies)을 도입하자.

$$(4.43) \qquad e_M^c(w_1,w_2,y_1,y_2) = \frac{\alpha e_1^c + (1-\alpha)e_2^c}{(IC_1 + IC_2)/c(w_1,w_2,y_1,y_2)}$$

$$\text{단, } \alpha = \frac{c_1(w_1,w_2,y_1,y_2)y_1}{c_1(w_1,w_2,y_1,y_2)y_1 + c_2(w_1,w_2,y_1,y_2)y_2},$$

$$c_j(w_1,w_2,y_1,y_2) = \frac{\partial c(w_1,w_2,y_1,y_2)}{\partial y_j}$$

식 (4.43)의 다품목 규모경제탄력성에서 그 분모는 두 추가비용의 합과 두 품목을 모두 생산할 때 생산비의 비율이다. 만약 두 품목이 서로의 추가생산비에 미치는 영향이 없는 독립성을 가진다면, $IC_1 + IC_2 = c(w_1,w_2,y_1,y_2)$이므로 이 값은 1이 된다. 따라서 산출물 간 독립성이 있으면 $e_M^c = \alpha e_1^c + (1-\alpha)e_2^c$로서, 다품목 규모경제탄력성은 두 산출물별로 정의된 규모경제탄력성의 가중평균이 되고, ϵ^c와 그 값이 같아진다. 그러나 만약 두 산출물 간에 보완성이 있어서 y_1의 생산이 y_2의 생산비를 절약하는 데 도움이 된다면, 두 추가생산비의 합 $IC_1 + IC_2 = c(w_1,w_2,y_1,y_2) - [c(w_1,w_2,0,y_2) + c(w_1,w_2,y_1,0) - c(w_1,w_2,y_1,y_2)]$는 두 산출물을 동시에 생산할 때의 생산비 $c(w_1,w_2,y_1,y_2)$보다 작아진다. 따라서 e_M^c의 분모는 1보다 작아야 하고, 이 경우에는 다품목 규모경제탄력성은 두 품목별로 별도로 정의된 품목별 규모경제탄력성의 가중평균보다도 더 커지게 된다. 이런 점에서 다품목 규모경제탄력성 e_M^c은 모든 품목의 비례적 변화만을 가정한 상태에서 도출된 규모경제탄력성보다 더 일반적이고, 산출물 간의 상호관련성을 반영할 수 있다. 산출물 간의 이러한 보완성을 보다 명시적으로 나타내는 것이 범위의 경제성 개념이다. 범위의 경제성은 다음처럼 두 가지 품목을 모두 생산할 때의 비용이 각각 따로 생산할 때의 비용합보다 작으면 발생한다.

$$(4.44) \qquad c(w_1,w_2,y_1,y_2) < c(w_1,w_2,y_1,0) + c(w_1,w_2,0,y_2)$$

범위의 경제성을 지수화하면 다음과 같다.

$$(4.45) \qquad SC(w_1,w_2,y_1,y_2)$$
$$= \frac{[c(w_1,w_2,y_1,0) + c(w_1,w_2,0,y_2) - c(w_1,w_2,y_1,y_2)]}{c(w_1,w_2,y_1,y_2)}$$

범위의 경제성지수는 0보다 크면 범위의 경제성이 존재함을 의미한다. $IC_1 + IC_2 = c(w_1,w_2,y_1,y_2) - [c(w_1,w_2,0,y_2) + c(w_1,w_2,y_1,0) - c(w_1,w_2,y_1,y_2)]$이므로 이를 식 (4.43)의 다품목 규모경제탄력성에 대입하면 다음을 얻는다.

$$(4.46) \qquad e_M^c(w_1,w_2,y_1,y_2) = \frac{\alpha e_1^c + (1-\alpha)e_2^c}{1 - SC(w_1,w_2,y_1,y_2)}$$

따라서 앞에서 밝힌 바와 같이 범위의 경제성이 존재하면, 즉 $SC > 0$이면, 다품목 규모경제탄력성은 개별 품목별 규모경제탄력성의 가중평균보다도 더 커져야 하고, 품목 다각화의 이득이 발생함을 보여준다. 그렇다면 범위의 경제성이 발생한다는 것은 구체적으로 비용함수가 어떻게 생겼음을 의미할까? 우리는 비용함수가 다음의 성격을 가질 때 두 품목 y_1과 y_2가 비용보완성(cost complementarity)을 가진다고 말한다.

$$(4.47) \qquad \frac{\partial^2 c(w_1,w_2,y_1,y_2)}{\partial y_i \partial y_j} = c_{ij}(w_1,w_2,y_1,y_2) < 0, \ i \neq j$$

즉 품목 y_2의 생산량 증가는 나머지 품목 y_1의 한계생산비를 절감하며, 그 역의 관계도 발생한다. 생산비가 어느 경우이든 음(−)은 아니어서 $c(w_1,w_2,0,0) \geq 0$이라 하자. 그렇다면 $[c(w_1,w_2,y_1,y_2) - c(w_1,w_2,y_1,0)] - [c(w_1,w_2,0,y_2) - c(w_1,w_2,0,0)] < 0$일 경우 범위의 경제성이 발생한다. 이는 달리 표현하면 $\int_0^{y_2} c_2(w_1,w_2,y_1,s)ds - \int_0^{y_2} c_2(w_1,w_2,0,s)ds$

$= \int_0^{y_2} \left[c_2(w_1, w_2, y_1, s) - c_2(w_1, w_2, 0, s) \right] ds < 0$임을 의미하고, 한 번 더 정리하면
$\int_0^{y_2} \int_0^{y_1} c_{21}(w_1, w_2, z, s) dz ds < 0$가 되어, $c_{ij} = c_{ji} < 0 (i \neq j)$이면 범위의 경제성이 존재한다.

위에서 본 바와 같이 쌍대함수인 비용함수가 비용보완성을 가지면 범위의 경제성이 발생한다. 그렇다면 원 생산기술은 어떤 특성을 지녀야 쌍대함수인 비용함수가 비용보완성을 가질까? 제3장에서 식 (3.19)는 다음처럼 투입물거리함수에서 산출물이 서로 간에 보완성을 가질 때 품목 다각화의 긍정적인 효과가 발생한다고 하였다.

$$D_{i12} = \frac{\partial^2 D_i(x_1, x_2, y_1, y_2)}{\partial y_1 \partial y_2} > 0$$

제3장에서는 위의 조건이 성립하면 y_2의 생산이 많을수록 y_1 증가 시 등량곡선의 상향 이동 폭이 줄어들어 y_1 생산의 효율성이 높아짐을 설명하였다. 그렇다면 투입물거리함수가 가지는 이러한 성질이 비용보완성을 의미할까? 식 (4.41)의 비용최소화 문제에서 포락선 정리에 의해 $\frac{\partial c}{\partial y_i} = -\lambda \frac{\partial D_i}{\partial y_i}$가 성립한다. 이는 또한 투입물거리함수는 산출물에 대해 증가하지 않아 $\frac{\partial D_i}{\partial y_i} \leq 0$이므로 $\lambda \geq 0$임을 의미한다. y_i의 한계생산비를 y_j에 대해 한 번 더 미분하면 $\frac{\partial^2 c}{\partial y_i \partial y_j} = -\frac{\partial \lambda}{\partial y_j} \frac{\partial D_i}{\partial y_i} - \lambda \frac{\partial^2 D_i}{\partial y_i \partial y_j} - \lambda \sum_{k=1}^{2} \frac{\partial^2 D_i}{\partial y_i \partial x_k} \frac{\partial x_k}{\partial y_j}$가 된다. 우변의 두 번째 항이 바로 제3장이 보여준 x_k가 고정된 상태의 $\frac{\partial^2 D_i}{\partial y_i \partial y_j}$를 반영하는 것이다. 첫 번째 항은 생산량 y_j가 늘어남에 따른 비용변화를 보여준다. 그리고 y_j가 변하면 그 때문에 비용최소화의 선택변수인 (x_1, x_2)가 변하고, y_i 증가를 위해 필요한 투입물 변화를 나타내는 $\frac{\partial D_i}{\partial y_i}$는 투입물 사용량에 의해서도 영향을 받을 수 있으므로, 마지막 항은 그러한 효과를 나타낸다. 제3장에서 논의한 대로 $\frac{\partial^2 D_i}{\partial y_i \partial y_j} > 0 \ (i \neq j)$의 조건이 충족되더라도 이는 $\frac{\partial^2 c}{\partial y_i \partial y_j}$의 전체 효과 중 두 번째 항에 대해서만 설명할 뿐이다.

$\frac{\partial^2 c}{\partial y_i \partial y_j}$의 세 항 중 $-\frac{\partial \lambda}{\partial y_j} \frac{\partial D_i}{\partial y_i}$의 구체적 의미를 알기 위해 식 (4.41)의 최적화 조건 $w_i = \lambda \frac{\partial D_i(x_1, x_2, y_1, y_2)}{\partial x_i}$의 좌우변에 x_i를 곱하고 모두 더해보자.

$$\sum_{i=1}^{2} w_i x_i = \lambda \sum_{i=1}^{2} \frac{\partial D_i(x_1, x_2, y_1, y_2)}{\partial x_i} x_i = \lambda D_i(x_1, x_2, y_1, y_2)$$

마지막 등식은 투입물거리함수가 투입물에 대해 1차 동차라는 성질과 오일러 정리 때문에 얻어진다. 위의 관계식에 비용최소화를 달성하는 x_i들을 대입하고, 해에서는 투입물거리함수의 값이 1이라는 것을 감안하면 다음을 얻는다.

$$c(w_1, w_2, y_1, y_2) = \lambda(w_1, w_2, y_1, y_2)$$

즉 식 (4.41)과 같은 투입물거리함수 제약하의 비용최소화 문제의 목적함수인 비용함수는 최적 해에서의 라그랑지 승수와 같다. 따라서 $\frac{\partial^2 c}{\partial y_i \partial y_j}$의 첫 번째 구성요소인 $-\frac{\partial \lambda}{\partial y_j} \frac{\partial D_i}{\partial y_i}$는 사실 $-\frac{\partial c(w_1, w_2, y_1, y_2)}{\partial y_j} \frac{\partial D_i}{\partial y_i}$와 같고, y_j 생산을 늘림에 따라 증가하는 비용을 나타내고 있다. 이미 제3장에서 설명하였던 것처럼 투입물거리함수만의 보완성 조건 $\frac{\partial^2 D_i}{\partial y_i \partial y_j} > 0$은 산출물 변화가 유발하는 이러한 비용변화는 감안하지 않기 때문에 범위의 경제성에 대해 제한된 의미만 가지고 있다.

간단한 예를 들어보자. $D_i(x, y_1, y_2) = \frac{x}{y_1^2 + a y_1 y_2 + y_2^2}$을 투입물거리함수라고 하자. $-2 < a < 0$이고, $y_1^2 + a y_1 y_2 + y_2^2 > 0$이다. 또한 $2y_1 + a y_2 > 0$이고 $2y_2 + a y_1 > 0$이라 하자. 이 두 조건은 투입물거리함수가 각 산출물의 감소함수가 되게 하기 위해 필요하다. 다음과 같은 비용최소화 문제를 설정할 수 있다.

$$L = wx + \lambda \left[1 - x / (y_1^2 + a y_1 y_2 + y_2^2) \right]$$

최적화 조건은 $w - \lambda / (y_1^2 + a y_1 y_2 + y_2^2) = 0$이고, $x(w, y_1, y_2) = y_1^2 + a y_1 y_2 + y_2^2$이어야 하므로 비용함수는 $c(w, y_1, y_2) = w(y_1^2 + a y_1 y_2 + y_2^2)$이다. 이는 또한 최적의 λ, 즉 $\lambda(w, y_1, y_2)$와도 일치한다. 따라서 $c_1(w, y_1, y_2) = (2y_1 + a y_2)w$, $c_{12}(w, y_1, y_2) = aw < 0$이고, 비용보완성이 성립한다. 아울러 $c_1(w, y_1, y_2)$는 $x(w, y_1, y_2)$에서 평가했을 때 $-\lambda \frac{\partial D_i}{\partial y_1}$와 일치함도 확인할 수 있다. $c_{12}(w, y_1, y_2)$는 세 가지 구성요소를 가진다. 먼저 $x(w, y_1, y_2)$에서 평가하면 $-\frac{\partial \lambda}{\partial y_2} \frac{\partial D_i}{\partial y_1} = \frac{w(2y_1 + a y_2)(2y_2 + a y_1)}{y_1^2 + a y_1 y_2 + y_2^2} > 0$이어서 이 첫 번째 구성요소에서는 y_2의 변화가 비용보완성을 약화시킨다는 것을 알 수 있다. 다만 나

머지 두 구성요소의 합 $-\lambda \dfrac{\partial^2 D_i}{\partial y_1 \partial y_2} - \lambda \displaystyle\sum_{k=1}^{2} \dfrac{\partial^2 D_i}{\partial y_i \partial x_k} \dfrac{\partial x_k}{\partial y_j}$ 을 역시 $x(w, y_1, y_2)$를 반영해 평

가하면 $aw - \dfrac{w(2y_1 + ay_2)(2y_2 + ay_1)}{y_1^2 + ay_1 y_2 + y_2^2} < 0$ 여서 비용보완성을 강화한다. 이 두 효과의

합이 첫 번째 항의 효과보다 더 크고, 이들 효과를 모두 합하면 $c_{12}(w, y_1, y_2) = aw < 0$

이어서 비용보완성이 발생한다. 물론 이 경우 $\dfrac{\partial^2 D_i}{\partial y_1 \partial y_2} > 0$ 이다.

한편 위에서 정의한 산출물 간에 존재하는 비용보완성과 범위의 경제성은 $M \geq 3$일 경우에도 표현방법만 바꾸어 그대로 적용할 수 있다. 이 경우에는 각 품목별로 비용보완성과 범위의 경제성을 논할 수도 있지만, 품목군별로 할 수도 있다. 예를 들면 전체 M개의 품목을 T개의 산출물과 나머지 $M - T$개의 산출물 두 그룹으로 나눈 후, 그룹 간의 비용보완성과 범위의 경제성을 검토할 수 있다. 뿐만 아니라 고정생산요소가 있는 경우에도 비용보완성이 있으면 범위의 경제성이 나타남을 보여줄 수 있다.

제3장에서 본서는 다수 산출물이 동시에 생산되는 주된 이유로서 투입물을 산출물 품목별로 용도 배정하는 것이 어렵기 때문이라고 하였다. 그런데 만약 모든 투입물을 산출물별로 분할하는 것이 가능하다면 어떻게 될까? 이 경우 투입물 비결합성(input nonjointness)이 있다고 말하는데, 이때에는 이미 제3장의 식 (3.3)이 보여준 바와 같이 개별 투입물별로 생산함수의 설정이 아래처럼 가능하다.

$$y_1 = f^1(x_{11}, x_{21})$$
$$y_2 = f^2(x_{12}, x_{22})$$
$$x_{11} + x_{12} = x_1, \ x_{21} + x_{22} = x_2$$

이 경우 두 가지 산출물을 모두 생산할 수 있는 투입물집합은 다음과 같이 정의할 수 있다.

(4.48) $\quad V(y_1, y_2) = V_1(y_1) + V_2(y_2)$
$$V_j(y_j) = \left\{ (x_{1j}, x_{2j}) : \ y_j \leq f^j(x_{1j}, x_{2j}) \right\}$$

식 (4.48)에서 $V_1(y_1)$과 $V_2(y_2)$은 각각 y_1과 y_2 생산을 위해 필요한 투입물집합이다. 품목별 생산함수가 정의되므로 투입물집합도 품목별로 정의되고, 두 투입물집합의 합이 바로 전체 투입물집합이 된다. 이 경우의 투입물거리함수는 아래처럼 도출되어야 한다.

$$(4.49) \quad D_i(x_1, x_2, y_1, y_2) = \max\{\lambda : (x_1, x_2) \in \lambda[V_1(y_1) + V_2(y_2)]\}$$

$$= \max\{\lambda : (x_{11}, x_{21}) \in \lambda V_1(y_1), (x_{12}, x_{22}) \in \lambda V_2(y_2), x_{i1} + x_{i2} = x_i\}$$

$$= \max\{\min[D_i^1(x_{11}, x_{21}, y_1), D_i^2(x_{12}, x_{22}, y_2)], x_{i1} + x_{i2} = x_i\}$$

$$\text{단, } D_i^j(x_{1j}, x_{2j}, y_j) = \max\{\lambda_j : (x_{1j}, x_{2j}) \in \lambda_j V(y_j)\} \quad (j = 1, 2)$$

식 (4.49)가 보여주듯이 산출물별로 투입물집합이 정의되고 투입물이 산출물별로 분할되므로 각 산출물별로 별도의 투입물거리함수를 도출하여야 한다. $D_i^1(x_{11}, x_{21}, y_1)$ 와 $D_i^2(x_{12}, x_{22}, y_2)$가 그러한 두 거리함수이다. 먼저 투입물 (x_1, x_2)를 두 산출물별로 (x_{11}, x_{21})과 (x_{12}, x_{22})만큼 각각 배정한 후, 각 산출물별 투입물거리함수 값 λ_1과 λ_2를 구한다. 전체 투입물거리함수의 값은 λ로 하나여야 하므로 이들 두 투입물거리함수 중에 작은 것을 취해야 하는데, 이 작은 것을 극대화하는 방법으로 투입물을 배정하는 방법을 찾으면 이때의 λ_1과 λ_2 중 작은 값이 바로 λ, 즉 전체 투입물거리함수의 값이다. 이 경우 투입물거리함수는 산출물에 대해 미분이 불가능하며 산출물 보완성을 가지지 않는다. 이제 투입물 비결합성하의 비용함수를 다음처럼 도출하자.

$$(4.50) \quad c(w_1, w_2, y_1, y_2) = \min_{(x_1, x_2)}\{w_1 x_1 + w_2 x_2 : (x_1, x_2) \in V_1(y_1) + V_2(y_2)\}$$

$$= \min\{w_1[x_{11} + x_{12}] + w_2[x_{21} + x_{22}] :$$

$$(x_{11}, x_{21}) \in V_1(y_1), (x_{12}, x_{22}) \in V_2(y_2)\}$$

$$= \sum_{j=1}^{2} \min\{w_1 x_{1j} + w_2 x_{2j} : (x_{1j}, x_{2j}) \in V_j(y_j)\}$$

$$= \sum_{j=1}^{2} c^j(w_1, w_2, y_j)$$

즉 투입물 비결합성이 성립하면 품목별 비용함수 $c^j(w_1, w_2, y_j)$가 별도로 정의되고, 전체 비용은 품목별 비용의 단순 합이 된다. 따라서 이 경우 $c_{ij} = \dfrac{\partial(\partial c(w_1, w_2, y_i)/\partial y_i)}{\partial y_j}$ $= 0(j \neq i)$으로서, 산출물의 비용보완성이 성립하지 않고, 범위의 경제성도 발생하지 않는다.

본서는 제3장 제1절에서 일부 투입물이 산출물별로 용도 배정이 불가능할 때 결합생산이 이루어진다고 하였다. 또한 제3장 제4절에서는 배분 불가능한 일부 투입물이 특정 산출물을 위해 구입된 뒤, 다른 산출물을 위해 추가 비용 없이 사용될 수 있는 공공투입물의 특성도 지닐 경우 하나의 산출물에 생산이 편중되기보다는 다수 산출물을 동시에 생산하는 것이 더 효율적이라 하였다. 그 예로는 트랙터를 들었다. 그렇다면 이런 공공 투입물이 존재할 경우 실제로 범위의 경제성이 나타남을 확인해볼 필요가 있다. 두 품목 y_1과 y_2가 있는데, (x_1, x_2)는 공공투입물도 아니고 산출물별로 배정도 가능하지만, 또 다른 투입물 z가 공공투입물이라 하자. 이 경우 y_j의 생산함수는 $y_j = f^j(x_{1j}, x_{2j}, z)$ 와 같다. 이때 y_j만을 생산하는 생산자가 있다면 그 비용최소화 문제는 다음과 같다.

$$\min_z c^j(w_1, w_2, y_j, z) + \beta z$$

$c^j(w_1, w_2, y_j, z)$는 주어진 z에서 y_j를 생산하도록 배분가능 투입요소 (x_{1j}, x_{2j})의 비용을 최소화했을 때 이들 두 가지 투입요소에 지불해야 하는 비용이다. β는 z의 단위당 비용이다. 따라서 위의 문제는 z가 고정된 상태에서 먼저 (x_{1j}, x_{2j})의 비용을 최소화한 후, 이어서 z까지 포함했을 때의 전체 비용을 최소화하도록 z의 값을 선택하는 일종의 2단계 의사결정을 나타낸다. 이 문제의 해를 z_j^*라 하면, 최종적인 비용은 다음의 비용함수로 표시된다.

$$c^j(w_1, w_2, \beta, y_j) = c^j(w_1, w_2, y_j, z_j^*) + \beta z_j^*$$

이제, 두 가지 산출물을 모두 생산하는 생산자가 있다고 하고, 그 비용함수를 다음과 같이 고려하자.[10]

$$\bar{c}(w_1, w_2, \beta, y_1, y_2) = c^1(w_1, w_2, y_1, \bar{z}) + c^2(w_1, w_2, y_2, \bar{z}) + \beta \bar{z}$$
$$단, \bar{z} = \max[z_1^*, z_2^*]$$

즉, 두 품목 모두를 생산하기 위해서는 공공투입물의 경우 각 산출물만을 생산하는 생산자가 선택하는 최적의 z인 (z_1^*, z_2^*) 중 더 큰 값만을 선택하면 된다. 이제 다음 관계를 도출한다.

---

10 여기에서는 특화생산과 복합생산 시의 비용함수 형태가 서로 다를 수 있음을 가정한다. 물론 비용함수 형태가 특화생산이든 복합생산이든 동일하다고 가정해도 논의결과가 달라지지 않는다. 이를 가정할 경우에는 공공투입물의 존재가 비용보완성, 즉 $c_{ij} < 0$을 유발함도 보여줄 수 있다.

$$\bar{c}(w_1, w_2, \beta, y_1, y_2) - [c^1(w_1, w_2, \beta, y_1) + c^2(w_1, w_2, \beta, y_2)]$$
$$= [c^1(w_1, w_2, y_1, \bar{z}) - c^1(w_1, w_2, y_1, z_1^*)] + [c^2(w_1, w_2, y_2, \bar{z}) - c^2(w_1, w_2, y_1, z_2^*)]$$
$$+ \beta[\bar{z} - (z_1^* + z_2^*)] < 0$$

공공투입물 z는 생산에 도움이 되는 생산요소이고 $\bar{z}$는 z_1^*나 z_2^*보다 작지 않으므로 (x_{1j}, x_{2j})만의 비용을 비교했을 때 $c^j(w_1, w_2, y_j, \bar{z}) \leq c^j(w_1, w_2, y_j, z_j^*)$ $(j=1, 2)$의 관계가 성립한다. 그리고 $\bar{z} \leq (z_1^* + z_2^*)$의 관계도 성립하기 때문에 두 품목을 모두 생산하는 경우의 생산비가 특화생산했을 때의 두 생산비의 합보다 더 작은, 범위의 경제성이 발생한다.

SECTION 08 비용함수와 거리함수의 쌍대성

제3장에서는 다수 품목을 생산하는 경우 투입물 비결합성이 성립하는 경우가 아니라면 생산함수를 이용해 생산기술을 표현할 수는 없고 거리함수 중 하나를 이용하는 것이 적절함을 보았다. 특히 우리가 비용함수에 관심이 있다면 다음처럼 투입물거리함수의 값이 1이 되게 제약하는 최적화 문제를 풀어 그에 상응하는 비용함수를 도출할 수 있다.

$$(4.51) \qquad c(w_1, w_2, y_1, y_2) = \min_{(x_1, x_2)} \{w_1 x_1 + w_2 x_2 : D_i(x_1, x_2, y_1, y_2) = 1\}$$

그런데 만약 비용함수의 형태가 알려져 있다면 이로부터 역으로 순수한 기술적 관계인 투입물거리함수의 형태를 알 수 있을까? 이는 가능하다. 먼저 투입물의 가격변수 (w_1, w_2)의 단위를 조절하여 (y_1, y_2) 생산을 위한 최소비용이 1이 되게 한다고 하자. 그렇다면 다음의 관계가 성립한다.

$$(4.52) \qquad D_i(x_1, x_2, y_1, y_2) = \min_{(w_1, w_2)} \{w_1 x_1 + w_2 x_2 : c(w_1, w_2, y_1, y_2) = 1\}$$

식 (4.52)의 최적화 문제에서 선택변수는 (x_1, x_2)가 아니라 그 가격 (w_1, w_2)이다. 즉 이 문제는 비용함수 값이 1이 되도록 제약하는 가격조합 중 최소의 비용 $w_1 x_1 + w_2 x_2$을 가져다주는 가격조합을 찾는 문제이다. 식 (4.52)가 투입물거리함수를 도출한다는 것은 수학적으로 증명할 수도 있지만, 〈그림 4-6〉을 이용해 이해할 수도 있다.

그림 4-6 비용함수와 투입물거리함수

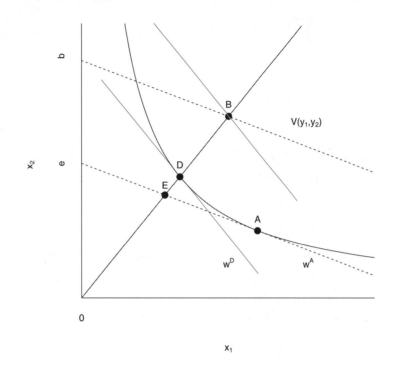

〈그림 4-6〉에서 현재 투입물 사용이 등량곡선상의 점 A에서 (x_1^A, x_2^A)처럼 이루어 지고 있다고 하자. 이 점을 지나면서 등량곡선과 접하는 등비용선을 그리고, 이 선에서 는 비용이 1이 되게 투입물가격의 단위가 조정되었다고 하자. 즉 $c(w_1^A, w_2^A, y_1, y_2)$ $= w_1^A x_1^A + w_2^A x_2^A = 1$이 되게 하는 등비용선 $w_1^A x_1 + w_2^A x_2 = 1$을 그릴 수 있고, 이를 w^A라 표기하였다. 이제 투입물집합 내부의 한 점 B를 고려하자. 이 점과 원점을 잇는 직선이 등비용선 w^A와 만나는 점을 E라 하자. 점 E는 점 A와 동일한 등비용선 위에 있으므로 $w_1^A x_1^E + w_2^A x_2^E = 1$이다. 등비용선 $w_1^A x_1 + w_2^A x_2 = 1$의 세로축 절편에서는 $x_1 = 0$이므로 절편 값은 $e = \dfrac{1}{w_2^A}$와 같다. 아울러 점 B를 지나는 가격 (w_1^A, w_2^A)에서의 또 다른 등비용선도 그림에서처럼 그릴 수 있다. 이때의 비용은 1이 아니라 $w_1^A x_1^B + w_2^A x_2^B$ 이므로 이 등비용선은 $w_1^A x_1 + w_2^A x_2 = w_1^A x_1^B + w_2^A x_2^B$이고, 그 세로축 절편에서는 $x_1 = 0$

이므로 절편 값이 $b = \dfrac{w_1^A x_1^B + w_2^A x_2^B}{w_2^A}$와 같다. 두 삼각형 $\triangle 0eE$와 $\triangle 0bB$는 서로 닮은꼴이므로, 거리비율 $\delta = \dfrac{0B}{0E}$를 검토하면 이는 $\dfrac{b}{e}$와 같아야 한다. 즉 $\delta = \dfrac{0B}{0E} = \dfrac{b}{e} = \dfrac{(w_1^A x_1^B + w_2^A x_2^B)/w_2^A}{1/w_2^A} = w_1^A x_1^B + w_2^A x_2^B$가 계산된다.

이제 우리는 점 B에 대해 정의되는 이러한 거리비율 δ가 가장 작은 값이 되게 하면서 등량곡선과 접하는 '등비용선'을 찾으려고 한다. δ를 최소로 만드는 등비용선은 당연히 점 D처럼 점 B와 원점을 연결하는 직선과 등량곡선이 만나는 점을 지나가야 한다. 그래야만 등비용선과 등량곡선 사이에 간격이 발생하지 않고, 따라서 δ값이 최소가 된다. 즉 $\delta = \dfrac{0B}{0D}$가 최소의 δ값이 된다. 점 D를 지나는 가격조건 (w_1^D, w_2^D)에서의 등비용선은 w^D라 표시되어 있고, 역시 비용이 1이 되도록 조정된 가격의 비율이므로 $w_1^D x_1 + w_2^D x_2 = c(w_1^D, w_2^D, y_1, y_2) = 1$의 관계를 충족한다. 아울러 점 B를 지나는 가격조건 (w_1^D, w_2^D)에서의 또 다른 등비용선 $w_1^D x_1 + w_2^D x_2 = w_1^D x_1^B + w_2^D x_2^B$도 그려져 있다. 이 때의 비용 $w_1^D x_1^B + w_2^D x_2^B$은 1보다 크다. 점 D에서의 δ, 즉 최소의 δ를 점 E에서의 δ처럼 계산하면 $\delta = \dfrac{0B}{0D} = \dfrac{(w_1^D x_1^B + w_2^D x_2^B)/w_2^D}{1/w_2^D} = w_1^D x_1^B + w_2^D x_2^B$인데, 이는 정확히 점 B에서의 투입물거리함수 값 $D_i(x_1^B, x_2^B, y_1, y_2)$이다. 따라서 식 (4.52)가 증명된다.

간편함을 위해 $M = 1$인 경우의 예를 들어보자. 비용함수는 $c(w_1, w_2, y) = A w_1^a w_2^{1-a} y$와 같다고 하고, 다음의 라그랑지안을 설정하자.

$$L = w_1 x_1 + w_2 x_2 + \lambda[1 - A w_1^a w_2^{1-a} y]$$

라그랑지안의 미분은 w_1, w_2, λ에 대해 이루어져야 하고, 그 결과 다음 세 가지 조건식이 도출된다.

$$x_1 = \lambda a A w_1^{a-1} w_2^{1-a} y$$
$$x_2 = \lambda(1-a) A w_1^a w_2^{-a} y$$
$$1 = A w_1^a w_2^{1-a} y$$

처음 두 식을 이용해 λ를 소거하고 $w_2 = \left(\dfrac{x_1}{x_2}\right)\left(\dfrac{1-a}{a}\right) w_1$를 도출한다. 이를 마지막

조건식에 대입하여 w_1과 w_2의 형태를 구한 후, 목적함수 $w_1 x_1 + w_2 x_2$에 반영하면 다음의 투입물거리함수가 도출된다.

$$D_i(x_1, x_2, y) = \frac{1}{A} \left[\left(\frac{a}{1-a} \right)^{1-a} + \left(\frac{1-a}{a} \right)^{a} \right] \frac{x_1^a x_2^{1-a}}{y}$$

투입물과 산출물의 가짓수에 관계없이 그들 사이의 기술적, 수량적 관계를 나타낼 수 있는 투입물거리함수가 알려져 있으면, 식 (4.51)을 이용해 우리는 그에 상응하는 비용함수를 도출할 수 있고, 또한 비용을 최소로 하는 투입물의 수요함수도 도출할 수 있다. 역으로 생산자의 비용최소화 행위의 결과물인 비용함수를 안다면 우리는 식 (4.52)를 이용해 그러한 비용최소화 행위를 유도한 투입물거리함수를 도출함으로써 생산기술 자체의 특성도 파악할 수 있다. 이러한 원 생산기술함수와 비용최소화라는 최적화 행위의 결과물인 비용함수 사이에 존재하는 쌍대성은 현대 생산경제학의 토대를 이루는 중요한 관계이다.

References

■ Baumol, W. J., J. C. Panzar, and R. D. Willig, 1982. *Contestable Markets and the Theory of Industry Structure*. Harcourt Brace Jovanovich, Inc: 여러 측면에서 많은 영향을 남긴 경제학 저서인데, 특히 다수 산출물 생산에 있어 규모의 경제성과 범위의 경제성을 분석하는 방법을 제안하였다.

■ Blackorby, C. and R. R. Russell, 1989, "Will the Real Elasticity of Substitution Please Stand Up? (A Comparison of the Allen/Uzawa and Morishima Elasticities)," *American Economic Review* 79, pp. 882−888: 알렌−우자와 편대체탄력성과 모리시마 편대체탄력성을 상호 비교하는 잘 알려진 연구이다.

■ Chambers, R. G., 1988, *Applied Production Analysis: A Dual Approach*, Cambridge University Press: 본서의 거의 모든 장이 이 책의 영향을 벗어날 수는 없지만, 이 책의 두 개의 장에 걸친 비용함수에 대한 논의가 특히 탁월하다.

■ Chiang, A. C., and K. Wainwright, 2004, *Fundamental Methods of Mathematical Economics*, 4th ed., McGraw−Hill: 50여 년에 걸쳐 수없이 많은 경제학도들에게 수학을 가르쳐온 책이다. 본장에서 다루는 행렬관련 설명이 쉽게 잘 정리되어 있다.

■ Dixit, A. K., 1990, *Optimization in Economic Theory*, 2nd ed., Oxford University Press: 최적화 기법에 관해 알고자 하는 경제학도들에게 가장 많이 권하는 책이다.

■ Jehle, G. A., and P. J. Reny, 2011, *Advanced Microeconomic Theory*, 3rd ed., Addison Wesley: 미시경제학교재로서, 소비이론과 생산이론의 쌍대성 설명이 훌륭하다. 제목과 달리 학부생들도 읽을 수 있다.

■ Silberberg, E. and W. Suen, 2001, *The Structure of Economics: A Mathematical Analysis*, 3rd ed., McGraw−Hill: 포락선 정리와 르샤틀리에 원리에 관한 중요 연구자가 쓴 책이다.

이윤극대화

생 산 경 제 학
PRODUCTION
ECONOMICS

CHAPTER 05 이윤극대화

제4장에서는 어떤 이유로 생산해야 할 목표 수량이 고정되어 있을 때 이를 최소의 비용으로 생산하는 방법을 분석하였다. 시간적 여유가 충분히 주어질 경우 생산자는 투입물 사용방식은 물론 산출규모도 선택할 수 있다. 산출량과 투입요소 사용량을 모두 선택하려면 생산자는 이제 비용뿐 아니라 산출로부터 얻을 수 있는 판매수입(revenue)도 함께 고려하여야 한다. 따라서 생산자의 의사결정 원칙이 바뀌게 되는데, 판매수입까지 바꾸는 것은 주어진 목표 생산량의 생산비를 최소화하는 것보다는 더 장기적인 의사결정이 된다. 그러나 이 경우에도 생산자는 일부 투입물이나 투입물 전체에 대한 선택 제약을 가질 수도 있어, 다양한 의사결정 환경에 처하게 된다. 본장은 앞의 장들이 그랬던 것처럼 산출물도 한 가지이고 투입물도 한 가지인 경우부터 출발하여 점차 보다 일반적인 상황에서 행하는 산출량 및 투입량관련 의사결정을 분석해 나가도록 한다.

SECTION 01 단일 산출물, 단일 가변투입물의 경우

한 가지 산출물만 생산하는 생산자의 생산요소 가운데 x_2는 $\overline{x}_2$에 고정되어 있고 x_1만 선택가능하다고 하자. 제4장에서 논의한 바와 같이 x_2 제약하의 생산함수를 $y = f(x_1|\overline{x}_2)$와 같이 나타낼 수 있고, 생산자의 총비용은 다음처럼 가변비용과 고정비용의 합으로 표시할 수 있다.

$$c(w_1, w_2, y|\overline{x}_2) = c^v(w_1, y|\overline{x}_2) + w_2\overline{x}_2$$

CHAPTER 05 이윤극대화   173

또한 x_2 제약하의 생산함수 $y = f(x_1|\overline{x}_2)$를 x_1에 대해 푼 것을 $x_1 = g(y|\overline{x}_2)$라 하면, 단기의 총비용은 다음과 같다.

$$c(w_1, w_2, y|\overline{x}_2) = w_1 g(y|\overline{x}_2) + w_2 \overline{x}_2$$

이제 생산자는 x_2는 고정되어있지만 산출물 수량 y까지 선택할 수 있다고 하자. 산출물을 판매하여 얻을 수 있는 금액은 단위당 p라 하자. p는 양(+)의 실수이다. 생산자가 생산량을 결정할 때 고려하는 여러 기준이 있을 수 있지만, 가장 일반적으로 받아들여지는 것은 판매수입에서 비용을 빼준 이윤(profit)을 극대화하는 것이다. 기업 경영진은 판매수입을 극대화하거나, 기업보다는 개인 이득을 극대화하는 등의 다른 목적을 가지고 생산량을 결정할 수도 있다. 하지만 이윤을 최대로 얻지 못하는 기업은 장기적으로는 경쟁에서 살아남기 어렵다는 점에서 이윤극대화가 생산량 결정 기준으로 가장 일반적으로 받아들여진다. 기업의 이윤은 다음과 같다.

$$
\begin{aligned}
(5.1) \qquad \pi(p, w_1, w_2|\overline{x}_2) &= \max\nolimits_{x_1} \left\{ pf(x_1|\overline{x}_2) - w_1 x_1 - w_2 \overline{x}_2 \right\} \\
&= \max\nolimits_{y} \left\{ py - c(w_1, w_2, y|\overline{x}_2) \right\} \\
&= \max\nolimits_{y} \left\{ py - w_1 g(y|\overline{x}_2) - w_2 \overline{x}_2 \right\}
\end{aligned}
$$

식 (5.1)의 세 가지 정의는 모두 판매수입에서 총비용을 빼준 것을 최대로 만들어준 것을 이윤이라 정의하고 있다. 첫 번째 정의는 선택할 수 있는 가변투입물 x_1의 수량을 선택하되, 판매수입과 생산비를 동시에 고려하여 이윤을 극대화하는 양을 선택하도록 이윤극대화 문제를 설정하였다. 두 번째 정의는 이윤을 극대화하되, 생산량 y를 선택하는 방식으로 문제를 설정하였다. 먼저 특정 y를 최소비용으로 생산하는 방안을 고려하여 그 비용 $c(w_1, w_2, y|\overline{x}_2)$를 도출한 뒤, 이어서 이 비용과 판매수입 py의 격차를 가장 크게 하는 y를 최종 선택하는 2단계 의사결정모형이다. 세 번째 정의도 y를 선택변수로 하는 최적화 문제이다. 가변투입물이 한 가지인 상황에서는 y를 최소비용으로 생산하는 방법은 결국 투입물을 낭비 없이 사용하여 $y = f(x_1|\overline{x}_2)$를 충족하는, 즉 $x_1 = g(y|\overline{x}_2)$를 충족하는 방식으로 생산하는 것이다. 따라서 이를 반영하여 두 번째 정의처럼 y를 선택하되, 판매수입과 생산비를 동시에 고려하여 이윤을 극대화하는 y를 선택하도록 모형을 설정하였다.

식 (5.1)처럼 세 가지 방식으로 정의된 이윤함수를 극대화하기 위해 각각 x_1, y, 그리고 y로 미분하면 다음의 최적화 조건을 얻는다.

(5.2) $pf'(x_1|\overline{x}_2) = w_1$

$$p = \frac{\partial c(w_1, w_2, y|\overline{x}_2)}{\partial y} = \frac{\partial c^v(w_1, y|\overline{x}_2)}{\partial y}$$

$$p = w_1 g'(y|\overline{x}_2)$$

식 (5.2)의 첫 번째 조건은 산출물가격에 가변투입물의 한계생산성을 곱한 것이 가변투입물가격과 일치함을 의미한다. 좌변은 x_1을 하나 더 투입하여 추가 생산한 것에 그 가격을 곱한 것으로서, 이를 가변투입물의 한계생산가치(value of marginal product, *VMP*)라 부른다. 최적화 조건은 한계생산가치가 투입물가격과 일치해야 한다는 것인데, 전자는 x_1을 하나 더 투입하여 추가로 벌어들일 수 있는 판매수입의 증가, 즉 한계수입(marginal revenue, *MR*)을 의미하고, 후자는 x_1을 하나 더 늘리기 위해 지불해야 하는 비용, 즉 x_1 지출액으로 평가된 한계비용이다. 따라서 최적화 조건은 한계수입과 한계비용이 일치해야 이윤이 극대화된다는 의미이다.

식 (5.2)의 두 번째와 세 번째 관계식 역시 이윤극대화는 한계수입과 한계비용이 일치할 때 달성됨을 의미한다. 다만 이때에는 한계수입과 한계비용이 모두 x_1이 아닌 생산량 y를 통해 표현된다. y의 단위당 가격이 p이므로 산출물가격 자체가 한계수입이다. 그리고 우변의 표현 $\dfrac{\partial c^v(w_1, y|\overline{x}_2)}{\partial y}$와 $w_1 g'(y|\overline{x}_2)$는 제4장에서 논의한 대로 모두 y를 하나 더 생산하기 위해 추가로 지불해야 하는 한계비용, 즉 $MC(y)$를 의미한다.

식 (5.2)를 x_1이나 y에 대해 풀면 이제는 이윤을 극대화하는 가변투입물 사용량과 생산량을 도출할 수 있고, 이를 각각 $x_1(p, w_1|\overline{x}_2)$와 $y(p, w_1|\overline{x}_2)$로 표현할 수 있다. 이는 각각 x_2가 $\overline{x}_2$로 고정된 상태에서의 가변투입물 수요함수와 산출물 공급함수라 할 수 있다. 이들 수요함수와 공급함수가 투입물가격과 산출물가격에 어떻게 반응하는지를 알아보기 위해 식 (5.2)의 첫 번째 식을 전미분하면, $f'(x_1|\overline{x}_2)dp + pf''(x_1|\overline{x}_2)dx_1 = dw_1$이 성립한다. 이를 dp와 dw_1가운데 하나는 불변일 때를 각각 가정하고 정리하면 다음을 얻는다.

(5.3) $$\frac{\partial x_1}{\partial w_1} = \frac{1}{pf''(x_1|\overline{x}_2)} \quad (\because dp = 0)$$

$$\frac{\partial x_1}{\partial p} = -\frac{f'(x_1|\overline{x}_2)}{pf''(x_1|\overline{x}_2)} \quad (\because dw_1 = 0)$$

우리가 흔히 가정하는 대로 한계생산성은 0보다 크고 생산함수가 강오목이면, 즉 $f'(x_1|\overline{x}_2) > 0$이고 $f''(x_1|\overline{x}_2) < 0$이면 식 (5.3)의 첫 번째 조건식은 $\dfrac{\partial x_1}{\partial w_1} < 0$을 의미한다. 이윤을 극대화하는 가변투입물 사용량은 그 가격의 감소함수라서 우하향하는 투입물 수요곡선이 도출된다. 아울러 두 번째 조건식에 의해 산출물가격이 증가하면 가변투입물 사용량은 증가하는데, (x_1, w_1)공간에 x_1의 수요곡선으로 그린다면 이는 수요곡선이 오른쪽으로 이동하는 경우가 될 것이다.

이제 식 (5.2)의 세 번째 조건식을 전미분하면 $dp = dw_1 g'(y|\overline{x}_2) + w_1 g''(y|\overline{x}_2) dy$를 얻는다. 이는 다음을 의미한다.

$$(5.4) \qquad \frac{\partial y}{\partial p} = \frac{1}{w_1 g''(y|\overline{x}_2)} \quad (\because dw_1 = 0)$$

$$\frac{\partial y}{\partial w_1} = -\frac{g'(y|\overline{x}_2)}{w_1 g''(y|\overline{x}_2)} \quad (\because dp = 0)$$

식 (5.4)의 두 관계식은 각각 산출물 공급곡선의 기울기와 이동을 나타낸다. 만약 단기생산함수가 강오목이면 그 역함수인 $g(y|\overline{x}_2)$는 y에 대해 증가하는 강볼록함수이고, $g''(y|\overline{x}_2) > 0$이다.[1] 따라서 산출물의 공급은 산출물가격의 증가함수이고, 공급곡선은 우상향하게 된다. 반면 투입요소가격이 오르면 공급곡선은 왼쪽으로 이동하고 공급은 줄어들게 된다.

가변투입물이 한 가지인 생산자의 공급행위는 〈그림 5-1〉처럼 그래프를 이용해 보다 자세히 설명할 수 있다. 이 그림은 제4장 제1절의 〈그림 4-1〉의 비용곡선을 다시 그린 것이다. 한계수입과 한계비용이 일치하도록 생산량이 결정되는데, 한계수입은 산출물의 가격이다. 따라서 매 가격에서 $p = MC(y)$가 되게 하는 가로축 수량이 바로 공급량이 된다. 예를 들면 p_1의 가격에서는 $p_1 = MC(y_1)$이므로 y_1이 공급되고, 가격이 p_2로 상승하면 공급량은 $p_2 = MC(y_2)$를 충족하는 y_2로 늘어난다. 이렇게 한계비용곡선은 매 가격에서 공급하고자 하는 양을 나타내므로 산출물의 공급곡선이 된다.

어떤 이유로 인해 그림에서처럼 MC곡선이 우하향하는 영역을 가진다면 이 영역의 y_0에서도 $p_0 = MC(y_0)$가 충족된다. 하지만 y_0에서 생산량을 늘리면 $p_0 > MC(y)$로 바뀌게 되고 계속 생산을 늘리는 것이 이윤을 증가시키기 때문에 이 영역에서는 생산이

---

[1] 함수의 볼록성 판정법에 관해서는 제2절의 math 5.1을 참고하기 바란다.

이루어지지 않는다. 식 (5.4)에서는 $g''(y|\overline{x}_2) > 0$의 가정이 $MC(y)$가 우상향하는 영역에서 생산하도록 하였다.

그렇다고 한계비용곡선 $MC(y)$의 우상향하는 부분 전체가 단기의 공급곡선이라 보기는 어렵다. 그 이유는 만약 가격이 평균가변비용 AVC의 최하점, 즉 p_m보다도 낮다면, 이 경우 $p = MC(y)$를 충족하는 공급을 했을 때 받을 수 있는 수입 py가 가변비용 $VC(y) = AVC(y)y$도 충당하지 못하기 때문이다. 이런 경우 생산자는 고정비용($= w_2\overline{x}_2$) 손실을 당하더라도 생산을 포기하고, $y = 0$을 선택할 것이다. 그러나 만약 가격이 p_1처럼 평균총비용 ATC의 최하점보다는 낮지만 평균가변비용 AVC의 최하점 p_m보다는 높다면, 생산자는 비록 이윤이 음($-$)이지만 여전히 $p = MC(y)$를 지키며 생산을 한다. 그 이유는 이 경우에는 판매수입으로 일단 가변비용은 충당하고, 남는 것으로 고정비용의 전부는 아니더라도 적어도 일부는 충당할 수 있기 때문이다.

그림 5-1 단기의 공급곡선

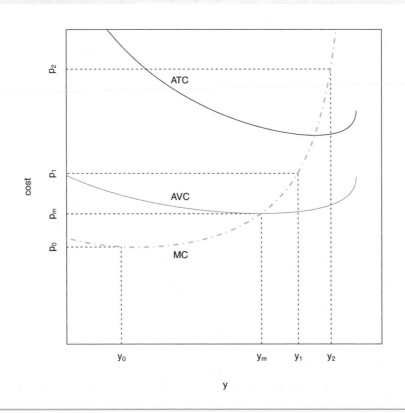

이상을 종합하면, 단기에 있어 생산자의 공급곡선은 평균가변비용곡선 AVC의 최하점을 상회하는 영역에 있어서의 한계비용곡선과 일치한다. 그리고 이 영역에서는 한계비용곡선이 우상향한다. 또한 식 (5.4)의 두 번째 관계식은 만약 가변투입물의 가격 w_1이 상승하면, 한계비용곡선 $MC(y)$, 즉 공급곡선이 위로 이동하게 되어 동일한 산출물 가격 p에서 공급하고자 하는 y의 양이 감소하게 됨을 의미한다.

> **연 습 문 제 5.1** 단기 생산함수가 $y = 10x_1^{0.5}$와 같다고 하자. 이 경우의 x_1의 수요함수와 y의 공급함수를 도출하라.

SECTION 02 다수 산출물, 다수 가변투입물의 경우

생산자의 선택 폭이 넓어서 두 가지 생산요소와 두 가지 산출물을 모두 선택할 수 있다고 하자. 즉 $N = M = 2$이다. 이윤함수(profit function)는 다음과 같이 정의된다.

$$(5.5) \qquad \pi(p_1, p_2, w_1, w_2) = \max_{(y_1, y_2, x_1, x_2)} \{p_1 y_1 + p_2 y_2 - w_1 x_1 - w_2 x_2 :$$
$$(x_1, x_2, y_1, y_2) \in T\}$$
$$= \max_{(y_1, y_2)} \{p_1 y_1 + p_2 y_2 - c(w_1, w_2, y_1, y_2)\}$$

식 (5.5)의 첫 번째 정의는 투입물과 산출물을 동시에 선택하되, 기술적으로 허용되는 범위 내에서 최대의 이윤을 얻게 하는 선택을 하면 그 결과물이 이윤함수의 값이 됨을 의미한다. 두 번째 정의에서는 식 (5.1)의 두 번째 정의처럼 먼저 매 산출물조합 (y_1, y_2)를 생산하는 최소의 비용을 확인하고, 판매수입에서 그 비용을 빼준 이윤을 극대화하기 위해서는 어떤 산출물조합을 선택하면 되는지를 2단계로 의사결정하여 이윤함수 값을 찾는다.

첫 번째 정의의 최적화문제는 가격조건 (p_1, p_2, w_1, w_2)하에서 이루어지고, 선택변수는 $x_i(i = 1, 2)$와 $y_j(j = 1, 2)$이다. 이들 선택변수는 가격조건에 의해 그 값이 정해지는 요소 수요함수(factor demand function)와 산출물 공급함수(output supply function)로서, 각각 다음처럼 정의할 수 있다.

$$x_i(p_1, p_2, w_1, w_2), \ i = 1, \ 2 \tag{5.6}$$
$$y_j(p_1, p_2, w_1, w_2), \ j = 1, \ 2$$

아울러 식 (5.5)의 두 번째 이윤함수 정의는 다음의 관계가 성립함을 의미한다.

$$x_i(w_1, w_2, y_1(p_1, p_2, w_1, w_2), y_2(p_1, p_2, w_1, w_2)) = x_i(p_1, p_2, w_1, w_2), \tag{5.7}$$
$$i = 1, 2$$

즉 비용을 최소화하는 조건부 요소 수요함수와 이윤을 극대화하는 요소 수요함수는 전자에 주어지는 산출물이 이윤을 극대화하는 산출물이면 그 값이 서로 일치한다.

요소 수요함수와 산출물 공급함수가 충족해야 할 조건을 살펴보기 위해 식 (5.5)의 첫 번째 정의를 이용해 이윤극대화 문제를 다음처럼 설정하자.

$$L = p_1 y_1 + p_2 y_2 - w_1 x_1 - w_2 x_2 + \lambda [1 - D_o(x_1, x_2, y_1, y_2)] \tag{5.8}$$

즉, 산출물거리함수의 값이 1이 되어 자원낭비 없이 생산할 때의 이윤을 극대화하는 투입−산출물조합을 선택한다. 위의 기술제약에는 물론 투입물거리함수나 방향거리함수를 대신 사용해도 된다. 최적화조건은 다음과 같으며, 식 (5.6)의 요소 수요함수와 산출물 공급함수는 이들 다섯 가지 최적화조건을 모두 충족하도록 도출된다.

$$p_j - \lambda \frac{\partial D_o}{\partial y_j} = 0, \quad j = 1, \ 2$$

$$-w_i - \lambda \frac{\partial D_o}{\partial x_i} = 0, \ i = 1, \ 2$$

$$1 - D_o(x_1, x_2, y_1, y_2) = 0$$

위의 최적화조건들을 재정리하면 다음 관계들을 모두 포함하고 있음을 알 수 있다.

$$\frac{p_1}{p_2} = \frac{\partial D_o / \partial y_1}{\partial D_o / \partial y_2} \tag{5.9}$$

$$\frac{w_1}{w_2} = \frac{\partial D_o / \partial x_1}{\partial D_o / \partial x_2}$$

$$\frac{w_i}{p_j} = -\frac{\partial D_o / \partial x_i}{\partial D_o / \partial y_j}, \quad i = 1, 2, \ j = 1, 2$$

만약 투입물량은 고정시키고 두 산출물 (y_1, y_2)만 산출물거리함수 값이 1이 되게 유지하며 바꾼다면, $\frac{\partial D_o}{\partial y_1} dy_1 + \frac{\partial D_o}{\partial y_2} dy_2 = 0$이고 $-\frac{dy_2}{dy_1} = \frac{\partial D_o / \partial y_1}{\partial D_o / \partial y_2}$이기 때문에 식 (5.9)의 첫 번째 관계식은 이 경우에는 $\frac{p_1}{p_2} = -\frac{dy_2}{dy_1}$를 의미한다. 이는 제3장에서 도입했던 개념인 산출물 간 한계전환율(MRT) $-\frac{dy_2}{dy_1}$가 산출물 가격비 $\frac{p_1}{p_2}$과 일치한다는 조건이다.

만약 생산량은 정해져 있고 투입물 사용량만 바꾼다면 $\frac{\partial D_o}{\partial x_1} dx_1 + \frac{\partial D_o}{\partial x_2} dx_2 = 0$이고 $-\frac{dx_2}{dx_1} = \frac{\partial D_o / \partial x_1}{\partial D_o / \partial x_2}$이기 때문에 식 (5.9)의 두 번째 관계식은 이 경우 $\frac{w_1}{w_2} = -\frac{dx_2}{dx_1}$을 의미한다. 이는 두 생산요소의 한계기술대체율($MRTS$) $-\frac{dx_2}{dx_1}$가 그 가격비 $\frac{w_1}{w_2}$과 일치해야 한다는, 제4장의 비용최소화 조건이다.

마지막으로 x_i를 더 투입하되 y_j 생산만을 늘리고자 한다면 $\frac{\partial D_o}{\partial x_i} dx_i + \frac{\partial D_o}{\partial y_j} dy_j = 0$이고 $-\frac{dy_j}{dx_i} = \frac{\partial D_o / \partial x_i}{\partial D_o / \partial y_j}$이기 때문에 이 경우에는 식 (5.9)의 세 번째 관계식은 $p_j \frac{dy_j}{dx_i} = w_i$을 의미한다. 즉 x_i를 늘려서 추가로 생산되는 y_j의 가치는 x_i의 단위당 비용과 같아야 한다.

식 (5.9)의 조건들은 이상과 같은 특정 제약하의 최적화조건들을 모두 포함하고 있다.

> **연습 문제**
> **5.2★**
> $M = 1$을 가정하고, 생산함수가 $y = A x_1^a x_2^b$라 하자. 이때의 이윤함수, 요소 수요함수, 산출물 공급함수를 도출하라.

제4장의 비용최소화 문제에서도 논의되었듯이 최적의 투입물과 산출물 선택에서 반드시 식 (5.9)의 조건이 성립하는 것은 아니다. 이는 구석 해가 선택될 때 발생하는데, 선택가능한 산출물 공간 전체에서 MRT와 p_1/p_2가 일치하는 경우가 없거나, 생산가능경계(PPF) 자체가 직선일 경우 두 가지 산출물 중 한 가지만 생산이 될 수도 있다. 투입물의 경우도 같은 경우가 발생할 수 있다.

식 (5.5)를 풀어 도출되는 목적함수인 이윤함수는 산출물이나 투입물의 수량제한을 가지지 않기 때문에 오로지 가격만의 함수로서, 다음과 같은 성질을 가진다.

π.1 $\pi(p_1, p_2, w_1, w_2) \geq 0$이고 존재함

π.2 $(p_1^1, p_2^1) \geq (p_1^0, p_2^0)$이면 $\pi(p_1^1, p_2^1, w_1, w_2) \geq \pi(p_1^0, p_2^0, w_1, w_2)$ (산출물가격에 비감소)

π.3 $(w_1^1, w_2^1) \geq (w_1^0, w_2^0)$이면 $\pi(p_1, p_2, w_1^1, w_2^1) \leq \pi(p_1, p_2, w_1^0, w_2^0)$ (투입물가격에 비증가)

π.4 (p_1, p_2, w_1, w_2)에 대해 볼록함수

π.5 $\pi(\mu p_1, \mu p_2, \mu w_1, \mu w_2) = \mu \pi(p_1, p_2, w_1, w_2)$, $\mu > 0$ (모든 가격에 대해 1차 동차)

π.6 각 가격에 대해 미분가능하면, $\dfrac{\partial \pi(p_1, p_2, w_1, w_2)}{\partial p_j} = y_j(p_1, p_2, w_1, w_2)$

$(j = 1, 2)$, $\dfrac{\partial \pi(p_1, p_2, w_1, w_2)}{\partial w_i} = -x_i(p_1, p_2, w_1, w_2)$ $(i = 1, 2)$ (호텔링 보조정리)

π.1은 이윤함수가 정의되는 기술집합 T가 그 경계를 포함하고 위로 유계이기 때문에 기술집합에서 이루어지는 이윤극대화 행위의 결과물인 이윤함수는 존재해야 함을 의미한다.[2] 그 값이 비음이라는 것은 반드시 필요한 가정은 아니나 고정비용이 존재하지 않는 장기라면 성립할 것이다.

π.2는 이윤함수 값은 산출물가격이 상승하면 감소하지 않는다는 당연한 성질이다. (p_1^0, p_2^0, w_1, w_2)의 조건에서 이윤을 극대화하는 선택을 (x_1, x_2, y_1^0, y_2^0)라 하자. $\pi(p_1^0, p_2^0, w_1, w_2)$ $= p_1^0 y_1^0 + p_2^0 y_2^0 - w_1 x_1 - w_2 x_2 \leq p_1^1 y_1^0 + p_2^1 y_2^0 - w_1 x_1 - w_2 x_2 \leq \pi(p_1^1, p_2^1, w_1, w_2)$가 성립하기 때문에 π.2가 성립한다. 첫 번째 부등식은 동일 산출−투입물조합에서 산출물의 가격이 상승하면 이윤이 증가하기 때문에 발생하고, 마지막 부등식은 (p_1^1, p_2^1, w_1, w_2)의 조건에서는 (x_1, x_2, y_1^0, y_2^0)가 이윤을 극대화하는 선택이 아니기 때문에 성립한다.

π.3은 투입물의 가격이 상승하면 이윤은 감소한다는 역시 당연한 성질이다. 이에 대한 증명은 π.2에 대한 증명과정과 유사한 과정을 밟으면 되므로 생략한다.

---

2 이는 위로 유계인 폐집합에서 정의되는 연속적인 함수는 반드시 극댓값을 가져야 한다는 수학 정리가 적용되는 경우이다.

$\pi.4$는 이윤함수가 산출물가격과 투입물가격, 즉 (p_1, p_2, w_1, w_2)에 대해 동시에 볼록함수임을 의미한다. 이에 대한 증명은 제4장 제3절에서 $c.3$, 즉 비용함수가 투입물가격의 오목함수임을 증명했던 절차를 그대로 따르면 된다. $(p_1^i, p_2^i, w_1^i, w_2^i)$, $i = 0, 1, 2$를 세 가지 가격조합이라 하고, 이 중 $(p_1^2, p_2^2, w_1^2, w_2^2)$를 가중치 $\alpha \in [0,1]$을 이용한 나머지 두 가격조합의 볼록결합이라 하자. 그리고 $(x_1^i, x_2^i, y_1^i, y_2^i)$를 순서대로 각 가격조합에서의 최적 선택이라 하자. 그러면 다음을 보여줄 수 있다.

$$\alpha\pi(p_1^0, p_2^0, w_1^0, w_2^0) + (1-\alpha)\pi(p_1^1, p_2^1, w_1^1, w_2^1) \geq \pi(p_1^2, p_2^2, w_1^2, w_2^2)$$

$\pi.5$는 모든 투입물과 산출물의 가격을 2배로 하면 이윤도 2배가 된다는 성질이다. 식 (5.5)의 두 번째 정의를 이용하면, $\pi(\mu p_1, \mu p_2, \mu w_1, \mu w_2) = \max_{(y_1, y_2)}\{\mu p_1 y_1 + \mu p_2 y_2 - c(\mu w_1, \mu w_2, y_1, y_2)\} = \mu\max_{(y_1, y_2)}\{p_1 y_1 + p_2 y_2 - c(w_1, w_2, y_1, y_2)\} = \mu\pi(p_1, p_2, w_1, w_2)$이기 때문에 성립한다. 여기에는 비용함수가 투입물가격에 대해 1차 동차라는 성질이 적용되었다. 투입물가격과 산출물가격이 동시에 같은 비율로 변했는데 이윤이 그대로 유지되지 않고 그 비율만큼 증가한다는 것은 언뜻 이해되지 않으나, 이윤은 판매수입과 비용의 비율이 아니라 차이이기 때문에 이런 결과가 발생한다. 모든 산출물과 모든 투입물의 가격이 동일 비율로 변하면 생산자의 선택은 달라지지 않는다. 따라서 판매수입과 생산비의 비율은 그대로 유지되지만, 그 격차는 가격의 변화율만큼 변하게 된다.

$\pi.6$의 호텔링 보조정리(Hotelling's lemma)는 비용함수가 가졌던 셰퍼드 보조정리에 해당되는 성질이고, 셰퍼드 보조정리처럼 포락선 정리의 적용 예이다. 즉, 식 (5.8)의 라그랑지안에 포락선정리를 적용하면 최적 해에서는 다음을 얻는다.

$$\frac{\partial\pi(p_1, p_2, w_1, w_2)}{\partial p_j} = y_j(p_1, p_2, w_1, w_2) \quad (j = 1, 2),$$

$$\frac{\partial\pi(p_1, p_2, w_1, w_2)}{\partial w_i} = -x_i(p_1, p_2, w_1, w_2) \quad (i = 1, 2)$$

$\pi.6$의 성질에 의해, 이윤함수의 형태를 알면 이를 가격변수로 미분하여 요소 수요함수와 산출물 공급함수를 바로 도출할 수 있고, 요소 수요의 가격탄력성과 산출물 공급의 가격탄력성도 도출할 수 있다. 이윤함수와 요소 수요함수 및 산출물 공급함수 사이에 존재하는 이상의 관계로 인해 다음의 성질들을 추가로 도출할 수 있다.

$$x.1 \quad \frac{\partial x_i(p_1, p_2, w_1, w_2)}{\partial w_i} \leq 0$$

$$x.2 \quad \frac{\partial x_i(p_1, p_2, w_1, w_2)}{\partial w_j} = \frac{\partial x_j(p_1, p_2, w_1, w_2)}{\partial w_i}$$

$$x.3 \quad x_i(\mu p_1, \mu p_2, \mu w_1, \mu w_2) = x_i(p_1, p_2, w_1, w_2), \; \mu > 0$$

$$y.1 \quad \frac{\partial y_j(p_1, p_2, w_1, w_2)}{\partial p_j} \geq 0$$

$$y.2 \quad \frac{\partial y_i(p_1, p_2, w_1, w_2)}{\partial p_j} = \frac{\partial y_j(p_1, p_2, w_1, w_2)}{\partial p_i}$$

$$y.3 \quad y_j(\mu p_1, \mu p_2, \mu w_1, \mu w_2) = y_j(p_1, p_2, w_1, w_2), \; \mu > 0$$

$$xy.1 \quad \frac{\partial y_j(p_1, p_2, w_1, w_2)}{\partial w_i} = - \frac{\partial x_i(p_1, p_2, w_1, w_2)}{\partial p_j}$$

이상의 모든 성질은 이윤함수가 가격의 볼록함수이고, 1차 동차함수이며, 호텔링 보조정리가 성립한다는 사실로부터 온다. 먼저 $x.3$와 $y.3$는 요소 수요함수와 산출물 공급함수가 모든 가격의 0차 동차함수임을 의미한다. 이윤함수가 모든 가격의 1차 동차함수인데, 요소 수요와 산출물 공급은 호텔링 보조정리에 의해 이윤함수의 편도함수나 그에 마이너스 부호를 붙인 것이므로 math 2.4에 의해 수요함수와 공급함수는 모두 0차 동차함수가 되어야 한다. 이는 이미 앞에서도 설명한 바와 같이 모든 투입물과 산출물의 가격이 동일 비율로 변하면 생산자의 이윤극대화 선택은 달라지지 않기 때문에 발생하는 현상이다.

$x.2$, $y.2$ 그리고 $xy.1$은 모두 대칭성이다. 이 성질들도 호텔링 보조정리로부터 온다. 수요함수와 공급함수는 모두 이윤함수라는 특정 함수의 편도함수들이고, 이들의 가격에 대한 반응은 이윤함수의 2계 도함수가 된다. 이윤함수의 2계 미분 순서는 결과에 영향을 미치지 않으므로 이들 대칭성이 성립한다.

$x.1$은 요소 수요는 자기가격에 대해 증가할 수 없고, $y.1$은 산출물 공급은 자기가격에 대해 감소할 수 없음을 의미한다. 즉 요소 수요곡선은 우하향하고, 산출물 공급곡선은 우상향한다. 이들 성질은 이윤함수가 가격의 볼록함수라는 성질과 호텔링 보조정리로부터 온다. 이윤함수의 헤시안행렬은 아래와 같다.

$$(5.10) \qquad H = \begin{bmatrix} \pi_{p_1 p_1} & \pi_{p_1 p_2} & \pi_{p_1 w_1} & \pi_{p_1 w_2} \\ \pi_{p_2 p_1} & \pi_{p_2 p_2} & \pi_{p_2 w_1} & \pi_{p_2 w_2} \\ \pi_{w_1 p_1} & \pi_{w_1 p_2} & \pi_{w_1 w_1} & \pi_{w_1 w_2} \\ \pi_{w_2 p_1} & \pi_{w_2 p_2} & \pi_{w_2 w_1} & \pi_{w_2 w_2} \end{bmatrix}$$

함수의 볼록성에 관한 다음 내용을 참고하자. 어떤 함수가 볼록함수이면 그에 마이너스를 붙인 함수는 오목함수이기 때문에 이 내용은 오목함수에 대해 적용되었던 제2장 math 2.6과 math 2.7로부터 유도될 수 있다.[3]

math 5.1 함수의 볼록성

함수 $\pi(p_1, p_2, w_1, w_2)$가 볼록함수이기 위한 필요충분조건은 그 헤시안행렬 H가 양의 반정부호(positive semidefinite)행렬이라는 것이다.

행과 열의 수가 각각 N인 대칭행렬 H가 있을 때 $|_r H_r|$을 앞에서부터 r개의 행과 열을 취하여 만든 부분 행렬의 행렬식이라 하자. H가 양의 반정부호행렬이 되기 위한 필요충분조건은 행과 그에 상응하는 열의 순서를 어떻게 바꾸어 부분 행렬을 구성해도, $|_r H_r| \geq 0 \quad \forall r = 1, ..., N$가 성립한다는 것이다.

따라서 $r = 1$이면 $|_1 H_1| = \pi_{p_1 p_1} = \dfrac{\partial y_1(p_1, p_2, w_1, w_2)}{\partial p_1} \geq 0$이 되어야 한다. 또한 가격변수들의 순서를 바꾸어 어떤 가격변수도 이윤함수의 첫 번째 설명변수로 오게 할 수 있으므로 $\pi_{p_2 p_2} \geq 0$도 성립해야 한다. 마찬가지로 $\pi_{w_1 w_1} = -\dfrac{\partial x_1(p_1, p_2, w_1, w_2)}{\partial w_1} \geq 0$이 성립하고, $\pi_{w_2 w_2} \geq 0$도 성립해야 한다. 이로서 $x.1$과 $y.1$이 증명되었다.

이윤극대화는 생산요소 사용형태는 물론 생산규모 자체도 바꿀 것이기 때문에 비용최소화에 비해서는 보다 장기적인 의사결정이고 생산자의 재량권이 더 커진다. 따라서 가격변화에 대한 반응 역시 비용최소화 때와는 다르며, 여기에서도 르샤틀리에 원리가 적용된다. 이를 확인하되, 간편성을 위해 $M = 1$을 가정하자. 아래의 도출결과는 $M \geq 2$일 때도 그대로 성립한다. 식 (5.7)이 보여주었던 생산요소 x_i에 대한 장단기 수요함수의 관계는 다음처럼 다시 표현된다.

---

3 특정 행렬식의 부호는 그 구성 행이나 열에 짝수만큼의 횟수로 마이너스를 붙이면 변하지 않고, 홀수만큼 횟수로 붙이면 반대로 바뀐다.

$$x_i(p, w_1, w_2) = x_i(w_1, w_2, y(p, w_1, w_2))$$

x_i 수요함수를 자기가격 w_i에 대해 미분하면 다음을 얻는다.

(5.11) $$\frac{\partial x_i(p, w_1, w_2)}{\partial w_i} = \frac{\partial x_i(w_1, w_2, y)}{\partial w_i} + \frac{\partial x_i(w_1, w_2, y)}{\partial y}\frac{\partial y(p, w_1, w_2)}{\partial w_i}$$

위 우변의 첫 번째 항은 w_i가 변했을 때에도 y를 원래의 최적 생산량인 $y(p, w_1, w_2)$에 고정시킨 상태에서 x_i 사용량을 바꾸는 반응이고, 두 번째 항은 w_i가 변했으므로 이윤을 극대화하는 생산량 y가 바뀌었고, 목표 생산량이 바뀌었으므로 x_i 사용량을 바꾸는 일종의 간접효과이다. 〈그림 5-2〉에서 현재 y^0를 생산할 수 있는 등량곡선 위의 점 A에서 생산을 하고 있는데, $x_i = x_1$이고 x_1의 가격 w_1이 하락한다고 하자. 위의 두 효과는 이 경우 각각 점 A에서 점 B로 가는 효과와 점 B에서 점 C로 가는 효과이다. 생산량을 y^0로 고정한 상태에서는 비용최소화를 위해 점 A에서 점 B로 가는 x_1 사용량의 증가가 발생한다. 그런데 이제 생산요소가격이 하락하여 비용이 감소했기 때문에

그림 5-2 르샤틀리에 원리

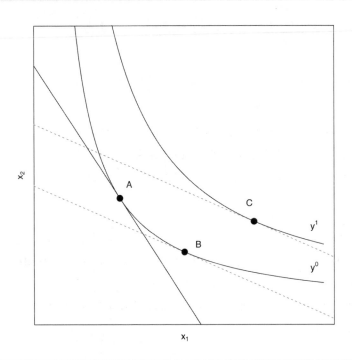

생산자는 이윤극대화를 위해서는 생산량을 y^1으로 증가시키려 하고, 따라서 새로운 생산요소가격비를 유지한 채 점 C로 이동하려 한다. 최종적으로 점 A에서 점 C로의 이동이 이윤극대화를 추구할 때의 w_1 하락에 대한 x_1의 반응이다.

〈그림 5-2〉의 내용을 수식으로 다시 확인하자. 요소 수요함수와 산출물 공급함수의 성질 $xy.1$, 즉 대칭성에 의해 $\dfrac{\partial y(p,w_1,w_2)}{\partial w_i}=-\dfrac{\partial x_i(p,w_1,w_2)}{\partial p}$가 성립한다. 또한 $\dfrac{\partial x_i(p,w_1,w_2)}{\partial p}=\dfrac{\partial x_i(w_1,w_2,y)}{\partial y}\dfrac{\partial y(p,w_1,w_2)}{\partial p}$의 관계도 성립한다. 즉 산출물가격이 변할 때 생산요소 사용량의 변화는 산출물가격이 변해 최적 공급량이 달라지고, 이때문에 비용을 최소화하는 투입량이 달라짐에 따라 발생한다. 이제 이 관계들을 식 (5.11)의 두 번째 항에 있는 $\dfrac{\partial y(p,w_1,w_2)}{\partial w_i}$에 대입하면 다음을 얻는다.

$$\frac{\partial x_i(p,w_1,w_2)}{\partial w_i}=\frac{\partial x_i(w_1,w_2,y(p,w_1,w_2))}{\partial w_i}-\left[\frac{\partial x_i(w_1,w_2,y)}{\partial y}\right]^2\frac{\partial y(p,w_1,w_2)}{\partial p}$$

성질 $y.1$에 의해 $\dfrac{\partial y(p,w_1,w_2)}{\partial p}\geq 0$이므로 우리는 다음의 르샤틀리에 원리를 얻는다.

$$(5.12) \qquad \frac{\partial x_i(p,w_1,w_2)}{\partial w_i}\leq\frac{\partial x_i(w_1,w_2,y(p,w_1,w_2))}{\partial w_i}$$

생산요소수요의 자기가격에 대한 반응은 감소하는 반응이므로 식 (5.12)는 w_i의 증가에 대한 반응은 장기인 이윤극대화일 때가 더 크게 나타남을 의미한다. 즉 산출량을 바꿀 수 있는 이윤극대화일 때가 산출량이 고정된 비용최소화의 경우에 비해 요소수요는 자기가격에 대해 더 탄력적이다. 이는 선택할 수 있는 수단이 많을수록 최적화 반응이 탄력적으로 나타난다는 르샤틀리에 원리의 적용 예이다.

> **연습문제 5.3** 제4장의 비용함수에 적용된 르샤틀리에 원리 분석의 경우처럼 $N=3$, $M=1$인데 x_3이 $\bar{x}_3$에 고정되어 있다고 하자. 이렇게 생산요소 중 일부가 어떤 이유로 인해 고정되어 있는 제약하에서 이윤을 극대화해야 한다면, 이러한 제약이 없을 경우에 비해 생산요소 사용에 있어 르샤틀리에 원리가 나타남을 보여라.

제1절에서는 생산요소 중 일부가 사용량이 고정될 경우의 이윤극대화 문제에 대해 논의하였다. 바로 위의 연습문제 5.3 역시 그와 같은 내용을 다루고 있다. 그런데 만약 모든 생산요소 사용량이 모두 고정된다면 이윤극대화 문제는 투입물에 대한 선택은 불필요하고 산출물 생산량만 선택하면 되는 독특한 구조를 가지게 된다. 목표 산출량이 고정된 비용최소화 문제가 이윤극대화에 비하면 단기의 문제이듯이 사용가능한 생산요소의 양을 바꾸지 못하고 고정시킨 상태에서 무엇을 얼마나 생산할지만을 결정하는 문제 역시 일종의 단기적인 의사결정이다. 이때에는 생산비는 고정이 되므로 결국 판매수입을 극대화하는 문제가 형성된다. 본절에서는 이러한 수입극대화 문제를 다룬다.

1. 수입함수의 정의와 성질

수입극대화 문제는 다음처럼 설정할 수 있다.

$$(5.13) \qquad r(p_1, p_2, x) = \max_{(y_1, y_2)} \{ p_1 y_1 + p_2 y_2 : \ (y_1, y_2) \in Y(x) \}$$
$$= \max_{(y_1, y_2)} \{ p_1 y_1 + p_2 y_2 : \ D_o(x, y_1, y_2) = 1 \}$$

식 (5.13)의 정의는 $N = 1$이어서 생산요소가 한 가지인 경우만 가정하고 있으나, 수입극대화에서는 투입요소는 고정된 것이므로 이는 중요한 가정이 아니다. 수입극대화는 주어진 x를 이용해 판매수입 $p_1 y_1 + p_2 y_2$를 극대화하는 (y_1, y_2)조합을 찾는 문제이다. 최대가 된 판매수입액은 주어진 조건인 산출물의 가격 (p_1, p_2)와 투입량 x의 함수로서, $r(p_1, p_2, x)$처럼 결정된다. 이를 수입함수(revenue function)라 부른다.

아울러 이 문제의 해로서의 공급량은 $y_j(p_1, p_2, x)(j = 1, 2)$처럼 역시 산출물가격과 투입량의 함수로 결정될 터인데, 이 함수를 조건부 산출물공급(conditional output supply)함수라 부를 수 있을 것이다.

수입함수는 다음과 같은 성질을 지녀야 한다.

$r.1$ $r(p_1,p_2,x) > 0$이고 존재함

$r.2$ $(p_1^1,p_2^1) \geq (p_1^0,p_2^0)$이면 $r(p_1^1,p_2^1,x) \geq r(p_1^0,p_2^0,x)$ (산출물가격에 비감소)

$r.3$ $x^1 \geq x^0$이면 $r(p_1,p_2,x^1) \geq r(p_1,p_2,x^0)$ (투입물에 비감소)

$r.4$ $r(\alpha p_1^0 + (1-\alpha)p_1^1, \alpha p_2^0 + (1-\alpha)p_2^1, x) \leq \alpha r(p_1^0,p_2^0,x) + (1-\alpha)r(p_1^1,p_2^1,x)$,
     $\alpha \in [0,1]$ (산출물가격의 볼록함수)

$r.5$ $r(\mu p_1, \mu p_2, x) = \mu r(p_1,p_2,x)$, $\mu > 0$ (산출물가격의 1차 동차함수)

$r.6$ 미분이 가능할 경우 $y_j(p_1,p_2,x) = \dfrac{\partial r(p_1,p_2,x)}{\partial p_j}$, $j=1,2$ (새무엘슨-멕파덴
     보조정리)

$r.1$에서 $r.6$에 이르는 수입함수의 성질은 제4장에서 도출하였던 $c.1$에서 $c.6$에 이르는 비용함수의 성질과 대칭을 이루고 있다. 따라서 이에 대한 설명이나 증명도 불필요하다. 마지막의 새무엘슨-멕파덴 보조정리(Samuelson-McFadden lemma)는 다음의 제약하 최적화 문제에 포락선 정리를 적용한 결과이다.

$$(5.14) \qquad L = p_1 y_1 + p_2 y_2 + \lambda [1 - D_o(x, y_1, y_2)]$$

예를 들어 $Y(x) = \{(y_1,y_2): y_1 \leq x/a_1, y_2 \leq x/a_2\}$와 같은 산출물집합이 있다고 하자. 단, $a_j (j=1,2)$는 모두 0보다 크다. 이 산출물집합은 두 가지 산출물이 $\dfrac{1}{a_1} : \dfrac{1}{a_2}$의 비율로 항상 함께 생산될 때의 생산기술을 나타내며, 산출물공간에 직사각형으로 그려진다. 생산은 그 꼭짓점인 $a_1 y_1 = a_2 y_2 = x$에서 이루어져야 자원의 낭비가 없다. 그러므로 이때의 수입함수는 $r(p_1,p_2,x) = x\left[\dfrac{p_1}{a_1} + \dfrac{p_2}{a_2}\right]$와 같으며, 이는 미분가능하기 때문에 새무엘슨-멕파덴 보조정리를 적용하면 공급함수는 $\dfrac{\partial r(p_1,p_2,x)}{\partial p_j} = \dfrac{x}{a_j}$와 같다$(j=1,2)$

아울러 조건부 산출물공급함수도 수입함수의 성질에 맞는 특성을 가져야 하는데, 가장 기본적인 다음 세 가지만 기록하도록 하자.

$y.1$ $\dfrac{\partial y_i(p_1,p_2,x)}{\partial p_j} = \dfrac{\partial y_j(p_1,p_2,x)}{\partial p_i}$

$y.2$ $\dfrac{\partial y_j(p_1,p_2,x)}{\partial p_j} \geq 0$

$y.3$ $y_j(\mu p_1, \mu p_2, x) = y_j(p_1,p_2,x)$, $\mu > 0$

수입함수는 이 외에도 비용함수가 지녔던 여러 성질들에 대응되는 성질들을 가지고 있다. 예를 들면 식 (5.14)에 의해 원 기술함수의 하나인 산출물거리함수를 알면 이로부터 수입함수를 도출할 수 있지만, 역으로 수입함수를 알면 다음 문제 (5.15)를 풀어 산출물거리함수를 도출할 수 있다. 아래 문제는 산출물가격 (p_1, p_2)를 최대의 수입이 1이 되도록 그 단위를 조절했을 때 수입 $p_1 y_1 + p_2 y_2$를 극대가 되게 하는 가격을 찾는 문제이다.

$$(5.15) \qquad D_o(x, y_1, y_2) = \max_{(p_1, p_2)} \{ p_1 y_1 + p_2 y_2 : \ r(p_1, p_2, x) = 1 \}$$

연습문제 5.4 제4장의 〈그림 4-6〉에 대응되는 그림을 그려 식 (5.15)가 성립함을 증명하라.

아울러 수입함수는 이윤함수에 투입물 사용량이 고정된 제약을 가한 함수이므로 이윤함수와 다음과 같은 관계를 가진다.

$$(5.16) \qquad \pi(p_1, p_2, w) = \max_x \{ r(p_1, p_2, x) - wx \}$$

즉 이윤극대화는 주어진 투입물량 x를 가지고 산출물가격 (p_1, p_2)조건하에서 어떻게 하여야 판매수입을 극대화하는지를 검토한 후, 이어서 x를 어느 정도 가져야 이윤이 극대화되는지를 파악하는 2단계 절차로 이루어진다. 식 (5.16)은 또한 다음을 의미한다.

$$(5.17) \qquad y_j(p_1, p_2, w) = y_j(p_1, p_2, x(p_1, p_2, w)) \ \ (j = 1, 2)$$

이윤을 극대화하는 산출물 공급량은 이윤을 극대화하는 투입물이 주어졌을 때 판매수입을 극대화하는 신출물 공급량과 일치한다.

연습문제 5.5 식 (5.17)로부터 다음의 르샤틀리에 원리를 도출하라.

$$\frac{\partial y_j(p_1, p_2, w)}{\partial p_j} \geq \frac{\partial y_j(p_1, p_2, x(p_1, p_2, w))}{\partial p_j}$$

2. 수입함수를 이용한 산출물의 잠재가격 도출

수입함수를 유용하게 활용할 수 있는 경우 중 하나가 오염물질의 잠재가격 혹은 한계저감비용(marginal abatement cost)을 추정하는 경우이다. 두 가지 산출물 (y_1, y_2) 중 y_1이 정상적인 산출물이 아니라 오염물질이라 하자. 예를 들면 발전소에서 생산되는 전력은 y_2이고 y_1은 미세먼지나 CO_2 배출량이다. 생산과정에서 발생하는 오염물질을 일종의 생산요소로 간주하기도 하고 원하지 않는 부산물로 간주하기도 한다. 그러나 산출물 생산 이전에 배출량이 결정되는 것이 아니라 생산행위의 결과 정상 산출물과 더불어 배출되기 때문에 오염물질은 투입물보다는 산출물로 간주하는 것이 적절할 것이다.

산출물 중 y_1이 오염물질이라면 이제는 제3장에서 도입하였던 생산기술에 대한 가정이 바뀌어야 한다. 특히 제3절에서 도입되었던 산출물집합의 성질 중에서 $Y.5$가 다음과 같이 수정될 필요가 있다.

$Y.5a$ $(y_1^0, y_2^0) \in Y(x)$이고 $(0 < \theta \leq 1)$이면, $(\theta y_1^0, \theta y_2^0) \in Y(x)$ (산출물의 약처분성)

$Y.5b$ $(y_1^0, y_2^0) \in Y(x)$이고, $y_2^1 \leq y_2^0$이면, $(y_1^0, y_2^1) \in Y(x)$ (y_2의 자유처분성)

위의 두 성질의 의미는 〈그림 5−3〉이 보여준다. 현재 산출물집합의 어떤 점 A에서 생산을 하고 있다고 하자. y_1이 오염물질이므로 통상적으로는 오염물질 배출량이 많을수록 y_2의 생산량도 많아진다. 따라서 산출물집합 $Y(x)$의 위쪽 경계는 우상향하는 모습을 보인다. 성질 $Y5.a$는 점 A의 투입물수준을 유지하면서 방향 b처럼 y_1과 y_2를 동시에 비례적으로 줄이는 것은 기술적으로 가능함을 의미한다. 이렇게 두 가지 산출물을 동시에 비례적으로 줄일 수 있는 성질을 산출물의 약처분성(weak disposability of output)이라 부르며, 제3장에서 도입했던 자유처분성과 구분한다. 약처분성은 오염물질 배출량을 줄이는 데에는 비용이 소요되므로 점 A에서 방향 a처럼 생산량 y_2를 유지하면서 오염물질 y_1만 줄이는 것은 허용하지 않는다. 하지만 정상 산출물에 대해서는 $Y.5b$가 자유처분성까지 부여하기 때문에 점 A에서 방향 c처럼 y_1은 유지하면서 y_2만 줄이는 것은 허용된다.

그림 5-3 약처분가능성

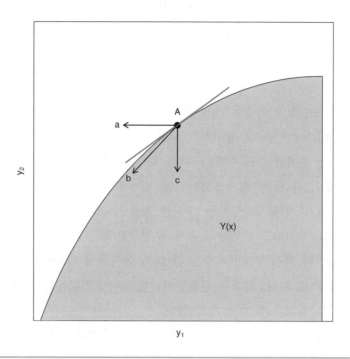

산출물집합이 볼록집합이면 $Y.5a$가 성립함을 보여라.

위에서 도입된 $Y.5a$와 $Y.5b$의 성질이 기술집합 T에 대해서는 어떻게 반영되어
야 하는지 설명하라.

위와 같은 성질을 산출물집합이 가지고 있다면, 제3장에서 도입되었던 산출물거리함
수의 성질 가운데 $D_o.3$은 다음과 같이 수정되어야 할 것이다.

$D_o.3a$ $D_o(x, y_1, y_2) \geq D_o(x, \theta y_1, \theta y_2),\ 0 < \theta \leq 1$

$D_o.3b$ $y_2^1 \geq y_2^0$이면 $D_o(x, y_1, y_2^1) \geq D_o(x, y_1, y_2^0)$

즉 x가 고정된 상태에서 두 산출물을 비례적으로 줄이면 산출물거리함수의 값이 감소하고($D_o.3a$), 정상적인 투입물 y_2의 생산량만 늘리면 산출물거리함수의 값은 증가한다($D_o.3b$). 산출물거리함수는 산출물에 대해 1차 동차함수이므로 $D_o(x, \theta y_1, \theta y_2) = \theta D_o(x, y_1, y_2)$이다. 따라서 이 동차성 성질로 인해 약처분성 $D_o.3a$는 사실 저절로 성립한다.

산출물거리함수는 정상 산출물 y_2와 달리 오염물질 y_1에 대해서는 증가한다는 성질을 부여할 수 없다. 이를 좀 더 강하게 표현하여 산출물거리함수는 오염물질에 대해서 감소한다는 성질을 부여할 수도 있으나, 이는 오염물질을 산출물이 아닌 일종의 투입물로 간주하는 경우가 된다. 〈그림 5-3〉에서는 보이지 않지만 약처분성하에서도 부분적으로 산출물집합의 경계는 우하향하는 영역을 가질 수 있다. 특히 오른쪽 경계의 경우 산출물집합을 볼록 폐집합으로 만들기 위해 수평축까지 연결되어야 하는데, 이 과정에서 음(-)의 기울기를 가져 부분적으로 y_1과 y_2가 통상적인 산출물의 경우처럼 서로 경합관계를 보여줄 수도 있다. 따라서 산출물거리함수는 오염물질에 대해서는 항상 증가하거나 감소한다는 가정은 하지 않기로 한다.

이제 y_1이 오염물질인 경우의 수입극대화 문제를 식 (5.14)의 라그랑지안을 이용해 풀어보자. 정상 산출물 y_2의 가격 p_2는 0보다 크고 시장에 의해 주어진 값이다. 그러나 오염물질 y_1의 경우 거래되는 시장이 없어 가격 p_1이 아예 존재하지 않을 수도 있고 존재한다고 해도 음(-)일 가능성이 크다. 오염물질 배출에 대한 아무런 규제가 없다면 $p_1 = 0$이 될 것이다. 만약 예를 들어 CO_2에 대해 적용되는 배출권거래제가 시행되고 있다면, 생산자는 배출량당 배출권을 구입해야 하므로 $p_1 (< 0)$은 배출권가격에 마이너스 부호를 붙인 것이 된다. 우리가 알고 싶은 것은 배출관련 정부규제가 없거나, 있더라도 배출권거래제처럼 오염물질 단위당 가격을 설정해 규제하는 경우가 아니라서 p_1의 수치를 객관적으로 알 수 없는 경우에 이 금액이 얼마인가 하는 것이다. 즉 우리는 y_1의 잠재가격(shadow price)을 알고 싶으며, y_1 배출을 하나 줄이는 것이 생산자에게 경제적으로 어떤 의미를 가지는지를 알고자 한다. 식 (5.14)로 설정된 문제의 최적화 조건은 다음과 같다.

$$p_1 = \lambda \frac{\partial D_o}{\partial y_1}$$

$$p_2 = \lambda \frac{\partial D_o}{\partial y_2}$$

$$1 = D_o(x, y_1, y_2)$$

첫 번째와 두 번째 조건식을 이용해 다음을 도출한다.

$$p_1 y_1 + p_2 y_2 = \lambda \left[\frac{\partial D_o}{\partial y_1} y_1 + \frac{\partial D_o}{\partial y_2} y_2 \right] = \lambda D_o(x, y_1, y_2) = \lambda$$

즉 산출물거리함수의 동차성으로 인해 최적 조건에서는 식 (5.14)의 라그랑지 승수 λ가 바로 수입함수 $r(p_1, p_2, x)$와 일치한다. 이를 최적화 조건식에 다시 대입하면 다음을 얻는다.

$$p_1 = r(p_1, p_2, x) \frac{\partial D_o}{\partial y_1}$$

$$p_2 = r(p_1, p_2, x) \frac{\partial D_o}{\partial y_2}$$

따라서 오염물질 y_1의 잠재가격 p_1은 수입함수 값에 산출물거리함수의 y_1에 대한 편도함수를 곱해준 것과 같다. 하지만 p_1의 값이 외부적으로 주어지지 않은 상태에서는 수입함수의 값도 알 수 없다는 문제가 있는데, 이는 위의 두 관계식을 다음처럼 결합하여 해결할 수 있다.

$$(5.18) \qquad p_1 = p_2 \frac{\partial D_o / \partial y_1}{\partial D_o / \partial y_2}$$

앞서 예를 든 것처럼 CO_2인 y_1의 가격은 존재하지 않는다. 그러나 전력 y_2의 가격 p_2는 존재한다. 정상 산출물, 오염물질, 투입물을 모두 포함하여 산출물거리함수가 어떻게 생겼는지를 우리가 통계자료를 이용해 파악할 수 있으면, 식 (5.18)을 이용해 오염물질의 잠재가격 p_1을 도출할 수 있다.

산출물거리함수를 두 산출물에 대해 전미분하면 $\frac{\partial D_o}{\partial y_1} dy_1 + \frac{\partial D_o}{\partial y_2} dy_2 = 0$으로서, 산출물거리함수의 y_1과 y_2에 대한 편도함수의 비율 $\frac{\partial D_o / \partial y_1}{\partial D_o / \partial y_2}$은 산출물집합 경계의 접선

의 기울기의 음의 값, 즉 $-\dfrac{dy_2}{dy_1}$이 된다. 〈그림 5-3〉점 A에서의 접선이 이를 보여준다. 따라서 식 (5.18)의 의미는 오염물질 한 단위를 줄이기 위해서 정상 산출물 y_2를 얼마나 줄여야 하는지를 파악하고, 여기에 y_2의 단위당 가격을 곱해준 것이 바로 y_1의 잠재가격 p_1이라는 것이다. CO_2 발생량을 줄이기 위한 공정을 선택함으로써 동일 노동, 자본, 에너지 사용량으로부터 생산해낼 수 있는 전력 생산량이 줄어들면, 여기에 전력가격을 반영하여 금액으로 환산한 것이 바로 CO_2의 단위당 잠재가격이다.[4]

3. 부가가치함수를 이용한 생산행위 분석

수입함수는 모든 투입요소 사용량이 고정된 상태에서 판매수입을 극대화하는 행위를 반영한다. 그러나 본장의 제1절이 분석한 바와 같이 모든 투입물이 고정되지는 않고 일부만 특정 수준에 고정되고, 나머지 생산요소는 사용량을 선택할 수 있는 경우가 있다. 그러한 상황은 산업 전체 혹은 국가 전체의 경제자료를 이용해 생산기술 특성이나 생산성변화 등을 분석할 때 흔히 등장한다. 국가 전체의 총산출을 y라 하면, 이는 본원적 투입물(primary input)이라 불리는 노동 L과 자본 K를 투입물로 하고, 또한 에너지, 원료, 가공품 등과 같은 소위 중간투입물(intermediate input)도 이용해 다음과 같이 생산된다.

$$(5.19) \qquad y = f(x, K, L)$$

본원적 투입물 L과 K는 적어도 단기적으로는 그 양이 고정되어 있다. 노동력이 늘어나고 자본이 축적되는 것은 장기적인 현상으로서, 경제성장의 문제가 된다. y의 가격을 p, 중간투입재 x의 가격을 w라 하면, 단기적으로는 다음 문제를 설정할 수 있다.

$$(5.20) \qquad v(p, w, K, L) = \max_x \{pf(x, K, L) - wx\}$$

위의 함수 $v(p, w, K, L)$는 주어진 가격조건과 본원적 생산요소하에서 창출한 산출물

---

4 이 방법이 실제로 한국 발전소 자료에 대해 적용된 사례로 Kwon, O. S. and W. C. Yun, 1999, "Estimation of the Marginal Abatement Costs of Airborne Pollutants in Korea's Power Generation Sector," *Energy Economics* 21, pp. 545-588와 같은 연구가 있다. 한편 산출물거리함수보다 더 일반적인 방향거리함수를 이용해서도 식 (5.18)에 상응하는 오염물질의 잠재가격을 도출할 수 있다. 이에 관해서는 다음 연구서를 참고하라: Färe, R., S. Grosskopf, and D. Margaritis, 2019, *Pricing Non-marketed Goods using Distance Functions*, World Scientific.

가치에서 중간투입재 비용을 빼준 것의 극댓값을 나타낸다. 중간투입재 가치를 최종 산출물 가치에서 빼주었기 때문에 이 함수를 부가가치함수(value-added function)라 부르기도 하고, 판매수입에서 가변비용만을 빼준 것이기 때문에 가변이윤함수(variable profit function)라 부르기도 한다.

부가가치 극대화 문제의 해는 다음 조건을 충족해야 하고, 이를 충족하는 함수 $x(p,w,K,L)$를 중간투입재 수요함수라 할 수 있다.

$$(5.21) \qquad w = p f_x(x(p,w,K,L),K,L)$$

국가 전체 경제자료를 이용할 때에는 한 해의 자료만을 가지고는 생산기술특성을 파악하기 어려우므로 다년간의 시계열자료를 사용한다. 매년의 산출물과 중간투입재의 가격은 고정되지 않고 변하고, 물가상승의 영향도 받는다. 물가상승률의 영향을 배제한 실질 경제변수들 간의 관계만을 고려하기 위해 우리는 흔히 실질가치화, 즉 디플레이션(deflation)을 행한다. 디플레이션은 어떤 기준이 되는 가격의 상대가격으로 모든 가격을 평가하는 것을 의미한다. 한 가지 예로 모든 가격을 총산출 y의 가격 p를 기준으로 나타낼 수 있다. 이 경우 다음처럼 p로 한번 디플레이션한 부가가치함수를 정의할 수 있다.

$$(5.22) \qquad v(1,\overline{w},K,L) = \max_x \{f(x,K,L) - \overline{w}x\}$$
$$\text{단, } \overline{w} = w/p$$

이의 최적화 조건은 다음과 같다.

$$(5.23) \qquad \overline{w} = f_x(x(1,\overline{w},K,L),K,L)$$

식 (5.21)과 식 (5.23)의 최적화 조건을 비교하면 $x(p,w,K,L) = x(1,\overline{w},K,L)$임을 알 수 있고, 사실 부가가치함수를 $v(p,w,K,L)$처럼 명목가치로 표현하든, $v(1,\overline{w},K,L)$처럼 p로 디플레이션하든 달라지는 것은 없다.

이제 최적의 중간투입재 사용량이 식 (5.22)에서 상대가격 $\overline{w}$와 자원부존량 K 및 L에 어떻게 반응하는지를 알아보자. 최적의 x 사용량은 항상 식 (5.23)의 최적화 조건을 충족해야 한다. 이렇게 선택변수가 특정 조건을 지키면서 가격과 같은 여건변화에 반응하는 방식을 도출할 때에는 다음의 음함수 정리(implicit function theorem)가 유용하게 사용된다.

ılıllıı math 5.2   음함수 정리

어떤 변수 x와 파라미터 α가 다음의 미분가능한 음함수를 충족한다고 하자.

$$\phi(x;\alpha) = 0$$

만약 $\phi(\overline{x};\overline{\alpha}) = 0$이고 $\dfrac{\partial \phi(\overline{x};\overline{\alpha})}{\partial x} \neq 0$이면 $(\overline{x}, \overline{\alpha})$부근에서 위의 음함수를 풀어 $x(\alpha)$처럼 x를 α의 함수로 표현할 수 있고, 또한 $\dfrac{dx(\overline{\alpha})}{d\alpha} = -\dfrac{\partial \phi(\overline{x};\overline{\alpha})/\partial \alpha}{\partial \phi(\overline{x};\overline{\alpha})/\partial x}$의 관계가 성립한다.

위의 음함수 정리는 사실 등량곡선의 기울기를 도출하거나 할 때 이미 여러 차례 활용되었었다. 음함수를 전미분하면 $\phi_x dx + \phi_\alpha d\alpha = 0$이 성립하고, 이러한 미분이 $(\overline{x}, \overline{\alpha})$부근에서 가능하다고 하자. 또한 $\dfrac{\partial \phi(\overline{x};\overline{\alpha})}{\partial x} \neq 0$이면 이 전미분으로부터 $\dfrac{dx(\overline{\alpha})}{d\alpha} = -\dfrac{\partial \phi(\overline{x};\overline{\alpha})/\partial \alpha}{\partial \phi(\overline{x};\overline{\alpha})/\partial x}$의 관계를 도출할 수 있다. 이처럼 음함수 정리는 음함수 $\phi(x;\alpha) = 0$를 x에 대해 명시적으로 풀지 않고도, 파라미터 α가 변할 때 x가 그에 어떻게 반응해야 하는지를 알게 해준다.

식 (5.23)의 좌변에서 우변을 빼주면 $\phi = \overline{w} - f_x(x, K, L) = 0$과 같은 음함수가 형성되므로 여기에 음함수 정리를 적용하면 다음을 도출할 수 있다.

(5.24)
$$\frac{\partial x}{\partial \overline{w}} = -\frac{\phi_{\overline{w}}}{\phi_x} = \frac{1}{f_{xx}}$$

$$\frac{\partial x}{\partial K} = -\frac{\phi_K}{\phi_x} = -\frac{f_{xK}}{f_{xx}}$$

$$\frac{\partial x}{\partial L} = -\frac{\phi_L}{\phi_x} = -\frac{f_{xL}}{f_{xx}}$$

생산함수가 강오목함수면 $f_{xx} < 0$이므로 $\dfrac{\partial x}{\partial w} < 0$이어서, 중간투입재 수요는 그 가격에 대해 감소한다. 자본에 대해서는 자본이 중간투입재와 기술적으로 보완관계를 가지느냐 경합관계를 가지느냐에 따라서 $\dfrac{\partial x}{\partial K} \geq 0$ 혹은 $\dfrac{\partial x}{\partial K} \leq 0$의 반응이 나타날 것이고, 노동에 대해서도 그러할 것이다.

특정 국가의 자료를 이용해 경제분석을 행할 때 연구자들은 흔히 국민소득계정이나 산업연관표상의 자료를 가지고 부가가치를 도출한 후, 이를 본원적 투입물인 K와 L이 생산해낸 것으로 간주한다. 좀 더 간편함을 위해 식 (5.22)의 1회 디플레이션된 부가가치함수를 $v(1, \overline{w}, K, L) = g(\overline{w}, K, L)$와 같이 표현하자. 아울러 포락선 정리와 식 (5.24)의 음함수 정리 결과에 의해 우리는 다음을 알고 있다.

(5.25) $$g_{\overline{w}} = -x(\overline{w}, K, L)$$

$$g_K = f_K$$

$$g_L = f_L$$

$$g_{\overline{w}K} = -\frac{\partial x}{\partial K} = \frac{f_{xK}}{f_{xx}}$$

$$g_{\overline{w}L} = -\frac{\partial x}{\partial L} = \frac{f_{xL}}{f_{xx}}$$

$$g_{\overline{w}\,\overline{w}} = -\frac{\partial x}{\partial \overline{w}} = -\frac{1}{f_{xx}}$$

연구자들은 부가가치는 중간투입재 사용량을 빼준 순수한 경제적 성과이므로 이를 본원적 생산요소인 자본과 노동이 생산해낸 것으로 해석한다. 그리고 식 (5.25)의 부가가치함수 $g(\overline{w}, K, L)$의 구조를 파악하고 이에 기여한 노동과 자본의 생산성 등을 분석하고자 한다. 즉 부가가치를 마치 노동과 자본으로부터 생산된 산출물 수량처럼 간주한다. 그런데 이 부가가치함수에는 여전히 가격 $\overline{w}$가 포함되어 있어 이를 순수한 수량들 간의 관계인 생산함수로 간주하기가 어색하다는 문제가 있다. 따라서 실제 분석에서 사용하는 방법은 다음처럼 실질부가가치(real value-added) 생산량을 정의하는 방법이다.

(5.26) $$\overline{g} = y - x$$

식 (5.26)의 $\overline{g}$는 총산출 수량에서 중간투입재 수량을 빼준 것이어서 계산과정에 가격변수가 사용되지 않는다. $\bar{g}$를 이렇게 도출하는 것은 자료의 기준연도에 있어 $p = w = 1$로서 모든 가격이 1이라 가정하고, 기준연도가 아닌 연도의 부가가치도 이 기준연도의 가격으로 평가하는 것과 같은 행위이다. 따라서 p와 w를 각각 자신으로 나누어준 것이 되므로 총산출과 중간투입재가 해당 가격으로 별도로 디플레이션된 경우이다. 즉 이중(double) 디플레이션이 이루어졌다.[5]

이렇게 구축된 실질부가가치 $\bar{g}$로 $\bar{g} = h(K, L)$와 같은 생산함수를 설정하여 노동과 자본이 실질부가가치 생산에 미치는 영향을 분석하려고 한다. 그런데 이때 이 함수가 원래의 생산함수 $f(x, K, L)$과는 다르다는 문제가 발생한다. 즉 생산자는 $f(x, K, L)$를 반영해 식 (5.20)이나 식 (5.22)와 같은 부가가치 혹은 가변이윤을 극대화했을 뿐, 함수 $\bar{g} = h(K, L)$를 반영하여 의사결정을 한 것은 아니기 때문에 후자를 이용해 부가가치 생산의 특성을 분석하는 것은 잘못된 결론을 내리게 할 수가 있다. 아울러 x 자체가 $\bar{w}$에 반응을 하기 때문에 $\bar{g}$는 사실 K와 L은 물론 $\bar{w}$에도 반응을 한다. 따라서 이를 K와 L 만의 함수로 간주하는 것은 오류를 가진다. 보다 구체적으로, $\bar{g}$를 아래와 같이 다시 정의하자.

$$\bar{g} = y - x = g - x + \bar{w}x = g + g_{\bar{w}}(1 - \bar{w})$$

위의 관계식에는 최적의 선택에서는 $g_{\bar{w}} = -x$라는 점이 반영되었다. 이렇게 정의된 $\bar{g}$와 식 (5.25)를 결합하여 다음을 도출해보자.

(5.27) $$\bar{g}_{\bar{w}} = g_{\bar{w}} - g_{\bar{w}} + g_{\bar{w}\bar{w}}(1 - \bar{w}) = -\frac{1}{f_{xx}}(1 - \bar{w})$$

$$\bar{g}_K = g_K + g_{\bar{w}K}(1 - \bar{w}) = f_K + \frac{f_{xK}}{f_{xx}}(1 - \bar{w}) = f_K - f_{xK}\bar{g}_{\bar{w}}$$

$$\bar{g}_L = g_L + g_{\bar{w}L}(1 - \bar{w}) = f_L + \frac{f_{xL}}{f_{xx}}(1 - \bar{w}) = f_L - f_{xL}\bar{g}_{\bar{w}}$$

---

5 이중 디플레이션은 국제연합(UN) 등의 국제기구와 각국 정부가 국가별 국민계정자료를 구축할 때 실제로 사용하는 방법이다. 이중 디플레이션에서 도출된 수량을 총부가가치(gross value-added, GVA)라 부르며, 총부가가치에 상품에 대한 세금은 더하고 보조금은 빼준 것을 국내총생산(gross domestic product, GDP)이라 부른다(United Kingdom Office for National Statistics, 2017, *Double Deflation: Update on Progress*).

이제 실질부가가치 생산함수 $\bar{g}=h(K,L)$가 원래의 생산함수 $f(x,K,L)$와 얼마나 일관성을 가지는지 확인해야 하는데, 일관성의 조건으로 다음이 성립하는지를 검토하자.

$$\frac{f_L}{f_K}=\frac{\bar{g}_L}{\bar{g}_K}$$

즉 두 '생산함수'의 자본과 노동의 한계생산성 비율, 혹은 한계기술대체율($MRTS$)이 동일해야 한다. 예를 들어 x를 연료, K를 기계설비, L을 노동력이라 하면, 원 생산함수로부터 도출된 $\frac{f_L}{f_K}$는 기계가 노동을 대체하는 정도, 혹은 노동이 기계를 대체하는 정도를 보여주면서 동시에 연료를 얼마나 어떻게 사용했는지도 반영한다. 하지만 실질부가가치 생산함수로부터 도출된 $\frac{\bar{g}_L}{\bar{g}_K}$는 연료 사용량의 영향은 반영하지 않고 오로지 기계장비와 노동 간의 대체관계만을 보여주므로 노동과 자본 간의 실제 한계대체율을 크게 왜곡할 수도 있다.[6] 이제, 식 (5.27)로부터 $\bar{g}_L/\bar{g}_K$은 다음과 같이 정리된다.

$$\frac{\bar{g}_L}{\bar{g}_K}=\frac{f_L}{f_K}\frac{1-(f_{xL}/f_L)\bar{g}_{\bar{w}}}{1-(f_{xK}/f_K)\bar{g}_{\bar{w}}}$$

이 한계생산성 비율이 f_L/f_K와 동일하려면 다음이 성립하여야 한다.

(5.28) $$\left(\frac{f_{xL}}{f_L}-\frac{f_{xK}}{f_K}\right)\bar{g}_{\bar{w}}=0$$

식 (5.28)은 $\bar{g}_{\bar{w}}=0$이거나 $\frac{f_{xL}}{f_L}=\frac{f_{xK}}{f_K}$일 때 충족된다. 또한 식 (5.27)에 의해 $\bar{g}_{\bar{w}}-0$의 조건은 $\frac{1}{f_{xx}}=0$이거나 $\bar{w}=1$일 때 성립하므로 식 (5.28)이 충족되는 세 가지 경우가 있다.

첫째, $\bar{w}=1$의 경우이다. 이는 p와 w가 기준연도에서는 모두 1인데, 다른 연도에서도 그 비율이 항상 1이 되어야 함을 의미한다. 즉 모든 가격이 동일한 비율대로 상승하거나 하락하는 경향이 있어야 한다. 하지만 특히 에너지 등은 다른 상품에 비해 가격변

---

6 식 (5.25)는 1회 디플레이션한 부가가치 함수 g의 경우 $g_K=f_K$이고 $g_L=f_L$이기 때문에 이 기준을 통과함을 보여준다.

동 폭이 크기 때문에 모든 가격의 동일비율 변화는 실제로 발생하기는 어렵다.

둘째 $\frac{1}{f_{xx}} = 0$인 경우이다. 이는 예를 들면 생산함수가 $f(x, K, L) = \min[x, aK, bL]$ 와 같은 레온티에프 형일 때 성립한다. $\frac{1}{f_{xx}} = 0$라는 것은 $g_{\overline{ww}} = -\frac{1}{f_{xx}} = 0$을 의미하고, 식 (5.24)에 의하면 이는 $\frac{\partial x}{\partial w} = 0$을 의미한다. 즉 중간투입재는 상대가격이 바뀌어도 사용량이 달라지지 않는다. 이는 중간투입재, 노동, 자본이 항상 고정비율로 생산에 사용될 때 발생하는 현상이다.

셋째, $\frac{f_{xL}}{f_L} = \frac{f_{xK}}{f_K}$인 경우이다. 이는 달리 표현하면 $\frac{\partial}{\partial x} \ln\left(\frac{f_L}{f_K}\right) = 0$가 성립한다는 얘기이다. 즉 두 본원적 생산요소의 한계생산성의 비율이 중간투입재 사용량에 의해 영향을 받지 않는다. 이러한 결과가 도출되려면 생산함수는 $f(x, q(K, L))$과 같은 구조를 가져야 한다. 즉 K와 L이 결합되어 총 본원적 투입요소(aggregate primary input) $q(K, L)$ 이 먼저 만들어진 후, 이것이 다시 중간투입재 x와 결합되어 최종 산출 y를 만든다. 즉 K와 L은 개별적으로는 x와 반응을 하지 않고, 서로 먼저 결합되어 $q(K, L)$를 이룬 후, 이것이 x와 반응을 한다.[7] 다음 장에서 다시 논의하겠지만 생산함수가 $f(x, q(K, L))$와 같은 구조를 가지면 두 투입요소 (K, L)이 나머지 투입요소 x로부터 분리적(separable)이라 말한다. 이 경우 f_L/f_K는 다음과 같다.

$$\frac{f_L}{f_K} = \frac{f_q \times q_L}{f_q \times q_K} = \frac{q_L}{q_K}$$

따라서 f_L/f_K는 x에 의해 영향을 받지 않으므로 $\frac{\partial}{\partial x} \ln\left(\frac{f_L}{f_K}\right) = 0$이 성립한다. 앞의 예로 돌아가면, 자본과 노동이 연료와 분리적이라는 것은 연료를 많이 사용하든 적게 사용하든 기계설비가 노동을 대체할 수 있는 정도는 달라지지 않는다는 것을 의미하므로 생산기술에 대해 매우 강한 제약을 부과하는 것이 된다.

요약하면, 이중 디플레이션을 통해 실질부가가치를 만든 후 이를 본원적 투입물 K 와 L의 산출로 가정하고 생산함수 분석을 하는 것은 산출물과 중간투입재의 모든 가격이 동일 비율로 움직이거나, 원래의 생산함수가 일종의 레온티에프형이거나, 아니면 본원적 생산요소가 중간투입재와는 분리적이라는 조건을 필요로 한다. 이 세 가지 조건 중 어느 것도 충족되지 않는 상태에서 실질부가가치를 이용해 노동과 자본의 생산성 등

---

7 이 경우 $q(K,L)$를 실질부가가치 자체로 간주할 수 있고, $y - x = q(K, L)$과 같은 함수관계를 분석할 수 있다.

을 분석하는 것은 왜곡된 분석결과를 가져다 줄 수 있다. 실질부가가치를 도출하기 위해서는 위에서 설명된 이중 디플레이션 외에도 모든 가격의 가중평균으로 개별 가격들을 디플레이션을 해주는 것과 같은 여러 방법을 사용할 수 있다. 이중 디플레이션의 예가 보여주듯이, 이들 방법을 사용할 때 그로 인해 불필요하게 생산기술을 제약하지 않는지를 확인할 필요는 있다.

SECTION 04   동조성과 비결합성

지금까지의 생산자행위에 대한 논의는 생산기술에 대해 가능한 한 제약을 가하지 않고 일반적인 상황을 포괄할 수 있도록 이루어졌다. 다만 제2, 3, 4장에서는 특히 규모수익성이나 규모의 경제성과 관련하여 일종의 특이한 성질인 동조성에 대해 논의하였고, 제3장과 제4장에서는 다수 산출물을 생산할 경우의 결합생산의 유무에 대해서도 논의하였다. 본절에서는 다수 투입물, 다수 산출물 생산에 있어 동조성과 생산의 비결합성이 이윤함수와 수입함수에 미치는 영향에 대해 논의한다.

1. 투입물 동조성

제3장 제6절은 투입물 동조성을 도입하고, 이때 투입물집합이 다음과 같이 나타남을 설명하였다.

$$V(y_1, y_2) = g(y_1, y_2) V(1, 1)$$

즉 어떤 기준이 되는 생산량, 예를 들면 (1, 1)을 생산할 수 있는 단위 투입물집합 (unit input requirement set) $V(1,1)$을 생산하고자 하는 양의 함수인 $g(y_1, y_2)$만큼 원점에서 출발하는 직선을 따라 확장 혹은 축소해놓은 것이 투입물집합 $V(y_1, y_2)$이다. 투입물 동조성이 있으면 식 (3.18)에 의해 투입물거리함수는 다음과 같이 표현되는데, 투입물만의 1차 동차함수인 $D_i(x_1, x_2)$와 산출물만의 함수인 $g(y_1, y_2)$의 비율이 된다.

$$D_i(x_1,x_2,y_1,y_2) = \frac{D_i(x_1,x_2)}{g(y_1,y_2)}$$

또한 제4장에서는 이 경우 비용함수는 다음과 같이 표현됨을 보였다. 역시 생산량만의 함수인 $g(y_1,y_2)$와 생산요소가격만의 1차 동차함수인 $c(w_1,w_2)$의 곱으로 구성된다.[8]

$$c(w_1,w_2,y_1,y_2) = g(y_1,y_2)c(w_1,w_2)$$

그렇다면 투입물 동조성이 있을 경우 이윤함수는 어떻게 생겼을까? 이때의 이윤극대화 선택은 다음처럼 진행된다.

$$
\begin{aligned}
(5.29) \quad \pi(p_1,p_2,w_1,w_2) &= \max_{(y_1,y_2)}\{p_1y_1 + p_2y_2 - c(w_1,w_2,y_1,y_2)\} \\
&= \max_{(y_1,y_2)}\{p_1y_1 + p_2y_2 - g(y_1,y_2)c(w_1,w_2)\} \\
&= c(w_1,w_2)\max_{(y_1,y_2)}\{\bar{p}_1y_1 + \bar{p}_2y_2 - g(y_1,y_2)\}, \\
&= c(w_1,w_2)\bar{\pi}(\bar{p}_1,\bar{p}_2), \qquad \bar{p}_j = p_j/c(w_1,w_2), \;\; j=1,2
\end{aligned}
$$

즉, 이윤함수에서는 생산요소의 가격부문만 함수 $c(w_1,w_2)$로 별도로 분리되어 나오고, 산출물의 가격은 비용부분 $c(w_1,w_2)$로 정규화된 형태인 $\bar{p}_1$과 $\bar{p}_2$로 변화되어 이윤함수에 별도로 영향을 미친다. 따라서 이윤함수의 경우 투입물 동조성이 있어도, 비용함수의 경우와 달리 투입요소가격의 영향이 산출물 쪽 변수인 산출물가격의 영향과 완전분리되는 형태로 정리되지는 않는다.

2. 산출물 동조성

다수 산출물이 생산되는 경우라면 동조성은 산출물에 대해서도 적용될 수 있다. 산출물 동조성(output homotheticity)은 산출물집합이 다음처럼 생겼음을 의미한다.

$$Y(x_1,x_2) = g(x_1,x_2)Y(1,1)$$

---

8 제4장 식 (4.31)은 산출물이 한 가지인 경우의 비용함수를 보여주었으나, 이는 산출물이 두 가지 이상인 경우로 그대로 확장된다.

$Y(1,1)$은 단위 산출물집합으로서, 어떤 기준이 되는 투입물집합, 예를 들면 $(1,1)$이 생산할 수 있는 산출물집합이다. 산출물집합 $Y(x_1, x_2)$는 이 $Y(1,1)$을 투입물의 양이 결정하는 함수 값 $g(x_1, x_2)$만큼 비례적으로 확장 혹은 축소한 것으로서, 이제는 그 경계인 생산가능경계(PPF)가 평행하며, 원점을 지나는 각 직선상에서 동일한 기울기를 갖는다. 앞의 투입물 동조성에 관한 논의과정을 그대로 반복하면 산출물 동조성이 존재할 경우 산출물거리함수, 수입함수, 이윤함수가 각각 아래와 같음을 보여줄 수 있다.

$$(5.30) \qquad D_o(x_1, x_2, y_1, y_2) = \frac{D_o(y_1, y_2)}{g(x_1, x_2)}$$

$$r(p_1, p_2, x_1, x_2) = g(x_1, x_2) r(p_1, p_2)$$

$$\pi(p_1, p_2, w_1, w_2) = r(p_1, p_2)\widetilde{\pi}(\widetilde{w}_1, \widetilde{w}_2), \quad \widetilde{w}_i = w_i / r(p_1, p_2), \ i = 1, 2$$

위의 표현에서도 $D_o(y_1, y_2)$와 $r(p_1, p_2)$는 모두 1차 동차함수이다.

3. 투입물 비결합성

결합생산이 발생하지 않는 원인으로서, 우리는 생산기술의 투입물 비결합성도 검토하였었다. 제4장 제7절은 투입물 비결합성이 있으면 각 산출물별로 별도의 투입물집합이 다음처럼 정의된다고 하였다.

$$V(y_1, y_2) = V_1(y_1) + V_2(y_2)$$

$$단, \ V_j(y_j) = \left\{ (x_{1j}, x_{2j}) : \ y_j \leq f^j(x_{1j}, x_{2j}) \right\}$$

이때의 투입물거리함수는 미분이 불가능하였고, 비용함수는 산출물별로 정의되어 다음과 같음이 보여졌다.

$$c(w_1, w_2, y_1, y_2) = \sum_{j=1}^{2} c^j(w_1, w_2, y_j)$$

따라서 이 경우에는 범위의 경제성이 발생하지 않았다. 그렇다면 이윤함수는 어떤 형태를 지닐까? 다음처럼 도출할 수 있다.

$$(5.31) \qquad \pi(p_1, p_2, w_1, w_2) = \max_{(y_1, y_2)} \left\{ p_1 y_1 + p_2 y_2 - \sum_{j=1}^{2} c^j(w_1, w_2, y_j) \right\}$$

$$= \sum_{j=1}^{2} \max_{y_j} \left\{ p_j y_j - c^j(w_1, w_2, y_j) \right\}$$

$$= \sum_{j=1}^{2} \pi^j(p_j, w_1, w_2)$$

즉, 이제는 이윤함수도 각 산출물별로 정의되며, 전체 이윤은 각 산출물별 이윤의 합이 된다. 각 산출물별로 이윤을 극대화하는 투입물 사용량을 선택하고, 극대화된 산출물별 이윤을 모두 합하면 전체 이윤이 된다. 그리고 중요한 것은 예를 들면 y_i의 이윤함수 $\pi^i(p_i, w_1, w_2)$에는 해당 산출물의 가격 p_i만 영향을 미치지 다른 산출물의 가격 p_j는 영향을 미치지 않는다는 점이다.

식 (5.31)과 같은 이윤함수의 성질은 특정 생산행위가 투입물 비결합성을 가지는지 가지지 않는지를 검정할 수 있는 방법을 제시한다. 새무엘슨-멕파덴 보조정리를 식 (5.31)에 적용하면 다음 관계를 얻는다.

$$\frac{\partial y_i(p_1, p_2, w_1, w_2)}{\partial p_j} = \frac{\partial^2 \pi(p_1, p_2, w_1, w_2)}{\partial p_i \partial p_j} = \frac{\partial \left(\partial \pi^i(p_i, w_1, w_2) / \partial p_i \right)}{\partial p_j} = 0, \ i \neq j$$

위의 결과는 다품목 이윤함수가 (5.31)과 같이 품목별 이윤함수의 합의 형태를 지니기 때문에 발생하는데, 산출물공급에 있어 교차가격 탄력성은 모두 0이라는 것을 의미한다. 예를 들어 쌀과 채소를 동시에 생산하는 농업인의 생산기술이 투입물 비결합성을 지니는지의 여부는 이윤극대화를 하는 이 농업인이 쌀 가격이 변해도 채소 생산량을 바꾸지 않고, 역으로 채소 가격이 변해도 쌀 생산량을 바꾸지 않는지를 확인하여 검정할 수 있다.

한편, 비결합성은 산출물에 대해서도 정의할 수 있다. 이때는 각 투입물별로 별도의 산출물집합을 구성할 수 있고, 전체 산출물집합은 각 투입물별 산출물집합의 합이 되도록 설정하면 된다. 그러나 이러한 산출물 비결합성(non-jointness in output)은 현실적으로 발생하기가 어렵고, 그 경제적 의미를 해석하기도 힘들기 때문에 관련해서 더 이상의 논의는 진행하지 않으며, 그러한 기술제약이 가능하다는 것만 언급하고자 한다.

제4절의 마지막 내용은 만약 투입물 비결합성이 존재하여 모든 투입물을 각 산출물별로 배분할 수 있고, 각 산출물의 생산량이 그 산출물 생산을 위해 사용된 투입물들에 의해서만 결정된다면, 산출물공급의 교차가격 반응은 0임을 보였다. 이 결과는 따라서 생산자의 이윤극대화 행위를 포함하는 실제 자료를 이용해 투입물 비결합성이 존재하는지를 검정할 수 있게 한다. 하지만 이렇게 모든 투입물을 각 산출물별로 분리하여 사용량을 배정할 수 있어도 그 총량이 정해져 있으면, 이제는 투입물 비결합성에도 불구하고 산출물공급의 교차가격 반응은 여전히 0이 아니라는 문제가 발생한다. 이는 투입물을 둘러싼 경합이 있기 때문에 y_1의 가격 상승은 y_1 증산을 야기하고, 그 때문에 y_2의 생산이 줄어드는 교차가격 반응이 나타나기 때문이다. 이렇게 배분가능하지만 총량이 고정된 투입물(allocatable but fixed input, AFI)이 존재하는 경우에도 쌍대함수인 이윤함수에 생산기술의 특성을 잘 반영할 수 있는지에 대해 생산경제학자들은 특별한 관심을 보여 왔다.

두 가지 투입물 x와 z를 이용해 두 가지 산출물 y_1과 y_2를 생산하는 경우를 가정하자. 지금까지 분석해왔던 경우들과 달리 x와 z 모두 두 산출물별로 사용량을 배정할 수 있다. 즉 $x = x_1 + x_2$와 $z = z_1 + z_2$로 배정된다. 하지만 x는 총 사용량에 제한이 없으나, z는 그 양이 $\overline{z}$로 고정되어 있다고 하자. 따라서 z가 AFI이다. 제조업 회사가 생산라인을 품목별로 배정할 수 있지만 전체 설비규모 자체는 고정되어 있는 경우나, 농업 생산자가 품목별로 모든 투입요소 사용량을 배정해줄 수 있지만 단기적으로 토지면적은 고정된 경우 등을 상상할 수 있다. x의 가격을 w, z의 가격을 r, 두 산출물의 가격을 p_1과 p_2라 하면 다음의 이윤극대화 문제를 설정할 수 있다.

$$(5.32) \qquad L = p_1 f^1(x_1, z_1) + p_2 f^2(x_2, z_2) - w(x_1 + x_2) - r(z_1 + z_2)$$
$$+ \lambda[\overline{z} - z_1 - z_2]$$

품목별 생산함수가 $f^j(x_j, z_j)$와 같이 설정되고, 각 품목은 자신을 위해 사용된 생산요소의 양에 의해서만 생산량이 결정되기 때문에 투입물 비결합성 조건을 충족한다. 전체 이윤함수는 $\pi(p_1, p_2, w, r, \overline{z})$와 같은 함수가 될 것이다. 이윤극대화 조건은 다음과 같다.

$$(5.33) \quad p_j f_x^j(x_j, z_j) - w = 0$$

$$p_j f_z^j(x_j, z_j) - r - \lambda = 0$$

$$\bar{z} - z_1 - z_2 = 0, \quad j = 1,2$$

이윤극대화 공급량은 $y_j(p_1, p_2, w, r, \bar{z})(j=1,2)$와 같이 표현할 수 있고, 이윤극대화 투입물 사용량도 $x_j(p_1, p_2, w, r, \bar{z})$, $z_j(p_1, p_2, w, r, \bar{z})$와 같은 함수로 표현할 수 있다.

이 상황에서 만약 p_1이 상승한다면, 생산자는 전체 이윤을 극대화하기 위해 y_1 생산을 늘리고자 할 것이고, 이를 위해 (x_1, z_1)의 수량을 바꿀 것이다. AFI 제약 $\bar{z} - z_1 - z_2 = 0$을 충족해야 하므로 z_1의 변화는 z_2도 바꾸게 된다. 따라서 p_1의 증가는 y_2 생산 변화를 유발한다. 이 경우 $\dfrac{\partial y_2(p_1, p_2, w, r, \bar{z})}{\partial p_1} \neq 0$이 성립하므로, 실제 생산자 생산행위를 이용해 생산기술의 비결합성을 검정할 수가 없다. 즉 '생산기술'은 비결합적이지만 '생산자의 반응'은 여전히 결합적인 것이다.

AFI의 존재는 생산행위나 생산기술의 분석과 관련하여 여러 가지 검토해야 할 문제를 제기하는데, 그 중 하나가 쌍대함수인 이윤함수를 이용한 분석이 원 생산기술의 특성이나 생산자행위의 세부적인 면들을 파악하는 데 한계를 보인다는 것이다. 위에서 이미 우리는 기술 자체는 비결합성을 지녀도 생산자의 이윤극대화 행위는 이를 보여주지 않는다는 이윤함수 접근법의 한계를 보았다. 관련된 또 다른 한계는 식 (5.32)를 x의 가격 w로 미분해보면 나타난다. 포락선 정리에 의해 다음이 도출된다.

$$\frac{\partial \pi(p_1, p_2, w, r, \bar{z})}{\partial w} = -(x_1(p_1, p_2, w, r, \bar{z}) + x_2(p_1, p_2, w, r, \bar{z})) = -x(p_1, p_2, w, r, \bar{z})$$

생산자들은 분명히 생산요소 x를 두 산출물 y_1과 y_2에 각각 x_1과 x_2만큼 배정하여 사용하고 있다. 그 가격 w가 바뀌면 x_1과 x_2의 사용량은 바뀌겠지만 동일하게 바뀔 이유는 없다. 따라서 우리가 알아야 할 것은 w 변화가 유발하는 x_1과 x_2의 개별 변화이다. 고용노동력 가격이 상승하면 생산자가 쌀에 투입하는 노동력은 얼마나 줄이고 채소에 투입하는 노동력은 얼마나 줄일지를 우리는 알고 싶은 것이다. 하지만 이 생산자의 이윤함수 $\pi(p_1, p_2, w, r, \bar{z})$를 이용해서는 w 변화가 초래한 x_1과 x_2 변화의 합, 즉 총 노동투입량의 변화만을 알 수 있다.

사실 생산요소 사용량을 품목별로 배정하는 것이 기술적으로 가능한 경우에도 이를 실제로 조사하여 자료로 획득하기가 어렵기 때문에 생산의 결합성을 가정하는 경우도 있다. 그런데 위의 결과가 보여주듯 현장 조사 등을 통해 세밀한 생산행위관련 자료를 얻어서 투입물의 품목별 배정내용을 확인해도 이윤함수 분석법을 통해서는 가격변화 시 투입물의 품목별 배정이 어떻게 달라지는지를 알 수 없다면, 이는 이윤함수 분석법이 가지는 큰 한계가 된다. 이 경우에는 다시 원 기술함수 분석법으로 돌아가 이윤함수 $\pi(p_1, p_2, w, r, \overline{z})$ 대신 생산함수 $f^j(x_j, z_j)$의 함수형태를 파악하고 이를 식 (5.32)의 라그랑지안에 대입하여 경제행위를 분석해야 할 것이다.[9]

이 문제에 대해 결정적인 기여를 한 것이 Chambers and Just(1989)의 연구이다.[10] 이들은 이 경우에도 여전히 쌍대함수인 이윤함수를 사용할 수 있음을 보였다. 이들은 2단계 의사결정을 분석하는데, 이에 따르면 1) 생산자는 품목별 *AFI* 사용량이 고정되었다고 가정하고 각 품목별 이윤을 극대화한다, 그리고 2) 생산자는 *AFI*를 전체 이윤을 극대화하도록 품목별로 배정하는 방법을 찾아낸다. 즉, 전체 이윤함수가 아니라 생산의 비결합성 때문에 정의할 수 있는 품목별 이윤함수를 분석에 사용한다.

z_j를 y_j에 배정된 *AFI*라 하자. 그리고 수식표현을 간단하게 만들기 위해 $r = 0$, 즉 *AFI*의 가격은 0이라 하자. 비결합성이 있으므로 생산기술을 다음과 같이 품목별로 별도로 정의할 수 있다.

$$T^j(z_j) = \left\{(x_j, y_j): \ y_j \leq f^j(x_j, z_j)\right\}, \ j = 1, 2$$

아울러 전체 기술집합은 다음처럼 표현되는데, $z = \overline{z}$의 제약하에서 기술적으로 가능한 두 산출물 y_1과 y_2의 생산량과 전체 가변투입물 사용량 x의 조합을 보여준다.

$$T(\overline{z}) = \left\{(x, y_1, y_2): \ y_j \leq f^j(x_j, z_j), \ x_1 + x_2 = x, \ z_1 + z_2 = \overline{z}\right\}$$

각 품목별 이윤함수를 다음처럼 정의할 수 있다. 품목별 이윤함수에는 해당 산출물의 가격만이 영향을 미칠 뿐, 다른 산출물의 가격은 영향을 미치지 않는다.

---

9 *AFI*가 존재할 경우에는 이윤함수와 같은 쌍대함수보다는 생산함수를 이용해야 한다는 주장은 Shumway et al.(Shumway, C., R. Pope, and E. Nash, 1984, "Allocatable Fixed Inputs and Jointness in Agricultural Production: Implications for Economic Modeling," *American Journal of Agricultural Economics* 66, pp. 72−78)이 제기하였다. 이들의 결론은 결과적으로는 틀린 것이 되어버렸지만, 관련된 중요 후속 연구를 자극하는 계기가 되었다.

10 Chambers, R. G. and R. E. Just, 1989, "Estimating Multioutput Technologies," *American Journal of Agricultural Economics* 71, pp. 980−995.

$$\pi^j(p_j, w, z_j) = \max_{(x_j, y_j)} \{p_j y_j - w x_j : \ (x_j, y_j) \in T^j(z_j)\}, \ j = 1, 2$$

그렇다면 다수 산출물 생산의 전체 이윤함수는 다음과 같다.

$$(5.34) \qquad \pi(p_1, p_2, w, \overline{z}) = \max_{(x, y_1, y_2)} \{p_1 y_1 + p_2 y_2 - w x : \ (x, y_1, y_2) \in T(\overline{z})\}$$

$$= \max_{(z_1, z_2)} \sum_{j=1}^{2} \{\pi^j(p_j, w, z_j) : \ z_1 + z_2 = \overline{z}\}$$

식 (5.34)의 두 번째 정의가 바로 위에서 설명한 2단계 의사결정과정이다. 생산자는 먼저 z_j를 품목별로 배정하여 품목 고유의 이윤함수 $\pi^j(p_j, w, z_j)$를 구하고, 이어서 전체 이윤을 극대화하도록 $\overline{z}$를 z_1과 z_2로 배분하는 방법을 찾는다. 식 (5.34)의 이윤극대화 문제에 호텔링의 보조정리를 적용하면 다음을 얻는다.

$$(5.35) \qquad x(p_1, p_2, w, \overline{z}) = -\frac{\partial \pi(p_1, p_2, w, \overline{z})}{\partial w} = -\frac{\partial \pi^1(p_1, w, z_1)}{\partial w} - \frac{\partial \pi^2(p_2, w, z_2)}{\partial w}$$

$$= x_1(p_1, w, z_1) + x_2(p_2, w, z_2)$$

$$(5.36) \qquad y_j(p_1, p_2, w, \overline{z}) = \frac{\partial \pi(p_1, p_2, w, \overline{z})}{\partial p_j} = \frac{\partial \pi^j(p_j, w, z_j)}{\partial p_j}$$

$$= y_j(p_j, w, z_j), \ j = 1, 2$$

AFI의 배정량이 (z_1, z_2)로 정해진 상태에서 품목별 고유한 이윤함수 $\pi^j(p_j, w, z^j)$를 안다면 이제는 식 (5.35)를 이용해 w 변화가 유발하는 x_1과 x_2의 변화를 별도로 도출할 수 있다. 아울러 식 (5.36)을 통해 각 품목의 공급함수도 도출할 수 있다. 하지만 식 (5.35)와 식 (5.36)은 모두 품목별 AFI 사용량이 (z_1, z_2)로 고정된 상태에서의 투입물수요와 산출물공급만을 보여주기 때문에 완전하지 못하다. AFI 자체의 배정문제는 다음 조건을 필요로 한다.

$$(5.37) \qquad \frac{\partial \pi^1(p_1, w, z_1)}{\partial z_1} = \frac{\partial \pi^2(p_2, w, z_2)}{\partial z_2}, \ z_1 + z_2 = \overline{z}$$

식 (5.37)은 식 (5.34)에서 $\pi(p_1, p_2, w, \overline{z}) = \max_{(z_1, z_2)} \sum_{j=1}^{2} \{\pi^j(p_j, w, z_j) : \ z_1 + z_2 = \overline{z}\}$를 극대화하도록 배정량 (z_1, z_2)을 찾는 조건이다. AFI를 두 가지 용도로 배정해서 추

가로 얻을 수 있는 이윤의 증가분이 두 품목에 있어 동일할 때 최적의 (z_1, z_2)가 찾아진다. 따라서 이윤함수를 이용하는 분석이 완전해지려면, 식 (5.35), (5.36), (5.37)의 동시적 분석이 이루어져야 한다.

앞서 예를 든 바와 같이 x의 가격 w가 x_1과 x_2 수요에 미치는 영향을 쌍대함수를 이용해 분석하고자 한다면, 우리는 먼저 $\pi^j(p_j, w, z_j)$를 설정하고 여기에 호텔링 보조정리를 적용해 $x_j(p_j, w, z_j)$를 도출한다. 아울러 식 (5.37)을 통해 최적의 AFI배분을 나타내는 함수 $z_j(p_1, p_2, w, \overline{z})$를 도출할 수 있다. 따라서 w 변화가 x_j 사용량에 미치는 영향은 다음과 같이 도출된다.

$$(5.38) \qquad \frac{\partial x_j(p_1, p_2, w, \overline{z})}{\partial w} = \frac{\partial x_j(p_j, w, z_j(p_1, p_2, w, \overline{z}))}{\partial w}$$
$$+ \frac{\partial x_j(p_j, w, z_j)}{\partial z_j} \frac{\partial z_j(p_1, p_2, w, \overline{z})}{\partial w}$$

즉, 전체 이윤을 극대화하는 '산출물별' 가변투입물 사용량 x_j가 w에 반응하는 정도는 AFI가 고정된 상태에서 w가 변해 발생하는 직접효과와, w변화로 인해 y_j에 배정된 AFI가 변해 발생하는 간접효과의 합으로 구성된다. 이 식을 통해 생산함수가 아닌 이윤함수를 활용해서도 각 산출물별로 사용되는 가변투입물이 w에 대해 반응하는 것을 도출할 수 있다.

예를 들어 다음과 같은 품목별 이윤함수를 설정하자.

$$\pi^j(p_j, w, z_j) = p_j^{1/(1-a_j)} w^{-a_j/(1-a_j)} z_j^{b_j}, \ 0 < a_j < 1, \ j = 1,2$$

호텔링 보조정리를 통해 다음이 도출된다.

$$(5.39) \qquad x_j(p_j, w, z_j) = \frac{a_j}{1-a_j} p_j^{1/(1-a_j)} w^{-1/(1-a_j)} z_j^{b_j}, \ j = 1,2$$

아울러 식 (5.37)의 AFI배분원칙은 다음과 같다.

$$(5.40) \qquad b_1 p_1^{1/(1-a_1)} w^{-a_1/(1-a_1)} z_1^{b_1-1} = b_2 p_2^{1/(1-a_2)} w^{-a_2/(1-a_2)} (\overline{z} - z_1)^{b_2-1}$$

그러면 w 변화의 x_j에 대한 효과 중 식 (5.38) 우변의 첫 번째 항, 즉 AFI 배정이 불변인 상태에서의 변화는 $\dfrac{\partial x_j}{\partial w}=-\dfrac{a_j}{(1-a_j)^2}p_j^{1/(1-a_j)}w^{(-2+a_j)/(1-a_j)}z_j^{b_j}$와 같이 도출된다. AFI 배정 변화로 인한 간접효과를 반영하는 식 (5.38)의 우변 두 번째 항 중 $\dfrac{\partial x_j(p_j,w,z_j)}{\partial z_j}$ 는 $\dfrac{a_jb_j}{1-a_j}p_j^{1/(1-a_j)}w^{-1/(1-a_j)}z_j^{b_j-1}$ 과 같이 구해진다. 여기에 곱해줄 $\dfrac{\partial z_j(p_1,p_2,w,\overline{z})}{\partial w}$ 는 식 (5.40)에서 구해야 하는데, 이는 음함수 정리를 적용하거나 컴퓨터를 이용해 수치적으로 풀어야 할 것이다.[11]

SECTION 06 쌍대성 원리

제4장과 본장은 생산함수나 거리함수, 혹은 기술집합 등의 수단을 이용해 생산기술 특성도 분석하고 비용최소화, 수입극대화, 이윤극대화와 같은 경제행위도 분석하였다. 이 과정에서 어떤 원 기술함수, 예를 들면 콥-더글라스형 생산함수가 있으면, 그에 해당되는 비용함수나 이윤함수가 도출될 뿐 아니라, 규모수익성이나 동조성, 비결합성과 같은 원 생산함수의 특성이 이들 쌍대함수에 반영되어 있는 경우를 수차례 확인하였다.

예를 들어 다음과 같은 이윤극대화 문제를 검토하자.

$$\pi(p,w_1,w_2)=\max_{(x_1,x_2,y)}\{py-w_1x_1-w_2x_2:\ y\le f(x_1,x_2)\}$$
$$=py(p,w_1,w_2)-w_1x_1(p,w_1,w_2)-w_2x_2(p,w_1,w_2)$$

위의 문제에서는 원 기술함수 $f(x_1,x_2)$를 반영하여 이윤극대화가 이루어지는데, 그 결과물인 최대 이윤은 주어진 파라미터인 가격 p, w_1, w_2의 함수로 표현된다. 이는 목적함수의 값을, 즉 이윤을 y, x_1, x_2의 최적 해에서 평가했고, 이들 선택변수들은 세 가지 파라미터의 값에 따라 그 값이 결정되기 때문이다. 최적화 문제가 있을 때 이처럼 선

---

11 한편, 이상의 분석절차를 활용하여 AFI가 아닌 가변투입물 x를 산출물별로 배정하는 것이 가능한지, 즉 생산기술의 비결합성이 성립하는지도 검정할 수 있다. 그 방법은 앞에서 소개한 Chambers and Just(1989)와, 다음의 보다 최근 연구가 제시하였다: Gorddard, R. 2013, "Profit-Maximizing Land-Use Revisited: The Testable Implications of Non-Joint Crop Production under Land Constraint," *American Journal of Agricultural Economics* 95, pp. 1109-1121.

택변수의 최적 값을 반영하여 목적함수를 평가하면, 그 목적함수의 값 자체가 파라미터들의 함수로 표현된다. 최적화 결과를 나타내는 이러한 함수들을 간접목적함수(indirect objective function)라 부른다. 이윤함수, 수입함수, 부가가치함수, 비용함수는 모두 간접목적함수이다.

간접목적함수가 도출될 때 선택변수들 y, x_1, x_2는 원 기술함수 $f(x_1, x_2)$를 당연히 반영하여 선택된다. 따라서 간접목적함수 $\pi(p, w_1, w_2)$는 원 기술함수 $f(x_1, x_2)$의 특성을 함유하고 있는 것이다. 이는 비용최소화 문제에서의 비용함수 $c(w_1, w_2, y)$도 마찬가지이다. 그렇다면 우리는 $f(x_1, x_2)$의 형태나 특성을 분석할 것이 아니라 역으로 간접목적함수인 이윤함수나 비용함수의 형태를 분석하고, 이로부터 원 기술함수인 $f(x_1, x_2)$의 특성, 예를 들면 규모수익성이나 대체탄력성 등의 특성을 파악할 수 있을 것이라 유추할 수 있다. 사실 우리는 그것이 가능하다는 것을 이미 수차례 보았다. 이처럼 생산기술과 최적화 행위의 특성을 원 기술함수로부터 분석할 수도 있고, 역으로 간접목적함수를 이용해 동일하게 분석할 수도 있다는 사실을 쌍대성 원리(principle of duality)라 부른다.

쌍대성 원리가 적용되면 우리는 원 기술함수보다는 간접목적함수를 바로 이용해 분석을 행할 수 있는데, 특히 자료를 이용해 기술특성 등을 실증 분석할 때 이는 적어도 세 가지 점에서 매우 유용하다. 첫째, 생산함수나 거리함수와 같은 원 기술함수는 투입물과 산출물의 수량적 관계를 나타내는데, 이들 수량자료를 생성하고 분석하는 것은 사실 경제학의 영역은 아니다. 많은 경우 투입물과 산출물의 수량자료는 실험이나 시험을 통해 얻어지며, 경제학자들은 이 과정에 제한된 참여만 할 수 있다. 반면 간접목적함수 값을 결정하는 가격자료들은 주로 시장에서 형성되며, 경제 연구자들이 쉽게 접근할 수 있다.

둘째, 수량자료는 실제 생산자들이 처한 의사결정 환경을 잘 반영하지 못할 가능성이 있다. 예를 들어 비료 사용량과 쌀 생산량의 관계, 특정 화학물질이나 에너지 사용량 변화에 따른 생산량 변화를 과학자들이 분석할 때는 생산에 영향을 미치는 다른 변수들은 통제한 상태에서 이들 변수의 한계적 영향만을 실험 등을 통해 도출하곤 한다. 실제 생산자들은 통제된 실험실과는 달리 매우 다양한 변수들의 영향을 받으며 생산행위를 하기 때문에 실험자료가 이들이 실제로 처한 기술여건이나 의사결정 환경을 모두 나타내는 데 한계가 있다.

셋째, 이는 제7장에서 다시 다루겠지만 간접목적함수의 분석은 실증분석결과의 통계적 품질 면에서도 원 기술함수를 분석하는 것보다 우월하다. 통계자료를 이용해 실제로 특정 함수의 형태를 분석할 때 분석결과의 통계적 성질이 양호하기 위해서는 자료가 가능한 한 외생적으로 주어지고 의사결정자가 임의로 선택하지 않는 것이 중요하다. 이윤함수와 같은 간접목적함수의 설명변수인 가격변수들은 개별 생산자 입장에서는 외부적으로 주어진, 시장에서 형성되는 자료이다. 반면 생산함수의 설명변수인 수량자료는 생산자들이 스스로 선택하는 변수들이다. 이런 점에서도 생산함수보다는 그 간접목적함수의 분석이 우위를 가진다.

1. 쌍대성 원리 예시

이상 논의한 쌍대성 원리를 예를 들어 확인해보자. 우리가 어떤 비용함수 $c(w_1, w_2, y)$의 형태를 알고 있다고 하자. 그렇다면 이 비용함수로부터 역으로 투입물집합 $V(y)$를 도출할 수 있을까? 다음과 같은 반공간(half−space)을 고려해보자.

$$(5.41) \qquad H(w_1^1, w_2^1, y) = \left\{ (x_1, x_2) : \ w_1^1 x_1 + w_2^1 x_2 \geq c(w_1^1, w_2^1, y) \right\}$$

위의 반공간은 전체 (x_1, x_2) 공간을 양분했을 때 그 한 쪽만의 공간이고, 주어진 가격 (w_1^1, w_2^1)이 있을 때 관계식 $w_1^1 x_1 + w_2^1 x_2 = c(w_1^1, w_2^1, y)$를 충족하는 직선보다 위쪽에 있는 공간이다. 이 선은 〈그림 5−4〉에서 직선 AB로 표시되어 있다. 이 직선보다 아래쪽 다시 말해 공간 $H(w_1^1, w_2^1, y)$의 반대쪽 공간에서의 (x_1, x_2)들은 반공간 $H(w_1^1, w_2^1, y)$ 안의 투입물조합에 비해 상대적으로 더 적은 양이다. 따라서 반공간 $H(w_1^1, w_2^1, y)$의 아래쪽 투입물조합들은 비용지출액이 최소 비용 $c(w_1^1, w_2^1, y)$보다도 더 적으므로 주어진 생산량 y를 생산해낼 수 없다. 이는 만약 y를 생산할 수 있는 투입물집합이 존재한다면 이는 반공간 $H(w_1^1, w_2^1, y)$ 내에 있어야 함을 의미한다. 이제 가격조합을 바꾸어 또 다른 반공간을 그려보자.

$$H(w_1^2, w_2^2, y) = \left\{ (x_1, x_2) : \ w_1^2 x_1 + w_2^2 x_2 \geq c(w_1^2, w_2^2, y) \right\}$$

이 새로운 반공간의 경계선 $w_1^2 x_1 + w_2^2 x_2 = c(w_1^2, w_2^2, y)$은 〈그림 5−4〉에서 직선 CD로 표시되어 있다. 이 경우에도 투입물집합 $V(y)$는 반공간 $H(w_1^2, w_2^2, y)$ 내에 속해야 할 것이다.

그림 5-4 반공간

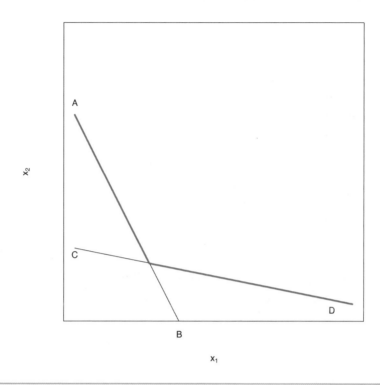

투입물집합 $V(y)$는 이렇게 형성된 두 반공간 $H(w_1^1, w_2^1, y)$와 $H(w_1^2, w_2^2, y)$에 동시에 속해야 한다. 따라서 투입물집합 $V(y)$는 AB선의 x_2 값이 더 클 때는 AB선을, CD선의 x_2 값이 더 클 때에는 CD선을 하방경계로 가지는 영역에 속해야 한다. 이렇게 두 쌍의 가격조합만을 가지고 반공간을 도출해도 이들 반공간의 아래쪽 경계는 우리가 잘 알고 있는 $V(y)$의 경계처럼 볼록한 모습을 지니게 된다. 비용함수 $c(w_1, w_2, y)$를 알고 있는 상황에서 가격조합의 수를 늘리며 이렇게 반공간들을 만들어 가면, $V(y)$는 만들어지는 모든 위쪽 반공간 내에 속해야 하므로 $V(y)$가 속할 공간이 점점 더 작아지고, 무수히 많은 수의 가격조합이 사용되면 결국은 $V(y)$ 자체가 될 것이다. 이런 식으로 우리는 간접목적함수인 비용함수 $c(w_1, w_2, y)$로부터 원 생산기술을 나타내는 투입물집합을 도출할 수 있다.

보다 분명한 예는 〈그림 5-5〉가 보여준다. 그림에서 원점에 대해 볼록한 곡선은 $y = 2x_1^{0.5}x_2^{0.5}$라는 생산함수의 $y = 1$에서의 실제 등량곡선을 보여준다. 즉 이 곡선 위쪽

그림 5-5 쌍대성 원리

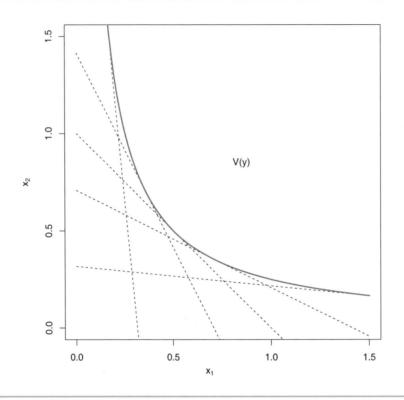

의 공간이 실제 투입물집합 $V(y)$ 이다. 이 생산함수와 상응하는 비용함수는 $c(w_1, w_2, y)$ $= w_1^{0.5} w_2^{0.5} y$ 이다. 이제 우리는 이 비용함수만을 알고 있고 생산함수는 어떻게 생겼는지 모른다고 하자. $y = 1$ 에 해당되는 투입물집합을 찾아내고자 (w_1, w_2) 의 조합을 (1, 0.1), (1, 0.5), (1,1), (1,2), (1, 10)의 다섯 가지로 구한 후, 각 조합에서의 식 (5.41)과 같은 반공간의 경계선을 도출하였다. 이는 그림에서 다섯 개의 점선으로 표시된 직선들이다. 우리가 모르는 $V(y)$ 는 이들 다섯 개의 직선보다 모두 위쪽에 위치해야 하는데, 이 다섯 가지 비용조합을 이용한 실험만으로도 이들 직선들이 만들어내는 반공간의 하방경계선 은 실제 $V(y)$ 의 경계선과 대단히 가깝다는 것이 확인된다.

이와 같은 방식으로 구축되는 투입물집합을 $V^*(y)$ 와 같이 표시하고, 다음과 같이 정 의하자.

$$(5.42) \qquad V^*(y) = \{(x_1, x_2): \ w_1 x_1 + w_2 x_2 \geq c(w_1, w_2, y), \ \forall \ (w_1, w_2) > (0, 0)\}$$

즉 $V^*(y)$는 있을 수 있는 모든 가격조합 (w_1, w_2)를 이용해 〈그림 5-5〉에 적용된 절차를 밟아 도출한 투입물집합이다. 이 집합은 다음과 같은 성질을 가진다.

V^*.1 $(0, 0) \in V^*(0)$이지만 $y > 0$일 때는 $(0, 0) \not\in V^*(y)$

V^*.2 $(x_1^0, x_2^0) \in V^*(y)$이면 $(x_1^1, x_2^1) \geq (x_1^0, x_2^0)$일 때 $(x_1^1, x_2^1) \in V^*(y)$

V^*.3 $y^1 \geq y^0$이면 $V^*(y^1) \subseteq V^*(y^0)$

V^*.4 볼록집합

V^*.5 폐집합이고 공집합이 아님

이상의 성질은 모두 원래의 투입물집합 $V(y)$가 충족해야 할 성질들이다. 비용최소화 의사결정에서는 고정비용은 감안하지 않으므로 $c(w_1, w_2, 0) = 0$이고, 따라서 $w_1 \times 0 + w_2 \times 0 = c(w_1, w_2, 0)$이므로 $(0, 0) \in V^*(0)$이다. 반면 $y > 0$이면 $c(w_1, w_2, y) > 0$이므로 $(0, 0) \not\in V^*(0)$이다. 따라서 V^*.1은 성립한다.

V^*.2는 일종의 단조성 조건이다. $(x_1^0, x_2^0) \in V^*(y)$이면 $w_1 x_1^0 + w_2 x_2^0 \geq c(w_1, w_2, y)$이다. $(x_1^1, x_2^1) \geq (x_1^0, x_2^0)$이므로 $w_1 x_1^1 + w_2 x_2^1 \geq w_1 x_1^0 + w_2 x_2^0 \geq c(w_1, w_2, y)$이다.

V^*.3 역시 단조성 조건이다. $c(w_1, w_2, y)$는 y에 대해 감소하지 않으므로 $w_1 x_1 + w_2 x_2 \geq c(w_1, w_2, y^1)$이면 $w_1 x_1 + w_2 x_2 \geq c(w_1, w_2, y^0)$이고, 이는 $(x_1, x_2) \in V^*(y^1)$일 때 $(x_1, x_2) \in V^*(y^0)$임을 의미하므로 $V^*(y^1) \subseteq V^*(y^0)$이다.

V^*.4는 〈그림 5-4〉와 〈그림 5-5〉가 보여주듯이 $V^*(y)$가 볼록집합이라는 것이다. $(x_1^0, x_2^0) \in V^*(y)$이고 $(x_1^1, x_2^1) \in V^*(y)$라 하자. 어떤 $\alpha \in [0, 1]$에 대해 $(x_1^2, x_2^2) = (\alpha x_1^0 + (1 - \alpha) x_1^1, \alpha x_2^0 + (1 - \alpha) x_2^1)$라 하면, $w_1 x_1^2 + w_2 x_2^2 = \alpha [w_1 x_1^0 + w_2 x_2^0] + (1 - \alpha) [w_1 x_1^1 + w_2 x_2^1] \geq \alpha c(w_1, w_2, y) + (1 - \alpha) c(w_1, w_2, y) = c(w_1, w_2, y)$이므로 증명이 된다.

V^*.5는 자명한 결과로서 설명이 불필요하겠다.

위의 결과는 최적화 행위를 반영하고 있는 집합 $V^*(y)$가 투입물과 산출물의 순수한 수량적 관계만을 보여주는 $V(y)$의 성질을 모두 보유하고 있음을 알게 한다. 이 성질들 중 추가로 좀 더 논의할 가치가 있는 것이 V^*.4, 즉 볼록성이다. 원래의 투입물집합

$V(y)$의 볼록성은 생산함수가 준오목이라는 기술조건으로부터 도출되었다. 그러나 $V^*.4$에서의 쌍대 투입물집합 $V^*(y)$의 볼록성은 생산함수가 준오목하든 하지 않든 관계없이 식 (5.42)와 같이 반공간을 만드는 과정에서 생성된 특성이다. 우리는 흔히 투입물집합 $V(y)$의 볼록성을 가정하지만, 어떤 이유로 인해 국지적으로 $V(y)$가 볼록하지 않을 수도 있는데, 이 경우에도 이로부터 정의되는 비용함수 $c(w_1, w_2, y)$를 통해 역으로 구축된 쌍대 투입물집합 $V^*(y)$는 볼록집합이 된다. 좀 더 정확하게 얘기하면 $V^*(y)$는 $V(y)$의 볼록하지 않은 부분을 매워서 볼록한 형태의 집합을 만들어 낸다.12 이때문에 만약 $V(y)$가 볼록집합이 아니라면 $V^*(y)$는 $V(y)$와 일치하지 않는 문제가 발생한다. 하지만, 설령 $V(y)$가 볼록하지 않은 영역이 있어, 예를 들면 〈그림 5-5〉의 등량곡선이 일부 구간에서 원점에 대해 오목하게 위로 솟아난 부분이 있다고 하더라도, 이 영역에서는 생산비 최소화가 이루어지지 않기 때문에 이 영역의 투입물결합은 선택되지 않으며, 이 영역 자체가 경제적으로는 의미가 없다. 따라서 이 경우에도 비용함수를 통해 구축되는 쌍대 투입물집합 $V^*(y)$는 $V(y)$가 가진 어떤 유용한 정보도 잃어버리지 않는다.

> **연습문제 5.9**
>
> 이윤함수 $\pi(p_1, p_2, w_1, w_2)$의 형태를 알고 있다고 하자. 다음과 같이 정의되는 T^*와 생산기술집합 T의 특성을 비교하라.
> $$T^* = \{(x_1, x_2, y_1, y_2) : p_1 y_1 + p_2 y_2 - w_1 x_1 - w_2 x_2 \leq \pi(p_1, p_2, w_1, w_2),$$
> $$\forall (p_1, p_2, w_1, w_2) > (0,0,0,0)\}$$

2. 원 기술함수와 간접목적함수의 관계

제4장과 본장에서는 생산함수, 산출물거리함수, 투입물거리함수 등의 원 기술을 나타내는 함수들과 간접목적함수인 비용함수, 수입함수, 이윤함수 등의 관계를 여러 차례 보여주었다. 여기에서는 이들 함수들 간의 쌍대관계를 다시 정리하도록 한다.

먼저 비용함수와 투입물거리함수 간에는 다음의 관계가 있다.

---

12 수학적으로 표현하면 $V^*(y)$는 $V(y)$의 볼록 껍질(convex hull)이다. 어떤 집합의 볼록 껍질은 그 집합을 포함하는 가장 작은 볼록집합이다. 따라서 집합 자체가 볼록이면 그 집합은 스스로의 볼록 껍질이다. 즉 $V(y)$가 볼록이면 $V^*(y)$는 $V(y)$ 자신이다.

$$(5.43\text{a}) \qquad c(w_1, w_2, y_1, y_2) = \min_{(x_1, x_2)}\{w_1 x_1 + w_2 x_2 : \ D_i(x_1, x_2, y_1, y_2) = 1\}$$

$$(5.43\text{b}) \qquad c(w_1, w_2, y_1, y_2) = \min_{(x_1, x_2)}\left\{\frac{w_1 x_1 + w_2 x_2}{D_i(x_1, x_2, y_1, y_2)}\right\}$$

$$(5.43\text{c}) \qquad D_i(x_1, x_2, y_1, y_2) = \min_{(w_1, w_2)}\{w_1 x_1 + w_2 x_2 : \ c(w_1, w_2, y_1, y_2) = 1\}$$

$$(5.43\text{d}) \qquad D_i(x_1, x_2, y_1, y_2) = \min_{(w_1, w_2)}\left\{\frac{w_1 x_1 + w_2 x_2}{c(w_1, w_2, y_1, y_2)}\right\}$$

이상 네 가지 쌍대관계에 의해 투입물거리함수를 알면 비용함수를, 그리고 비용함수를 알면 투입물거리함수를 알 수 있다.[13] 그리고 투입물거리함수를 안다는 것은 투입물집합 $V(y)$의 형태를 안다는 것이 된다. 식 (5.43a)의 관계는 비용함수의 정의 자체이다. 그리고 식 (5.43c)도 제4장에서 〈그림 4-6〉을 이용해 그 의미를 이해한 바 있다. 나머지 두 관계식 중 (5.43d)는 다음처럼 확인된다.

$$D_i(x_1, x_2, y_1, y_2) = \max\{\lambda : \ (x_1/\lambda, x_2/\lambda) \in V(y_1, y_2)\}$$

$$= \max\{\lambda : \ w_1(x_1/\lambda) + w_2(x_2/\lambda) \geq c(w_1, w_2, y_1, y_2), \forall (w_1, w_2) > (0,0)\}$$

$$= \max\left\{\lambda : \lambda \leq \frac{w_1 x_1 + w_2 x_2}{c(w_1, w_2, y_1, y_2)}, \forall (w_1, w_2) > (0,0)\right\}$$

$$= \max\left\{\lambda : \lambda \leq \min_{(w_1, w_2)}\left[\frac{w_1 x_1 + w_2 x_2}{c(w_1, w_2, y_1, y_2)}\right]\right\}$$

$$= \min_{(w_1, w_2)}\left\{\frac{w_1 x_1 + w_2 x_2}{c(w_1, w_2, y_1, y_2)}\right\}$$

위의 증명에서 첫 번째 등식은 투입물거리함수의 정의이다. 두 번째 등식은 투입물집합 $V(y_1, y_2)$를 식 (5.42)가 보여준 쌍대 투입물집합 $V^*(y_1, y_2)$로 교체하는 것이다. 세 번째 등식은 투입물 변동비율 λ로 관계식을 정리한다. 네 번째 등식은 있을 수 있는 모든 양(+)의 가격조합에서 $\lambda \leq \dfrac{w_1 x_1 + w_2 x_2}{c(w_1, w_2, y_1, y_2)}$이므로 이 부등식 우변의 하한이 되게 하는 가격조합 (w_1, w_2)을 찾는 과정이다. 그리고 마지막 등식은 이 하한이 결국 최대의 λ, 즉 투입물거리함수임을 의미한다.

---

13 식 (5.43a)와 (5.43c)의 제약식에서 등호 '='대신 부등호 '$\geq$'를 사용해도 이 관계들은 성립한다.

이제 남은 것은 식 (5.43b)이다. 이 관계식은 비용함수의 값은 비용지출액으로 투입물거리함수를 나누어준 것을 최소로 만드는 투입물결합을 찾았을 때 그 비율과 같다는 의미이다. 다음을 확인하자.

math 5.3   두 1차 동차함수 비율의 최적화

함수 $h(a_1, a_2, b)$와 $g(a_1, a_2, c)$가 공통으로 가지는 독립변수 (a_1, a_2)에 대해 각자 1차 동차함수라 하자. 이 경우 다음 관계가 성립한다. 단 $g(a_1, a_2, c) \neq 0$이다.

$$\min_{(a_1, a_2)} \left\{ \frac{h(a_1, a_2, b)}{g(a_1, a_2, c)} \right\} = \min_{(a_1, a_2)} \{ h(a_1, a_2, b) : \ g(a_1, a_2, c) = 1 \}$$

위의 수학 내용은 원 기술함수와 간접목적함수의 쌍대관계를 분석할 때 대단히 유용하게 사용되는데, 그 증명은 다음과 같다: 목적함수 $\dfrac{h(a_1, a_2, b)}{g(a_1, a_2, c)}$는 $h(a_1, a_2, b)$가 (a_1, a_2)의 1차 동차함수이므로 $h(a_1 / g(a_1, a_2, c), a_2 / g(a_1, a_2, c), b)$와 같다. $(a_1 / g(a_1, a_2, c), a_2 / g(a_1, a_2, c))$ $= (\bar{a}_1, \bar{a}_2)$로 재정의하면, $\dfrac{h(a_1, a_2, b)}{g(a_1, a_2, c)} = h(\bar{a}_1, \bar{a}_2, b)$로 바뀜을 알 수 있다. $h(\cdot)$가 $(\bar{a}_1, \bar{a}_2, b)$의 함수로 표기될 때 $g(\cdot)$는 어떤 변수의 함수로 표기되어야 하는지를 확인하기 위해 $g(a_1, a_2, c)$ 속의 (a_1, a_2)를 $g(a_1, a_2, c)$로 나누어보면, 이 함수의 1차 동차성으로 인해 $g(a_1 / g(a_1, a_2, c), a_2 / g(a_1, a_2, c), c) = g(a_1, a_2, c) / g(a_1, a_2, c) = 1$이 성립해야 한다. 따라서 어떠한 $\dfrac{h(a_1, a_2, b)}{g(a_1, a_2, c)}$에 대해서도 그에 해당하는 $g(\bar{a}_1, \bar{a}_2, c) = 1$제약하의 $h(\bar{a}_1, \bar{a}_2, b)$를 찾을 수 있다. 설령 $\dfrac{h(a_1, a_2, b)}{g(a_1, a_2, c)}$의 최솟값이라 하더라도 그에 대응되는 $g(\bar{a}_1, \bar{a}_2, c) = 1$제약하의 $h(\bar{a}_1, \bar{a}_2, b)$가 존재하고, 이것이 우변의 최솟값이라는 보장은 없으므로 좌변 목적함수의 최솟값은 우변의 최솟값보다 더 작을 수 없다.

역의 관계를 보자. $g(a_1, a_2, c) = 1$ 제약하의 어떠한 $h(a_1, a_2, b)$가 있어도 그 비율 $\dfrac{h(a_1, a_2, b)}{g(a_1, a_2, c)}$가 정의된다. 설령 $g(a_1, a_2, c) = 1$ 제약하의 최소의 $h(a_1, a_2, b)$ 값을 검토해도 그에 상응하는 $\dfrac{h(a_1, a_2, b)}{g(a_1, a_2, c)}$는 여전히 존재하므로 우변의 최솟값은 좌변의 최솟값보다 더 작을 수 없다. 이상 두 가지 관계를 종합하면 좌변의 최솟값은 우변의 최솟값과 같아야 한다.[14]

---

[14] 사실 우변 문제의 제약식이 부등식이거나 함수의 미분이 불가능할 때에도 이 관계는 성립한다.

이러한 수학 성질에 의해 식 (5.43a)는 식 (5.43b)를 의미하고, 그 역관계도 성립한다. $h(a_1, a_2, b)$가 (a_1, a_2)의 1차 동차함수이듯이 식 (5.43b)의 분자 $w_1 x_1 + w_2 x_2$는 두 변수 (x_1, x_2)의 1차 동차함수이다. $g(a_1, a_2, b)$의 역할을 하는 $D_i(x_1, x_2, y_1, y_2)$는 투입물 거리함수의 기본성질에 의해 (x_1, x_2)의 1차 동차함수이다. 마찬가지로 math 5.3의 성질로 인해 식 (5.43c)와 (5.44d)도 서로 일치하는 관계임을 알 수 있다.

예를 들면, 제4장 제8절에서 비용함수가 $c(w_1, w_2, y) = A w_1^a w_2^{1-a} y$와 같을 때 식 (5.43c)를 이용해 투입물거리함수가 $D_i(x_1, x_2, y) = \dfrac{1}{A}\left[\left(\dfrac{a}{1-a}\right)^{1-a} + \left(\dfrac{1-a}{a}\right)^{a}\right]\dfrac{x_1^a x_2^{1-a}}{y}$ 와 같음을 도출하였다. 식 (5.43d)를 이용해서도 정확하게 일치하는 결과를 얻는다는 것을 확인해보기 바란다.

이어서 산출물거리함수와 수입함수 간에는 다음과 같은 관계가 있음을 보여줄 수 있다. 이 관계들은 기본적으로 투입물거리함수와 비용함수 간의 쌍대성의 경우와 동일하므로 그 증명은 연습문제로 남긴다.

$$(5.44a) \qquad r(p_1, p_2, x_1, x_2) = \max_{(y_1, y_2)}\{p_1 y_1 + p_2 y_2 : \ D_o(x_1, x_2, y_1, y_2) = 1\}$$

$$(5.44b) \qquad r(p_1, p_2, x_1, x_2) = \max_{(y_1, y_2)}\left\{\dfrac{p_1 y_1 + p_2 y_2}{D_o(x_1, x_2, y_1, y_2)}\right\}$$

$$(5.44c) \qquad D_o(x_1, x_2, y_1, y_2) = \max_{(p_1, p_2)}\{p_1 y_1 + p_2 y_2 : \ r(p_1, p_2, x_1, x_2) = 1\}$$

$$(5.44d) \qquad D_o(x_1, x_2, y_1, y_2) = \max_{(p_1, p_2)}\left\{\dfrac{p_1 y_1 + p_2 y_2}{r(p_1, p_2, x_1, x_2)}\right\}$$

연습문제 5.10 식 (5.44a)~(5.44d)의 쌍대관계를 증명하라.

비용함수와 수입함수가 각각 투입물거리함수와 산출물거리함수와 가지는 쌍대관계가 정립되었으므로 이제 마지막으로 이윤함수와 거리함수의 관계를 정립하여야 한다. 이윤함수의 정의 자체는 기술적으로 가능한 투입-산출물조합이 허용하는 최대 이윤을 나타내기 때문에 기술적으로 가능하다는 조건은 산출물거리함수나 투입물거리함수를 이용해 표현할 수도 있다. 그러나 이윤함수로부터 역으로 거리함수를 도출하는 것까지 염두에 두면 투입물과 산출물을 모두 바꾸는 방향거리함수와 이윤함수와의 쌍대관계를 설정하는 것이 바람직하다.

본절에서는 이들 두 개념 간의 쌍대관계를 엄밀한 증명 없이 설명토록 한다. 아울러 불필요하게 설명변수의 수가 많아지지 않도록 $N = M = 1$인 경우를 가정하면, 다음 두 가지 쌍대관계가 있다.

(5.45a)　　$\pi(p,w) = \max_{(x,y)} \left\{ py - wx + \vec{D}_T(x,y;g_x,g_y)(pg_y + wg_x) \right\}$

(5.45b)　　$\vec{D}_T(x,y;g_x,g_y) = \min_{(p,w)} \left\{ \dfrac{\pi(p,w) - (py - wx)}{pg_y + wg_x} \right\}$

먼저 (5.45a)의 경우를 보면, 이윤함수는 정의상 $(x,y) \in T$인 모든 투입-산출물조합 (x,y)에서 $\pi(p,w) \geq py - wx$라는 의미를 가지고 있다. 이는 다시 다음을 의미한다.

$$\pi(p,w) \geq p(y + \vec{D}_T(x,y;g_x,g_y)g_y) - w(x - \vec{D}_T(x,y;g_x,g_y)g_x)$$
$$= (py - wx) + \vec{D}_T(x,y;g_x,g_y)(pg_y + wg_x)$$

방향거리함수 $\vec{D}_T(x,y;g_x,g_y)$는 x는 g_x방향으로 얼마나 줄이면서 동시에 y는 g_y방향으로 얼마나 늘릴 수 있는지를 나타낸다. 따라서 $(x - \vec{D}_T(x,y;g_x,g_y)g_x, y + \vec{D}_T(x,y;g_x,g_y)g_y)$의 투입-산출물조합도 여전히 기술적으로 가능한 조합이고, 사실 생산이 기술집합의 경계에서 이루어지게 하는 조합이다. 주어진 가격조건 (p,w)에서 위 부등식의 좌우가 일치되게 하는 (x,y)를 찾는 것이 이윤극대화 문제이므로 결국 식 (5.45a)가 이윤함수를 정의한다.

이어서 식 (5.45b)를 확인하자. 식 (5.45a)에 의해 다음 부등식이 성립한다.

$$\pi(p,w) \geq py - wx + \vec{D}_T(x,y;g_x,g_y)(pg_y + wg_x), \ \forall (p,w)$$

즉, (p,w)가 (x,y)를 이윤극대화 선택이 되도록 하는 가격조건이 아니라면 우변은 최대 이윤보다는 작은 값이 되어야 한다. 이 관계를 재정리하면 다음을 얻는다.

$$\vec{D}_T(x,y;g_x,g_y) \leq \dfrac{\pi(p,w) - (py - wx)}{pg_y + wg_x}, \ \forall (p,w)$$

모든 가격 (p,w)에 대해서 이 관계가 성립해야 하므로 우변을 최소로 만드는 가격조합 (p,w)를 찾아 좌우가 일치되도록 할 수 있고, 따라서 (5.45b)가 성립한다.

식 (5.45a)와 (5.45b)는 N과 M이 2 이상인 다수 투입물, 다수 산출물의 경우에도 확장하여 그대로 적용할 수 있다. 아울러 식 (5.45b)를 도출한 절차는 $M = 1$인 경우 이윤함수로부터 생산함수 $f(x_1, x_2)$를 도출하는 데에도 사용될 수 있다. $N = 2$라 하면, 이윤함수의 정의에 의해 다음이 성립해야 한다.

$$\pi(p, w_1, w_2) \geq pf(x_1, x_2) - w_1 x_1 - w_2 x_2, \quad \forall (p, w_1, w_2)$$

$$f(x_1, x_2) \leq \pi(p, w_1, w_2)/p + (w_1/p) x_1 + (w_2/p) x_2, \quad \forall (p, w_1, w_2)$$

$$= \pi(1, w_1/p, w_2/p) + (w_1/p) x_1 + (w_2/p) x_2, \quad \forall (p, w_1, w_2)$$

$$= \pi(1, \overline{w}_1, \overline{w}_2) + \overline{w}_1 x_1 + \overline{w}_2 x_2, \quad \forall (\overline{w}_1 = w_1/p, \overline{w}_2 = w_2/p)$$

위에서는 이윤함수는 모든 가격변수의 1차 동차함수라는 성질이 반영되었다. 따라서 주어진 이윤함수가 있다면 생산함수는 다음처럼 도출할 수도 있다.

$$(5.46) \qquad f^*(x_1, x_2) = \min_{(\overline{w}_1, \overline{w}_2)} \left\{ \pi(1, \overline{w}_1, \overline{w}_2) + \overline{w}_1 x_1 + \overline{w}_2 x_2 \right\}$$

연습문제 5.11★ 식 (5.39)와 같은 투입물 수요함수가 도출되기 위해서는 생산함수가 어떻게 생겨야 하는지를 보여라.

3. 간접목적함수 간의 관계

마지막으로, 간접목적함수인 비용함수, 수입함수, 이윤함수 간의 관계를 다시 검토한다. 우리는 앞에서 비용함수와 수입함수로부터 각각 이윤함수를 다음과 같이 도출할 수 있음을 보았다.

$$(5.47a) \qquad \pi(p_1, p_2, w_1, w_2) = \max_{(y_1, y_2)} \left\{ p_1 y_1 + p_2 y_2 - c(w_1, w_2, y_1, y_2) \right\}$$

$$(5.47b) \qquad \pi(p_1, p_2, w_1, w_2) = \max_{(x_1, x_2)} \left\{ r(p_1, p_2, x_1, x_2) - w_1 x_1 - w_2 x_2 \right\}$$

이들 두 관계식은 모두 비용함수와 수입함수는 각각 생산량과 투입요소 사용량이 고정된 단기 의사결정의 산물인 반면, 이윤함수는 산출물과 투입물을 모두 바꿀 수 있는 장기 의사결정의 산물이라는 사실에 기반을 두고 있다. 따라서 2단계 의사결정을 거쳐 비용함수로부터 이윤함수를 도출할 수 있고, 수입함수로부터도 이윤함수를 도출할 수 있다.

그렇다면 장기 의사결정의 결과인 이윤함수로부터 비용함수나 수입함수로 되돌아갈
수도 있는가? 물론 가능하며, 이 경우에도 위의 이윤함수로부터 거리함수나 생산함수로
되돌아갈 때 사용했던 것과 유사한 부등식을 이용한다. 정의에 의해 다음이 성립한다.

$$\pi(p_1, p_2, w_1, w_2) \geq p_1 y_1 + p_2 y_2 - c(w_1, w_2, y_1, y_2), \quad \forall (p_1, p_2)$$

즉 현재의 수량 (y_1, y_2)가 현재의 산출물가격 (p_1, p_2)에서 이윤을 극대화하는 수량이 아닌
한 우변은 최대의 이윤보다 작을 수밖에 없다. 위의 부등식은 아래와 같이 다시 정리된다.

$$c(w_1, w_2, y_1, y_2) \geq p_1 y_1 + p_2 y_2 - \pi(p_1, p_2, w_1, w_2), \quad \forall (p_1, p_2)$$

위의 부등식은 우변의 생산량 (y_1, y_2)가 이윤극대화 수량이 되게 하는 가격조건을
찾으면 등식으로 바뀐다. 즉 이윤함수의 쌍대함수로서의 비용함수를 다음과 같이 도출
할 수 있다.

(5.48) $c^*(w_1, w_2, y_1, y_2) = \max_{(p_1, p_2)} \{ p_1 y_1 + p_2 y_2 - \pi(p_1, p_2, w_1, w_2) \}$

> **연습문제**
>
> **5.12★** 위의 쌍대 비용함수 $c^*(w_1, w_2, y_1, y_2)$가 원래의 비용함수 $c(w_1, w_2, y_1, y_2)$가 지니는
> 성질을 모두 지니는지 확인하라. 아울러 $c^*(w_1, w_2, y_1, y_2)$가 $c(w_1, w_2, y_1, y_2)$의 성
> 질과 관련 없이 산출물에 대해 항상 볼록함수임을 보이고 왜 이런 일이 벌어지는
> 지 설명하라.

마찬가지로, 이윤함수로부터 다음처럼 수입함수를 도출할 수도 있다.

(5.49) $r^*(p_1, p_2, x_1, x_2) = \min_{(w_1, w_2)} \{ \pi(p_1, p_2, w_1, w_2) + w_1 x_1 + w_2 x_2 \}$

한편 수입함수와 비용함수 사이의 관계에 있어서는, 일반적으로는 비용함수로부터
수입함수를 도출하거나 혹은 그 역의 작업을 하지 않는다. 하지만 생산기술이 규모수익
불변(CRS)을 따르고, 또한 생산 비결합성이 있을 경우에는 양자 간에 직접적인 관련성
이 존재한다. 투입물 비결합성이 있을 경우 비용함수는 제4장 제5, 7절이 보여준 바와

같이 $c(w_1,...,w_N,y_1,...,y_M) = \sum_{j=1}^{M} c^j(w_1,...,w_N)y_j$이다($N \geq M$). 즉 한계생산비가 생산량과 관계없이 $c^j(w_1,...,w_N)$으로 일정한 각 산출물별 비용함수 $c^j(w_1,...,w_N)y_j$가 합해져 전체 생산비가 된다. 생산자의 이윤극대화문제는 다음과 같다.

$$\pi(p_1,...,p_M,w_1,...,w_N) = \max_{(y_1,...,y_M)} \left\{ \sum_{j=1}^{M} p_j y_j - \sum_{j=1}^{M} c^j(w_1,...,w_N)y_j \right\}$$

이윤극대화 조건은 $p_j = c^j(\cdot)$ $(j = 1,...,M)$가 되어, 각 산출물별 판매가격이 단위당 생산비와 일치해야 한다. 이 조건은 생산자가 유한한 양의 산출물을 공급하기 위해 필요한 조건인데, 생산자가 선택하는 투입물 사용량, 산출물 공급량과는 무관하게 가격과 단위당 생산비라는 외부 변수에 의해 전적으로 결정되는 조건이다. 만약 $p_j > c^j(\cdot)$라면 생산자는 y_j를 무한대까지 혹은 설비가 허용하는 범위까지 공급하는 구석 해(corner solution)를 선택할 것이다. 반대로 $p_j < c^j(\cdot)$라면 생산자는 y_j는 생산하지 않는 또 다른 구석 해를 선택할 것이다. 모든 산출물에 있어 $p_j = c^j(\cdot)$의 조건이 충족되면 생산자는 이 조건에서 어떤 수량도 최적의 $(y_1,...,y_M)$으로 공급할 수 있다. 그리고 이윤은 0이 된다. 사실 $p_j > c^j(\cdot)$의 상황에서는 y_j 판매로부터 0보다 큰 이윤을 얻기 때문에 시장이 완전 경쟁적이라면 새로운 생산자를 y_j 시장으로 불러들이게 되고, 따라서 공급 증대에 따른 가격하락이 발생해 $p_j = c^j(\cdot)$의 조건으로 회귀하게 된다. 반대로 y_j의 가격이 낮아 $p_j < c^j(\cdot)$라면 음($-$)의 이윤을 얻는 생산자 중 일부가 y_j 생산을 포기하게 되어 공급 감소에 따른 가격 상승이 발생하고, 다시 $p_j = c^j(\cdot)$의 상황으로 복귀하게 된다. 즉 생산자는 시장메커니즘을 통해 장기적으로는 0의 이윤을 얻게 되는데, CRS와 투입물 비결합성의 특성에서는 이는 각 산출물별로 $p_j = c^j(\cdot)$임을 의미한다.

이처럼 비용함수가 $\sum_{j=1}^{M} c^j(w_1,...,w_N)y_j$의 형태를 가질 때에는 식 (5.49)의 수입함수 정의에서 우변의 이윤 $\pi(\cdot)$는 0이 되는데, 그 이유가 $p_j = c^j(\cdot)$ $(j = 1,...,M)$라는 것이므로 수입함수는 다음처럼 도출한다.

$$r^*(p_1,...,p_M,x_1,...,x_N) = \min_{(w_1,...,w_N)} \left\{ \sum_{i=1}^{N} w_i x_i : p_j = c^j(w_1,...,w_N), j = 1,...,M \right\}$$

즉 각 산출물별가격 p_j가 그 단위 생산비 $c^j(\cdot)$와 일치하도록 하면서, 생산비 $\sum_{i=1}^{N} w_i x_i$를 최소로 만드는 투입물 가격조합 $(w_1, ..., w_N)$을 찾으면, 이윤이 0이기 때문에 이때의 최소화된 비용이 바로 수입함수의 값이 된다.[15]

예를 들어 $N = 2$, $M = 1$이고, 단위 생산비는 $c(w_1, w_2) = A w_1^a w_2^{1-a}$라 하자. 이에 상응하는 수입함수 $r^*(p, x_1, x_2)$는 $L = w_1 x_1 + w_2 x_2 + \lambda(p - A w_1^a w_2^{1-a})$로부터 도출된다. 이 라그랑지안을 w_1, w_2, λ에 대해 미분한 것을 모두 0으로 두면 다음 세 가지 조건을 얻는다.

$$x_1 - \lambda A a w_1^{a-1} w_2^{1-a} = 0$$

$$x_2 - \lambda A (1-a) w_1^a w_2^{-a} = 0$$

$$p - A w_1^a w_2^{1-a} = 0$$

처음 두 조건으로부터 $\dfrac{w_1}{w_2} = \dfrac{x_2}{x_1} \dfrac{a}{1-a}$가 얻어지고, 이를 세 번째 조건식에 대입한 후 정리하여 최적 $w_1 x_1 + w_2 x_2$를 구하면 $r^*(p, x_1, x_2) = \dfrac{p}{A} \left[\left(\dfrac{a}{1-a} \right)^{1-a} + \left(\dfrac{1-a}{a} \right)^a \right] x_1^a x_2^{1-a}$가 수입함수로 도출된다.

연습문제

5.13

N-투입물, M-산출물 생산기술($M \geq N$)에서 수입함수가 각 투입요소별로 정의되고 수입액이 투입물 사용량에 비례한다고 하자. 또한 전체 수입은 산출물별 수입액의 합이라 하자. 즉 $r(p_1, ..., p_M, x_1, ..., x_N) = \sum_{i=1}^{N} r^i(p_1, ..., p_M) x_i$와 같다. $r^i(p_1, ..., p_M)$가 x_i의 단위 수입함수이다. 이는 생산기술이 CRS와 더불어 산출물 비결합성을 충족하는 경우이다. 이 경우 단위 수입함수들이 알려지면 다음처럼 비용함수를 도출할 수 있음을 보여라.

$$c^*(w_1, ..., w_N, y_1, ..., y_M)$$
$$= \max_{(p_1, ..., p_M)} \left\{ \sum_{j=1}^{M} p_j y_j : w_i = r^i(p_1, ..., p_M), i = 1, ..., N \right\}$$

---

[15] CRS조건하에서 형성되는 비용함수와 수입함수 간의 관계에 관한 추가 논의는 참고문헌으로 소개된 Dixit and Norman(1980, pp. 44-48)에서 볼 수 있다. 이 수입함수에 포락선 정리를 적용하면 $\partial r^* / \partial x_i = w_i$가 성립하므로 투입요소 x_i의 판매수입에 대한 한계 기여도, 즉 잠재가격은 w_i와 같다.

본서가 지금까지 도출한 생산기술을 나타내는 원 함수와 생산자의 최적화행위를 반영하는 각종 간접목적함수들의 전체적인 관계는 〈그림 5-6〉과 같이 정리된다. 이 그림에서는 N가지의 투입물로부터 M가지의 산출물이 생산되는데, 수식 표현의 간편함을 위해 변수들이 벡터로 표기되었다. 예를 들어 x는 N가지 투입물의 벡터이고, w는 그 가격벡터이다. 또한 변수들의 곱의 합은 벡터의 내적(inner product)을 이용해 표기한다. 즉 $w \cdot x = \sum_{i=1}^{N} w_i x_i$를 의미한다. 그리고 이 그림에는 포함되어 있지 않지만 $M=1$일 경우 거리함수 대신 생산함수로 생산기술을 나타낼 수 있고, 제4장과 본장에서 이미 설명한 바와 같이 생산함수는 비용함수 및 이윤함수와 잘 정립된 쌍대관계를 가진다.

그림 5-6 원 기술함수와 간접목적함수 간의 쌍대관계

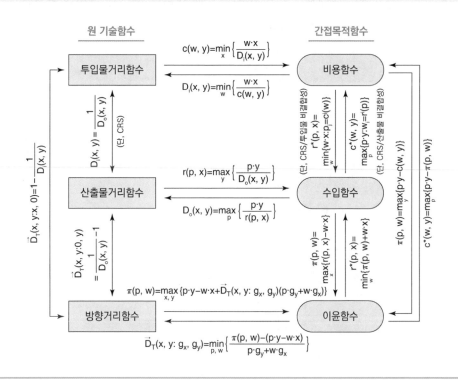

이처럼 우리는 원 생산기술을 나타내는 생산함수, 투입물거리함수, 산출물거리함수, 방향거리함수 중 어느 한 가지가 있으면 원칙적으로는 그에 해당되는 비용함수, 수입함수, 이윤함수를 구할 수 있음을 보았고, 역으로 이들 세 가지 간접목적함수 중 하나가

알려져 있으면, 순수한 수량적, 기술적 조건을 나타내는 생산함수와 거리함수들을 구할 수 있음을 보았다. 아울러 세 가지 간접목적함수 중 어느 하나가 알려져 있으면 나머지 간접목적함수들의 특성도 원칙적으로는 파악할 수 있다. 즉 간접목적함수들 간에도 쌍대관계가 성립한다.

특정 함수가 알려져 있으면 그에 상응하는 쌍대함수의 형태를 도출하거나, 직접적인 함수형태를 도출하지 않더라도 위에서 본 쌍대관계를 이용해 쌍대함수의 특성을 파악할 수 있다. 생산기술과 생산자행위를 반영하는 이들 주요 개념들 간의 쌍대관계는 생산경제학의 토대를 형성하며, 이에 기초하여 우리는 다양한 주제들을 분석할 수 있다. 특히 실증분석 시에는 자료의 여건이 이들 주요 분석수단 가운데 특정 수단, 예를 들면 비용함수는 분석을 허용하지만 다른 수단에 대해서는 그렇지 못할 수도 있다. 이런 경우 비용함수만의 실증분석을 통해서도 나머지 함수들과 관련된 정보를 얻어낼 수 있다는 점에 있어서 쌍대관계는 매우 유용하다.

References

▪ Beattie, B. R., C. R. Taylor, and M. J. Watts, 2009, *The Economics of Production*, 2nd ed., Krieger Publishing Company: 제3장과 제4장에서 본서와 비슷한 난이도를 가지고 비용함수와 이윤함수를 함께 자세히 설명한다. 추가적인 함수형태 등에 대한 예시가 있다.

▪ Bruno, M., 1978, "Duality, Intermediate Inputs and Value−Added," in M. Fuss and D. McFadden, eds., *Production Economics: A Dual Approach to Theory and Applications*, Vol 2, North−Holland, pp. 3−16: 본장의 실질부가가치에 대한 논의의 기초가 된 논문이다.

▪ Chambers, R. G., 1988, *Applied Production Analysis: A Dual Approach*, Cambridge University Press: 제4장과 제7장에서 본장의 내용과 가장 가까운 주제들을 다룬다.

▪ Cornes, R., 1992, *Duality and Modern Economics*, Cambridge University Press: 경제학 책을 잘 쓰기로 정평이 난 저자의 쌍대성 원리에 관한 책이다. 어려운 수학을 사용하지 않는다.

▪ Diewert, E. W., 1978, "Hick's Aggregation Theorem and the Existence of a Real Value−Added Function," in M. Fuss and D. McFadden, eds., *Production Economics: A Dual Approach to Theory and Applications*, Vol 2, North−Holland, pp. 17−51: Bruno처럼 부가가치함수의 성질을 규명한 연구이다.

▪ Diewert, E. W., 1982, "Duality Approaches to Microeconomic Theory," in K. J. Arrow and M. D. Intriligator, eds., *Handbook of Mathematical Economics*, Vol 2, North−Holland, pp. 535−599: 생산이론과 소비이론 모두에서 성립하는 쌍대성 원리를 다룬 중요 논문이다. 아래의 McFadden의 논문과 유사한 수준의 높은 수학적 사전 지식을 필요로 한다.

▪ Dixit, A. K. and V. Norman, 1980, *Theory of International Trade*, Cambridge University Press: 생산경제학의 쌍대성 원리를 이용해 고전적인 국제무역이론을 얼마나 잘 설명할 수 있는지를 보여주는 저명한 책이다.

▪ Färe, R. and S. Grosskopf, 2003, *New Directions: Efficiency and Productivity*, Springer: 거리함수 중 가장 최근에 개발된 방향거리함수를 이용해 쌍대성 원리를 비교적 쉽게 설명한다.

▪ Heady, E. O. and J. L. Dillon, 1961, *Agricultural Production Functions*, Iowa State

University Press: 비록 현대 생산경제학이 이윤함수나 비용함수를 이용하는 쌍대접근법을 선호하기는 하나, 이 책은 주의 깊게 수집된 자료를 이용해 엄밀하게 원 생산함수를 분석하는 고전적 연구서로서, 지금도 많이 인용된다.

▪ Kohli, U., 1991, *Technology, Duality, and Foreign Trade: The GNP Function Approach to Modeling Imports and Exports*, Harvester Wheatsheaf: 책 전체가 가변이윤함수에 관한 내용을 다루며, 여러 유익한 주제들을 분석한다.

▪ McFadden, D., 1978, "Cost, Revenue, and Profit Functions," in M. Fuss and D. McFadden, eds., *Production Economics: A Dual Approach to Theory and Applications*, Vol 1, North－Holland, pp. 3－109: 쌍대성 원리를 가장 포괄적으로 다룬 권위 있는 논문이다.

분리가능성,
집계문제,
함수형태 선택

생 산 경 제 학
**PRODUCTION
ECONOMICS**

CHAPTER
06

분리가능성, 집계문제, 함수형태 선택

제4장과 제5장은 생산기술이 가지는 특성을 생산자 의사결정의 결과물인 간접목적함수를 이용해 분석하는 일반적인 방법론을 설명하였다. 생산기술의 구체적인 특성과 관련해서는 규모수익성이나 결합성, 동조성 등을 주로 분석하였다. 이들 특성을 생산기술과 행위에 반영하는 문제 외에도 실제 분석을 할 때 대두되는 또 다른 중요한 문제는 '합산'을 하는 문제이다. 합산은 무엇인가를 합해 지표를 만든다는 것인데, 생산경제학에서 합하는 대상에는 생산요소와 투입물은 물론, 생산자나 가격도 포함된다.

먼저 생산요소를 합하는 문제이다. 생산자가 사용하는 투입물의 종류는 원래 대단히 많을 것이고, 수백, 수천 가지에 이를 수 있다. 이들 각각을 하나의 생산요소로 간주하고 x_i라 표기하여 생산기술과 행위를 분석할 수도 있지만, 이는 사실 비효율적일뿐 아니라 생산관련 중요 이슈를 파악하는 데에도 도움이 되지 않는다. 따라서 우리는 생산요소의 가짓수를 줄여서 분석을 할 수밖에 없다. 이 경우 대두되는 문제는 어떤 생산요소를 어떤 생산요소와 합해주고, 또 어떻게 합해주어야 원래의 생산기술 특성을 왜곡하지 않고 통합된 자료를 이용해 생산기술과 행위를 분석할 수 있느냐이다.

산출물도 마찬가지이다. 생산요소보다는 가짓수가 적을 가능성이 있지만, 특정 생산자가 생산하는 산출물들도 유사성에 따라 묶어서 가짓수를 줄여 분석할 필요가 있으며, 이 경우에도 산출물들을 묶어줄 수 있는지, 묶는다면 어떻게 묶는지를 검토해야 한다.

특정 산출물을 생산하는 생산자가 다수라면 이들을 합산하는 것도 중요한 문제가 된다. 예를 들면 한국의 쌀 생산농가는 전국적으로 수십 만 가구가 되는데, 이들 개별가구의 생산행위를 모두 분석하는 것은 여러 가지 이유로 인해 적절하지 않고, 관련 자료를 모두 확보할 수도 없다. 하나의 대안은 쌀을 생산하는 모든 농가의 생산량을 묶어서 쌀 산업의 생산량으로 간주하는 것이다. 이는 마치 우리나라 쌀 생산자를 대표하는 하나의 생산자가 있다고 가정하는 경우와 같다. 이 경우 분석 자료는 전국의 모든 쌀 생산량과 이들이 사용한 생산요소를 다 포함하고 있겠지만, 실제 생산행위는 각기 다른 생산 환경과 생산규모, 기술을 가진 개별 생산자에 의해 이루어졌다. 따라서 이렇게 합산된 자료는 자칫 실제 생산행위를 심각하게 왜곡할 수도 있다.

마찬가지로 많은 지역에서 많은 생산자가 있을 때 이들이 마주치게 되는 산출물의 가격이 각기 다르다면 이들 다양한 가격을 모두 합해 산출물별로 하나의 대표가격을 만드는 것도 역시 문제가 된다. 실제 생산행위를 한 개별 생산자는 각기 다른 가격조건하에서 의사결정을 하였으므로 이들이 직면했던 가격들의 대표치를 어떻게 정하느냐에 따라서 합산자료는 실제 생산행위를 정확히 나타낼 수도 있고 왜곡할 수도 있다.

경제학에서는 단일 생산자가 사용한 생산요소나 생산해낸 산출물을 묶어주는 문제를 오히려 반대의 어감을 가진 분리가능성(separability)이라는 이름으로 연구를 해왔고, 다수의 생산자가 생산해낸 동일 산출물을 합해주거나 이들이 처했던 가격의 대표치를 구축하는 문제를 집계(aggregation)라는 이름으로 연구를 해왔다. 분리가능성을 충족하기 때문에 생산요소나 산출물을 묶어줄 수 있는 것과 집계조건을 충족하기 때문에 개별 생산자 자료를 모아 산업 전체의 자료를 만들 수 있는 것은 항상 가능한 것이 아니고 생산기술이 구체적인 조건을 충족할 때만 가능하다. 이러한 조건들은 또한 비용함수나 이윤함수와 같은 간접목적함수에도 반영되어야 한다. 본장은 제1절과 제2절에서 각각 이러한 분리가능성 문제와 집계가능성 문제를 다루도록 한다.

생산경제학연구는 이론적 분석에서 나아가 생산기술의 특성과 생산행위의 특성을 실제 자료를 이용해서 분석도 한다. 사실 양질의 실증분석이 생산경제학 연구의 최종 목표라 할 수 있다. 실증분석을 위해서는 이용 가능한 자료가 제공하는 정보를 최대한 활용하여야 하고, 동시에 생산기술을 불필요하게 제약하지 않는 함수형태를 설정하여 분석을 시행하여야 한다. 이를 통해 지금까지 이론적으로만 논의했던 생산행위 분석수단들을 자료를 이용해 실제로 도출할 수 있다. 또한 필요하다면 분리가능성이나 집계가능성은 물론이고 규모경제성, 동조성, 비결합성과 같은 구체적인 생산기술의 특성을 자료를 이용해 도출하는 함수들에도 반영할 수 있어야 한다. 본장의 제3절은 그동안 생산경제학에서 개발된 주요 함수형태를 살펴보고 이들 함수들이 이론적 측면은 물론 통계자료를 이용한 실증분석 측면에서 어떤 조건을 갖추어야 하는지를 검토한다. 또한 이들 함수형태에 생산기술이나 생산행위의 구체적인 특성을 반영하는 방법도 검토한다.

분리가능성 문제

1. 생산함수와 분리가능성

　분리가능성은 산출물보다는 투입물에 대해 우선적으로 검토되므로 $M=1$을 가정하자. 분리가능성이 성립한다는 것은 투입물 중 적어도 일부가 합쳐져 그보다 숫자가 적은 몇 개의 복합 투입재(composite input) 혹은 통합 투입물(aggregate input)들이 만들어지고, 이어서 이 투입물의 묶음들이 사용되어 최종 산출물이 생산된다는 것을 의미한다.

　이렇게 투입물 중 일부를 결합하여 통합 투입물을 만들어줄 수 있는 경우로 크게 두 가지를 생각해볼 수 있다. 첫 번째는 생산기술이 특정 조건, 즉 분리가능성을 가지는지 여부와 상관없이 일부 투입물의 가격이 항상 일정한 비율을 유지하며 함께 변하는 경우이다. 이 경우에는 이들 투입물을 결합해 일종의 복합재를 형성하고, 그 양을 선택하는 생산행위를 분석할 수 있다.[1] 두 번째는 투입물가격과는 관련 없이 생산기술 자체가 투입물 중 일부를 결합하여 통합 투입물을 만들도록 허용하고, 이 통합 투입물들이 최종 산출물을 생산하게 하는 경우이다. 이 경우에는 따라서 생산이 단계적으로 이루어진다. 모든 개별 투입물들이 직접 상호작용하여 최종 산출물을 만드는 것이 아니고, 개별 투입물은 자신이 속한 생산요소군 내의 개별 투입물들과만 통합 투입물을 만들기 위해 직접 상호작용할 뿐, 다른 통합 투입물을 만들어내는 다른 생산요소군에 속한 개별 투입물과는 직접 상호작용하지 않는다. 이런 기술특성이 있을 경우에 투입요소들이 분리가능(separable)하다고 얘기한다.

　분리가능성을 논의하기 이전에 먼저 일부 투입물의 가격이 일정 비율을 계속 유지하는 경우를 검토하자. 논의의 간편성을 위해 $N=4$이며, $f(x_1, x_2, x_3, x_4)$를 생산함수라 하자. 이 네 가지 투입물 중 x_3와 x_4의 어떤 기준 연도에서의 가격이 각각 w_3^0와 w_4^0였는데, 현재에는 $w_3 = \theta w_3^0$, $w_4 = \theta w_4^0$이고, 따라서 두 가격의 비율은 $w_3/w_4 = w_3^0/w_4^0$로 항상 같다고 하자. 이 성질은 x_3와 x_4 사이에만 형성된다. 이 두 투입물은 항상 같은 가격비를 유지하기 때문에 이 둘을 결합하여 하나의 복합재를 만들 수 있다는 것인데, 이

1　투입물이든 소비재이든 특정 상품의 상대가격이 항상 일정하게 유지될 때 이 상품들을 결합하여 하나의 상품인 것처럼 간주할 수 있다는 것을 힉스 복합재 정리(Hicks composite commodity theorem)라 부른다.

(x_3, x_4) – 복합재의 현재 가격은 θ로 하고, 그 수량은 기준 연도의 가격을 가중치로 하여 $x_{34} = w_3^0 x_3 + w_4^0 x_4$로 만들어보자. 그렇다면 현재의 비용함수를 $c(w_1, w_2, w_3, w_4, y) = c(w_1, w_2, \theta w_3^0, \theta w_4^0, y) = c^*(w_1, w_2, \theta, y)$로 재정의할 수 있다. 이 함수 $c^*(w_1, w_2, \theta, y)$는 통상적인 비용함수의 성질을 지닌다는 것을 보여줄 수 있다. 예를 들면 다음과 같은 세 퍼드 보조정리가 성립한다.

$$\frac{\partial c^*(w_1, w_2, \theta, y)}{\partial \theta} = \frac{\partial c}{\partial w_3}\frac{\partial w_3}{\partial \theta} + \frac{\partial c}{\partial w_4}\frac{\partial w_4}{\partial \theta} = x_3 w_3^0 + x_4 w_4^0 = x_{34}$$

따라서 이 경우 x_3와 x_4를 개별 투입물로 간주하지 않고 그 복합재 x_{34}를 투입물로 간주하여 생산행위를 분석할 수 있으며, 투입물의 가짓수를 4에서 3으로 줄일 수 있다.

이제 복합재 혹은 통합 투입물이 만들어지는 두 번째 경우이자 본장이 주로 분석하는 경우, 즉 생산기술이 분리성을 가지는 경우를 보자. 역시 $N=4$이며, $f(x_1, x_2, x_3, x_4)$가 생산함수라 가정한다. 네 가지의 투입물 중 x_3와 x_4가 나머지 두 투입물 x_1 및 x_2로부터 분리가능하다는 것은 다음 조건이 성립함을 의미한다.

$$(6.1) \qquad \frac{\partial}{\partial x_i}\frac{\partial f/\partial x_3}{\partial f/\partial x_4} = \frac{\partial}{\partial x_i}\frac{f_3}{f_4} = 0, \; i = 1,2$$

즉 산출 y가 특정 수준을 유지할 때, x_3와 x_4 사이의 한계기술대체율($MRTS_{34}$)은 x_1이나 x_2의 값을 바꾸어도 변하지 않는다.

식 (6.1)의 미분을 시행하면 다음을 얻는다.

$$f_{3i}f_4 - f_3 f_{4i} = 0 \text{ 혹은}$$

$$\frac{f_{3i}x_i}{f_3} = \frac{f_{4i}x_i}{f_4}, \; i = 1,2$$

따라서 마지막 관계는 $\dfrac{\partial \ln f_3}{\partial \ln x_i} = \dfrac{\partial \ln f_4}{\partial \ln x_i}$이라는 탄력성 형태로 표현된다. 이는 x_3와 x_4가 나머지 두 생산요소로부터 분리가능하면, x_1이나 x_2 사용량이 1% 변했을 때 x_3와 x_4의 한계생산성의 변화율이 서로 동일해야 함을 의미한다. 이런 점에서도 (x_3, x_4)는 나머지 두 투입물과 분리된다.

그렇다면 생산함수 $f(x_1, x_2, x_3, x_4)$가 구체적으로 어떻게 생겨야 식 (6.1)의 조건이 충족될까? 다음과 같은 두 생산함수를 생각해보자.

(6.2a) $f(x_1, x_2, x_3, x_4) = F(f^1(x_1, x_2), f^2(x_3, x_4))$

(6.2b) $f(x_1, x_2, x_3, x_4) = F(x_1, x_2, f^3(x_3, x_4))$

식 (6.2a)에서는 두 투입물 (x_1, x_2)가 사용되어 일종의 통합 투입물 $f^1(x_1, x_2)$가 생산되며, 또한 두 투입물 (x_3, x_4)가 사용되어 또 다른 통합 투입물 $f^2(x_3, x_4)$가 생산된 후, 이 두 가지 통합 투입물이 다시 활용되어 최종 생산물의 양을 결정한다. 즉 생산이 두 단계를 거친다. 이 경우에는 (x_3, x_4)가 x_1 및 x_2로부터 분리가능하면서, 동시에 (x_1, x_2)는 x_3 및 x_4와 분리가능하다.

식 (6.2b)에서는 여전히 (x_3, x_4)가 x_1 및 x_2로부터 분리가능하고, 이들 두 투입물로 $f^3(x_3, x_4)$와 같이 통합 투입물이 만들어진다. 하지만 x_1과 x_2는 서로 먼저 결합하여 또 다른 통합 투입물을 만든 후 $f^3(x_3, x_4)$와 결합하지는 않고, 각자가 스스로 통합 투입물로서 $f^3(x_3, x_4)$와 함께 최종재 생산에 사용된다. 아래에서는 식 (6.2b)의 경우, 즉 (x_3, x_4)만 나머지 두 생산요소로부터 분리적인 경우를 가정하고 논의를 진행하기로 한다.

식 (6.2b)에서 $f^3(x_3, x_4)$는 그 자체가 생산함수이고 제2장에서 도입하였던 생산함수의 성질을 모두 가진다. $F(\cdot)$는 x_1, x_2, $f^3(x_3, x_4)$의 단조증가함수이고 강준오목함수라 가정하자. 그렇게 되면 앞에서 얘기한 대로 생산은 두 단계로 이루어져, x_3와 x_4가 결합하여 통합 투입물 $f^3(x_3, x_4)$가 생산되고, 이것이 나머지 두 투입물과 함께 사용되어 최종 생산물 y를 만들어 낸다. 예를 들면, x_1은 노동, x_2는 원료이고, x_3은 연료, x_4는 기계설비라면, 연료와 기계설비가 결합되어 가동할 수 있는 기계장비가 갖추어지고, 여기에 원료와 노동이 2차로 결합하여 최종재 생산량이 결정된다.

생산함수가 식 (6.2b)와 같다면 다음이 성립한다.

$$\frac{\partial f/\partial x_3}{\partial f/\partial x_4} = \frac{(\partial F/\partial f^3)(\partial f^3/\partial x_3)}{(\partial F/\partial f^3)(\partial f^3/\partial x_4)} = \frac{\partial f^3/\partial x_3}{\partial f^3/\partial x_4}$$

통합 투입물 생산함수 $f^3(x_3, x_4)$는 x_1이나 x_2에 의해서는 영향을 받지 않으므로 이 경우 식 (6.1)의 분리가능성이 성립한다. 하지만 예를 들면 다음의 경우에는 이런 종류의 분리가능성이 충족되지 않는다.

$$\frac{\partial f/\partial x_3}{\partial f/\partial x_1} = \frac{(\partial F/\partial f^3)(\partial f^3/\partial x_3)}{\partial F/\partial x_1}$$

$$\frac{\partial f/\partial x_2}{\partial f/\partial x_1} = \frac{\partial F/\partial x_2}{\partial F/\partial x_1}$$

즉 위의 첫 번째 편도함수비율과 두 번째 편도함수비율은 원칙적으로는 네 가지 투입물 모두에 의존한다.

이상의 예는 전체 네 가지의 생산요소가 세 그룹 (x_1), (x_2), (x_3, x_4)로 분리되고, 생산요소군 (x_3, x_4) 내의 두 투입요소 간의 한계기술대체율은 이 생산요소군 밖의 생산요소 x_1 및 x_2의 사용량과는 독립임을 의미한다. 이런 관계가 성립할 경우 생산함수는 약분리가능(weakly separable)하다고 말한다.

이제 또 다른 형태의 분리가능성으로서, 식 (6.1)의 조건이 충족되면서, 동시에 다음도 추가로 성립한다고 하자.

(6.3) $$\frac{\partial}{\partial x_1}\frac{\partial f/\partial x_3}{\partial f/\partial x_2} = 0, \quad \frac{\partial}{\partial x_2}\frac{\partial f/\partial x_3}{\partial f/\partial x_1} = 0, \quad \frac{\partial}{\partial x_1}\frac{\partial f/\partial x_4}{\partial f/\partial x_2} = 0$$

$$\frac{\partial}{\partial x_2}\frac{\partial f/\partial x_4}{\partial f/\partial x_1} = 0, \quad \frac{\partial}{\partial x_3}\frac{\partial f/\partial x_1}{\partial f/\partial x_2} = 0, \quad \frac{\partial}{\partial x_4}\frac{\partial f/\partial x_1}{\partial f/\partial x_2} = 0$$

식 (6.1)이 충족되면서 추가로 식 (6.3)이 충족된다는 것은 투입물을 (x_1), (x_2), (x_3, x_4)의 세 그룹으로 나누었을 때, x_i가 x_j가 속한 생산요소군에도 속하지 않고 x_k가 속한 생산요소군에도 속하지 않으면 $\frac{\partial}{\partial x_i}\frac{\partial f/\partial x_j}{\partial f/\partial x_k} = 0$이 되어야 함을 의미한다. 식 (6.3)이 식 (6.1)에 추가되어 더 강화된 이와 같은 분리가능성을 강분리가능성(strong separability)이라 부른다.

이 두 번째 유형의 강화된 분리가능성이 성립하려면 생산함수는 다음과 같은 형태를 지녀야 한다.

(6.4) $$f(x_1, x_2, x_3, x_4) = F(f^1(x_1) + f^2(x_2) + f^3(x_3, x_4)), \ F' > 0$$

즉 각 그룹의 투입요소들만 모여 세 개의 통합 투입물을 만들고, 이들이 다시 결합하여 최종 산출물을 생산하되, 일단 가법적(additive)으로 결합한 뒤, 다시 $F(\cdot)$함수를 통해 산출수준을 결정한다. 이 경우 세 가지 통합 투입물을 만드는 함수 $f^r(\cdot)(r=1,2,3)$ 은 그 자체가 생산함수이다. 이들 통합 투입물 $f^r(\cdot)$은 완전대체재처럼 서로 합해져 최종 산출물 생산에 사용된다.

> **연습문제 6.1** 식 (6.4)와 같은 생산함수가 식 (6.1)과 식 (6.3)의 결과를 야기함을 보여라.

이제 이상의 내용을 $N \geq 5$인 경우로 일반화 하자. 총 N가지 생산요소가 있는데, 이를 K개의 생산요소군으로 나눈다고 하자. 이 중 I^r은 r번째 생산요소군을 나타내는 지수인데, 여기에는 N_r개의 생산요소가 포함된다. 이렇게 N개의 생산요소를 K개의 군으로 분할한 것을 $I = \{I^1,...,I^K\}$와 같이 나타내자. 또한 $N_r \geq 1$이고(단, $r = 1,...,K$), $\sum_{r=1}^{K} N_r = N$이며, $I^r \cap I^s = \varnothing \ (r \neq s)$이어서 각 개별 생산요소는 하나의 생산요소군에만 속한다고 하자. $N = 4$인 위의 예에서는 $K = 3$, $I = \{1,2,(3,4)\}$와 같이 설정되었으며, $N_1 = N_2 = 1$이고, $N_3 = 2$이었다.

이제 약분리가능성은 다음과 같이 정의된다.

$$(6.5) \qquad \frac{\partial}{\partial x_i} \frac{\partial f / \partial x_j}{\partial f / \partial x_k} = 0, \ j,k \in I^r, \ i \notin I^r$$

즉 생산요소군 I^r에 속하는 두 투입물 x_j와 x_k의 한계기술대체율은 이 생산요소군 밖에 존재하는 다른 투입물 x_i의 사용량에 의해 영향을 받지 않는다. 따라서 이 두 투입물은 I^r 밖에 존재하는 투입물들로부터 분리가능하다. X^r을 I^r에 속하는 N_r개의 투입물의 묶음이라 하자. 이 경우 생산함수는 다음과 같아야 한다.

$$(6.6) \qquad f(x_1,...,x_N) = F\big(f^1(X^1),...,f^K(X^K)\big)$$

여기서 생산요소군별로 정의되는 함수 $f^r(\cdot)$은 그 자체가 생산함수이다.[2]

---

2 만약 $N_r = 1$이면 $f^r(\cdot)$은 I^r에 속하는 단일 투입물 그 자체로 두어도 된다.

강분리가능성은 생산함수가 다음 성질을 충족함을 의미한다.

(6.7) $$\frac{\partial}{\partial x_i}\frac{\partial f/\partial x_j}{\partial f/\partial x_k}=0,\ \ j\in I^r,\ \ k\in I^s,\ \ i\notin I^r\cup I^s$$

즉 x_j와 x_k가 동일 생산요소군에 속하지 않아도 x_i가 이 두 생산요소 모두와 다른 군에 속하면 x_j와 x_k 간의 한계기술대체율은 x_i에 의해 영향을 받지 않는다. 이 경우 생산함수는 다음과 같은 구조를 가진다.

(6.8) $$f(x_1,...,x_N)=F\!\left(\sum_{r=1}^{K}f^r(X^r)\right),\ F'>0$$

연습문제 6.2 $f(x_1,...,x_N)=Ax_1^{a_1}x_2^{a_2}...x_N^{a_N}$과 같은 콥-더글라스 생산함수가 있다($a_i>0\ \ \forall i$). 이 함수에서 분리가능성이 성립하는지, 성립한다면 어떤 종류의 분리가능성이 어떻게 생산요소군을 분할해야 성립하는지를 설명하라.

분리가능성은 생산기술에 대해 비교적 강한 제약을 가하는 조건이지만, 이것이 성립할 경우 유용하게 활용될 수 있다. 첫째, 앞에서 논의한 대로 모두 다루기에는 너무 많은 수의 투입물을 소수의 통합 투입물로 묶어줄 수 있도록 하고, 그만큼 경제 분석을 수월하게 한다. 둘째, 보다 더 유용한 경우로서, 개별 통합 투입물 생산함수 $f^r(\cdot)$만을 분석하는 것이 가능하도록 한다. 생산요소군 I^r에 속하는 N_r개의 투입물을 $X^r=(x_1^r,...,x_{N_r}^r)$과 같이 나타내자. 그렇다면 이 생산요소군에 속하는 투입물 간의 대체탄력성은 이 군에 속하지 않는 다른 투입요소들에 의해서는 영향을 받지 않는다. 따라서 우리의 관심이 X^r에 속하는 투입물들이 생산과정에서 행하는 기능과 특성에 있다면, 굳이 전체 N개의 투입요소를 모두 포함하는 생산기술을 분석할 필요 없이 통합 투입물 생산함수 $f^r(x_1^r,...,x_{N_r}^r)$만 분석하면 된다.

우리는 제5장의 부가가치함수에 대한 분석에서 분리가능성이 제공하는 두 번째 장점이 활용되는 경우를 이미 보았다. 우리의 관심이 본원적 생산요소인 노동과 자본의 생산성과 서로 간의 대체성에 있다면, 그리고 이 두 투입물이 에너지나 원료와 같은 중간투입재와 분리가능성을 가진다면, 굳이 수많은 중간투입재까지 포함하여 생산함수를 분석할 필요가 없다. 제5장의 경우 따라서 $y - x = g(K, L)$처럼 총생산 y에서 중간재 사용량 x를 빼준 실질부가가치를 본원적 투입물 K와 L을 이용해 생산하는 것처럼 분석할 수 있고, 이러한 분석이 허용되는 경우 중 하나가 (K, L)과 x 사이의 분리가능성이라 하였다.

자본 및 노동과 여타 중간재 사이의 분리가능성을 활용하는 관행은 사실 국가경제 전체를 다수의 산업으로 나누어 생산, 소비, 시장균형, 소득결정 등을 모두 동시에 분석하는 응용일반균형(computable general equilibrium, CGE)모형에서 일반적으로 사용되고 있다. 표준적인 CGE모형에서는 노동과 자본이 예를 들면 CES 생산함수를 통해 노동-자본 복합재 혹은 부가가치재를 생산하고, 이것이 많은 수의 중간재와 레온티에프형 함수를 통해 결합하는 그러한 구조를 가지고 있다. 이때도 물론 그 이론적 근거는 분리가능성에 있다.[3]

2. 비용함수와 분리가능성

비용함수에 대해서도 분리가능성을 정의할 수 있다. 논의의 단순화를 위해 역시 $N = 4$라 하자. 비용함수는 일반적으로는 $c(w_1, w_2, w_3, w_4, y)$와 같은 형태를 가져야 한다. 비용함수는 투입물가격과 산출량의 함수이므로, 투입물의 분리가능성은 이제는 투입물가격의 분리가능성으로 정의되어야 한다. 투입물의 분할이 생산함수를 분석했을 때와 마찬가지로 $I = \{1, 2, (3, 4)\}$와 같이 이루어진다고 하자. 즉 x_3와 x_4가 하나의 생산요소군을 이루고, x_1과 x_2는 그 스스로가 생산요소군이어서, $I^1 = 1$, $I^2 = 2$, $I^3 = (3, 4)$이다. 그렇다면 비용함수는 다음 조건이 성립할 때 약분리가능하다.

$$(6.9) \quad \frac{\partial}{\partial w_i} \frac{\partial c(w_1, w_2, w_3, w_4, y) / \partial w_3}{\partial c(w_1, w_2, w_3, w_4, y) / \partial w_4} = \frac{\partial}{\partial w_i} \frac{x_3(w_1, w_2, w_3, w_4, y)}{x_4(w_1, w_2, w_3, w_4, y)} = 0, \ i = 1, 2$$

즉 동일 생산요소군에 속하는 x_3와 x_4의 가격 w_3와 w_4가 비용함수에 미치는 한계적 영향의 비율은 그에 속하지 않는 x_1의 가격 w_1이나 x_2의 가격 w_2와는 독립이다. 세퍼드 보조정리에 의해 이는 다시 말하면 x_3의 최적 조건부수요와 x_4의 최적 조건부수

---

3 이러한 절차를 담고 있는 표준적인 CGE모형과 그 설명으로 잘 알려진 문헌이 Löfgren, H., R. L. Harris, and S. Robinson, 2002, *A Standard Computable General Equilibrium (CGE) Model in GAMS*, Washington, D.C.: International Food Policy Research Institute (IFPRI)이다.

요의 비율이 w_1이나 w_2와는 독립이다. 아울러 식 (6.9)에 미분을 실행하여 정리하면 다음 조건도 얻는다.

$$(6.10) \quad \frac{\partial x_3(w_1,w_2,w_3,w_4,y)}{\partial w_i} \frac{w_i}{x_3(w_1,w_2,w_3,w_4,y)}$$

$$= \frac{\partial x_4(w_1,w_2,w_3,w_4,y)}{\partial w_i} \frac{w_i}{x_4(w_1,w_2,w_3,w_4,y)}, \quad i=1,2$$

즉 $\epsilon_{3i}(w_1,w_2,w_3,w_4,y) = \epsilon_{4i}(w_1,w_2,w_3,w_4,y)$로서, x_3와 x_4 수요의 w_1 혹은 w_2에 대한 교차가격 탄력성이 서로 동일하다. 비용함수의 약분리성이 이렇게 성립하려면 비용함수는 다음과 같아야 한다.[4]

$$(6.11) \quad c(w_1,w_2,w_3,w_4,y) = C(w_1,w_2,c^3(w_3,w_4,y),y)$$

식 (6.11)에서 부분비용함수 $c^3(w_3,w_4,y)$는 비음이고, 그 소속 투입물의 가격에 대해 비감소하면서 1차 동차이고 오목이다. 그리고 y의 비감소하는 볼록함수라 가정되는 그야말로 그 스스로가 비용함수이다. 그리고 w_1, w_2, y와 이러한 부분비용함수 $c^3(w_3,w_4,y)$를 통합하는 함수 $C(\cdot)$는 $(w_1,w_2,c^3(\cdot))$의 1차 동차함수이다.

> **연 습
> 문 제**
>
> **6.3**
>
> 위에서 도입된 $c^3(w_3,w_4,y)$와 $C(\cdot)$의 가정하에서는 전체 비용함수 $c(w_1,w_2,w_3,w_4,y)$가 투입물가격의 1차 동차함수가 됨을 보여라.

이상과 같이 비용함수가 약분리성을 가지면 비용최소화 행위의 분석에 있어서도 간편함을 얻는다. 예를 들면 우리가 x_3와 x_4를 비용을 최소화하는 방식으로 선택하는 문제에 관심이 있다면, w_1과 w_2의 영향은 고려하지 않고 부분비용함수 $c^3(w_3,w_4,y)$만을 분석하는 것이 허용된다. 또한 전체 비용최소화 문제도 $c^3(w_3,w_4,y)$를 먼저 구한 후, 이어서 이를 w_1, w_2 및 y와 결합시켜 전체 생산비를 최소화하는 단계별 분석절차를 밟을

---

4 식 (6.11)의 우변에서 w_1, w_2 대신 부분비용함수를 적용해 $c^1(w_1,y)$, $c^2(w_2,y)$를 사용하여도 식 (6.9)가 성립한다.

수 있다. 그러나 이때 부분비용함수 $c^3(w_3, w_4, y)$도 산출량 y에 의해 영향을 받고, 또한 이 부분비용이 다른 투입물가격들과 결합될 때도 y가 다시 영향을 미치는 것은 문제를 꽤 복잡하게 만든다. 아울러 이때문에 부분비용함수 $c^3(w_3, w_4, y)$가 정확히 무엇을 의미하는지도 불분명하다. 이 문제는 분리성을 위한 분할대상으로 생산요소가격과 더불어 산출물까지 포함하면 해결할 수 있다. 즉 산출량도 비용함수의 설명변수이므로 변수 분할을 $\bar{I} = \{0, 1, 2, (3, 4)\}$와 같이 실시하자. 여기서 $I^0 = 0$은 산출물의 군, $M = 1$일 경우 산출물 자신을 의미한다. 따라서 산출물도 이제는 투입물가격들로부터 분리가능하며, 식 (6.9)와 더불어 다음도 성립한다.

$$(6.12) \qquad \frac{\partial}{\partial y} \frac{\partial c(w_1, w_2, w_3, w_4, y)/\partial w_3}{\partial c(w_1, w_2, w_3, w_4, y)/\partial w_4} = \frac{\partial}{\partial y} \frac{x_3(w_1, w_2, w_3, w_4, y)}{x_4(w_1, w_2, w_3, w_4, y)} = 0$$

즉 이제 y는 식 (6.9)에서 분리가능성 측면에서는 w_1과 w_2가 했던 것과 같은 역할을 한다. 식 (6.12)에 의해 $\epsilon_{3y}(w_1, w_2, w_3, w_4, y) = \epsilon_{4y}(w_1, w_2, w_3, w_4, y)$가 성립하고, 산출량 1% 증가 시의 x_3 수요량과 x_4 수요량의 변화율이 동일해야 한다. 식 (6.12)를 감안하면 이제 다음과 같이 확장된(extended) 약분리가능 비용함수를 가져야 한다.

$$(6.13) \qquad c(w_1, w_2, w_3, w_4, y) = C(w_1, w_2, c^3(w_3, w_4), y)$$

이렇게 산출물에까지 분리가능성이 확장될 수 있으면, 이제 부분비용함수 $c^3(w_3, w_4)$는 매우 분명한 의미를 갖게 되는데, 이는 생산요소군 I^3에 속한 생산요소들이 만들어 내는 통합 투입물의 비용 혹은 가격이 된다. 이제 생산은 명확히 2단계로 진행되어, 첫 번째 단계에서 (x_3, x_4)를 최소로 결합하는 방법을 찾고, 이어서 두 번째 단계에서 그 비용과 w_1, w_2를 감안하여, (x_3, x_4)가 만드는 통합 투입물과 x_1 및 x_2를 각각 얼마나 사용할 것인지를 결정한다.

아울러, 비용함수에서도 강분리가능성을 정의할 수 있다. $I = \{1, 2, (3, 4)\}$분할에서 강분리가능한 비용함수는 다음과 같은 성질을 가져야 한다.

$$(6.14) \qquad \frac{\partial}{\partial w_i} \frac{\partial c(w_1, w_2, w_3, w_4, y)/\partial w_j}{\partial c(w_1, w_2, w_3, w_4, y)/\partial w_k} = \frac{\partial}{\partial w_i} \frac{x_j(w_1, w_2, w_3, w_4, y)}{x_k(w_1, w_2, w_3, w_4, y)} = 0,$$

$$j \in I^r, \ k \in I^s, \ i \notin I^r \cup I^s$$

따라서 예를 들면 $w_i = w_1$이고, $w_j = w_2$, $w_k = w_3$일 경우에도 위의 관계는 성립하여야 한다. 만약 비용함수가 다음과 같은 일종의 CES형태를 가진다면 이러한 강분리가능성이 성립한다.

$$(6.15) \qquad c(w_1, w_2, w_3, w_4, y) = A(y)\left[c^1(w_1)^\rho + c^2(w_2)^\rho + c^3(w_3, w_4, y)^\rho\right]^{1/\rho}$$

단, $A(y)$는 비음이고 y의 증가함수

제4장과 제5장에서는 원 생산기술을 표현하는 생산함수나 거리함수가 가진 규모탄력성, 동조성, 비결합성 등의 특성을 간접목적함수인 비용함수나 수입함수, 이윤함수 등에서도 표현할 수 있음을 보았다. 따라서 이들 특성은 원 기술함수의 쌍대함수들을 통해서도 분석이 가능했다. 그렇다면 분리가능성의 경우도 그러한 관계가 형성될까? 즉 생산함수의 분리가능성은 비용함수의 분리가능성을 의미하며, 그 역관계도 성립할 것인가?

결론부터 얘기하면, 분리가능성의 경우 그러한 관계가 형성되지 않는다. 즉 일반적으로는 생산함수가 분리가능하다고 해서 비용함수가 분리가능하지 않으며, 그 역의 인과관계도 성립하지 않는다. 위에서 도출했던 생산함수와 비용함수의 분리가능성은 앞의 장들에서 분석했던 동조성 등의 경우와 달리 원 기술함수에서의 분리가능성 성립조건을 먼저 설정한 후, 그 조건이 비용함수에서 정확히 충족되기 위해서는 비용함수가 어떤 형태를 가져야 하는지를 분석해서 비용함수의 분리가능성을 도출한 것이 아니다. 단지 두 함수가 구조상으로 서로 닮은꼴이 되도록 분리가능성을 각각 별도로 정의했을 뿐이며, 따라서 두 함수의 분리가능성이 의미하는 바는 서로 일치하지 않는다. 다만 특수한 추가 조건이 주어지면 두 함수의 분리가능성은 동일한 의미를 가질 수도 있다.

먼저 생산기술에 대한 제약이 상대적으로 약한 약분리가능성의 경우 생산함수의 약분리가능성 자체는 비용함수의 약분리가능성을 의미하지 않는다. 다만 생산함수가 약분리가능하고, 동시에 부분 생산함수 $f^r(\cdot)$이 모두 동조적(homothetic)이면, 비용함수는 산출물을 포함하는 확장된 분할에서 약분리가능하고, 그 역의 관계도 성립한다.[5] 이 내용을 살펴보자.

비용함수의 경우 $\bar{I} = \{0, 1, 2, (3,4)\}$의 확장된 분할을, 그리고 생산함수의 경우 $I = \{1, 2, (3,4)\}$의 분할을 가정하자. 즉 생산함수는 $f(x_1, x_2, x_3, x_4) = F(x_1, x_2, f^3(x_3, x_4))$와

---

5 아래에서는 생산함수의 약분리성과 부분 생산함수의 동조성이 비용함수의 확장된 분할에서의 약분리성을 유발한다는 내용만 보여준다. 그 역관계는 본장 참고문헌의 Blackorby et al.(1978, p. 94)이 보여준다.

같은 분리성을 가지고 있으며, $f^3(x_3,x_4)$가 동조함수라 하자. 비용최소화 조건에 의해 $\dfrac{w_3}{w_4} = \dfrac{\partial f(x_1,x_2,x_3,x_4)/\partial x_3}{\partial f(x_1,x_2,x_3,x_4)/\partial x_4} = \dfrac{\partial f^3(x_3,x_4)/\partial x_3}{\partial f^3(x_3,x_4)/\partial x_4}$가 성립하는데, 분리가능성에 의해 우변은 (x_3,x_4)에만 의존하므로 $\dfrac{w_3}{w_4} = g(x_3,x_4)$와 같이 나타낼 수 있다.

> **연습
> 문제**
>
> **6.4**
>
> $f(x_1,x_2,x_3,x_4) = F\big(x_1,x_2,f^3(x_3,x_4)\big)$에서 $f^3(x_3,x_4)$가 동조함수일 때 전체 생산함수 $f(x_1,x_2,x_3,x_4)$가 동조함수인지 아닌지를 보여라.

우리는 제2장에서 동조함수를 어떤 r차 동차함수를 단조증가 변환한 함수라고 정의하였다. 이를 어떤 1차 동차함수를 단조증가 변환한 함수로 바꾸어 정의하기도 한다. 즉 어떤 동조함수는 $z = H(h(a,b))$라 표현할 수 있고, $H' > 0$이며 $h(\cdot)$는 1차 동차함수이다. 그렇다면 $\dfrac{\partial z/\partial a}{\partial z/\partial b} = \dfrac{H'\partial h/\partial a}{H'\partial h/\partial b} = \dfrac{\partial h/\partial a}{\partial h/\partial b}$가 되는데, $h(a,b)$가 1차 동차함수이므로 $\dfrac{\partial h}{\partial a}$와 $\dfrac{\partial h}{\partial b}$는 둘 다 0차 동차함수이고, 그 결과 $\dfrac{\partial z/\partial a}{\partial z/\partial b}$도 a와 b의 0차 동차함수이다. 즉 어떤 함수가 동조함수이면, 그 편도함수의 비율은 모두 0차 동차함수가 된다.[6]

이제 다시 $\dfrac{w_3}{w_4} = \dfrac{\partial f^3(x_3,x_4)/\partial x_3}{\partial f^3(x_3,x_4)/\partial x_4} = g(x_3,x_4)$로 돌아가면, 부분 생산함수 $f^3(x_3,x_4)$가 동조함수라 가정했으므로 $g(x_3,x_4)$는 0차 동차함수이다. 따라서 $g(\cdot)$의 설명변수를 모두 투입량 x_4로 나누면 $\dfrac{w_3}{w_4} = g(x_3/x_4, 1) = h(x_3/x_4)$와 같이 정리할 수 있다. 즉 x_4로 (x_3,x_4)를 나누어주어도 0차 동차성에 의해 함수 $g(\cdot)$의 값은 달라지지 않으므로 결국 w_3/w_4은 x_3/x_4의 함수로 표현된다. 이제 h의 역함수를 $\bar{h}$라 하면 $x_3/x_4 = \bar{h}(w_3/w_4)$이 되어 비용을 최소화하는 x_3와 x_4의 비율은 그 가격비의 함수가 된다. 그런데 셰퍼드 보조정리에 의해 다음이 성립한다.

$$\frac{x_3}{x_4} = \frac{\partial c(w_1,w_2,w_3,w_4,y)/\partial w_3}{\partial c(w_1,w_2,w_3,w_4,y)/\partial w_4} = \bar{h}(w_3/w_4)$$

---

6 이는 사실 필요충분조건으로서, 모든 편도함수의 비율이 0차 동차인 함수는 동조함수이다. 이 역방향의 증명은 조금 까다로운데, Lau, L. J., 1970, "Duality and the Structure of Utility Functions," *Journal of Economic Theory* 1, pp. 374–396에 증명되어 있다.

따라서 $\dfrac{\partial c(w_1,w_2,w_3,w_4,y)/\partial w_3}{\partial c(w_1,w_2,w_3,w_4,y)/\partial w_4}$ 는 오로지 $\dfrac{w_3}{w_4}$ 에만 의존하고, w_1, w_2, y 에 대해 모두 독립이며, 비용함수는 결국 $\bar{I}=\{0,1,2,(3,4)\}$ 의 분할에 해당되는 분리가능성을 가지게 된다.

한편, 이상의 절차를 검토하면, 강분리성의 경우에는 생산함수가 $f(x_1,x_2,x_3,x_4)=F(f^1(x_1)+f^2(x_2)+f^3(x_3,x_4))$ 처럼 강분리가능하고, 또한 그 부분함수가 동조함수라고 해서 비용함수가 강분리가능한 것은 아님도 확인할 수 있다. 예를 들면 비용최소화 조건을 $\dfrac{w_3}{w_1}=\dfrac{\partial f(x_1,x_2,x_3,x_4)/\partial x_3}{\partial f(x_1,x_2,x_3,x_4)/\partial x_1}=\dfrac{\partial f^3(x_3,x_4)/\partial x_3}{df^1(x_1)/dx_1}$ 와 같이 도출했을 때 이제는 분모와 분자가 동일한 특정 동조함수의 편도함수들이 아니므로 약분리성일 때 진행했던 절차를 더 이상 진행할 수 없고, 따라서 비용함수가 강분리가능하다는 것을 보여줄 수 없다.

이상 확인한 바와 같이 생산함수의 분리가능성과 비용함수의 분리가능성은 동일한 의미를 가지지 않는다. 여기에는 함수 구조상 생산함수는 생산요소의 숫자만큼의 설명변수만을 가지는 반면, 비용함수는 그에 더하여 산출물까지 설명변수로 가진다는 차이도 영향을 미친다. 그 차이를 없애는 방법 중 하나가 동조성을 가정하는 것이었다. 그렇다면 생산함수처럼 원 기술을 나타내면서도 모든 생산요소와 산출물의 함수라서 비용함수와 동일한 수의 설명변수를 가지고 있고, 또한 제4장과 제5장에서 본 바와 같이 비용함수와 잘 정립된 쌍대관계를 가지는 투입물거리함수의 분리가능성은 비용함수의 분리가능성과 어떤 연관성이 있을까? 결론부터 얘기하면 투입물거리함수의 분리가능성은 비용함수의 분리가능성과 동일한 의미를 가진다. 다음과 같은 약분리가능 투입물거리함수를 검토하자.

(6.16) $D_i(x_1,x_2,d_i^3(x_3,x_4,y),y)\geq 1$

역시 $I=\{1,2,(3,4)\}$ 의 분할을 가정하였다. $d_i^3(x_3,x_4,y)$ 는 그 자체가 투입물거리함수의 성질을 가지고 있다. 생산기술이 이런 특성을 가지면 비용최소화 문제는 다음처럼 진행된다.

(6.17) $c(w_1,w_2,w_3,w_4,y)$

$$=\min_{(x_1,x_2,x_3,x_4)}\left\{\sum_{i=1}^{4}w_ix_i:\ D_i(x_1,x_2,d_i^3(x_3,x_4,y),y)=1\right\}$$

$$= \min_{(x_1, x_2, \lambda)} \left\{ w_1 x_1 + w_2 x_2 + \min_{(x_3, x_4)} \left[w_3 x_3 + w_4 x_4 : \ d_i^3(x_3, x_4, y) = \lambda \right] \atop : D_i(x_1, x_2, \lambda, y) = 1 \right\}$$

$$= \min_{(x_1, x_2, \lambda)} \left\{ w_1 x_1 + w_2 x_2 + \lambda \min_{(x_3, x_4)} \left[{w_3 (x_3 / \lambda) + w_4 (x_4 / \lambda) \atop : \ d_i^3 (x_3 / \lambda, x_4 / \lambda, y) = 1} \right] \atop : D_i(x_1, x_2, \lambda, y) = 1 \right\}$$

$$= \min_{(x_1, x_2, \lambda)} \left\{ w_1 x_1 + w_2 x_2 + \lambda \min_{(\overline{x}_3, \overline{x}_4)} \left[w_3 \overline{x}_3 + w_4 \overline{x}_4 : \ d_i^3(\overline{x}_3, \overline{x}_4, y) = 1 \right] \atop : D_i(x_1, x_2, \lambda, y) = 1 \right\}$$

$$= \min_{(x_1, x_2, \lambda)} \left\{ w_1 x_1 + w_2 x_2 + \lambda c^3(w_3, w_4, y) : D_i(x_1, x_2, \lambda, y) = 1 \right\}$$

$$= C\big(w_1, w_2, c^3(w_3, w_4, y), y\big)$$

따라서 식 (6.16)처럼 투입물거리함수가 분리가능하면 비용함수도 동일 분할에서 분리 가능하다. 식 (6.17)에서 두 번째 등식은 (x_3, x_4)의 통합 투입물 생산에서의 부분 투입물거리함수 값을 λ로 두고, 이 λ가 $d_i^3(x_3, x_4, y)$ 대신 전체 투입물거리함수에 반영되어도 생산이 가능토록 하게 한 후, 즉 $D_i(x_1, x_2, \lambda, y) = 1$가 되게 한 후, (x_3, x_4)의 비용합을 최소화한다. 그리고 이어서 최소화된 (x_3, x_4) 비용합과 (x_1, x_2)의 비용합을 모두 합한 것이 최소가 되도록 (x_1, x_2)와 λ의 값을 선택한다. 비용최소화 문제를 이렇게 두 단계로 구분할 수 있는 것은 물론 투입물거리함수의 분리가능성 때문이다. 세 번째와 네 번째 등식은 투입물거리함수의 1차 동차성을 이용해 부분 투입물거리함수 제약을 $d_i^3(x_3 / \lambda, x_4 / \lambda, y) = 1$과 같이 변환하고, (x_3, x_4)를 $(\overline{x}_3, \overline{x}_4) = (x_3 / \lambda, x_4 / \lambda)$와 같이 변환하였다. 그리고 다섯 번째 등식은 $c^3(w_3, w_4, y) = \min_{(\overline{x}_3, \overline{x}_4)} \left[w_3 \overline{x}_3 + w_4 \overline{x}_4 : \ d_i^3(\overline{x}_3, \overline{x}_4, y) = 1 \right]$처럼 (x_3, x_4, y)만의 비용함수가 정의되며, 전체 비용최소화 문제는 이 부분 비용과 x_1 및 x_2의 비용을 합한 것을 최소화 해야 함을 보여준다. 최종 비용최소화 문제에서는 λ가 (x_3, x_4)로부터 생산된 통합 투입물이고, $c^3(w_3, w_4, y)$는 그 가격의 역할을 한다.

비용함수와 산출물거리함수의 쌍대관계를 역으로 이용하면서 $C\big(w_1, w_2, c^3(w_3, w_4, y), y\big)$의 형태에 맞는 투입물거리함수를 도출하면, 그 형태는 $D_i(x_1, x_2, d_i^3(x_3, x_4, y), y)$와 같아야 함을 보여줄 수 있다.

3. 이윤함수와 분리가능성

이윤함수에 대해서도 동일한 방법으로 분리가능성을 정의할 수 있다. 이윤함수는 $\pi(p,w_1,w_2,w_3,w_4)$인데, $I=\{1,2,(3,4)\}$의 분할에서는 이윤함수의 약분리가능성은 다음과 같이 정의된다.

$$(6.18) \qquad \frac{\partial}{\partial w_i}\frac{\partial \pi(p,w_1,w_2,w_3,w_4)/\partial w_3}{\partial \pi(p,w_1,w_2,w_3,w_4)/\partial w_4}=\frac{\partial}{\partial w_i}\frac{x_3(p,w_1,w_2,w_3,w_4)}{x_4(p,w_1,w_2,w_3,w_4)}=0,$$
$$i=1,2$$

즉, 이윤을 극대화하는 x_3와 x_4의 수요량의 비율은 x_1이나 x_2의 가격에 의해서는 영향을 받지 않는다. 여기에는 호텔링 보조정리가 적용되었다. 식 (6.18)의 관계를 탄력성 형태로 표현하면 $\epsilon_{3i}(p,w_1,w_2,w_3,w_4)=\epsilon_{4i}(p,w_1,w_2,w_3,w_4)(i=1,2)$가 성립한다. 식 (6.18)의 조건이 성립하려면 이윤함수는 다음과 같은 형태를 가져야 한다.[7]

$$(6.19) \qquad \pi(p,w_1,w_2,w_3,w_4)=\Pi(p,w_1,w_2,\pi^3(p,w_3,w_4))$$

여기에서도 부분 함수 $\pi^3(p,w_3,w_4)$는 그 스스로가 이윤함수로서의 성질을 지녀야 하며, 함수 $\Pi(\cdot)$는 전체 이윤함수 $\pi(p,w_1,w_2,w_3,w_4)$가 동차성과 단조성 등 원래의 성질을 유지하도록 설정되어야 한다.

이윤함수가 확장된 분할 $\bar{I}=\{0,1,2,(3,4)\}$에서 약분리가능성을 지니면 식 (6.18)의 조건에 더하여 다음도 필요로 한다.

$$(6.20) \qquad \frac{\partial}{\partial p}\frac{\partial \pi(p,w_1,w_2,w_3,w_4)/\partial w_3}{\partial \pi(p,w_1,w_2,w_3,w_4)/\partial w_4}=\frac{\partial}{\partial p}\frac{x_3(p,w_1,w_2,w_3,w_4)}{x_4(p,w_1,w_2,w_3,w_4)}=0$$

이는 탄력성으로 표현하면 $\epsilon_{3p}(p,w_1,w_2,w_3,w_4)=\epsilon_{4p}(p,w_1,w_2,w_3,w_4)$를 의미하며, 그에 해당되는 이윤함수 형태는 다음과 같다.

$$(6.21) \qquad \pi(p,w_1,w_2,w_3,w_4)=\Pi(p,w_1,w_2,\pi^3(w_3,w_4))$$

---

7 식 (6.19)의 우변에서 w_1, w_2 대신 부분 이윤함수를 적용해 $\pi^1(p,w_1)$, $\pi^2(p,w_2)$를 사용하여도 식 (6.18)이 성립한다.

그리고, 이윤함수가 분할 $I = \{1, 2, (3, 4)\}$에 대해 강분리가능하면 다음이 성립한다.

$$(6.22) \quad \frac{\partial}{\partial w_i} \frac{\partial \pi(p, w_1, w_2, w_3, w_4) / \partial w_j}{\partial \pi(p, w_1, w_2, w_3, w_4) / \partial w_k} = \frac{\partial}{\partial w_i} \frac{x_j(p, w_1, w_2, w_3, w_4)}{x_k(p, w_1, w_2, w_3, w_4)} = 0,$$

$$j \in I^r, \ k \in I^s, \ i \notin I^r \cup I^s$$

이를 보장하는 이윤함수 형태는 다음과 같다.

$$(6.23) \quad \pi(p, w_1, w_2, w_3, w_4) = \Pi\left(p, \sum_{r=1}^{K} \pi^r(p, W^r)\right)$$

단, W^r은 I^r에 속하는 투입요소들 가격의 묶음

그러면 우리는 이윤함수의 분리가능성은 비용함수의 분리가능성과 동일한가를 생각해보아야 한다. 위에서 본 바와 같이 이윤함수의 분리가능성은 약분리가능성일 경우 $\epsilon_{3i}(p, w_1, w_2, w_3, w_4) = \epsilon_{4i}(p, w_1, w_2, w_3, w_4)(i = 1, 2)$로 표시되었고, 비용함수의 약분리가능성은 역시 탄력성의 형태로는 $\epsilon_{3i}(w_1, w_2, w_3, w_4, y) = \epsilon_{4i}(w_1, w_2, w_3, w_4, y)(i = 1, 2)$와 같이 표시되었었다. 이윤을 극대화하는 투입물 수요와 비용만을 최소화하는 투입물 수요는 서로 다르고, 제5장에서 본 것처럼 가격변화에 대한 반응도 서로 다르므로 일반적으로는 $\epsilon_{ji}(p, w_1, w_2, w_3, w_4) \neq \epsilon_{ji}(w_1, w_2, w_3, w_4, y)$이다. 따라서 이윤함수의 약분리가능성과 비용함수의 약분리가능성은 별개의 조건이다.

하지만 만약 이윤함수와 비용함수가 둘 다 확장된 분할, 즉 $\bar{I} = \{0, 1, 2, (3, 4)\}$에서 약분리성을 가지면 둘은 동일한 조건이 됨을 보여줄 수 있다. 즉 이윤함수가 확장된 분할에서 약분리성을 갖고 $\epsilon_{3p}(p, w_1, w_2, w_3, w_4) = \epsilon_{4p}(p, w_1, w_2, w_3, w_4)$도 성립하면, 동일한 확장된 분할에서 비용함수도 약분리성을 가지며, 그 역관계도 성립한다. 비용최소화는 산출물 선택은 고려하지 않는다는 점에 있어 그것까지 고려하는 이윤극대화와 차이를 가진다. 이윤함수에서는 산출물 수량 선택이라는, 비용함수에는 없는 추가 선택이 있지만, 확장된 분할에서 약분리성이 유지되면 산출물 수량 선택에도 약분리성이 작용하기 때문에 비용함수의 약분리성이 그대로 이윤함수에 전달된다.

제5장에서 르샤틀리에 원리를 도출하는 과정에서 확인했듯이 $\dfrac{\partial x_3(p, w_1, w_2, w_3, w_4)}{\partial w_1}$ $= \dfrac{\partial x_3(w_1, w_2, w_3, w_4, y)}{\partial w_1} + \dfrac{\partial x_3(w_1, w_2, w_3, w_4, y)}{\partial y} \dfrac{\partial y(p, w_1, w_2, w_3, w_4)}{\partial w_1}$ 의 관계가 있다(식 (5.11)). 이는 x_3 수요의 w_1변화에 대한 반응이 이윤극대화를 시도할 때와 비용최소화를

시도할 때 얼마나 다른지를 보여준다. $\dfrac{\partial x_3}{\partial p} = \dfrac{\partial x_3(w_1,w_2,w_3,w_4,y)}{\partial y}\dfrac{\partial y}{\partial p}$ 이므로 이를 위 관계식 우변의 두 번째 항에 대입하면 아래 표현을 얻는다. 단 아래 표현 속 함수 중 설명변수가 표시되지 않은 것은 모두 이윤극대화 반응을 의미하고, 설명변수가 표시된 것은 비용최소화 반응을 의미한다.

$$\frac{\partial x_3}{\partial w_1} = \frac{\partial x_3(w_1,w_2,w_3,w_4,y)}{\partial w_1} + \frac{\partial x_3}{\partial p}\frac{\partial y}{\partial w_1}\bigg/\frac{\partial y}{\partial p}$$

이를 탄력성 형태로 정리하면 다음과 같다.

$$\frac{\partial x_3}{\partial w_1}\frac{w_1}{x_3} = \frac{\partial x_3(w_1,w_2,w_3,w_4,y)}{\partial w_1}\frac{w_1}{x_3} + \left(\frac{\partial x_3}{\partial p}\frac{p}{x_3}\right)\left(\frac{\partial y}{\partial w_1}\frac{w_1}{y}\right)\bigg/\left(\frac{\partial y}{\partial p}\frac{p}{y}\right)$$

따라서 마찬가지 작업을 $\dfrac{\partial x_4}{\partial w_1}\dfrac{w_1}{x_4}$ 을 도출하기 위해 행하면 다음을 얻는다.

(6.24a) $\epsilon_{31}(p,w_1,w_2,w_3,w_4) = \epsilon_{31}(w_1,w_2,w_3,w_4,y)$
$\qquad + \epsilon_{3p}(p,w_1,w_2,w_3,w_4)\epsilon_{y1}(p,w_1,w_2,w_3,w_4)/\epsilon_{yp}(p,w_1,w_2,w_3,w_4)$

(6.24b) $\epsilon_{41}(p,w_1,w_2,w_3,w_4) = \epsilon_{41}(w_1,w_2,w_3,w_4,y)$
$\qquad + \epsilon_{4p}(p,w_1,w_2,w_3,w_4)\epsilon_{y1}(p,w_1,w_2,w_3,w_4)/\epsilon_{yp}(p,w_1,w_2,w_3,w_4)$

식 (6.24a)와 (6.24b)를 비교할 때, 이윤함수가 확장된 분할에서 약분리성을 가져 $\epsilon_{31}(p,w_1,w_2,w_3,w_4) = \epsilon_{41}(p,w_1,w_2,w_3,w_4)$와 $\epsilon_{3p}(p,w_1,w_2,w_3,w_4) = \epsilon_{4p}(p,w_1,w_2,w_3,w_4)$의 조건이 모두 충족되면 $\epsilon_{31}(w_1,w_2,w_3,w_4,y) = \epsilon_{41}(w_1,w_2,w_3,w_4,y)$이기 때문에 비용함수가 약분리성을 가진다. 뿐만 아니라 이 경우 비용함수는 확장된 분할에서 약분리성을 가지기도 한다. 식 (6.24a)를 도출하기 위해 활용했던 $\dfrac{\partial x_3(w_1,w_2,w_3,w_4,y)}{\partial y} = \dfrac{\partial x_3}{\partial p}\bigg/\dfrac{\partial y}{\partial p}$의 관계식 좌우변에 $\dfrac{y}{x_3}$를 곱하면 $\epsilon_{3y}(w_1,w_2,w_3,w_4,y) = \epsilon_{3p}(p,w_1,w_2,w_3,w_4)/\epsilon_{yp}(p,w_1,w_2,w_3,w_4)$이고, 마찬가지 작업을 x_4에 대해서도 한 후 서로 비교하면 $\epsilon_{3y}(w_1,w_2,w_3,w_4,y) = \epsilon_{4y}(w_1,w_2,w_3,w_4,y)$가 성립한다.

앞 소절에서 생산함수의 약분리성과 비용함수의 약분리성을 비교하면서, 생산함수가 분할 $I = \{1,2,(3,4)\}$에서 약분리가능하면서 동시에 부분 생산함수 $f^3(x_3,x_4)$가 동조함수이면, 비용함수는 확장된 분할 $\overline{I} = \{0,1,2,(3,4)\}$에서 약분리가능하며 그 역의 관계도 성립한다 하였다. 또한 바로 위에서, 확장된 분할에서 비용함수의 약분리성은 이윤함수의 약분리성과 동일한 조건임을 보았기 때문에, 결국 생산함수가 약분리적이고 부분 생산함수가 모두 동조함수이면 이윤함수도 확장된 분할에서 약분리성을 가지며, 그 역관계도 성립한다고 할 수 있다.

SECTION 02 집계문제

본장의 도입부에서 얘기한 바와 같이 집계문제는 서로 다른 생산자의 경제자료를 통합하는 문제이다. 자료통합은 비용최소화 행위와 이윤극대화 행위 모두에 대해 적용되지만, 본절은 개별 생산자의 비용함수와 생산량을 합하는 문제를 우선 살펴보고, 이어서 각기 다른 산출물가격에 처한 생산자의 이윤함수를 합하는 문제도 고려한다.

1. 생산비와 생산량 집계: 선형집계

어떤 산업 내에 I명의 생산자가 있다고 하자. 이들은 각각 $c^i(w_1, w_2, y^i)(i=1,...,I)$와 같은 비용함수를 가지고 있다. 투입물의 가격 (w_1, w_2)는 시장에서 형성되고 모든 생산자에게 동일하지만, 이들이 생산하는 양은 y^i로 각기 다르며, 각 생산자의 비용함수 형태도 생산기술의 차이 등으로 인해 서로 다르다. 이때 각 생산자의 생산량을 합해 산업 전체의 생산량을 집계하고, 또한 이 집계된 산출물을 생산하는 하나의 비용함수를 정의하는 것은 이 산업을 대표하는 하나의 생산자가 있음을 허용하는 것과 같다. 그러나 실제 생산행위는 I명의 생산자가 개별로 하는 것이기 때문에 이 집계 비용함수(aggregate cost function)와 집계 생산량(aggregate output)이 개별 생산자들의 비용함수와 생산량을 왜곡하지 않아야 한다. 그러기 위해서는 다음과 같은 집계원칙을 부여하여야 한다.

(6.25a) $\quad y = \sum_{i=1}^{I} y^i$

(6.25b) $\quad c(w_1, w_2, y) = \sum_{i=1}^{I} c^i(w_1, w_2, y^i)$

식 (6.25a)는 산업 전체의 집계 산출 y는 개별 생산자 산출량의 단순 합이 되어야 함을 의미한다. 그리고 식 (6.25b)는 산업 전체의 집계 비용함수는 투입요소가격과 집계 산출량의 함수로서, 개별 생산자 비용함수의 단순 합이어야 함을 의미한다. 이처럼 식 (6.25a)에서는 집계 산출이 개별 산출량의 단순 합이기 때문에 이를 선형집계(linear aggregation) 원칙이라 부른다.

먼저 쉽게 확인할 것은 만약 생산기술이 항상 규모수익불변을 보이고 또한 개별 생산자의 생산량이 모두 동일하다면, 집계는 전혀 문제가 되지 않으며 식 (6.25a)와 식 (6.25b)는 항상 성립한다는 것이다. 제4장에서 규모수익불변하의 비용함수는 $c^i(w_1, w_2, y^i)$ $= y^i c^i(w_1, w_2)$처럼 생산량 y^i와 단위 비용함수 $c^i(w_1, w_2)$의 곱이라 하였다. 아울러 각 개별 생산자의 생산량이 $y^i = y/I$로 모두 동일하다면, $\sum_{i=1}^{I} c^i(w_1, w_2, y^i) = y \sum_{i=1}^{I} c^i(w_1, w_2)/I$ $= yc(w_1, w_2) = c(w_1, w_2, y)$가 되어, 집계조건이 자동 충족된다.

아울러 또 하나 확인할 수 있는 것은 산업 전체의 비용함수를 설정하되, 식 (6.25a)처럼 산업 전체의 생산량 y만을 고려하지 않고 산업 전체 생산량이 각 생산자별로 배정된 형태, 즉 생산량의 분포 $(y^1, ..., y^I)$까지 산업 전체 비용함수에 반영해주면, 이때의 산업 전체 비용함수는 개별 생산자 비용함수의 정확한 합이 되고, 따라서 비용의 집계가 항상 이루어진다는 것이다. 이를 확인하기 위해 생산자 i의 투입물집합을 $V^i(y^i)$와 같이 나타내자. 이는 생산자 i가 자신에게 배정된 생산량 y^i를 생산할 수 있는 투입물집합이다. 생산자는 각기 다른 기술조건을 가지므로 이 집합의 형태는 생산자별로 다를 수 있다. 산업 전체의 투입물집합은 $V(y^1, ..., y^I) = \sum_{i=1}^{I} V^i(y^i)$와 같이 정의할 수 있다. 이는 생산량의 분포 $(y^1, ..., y^I)$를 생산해낼 수 있는 투입물의 집합이다. 그러면 개인 생산자의 비용함수와 생산량 분포까지 반영하는 산업 전체 비용함수는 각각 다음과 같이 정의된다.

$$c^i(w_1, w_2, y^i) = \min\left\{w_1 x_1^i + w_2 x_2^i : (x_1^i, x_2^i) \in V^i(y^i)\right\}$$

$$c(w_1, w_2, y^1, ..., y^I) = \min\left\{w_1 x_1 + w_2 x_2 : (x_1, x_2) \in V(y^1, ..., y^I)\right\}$$

각 생산자가 자신의 목표 산출량을 생산할 수 있는 임의의 투입물결합을 하나씩 선정하자. 즉 $(x_1^i, x_2^i) \in V^i(y^i)(i = 1, ..., I)$이다. 그러면 이들 조합은 산출물 분포 $(y^1, ..., y^I)$를 생산할 수 있으므로 $\left(\sum_{i=1}^{I} x_1^i, \sum_{i=1}^{I} x_2^i\right) \in V(y^1, ..., y^I)$이다. 즉 이들 투입물을 모두 합하면 산출물 분포 $(y^1, ..., y^I)$ 자체를 생산할 수 있다. 이렇게 합쳐진 투입조합이 전체 산출물 분포

$(y^1,...,y^I)$를 최소 비용으로 생산한다는 보장은 없으므로, $c(w_1, w_2, y^1, ..., y^I) \leq w_1 \sum_{i=1}^{I} x_1^i$ $+ w_2 \sum_{i=1}^{I} x_2^i$이다. 이 관계는 어떤 생산자별 투입물조합 $(x_1^i, x_2^i) \in V^i(y^i)$를 선택해도 성립해야 하고, 각 생산자별 비용을 최소화하는 조합을 선택해도 성립해야 한다. 따라서 $c(w_1, w_2, y^1, ..., y^I) \leq \sum_{i=1}^{I} c^i(w_1, w_2, y^i)$임을 의미한다.

이제 역으로, 어떤 산업 전체 투입물결합 $(x_1, x_2) \in V(y^1, ..., y^I)$를 고려하자. 즉 이 투입물결합은 목표 산출물 분포 $(y^1, ..., y^I)$를 생산할 수 있다. (x_1, x_2)를 I명의 생산자에게 나누어주면 각 생산자로 하여금 본인의 목표 생산량을 생산하게 할 수 있다. 즉 $(x_1, x_2) = \left(\sum_{i=1}^{I} x_1^i, \sum_{i=1}^{I} x_2^i \right)$이면서 $(x_1^i, x_2^i) \in V^i(y^i) (i = 1, ..., I)$이게 할 수 있다. 하지만 이렇게 배정되는 개별 생산자별 투입물조합은 각 생산자의 생산비를 최소화한다는 보장은 없다. 따라서 $\sum_{i=1}^{I} c^i(w_1, w_2, y^i) \leq w_1 \sum_{i=1}^{I} x_1^i + w_2 \sum_{i=1}^{I} x_2^i = w_1 x_1 + w_2 x_2$의 관계가 항상 성립해야 한다. 이 관계는 어떤 산업 전체 투입물조합 $(x_1, x_2) \in V(y^1, ..., y^I)$을 취해도 성립해야 하고, 산업 전체 비용을 최소로 하는 집계 투입물조합을 취해 각 생산자에게 나누어 주어도 성립해야 하므로 $c(w_1, w_2, y^1, ..., y^I) \geq \sum_{i=1}^{I} c^i(w_1, w_2, y^i)$임을 알 수 있다. 이상 도출한 두 가지 서로 반대 방향의 부등식이 동시에 충족되기 위해 $c(w_1, w_2, y^1, ..., y^I) = \sum_{i=1}^{I} c^i(w_1, w_2, y^i)$이어야 한다.

그러나 식 (6.25b)처럼 산업 전체의 비용함수에 각 생산자별 생산량 분포 $(y^1, ..., y^I)$가 아닌 집계 생산량 $y = \sum_{i=1}^{I} y^i$만을 반영해주면, 이제는 개별 생산자 비용함수의 합이 산업 전체 비용함수와 반드시 일치하지는 않는다. 특히 개별 생산자의 생산량이 동일하지 않고 생산기술이 항상 CRS를 충족하지 않는 경우에는 이러한 선형집계가 가능하려면 비용함수 형태에 어떤 제약이 가해져야 한다. 식 (6.25b)의 집계조건이 충족된다면 좌우변을 y^i에 대해 미분했을 때 다음이 성립하여야 한다.

$$(6.26) \quad \frac{\partial c(w_1, w_2, y)}{\partial y^i} = \frac{\partial c(w_1, w_2, y)}{\partial y} \frac{\partial y}{\partial y^i} = \frac{\partial c^i(w_1, w_2, y^i)}{\partial y^i}$$

선형집계에서는 식 (6.26)의 가운데 항에서 $\frac{\partial y}{\partial y^i} = 1$이므로 식 (6.26)이 성립하기 위해서는 $\frac{\partial c(w_1, w_2, y)}{\partial y} = \frac{\partial c^i(w_1, w_2, y^i)}{\partial y^i}$의 관계가 유지되어야 한다. 즉 전체 산업의 한계

생산비와 모든 개별기업의 한계생산비가 일치해야 하며, 산업 전체의 한계생산비를 결정하는 데 있어 누가 생산을 하느냐 하는 것은 결과에 영향을 미치지 않는다. 이 관계식을 $y^j (j \neq i)$에 대해 한 번 더 미분하면 $\dfrac{\partial^2 c(w_1, w_2, y)}{\partial y^2} \dfrac{\partial y}{\partial y^j} = \dfrac{\partial^2 c(w_1, w_2, y)}{\partial y^2} = 0$을 얻을 수 있고, 따라서 집계 비용함수의 한계생산비가 집계 산출량과 독립이어야 함을 알 수 있다. 이 관계를 반영하면 집계 비용함수는 다음과 같은 형태를 지녀야 할 것이다.

$$(6.27) \qquad c(w_1, w_2, y) = a(w_1, w_2)y + b(w_1, w_2)$$

비용함수는 투입물가격에 대해 1차 동차함수이므로 $a(w_1, w_2)$와 $b(w_1, w_2)$ 모두 다 (w_1, w_2)의 1차 동차함수여야 한다. 식 (6.27)에서는 집계 산출량 y와 투입물가격의 1차 동차함수 $a(w_1, w_2)$가 곱해지고, 여기에 생산량과 관련이 없는 항 $b(w_1, w_2)$가 더해진다. 이렇게 함으로써 $\dfrac{\partial^2 c(w_1, w_2, y)}{\partial y^2} = 0$의 조건이 충족된다. 그렇다면 개별 기업 비용함수는 다음처럼 설정할 수 있다.

$$(6.28) \qquad c^i(w_1, w_2, y^i) = a(w_1, w_2)y^i + b^i(w_1, w_2)$$

따라서 개별 비용함수에서도 한계생산비는 생산량의 영향을 받지 않는다. 개별 비용함수에서 생산량과 곱해지지 않는 1차 동차함수 $b^i(w_1, w_2)$는 생산자별로 달라 일종의 기술효율성 차이를 나타내는 지표로서의 역할을 한다. 하지만 생산량과 곱해지는 가격함수 $a(w_1, w_2)$는 모든 생산자에게 있어 동일해야 한다. 식 (6.28)의 개별 비용함수를 식 (6.25b)의 비용 집계조건에 대입하면 산업 전체의 집계 비용함수가 실제로 식 (6.27)의 형태로 도출됨을 다음처럼 확인할 수 있다.

$$c(w_1, w_2, y) = \sum_{i=1}^{I} \left[a(w_1, w_2)y^i + b^i(w_1, w_2) \right]$$

$$\equiv a(w_1, w_2)y + b(w_1, w_2), \ \ b(w_1, w_2) = \sum_{i=1}^{I} b^i(w_1, w_2)$$

식 (6.27) 혹은 식 (6.28)과 같은 함수형태를 집계문제를 선구적으로 연구한 경제학자 이름을 따 고만 극형식(Gorman polar form)이라 하기도 하고,[8] 준동조함수(quasi-

---

8 Gorman, W. M., 1961, "On a Class of Preference Fields," *Metroeconomica* 13, pp. 53–56.

homothetic function)라고도 한다. 특히 준동조함수라는 명칭은 식 (6.27) 혹은 식 (6.28)처럼 생긴 비용함수의 특성을 잘 나타낸다. 우리는 제4장에서 생산기술이 동조성을 지니면 비용함수가 $c(w_1, w_2, y) = g(y)c(w_1, w_2)$와 같이 표현됨을 보았다(식 (4.31)). 즉 동조비용함수는 단위 비용함수 $c(w_1, w_2)$와 산출물만의 함수 $g(y)$의 곱으로 표현된다. 식 (6.27)의 비용함수도 동조비용함수처럼 $a(w_1, w_2)y$와 같은 항을 가진다. 하지만 이 함수는 생산기술의 동조성을 나타내지는 않는데, 이는 y 입장에서는 일종의 상수항인 $b(w_1, w_2)$도 포함하기 때문이다. 이 함수는 이렇게 동조비용함수와 형태가 유사하지만 차이점도 가지므로 준동조비용함수라 부른다.

식 (6.27)의 비용함수는 이상 설명한 바와 같이 $b(w_1, w_2)$와 같은 항을 가진다는 점이 동조비용함수와의 차이이다. 또한 단위 비용함수 $c(w_1, w_2)$와 곱해지는 것이 일반적인 동조함수처럼 y의 증가함수인 $g(y)$가 아니라 y 자체라는 차이도 가지고 있다. 이 두 가지 특징으로 인해 식 (6.27)의 비용함수는 몇 가지 고유한 성질을 갖게 된다.

첫째, $b(w_1, w_2)$를 0이 되게 제약하면 고정비용이 없지만, 그렇지 않을 경우 $b(w_1, w_2)$ 자체가 생산량과 상관없이 지불되는 고정비용으로 항상 분석에 포함된다.

둘째, 규모경제탄력성을 구해보면 $\epsilon^c(w_1, w_2, y) = \dfrac{c}{y} \Big/ \dfrac{\partial c}{\partial y} = \dfrac{a(w_1, w_2)y + b(w_1, w_2)}{a(w_1, w_2)y}$인데, 이 역시 $b(w_1, w_2)$의 값에 따라 제약을 가지게 된다. $b(w_1, w_2) = 0$일 경우 비용함수는 산출물의 1차 동차함수가 되면서 항상 $\epsilon^c(w_1, w_2, y) = 1$이 성립한다. $b(w_1, w_2) > 0$이면 항상 $\epsilon^c(w_1, w_2, y) > 1$이고, $b(w_1, w_2) < 0$이면 반대로 항상 $\epsilon^c(w_1, w_2, y) < 1$이 된다. 따라서 규모경제성은 항상 존재하거나 항상 존재하지 않게 되어, 생산량에 대한 U자형의 평균비용곡선은 도출할 수가 없다.

셋째, 위의 두 번째 성질과 관련되어 있지만, 식 (6.27)의 비용함수는 $b(w_1, w_2) = 0$의 제약을 가하지 않고는 동조비용함수가 될 수 없고, 이 경우 비용함수가 $c(w_1, w_2, y)$ $= a(w_1, w_2)y$와 같이 되므로 동조비용함수가 되려면 반드시 CRS생산기술을 가정해야만 한다. 따라서 CRS가 아니면서 동조적인 생산기술을 나타낼 수가 없다.

이상 살펴본 바와 같이 선형집계를 허용하기 위해서는 생산기술과 비용함수의 형태에 상당히 강한 가정을 부여하여야만 한다.

2. 생산비와 생산량 집계: 비선형집계

　　개별 생산자의 비용함수와 생산량을 모두 단순 합산하여 산업 전체의 비용함수와 생산량을 도출하는 것은 가장 자연스러운 집계방식일 것이다. 하지만 이 과정에서 생산 기술에 대해 강한 제약을 가해야 하는 문제가 발생한다. 이 제약을 완화하기 위해 비용 함수는 여전히 개별 비용함수의 단순 합계를 취하더라도 개별 생산자의 생산량을 합해 주는 방식에는 변화를 주어보자. 즉 개별 생산량을 단순 합하지 않고 예를 들면 2차 혹은 3차 함수의 형태로 변환하거나 로그변환한 후 합한다든지 하는 비선형집계(nonlinear aggregation)를 할 수도 있다.[9] 비선형집계 원칙은 다음과 같다.

$$(6.29a) \qquad y = Y(y^1,...,y^I)$$

$$(6.29b) \qquad c(w_1,w_2,y) = \sum_{i=1}^{I} c^i(w_1,w_2,y^i)$$

　　비선형집계에서도 식 (6.29b)에 의해 개별 생산자 비용함수의 합이 전체 비용함수가 된다. 그러나 개별 생산량은 단순 합해지는 것이 아니라 $y = Y(y^1,...,y^I)$와 같은 규칙에 의해 산업 전체 생산량으로 집계된다. 이제 y는 개별 산출량의 단순 합이 아니므로 산업 전체 산출량 자체라기보다는 그 크기를 나타내는 일종의 지수(index)로 해석할 수 있다. 이 집계원칙에는 식 (6.25a)의 선형집계가 하나의 특수한 예로 포함된다.

　　식 (6.26)을 다시 검토하면, 두 번째 항 $\dfrac{\partial c(w_1,w_2,y)}{\partial y}\dfrac{\partial y}{\partial y^i}$에서 $\dfrac{\partial y}{\partial y^i}$는 이제 1일 필요가 없다. 식 (6.26)은 $\dfrac{\partial y}{\partial y^i} = \dfrac{\partial c^i(w_1,w_2,y^i)/\partial y^i}{\partial c(w_1,w_2,y)/\partial y}$을 의미하기 때문에 서로 다른 두 생산자 i와 j로부터 다음의 관계를 얻는다.

$$(6.30) \qquad \frac{\partial y/\partial y^i}{\partial y/\partial y^j} = \frac{\partial c^i(w_1,w_2,y^i)/\partial y^i}{\partial c^j(w_1,w_2,y^j)/\partial y^j}, \quad \forall\, i,j$$

　　따라서 $\dfrac{\partial y/\partial y^i}{\partial y/\partial y^j} = \dfrac{\partial Y(y^1,...,y^I)/\partial y^i}{\partial Y(y^1,...,y^I)/\partial y^j}$는 y^i와 y^j를 제외한 어떤 다른 생산자의 산출 $y^k(k \neq i,\ k \neq j)$에 의해서도 영향을 받지 않아야 하며, 이 관계는 모든 생산자 조합 (i,j)

9　예를 들면, 개별 생산자 생산량을 제2장에서 소개했던 r계 평균(mean value of order r)을 취해 집계 할 수 있다.

에 대해서 성립해야 한다. 따라서 산출물의 집계 원칙은 강분리가능성을 충족해야 한다. 즉 $y = Y(\sum_{i=1}^{I} h^i(y^i))$와 같이 산출물이 집계되어야 한다.

식 (6.26)을 y^j에 대해 한 번 더 미분하면 다음을 얻는다.

$$\frac{\partial^2 c(w_1,w_2,y)}{\partial y^i \partial y^j} = \frac{\partial^2 c(w_1,w_2,y)}{\partial y^2} \frac{\partial y}{\partial y^i} \frac{\partial y}{\partial y^j} + \frac{\partial c(w_1,w_2,y)}{\partial y} \frac{\partial^2 y}{\partial y^i \partial y^j} = 0$$

이를 한 번 더 정리하면 다음을 얻는다.

$$(6.31) \qquad \frac{\partial^2 c(w_1,w_2,y)/\partial y^2}{\partial c(w_1,w_2,y)/\partial y} = -\frac{\partial^2 y/\partial y^i \partial y^j}{(\partial y/\partial y^i)(\partial y/\partial y^j)}$$

이로부터 $\frac{\partial^2 y}{\partial y^i \partial y^j}$가 0인 경우와 0이 아닌 경우, 두 가지 경우를 검토할 수 있다. 먼저, $\frac{\partial^2 y}{\partial y^i \partial y^j} = 0$이라 하자. 이는 좌변도 0으로 만들기 때문에 선형집계 시와 마찬가지로 $\frac{\partial^2 c(w_1,w_2,y)}{\partial y^2} = 0$이고, 따라서 집계 비용함수의 한계비용은 집계 생산량 y의 영향을 받지 않아야 한다. 이는 집계 비용함수가 선형집계의 경우처럼 $c(w_1,w_2,y) = a(w_1,w_2)y + b(w_1,w_2)$와 같이 설정되어야 함을 의미한다.

$\frac{\partial^2 y}{\partial y^i \partial y^j} = 0$인 경우 집계 비용함수는 이처럼 선형집계의 경우와 동일한 형태를 가져야 하나, 산출량의 집계는 비선형으로 이루어지므로 개별 비용함수도 선형집계와 동일해야 하는 것은 아니다. $\frac{\partial^2 y}{\partial y^i \partial y^j} = 0$라는 것은 $y = Y(\sum_{i=1}^{I} h^i(y^i))$와 같은 강분리가능한 집계 원칙이 좀 더 강화되어 가법적(additive)이어야 하고, $y = \sum_{i=1}^{I} h^i(y^i)$와 같은 형태여야 함을 의미하지만, 여전히 비선형의 집계가 허용된다. 가법적인 산출량 집계를 비용집계 조건에 대입하면 $c(w_1,w_2,y) = a(w_1,w_2)\sum_{i=1}^{I} h^i(y^i) + b(w_1,w_2) = \sum_{i=1}^{I} c^i(w_1,w_2,y^i)$가 되어야 하므로 결국 개별 비용함수는 다음과 같아야 한다.

$$(6.32) \qquad c(w_1,w_2,y^i) = a(w_1,w_2)h^i(y^i) + b^i(w_1,w_2)$$

따라서 이때에도 선형집계 시와 마찬가지로 개별 생산자 비용함수는 준동조성을 지녀야 한다. 하지만 이제는 식 (6.28) 비용함수의 $a(w_1,w_2)y^i$를 $a(w_1,w_2)h^i(y^i)$가 대신

하므로 한계생산비가 y^i의 크기에 따라 달라질 수 있고, 생산자별로 동일하지도 않다는 중요한 차이가 발생한다.

이어서 $\dfrac{\partial^2 y}{\partial y^i \partial y^j} \neq 0$인 경우를 보자. 식 (6.31)의 좌변은 $\dfrac{\partial^2 c(w_1, w_2, y)/\partial y^2}{\partial c(w_1, w_2, y)/\partial y} = \dfrac{\partial}{\partial y} \ln \dfrac{\partial c(w_1, w_2, y)}{\partial y}$를 의미하는데, 이것이 이제는 0이 아니지만 식 (6.31)의 우변을 보면 투입물가격 (w_1, w_2)에 의해서는 영향을 받지 않아야 한다. 이런 성질이 성립하려면 $c(w_1, w_2, y) = a(w_1, w_2)h(y) + b(w_1, w_2)$와 같은 형태여야 한다. 그러면 $\dfrac{\partial c(w_1, w_2, y)}{\partial y} = a(w_1, w_2)h'(y)$이고, $\dfrac{\partial}{\partial y} \ln \dfrac{\partial c(w_1, w_2, y)}{\partial y} = \dfrac{h''(y)}{h'(y)}$이어서 투입물가격의 영향을 받지 않는다. 즉 집계 비용함수가 여전히 준동조성을 지니지만, $\dfrac{\partial^2 y}{\partial y^i \partial y^j} = 0$인 경우에 가졌던 형태 $c(w_1, w_2, y) = a(w_1, w_2)y + b(w_1, w_2)$보다는 더 일반적이며, 이제는 한계비용이 일정하지 않다. 또한 이 비용함수는 $c(w_1, w_2, y) = a(w_1, w_2)h(y) + b(w_1, w_2) = a(w_1, w_2)\sum_{i=1}^{I} h^i(y^i) + b(w_1, w_2)$로 표현할 수 있다. 이는 산출물의 집계 원칙 $y = Y(\sum_{i=1}^{I} h^i(y^i))$의 역함수를 취하여 $h(y) = \sum_{i=1}^{I} h^i(y^i)$로 전환한 결과이다. 결과적으로 이 경우에도 개별 생산자의 비용함수는 $\dfrac{\partial^2 y}{\partial y^i \partial y^j} = 0$를 가정했던 식 (6.32)의 경우와 동일하다. 그러나 위에서 본 대로 이 가정을 사용하지 않으면 집계 비용함수가 집계 산출 y와 비례할 필요가 없어진다.

비선형집계를 하게 되면 식 (6.32)와 같은 비용함수를 가지게 되는데, 여기에서는 선형집계 때와는 달리 $b^i(w_1, w_2) = 0$으로 두어 생산기술이 동조성을 가지게 해도 반드시 CRS를 가정할 필요가 없으며, U자형의 평균비용곡선도 생성할 수 있다.

이상 설명된 선형과 비선형의 집계 조건은 〈표 6-1〉과 같이 정리된다.

▼ 표 6-1 **수량과 비용의 집계 조건**

구분	수량집계함수	집계 비용함수	개별 비용함수
선형집계	$y = \sum_{i=1}^{I} y^i$	$c(w_1, w_2, y)$ $= a(w_1, w_2)y + b(w_1, w_2)$	$c^i(w_1, w_2, y^i)$ $= a(w_1, w_2)y^i + b^i(w_1, w_2)$
비선형집계	$y = \sum_{i=1}^{I} h^i(y^i)$	$c(w_1, w_2, y)$ $= a(w_1, w_2)y + b(w_1, w_2)$	$c^i(w_1, w_2, y^i)$ $= a(w_1, w_2)h^i(y^i) + b^i(w_1, w_2)$
	$y = Y\left(\sum_{i=1}^{I} h^i(y^i)\right)$	$c(w_1, w_2, y)$ $= a(w_1, w_2)h(y) + b(w_1, w_2)$	$c^i(w_1, w_2, y^i)$ $= a(w_1, w_2)h^i(y^i) + b^i(w_1, w_2)$

3. 이윤과 가격집계

다수의 생산자가 있을 경우 각 생산자별로 접하는 가격이 다를 수가 있다. 생산자가 접하는 가격에는 투입물가격도 있고 산출물가격도 있지만, 여기에서는 산출물의 가격이 서로 다를 때의 집계문제를 분석한다. 예를 들어 서로 다른 지역에서 활동하는 생산자가 시장의 공간적 분리가 어느 정도 이루어져 서로 다른 판매가격을 받는 경우가 있을 수 있다. 또한 연간 가격변동이 있는 상품이라면 계절성으로 인해 가격이 달라지며, 이때에도 이들 가격을 어떻게 합하여 가격의 대표치를 도출할지가 관건이 된다. 생산자가 서로 다른 품질의 제품을 생산하여 수취하는 가격이 다를 때에도 가격의 집계문제가 대두된다. 산출물가격은 생산비가 아닌 공급량과 이윤에 영향을 주는 변수이므로 산출물가격의 집계문제는 생산자의 이윤을 집계하는 문제도 수반한다. 이 경우 집계원칙은 다음을 지켜야 한다.

$$(6.33a) \qquad p = P(p^1, ..., p^I)$$

$$(6.33b) \qquad \pi(p, w_1, w_2) = \sum_{i=1}^{I} \pi^i(p^i, w_1, w_2)$$

식 (6.33a)는 각 생산자가 접하는 가격이 $p^i(i=1,...,I)$일 때 이를 집계하는 원칙이며, 식 (6.33b)는 각 생산자의 이윤을 집계하는 원칙이다. 여기에서는 가격의 비선형집계를 가정한다. 이러한 집계원칙을 허용하는 이윤함수의 형태를 도출하는 과정은 바로 위에서 보았던 산출물을 비선형으로 집계하고 비용함수를 집계하는 절차와 거의 동일하고, 따라서 자세한 설명은 사실 불필요하다. 식 (6.33b)의 좌우변을 미분하면 다음이 도출된다.

$$\frac{\partial \pi(p, w_1, w_2)}{\partial p^i} - \frac{\partial \pi(p, w_1, w_2)}{\partial p} \frac{\partial p}{\partial p^i} = \frac{\partial \pi^i(p^i, w_1, w_2)}{\partial p^i}$$

이를 p^j에 대해 한 번 더 미분하고 정리하면 다음을 얻는다.

$$\frac{\partial^2 \pi(p, w_1, w_2)/\partial p^2}{\partial \pi(p, w_1, w_2)/\partial p} = - \frac{\partial^2 p/\partial p^i \partial p^j}{(\partial p/\partial p^i)(\partial p/\partial p^j)}$$

우변이 0이 아닌 경우를 가정하면, 가격 집계함수 $p = P(p^1,...,p^I)$가 강분리가능해야 하고, 따라서 $p = P\left(\sum_{i=1}^{I} g^i(p^i)\right)$와 같아야 한다. 또한 좌변은 $\dfrac{\partial^2 \pi(p,w_1,w_2)/\partial p^2}{\partial \pi(p,w_1,w_2)/\partial p} = \dfrac{\partial}{\partial p} \ln \dfrac{\partial \pi(p,w_1,w_2)}{\partial p}$와 같은데, 우변 $-\dfrac{\partial^2 p/\partial p^i \partial p^j}{(\partial p/\partial p^i)(\partial p/\partial p^j)}$가 (w_1,w_2)와는 독립이므로 집계 이윤함수는 다음과 같이 설정할 수 있다.

$$\pi(p,w_1,w_2) = a(w_1,w_2)g(p) + b(w_1,w_2)$$

또한 가격 집계함수 $p = P\left(\sum_{i=1}^{I} g^i(p^i)\right)$의 역함수를 취하여 $g(p) = \sum_{i=1}^{I} g^i(p^i)$와 같이 나타내면, $\pi(p,w_1,w_2) = a(w_1,w_2)\sum_{i=1}^{I} g^i(p^i) + b(w_1,w_2)$이고, 개별 생산자의 이윤함수는 다음과 같다.

$$\pi^i(p^i,w_1,w_2) = a(w_1,w_2)g^i(p^i) + b^i(w_1,w_2)$$

> **연습문제**
>
> **6.5**★
>
> $p = P(p^1,...,p^I) = \sum_{i=1}^{I} p^i/I$와 같은 선형가격집계가 허용하는 이윤함수 형태를 도출하라. 그리고 만약 투입물과 산출물의 가격이 모든 생산자에게 있어 동일하다면, 생산자들이 생산기술면에서 이질적이어도 식 (6.33b)의 이윤함수 집계는 항상 가능하다는 점을 보여라.

4. 개별 생산자 자료로부터 집계 대체탄력성 도출

앞의 소절들이 설명했던 선형과 비선형의 생산자 자료 집계방식은 개별 생산자들의 산출물을 통합하는 원칙을 설정하고 동시에 개별 생산자비용의 합이 집계 산출물을 생산하는 집계 생산비와 일치토록 하는 비용함수형태를 도출하였다. 개별 생산자의 기술특성을 왜곡하지 않으면서 산업 전체 혹은 경제 전체 생산기술의 특성을 도출하려는 시도는 이외에도 여러 방향으로 이루어지고 있는데, 그 중 하나가 산업 전체나 경제 전체에 있어서의 투입물 대체탄력성을 도출하려는 시도이다. 특히 노동과 자본 간의 대체탄력성은 자본축적으로 자본량이 늘어날 때 노동의 상대가격이 얼마나 변하는지를 알려주기 때문에 노동계층과 자본계층의 소득변화 분석에서도 중요한 역할을 한다. 따라서 노동-자본 대체탄력성에 관한 정보는 생산경제학은 물론, 경제성장이나 소득분배관련 연구에서도 중요하게 이용된다.

이미 앞에서 본 바와 같이 개별 생산자의 산출물을 통합해서 집계 산출물을 도출하는 과정이 생산기술에 비교적 강한 제약을 가하기 때문에 집계 대체탄력성을 도출하려는 일부 연구는 집계 산출물이나 집계 투입물을 만드는 과정 없이 개별 생산자 자료를 이용해 바로 집계 대체탄력성을 도출하려 하였다. 아울러 관련된 최근의 연구에서는 각 생산자별 산출물의 이질성이나 시장의 불완전경쟁성을 허용하면서 그러한 분석을 행하는 방법이 제시되고 있다.

본 소절에서는 이처럼 개별 생산자 단위에서의 대체탄력성을 먼저 구한 후, 이로부터 생산량 등의 통합 없이 집계 대체탄력성을 바로 도출하는 방법을 논의한다. 그리고 이때에는 생산자의 대체탄력성이 모두 동일한 경우에 있어서도 대체탄력성을 제외한 다른 특성 측면에서 생산자 간 이질성이 있으면 산업 전체의 대체탄력성은 개별 생산자의 대체탄력성과 달라져야 한다는 것을 보이고, 양자 간의 차이를 실제로 도출하는 방법에 대해서도 논의한다.

제4장에서 본 바와 같이 비용함수를 이용해 정의하면 대체탄력성은 투입물의 상대가격이 바뀔 때 투입물 사용비율이 얼마나 달라지는지를 나타내는 지표이다. 이때 특정 산업에서 고용하는 투입물의 상대가격이 변하게 되면 각 개별 생산자들은 투입물 사용비율을 바꾸지만, 동시에 개별 생산자가 산업 전체에서 차지하는 비중도 변하게 된다. 즉 상대적으로 비싸진 투입물을 다른 생산자에 비해 많이 사용하는 생산자들은 비용 상승 때문에 산출물가격을 높일 수밖에 없고, 따라서 이들 생산자 제품은 수요량 감소로 산업에서 차지하는 비중이 줄어든다. 이러한 생산자별 비중의 변화는 집계 대체탄력성을 바꾸는 추가요인이 된다.

어떤 산업 내 생산자 i가 두 가지 투입요소 자본 K_i와 노동 L_i를 이용해 생산하며, 생산함수는 다음과 같은 CES함수라고 하자.

$$Y_i = \left[(A_i K_i)^{(\sigma-1)/\sigma} + (B_i L_i)^{(\sigma-1)/\sigma} \right]^{\sigma/(\sigma-1)}$$

모든 개별 생산자의 대체탄력성은 σ로 동일하지만, 두 투입물의 생산성을 나타내는 파라미터 A_i와 B_i는 생산자별로 달라서 생산기술의 이질성이 있다.

제4장에서 도입한 바와 같이 생산자 i의 자본－노동 대체탄력성은 다음과 같다.

$$\sigma = \frac{d\ln\left(K_i/L_i\right)}{d\ln\left(w/r\right)}$$

동일 산업 내의 생산자들은 사용하는 자본과 노동의 양이 서로 다르지만 대체탄력성은 모두 동일하도록 자본과 노동의 선택이 이루어진다. 이 가정은 본서의 제7장에서 소개하는 바와 같은 통계분석기법을 이용해 개별 생산자의 자료로부터 공통의 대체탄력성 σ를 추정해내는 것을 염두에 두고 도입한다.

$\alpha_i = \dfrac{rK_i}{rK_i + wL_i}$를 생산자 i 생산비에서의 자본 몫이라 하자. 단 r과 w는 각각 자본과 노동의 가격이다. 분석의 편의를 위해 대체탄력성을 다음과 같이 표현할 수 있다.[10]

$$(6.34) \qquad \sigma - 1 = \frac{d\ln\left(rK_i/wL_i\right)}{d\ln\left(w/r\right)} = \frac{d\ln\left(\alpha_i/(1-\alpha_i)\right)}{d\ln\left(w/r\right)} = \frac{1}{\alpha_i(1-\alpha_i)}\frac{d\alpha_i}{d\ln\left(w/r\right)}$$

이제 경제 전체의 대체탄력성을 도출하는데, 이를 위해 집계 자본과 집계 노동을 각각 $K = \sum_{i=1}^{I} K_i$와 $L = \sum_{i=1}^{I} L_i$와 같이 정의하자. 아울러 $\alpha = \dfrac{rK}{rK + wL}$을 집계 투입물에서의 자본비중이라 하자. 그러면 집계 대체탄력성은 $\sigma^{agg} = \dfrac{d\ln\left(K/L\right)}{d\ln\left(w/r\right)}$이고, 다음 관계도 충족하여야 한다.

$$(6.35) \qquad \sigma^{agg} - 1 = \frac{d\ln\left(rK/wL\right)}{d\ln\left(w/r\right)} = \frac{d\ln\left(\alpha/(1-\alpha)\right)}{d\ln\left(w/r\right)} = \frac{1}{\alpha(1-\alpha)}\frac{d\alpha}{d\ln\left(w/r\right)}$$

또한 집계 자본 비용 몫 α는 개별 생산자의 자본 몫 α_i를 각 생산자 생산비가 전체 생산비에서 차지하는 비중 $\theta_i = \dfrac{rK_i + wL_i}{rK + wL}$를 가중치로 하여 평균한 $\alpha = \sum_{i=1}^{I} \alpha_i \theta_i$로 나타낼 수 있고, 이를 두 투입물의 상대가격에 대해 미분하면 다음이 도출된다.

$$\frac{d\alpha}{d\ln\left(w/r\right)} = \sum_{i}^{I}\frac{d\alpha_i}{d\ln\left(w/r\right)}\theta_i + \sum_{i=1}^{I}\alpha_i\frac{d\theta_i}{d\ln\left(w/r\right)}$$

---

10 도출과정은 다음과 같다: $\dfrac{d\ln(\alpha_i/(1-\alpha_i))}{d\ln(w/r)} = \dfrac{d\ln\alpha_i}{d\ln(w/r)} - \dfrac{d\ln(1-\alpha_i)}{d\ln(w/r)} = \dfrac{d\alpha_i}{d\ln(w/r)}\dfrac{1}{\alpha_i} - \dfrac{d(1-\alpha_i)}{d\ln(w/r)}\dfrac{1}{1-\alpha_i}$

$= \dfrac{d\alpha_i}{d\ln(w/r)}\dfrac{1}{\alpha_i} - \dfrac{d\alpha_i}{d\ln(w/r)}\dfrac{d(1-\alpha_i)}{d\alpha_i}\dfrac{1}{1-\alpha_i} = \dfrac{1}{\alpha_i(1-\alpha_i)}\dfrac{d\alpha_i}{d\ln(w/r)}$.

이 관계식에 식 (6.34)와 (6.35)를 대입하면 $\dfrac{d\ln(rK/wL)}{d\ln(w/r)}$는 다음처럼 두 부분으로 나뉜다.

$$(6.36) \qquad \sigma^{agg} - 1 = \frac{1}{\alpha(1-\alpha)} \sum_{i=1}^{I} \alpha_i (1-\alpha_i)(\sigma-1)\theta_i$$
$$+ \frac{1}{\alpha(1-\alpha)} \sum_{i=1}^{I} \alpha_i \theta_i \frac{d\ln\theta_i}{d\ln(w/r)}$$

식 (6.36)에서 첫 번째 부분은 각 개별 생산자의 θ_i가 고정된 상태에서 투입물 가격비 w/r이 달라짐에 따라 발생하는 투입물 사용비율 K/L의 변화를 반영한다. 두 번째 부분이 바로 투입물 가격비 w/r이 변함으로 인해 각 생산자가 집계 생산비에서 차지하는 비중 θ_i가 변해서 전체 산업의 K/L이 바뀐 것을 반영한다. 따라서 이 두 가지 효과가 모두 반영되어 집계 대체탄력성 σ^{agg}가 결정된다.

식 (6.36)의 방식은 따라서 집계 산출이나 집계 투입물을 구축하지 않고 미시 자료 α_i, θ_i와 개별 생산자 대체탄력성 σ로부터 집계 대체탄력성 σ^{agg}를 바로 도출한다. 이때 $\dfrac{d\ln\theta_i}{d\ln(w/r)}$, 즉 투입요소 상대가격이 변할 때 각 개별 생산자가 산업에서 차지하는 비중이 변하는 것을 파악할 수 있어야 한다. 이를 위해서는 여러 방법이 사용될 수 있지만, 식 (6.36)을 제안한 Oberfield and Raval(2021)은 각 개별 생산자 산출물에 대한 소비자의 수요함수로부터 그 정보를 얻는다.[11] 이 경우 산출물시장이 완전 경쟁적이지 않고 소위 독점적 경쟁(monopolistic competition)의 성질을 지닌다고 가정하고, 특정 산업에 있어 새로운 생산자의 진입이나 기존 생산자의 시장 탈퇴는 자유롭지만, 각 생산자의 제품은 품질 면에서 어느 정도 차별화되고 따라서 각기 다른 우하향하는 수요곡선을 가진다고 가정한다.

이런 가정하에서는 생산자 i가 노동을 상대적으로 많이 사용하는 생산자인데 w가 상승하면, 이 생산자의 비용 상승요인이 상대적으로 크기 때문에 그 제품 가격이 많이 상승하며, 따라서 그에 대한 소비자 수요가 줄어들어 θ_i가 감소하게 된다. 독점적 경쟁

---

11 Oberfield, E. and D. Raval, 2021, "Micro Data and Macro Technology," *Econometrica* 89, pp. 703–732. 이들은 각 개별 생산자 제품 가격이 1% 변할 때 수요량이 몇 % 변하는지를 나타내는 지표, 즉 수요의 가격탄력성이 η로 일정하면, 식 (6.36)은 $\sigma^{agg} = (1-\chi)\sigma + \chi(-\eta)$로 정리됨을 보여주었다. 여기에서 $\chi = \sum_i \dfrac{(\alpha_i - \alpha)^2}{\alpha(1-\alpha)}\theta_i$이고 0과 1 사이의 값을 가진다. 모든 생산자가 동일한 A_i와 B_i를 가지고 있어서 $\alpha_i = \alpha \ \forall i$이면, $\chi = 0$이고 $\sigma = \sigma^{agg}$임도 이로부터 확인된다.

시장의 특성을 반영하는 적절한 소비자 수요함수를 설정하고 수요의 가격탄력성 등과 같은 정보를 획득할 수 있으면, θ_i의 변화까지 반영하여 개별 생산자의 σ로부터 집계 σ^{agg}를 도출할 수 있다. Oberfield and Raval(2021)은 약 25년간의 미국 제조업체들의 자료를 이용해 미시적인 대체탄력성 σ는 사용된 통계분석기법이나 시기별로 차이가 있지만 0.3~0.5의 분포를 보이고, 집계 대체탄력성 σ^{agg}는 0.5~0.7의 분포를 보임을 밝힌 바 있다.

이 방법은 여러 개의 산업이 있고, 각 산업 내에는 다시 다수의 개별 생산자가 포함된 경우에 대해서도 적용할 수 있으며, 기존 생산자의 θ_i 변화뿐 아니라 새로운 생산자의 진입이나 기존 생산자의 탈퇴까지 반영할 수 있다. 아울러 자본, 노동 외에 여러 중간투입재가 투입요소로 사용될 경우 등으로도 확장될 수 있다.

5. 투입물 가격변화와 집계 생산자 반응

특정 산업 전체를 대표하는 집계 생산자가 있을 때 그 비용최소화 행위를 검토하자. 집계 생산자의 경우 개별 생산자와 달리 산출물시장이 완전 경쟁적이라 해도 산출량이 고정되지 않고 투입물 가격변화에 반응할 수가 있다. 제4장의 비용최소화 행위 분석은 예를 들어 노동가격이 상승하면 개별 생산자는 비용최소화를 위해 투입요소 사용량을 바꾸지만 산출량은 고정된 것으로 가정하였다. 하지만 산업 전체라면 노동가격 상승은 생산비 상승을 의미하므로 판매 상품의 가격 인상을 초래할 것이다. 아울러 산출물가격 상승은 해당 산출물의 소비자 수요량을 줄일 것이므로 산업 전체 공급량도 줄어들 것이다. 따라서 산업 전체의 경우에는, 투입요소 가격변화에 대한 투입량 선택변화를 산출량을 고정시킨 상태에서 논의할 수가 없다.

산업 전체의 비용함수는 집계조건을 충족하고 규모수익불변을 따르는 $c(w_1, w_2, y)$ $= yc(w_1, w_2)$와 같다 하자. 이 상품 소비자가격을 p라 할 때 소비자들은 $D(p) = y$와 같은 수요함수를 가지고 있다. 이는 각 가격수준에서 소비자들이 구매하고자 하는 양을 나타내며, 〈그림 6-1〉에서 (y, p) 공간에 우하향하는 그래프로 나타나 있다. 생산기술이 이처럼 규모수익불변의 특성을 가지고 있고 시장이 완전 경쟁적이라면, 시장균형에서 생산자 이윤은 0이며 산출물가격은 단위생산비와 일치하여 $p = c(w_1, w_2)$가 성립한다.

〈그림 6-1〉에서 최초 투입물가격이 (w_1^0, w_2^0)이었다고 하자. 단위생산비는 생산량의

그림 6-1 투입요소 가격변화의 규모효과

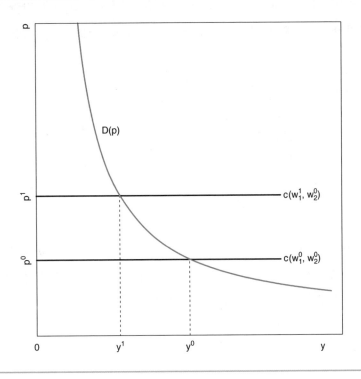

영향을 받지 않으므로 $c(w_1^0, w_2^0) = p^0$와 같은 수평선으로 나타난다. 최초의 산출물가격 p^0에서 소비자들이 구매하는 양은 $D(p^0) = y^0$이고 이 만큼이 생산된다. 이 상황에서 x_1의 가격이 w_1^1으로 상승하면 단위생산비와 산출물가격은 $c(w_1^1, w_2^0) = p^1$으로 상승하게 된다. 이렇게 구매가격이 상승하면 소비자들은 $D(p^1) = y^1$을 충족하도록 소비량을 줄이게 되며, 결국 산업 전체의 생산량이 w_1 상승 때문에 y_1으로 줄어든다.

비용함수가 $c(w_1, w_2, y) = yc(w_1, w_2)$와 같으므로 셰퍼드 보조정리에 의해 최적의 x_i 수요량은 $x_i = yc_i(w_1, w_2)$와 같다$(i = 1, 2)$. 하지만 가격변화 시 산출량까지 달라짐을 감안하면 최적 투입물수요는 다음처럼 표기한다.

$$x_i(w_1, w_2) = D(c(w_1, w_2))c_i(w_1, w_2)$$

즉 생산자는 산출 y를 여전히 외부적으로 주어진 것으로 보고 최소 비용으로 생산하려 하지만, 투입물가격이 변하면 그 양이 수요함수 $D(c(w_1, w_2))$를 따라 변하게 된다. 이제 투입물가격 w_j가 유발하는 x_i의 반응을 탄력성의 형태로 나타내면 다음과 같다.

$$\epsilon_{ij} = \frac{\partial x_i}{\partial w_j} \frac{w_j}{x_i} = \left[D'(c)c_j c_i + D(c)c_{ij} \right] \frac{w_j}{x_i}$$

$$= \left[\frac{\partial y}{\partial p} \frac{p}{y} \frac{w_j x_j}{cy} + \frac{c_{ij}c}{c_i c_j} \frac{w_j x_j}{cy} \right]$$

$$= \left[\eta + \sigma_{ij}^A \right] s_j, \quad i, j = 1, 2$$

$$\text{단,} \quad \eta = \frac{\partial y}{\partial p} \frac{p}{y}, \quad \sigma_{ij}^A = \frac{c_{ij}c}{c_i c_j}, \quad s_j = \frac{w_j x_j}{cy}$$

위의 결과를 도출하는 과정에서 $D'(c) = \partial y / \partial p$, $p = c$, $c_i = x_i / y$ 등의 관계가 사용되었고, 필요한 곳에서 동일 변수를 분모와 분자에 모두 곱하는 과정을 밟았다. 아울러 제4장 제4절에서 도출되었던 식 (4.25)와, 비용함수 형태 가정 $c(w_1, w_2, y) = yc(w_1, w_2)$에 따라 $\sigma_{ij}^A = \frac{c_{ij}c}{c_i c_j}$임도 반영되었다.[12]

위의 최종 결과는 투입물가격 w_j가 x_i 수요에 미치는 영향이 두 가지로 구분됨을 보여준다. 먼저 $\sigma_{ij}^A s_j$는 두 투입물 간 알렌－우자와 대체탄력성에 x_j가 생산비에서 차지하는 비중을 곱해준 것이다. 이는 $i \neq j$라면, x_j가 상대적으로 더 비싸졌기 때문에 더 싸진 x_i의 소비가 늘어나는 것을 반영하는 대체효과(substitution effect)이다. 이는 0보다 큰 값을 가질 것이다. 물론 $i = j$라면 이 대체효과는 음의 값을 가진다.

그리고 ηs_j는 소비자들이 y에 대해 가지는 수요의 가격탄력성(price elasticity of demand) η에 x_j의 비용 비중을 곱한 것으로서, 규모효과(scale effect)이다. 이는 w_j가 상승함으로써 생산비가 s_j 비율만큼 늘어나고, 이때문에 산출물가격이 상승하여 수요량이 줄어들면서 발생하는 x_i 사용량 변화이다. 따라서 이는 음($-$)의 값을 지닌다. 최종효과 ϵ_{ij}의 부호는 대체효과와 규모효과의 상대적 크기에 달려있다. 이들 두 가지 효과를 모두 분석하려면 비용함수의 형태와 더불어 산출물수요의 가격탄력성에 대한 정보도 필요

---

[12] 지금까지 우리가 개별 생산자에 대해 가정했던 바와 같이 투입요소 가격인상에도 불구하고 생산량이 그대로 유지될 수 있다면, $\eta = 0$이므로 $\epsilon_{ij} = \sigma_{ij}^A s_j$가 된다. 이는 제3장 제4절의 식 (4.24)와 같은 결과이다.

하다.

이상의 결과는 $N \geq 3$인 경우로도 그대로 확장된다. 하지만 이때에는 이미 제4장 제4절에서 확인한 바와 같이 $i \neq j$라면 σ_{ij}^A의 부호가 정해지지 않는다. 따라서 특정 투입요소 간의 대체관계가 어떠하냐에 따라 대체효과의 부호가 달라질 수 있고, 음($-$)일 수도 있다.

SECTION 03　**함수형태의 선택**

1. 함수의 구체성과 신축성

제2장의 〈표 2−1〉에서는 여섯 가지의 생산함수 유형을 소개하였고, 이들 함수 중 일부는 제4장과 제5장에서는 비용함수나 이윤함수와 같은 간접목적함수의 형태로도 사용될 수 있음을 보였다. 경제자료를 이용해 실증분석을 행할 때에는 원 기술함수나 간접목적함수에 대해 특정 형태를 부여하는 모수적(parametric) 분석법이 있고, 함수 형태를 부여하지는 않고 기술집합이나 투입물집합 등을 구축하여 분석하는 비모수적(nonparametric) 분석법이 있다. 본절은 모수적 분석법을 다루며, 생산기술과 생산행위 분석에 사용할 적절한 함수로는 어떤 것들이 있는지를 살펴본다. 비모수적 분석법은 제8장에서 다루고자 한다.

생산기술이든 생산자행위이든 이를 분석하기 위해 사용하는 함수의 형태는 그 분석 대상의 특성을 잘 반영할 수 있어야 한다. 예를 들면 생산함수로서 지금까지 소개하지 않았던 다음과 같은 폰 리비히(von Liebig)함수를 고려해보자.

$$y = \min \left[a_0 + a_1 w, \ b_0 + b_1 n \right]$$

폰 리비히 생산함수는 특히 생물경제의 연구에 있어 중요하게 다루어지는 함수이다. y는 작물, 예를 들어 쌀의 생산량이고, w는 관개수 공급량, 그리고 n은 질소비료 사용량이라 하자. 이 함수는 작물과 같은 산출물의 생산량은 작물이 필요로 하는 영양소 중에서 가장 결핍이 되는 영양소에 의해 결정된다는, 독일 화학자 J. von Liebig의 최소량의 법칙(law of the minimum)을 반영하는 것이다. 관개수와 비료가 쌀이 필요로 하는 가

그림 6-2 폰 리비히 생산함수

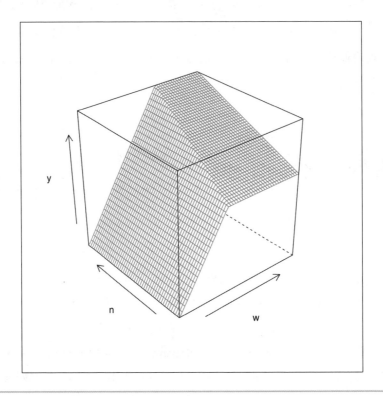

장 중요한 두 가지 생산요소라면 그 중 양이 부족한 것이 쌀 생산량을 결정하게 된다.[13] 이 함수는 상대적으로 결핍되는 생산요소가 생산량을 결정한다는 점에서는 제2장에서 설명한 레온티에프 생산함수와 유사하나, 두 가지 투입요소가 반드시 특정 비율로 결합되는 것은 아니기 때문에 레온티에프 생산함수와는 차이를 가진다.

〈그림 6-2〉를 보면 관개수의 사용량이 적을 때에는 관개수가 결핍되어 그 사용량이 늘어날 때 작물 생산량이 늘어나지만, 관개수 사용량이 어느 정도 수준에 이르고 나면 이제 결핍되는 것은 비료이기 때문에 더 이상의 관개수 사용량은 작물 생산을 늘리지 못한다. 또한 비료 사용량이 많을수록 관개수가 결핍되지 않도록 바뀌는 임계점이 더 커진다는 것도 확인할 수 있다.

---

13 이 함수를 실제로 이용한 분석사례로 김원희·권오상·안동환, 2003, "농업용수의 잠재가격 분석,"『농업경제연구』44, pp. 153-174가 있다.

분석대상 생산기술이 〈그림 6-2〉의 폰 리비히 생산함수와 같은 특성을 가지고 있음을 정확히 알고 있다면 이를 나타낼 수 있는 함수형태를 이용해 생산행위를 분석해야 할 것이다. 즉 선택하는 함수는 가능한 한 기술특성을 구체적으로 반영할 수 있어야 한다. 그러나 현실에 있어서는 우리는 분석대상 생산기술의 구체적 특성이 무엇인지를 정확히 모르고, 이를 파악하는 것이 분석의 목적인 경우가 많다. 이런 경우를 감안하면 오히려 가능한 한 생산기술을 제약하지 않는 함수형태를 사용할 필요가 있고, 가격과 같은 외부적 요인변화의 영향을 신축적으로 반영할 수 있는 함수를 사용하는 것이 바람직하다.

예를 들어 분석대상 생산기술이 규모수익불변의 특성을 가지는지 그렇지 않은지가 불분명한 상태에서는 규모수익불변이 나타날 수밖에 없는 함수보다는 다양한 규모수익성을 허용하는 함수를 분석하는 것이 더 유용하다. 만약 실제 생산기술이 규모수익불변의 특성을 지닌다면, 규모수익증가나 감소까지도 허용하는 함수를 통계자료를 이용해 구축하고 분석해도 통계자료는 결국 규모수익불변에 가까운 함수의 모습을 제시하게 될 것이기 때문이다.

이는 통계학적 용어를 빌리면 내포가설(nested hypothesis)을 분석하는 경우를 의미한다. 통계학이나 계량경제학에서는 서로 대립하는 두 모형이 있을 때 어느 하나에 제약을 가한 것이 나머지 하나의 모형이 되는 관계, 즉 어느 하나의 모형이 나머지 모형을 특수한 예로 포함하는 관계가 있을 때, 그 제약이 맞는지 아닌지를 검정하기 위해 수립하는 가설을 내포가설이라 한다. 이를 시행하는 방법은 먼저 제약이 적용되지 않는 보다 일반적인 모형을 통계분석한 후, 여기에 제약을 적용하면 그 때문에 통계분석 결과가 얼마나 달라지는지를 확인하는 방식이다. 제약을 가해도 통계분석 결과가 거의 달라지지 않으면 그 제약이 필요하다는 가설을 기각할 수가 없고, 반대로 많이 달라지면 그 가설은 기각해야 한다. 위의 예라면 규모수익성에 제약을 가하지 않은 상태에서 통계자료가 뒷받침하는 생산함수 혹은 비용함수가 어떻게 생겼는지를 확인하고, 이어서 규모수익을 제약으로 부과하면 같은 통계자료가 제약 없는 상태와 비교할 때 얼마나 다른 생산함수나 비용함수를 도출하는지를 확인하는 절차가 되겠다.[14] 이러한 접근이 가능하기 위해서는 우선적으로 시행해야 할 것이 가능한 한 일반적이고 제약을 적게 가진 함수를 분석하는 것이 된다. 생산경제학에서는 이렇게 '가능한 한 일반적이고 제약을 적게

---

14 두 통계모형 중 어떤 것도 나머지 하나를 포함하는 관계를 갖지 않을 때에 둘 중 어느 것이 더 통계자료와 일치성을 가지는지를 검정하기 위해 수립하는 가설을 비내포 가설(non-nested hypothesis)이라 한다. 비내포 가설의 검정은 내포가설 검정에 비해 훨씬 더 까다로우며, 검정의 신뢰도도 낮다.

가진 함수'를 신축적인(flexible) 함수라고 불러왔는데, 본절은 먼저 신축적인 함수의 정의와 이를 만드는 방법을 살펴본다.[15]

2. 신축적인 함수

어떤 함수의 실제 모습이 $f^*(z_1,...,z_N)$이지만 우리는 그 모습을 정확히 알지 못하며, 통계자료를 이용해 이를 파악하고자 한다 하자. $(z_1,...,z_N)$은 함수 값을 결정하는 N개의 설명변수들이다. 모수적 방법이란 우리가 모르는 함수 $f^*(z_1,...,z_N)$를 우리가 다룰 수 있는 구체적인 함수 형태 $f(z_1,...,z_N)$를 이용해 파악하는 방법이며, $f(z_1,...,z_N)$로 실제 함수 $f^*(z_1,...,z_N)$를 근사하는 방법이라 할 수 있다. 이 근사하는 방법은 통계자료를 이용해 우리가 다룰 수 있는 함수 $f(z_1,...,z_N)$가 우리가 모르는 실제 함수 $f^*(z_1,...,z_N)$와 가장 가깝도록 하는 것이다. 따라서 어떻게 하여야 실제 함수 $f^*(z_1,...,z_N)$를 가장 잘 근사하면서 통계자료와 가장 일치하는 $f(z_1,...,z_N)$를 구할 것인가 하는 문제를 해결해야 한다. 이 중 통계자료와 가장 일치하는 함수 $f(z_1,...,z_N)$를 구하는 문제는 제7장에서 다루기로 하고, 여기에서는 그 이전의 문제, 즉 어떤 함수형태를 $f(z_1,...,z_N)$로 설정할 것인가 하는 문제를 다룬다.

함수형태 $f(z_1,...,z_N)$를 설정하는 기준으로서, 앞에서는 신축성을 들었다. 생산경제학에서는 이 신축성에 보다 구체적인 의미를 부여하여, 자료를 이용한 실증분석에 사용되는 함수가 우리가 모르는 실제 함수를 2계(second order)까지 근사할 경우 함수의 신축성(flexibility)이 충족된다고 정의한다. 여기서 2계까지 근사한다는 것은 실제 함수의 2계 도함수까지 근사할 수 있음을 의미한다. 즉 실제함수 $f^*(z_1,...,z_N)$를 어떤 점 $(z_1^0,...,z_N^0)$에서 2계 근사한다는 것은 다음이 성립함을 의미한다.

---

15 함수의 선택 시에는 신축성과 더불어, 불필요하게 많은 파라미터를 갖지 않아야 하고, 즉 신축성을 위한 최소한의 파라미터만 가져야 하며, 분석결과의 해석이 쉽고, 실제 자료를 이용해 쉽게 계산될 수 있으며, 사용하는 통계자료 범위 내에서 탄력성 등과 관련해 경제이론과 부합되는 결과를 보여주어야 하고, 통계자료 범위 밖으로의 예측성이 뛰어날 것도 요구한다. Fuss, M., D. McFadden, and Y. Mundlak, 1978, "A Survey of Functional Forms in the Economic Analysis of Production," in M. Fuss and D. McFadden, eds., *Production Economics: A Dual Approach to Theory and Applications*, Vol 1, North-Holland, pp. 219-268.

$$(6.37a) \quad f^*(z_1^0,...,z_N^0) = f(z_1^0,...,z_N^0)$$

$$(6.37b) \quad f_i^*(z_1^0,...,z_N^0) = f_i(z_1^0,...,z_N^0), \quad i=1,...,N$$

$$(6.37c) \quad f_{ij}^*(z_1^0,...,z_N^0) = f_{ij}(z_1^0,...,z_N^0), \quad i,j=1,...,N$$

따라서 함수를 근사하는 점 $(z_1^0,...,z_N^0)$에서 함수 값 자체, 함수의 편도함수, 그리고 함수의 2계 편도함수가 모두 근사될 수 있어야 한다. 예를 들어 함수 $f^*(z_1,...,z_N)$가 우리가 모르는 이윤함수라 하자. 이를 우리가 알고 있는 어떤 구체적인 형태를 가지는 함수 $f(z_1,...,z_N)$로 근사하고자 하며, 어떤 기준이 되는 점 $(z_1^0,...,z_N^0)$에서 근사하고자 한다. 이때 변수 $(z_1,...,z_N)$는 투입물과 산출물의 가격이 될 것이다. 우리가 선택하는 함수 $f(z_1,...,z_N)$가 기준점 $(z_1^0,...,z_N^0)$에서 우리가 모르는 이윤함수의 값과 일치해야 한다는 것이 식 (6.37a)의 의미이다. 호텔링 보조정리에 의해 이윤함수를 산출물가격과 투입물가격으로 한 번 미분하면 각각 산출물 공급과 투입물 수요(의 음의 값)가 나타난다. 따라서 식 (6.37b)는 우리가 사용하는 이윤함수는 기준점에서 실제 산출물 공급과 투입요소 수요를 정확히 나타낼 수 있어야 한다는 의미이다. 아울러 역시 호텔링 보조정리에 의해 이윤함수를 가격에 대해 두 번 미분하면 산출물 공급과 투입물 수요의 가격에 대한 반응이 된다. 따라서 식 (6.37c)는 우리가 사용하는 이윤함수 $f(z_1,...,z_N)$는 기준점에서 산출물 공급과 투입물 수요의 생산요소와 산출물의 가격에 대한 반응을 정확히 나타낼 수 있어야 함을 의미한다. 이 세 가지 종류의 근사는 생산기술과 행위의 특성분석에 있어 반드시 이루어져야 할 것이므로, 이 세 가지 기준이 모두 충족될 때 우리가 사용하는 함수가 신축적이라 정의된다.

보다 구체적으로, N개의 설명변수가 있을 때 함수 $f(z_1,...,z_N)$는 이들 설명변수 값이 변할 때의 영향을 표현해낼 수 있어야 한다. 식 (6.37a)에서는 함수 자체의 값 한 가지만 근사하면 되므로 한 가지의 영향을 표현하면 된다. 식 (6.37b)에서는 총 N가지의 도함수를 표현할 수 있어야 하므로 N가지의 영향을 표현할 수 있으면 된다. 마지막으로 2계 편도함수의 영향을 나타내는 문제를 검토하기 위해 식 (6.37c)의 2계 편도함수들을 모두 묶어 다음과 같은 헤시안행렬로 나타내자.

$$F = \begin{bmatrix} f_{11} & f_{12} & \cdots & f_{1N} \\ f_{21} & f_{22} & \cdots & f_{2N} \\ \vdots & & & \vdots \\ f_{N1} & f_{N2} & \cdots & f_{NN} \end{bmatrix}$$

행렬 F는 대칭행렬이므로 $f_{ij} = f_{ji}$이다. 따라서 이 행렬에는 중복원소가 포함되어 있는데, 중복되지 않는 것의 수만 계산하면 먼저 N개의 대각원소가 있다. 그리고 대각원소가 아닌 원소는 대각원소 위쪽 혹은 아래쪽의 수만 세면 $1 + 2 + ... + N - 1 = \frac{1}{2}(N-1)N$개 된다.

(6.37a), (6.37b), (6.37c)를 모두 충족하기 위해서는 함수 $f(z_1, ..., z_N)$는 변수 $(z_1, ..., z_N)$가 유발하는 총 $(1) + (N) + \left(N + \frac{1}{2}N(N-1)\right) = \frac{1}{2}(N+1)(N+2)$개의 효과를 나타낼 수 있을 정도로 신축적이어야 한다. 이를 감안하여 다음과 같은 일반적인 형태의 함수를 고려하자.

$$(6.38) \qquad f(z_1, ..., z_N) = \sum_{k=1}^{K} \alpha_k g_k(z_1, ..., z_N), \ \ K = \frac{1}{2}(N+1)(N+2)$$

위의 함수에는 총 $K = \frac{1}{2}(N+1)(N+2)$개의 항이 포함되어 있기 때문에 원칙적으로 그만큼의 변수변화 효과를 반영할 수가 있다. 각 항에는 α_k와 같은 파라미터가 하나씩 부여된다.[16] 이 파라미터는 통계자료를 이용해 자료의 특성을 가장 잘 나타내도록 구해지는데, 이렇게 자료와 일관되도록 파라미터 값을 구해내는 절차를 통계학이나 계량경제학에서는 파라미터의 추정(estimation)이라 한다. 함수의 추정절차에 대해서는 제7장에서 다룬다.

실제 분석에서는 식 (6.38)의 함수에서 변수들의 부분함수인 $g_k(z_1, ..., z_N)$가 모든 변수들로부터 영향을 받을 필요는 없으므로 이를 단순화한다. 단순화를 위해 다음처럼 구체화한 함수를 일반화된 2차함수(generalized quadratic function)라 부른다.

$$(6.39) \qquad f(z_1, ..., z_N) = a_0 + \sum_{i=1}^{N} a_i g_i(z_i) + \frac{1}{2} \sum_{i=1}^{N} \sum_{j=1}^{N} a_{ij} g_i(z_i) g_j(z_j), \ \ a_{ij} = a_{ji}$$

이 함수는 각 변수 z_i의 함수 $g_i(z_i)$의 2차 방정식이다. 일종의 대칭성조건 $a_{ij} = a_{ji}$가 부여되는 이유는 이렇게 해야 정확히 $K = \frac{1}{2}(N+1)(N+2)$개의 효과를 나타낼 수 있기 때문이다. 즉 2계 신축성을 초과하는 신축성을 우리는 원하지 않는다.

---

16 식 (6.38)의 함수가 식 (6.37)의 세 가지 2계 신축성 조건을 충족하도록 하는 파라미터 묶음 $(\alpha_1, ..., \alpha_K)$가 유일하게 존재하기 위한 조건에 관해서는 Chambers(1988, pp. 160 – 166)를 참고하라.

분석하고자 하는 함수가 어떤 함수인지에 따라서 변수 $(z_1, ..., z_N)$도 다양하게 지정해줄 수 있고, 또한 함수 $g_i(z_i)$의 형태도 선택할 수가 있다. 예를 들면 다음과 같은 2차함수를 생각해볼 수 있다.

$$(6.40) \qquad f(z_1, ..., z_N) = a_0 + \sum_{i=1}^{N} a_i z_i^{p/2} + \frac{1}{2} \sum_{i=1}^{N} \sum_{j=1}^{N} a_{ij} z_i^{p/2} z_j^{p/2}, \quad a_{ij} = a_{ji}$$

위 함수에서 지수 $p/2$의 값을 포함하는 구체적인 선택은 대개 함수의 동차성 조건을 감안해서 이루어져야 한다. 예를 들어 우리가 분석하는 것이 비용함수라면 $(z_1, ..., z_N)$에는 투입물가격과 산출물수량이 포함되어야 하고, 동시에 비용함수는 투입물가격의 1차 동차성을 지녀야 한다. 단일 산출물 생산, 즉 $M = 1$인 경우 식 (6.40)의 형식을 가진 비용함수 중 하나로 다음의 동조 일반화된 레온티에프 비용함수(homothetic generalized Leontief cost function)가 많이 사용된다.

$$(6.41) \qquad c(w_1, ..., w_N, y) = h(y) \left[\sum_{i=1}^{N} \sum_{j=1}^{N} \beta_{ij} (w_i w_j)^{1/2} \right], \quad \beta_{ij} = \beta_{ji}$$

흔히 GL 함수라 불리는 일반화된 레온티에프함수는 주로 식 (6.41)의 동조함수 형태를 의미하며, 이 함수는 개발자인 E. W. Diewert가 생산경제학자로서의 명성을 얻게 된 계기가 된 함수이다.[17] 동조 GL비용함수는 식 (6.40)의 2차함수 설정에서 $p = 1$로 둔 상태에서 마지막 2차 항의 합만을 2를 곱하여 취하고, 여기에 생산량 y의 증가함수 $h(y)$를 곱해준 모습을 하고 있다. 아울러 $(w_i w_j)^{1/2}$항을 모든 i와 모든 j에 대해 더해주기 때문에 자동적으로 비용함수가 투입물가격에 대해 1차 동차함수가 되게 한다. 이 함수에 세퍼드 보조정리를 적용하여 i번째 투입물의 조건부 수요함수를 다음처럼 도출한다.

$$(6.42) \qquad x_i(w_1, ..., w_N, y) = h(y) \sum_{j=1}^{N} \beta_{ij} \left(\frac{w_j}{w_i} \right)^{1/2}, \quad i = 1, ..., N$$

만약 $h(y) = y$이고 $\beta_{ij} = 0 \,\forall\, j \neq i$라면 위의 수요함수는 $x_i = y\beta_{ii}(i = 1, ..., N)$와 같아진다. 이 경우 한 단위의 y를 생산하기 위해서는 각 투입요소 x_i가 β_{ii}개씩 고정비율

---

17 Diewert, E. W., 1971 "An Application of the Shephard Duality Theorem: A Generalized Leontief Production Function," *Journal of Political Economy* 79, pp. 481–507.

로 사용되어야 하는 레온티에프 생산함수가 만들어진다. 이처럼 이 비용함수는 레온티에프 생산기술을 특수한 예로 포함하므로 일반화된 레온티에프 비용함수라 불리며, 또한 동시에 동조성을 가지고 있다.

식 (6.42)로부터 투입물수요의 가격에 대한 반응은 다음처럼 구할 수 있다.

$$(6.43) \quad \frac{\partial x_i(w_1,...,w_N,y)}{\partial w_i} = -\frac{1}{2}h(y)\sum_{j \neq i}^{N}\beta_{ij}w_j^{1/2}w_i^{-3/2}$$

$$\frac{\partial x_i(w_1,...,w_N,y)}{\partial w_j} = \frac{1}{2}h(y)\beta_{ij}w_j^{-1/2}w_i^{-1/2}, \ j \neq i$$

이를 탄력성의 형태로 변환하면 다음과 같다.

$$(6.44) \quad \epsilon_{ii} = \frac{\partial x_i}{\partial w_i}\frac{w_i}{x_i} = -\frac{1}{2}\frac{\sum_{j \neq i}^{N}\beta_{ij}(w_j/w_i)^{1/2}}{\sum_{j=1}^{N}\beta_{ij}(w_j/w_i)^{1/2}}$$

$$\epsilon_{ij} = \frac{\partial x_i}{\partial w_j}\frac{w_j}{x_i} = \frac{1}{2}\frac{\beta_{ij}(w_j/w_i)^{1/2}}{\sum_{j=1}^{N}\beta_{ij}(w_j/w_i)^{1/2}}, \ j \neq i$$

아울러 제4장에서 도출한대로 이들 수요의 가격탄력성을 반영하여 다음처럼 알렌-우자와 편대체탄력성과 모리시마 편대체탄력성을 도출할 수 있다.

$$(6.45a) \quad \sigma_{ij}^{A} = \frac{\epsilon_{ij}}{s_j}, \ \text{단 } s_j\text{는 } x_j\text{가 비용에서 차지하는 비중}$$

$$(6.45b) \quad \sigma_{ij}^{M} = \epsilon_{ij} - \epsilon_{jj}$$

> **연습문제 6.6** 동조 GL비용함수로부터 위의 두 편대체탄력성의 구체적인 형태를 정리하여 도출하라.

식 (6.41)의 동조 GL비용함수는 그러나 식 (6.40)과 같은 완전한 형태의 신축적인 함수는 아니다. 가격변화를 반영할 수 있는 항이 $\frac{1}{2}N(N+1)$개뿐이며, 비용함수가 동조함수라는 제약도 가지고 있다. 하지만 이러한 제약은 식 (6.41)의 함수에 다음처럼 항을 추가하여 해소할 수 있는데, 이 함수를 비동조 GL비용함수(non-homothetic generalized Leontief cost function)라 부를 수 있다.

$$(6.46) \qquad c(w_1,...,w_N,y) = y\left[\sum_{i=1}^{N}\sum_{j=1}^{N}\beta_{ij}(w_i w_j)^{1/2}\right] + \sum_{i=1}^{N}\alpha_i w_i + \frac{1}{2}\alpha_0\sum_{i=1}^{N}\theta_i w_i y^2,$$

$$\beta_{ij} = \beta_{ji}$$

식 (6.46)에서 새로 추가되는 파라미터는 α_0와 $(\alpha_1,...,\alpha_N)$이다. $(\theta_1,...,\theta_N)$은 연구자가 사전에 임의로 지정해주는 일종의 가중치로서, 자료를 이용해 추정할 필요는 없다. 이렇게 되면 이제는 $\left(\frac{1}{2}N(N+1)\right) + (N) + 1 = \frac{1}{2}(N+1)(N+2)$개의 파라미터가 자료를 통해 식별되어야 하며, 비용함수가 동조함수도 아닌 보다 일반적인 모습을 지닌다. 그런데 앞의 식 (6.38)에서 함수의 설명변수가 N개이면 $K = \frac{1}{2}(N+1)(N+2)$개의 효과를 함수가 나타내어야 한다고 하였다. 사실 비용함수에는 N개의 투입물가격과 1개의 산출물 변수, 즉 $N+1$개의 변수가 있지만, GL비용함수에서는 y는 항상 투입물가격들과 곱해진 형태로 등장하므로 실질적으로는 N개의 변수가 있다. 따라서 식 (6.46)의 자유로운 파라미터 수는 $K = \frac{1}{2}(N+1)(N+2)$이다.

GL 비용함수는 신축성을 충족하는 일반적인 조건인 식 (6.38)를 단순화시킨 식 (6.39)의 일반화된 2차함수의 한 예이다. 식 (6.38)을 단순화시킨 또 다른 형태로 다음과 같은 초월대수(transcendental logarithmic 혹은 translog)함수가 있다.

$$(6.47) \qquad \ln f(z_1,...,z_N) = a_0 + \sum_{i=1}^{N}a_i \ln z_i + \frac{1}{2}\sum_{i=1}^{N}\sum_{j=1}^{N}a_{ij}\ln z_i \ln z_j, \; a_{ij} = a_{ji}$$

식 (6.47)의 초월대수함수는 식 (6.40)의 2차함수에서 $z_i^{p/2}$ 대신 $\ln z_i$를 사용하며, 좌변의 함수 $f(\cdot)$도 로그변환한다. 즉 로그변환한 종속변수를 로그변환한 설명변수의 2차함수가 되게 한다. 이 함수 설정에서는 정확하게 $\frac{1}{2}(N+1)(N+2)$개의 변수변화효과를 반영할 수 있어 2계 신축성 조건을 충족한다. 이제 다음의 테일러 전개(Taylor expansion)를 검토하자.

최소한 두 번의 미분이 모든 설명변수에 대해 가능한 함수 $h(z_1,...,z_N)$의 값은 $(z_1^0,...,z_N^0)$부근에서 다음과 같이 2계 근사된다.

$$h(z_1,...,z_N) = h(z_1^0,...,z_N^0) + \sum_{i=1}^{N} h_i(z_1^0,...,z_N^0)(z_i - z_i^0)$$

$$+ \frac{1}{2}\sum_{i=1}^{N}\sum_{j=1}^{N} h_{ij}(z_1^0,...,z_N^0)(z_i - z_i^0)(z_j - z_j^0) + R_3$$

테일러 전개는 임의의 점 $(z_1^0,...,z_N^0)$ 부근에서 미지의 함수 $h(x_1,...,x_N)$을 근사하는 방법을 보여준다. 근사치는 $(z_1^0,...,z_N^0)$에서 평가된 함수 값 $h(z_1^0,...,z_N^0)$와 이 점에서 평가된 1계 편도함수 $h_i(z_1^0,...,z_N^0)$ 및 2계 편도함수 $h_{ij}(z_1^0,...,z_N^0)$들을 이용해 구해진다. R_3은 원래의 함수 값 $h(x_1,...,x_N)$와 우변의 근사된 값 간의 차이, 즉 잉여항이다. 이러한 근사는 3계 이상의 편도함수를 이용해서도 이루어질 수 있고, 고차원의 미분을 하여 근사할수록 잉여항의 값이 작아지기는 하지만, 우리는 함수의 신축성을 2계까지만 정의하므로 위의 테일러 전개면 충분하다.

이제 $(\ln z_1^0,...,\ln z_N^0) = (0,...,0)$이 되는, 즉 $(z_1^0,...,z_N^0) = (1,...,1)$에서 $\ln f^*(z_1,...,z_N)$를 다음과 같이 $\ln z_i$를 변수로 하여 2계 테일러 전개해보자.

$$\ln f^*(z_1,...,z_N) = \ln f^*(z_1^0,...,z_N^0) + \sum_{i=1}^{N} \frac{\partial \ln f^*(z_1^0,...,z_N^0)}{\partial \ln z_i} \ln z_i$$

$$+ \frac{1}{2}\sum_{i=1}^{N}\sum_{i=1}^{N} \frac{\partial^2 \ln f^*(z_1^0,...,z_N^0)}{\partial \ln z_i \partial \ln z_j} \ln z_i \ln z_j + R_3$$

특정 변수 값 $(z_1^0,...,z_N^0)$에서 평가되는 $\ln f^*(\cdot)$의 함수 값, 1계 편도함수 값, 2계 편도함수 값은 모두 고정된 특정 수치를 가지게 되므로, $\ln f^*(z_1^0,...,z_N^0) = a_0$, $\frac{\partial \ln f^*(z_1^0,...,z_N^0)}{\partial \ln z_i}$ $= a_i$, $\frac{\partial^2 \ln f^*(z_1^0,...,z_N^0)}{\partial \ln z_i \partial \ln z_j} = a_{ij}$와 같이 파라미터로 전환할 수 있다. 그러면 최종적으로 $(z_1^0,..., z_N^0) = (1,...,1)$에서 근사된 초월대수함수는 식 (6.47)과 같이 도출된다. 즉 $\ln f^*(z_1,...,z_N)$ $= \ln f(z_1,...,z_N) + R_3$인데, 잉여항 R_3은 충분히 0에 가깝다고 가정하여 0이라 두고, 식

(6.47)의 초월대수함수 $\ln f(z_1,...,z_N)$가 우리가 모르는 미지의 함수 $\ln f^*(z_1,...,z_N)$를 근사하는 것으로 간주한다.

이러한 근사는 물론 $(z_1^0,...,z_N^0) = (1,...,1)$ 부근에서만 성립하는 것이지만, 경제자료를 구축할 때 기준이 되는 관측치, 예를 들면 기준 연도에서의 변수 값은 모두 1로 두고 나머지 관측치에서의 값은 이 기준 값의 비율로 표현할 수 있기 때문에 기준점이 $(1,...,1)$이라는 것이 문제가 되지는 않는다.

초월대수함수에서 볼 수 있듯이 2계 테일러 전개는 신축적인 함수를 도출하는 기본적인 과정이다. 그리고 GL함수의 원형이 된 식 (6.40)의 2차함수도 사실은 $(z_1^0,...,z_N^0)$ $= (0,...,0)$ 부근에서 $f^*(z_1,...,z_N)$를 $z_i^{p/2}$를 변수로 하여 2계 테일러 전개한 것임을 알 수 있다. 이미 얘기한 대로 식 (6.41)과 같은 동조 GL함수는 Diewert(1971)에 의해 도입되었고, 초월대수함수는 Christensen et al.(1971)에 의해 경제학에 도입되었다.[18] 하지만 이 두 가지 함수설정이 모두 테일러 전개에 기초를 두고 있기 때문에 이 두 연구가 발표되기 이전에도 경제학자들은 이들 함수 유형을 사용하고 있었다. 특히 농업경제학자인 Heady and Dillon(1961)은 앞의 두 연구보다 10년 전인 1961년에 발표한 연구서에서 초월대수 생산함수(이들의 책 p. 205, 식 (6.16))와 일반화된 레온티에프 생산함수(p. 206, 식 (6.20))를 이미 사용하고 있고, 이 두 모형이 모두 2계 테일러 전개에서 도출됨을 밝히고 있다.[19]

식 (6.47)의 초월대수함수는 비용함수인 경우 구체적으로 다음과 같이 설정된다.

$$(6.48) \qquad \ln c(w_1,...,w_N,y) = \beta_0 + \sum_{i=1}^{N}\beta_i \ln w_i + \frac{1}{2}\sum_{i=1}^{N}\sum_{j=1}^{N}\beta_{ij}\ln w_i \ln w_j + \beta_y \ln y$$

$$+ \frac{1}{2}\beta_{yy}(\ln y)^2 + \sum_{i=1}^{N}\beta_{iy}\ln w_i \ln y$$

$$\beta_{ij} = \beta_{ji}, \ \sum_{i=1}^{N}\beta_i = 1, \ \sum_{i=1}^{N}\beta_{ij}\left(=\sum_{i=1}^{N}\beta_{ji}\right) = \sum_{i=1}^{N}\beta_{iy} = 0 \ \ \forall j$$

산출량까지 포함하여 $N+1$개의 설명변수가 있으며, 이들을 로그변환하여 변수화하고, 그 2차함수를 구축한다. 좌변에는 역시 로그변환된 비용함수 값이 사용된다. 식

---

[18] Christensen, L. R., D. W. Jorgenson and L. Lau, 1971, "Conjugate Duality and the Transcendental Logarithmic Production Function," *Econometrica* 39, pp. 255−256.

[19] Heady, E. O. and J. L. Dillon, 1961, *Agricultural Production Functions*, Iowa State University Press.

(6.48)에 부과되는 파라미터에 대한 제약은 대칭성 조건 $\beta_{ij} = \beta_{ji}$를 제외하면 모두 비용함수는 투입물가격의 1차 동차함수가 되어야 하기 때문에 필요한 조건이다. 제4장에서 보여준 바와 같이 초월대수함수의 경우 함수가 로그변환된 형태이기 때문에 투입물의 조건부 수요함수 자체보다는 다음처럼 각 투입물의 생산비 비중을 도출하는 것이 더 편리하다. 이때 셰퍼드 보조정리가 적용된다.

$$(6.49) \qquad s_i = \frac{w_i x_i}{c} = \beta_i + \sum_{j=1}^{N} \beta_{ij} \ln w_j + \beta_{iy} \ln y, \ i = 1, ..., N, \ \sum_{i=1}^{N} s_i = 1$$

이로부터 투입물수요의 자기가격 및 교차가격 탄력성은 다음처럼 도출된다.

$$(6.50) \qquad \epsilon_{ii} = \frac{\beta_{ii} + s_i^2 - s_i}{s_i}, \ i = 1, ..., N$$

$$\epsilon_{ij} = \frac{\beta_{ij} + s_i s_j}{s_i}, \ i \neq j$$

또한 이로부터 식 (6.45a) 및 식 (6.45b)에 따라 알렌-우자와 편대체탄력성과 모리시마 편대체탄력성도 도출할 수 있다.

식 (6.50)의 도출과정을 보면, 먼저 $\frac{\partial s_i}{\partial \ln w_i} = \frac{\partial s_i}{\partial w_i} w_i = \beta_{ii}$이다. 또한 $\frac{\partial s_i}{\partial w_i} = \frac{\partial}{\partial w_i}\left(\frac{w_i x_i}{c}\right)$

$$= \frac{\left(x_i + w_i \frac{\partial x_i}{\partial w_i}\right) c - w_i x_i \frac{\partial c}{\partial w_i}}{c^2} = \frac{\left(x_i + w_i \frac{\partial x_i}{\partial w_i}\right)}{c} - \frac{s_i x_i}{c}$$ 이므로, $\frac{\partial s_i}{\partial w_i} w_i = s_i + s_i \epsilon_{ii} - s_i^2$이

되고, 따라서 식 (6.50)의 첫 번째 결과가 도출된다. 유사하게, $\frac{\partial s_i}{\partial \ln w_j} = \frac{\partial s_i}{\partial w_j} w_j = \beta_{ij}$이며,

$$\frac{\partial s_i}{\partial w_j} = \frac{\partial}{\partial w_j}\left(\frac{w_i x_i}{c}\right) = \frac{\left(w_i \frac{\partial x_i}{\partial w_j}\right) c - w_i x_i \frac{\partial c}{\partial w_j}}{c^2} = \frac{\left(w_i \frac{\partial x_i}{\partial w_j}\right)}{c} - \frac{s_i x_j}{c}$$ 이므로 $\frac{\partial s_i}{\partial w_j} w_j = s_i \epsilon_{ij} - $

$s_i s_j$이기 때문에 식 (6.50)의 두 번째 결과도 도출된다.

이상 $M = 1$을 가정하고 비용함수를 대상으로 적용된 두 가지 대표적인 신축적인 함수, 즉 GL함수와 초월대수함수는 $M \geq 2$인 경우로 확장할 수 있으며, 이윤함수, 수입함수 등 다른 종류의 간접목적함수에 대해서도 설정될 수 있다. 산출물의 가짓수를 늘리든, 비용함수가 아닌 다른 함수에 적용하든, 초월대수함수와 GL함수가 가지는 2계 테일러 전개로서의 특성을 그대로 확장하여 적용하면 된다. 이윤함수에 대해서는 다음처럼 설정할 수 있다.

$$(6.51) \quad \pi(p, w_1, \ldots, w_N) = \beta_0 p + 2p^{1/2} \sum_{i=1}^{N} \beta_i w_i^{1/2} + \left[\sum_{i=1}^{N} \sum_{j=1}^{N} \beta_{ij} (w_i w_j)^{1/2} \right],$$

$$\beta_{ij} = \beta_{ji}$$

$$(6.52) \quad \ln \pi(p, w_1, \ldots, w_N) = \beta_0 + \sum_{i=1}^{N} \beta_i \ln w_i + \frac{1}{2} \sum_{i=1}^{N} \sum_{j=1}^{N} \beta_{ij} \ln w_i \ln w_j + \beta_p \ln p$$

$$+ \frac{1}{2} \beta_{pp} (\ln p)^2 + \sum_{i=1}^{N} \beta_{ip} \ln w_i \ln p$$

$$\beta_{ij} = \beta_{ji}, \quad \sum_{i=1}^{N} \beta_i + \beta_p = 1, \quad \sum_{i=1}^{N} \beta_{ij} \left(= \sum_{i=1}^{N} \beta_{ji} \right) + \beta_{jp} = 0 \quad \forall j,$$

$$\sum_{i=1}^{N} \beta_{ip} + \beta_{pp} = 0$$

식 (6.51)은 일반화된 레온티에프 이윤함수이고, 식 (6.52)는 초월대수 이윤함수이다. 식 (6.52)의 동차성 제약식은 이윤함수는 가격 $(p, w_1, \ldots, w_N)$에 대해 1차 동차이므로 오일러 정리에 의해 $\sum_{i=1}^{N} \frac{\partial \ln \pi}{\partial \ln w_i} + \frac{\partial \ln \pi}{\partial \ln p} = 1$이라는 성질 때문에 필요하다. 이 조건은 다음을 의미한다.

$$\sum_{i=1}^{N} \left(\beta_i + \sum_{j=1}^{N} \beta_{ij} \ln w_j + \beta_{ip} \ln p \right) + \beta_p + \beta_{pp} \ln p + \sum_{i=1}^{N} \beta_{ip} \ln w_i = 1$$

가격변수들의 값에 상관없이 이 조건이 충족되기 위해서는 $\beta_{ij} = \beta_{ji}$의 대칭성조건과 더불어 $\sum_{i=1}^{N} \beta_i + \beta_p = 1$, $\sum_{i=1}^{N} \beta_{ij} \left(= \sum_{i=1}^{N} \beta_{ji} \right) + \beta_{jp} = 0 \ \forall j$, $\sum_{i=1}^{N} \beta_{ip} + \beta_{pp} = 0$의 조건이 필요하다.

또한 산출물공급함수와 투입물수요함수는 식 (6.51)과 식 (6.52)에 적용된 호텔링 보조정리로부터 각각 다음처럼 도출된다.

$$(6.53a) \quad y = \beta_0 + p^{-1/2} \sum_{i=1}^{N} \beta_i w_i^{1/2}$$

$$(6.53b) \quad x_i = -\left[\beta_i \left(\frac{p}{w_i} \right)^{1/2} + \sum_{j=1}^{N} \beta_{ij} \left(\frac{w_j}{w_i} \right)^{1/2} \right], \ i = 1, \ldots, N$$

$$(6.54a) \quad \frac{py}{\pi} = \beta_p + \beta_{pp} \ln p + \sum_{i=1}^{N} \beta_{ip} \ln w_i$$

$$(6.54\text{b}) \qquad \frac{w_i x_i}{\pi} = -\left[\beta_i + \beta_{ip}\ln p + \sum_{j=1}^{N}\beta_{ij}\ln w_j\right], \ i = 1,...,N$$

생산행위관련 통계자료가 이용가능하면, 자료와 가능한 한 일치하도록 식 (6.51)이나 식 (6.52)의 파라미터들을 추정할 수 있다. 또는 이들 두 이윤함수 대신 식 (6.53a)와 식 (6.53b)의 $N+1$개의 연립방정식이나, 식 (6.54a)와 식 (6.54b)의 $N+1$개의 연립방정식의 파라미터들을 추정할 수도 있다. 이 모든 식들이 통계적으로 구해야 할 β들, 즉 파라미터들의 선형함수이다. 이러한 파라미터에 대한 선형성은 제7장에서 확인되지만 응용분석에서는 큰 장점이다. 아울러 단기적으로 일부 투입물이 고정된 상태라면, 식 (6.51)과 식 (6.52)에 고정투입물을 추가 설명변수로 반영하되, 이들 고정투입물의 가격변수는 포함하지 않으면 단기의 이윤함수가 만들어진다.

연습문제 6.7 식 (6.53)과 식 (6.54)를 각각 이용해 산출물의 자기가격에 대한 공급탄력성과 투입요소가격 w_i에 대한 공급탄력성을 도출하라.

---

3. 신축적인 함수와 기술제약

이제 위에서 도입된 신축적인 이윤함수나 비용함수가 지금까지 논의되었던 여러 생산기술의 특성을 어떻게 반영할 수 있는지 확인하자.

가. 동조성과 준동조성

투입물의 집계가능성 혹은 비용함수의 준동조성은 $c(w_1,...,w_N,y) = a(w_1,...,w_N)h(y) + b(w_1,...,w_N)$와 같은 함수형태를 요구한다. 비용함수의 동조성은 또한 $b(w_1,...,w_N) = 0$을 추가로 요구한다. 일반화된 GL 비용함수, 그 중에서도 식 (6.41)의 동조 비용함수는 정확히 이런 형태를 유지하고 있다. 식 (6.46)의 비동조 GL 비용함수에서는 $\alpha_0 = 0$으로 제약하면 준동조 비용함수가 만들어진다.

식 (6.48)의 초월대수 비용함수에서는 $\beta_{iy} = 0\,(i = 1,...,N)$로 제약되면 비용함수는 $a(w_1,...,w_N) = \exp\left[\beta_0 + \sum_{i=1}^{N}\beta_i\ln w_i + \frac{1}{2}\sum_{i=1}^{N}\sum_{j=1}^{N}\beta_{ij}\ln w_i\ln w_j\right]$, $h(y) = \exp\left[\beta_y\ln y + \frac{1}{2}\beta_{yy}(\ln y)^2\right]$로 구

분되어 동조성이 성립한다. 단, 이때 $b(w_1,...,w_N)=0$이 되어야 한다.

 식 (6.51)과 식 (6.52)의 두 이윤함수가 산출물가격의 집계가능성을 충족하려면 어떤 제약이 필요한지 확인하라.

아울러 제4장 식 (4.28)에서 도입되었던 규모경제탄력성을 GL 비용함수와 초월대수 비용함수에서 어떻게 도출할 수 있는지도 확인해보기 바란다.

나. 분리가능성

비용함수에서 x_j와 x_k가 다른 투입물로부터 분리가능하다면 다음 조건이 성립해야 한다.

$$\frac{\partial}{\partial w_i}\frac{\partial c/\partial w_j}{\partial c/\partial w_k}=\frac{\partial}{\partial w_i}\left(\frac{x_j}{x_k}\right)=\frac{\left(\frac{\partial x_j}{\partial w_i}\right)x_k-\left(\frac{\partial x_k}{\partial w_i}\right)x_j}{x_k^2}=0,\ i\neq j,\ i\neq k$$

즉 $\left(\frac{\partial x_j}{\partial w_i}\right)x_k-\left(\frac{\partial x_k}{\partial w_i}\right)x_j=0$이 성립해야 하고, 만약 비용함수로 동조 GL함수를 사용한 다면 식 (6.43)을 대입하여 다음을 도출한다.

$$\frac{\beta_{ji}w_j^{-1/2}}{x_j}=\frac{\beta_{ki}w_k^{-1/2}}{x_k}$$

여기에 식 (6.42)를 대입하여 정리하면 다음 조건이 도출된다.

(6.55) $$\sum_{l=1}^{N}(\beta_{ji}\beta_{kl}-\beta_{ki}\beta_{jl})w_l^{1/2}=0$$

식 (6.55)의 분리가능성은 투입물가격 $w_l(l=1,...,N)$과 관련 없이 성립해야 하는데, 다음 두 가지 조건 중 하나가 충족되면 성립한다.

(6.56a) $\beta_{ji} = \beta_{ki} = 0$

(6.56b) $\beta_{ji}\beta_{kl} - \beta_{ki}\beta_{jl} = 0, \; l = 1,...,N$

위의 두 조건은 각각 분리가능성을 부과할 수 있다. 그러나 만약 x_j와 x_k가 다수의 투입물로부터 분리가능하다면 대단히 많은 수의 파라미터가 0으로 제약되거나 특정 값을 갖도록 제약되어야 해서 신축성의 손상이 발생하는 문제가 있다. 분리가능성을 나타내게 하기 위해서는 파라미터들을 이렇게 과도하게 제약해야 한다는 점이 2계 신축적인 함수들이 가지는 한계로 지적되기도 한다. 특히 식 (6.56b)의 방식으로 분리가능성을 반영하고자 하면 파라미터들의 비선형관계가 모형에 반영되어야 해서 원래의 GL함수가 가졌던 파라미터의 선형함수라는 편리성도 없어진다.

연습
문제

6.9
식 (6.48)의 초월대수 비용함수에 바로 위에서와 같은 분리가능성을 부과하면 그 조건이 어떻게 되는지 밝혀라.

다. 비결합성

M가지의 산출물을 생산하는 경우의 이윤함수를 다음과 같이 설정하자.

$$(6.57) \quad \pi(p_1,...,p_M,w_1,...,w_N) = \left[\sum_{i=1}^{M}\sum_{j=1}^{M}\alpha_{ij}(p_ip_j)^{1/2}\right]$$

$$+ \left[\sum_{k=1}^{N}\sum_{l=1}^{N}\beta_{kl}(w_kw_l)^{1/2}\right] + 2\left[\sum_{i=1}^{M}\sum_{k=1}^{N}\gamma_{ik}(p_iw_k)^{1/2}\right],$$

$$\alpha_{ij} = \alpha_{ji}, \; \beta_{kl} = \beta_{lk}$$

$$(6.58) \quad \ln\pi(p_1,...,p_M,w_1,...,w_N) = \alpha_0 + \sum_{i=1}^{M}\alpha_i\ln p_i + \frac{1}{2}\sum_{i=1}^{M}\sum_{j=1}^{M}\alpha_{ij}\ln p_i\ln p_j$$

$$+ \sum_{k=1}^{N}\beta_k\ln w_k + \frac{1}{2}\sum_{k=1}^{N}\sum_{l=1}^{N}\beta_{kl}\ln w_k\ln w_l + \sum_{i=1}^{M}\sum_{k=1}^{N}\gamma_{ik}\ln p_i\ln w_k,$$

$$\alpha_{ij} = \alpha_{ji}, \; \beta_{kl} = \beta_{lk},$$

$$\sum_{i=1}^{M}\alpha_i + \sum_{k=1}^{N}\beta_k = 1, \; \sum_{i=1}^{M}\alpha_{ij} + \sum_{k=1}^{N}\gamma_{jk} = 0 \,\forall\, j, \; \sum_{l=1}^{N}\beta_{kl} + \sum_{i=1}^{M}\gamma_{ik} = 0 \,\forall\, k$$

식 (6.58)의 동차성 조건을 도출하라.

투입물 비결합성이 존재할 경우 제5장 제4절에서 확인한 바와 같이 이윤을 극대화하는 산출물 공급의 교차가격탄력성이 0이 되어야 한다. 즉 다음이 성립하여야 한다.

$$\frac{\partial y_i(p_1,...,p_M,w_1,...,w_N)}{\partial p_j} = 0, \ \ i \neq j$$

식 (6.57)의 GL함수에 호텔링 보조정리를 적용하면 $y_i(\cdot) = \sum_{j=1}^{M} \alpha_{ij}\left(\frac{p_j}{p_i}\right)^{1/2} + \sum_{k=1}^{N} \gamma_{ik}\left(\frac{w_k}{p_i}\right)^{1/2}$ 이다. 따라서 GL함수의 경우 모든 산출물 y_i에 대해 다음 조건이 성립하면 투입물 비결합성이 적용된다.

(6.59)　　$\alpha_{ij} = 0, \ \ j \neq i$

식 (6.58)의 초월대수함수에 비결합성 조건을 부여하는 것은 좌변이 이윤 자체가 아니라 이윤의 로그변화된 형태라 까다롭다. 호텔링 보조정리를 적용해 $y_i(\cdot) = \frac{1}{p_i}\left[\alpha_i + \sum_{j=1}^{M} \alpha_{ij}\ln p_j + \sum_{k=1}^{N} \gamma_{ik}\ln w_k\right] \times \pi(\cdot)$로 전환한 뒤, 이로부터 $\frac{\partial y_i(\cdot)}{\partial p_j} = 0$의 조건을 도출하여야 한다. 이 조건 자체가 가격변수들의 값을 포함하기 때문에 자료 값에 관계없이 정의되지는 않는다. 따라서 특정 자료수준에서 국지적으로만 조건을 도출해야 한다. 만약 모든 가격이 기준 점에서의 가격이라서 $p_i = 1 (i=1,...,M)$, $w_k = 1 (k=1,...,N)$ 이라면, 모든 산출물 y_i에 대해 다음 조건이 성립하면 투입물 비결합성이 적용된다.

(6.60)　　$\alpha_{ij} = -\alpha_i\alpha_j, \ \ j \neq i$

초월대수함수를 사용하면 투입물 비결합성이 부여될 때 파라미터들의 비선형함수로 모형이 바뀌게 된다.

식 (6.60)을 도출하라.

4. 함수의 신축성과 오목성

이상에서 검토한 바와 같이 GL함수와 초월대수함수로 대표되는 신축적인 함수들은 우리가 모르는 실제 함수를 2계 편도함수까지 근사할 수 있을 정도로 신축적이면서도, 필요한 경우 생산기술이나 생산자행위에 대한 여러 가지 특성을 비교적 성공적으로 부과할 수 있다. 그러나 분리가능성이나 비결합성 등의 제약을 가할 때 많은 수의 파라미터가 0으로 제약되어 신축성이 손상되기도 하고, 모형이 파라미터의 비선형함수로 바뀌기도 한다.

신축적인 함수들이 가지는 가장 큰 한계는 사실 경제이론이 요구하는 오목성이나 볼록성을 신축성을 유지하면서 충족시키기 어렵다는 것이다. 비용함수는 투입물가격의 오목함수여야 하고, 이윤함수는 산출물가격과 투입물가격에 대해 동시에 볼록해야 한다. 하지만 신축적인 함수 자체에서는 이러한 오목성과 볼록성이 저절로 충족되지 않으며, 따라서 자료를 이용하여 비용함수나 이윤함수를 추정했을 때 자칫 우하향하는 공급곡선이나 우상향하는 투입물수요곡선이 도출될 수가 있다.

아래의 두 식은 각각 식 (6.43)의 동조 GL 비용함수에서 투입물의 자기가격에 대한 반응과, 식 (6.50)의 초월대수 비용함수에서 투입물수요의 자기가격 탄력성이다.

$$\frac{\partial x_i(w_1,...,w_N,y)}{\partial w_i} = -\frac{1}{2}h(y)\sum_{j \neq i}^{N}\beta_{ij}w_j^{1/2}w_i^{-3/2}$$

$$\epsilon_{ii} = \frac{\beta_{ii}+s_i^2-s_i}{s_i},\ i=1,...,N$$

위의 두 식이 우하향하는 수요곡선이 되기 위한 조건에는 가격조건과 파라미터의 크기 등이 모두 영향을 미치기 때문에 원칙적으로는 자료가 분포하는 공간 전체에서 오목성 조건이 충족되지는 못한다. 먼저 첫 번째 관계식을 보면, GL 동조비용함수의 경우 투입물수요곡선이 투입물가격의 값에 관계없이 항상 우하향하게 하려면 모든 $\beta_{ij}(j \neq i)$가 0보다 크도록 제약하면 된다. 하지만 일부 β_{ij}가 0보다 작더라도 가격변수들 값에 따라서는 여전히 수요곡선이 우하향할 수 있기 때문에 모든 β_{ij}를 0보다 크도록 제약하는 것은 투입물 간 대체관계를 불필요하게 제약하게 되고, 함수의 신축성에 손상을 준다. 두 번째 관계식을 보면, 초월대수 비용함수의 경우 투입물의 비용비중 s_i는 0과 1 사이에 존재하므로 $s_i^2 < s_i$의 성질을 가지기 때문에 모든 β_{ii}가 0보다 작으면 우하향하는 투

입물 수요곡선이 도출되기는 한다. 그러나 이 경우에도 마찬가지로 s_i의 크기에 따라서는 β_{ii}가 0보다 큰 경우에도 우하향하는 수요곡선이 도출될 수 있기 때문에 그 가능성을 배제하는 것은 지나치게 강한 제약이고 역시 신축성을 훼손한다. 뿐만 아니라, 비용함수의 오목성은 투입물수요곡선의 기울기가 음일 것은 물론이고 비용함수를 투입물가격으로 두 번 미분해서 도출되는 헤시안행렬 전체가 음의 반정부호성을 지닐 것을 요구한다(math 2.6, 2.7). GL함수와 초월대수함수에서는 이들 조건 모두 가격자료의 값에 따라 달라지기 때문에 오목성을 부과하는 것이 대단히 어렵다.

그러나 이 문제의 해결책이 없는 것은 아니다. 예를 들면 다음과 같은 $N=2$, $M=1$인 경우의 비용함수를 보자.

$$(6.61) \qquad c(w_1, w_2, y) = \frac{1}{2w_1}\beta_{22}w_2^2 y + \sum_{i=1}^{2}\beta_{iy}w_i y + \sum_{i=1}^{2}\beta_i w_i + \frac{1}{2}\beta_{yy}\left(\sum_{i=1}^{2}\theta_i w_i\right)y^2$$

위의 비용함수는 투입물가격에 대해 1차 동차성을 지니며, 그렇게 하기 위해 특정 가격 w_1으로 나누어진 첫 번째 항을 가지고 있다. θ_i는 연구자가 임의로 배정할 수 있는 가중치로서, 통계자료를 이용해 추정할 필요는 없다. 이 함수로부터 투입물수요의 가격에 대한 반응을 다음처럼 도출할 수 있다.

$$c_{11} = \frac{\partial x_1(w_1, w_2, y)}{\partial w_1} = \beta_{22}\frac{w_2^2}{w_1^3}y$$

$$c_{12} = \frac{\partial x_1(w_1, w_2, y)}{\partial w_2} = -\beta_{22}\frac{w_2}{w_1^2}y$$

$$c_{22} = \frac{\partial x_2(w_1, w_2, y)}{\partial w_2} = \beta_{22}\frac{1}{w_1}y$$

투입물가격은 모두 비음이므로 $\beta_{22} \leq 0$이면 식 (6.61)의 비용함수로부터 도출되는 두 투입물의 수요함수는 가격자료의 값과 관련 없이 우하향한다. 따라서 이 경우에는 $\beta_{22} \leq 0$의 제약을 가하는 것이 신축성을 훼손하지 않는다. 아울러 $c_{11}c_{22} - c_{12}^2 = \beta_{22}^2\frac{w_2^2}{w_1^4}y^2 - \beta_{22}^2\frac{w_2^2}{w_1^4}y^2 = 0$으로서, $c_{11} \leq 0 (c_{22} \leq 0)$, $c_{11}c_{22} - c_{12}^2 \geq 0$라는 헤시안행렬의 음의 반정부호성이 항상 성립한다.

식 (6.61)의 함수는 개발자들이 일반화된 맥파덴함수(generalized McFadden function)라

부른 함수인데,[20] $N \geq 3$인 경우로 확장하여 적용할 수 있고, 이 경우에도 파라미터를 적절히 제약하면 자료의 값과 상관없이 전역적으로(globally) 오목성을 충족하도록 할 수 있다. $N \geq 3$인 경우 이 함수를 다음처럼 일반화 할 수 있다.

$$c(w_1,...,w_N,y) = \frac{1}{2w_1} \sum_{i=2}^{N} \sum_{j=2}^{N} \beta_{ij} w_i w_j y + \sum_{k=1}^{N} \beta_{ky} w_k y$$
$$+ \sum_{k=1}^{N} \beta_k w_k + \frac{1}{2} \beta_{yy} \left(\sum_{k=1}^{N} \theta_k w_k \right) y^2$$
$$\beta_{ij} = \beta_{ji}, \ 2 \leq i,j \leq N, \ k=1,...,N$$

이 함수는 비동조 GL 비용함수처럼 충분한 수의 파라미터를 가져 신축성을 충족하면서도, 앞의 $N=2$의 예처럼 파라미터를 적절히 제약하면 비용변수의 값과 관련 없이 오목성을 충족한다.

$N \geq 3$의 경우에 있어 $C = \begin{bmatrix} c_{11} & c_{12} & \cdots & . & c_{1N} \\ c_{21} & c_{22} & \cdots & & c_{2N} \\ \vdots & \vdots & \cdots & & \vdots \\ c_{N1} & c_{N2} & \cdots & & c_{NN} \end{bmatrix}$ 를 비용함수의 헤시안행렬이라 하자.

그리고 행렬 $C_1 = \begin{bmatrix} \beta_{22} & \beta_{23} & \cdots & . & \beta_{2N} \\ \beta_{32} & \beta_{33} & \cdots & & \beta_{3N} \\ \vdots & \vdots & \cdots & & \vdots \\ \beta_{N2} & \beta_{N3} & \cdots & & \beta_{NN} \end{bmatrix}$ 은 비용함수를 $(w_2,...,w_N)$에 대해서만 2계미분하

고, 그 표현에서 w_1과 y는 제거하여 만든 행렬이다. 식 (6.61)처럼 $N=2$일 때에는, $\beta_{22} \leq 0$이면 비용함수는 오목함수이다. 그리고 $N=3$이면 $\beta_{22} \leq 0$와 함께 $\beta_{22}\beta_{33}$ $- \beta_{23}^2 \geq 0$의 조건을 충족하면(아울러 x_2와 x_3의 순서를 바꾸었을 때에도 그와 같은 부등식 관계가 성립하면) 비용함수가 오목임을 보여줄 수 있다. 즉 C_1이 음의 반정부호행렬이면 비용함수의 전체 헤시안행렬 C도 음의 반정부호행렬이며, 그 역관계도 성립한다 (Diewert and Wales 1987, p. 51). 아울러 C_1이 음의 반정부호행렬이면 다음의 $\overline{C}_1$은 양의 반정부호행렬이어야 한다.

---

20 Diewert, W. E., and T. J. Wales, 1987, "Flexible Functional Forms and Global Curvature Conditions," *Econometrica* 55, pp. 43−68.

$$\overline{C}_1 = (-1)\begin{bmatrix} \beta_{22} & \beta_{23} & \cdots & . & \beta_{2N} \\ \beta_{32} & \beta_{33} & \cdots & & \beta_{3N} \\ \vdots & \vdots & \cdots & & \vdots \\ \beta_{N2} & \beta_{N3} & \cdots & & \beta_{NN} \end{bmatrix}$$

잘 알려진 수학이론에 의하면 어떤 양의 반정부호행렬도 아래의 행렬곱과 같이 대각행렬을 기준으로 위쪽은 0의 값만을 가지는 행렬(=하삼각행렬, lower triangular matrix)과 그 전치행렬의 곱으로 분해할 수 있으며,[21] 역으로 이러한 분해가 가능한 행렬은 양의 반정부호행렬이다. 이는 어떤 비음의 실수도 제곱근을 취해줄 수 있고, 또한 어떤 실수의 제곱도 비음이 되는 것과 같은 이치이다.

$$\overline{C}_1 = \begin{bmatrix} t_{22} & 0 & \cdots & 0 \\ t_{32} & t_{33} & \cdots & 0 \\ \vdots & \vdots & \cdots & \vdots \\ t_{N2} & t_{N3} & \cdots & t_{NN} \end{bmatrix} \begin{bmatrix} t_{22} & t_{32} & \cdots & t_{N2} \\ 0 & t_{33} & \cdots & t_{N3} \\ \vdots & \vdots & \cdots & \vdots \\ 0 & 0 & \cdots & t_{NN} \end{bmatrix}$$

예를 들어 $N=4$라면 위의 두 행렬 곱을 실행하면 다음과 같다.

$$\overline{C}_1 = (-1)\begin{bmatrix} \beta_{22} & \beta_{23} & \beta_{24} \\ \beta_{32} & \beta_{33} & \beta_{34} \\ \beta_{42} & \beta_{43} & \beta_{44} \end{bmatrix} = \begin{bmatrix} t_{22}^2 & t_{22}t_{32} & t_{22}t_{42} \\ t_{22}t_{32} & t_{32}^2 + t_{33}^2 & t_{32}t_{42} + t_{33}t_{43} \\ t_{22}t_{42} & t_{32}t_{42} + t_{33}t_{43} & t_{42}^2 + t_{43}^2 + t_{44}^2 \end{bmatrix}$$

따라서 일반화된 맥파덴함수에서 '파라미터' $\beta_{ij}(2 \leq i,j \leq N)$의 자리에 그와 상응하는 t_{ij}들의 '함수'를 대신 대입하면 오목성이 충족된다(예: $\beta_{22} \Rightarrow -t_{22}^2$, $\beta_{24} \Rightarrow -t_{22}t_{42}$ 등). 그리고 이렇게 오목성이 부여된 비용함수는 파라미터 t_{ij}들에 대해 비선형으로 바뀌게 된다.[22]

---

21 이를 콜레스키(혹은 셜레스키) 분해(Cholesky decomposition)라 부른다.

22 일반화된 맥파덴함수와 같은 2계 신축적인 함수의 파라미터 제약을 통해 이처럼 오목성/볼록성을 부여하는 방법은 다음 두 연구에서 시작되었다: Lau, L. J., 1978, "Testing and Imposing Monotonicity, Convexity and Quasiconvexity Constraints," in M. Fuss and D. McFadden, eds., *Production Economics: A Dual Approach to Theory and Applications*, Vol 1, North-Holland, p. 409-453; Wiley, D. E., W. H. Schmidt, and W. J. Bramble, 1973, "Studies of a Class of Covariance Structure Models," *Journal of American Statistical Association* 68, pp. 317-323. 이들이 제시하는 방법 외에도 여러 변형된 방법들이 이후 개발되어 사용되고 있다.

5. 신축적인 거리함수

　다수 투입물로 다수 산출물을 생산할 경우 생산함수는 정의되지 않기 때문에 위에서 살펴본 바와 같이 비용함수, 수입함수, 이윤함수와 같은 쌍대함수를 분석에 사용하는 것이 효과적이다. 쌍대함수들은 다수 산출물이 생산될 경우에도 별다른 어려움 없이 신축적인 함수형태를 설정할 수 있다. 만약 다수 산출물을 생산하는 기술을 원 기술함수를 이용해 계량분석하고자 한다면 생산함수가 아닌 거리함수를 설정해야 하고, 그 함수형태를 부여해야 한다.[23]

　거리함수에는 제3장에서 살펴본 바와 같이 산출물거리함수와 투입물거리함수처럼 산출물과 투입물을 각각 비례적으로 변화시킬 수 있는 정도를 분석하는 방사형(radial) 함수도 있고, 방향거리함수처럼 산출물과 투입물의 값 자체를 (혹은 둘 중 한 가지의 값 자체를) 변화시키는 것도 있다. 그리고 각 유형의 거리함수들은 충족해야할 고유한 성질이 있다. 따라서 거리함수의 함수형태도 그러한 성질을 자료의 값과 관계없이 충족할 수 있도록 선택하여야 한다.

　방사형인 산출물거리함수와 투입물거리함수의 경우 초월대수함수를 설정하는 것이 편리하다. 그 중 산출물거리함수는 다음처럼 설정할 수 있다.

(6.62)　　$\ln D_o(x_1,...,x_N, y_1,...,y_M)$

$$= \alpha_0 + \sum_{i=1}^{N} \alpha_i \ln x_i + \frac{1}{2} \sum_{i=1}^{N} \sum_{j=1}^{N} \alpha_{ij} \ln x_i \ln x_j + \sum_{k=1}^{M} \beta_k \ln y_k$$

$$+ \frac{1}{2} \sum_{k=1}^{M} \sum_{l=1}^{M} \beta_{kl} \ln y_k \ln y_l + \sum_{i=1}^{N} \sum_{k=1}^{M} \gamma_{ik} \ln x_i \ln y_k, \ \alpha_{ij} = \alpha_{ji}, \ \beta_{kl} = \beta_{lk},$$

$$\sum_{k=1}^{M} \beta_k = 1, \ \sum_{k=1}^{M} \beta_{kl} (= \sum_{k=1}^{M} \beta_{lk}) = \sum_{k=1}^{M} \gamma_{ik} = 0 \ \forall \, i, \ l$$

　파라미터에 대한 제약들은 대칭성제약과 함께 산출물거리함수는 산출물에 대해 선형 동차라는 성질을 부여한다.

연습 문제 6.12 　초월대수형의 투입물거리함수를 도출하라.

---

[23] 구체적인 함수형태를 설정하지 않고 거리함수를 분석하는 방법은 제8장에서 다룬다.

방사형이 아닌 방향거리함수의 경우 생산경계에서는 0의 값을 가지기 때문에 로그변환이 허용되지 않는다. 따라서 초월대수형보다는 다음과 같은 2차형식 함수로 설정하는 것이 편리하다. 이 함수형식은 아울러 투입물이나 산출물 중 일부가 0의 값을 가질 경우에도 사용할 수 있다.[24]

(6.63)
$$\vec{D}_T(x_1,\ldots,x_N,y_1,\ldots,y_M;g_{x1},\ldots,g_{xN},g_{y1},\ldots,g_{yM})$$

$$= \alpha_0 + \sum_{i=1}^{N}\alpha_i x_i + \frac{1}{2}\sum_{i=1}^{N}\sum_{j=1}^{N}\alpha_{ij}x_i x_j + \sum_{k=1}^{M}\beta_k y_k$$

$$+ \frac{1}{2}\sum_{k=1}^{M}\sum_{l=1}^{M}\beta_{kl}y_k y_l + \sum_{i=1}^{N}\sum_{k=1}^{M}\gamma_{ik}x_i y_k$$

$$\alpha_{ij}=\alpha_{ji},\ \ \beta_{kl}=\beta_{lk},\ \ \sum_{k=1}^{M}\beta_k g_{yk} - \sum_{i=1}^{N}\alpha_i g_{xi} = -1,$$

$$\sum_{k=1}^{M}\gamma_{ik}g_{yk} - \sum_{j=1}^{N}\alpha_{ij}g_{xj} = 0\ \ \forall\, i,\ \ \sum_{l=1}^{M}\beta_{kl}g_{yl} - \sum_{i=1}^{N}\gamma_{ik}g_{xi} = 0\ \forall\, k$$

위의 방향거리함수에서 마지막 세 가지 유형의 제약은 제3장 부록에서 보여준 방향거리함수의 성질 중 $\vec{D}_T$.2, 즉 평형이동성질을 부과하는 것이다. 이는 각 x_i 대신 $x_i - \theta g_{xi}$, 그리고 각 y_k 대신 $y_k + \theta g_{yk}$를 넣어서 방향거리함수를 평가하면 원래의 방향거리함수에서 θ를 빼준 것과 같다는 성질이다. 이 성질은 산출물거리함수와 투입물거리함수의 선형동차성을 대체하는 성질이다.

식 (6.63)에서 투입물과 산출물을 변화시키는 방향은 방향거리함수 형태 자체에는 영향을 미치지 않지만 평형이동성질을 부과하는 과정을 통해 결국 방향거리함수에 반영된다. 만약 모든 g_{xi}와 g_{yk}가 1이면 위의 제약은 $\sum_{k=1}^{M}\beta_k - \sum_{i=1}^{N}\alpha_i = -1$, $\sum_{k=1}^{M}\gamma_{ik} - \sum_{j=1}^{N}\alpha_{ij} = 0$ $\forall\, i$, $\sum_{l=1}^{M}\beta_{kl} - \sum_{i=1}^{N}\gamma_{ik} = 0$ $\forall\, k$로 바뀐다. 그리고 투입요소는 변화시키지 않고 모든 g_{xi}는 0으로 두거나, 반대로 산출물은 변화시키지 않고 모든 g_{yk}를 0으로 두는 방식으로 방향거리함수를 설정할 수도 있다.

---

[24] 방향거리함수에 함수형태를 부여하는 방식은 다음 논문이 제시하였다: Chambers, R. G. 2002, "Exact Nonradial Input, Output, and Productivity Measurement," *Economic Theory* 20, pp. 751−765. 다음도 참고하라: Hudgins, L. B. and D. Primont, 2007, "Derivative Properties of Directional Technology Distance Functions," in R. Färe, S. Grosskopf, and D. Primont, eds., *Aggregation, Efficiency, and Measurement*, Springer.

만약 방향거리함수에도 초월대수 유형의 함수형태를 설정하고 싶다면, 다음을 대신 고려할 수 있다.

$$(6.64) \quad \exp\left(\vec{D}_T(x_1,...,x_N,y_1,...,y_M;g_{x1},...,g_{xN},g_{y1},...,g_{yM})\right)$$

$$= \sum_{i=1}^{N}\sum_{j=1}^{N}\alpha_{ij}\exp(x_i/2)\exp(x_j/2) + \sum_{k=1}^{M}\sum_{l=1}^{M}\beta_{kl}\exp(-y_k/2)\exp(-y_l/2)$$

$$+ \sum_{i=1}^{N}\sum_{k=1}^{M}\gamma_{ik}\exp(x_i/2)\exp(-y_k/2), \ \alpha_{ij}=\alpha_{ji}, \ \beta_{kl}=\beta_{lk}$$

식 (6.64)의 함수는 변수들 변화방향이 모두 1인 경우, 즉 모든 i와 k에 있어 $g_{xi}=g_{yk}=1$인 방향거리함수의 평행이동성질을 자동 충족한다는 것을 쉽게 보여줄 수 있다. 이 함수는 초월대수함수와 구분하여 초월지수(transcendental exponential)함수라 부를 수도 있겠다.

이상 제시된 바와 같이 다양한 종류의 거리함수들에 대해 신축성과 동차성 혹은 평행이동성을 충족하는 함수형태를 설정할 수 있다. 하지만 이들 거리함수는 볼록성이나 오목성을 추가 성질로 가지지만 식 (6.62)~(6.64)의 신축적인 함수들은 파라미터에 대한 추가 제약 없이는 이를 반영하지 못한다는 한계도 있다.

References

▪ Berndt, E. R., 1991, *The Practice of Econometrics: Classic and Contemporary*, Addison Wesley: 저명 계량경제학자이자, 생산경제학에서 사용하는 함수개발에도 기여를 많이 한 저자가 쓴 응용계량경제학 책이다. 제9장에서 신축적인 비용함수들에 대해 설명하고 그 활용법에 대해 논의한다.

▪ Blackorby, C., D. Primont, and R. R. Russell, 1978, *Duality, Separability, and Functional Structure: Theory and Economic Applications*, North－Holland: 분리가능성과 집계문제에 관한 가장 권위 있는 저작물이다. 쌍대성 이론의 발전에도 많은 영향을 미친 명저지만, 읽기가 쉽지는 않다.

▪ Chambers, R. G., 1988, *Applied Production Analysis: A Dual Approach*, Cambridge University Press: 분리가능성과 집계문제에 관한 본장의 설명방식은 주로 이 문헌을 따르고 있다.

▪ Deaton, A. and J. Muellbauer, 1980, *Economics and Consumer Behavior*, Cambridge University Press: 쌍대성 이론은 소비자 행위론의 근간이기도 하다. 특히 분리가능성과 집계문제는 소비자행위 분석에서도 대단히 중요하다. 수없이 많은 소비재를 묶어서 가짓수를 줄일 필요가 있고, 수없이 많은 소비자의 행위도 그 대표치를 구해 분석할 필요가 있다. 이 책은 경제학의 명저로서, 소비자행위에 적용되는 쌍대성 원리와 분리가능성, 집계문제, 그 외 많은 주제를 다룬다. 소비자행위를 분석할 때 사용하는 가장 중요한 신축적인 함수형태를 탄생시킨 책이기도 하다. 어렵지 않게 읽을 수 있다.

▪ Diewert, E. W., 2022, "Duality in Production," in S. C. Ray, R. G. Chambers, and S. C. Kumbhakar, eds., *Handbook of Production Economics*, Springer, pp. 57－168: 이 분야의 가장 저명한 연구자가 쓴, 본장의 내용을 보완하는 훌륭한 자료이다.

▪ Goldman, S. M. and H. Uzawa, 1964, "A Note on Separability in Demand Analysis," *Econometrica* 32, pp. 387－399: 분리가능성과 관련된 고전적인 논문이다.

▪ Jorgenson, D. W., 2000, *Econometrics Volume 1: Econometric Modeling of Producer Behavior*, MIT Press: 현대 생산경제학 발전에 큰 공헌을 한 저자의 논문을 모은 책 중 한 권으로서, 본장의 주제와 관련된 저자의 독창적인 연구 성과들이 실려 있다.

▪ Pope, R. D., and R. G. Chambers, 1989, "Price Aggregation Over Price－Taking Firms", *Review of Economic Studies* 56, pp. 297－309: 산출물가격의 집계문제를 가장 포괄적으로 다루고 있다.

CHAPTER

07

간접목적함수의
통계분석

생 산 경 제 학
**PRODUCTION
ECONOMICS**

CHAPTER 07 간접목적함수의 통계분석

제6장은 신축성을 가지는 비용함수와 이윤함수 등의 간접목적함수를 설정하는 방법과 주요 함수형태, 그리고 이들 함수에 생산기술이나 경제행위의 특성을 부과하는 방법 등을 종합적으로 논의하였다. 만약 활용가능한 자료가 있다면 이론적 검토에서 나아가 이들 함수의 형태를 통계자료와 가장 일치하도록 명시적으로 구할 수 있고, 이들 함수들의 파라미터를 추정할 수가 있다. 아울러 파라미터의 추정과정에서 분리가능성이나 동조성과 같은 특정 기술조건을 자료가 허용하는지의 여부를 통계적으로 검정하는 것도 가능하다. 생산경제학에서 사용하는 주요함수들은 모두 이러한 실증분석을 염두에 두고 개발되었으며, 함수관련 연구들은 관련 계량경제기법과 더불어 발전해왔다. 본장에서는 간단한 예제를 통해 실제로 이러한 통계작업을 수행하는 절차를 확인하도록 한다.

본장의 내용은 어느 정도의 통계학과 계량경제학에 관한 지식을 필요로 하기 때문에 일부 독자에게는 어렵게 느껴질 수 있다. 제1절에서는 본장에서의 분석에 활용되는 계량경제기법에 대해 간략히 논의해, 그러한 기초 지식의 일부를 제공하기로 하지만, 보다 자세한 내용에 관해서는 계량경제학 교재를 참조하는 것이 좋을 것이다. 함수추정기법 중 단일 방정식을 추정할 수 있는 회귀분석법과, 다수 혹은 다변량 방정식을 추정하는 방법을 함께 알아본다.

제2절에서는 본장의 분석에 사용할 R 소프트웨어에 대해 설명한다. R 소프트웨어를 설치·이용하는 방법과 본장의 실제 응용사례를 분석하는 데 필요한 R 관련 사전지식을 설명한다.

제3절에서는 생산함수와 같은 단일 방정식을 추정하는 사례를 한국 자료를 이용해 분석하며, 단일 방정식을 추정하더라도 원 기술함수를 추정하는 것과 간접목적함수인 비용함수를 추정하는 것이 많은 차이를 갖는 것도 확인한다.

제4절에서는 두 가지 신축적인 함수를 비용함수로 설정하여 분석하는 사례를 보여준다. 여기에서는 다변량 방정식이 추정되며, 그 결과를 해석하고 생산기술관련 가설을 검

정하는 절차를 확인한다.

제5절에서는 추정이 어렵고 비선형인 CES함수에 대한 분석법을 보여준다. 여기에서
도 생산함수를 직접 추정하기보다는 최적화행위를 반영하여 추정식을 설정하는 것이 더
편리함을 확인한다.

마지막으로 제6절에서는 자본 투자나 R&D 투자행위 등, 동태적인 의사결정을 필요
로 하는 경우에 있어 적절한 함수형태를 추정하여 생산자행위를 실증분석하는 방법에
대해 설명한다.

SECTION 01 함수추정법

1. 단일 방정식 추정

이용가능한 생산관련 자료의 관측치가 총 T개라 하자. 그 중 t번째 관측치에서의 생
산량 등의 변수를 y_t라 하고, 이를 설명하는 i번째 변수를 x_{ti}라 하자. 변수는 N개가 있
다. 대개의 경우 첫 번째 변수인 x_{t1}은 1의 값을 가진다. 각 설명변수에는 하나의 파라
미터가 결합되며, 총 N개의 파라미터 $(\beta_1, ..., \beta_N)$이 있다. T개의 관측치 각각에서 이들
변수와 파라미터 간의 관계는 다음과 같다.

$$(7.1) \qquad y_1 = \beta_1 x_{11} + \beta_2 x_{12} + ... + \beta_N x_{1N} + u_1$$
$$y_2 = \beta_1 x_{21} + \beta_2 x_{22} + ... + \beta_N x_{2N} + u_2$$
$$...$$
$$y_T = \beta_1 x_{T1} + \beta_2 x_{T2} + ... + \beta_N x_{TN} + u_T$$

식 (7.1)에 나타나는 T개의 추가 항 $(u_1, ..., u_T)$는 교란항(disturbance)이라 불리며, N
개의 설명변수 $(x_{t1}, ..., x_{tN})$ 외에도 종속변수 y_t에 영향을 미치는 요인들을 모두 포함한
다. 교란항은 자료로 관측이 되지는 않으며, 특정 확률분포를 가지는 확률변수라 가정된
다. 식 (7.1) 전체는 다음과 같이 행렬을 이용해 보다 간편하게 표현할 수 있다.

$$(7.2) \qquad y = X\beta + u$$

y는 T개의 관측치로 구성된 $T \times 1$행렬 혹은 열벡터이며, X는 T개의 행과 N개의 열을 가진 $T \times N$ 설명변수행렬이고, u는 교란항의 $T \times 1$행렬 혹은 열벡터이다.

식 (7.1) 혹은 식 (7.2)의 각 식은 흔히 선형회귀모형(linear regression model)이라 불린다. 이 모형에서 자료의 특성과 가장 일치하는 $N \times 1$ 파라미터벡터 β를 찾아내는 것을 회귀분석(regression)이라 부르기도 한다. 최적의 파라미터 추정치를 찾기 위해서는 어떤 기준을 적용할 필요가 있는데, 다음과 같은 기준을 적용해보자.[1]

$$(7.3) \qquad \min_{\beta} Q = \sum_{t=1}^{T} u_t^2 = (y - X\beta)^T (y - X\beta) = y^T y - 2y^T X\beta + \beta^T X^T X\beta$$

즉 각 관측치의 교란항의 제곱합을 최소화하는 추정치 β를 찾고자 한다. 교란항은 $u_t = y_t - (\beta_1 x_{t1} + \beta_2 x_{t2} + \ldots + \beta_N x_{tN})$과 같아서 관측된 종속변수 y_t의 값 중 설명변수가 설명해주는 부분인 $(\beta_1 x_{t1} + \beta_2 x_{t2} + \ldots + \beta_N x_{tN})$을 제외한 부분이므로, 모형에서의 일종의 오차가 된다. 이 오차는 0보다 커서도 문제이고 작아도 문제이며 가능한 한 0과 가까워야 한다. 따라서 각 관측치 교란항의 제곱을 취해 이를 모두 더한 것을 최소화하도록 β를 선택하여, 설명변수들의 설명력을 최대로 하는 대신 이들 변수들이 설명할 수 없는 부분을 최소가 되게 하려 한다. 이렇게 교란항의 제곱합 Q를 최소로 만드는 β를 정규최소자승(ordinary least squares) 추정치 혹은 OLS 추정치라 부르고, $\hat{\beta}$라 표기하기로 한다.

식 (7.3)의 미분을 실제로 실행하여 $\hat{\beta}$을 도출하기 위해서는 다음 내용을 적용해야 한다.

---

math 7.1   벡터와 행렬의 미분

N차원의 열벡터 a와 X가 있고, $N \times N$차원의 대칭행렬 A가 있다. 즉 $A = A^T$이다. 이때 다음이 성립한다.

$$\frac{\partial (a^T X)}{\partial X} = a, \quad \frac{\partial (X^T A X)}{\partial X} = (A + A^T)X = 2AX$$

---

1 단 식 (7.3)에서 상첨자 T는 행렬의 행과 열을 서로 바꾸어 전치행렬(transpose)을 도출함을 의미한다. $(X\beta)^T = \beta^T X^T$의 관계가 있음을 유념하자.

예를 들어 $N=2$이면, $L_1 = a^T X = \begin{bmatrix} a_1 & a_2 \end{bmatrix} \begin{bmatrix} x_1 \\ x_2 \end{bmatrix} = a_1 x_1 + a_2 x_2$이므로 $\dfrac{\partial L_1}{\partial X} = \begin{bmatrix} \dfrac{\partial L_1}{\partial x_1} \\ \dfrac{\partial L_1}{\partial x_2} \end{bmatrix} =$

$\begin{bmatrix} a_1 \\ a_2 \end{bmatrix} = a$임이 확인된다. 그리고 $L_2 = X^T A X = \begin{bmatrix} x_1 & x_2 \end{bmatrix} \begin{bmatrix} a_{11} & a_{12} \\ a_{21} & a_{22} \end{bmatrix} \begin{bmatrix} x_1 \\ x_2 \end{bmatrix} = x_1^2 a_{11} + x_1 x_2 a_{21} +$

$x_1 x_2 a_{12} + x_2^2 a_{22}$이므로 $\dfrac{\partial L_2}{\partial X} = \begin{bmatrix} \dfrac{\partial L_2}{\partial x_1} \\ \dfrac{\partial L_2}{\partial x_2} \end{bmatrix} = \begin{bmatrix} (a_{11}x_1 + a_{12}x_2) + (a_{11}x_1 + a_{21}x_2) \\ (a_{21}x_1 + a_{22}x_2) + (a_{12}x_1 + a_{22}x_2) \end{bmatrix} = \begin{bmatrix} a_{11} & a_{12} \\ a_{21} & a_{22} \end{bmatrix}$

$\begin{bmatrix} x_1 \\ x_2 \end{bmatrix} + \begin{bmatrix} a_{11} & a_{21} \\ a_{12} & a_{22} \end{bmatrix} \begin{bmatrix} x_1 \\ x_2 \end{bmatrix} = AX + A^T X$인데, 만약 $a_{12} = a_{21}$이어서 행렬 A가 대칭이면 이는 $2AX$가 된다.

math 7.1을 이용해 식 (7.3)에서의 미분을 실행하면, $\dfrac{\partial Q}{\partial \beta} = -2X^T y + 2X^T X \beta = 0$이 되어야 한다. 여기에는 $X^T X$는 $N \times N$의 대칭행렬이라는 성질이 적용되었다. 결국 OLS 추정치는 다음과 같다.

$$(7.4) \qquad \hat{\beta} = (X^T X)^{-1} X^T y$$

이렇게 구해진 OLS 추정치는 몇 가지 성질을 지니는데, 이 성질들은 다음과 같은 가정하에 성립한다.

$$(7.5a) \qquad E(u_t) = 0$$

$$(7.5b) \qquad E(u_t u_s) = \begin{cases} \sigma_u^2, & t = s \\ 0, & t \neq s \end{cases}$$

$$(7.5c) \qquad E(u_t | X) = 0$$

즉, 모든 관측치에 있어 교란항의 평균은 0이고, 그 분산은 σ_u^2이다. 그리고 서로 다른 관측치에서의 교란항들은 서로 독립이다($E(u_t u_s) = 0$, $t \neq s$). 또한 교란항과 설명변수들 사이에는 독립성이 있어 주어진 모든 설명변수의 값 X에서의 관측치 t의 교란항 u_t의 기대평균이 0이다. 이 조건은 $E(u_t | x_t) = 0$, 즉 관측치 t의 교란항은 최소한 이 관측치의 설명변수들 값과는 독립이어야 한다는 조건으로 완화될 수도 있다.[2] 이상의 가정하에서 OLS 추정치 $\hat{\beta}$는 다음과 같은 통계적 성질을 가진다.

---

2 $E(u_t | x_{ti}) = 0 \,\forall i$이면 $E(u_t x_{ti}) = 0 \,\forall i$이어서, u_t는 모든 x_{ti}와 독립임을 보여줄 수 있다.

$\hat{\beta}.1$ $E(\hat{\beta}) = \beta_0$ (불편성, unbiasedness)

$\hat{\beta}.2$ $plim_{T \to \infty} \hat{\beta} = \beta_0$ (일치성, consistency)

$\hat{\beta}.3$ 효율성 (efficiency)

위의 성질에서 β_0는 우리가 모르는 실제 파라미터 벡터를 의미한다. OLS 추정치 $\hat{\beta}$은 표본이 바뀌면 그 값도 달라지므로 그 자체가 확률변수이다. $\hat{\beta}.1$은 확률변수인 OLS 추정치의 평균이 실제 파라미터와 동일하다는 불편성을 의미한다. $\hat{\beta}.2$는 관측치의 수가 매우 크면, OLS 추정치의 평균이 아니라 그 값 자체가 실제 파라미터 β_0와 일치한다는 대단히 바람직한 성질인데, 이는 가정 (7.5c)에 크게 의존한다. 마지막으로 $\hat{\beta}.3$는 y의 선형함수이면서 불편성을 가지는 다른 종류의 추정치가 있다 하더라도 이들 추정치는 모두 OLS 추정치 $\hat{\beta}$보다는 더 큰 분산을 가져 통계적 효율성 측면에서 $\hat{\beta}$보다 열등함을 의미한다.

교란항 u_t의 분산 σ_u^2는 자료를 이용해 추정할 수 있고, 이로부터 $\hat{\beta}$ 자체의 분산도 추정할 수 있다. σ_u^2의 추정치는 아래에서 s^2로 표시되고, $\hat{\beta}$의 분산 추정치는 $\hat{V}(\hat{\beta})$로 표시된다.

$$(7.6a) \qquad s^2 = \frac{1}{T-N}\sum_{t=1}^{T}\hat{u}_t^2 = \frac{1}{T-N}\sum_{t=1}^{T}(y_t - x_{t1}\hat{\beta}_1 - ... - x_{tN}\hat{\beta}_N)^2$$

$$(7.6b) \qquad \hat{V}(\hat{\beta}) = s^2(X^TX)^{-1}$$

$\hat{u}_t$는 잔차(residual)라 불리며, 추정치 $\hat{\beta}$를 적용했을 때 각 관측치에서의 종속변수 값 y_t와 모형이 예측하는 종속변수 값 $x_{t1}\hat{\beta}_1 + ... + x_{tN}\hat{\beta}_N$의 차이이다.

OLS 추정법을 적용하여 $\hat{\beta}$을 구한 후에는, 이들이 통계적으로 유의하게 0과 다른지를 확인할 필요가 있고, 또한 이들의 값과 관련하여 가설을 설정하고 검정할 필요성도 있다. 이러한 추정 후 작업에 사용될 검정통계량은 특정 확률분포를 가져야 하기 때문에 모형의 교란항 u_t가 구체적으로 평균이 0이고 분산이 σ_u^2인 정규분포(normal distribution)를 가진다고 추가로 가정을 한다.[3]

가설은 개별 파라미터 하나에 대해서만 설정될 수도 있고 여러 개의 파라미터에 대

---

3 자료가 많은 수의 관측치를 가지고 또한 특정 조건을 추가로 충족할 경우 이러한 정규분포가정 없이도 가설검정을 시행할 수 있다.

해 설정될 수도 있다. 만약 $H_0 : \beta_i = \beta_i^0$와 같이 i번째 파라미터에 대해서만 그 값이 β_i^0과 같아야 한다는 가설이 설정된다면, 이를 검정하는 통계량은 다음과 같다.

$$(7.7) \qquad t_{\beta_i} = \frac{\hat{\beta}_i - \beta_i^0}{s \sqrt{x_{ii}}}, \quad \text{단, } x_{ii} \text{는 } (X^T X)^{-1} \text{의 } i \text{번째 행과 } i \text{번째 열의 원소}$$

위의 검정통계량 t_{β_i}는 가설의 내용인 $\hat{\beta}_i - \beta_i^0$이 얼마나 0에 가까워 가설이 사실이라 할 수 있는지를 나타내는 지표이다. 이 통계량은 $\hat{\beta}_i - \beta_i^0$을 확률변수인 $\hat{\beta}_i$의 표준오차(standard error) $s \sqrt{x_{ii}}$로 나누어준 값인데, $H_0 : \beta_i = \beta_i^0$의 가설하에서 자유도(degrees of freedom)가 $T-N$인 $t-$분포를 따른다. 그리고 만약 가설이 $H_0 : \beta_i = 0$이라면 $t_{\beta_i} = \dfrac{\hat{\beta}_i}{s \sqrt{x_{ii}}}$는 추정치 $\hat{\beta}_i$가 유의한지, 즉 0과 다르다고 할 수 있는지를 검정한다. 그 검정결과는 OLS 추정치를 구하는 모든 소프트웨어들이 $\hat{\beta}_i$와 함께 항상 제공하여 보여준다.

보다 일반적으로, 여러 개의 파라미터에 대해 적용되는 가설도 검정할 수 있다. 그 가설은 선형일 경우 흔히 다음과 같은 형식으로 설정된다.

$$(7.8) \qquad H_0 : R\beta = r$$

R은 $q \times N$행렬인데, q는 가설이 가진 제약의 수를 나타내며, N보다는 물론 클 수 없다. r은 q개의 원소를 가진 열벡터로서 제약의 내용을 보여준다. 예를 들어 $\beta_2 = \beta_3$이고 동시에 $\beta_4 = 1$이라는 가설이 있다면 행렬 R과 벡터 r은 다음과 같아야 한다. 이 경우 $q = 2$이다.

$$R = \begin{bmatrix} 0 & 1 & -1 & 0 & 0 & \cdots & 0 \\ 0 & 0 & 0 & 1 & 0 & \cdots & 0 \end{bmatrix}, \; r = \begin{bmatrix} 0 \\ 1 \end{bmatrix}$$

위와 같은 가설이 설정되면 이제는 이 가설이 적용된 일종의 제약하의 모형과 가설이 부과되지 않은 식 (7.1)의 두 모형이 있다. 선형가설이 적용되면 그에 따라 변수들의 변환이 이루어지는데, 만약 위의 두 가설이 적용된다면 제약하 모형은 다음과 같을 것이다.

$$(7.9) \qquad y_t - x_{t4} = \beta_1 x_{t1} + \beta_2 (x_{t2} + x_{t3}) + \beta_5 x_{t5} + \ldots + \beta_{tN} x_{tN} + u_{rt}$$

제약하의 모형은 제약이 없는 모형보다 β_3과 β_4, 두 개의 파라미터를 적게 가진 모형으로 바뀐다. 제약을 가진 모형과 가지지 않은 두 모형이 있을 때 그 제약, 즉 가설이 유효한지를 검정하기 위해서는 주로 두 가지 방법 중 하나를 사용하는데, 첫 번째는 식 (7.1)과 같은 제약이 없는 모형만을 추정한 후, 그 추정치 $\hat{\beta}$를 제약식에 대입했을 때 $R\hat{\beta} - r$이 얼마나 0의 벡터에 가까운지를 검정하는 방법이다. 이 방법을 Wald검정법이라 부른다. $R\hat{\beta} - r$의 원소가 모두 0에 가까울수록 가설을 기각하기 어려워진다.[4] 두 번째는 식 (7.1)과 식 (7.9)의 두 모형을 모두 추정하고, 최소자승법이 최소로 만들고자 하는 식 (7.3)의 Q의 값이 두 모형에서의 잔차 $\hat{u}_t$와 $\hat{u}_{rt}$를 각각 대입했을 때 얼마나 차이가 나는지를 확인한다. 즉 $\sum_{t=1}^{T} \hat{u}_t^2$과 $\sum_{t=1}^{T} \hat{u}_{rt}^2$을 비교하는데, 그 차이가 작다면 마찬가지로 가설을 기각하기 어렵다. 이 두 번째 검정법을 우도비검정(likelihood ratio test, LR test)이라 부른다. 표준적인 선형회귀모형에서는 두 검정법은 모두 동일한 결론을 내리며, 다음과 같이 각각 다르게 정의되지만 사실은 동일한 검정통계량을 활용한다.

$$(7.10a) \quad F = \frac{(R\hat{\beta} - r)^T [R(X^TX)^{-1}R^T]^{-1}(R\hat{\beta} - r)/q}{\sum_t \hat{u}_t^2 / (T - N)}$$

$$(7.10b) \quad F = \frac{\left(\sum_t \hat{u}_{rt}^2 - \sum_t \hat{u}_t^2\right)/q}{\sum_t \hat{u}_t^2 / (T - N)}$$

위의 두 F값은 q개의 제약을 포함하는 가설하에서 자유도가 $(q, T - N)$인 F-분포를 따른다. 마지막으로, 모든 통계 소프트웨어가 회귀분석을 행한 후 R^2(R-square)라는 이름으로 제공하는 지표에 대해 언급하면, $R^2 = 1 - \dfrac{\sum_t \hat{u}_t^2}{\sum_t (y_t - \bar{y})^2}$와 같이 정의된다. 여기서 $\bar{y}$는 종속변수의 표본 내 평균치이다. 따라서 R^2는 자료상의 y_t들의 변이 가운데 모형이 설명하는 변이의 비중이 얼마인지를 나타낸다. R^2의 값은 0과 1 사이에 놓여있다. 하지만 설명변수의 수가 많아지면 R^2의 값은 커질 수밖에 없어 변수를 추가할수록 모형의 설명력이 높다고 해석되기 때문에 이를 보정하는 여러 대안적 지표들이 사용되기도 한다.

---

4 따라서 식 (7.7)의 검정통계량 t_{β_i}는 Wald 검정통계량이다.

2. 다변량 방정식 추정

이용가능한 관측치의 수는 여전히 T개이지만 이제 각 관측치별로 종속변수가 하나가 아니고 M개가 있으며, 따라서 종속변수 값을 결정하는 방정식도 각 관측치별로 M개가 있다고 하자. y_{tj}는 t번째 관측치의 j번째 종속변수의 값이다. 이 경우 T개의 관측치에서의 j번째 종속변수 y_{tj}만을 모은 벡터를 y_j라 하면, $y_j = X_j\beta_j + u_j$와 같은 행렬로 표시된 회귀식을 가진다. 여기서 y_j는 $T \times 1$행렬 혹은 열벡터이며, X_j는 $T \times N_j$ 행렬, β_j는 $N_j \times 1$행렬이고, u_j는 $T \times 1$행렬이다. 즉 각 종속변수의 회귀식은 서로 다른 수의 설명변수를 가질 수 있다.

만약 특정 관측치 t에서의 M개의 종속변수들 $(y_{t1}, \dots, y_{tM})$이 서로 무관한 변수들이라면, 각 관측치에서의 회귀식이 M개로 다수이지만 아래처럼 모두 직렬로 나열하여 하나의 커다란 회귀분석모형을 만들면 된다. 즉 관측치와 방정식을 구분할 필요가 없다.

$$(7.11) \qquad y_1 = X_1\beta_1 + u_1$$
$$y_2 = X_2\beta_2 + u_2$$
$$\dots$$
$$y_M = X_M\beta_M + u_M$$

위의 각 식은 그 자체가 식 (7.2)처럼 행렬로 표현된 회귀식 모형들이며 각각 T개의 회귀식을 포함하고 있다. 이를 다시 표현하면 전체 시스템을 아래처럼 마치 $T \times M$개의 회귀식으로 구성된 모형처럼 표현할 수 있고, 여기에 최소자승법을 적용할 수 있을 것이다.

$$(7.12) \qquad \begin{bmatrix} y_1 \\ y_2 \\ \vdots \\ y_M \end{bmatrix} = \begin{bmatrix} X_1 & & & \\ & X_2 & & \\ & & \ddots & \\ & & & X_M \end{bmatrix} \begin{bmatrix} \beta_1 \\ \beta_2 \\ \vdots \\ \beta_M \end{bmatrix} + \begin{bmatrix} u_1 \\ u_2 \\ \vdots \\ u_M \end{bmatrix}$$

혹은 $y = X\beta + u$

$N = \sum_{j=1}^{M} N_j$로서, 전체 모형에 포함된 파라미터의 총 숫자라 하자. 식 (7.12)에서 y는 $TM \times 1$행렬이고, X는 $TM \times N$행렬, β는 $N \times 1$행렬, 그리고 u는 $TM \times 1$행렬이다. 식 (7.12) 우변의 $TM \times N$행렬에서 X_m이 등장하지 않는 위치의 원소는 모두 0으로 채워

진다.

그런데, 만약 y_{tj}가 관측치 t에서의 j번째 산출물의 공급량과 같은 변수라면, 같은 관측치 t에서의 다른 산출물 공급량 y_{tk}와는 공급의 대체관계나 보완관계로 인해 강한 상관관계가 형성될 수밖에 없고, 따라서 그 교란항들도 서로 관련성을 가질 수밖에 없다. u_{tj}와 u_{tk}가 각각 관측치 t에 있어 j번째 종속변수 회귀식의 교란항과 역시 관측치 t에 있어 k번째 종속변수 회귀식의 교란항이라면, 이 둘 사이에는 상관관계가 있고, 그 공분산(covariance)을 $E(u_{tj}u_{tk}) = \sigma_{jk}$라 표현할 수 있다. 만약 $j = k$라면 분산을 $E(u_{tj}u_{tj}) = \sigma_{jj}$라 표현할 수 있을 것이다. 그러나 우리는 관측치 자체가 다르면, 예를 들어 서로 다른 생산자의 생산 자료라면, 교란항들은 여전히 독립이라 가정한다. 즉 모든 j와 k에 있어 $E(u_{tj}u_{sk}) = 0 (t \neq s)$이다.

이렇게 동일 관측치 내에서의 서로 다른 회귀 방정식 간의 상관관계가 있을 경우 식 (7.11) 혹은 (7.12)의 방정식 시스템은 SUR(seemingly unrelated regression)모형이라 불린다. 이 경우에는 앞에서 도입되었던 (7.5b)의 가정, 즉 모든 회귀 방정식의 교란항은 모두 서로 독립이라는 가정이 전체 시스템 (7.12)에서 성립하지는 않게 된다. 다변량 방정식의 추정법은 이 문제를 해결하여야 한다.

이상에서 가정되었던 동일 관측치 내 회귀 방정식 교란항의 분산−공분산 행렬을 다음과 같이 정의하자.

$$(7.13) \qquad \Sigma = \begin{bmatrix} \sigma_{11} & \sigma_{12} & \cdots & \sigma_{1M} \\ \sigma_{21} & \sigma_{22} & \cdots & \sigma_{2M} \\ & & \cdots & \\ \sigma_{M1} & \sigma_{M2} & \cdots & \sigma_{MM} \end{bmatrix}$$

대각원소 σ_{jj}의 값은 동일하지 않고 모두 다를 수 있으며, 또한 대각선 밖의 값 $\sigma_{jk}(j \neq k)$도 0이 아닌 값을 가진다. I_T를 대각원소가 모두 1이고 나머지 원소는 모두 0인 $T \times T$의 항등행렬이라 하자. 그렇다면 총 TM개의 교란항으로 구성된 행렬 $u = \begin{bmatrix} u_1 \\ u_2 \\ \vdots \\ u_M \end{bmatrix}$의 분산−공분산행렬은 다음과 같다.

$$(7.14) \qquad V(u) = \begin{bmatrix} \sigma_{11}I_T & \sigma_{12}I_T & \cdots & \sigma_{1M}I_T \\ \sigma_{21}I_T & \sigma_{22}I_T & \cdots & \sigma_{2M}I_T \\ & & \cdots & \\ \sigma_{M1}I_T & \sigma_{M2}I_T & \cdots & \sigma_{MM}I_T \end{bmatrix} = \Sigma \otimes I_T$$

식 (7.14)에서 기호 $\otimes$는 앞의 행렬 Σ의 각 원소 σ_{ij}를 뒤의 행렬 I_T 전부와 곱해준 $\sigma_{ij}I_T$를 부분 행렬로 하여 전체 행렬 $V(u)$를 만들어낸다는 것을 의미한다. 앞 소절에서 보았던 단일 추정식에서는 $V(u) = \sigma^2 I_T$로 분산-공분산행렬이 간단한 형태를 가졌지만, 다변량 방정식에서는 $V(u)$가 더 커지고 더 복잡해졌다. 이제는 모든 회귀식에서의 교란항 u_{tj}의 분산이 모두 같지가 않고, 동일 관측치 t 내의 교란항들은 서로 독립이지 않다. 따라서 이 상황에서 식 (7.11)이나 식 (7.12)에 OLS 추정법을 적용하면 단일 방정식의 OLS 추정치가 가졌던 바람직한 성질의 상당수가 없어지게 된다. 이 문제를 감안하면, 식 (7.3)의 최적 추정치를 찾는 문제가 다음처럼 변형될 필요가 있다.

$$(7.15) \qquad \min_\beta Q = (y - X\beta)^T(\Sigma^{-1} \otimes I_T)(y - X\beta)$$

식 (7.15)의 최적화의 목적함수에 식 (7.3)과 달리 $(\Sigma^{-1} \otimes I_T)$가 포함된 것은 교란항의 분산-공분산행렬의 구조가 달라졌음을 반영하는 것이다. 이 최적화를 실제로 시행하면 최적 추정치는 다음과 같아야 함을 보여줄 수 있다.

$$(7.16) \qquad \hat{\beta}^{SUR} = (X^T(\Sigma^{-1} \otimes I_T)X)^{-1}X^T(\Sigma^{-1} \otimes I_T)y$$

식 (7.16)의 SUR 추정치는 식 (7.4)의 OLS 추정치와 비교할 때 그 차원이 더 커졌다는 것 외에도 Σ를 반영해야 한다는 차이도 가진다. 그러나 실제로 추정작업을 시행할 때에는 분산-공분산행렬 Σ를 알 수 없다는 문제에 봉착한다. 이때문에 실제 분석에서는 다음처럼 몇 단계를 거친 분석이 이루어진다.

1. 각 종속변수별 회귀방정식을 개별적으로 OLS 추정한 뒤, 잔차 $\hat{u}_{tj}$를 구해낸다.
2. 잔차 $\hat{u}_{tj}$를 모두 모아 식 (7.13)의 분산-공분산 행렬 Σ의 추정치 $\hat{\Sigma}$를 구한다.
   즉 $\hat{\sigma}_{ij} = \dfrac{\sum_{t=1}^{T} \hat{u}_{ti}\hat{u}_{tj}}{\sqrt{(T-N_i)(T-N_j)}}$와 같이 추정치를 구한다.[5]

---

5 이때 $\hat{\sigma}_{ij}$를 구하는 방법에는 여러 가지 대안이 있을 수 있다.

3. 추정된 $\widehat{\Sigma}$를 식 (7.16)에 반영하여 SUR 추정치 $\hat{\beta}^{SUR}$를 도출한다.

4. $\hat{\beta}^{SUR}$을 반영해 잔차 $\hat{u}_{tj}(t=1,...,T,\ j=1,...,M)$를 다시 구하고, 2)~3)의 절차를 반복한다.

5. 더 이상의 추정치 변화가 없을 때 작업을 종료하고 최종 $\hat{\beta}^{SUR}$을 구한다.

전체 추정작업을 단계 3)에서 종료하고 1회의 단계별 추정절차만 밟을 경우 이를 1회(one-step) SUR 추정법이라 부르며, 단계 4)와 5)까지 반복할 경우 반복(iterative) SUR 추정법이라 부른다.

이렇게 추정작업이 이루어진 후 가설검정 등의 작업은 단일 방정식의 경우와 동일하게 진행할 수 있지만, $\hat{\beta}^{SUR}$ 추정치를 얻기 이전에 먼저 분산–공분산 행렬의 추정치 $\widehat{\Sigma}$를 얻어야 했고, $\hat{\beta}^{SUR}$ 추정치 자체가 $\widehat{\Sigma}$에 의존한다는 것 때문에 세부적인 검정통계량 구성 등에 있어서 단일 방정식과 차이점도 가진다. 이제는 가설의 검정통계량이 관측치의 수가 무한히 많을 경우를 가정하고만 도출될 수 있다. 또한 식 (7.10a)나 (7.10b)와 같은 방식으로, 그러나 OLS 추정치가 아닌 SUR 추정치 $\hat{\beta}^{SUR}$를 이용해 도출된 $F-$검정통계량이 있을 때, 그 자유도가 $(q, TM-N)$라면, 충분히 큰 표본에서는 qF라는 통계량이 가설 H_0하에서는 자유도가 q인 χ^2-분포를 따른다. 따라서 $F-$검정 대신 이를 가설검정에 활용하기도 한다.[6]

한편, 단일 방정식이든 다변량 방정식이든 이상 모든 모형은 파라미터에 대해 선형이었다. 제6장에서 본 것과 같이 생산경제학에서 사용하는 일부 함수들은 파라미터에 대해 비선형이거나, 원래는 선형이지만 분리가능성 등의 제약을 가하는 과정에서 모형이 파라미터의 비선형함수로 바뀌기도 한다. 단일 방정식의 경우 비선형모형은 다음과 같이 설정할 수 있다.

(7.17)　　$y_t = x_t(\beta) + u_t,\ t=1,...,T$

　　　　　혹은 $y = x(\beta) + u$

6　보다 구체적으로, $H_0 : R\beta = r$의 가설 하에서 $G = (R\hat{\beta}^{SUR} - r)^T (R[X^T(\widehat{\Sigma}^{-1} \otimes I_T)X]^{-1}R^T)^{-1}(R\hat{\beta}^{SUR} - r)$ 이 χ^2분포를 따른다.

$x_t(\beta)$는 y_t의 기대치를 결정하는 비선형함수이다. 이때에도 최소자승법을 사용할 수 있으며, 이를 비선형 최소자승법(nonlinear least squares, NLS)이라 부르고, 다음의 목적함수를 극소화하는 추정치를 구한다.

$$(7.18) \qquad \min_\beta Q = \sum_{t=1}^{T} u_t^2 = \sum_{t=1}^{T} (y_t - x_t(\beta))^2$$

회귀식의 편도함수를 $X_{ti}(\beta) = \dfrac{\partial x_t(\beta)}{\partial \beta_i}$와 같이 나타내자. 그러면 식 (7.18)의 최적화조건은 $-2\sum_{t=1}^{T}(y_t - x_t(\beta))X_{ti}(\beta) = 0(\forall i)$이고, 이는 행렬로 표현하면 $X^T(\beta)(y - x(\beta)) = 0$이어야 한다. 단, $X(\beta)$는 $X_{ti}(\beta)$를 모두 모은 $T \times N$행렬이다. X가 $T \times N$의 설명변수 행렬이었던 OLS의 경우 $X^T(y - X\beta) = 0$의 조건식을 풀어 $\hat{\beta} = (X^TX)^{-1}X^Ty$와 같이 추정치가 도출되었었다. 하지만 NLS의 경우 최적 추정치는 $X^T(\beta)(y - x(\beta)) = 0$의 조건을 충족해야 하는데, 1) $X(\beta)$ 자체가 주어진 자료가 아니라 미지의 β에 의존하는 함수이고, 2) $x(\beta)$가 비선형함수이기 때문에, OLS 추정 때처럼 이 관계를 풀어 $\hat{\beta} = (X^TX)^{-1}X^Ty$와 같은 공식을 도출할 수가 없다. 비선형모형에서는 대신 β의 추정치로 특정 값을 임의로 부여한 후, 점차 Q를 줄여나가는 방향으로 새로운 β 값들을 찾아나가서, 더 이상 Q의 값이 줄어들지 않는 상태에 도달하면 최종 추정치 $\hat{\beta}^{NLS}$를 확정한다. 이 절차는 다변량 방정식의 경우에도 마찬가지로 적용된다.

SECTION 02 R 소프트웨어 설치와 이용

생산경제모형의 통계적 분석에는 계량경제분석이 가능한 어떤 소프트웨어도 사용할 수 있다. 현재 많이 사용되는 것은 STATA, SAS, LIMDEP 등의 소프트웨어인데, 행렬의 연산이 편리한 Matlab이나 GAUSS 등의 소프트웨어도 사용된다. 본장에서의 연습을 위해서는 이들 어떤 소프트웨어를 사용해도 무방하지만, 모두 구입비용이 상당하기 때문에 무료로 이용가능한 R 소프트웨어를 사용하기로 한다.

R 소프트웨어는 CRAN (The Comprehensive R Archive Network)의 웹사이트 https://cran.r-project.org/에서 이용자의 컴퓨터 특성에 맞는 버전을 선택해 무료로 다

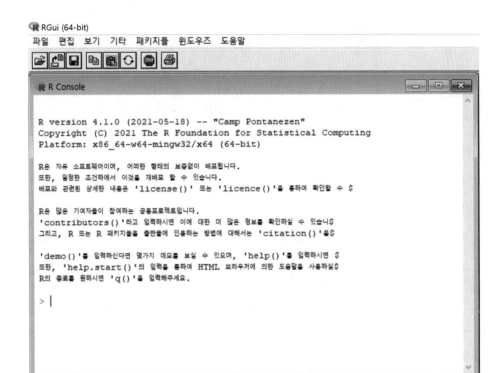

그림 7-1 R 사용자 인터페이스

운로드 받아 설치할 수 있다. 설치 후 〈그림 7-1〉과 같은 모습을 지닌 사용자 인터페이스를 이용해 프로그래밍을 할 수 있다.

이용자에 따라서는 RStudio와 같은 다른 형식의 인터페이스를 더 선호하기도 하며, 이 역시 해당 웹사이트에서 무료로 받아 사용할 수 있다. R의 사용법에 관한 많은 소개 문헌들이 있기 때문에 본장에서는 R의 구체적인 사용법은 설명하지 않는다. 다만 R의 객체(object) 유형에 대해서는 혼동이 없도록 정리할 필요가 있다.

R은 여러 자료나 계산 작업의 결과물 등을 이름을 지정해 보관하며 이를 객체라 부른다. 객체에는 〈표 7-1〉과 같은 유형들이 있다.

유형	의미	사용 예
벡터	숫자나 캐릭터의 묶음	a<-c(1,3,7,2)
행렬	숫자의 행렬	A<-matrix(a, nrow=2) row1<-c(a[,2], a[,4]) row2<-c(a[,3], a[,1]) B<-rbind(row1, row2)
데이터프레임	숫자나 여타 객체의 직사각형의 묶음	x1<-c(1, 2, 3); x2<-c(0,7,11) all.mat<-cbind(x1, x2) all.df<-as.data.frame(all.mat)
리스트	객체의 일반적인 묶음	Alist<-list(x=c(1,2,3,4), this="Apple") Alist

이상 네 가지 객체의 사용 예를 실행시킨 것은 〈스크립트 7−1〉이 보여준다. 스크립트에서 굵은 글씨는 사용자가 제공하는 명령어이고, 일반 글씨는 R이 보여주는 결과물이다. 아울러 #로 시작하는 명령어는 비실행 명령문이라 사용자가 기록을 위해 작성하는 설명문이라 보면 된다.

먼저 벡터는 숫자나 캐릭터의 묶음으로서, 우리가 수학적으로 사용하는 벡터라고 보면 된다. 예에서 a<-c(1,3,7,2)는 네 가지 숫자로 만들어진 벡터를 형성하고 a라는 이름을 붙인다. c(value1, value2,...)는 숫자 등을 묶어 벡터를 만들어낸다.

행렬은 숫자의 행렬이다. 여러 가지 방법으로 만들어낼 수가 있는데, A<-matrix(a, nrow=2); A는 바로 앞에서 만들었던 벡터 a를 2개의 행과 열을 가지는 행렬로 만들고 그 이름을 A라 하며, 또한 이를 프린트하여 보여 달라는 명령어이다. row1<-c(a[2], a[4])와 row2<-c(a[3], a[1])는 각각 벡터 a의 두 번째와 네 번째 원소로 만든 벡터와 세 번째와 첫 번째 원소로 만든 벡터이다. B<-rbind(row1, row2)는 이 두 벡터를 행으로 하는 행렬을 만들고 그 이름을 B로 붙인 것이다.

데이터프레임은 행렬처럼 객체들을 모은 직사각형이지만, 행렬과 달리 숫자는 물론 캐릭터들도 원소로 할 수가 있다. 이 형식이 SAS나 STATA와 같은 일반 통계 소프트웨어의 데이터집합과 가장 유사하다고 보면 된다. 즉 그 행의 지표는 대개 자료의 관측치를 나타내고, 그 열들은 개별 변수를 나타낸다. 개별 열들에 이름을 붙여 변수명을 부여할 수 있다. all.mat<-cbind(x1, x2)는 x1, x2 두 벡터를 각각 열벡터로 하여 만들어지는 행렬

이다. 이 행렬을 데이터프레임으로 전환하는 것이 all.df<-as.data.frame(all.mat)인데, 그 결과 일반적으로 우리가 접하는 통계 변수들의 묶음과 같은 형식을 보여준다.

　　마지막으로 리스트는 그야말로 객체들의 리스트로서, 개별 객체에게 이름을 붙이고 이들의 묶음으로 만든 후, 그 묶음에 이름을 붙인다. 행렬 등과 달리 형식이 전혀 다른 객체들도 묶어줄 수 있고, 각 객체의 크기나 차원이 달라도 상관없다. Alist<-list(y=c(1,2,3,4), this="Apple")는 하나의 숫자벡터와 Apple이라는 캐릭터를 묶은 것이고, Alist$y, Alist$this 처럼 리스트의 개별 객체만을 따로 불러낼 수 있다.

스크립트 7-1 객체의 유형

```
> # 객체의 유형
> a<-c(1,3,7,2)
> A<-matrix(a, nrow=2); A
      [,1]  [,2]
[1,]    1    7
[2,]    3    2
> row1<-c(a[2], a[4]); row1
[1] 3 2
> row2<-c(a[3], a[1]); row2
[1] 7 1
> B<-rbind(row1, row2); B
       [,1]  [,2]
row1     3    2
row2     7    1
> x1<-c(1, 2, 3); x2<-c(0,7,11)
> all.mat<-cbind(x1, x2); all.mat
      x1 x2
[1,]   1  0
[2,]   2  7
[3,]   3 11
> all.df<-as.data.frame(all.mat); all.df
  x1 x2
1  1  0
2  2  7
3  3 11
> Alist<-list(y=c(1,2,3,4), this="Apple")
```

```
> Alist$y
[1] 1 2 3 4
> Alist$this
[1] "Apple"

> library(systemfit)
> library(car)
```

한편, R은 매우 많은 패키지를 가지고 있다. 이들 패키지는 전문가들이 특정 작업을 할 수 있도록 구축해놓은 프로그램들로서, 본장에서는 systemfit과 car 두 가지 패키지를 필요로 하기 때문에 이들을 설치해야 한다. 설치는 R 사용자 인터페이스 상단의 "패키지들"을 클릭하고, 그 내의 "패키지(들) 설치하기"로 가서 원하는 패키지 명을 확인하여 설치하면 된다. 일단 패키지가 설치된 후에는 library(systemfit)과 같은 명령어를 통해 설치된 패키지가 작동하도록 먼저 불러온 후, 그 다음의 작업을 하면 된다.

SECTION 03 · 원 기술함수와 단일 방정식의 추정

1. 생산함수의 추정모형 설정

이미 여러 차례 논의했던 바와 같이 현대 생산경제학에서는 생산함수와 같은 원 기술함수보다는 이윤함수나 비용함수, 수입함수 등의 간접목적함수를 분석하기를 선호한다. 그럼에도 불구하고 통계자료를 이용해 생산함수를 실제로 추정하고자 한다면 다음과 같은 통계모형을 가지게 된다.

$$(7.19) \qquad y_t = f(x_{1t},...,x_{Nt};\beta_1,...,\beta_N) + u_t, \ t = 1,...,T$$

식 (7.19)에서 x_{it}는 관측치 t에서의 i번째 투입물 사용량일 수도 있고, 그 자체가 [노동$_t$×자본$_t$]처럼 투입물들의 함수일 수도 있다.[7] 어쨌든 총 N가지의 설명변수 항이

---

7 본장에서는 i번째 투입물의 t번째 관측치에서의 사용량을 편의에 따라 x_{it} 혹은 x_{ti}와 같이 표기한다.

있고, 추정해야 할 파라미터 β_i도 N가지가 있다. 교란항 u_t는 생산량 y_t를 결정함에 있어 통계모형에 포함된 설명변수 $x_{1t},...,x_{Nt}$가 설명하지 못하는 추가 요인들을 모두 포함하는데, 직접 관측이 불가능한 확률변수이다.

만약 y_t가 쌀 생산량이고, $(x_{1t},...,x_{Nt})$에는 관개수, 비료, 농약, 노동력 등이 포함된다면, u_t에는 기상조건이나 병충해 발생 정도 등이 포함될 것이다. 어느 한 해에 병충해 발생이 심하게 되면, 생산자들은 이에 대처하기 위해 농약 사용량이나 방제노력을 위한 노동력 투입을 늘릴 수밖에 없으며, 따라서 설명변수 혹은 독립변수 $(x_{1t},...,x_{Nt})$ 중 적어도 일부는 교란항 u_t와 강한 상관관계를 가질 가능성이 있다. 이는 생산함수 추정 절차가 제1절에서 도입했던 OLS 추정식이 가져야 할 성질 중 식 (7.5c)를 잘 충족하지 못할 수 있음을 의미한다.

반면 만약 식 (7.19)가 간접목적함수 중 하나인 비용함수라면, y_t는 생산비이고 $(x_{1t},...,x_{Nt})$는 모두 투입물가격과 생산량, 혹은 그 함수들로 구성된다. 이 경우 생산량은 기상조건인 u_t와 상관관계를 가질 수가 있겠지만, 생산자 의사결정에 영향을 미치는 가장 중요한 변수인 투입물가격은 모두 u_t와의 상관성은 약하고 시장에서 외부적으로 결정될 가능성이 크다. 따라서 이런 점에서 간접목적함수를 OLS 등의 기법을 이용해 계량분석하는 것이 보다 통계적 품질이 양호한 추정결과를 얻게 할 가능성이 있다.[8]

아울러 뒤에서 보겠지만, 간접목적함수에는 포락선 정리인 셰퍼드 보조정리나 호텔링 보조정리 등을 적용할 수 있고, 이를 통해 추정 파라미터의 수가 많은 신축적인 비용함수나 이윤함수의 추정식도 상당히 적은 추정 파라미터만 가진 다수의 추정식으로 전환할 수 있다는 장점도 가진다. 즉 많은 수의 파라미터를 가진 하나의 비용함수 대신 각기 적은 수의 파라미터를 가진 여러 개의 조건부 요소수요함수를 한꺼번에 추정할 수 있다. 그러나 생산함수의 경우 최적화 행위를 포함하지 않기 때문에 포락선 정리를 적용할 수 없고, 따라서 항상 단일 회귀방정식을 추정해야 한다는 한계도 있다.

그러나 그럼에도 불구하고 현실 분석에서는 생산함수가 통계적으로 추정되기도 한다. 과거 쌍대성 원리가 본격적으로 도입되기 전에도 그러하였지만, 현대적인 분석에 있어서도 자료 자체가 실험이나 시험을 통해 가격변수와 관련 없이 축적되었거나, 자료가 공공부문의 생산 자료라서 시장가격의 영향을 상대적으로 덜 받는 경우, 정부 규제 등으로 생산자의

---

8 통계적으로 함수형태를 추정하고자 할 때 일부 설명변수가 교란항과 상관관계를 가지는 문제는 소위 도구변수(instruments)라는 추가 자료원을 이용해 해결하는 계량경제 분석법도 있다. 이에 대해서는 대부분의 계량경제학 교재들이 자세히 설명하고 있다.

최적화 선택이 심대하게 제약되는 경우, 혹은 개발도상국처럼 신뢰할만한 시장가격 자료 자체를 얻기가 어려운 경우에는 생산함수의 추정이 여전히 이루어진다.

이러한 생산함수를 추정하는 분석 사례로 다음을 검토하자.

$$(7.20) \qquad y_t = A K_t^{\alpha_K} L_t^{\alpha_L} A_t^{\alpha_A} M_t^{\alpha_M} \exp(u_t)$$

식 (7.20)은 콥−더글라스형 생산함수인데, 투입물로 KLAM 즉, 차례로 자본, 노동, 토지, 중간재가 사용된다. $\exp(u_t)$는 교란항인데, 식 (7.19)와 달리 투입요소의 함수에 더해진 것이 아니라 곱해진 형태이다. 식 (7.20)은 로그변환하면 다음과 같다.

$$(7.21) \qquad \ln y_t = a + \alpha_K \ln K_t + \alpha_L \ln L_t + \alpha_A \ln A_t + \alpha_M \ln M_t + u_t, \ a = \ln A$$

이와 같은 로그변환을 통해 콥−더글라스 생산함수는 파라미터에 대해 선형인 회귀식으로 전환되며, OLS 추정법을 적용할 수 있다. 생산함수는 보다 일반적인 CES함수 형태로도 설정할 수 있지만, 이 경우에는 로그변환 등을 통해 파라미터에 대해 선형인 함수로 바꿀 수가 없어 이 방법은 적용할 수가 없다. CES함수의 추정은 제5절에서 다시 다루기로 한다.

식 (7.21)을 보다 일반화하는 또 다른 방법은 아래 식처럼 초월대수형 함수를 추정하는 것이다.

$$(7.22) \qquad \ln y_t = a + \sum_{i=1}^{4} \alpha_i \ln x_{it} + \frac{1}{2} \sum_{i=1}^{4} \sum_{j=1}^{4} \alpha_{ij} \ln x_{it} \ln x_{jt} + u_t,$$

$$x_{1t} = K_t, \ x_{2t} = L_t, \ x_{3t} = A_t, \ x_{4t} = M_t, \ \alpha_{ij} = \alpha_{ji}$$

식 (7.22)의 초월대수 생산함수에서는 총 $\frac{1}{2} \times 5 \times 6 = 15$개의 파라미터를 추정해야 하는데, 관측치의 수가 많지 않을 경우에는 이렇게 많은 수의 파라미터를 통계적으로 유의하게 추정하기 어렵다는 문제가 있다.

2. 한국 농업의 KLAM자료

특정 산업에서는 사실 여러 가지 산출물이 생산될 수 있고, 사용되는 생산요소의 수도 대단히 많다. 이들 산출물과 생산요소를 각각 몇 가지씩으로 묶어주는 절차를 사용

▼ 표 7-2 KLAM자료의 투입물

투입물	세부 항목
노동	성별, 고용형태별(자가, 고용) 노동 시간
자본	건물 및 시설, 대동물, 대식물, 대농구
토지	농지 면적
중간투입물	비료, 사료, 농약, 종자

할 수가 있는데, 여기에는 물론 제6장에서 논의했던 분리가능성 가정이 적용되어야 한다. 각각의 산출물을 통합하여 한 개 혹은 소수의 산출물군으로 집계하고, 투입물도 몇가지로 통합하는 절차는 사실 상당히 복잡하고, 많은 원 자료를 필요로 하며, 그 과정자체가 이론적 근거를 가져야 한다.

본절에서는 그렇게 구축된 실제 자료를 이용해 생산함수 등을 통계분석하고자 하며, 자료로는 권오상 외(2015)의 자료를 사용한다.[9] 이 연구는 70여 개에 달하는 한국 농업의 산출물을 지수화하여 수량과 가격으로 구분하고, 또한 투입물도 〈표 7-2〉가 보여주듯 자본(K), 노동(L), 토지(A), 중간재(M)의 네 가지로 구분하여 각각의 수량지수와 가격지수를 도출하였다. 자본에는 건물과 시설, 대동물, 대식물, 대농구가 포함되고, 노동에는 가족노동과 고용노동이 성별로 분리되어 반영되며, 중간투입물에는 비료, 사료, 농약, 종자의 사용량이 포함된다. 이렇게 자료를 구축하는 절차와 방법은 권오상 외(2015)가 설명하고 있다. 원래 특정 산업의 투입물은 Jorgenson et al.(1988)이 제안한 방법을 중심으로 자본, 노동, 에너지(E), 중간재, 즉 KLEM자료로 구축되어 왔으나,[10] 권오상 외(2015)는 토지의 중요도가 높은 농업 특성을 반영하고, 그 외 농업부문 고유 특성과 자료 가용성을 반영하도록 Jorgenson et al.(1988)의 방법을 수정·적용하여 KLAM자료를 구축하였다.

통상적으로 많은 자료를 이용해 수량과 가격변수를 생성할 때 둘 중 하나를 먼저 지수로 만들고, 나머지 변수는 그 지수와 곱했을 때 실제 생산액이나 비용투입액과 일치하도록 만들어진다.[11] 본장에서 사용하는 자료의 경우 먼저 수량지수를 만들고, 기준연

---

9 권오상·반경훈·윤지원, 2015, "한국 농업 KLAM자료의 구축과 생산성변화 요인 분석," 『농업경제연구』 56(3), pp. 69-103.

10 Jorgenson, D. W., F. M. Gollop, and B. M. Fraumeni, 1988, *Productivity and U.S. Economic Growth*, Harvard University Press.

11 지수구축방법에 관해서는 제9장에서 추가 설명이 제시된다.

도인 2010년에 y와 (K, L, A, M)의 수량지수가 모두 1이 되도록 하였다. 따라서 산출물과 투입물의 가격은 실제 산출액과 각 비용투입액으로 이 수량지수를 나누어준 것이 된다. 이렇게 함으로써 매 연도에 있어 자료상의 산출액, 비용투입액은 모두 2010년 기준 실질가치로 평가된 실제 산출액 및 비용투입액과 일치한다. 1987~2013년의 기간에 대해 구축된 자료는 〈표 7 – 3〉과 같다.

▼ 표 7-3 산출 및 투입의 수량자료와 가격자료

year	y	K	w_K	L	w_L	A	w_A	M	w_M
1987	.815	.445	11	4.101	1.4	1.25	11	.644	9.3
1988	.884	.461	10	4.175	1.5	1.246	11	.689	8.9
1989	.881	.512	8.1	3.908	1.7	1.24	7.9	.72	9.4
1990	.857	.521	6.9	3.395	1.9	1.229	8.7	.756	9.6
1991	.865	.577	5.8	2.918	2.2	1.219	7.5	.76	9.8
1992	.939	.625	5.9	2.713	2.3	1.207	8.9	.825	9.6
1993	.92	.7	6.6	2.641	2.4	1.198	9.8	.851	9.9
1994	.934	1.047	5.5	2.446	2.2	1.185	10	.884	9.9
1995	.982	1.121	5.9	2.328	2.3	1.157	12	.932	9.9
1996	1.027	1.185	5.8	2.113	2.3	1.134	13	.969	10
1997	1.06	1.269	5.1	1.92	2.4	1.121	14	.972	13
1998	1.02	1.303	4.8	1.845	2.1	1.114	16	.892	10
1999	1.084	1.434	6.7	1.753	2.4	1.107	7.8	.947	12
2000	1.083	1.391	6.7	1.713	2.7	1.101	12	.947	12
2001	1.088	1.401	6.6	1.72	2.7	1.094	13	.943	12
2002	1.045	1.305	7	1.524	2.8	1.086	10	.973	12
2003	.968	1.171	6.7	1.495	2.8	1.076	15	.962	12
2004	1.011	1.141	6.7	1.458	2.7	1.07	17	.97	11
2005	1.016	1.132	5.6	1.438	2.7	1.063	17	.973	12
2006	1.006	1.231	4.5	1.338	2.8	1.05	16	.946	12
2007	1.019	1.249	4	1.29	2.8	1.039	14	.993	12
2008	1.057	1.268	3.7	1.166	3.1	1.025	11	.988	12
2009	1.088	1.068	4.4	1.076	3.1	1.013	13	.977	11
2010	1	1	5.1	1	3.1	1	14	1	11
2011	.973	1.043	5	.963	3.2	.99	15	.958	12
2012	.996	1	4.9	.912	3.4	1.009	16	1.008	11
2013	1.038	.969	5.6	1.022	3.8	.998	14	1.041	11

주: 가격의 단위는 1조원임.

이 자료의 특성을 살펴보면, 먼저 〈그림 7-2〉는 한국 농업의 총산출을 보여준다. 그림의 점들이 각 연도에 있어서의 실제 산출량이다. 실선은 산포도로 보여진 실제 산출량들을 좀 더 부드럽게 평활(smoothing)한 곡선이다. 이때 사용한 방법은 국지 회귀분석(local regression)이라 해서 각 관측치에서 가까운 일부 관측치만을 이용해 2차함수 등의 다항 회귀분석을 반복해서 시행하여 평활곡선을 도출하는 방법이다. R은 LOWESS(locally weighted scatterplot smoothing)라는 명칭으로 이러한 국지 회귀분석기법을 시행한다.

〈그림 7-2〉를 보면 한국 농업의 총산출은 꾸준히 증가해 왔으나, 21세기에 들어와서는 완만한 감소세를 보이고 있다. 여기에는 여러 요인이 작용했을 수 있는데, 무엇보다도 어떤 생산요소 사용량이 얼마나 변했는지를 확인할 필요가 있다. 〈그림 7-3〉은 네 가지 투입물의 사용량 변화를 보여준다. 농기계, 건물, 대동물 등을 포함하는 자본은 〈그림 7-2〉의 총산출처럼 수량이 증가해오다가 21세기 들어와 감소하는 추세로 바뀌었다. 반면 노동과 토지는 전체 기간에 걸쳐 꾸준히 감소되었다. 하지만 중간재는 정반

그림 7-2 총산출

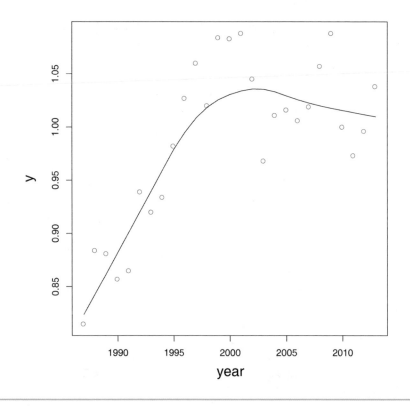

대로 전체 기간에 걸쳐 사용량이 크게 증가해왔는데, 21세기에 들어와서는 사용량 증가율이 낮아진 모습을 보인다. 축산업의 비중 증가로 인해 중간재 중에서도 특히 사료의 사용량이 크게 늘어났다.

〈그림 7-3〉은 한국 농업의 총산출은 경제성장이 시작된 이래 농촌 인구의 도시 이주와 농경지 면적의 감소에도 불구하고 자본에 대한 투자 증가와 중간재 사용량 증가를 통해 꾸준히 늘어왔음을 보여준다. 하지만 21세기에 들어오면 농촌 인구의 이농과 노령화, 농경지 면적의 감소가 계속되는 반면, 자본투자가 줄어들고 중간재 사용량 증가세도 주춤해지면서 결국 감소추세로 돌아섰음도 보여준다.

〈그림 7-4〉는 네 가지 투입물에 대한 비용지출이 전체 생산비에서 차지하는 비중을 보여준다. 자본의 경우 그 수량과 마찬가지로 증가하다가 최근에는 감소추세를 보여준다. 노동비용 몫은 노동량과 마찬가지로 계속 감소하는데, 인건비 상승으로 인해 노동량에 비해서는 최근 연도의 감소추세가 완화되었다. 토지의 경우 수량은 지속적으로

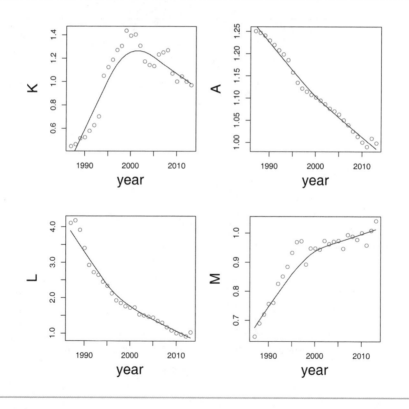

그림 7-3 KLAM 투입량

그림 7-4 KLAM의 비용 몫

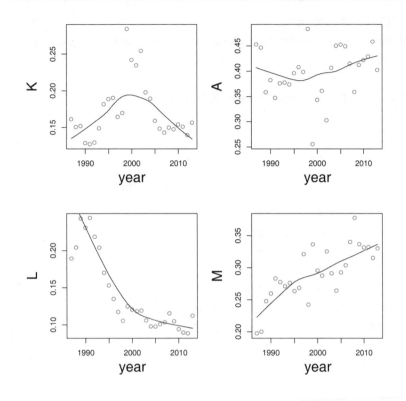

감소했지만 그 비용 몫은 최근에 완만하게 다시 증가한다. 이는 토지가격의 상승과 더불어, 자본 몫이 감소하는 것에도 영향을 받았을 것으로 보인다. 중간재의 비용 몫은 수량과 더불어 계속 증가하고 있으며, 조만간 토지보다도 생산비 비중이 더 커질 수가 있다.

이상과 같이 정리된 자료를 이용해 콥-더글라스 형의 생산함수를 추정하되, 〈그림 7-2〉~〈그림 7-4〉가 보여주듯이 변수들의 구조적 변화가 있기 때문에 이를 반영할 수 있도록 연도지표 $t(=1,...,27)$를 설명변수로 포함하는 다음과 같은 생산함수를 추정한다.

$$(7.23) \qquad \ln y_t = a + \alpha_K \ln K_t + \alpha_L \ln L_t + \alpha_A \ln A_t + \alpha_M \ln M_t + \alpha_t t + u_t$$

추정명령어와 그 결과는 〈스크립트 7-2〉와 같다. 명령어 Data<-read.csv은 괄호 안

```
〉 #Script 7.2: 콥-더글라스 생산함수 추정
〉Data 〈- read.csv(file="c:/work/text(생산)/통계분석/KLAM.csv", header=TRUE, sep=",")
〉attach(Data)
〉t=year-1986
〉summary(CD_PF 〈- lm(log(y)~log(k)+log(l)+log(a)+log(m)+t))

Call:
lm(formula = log(y)~log(k) + log(l) + log(a) + log(m) + t)

Residuals:
      Min        1Q     Median        3Q        Max
-0.055304 -0.019489 -0.002016  0.014808  0.066059

Coefficients:
            Estimate Std. Error t value Pr(〉|t|)
(Intercept)  0.112953   0.231345   0.488   0.6304
log(k)       0.120085   0.051449   2.334   0.0296 *
log(l)       0.153253   0.134423   1.140   0.2671
log(a)      -1.261827   0.937396  -1.346   0.1926
log(m)       0.290650   0.196935   1.476   0.1548
t           -0.003945   0.009082  -0.434   0.6684
---
Signif. codes:  0 '***' 0.001 '**' 0.01 '*' 0.05 '.' 0.1 ' ' 1

Residual standard error: 0.03281 on 21 degrees of freedom
Multiple R-squared:  0.8652,    Adjusted R-squared:  0.8331
F-statistic: 26.95 on 5 and 21 DF,  p-value: 1.813e-08
```

의 csv형식의 파일 속의 자료를 읽어 들여 Data라는 데이터프레임 형식의 R 객체를 만들어낸다. 그리고 명령어 attach(Data)는 csv파일 속의 변수 명을 그대로 데이터프레임에서도 사용함을 의미한다. 명령어 lm은 OLS를 수행하며, 그 결과를 CD_PF라는 리스트형의 R 객체로 저장하였다. 명령어 summary는 객체의 내용을 보여준다.

추정결과를 보면, 총산출과 변하는 모습이 가장 유사했던 자본을 제외하고는 모든 생산요소가 생산량에 통계적으로 유의한 영향을 미치지 못하는 것으로 나타났다. 토지 투입은 통계적으로 유의하지 않긴 하지만 생산에 음(−)의 영향을 미치기까지 한다. 이러한 추정결과는 실험 자료나 시험장 자료처럼 통제된 상태에서 생성된 자료가 사용되지 않을 때 원 기술함수를 회귀분석하면 흔히 가지게 되는 결과이다. 이 자료로는 식 (7.22)처럼 로그변환된 변수들의 2차항을 더해 콥−더글라스함수를 초월대수함수로 확장하여도 마찬가지의 결과가 얻어진다.

생산함수의 추정이 성공적이지 못하기 때문에 다음과 같은 비용함수의 추정을 고려하자.

$$(7.24) \qquad \ln c_t = \beta_0 + \beta_K \ln w_{Kt} + \beta_L \ln w_{Lt} + \beta_A \ln w_{At} + \beta_M \ln w_{Mt}$$
$$+ \beta_y \ln y_t + \beta_t t + u_t, \ \ \beta_K + \beta_L + \beta_A + \beta_M = 1$$

제4장에서 콥−더글라스함수는 자기 쌍대관계를 가지기 때문에 식 (7.21)의 콥−더글라스 생산함수는 식 (7.24)의 콥−더글라스 비용함수를 유발함을 확인하였다. 식 (7.24)를 회귀분석한 결과는 〈스크립트 7−3〉과 같다.[12] 이 스크립트에서는 식 (7.24)에 1차 동차성을 반영하기 위해 $\beta_M = 1 - \beta_K - \beta_L - \beta_A$를 대입한 후, 추정식을 다음과 같이 변환하여 추정하였다.

$$\ln(c_t/w_{Mt}) = \beta_0 + \beta_K \ln(w_{Kt}/w_{Mt}) + \beta_L \ln(w_{Lt}/w_{Mt}) + \beta_A \ln(w_{At}/w_{Mt})$$
$$+ \beta_y \ln y_t + \beta_t t + u_t$$

추정식의 함수구조가 동일함에도 불구하고 생산함수의 추정결과와 비용함수의 추정결과는 매우 다르다. 비용함수의 경우 β_L의 추정치를 제외하고는 모두 1% 미만의 유의수준에서 통계적으로 유의하며, β_L의 추정치도 10%의 유의수준에서는 통계적으로 유의하다. 또한 추정된 비용함수가 각 투입물가격의 증가함수이고 산출량의 증가함수라서 경제이론과도 부합된다. 시간이 지나면서 다른 조건이 같다면 비용이 감소하므로 일종의 기술진보가 있다고 할 수 있다. 스크립트의 아래쪽은 동차성을 부과하는 과정에서 사라진 β_M의 추정치를 복원하는 과정이다. CD_Cost_OLS$coef는 추정결과 얻어진 객체 가운데 β의 추정치만을 모아둔 객체를 의미하는데, 이들을 1×6행렬로 변환한 것이 bmat이다. β_M의 추정치 bm은 따라서 bmat행렬의 2, 3, 4 번째 원소인 β_K, β_L, β_A의 추정치의 합을 1로부터 빼주어서 도출한다.

---

12 R에서는 명령어가 길어 두 줄 이상인 경우 두 번째 줄부터는 "+" 표시로 시작한다.

마지막 단계에서는 $H_0 : \beta_y = 1$이라는 가설과 $H_0 : \beta_t = 0$이라는 가설을 각각 검정한다. 첫 번째는 규모경제탄력성이 1이라는 가설을 의미하는데, 추정된 β_y 자체는 1보다 작아 규모경제탄력성이 1보다 크다. 두 번째는 기술변화가 없고 시간이 지나도 비용함수 구조가 바뀌지 않는다는 가설이다. 이러한 선형가설은 패키지 car를 불러온 후, 이 패키지가 제공하는 linearHypothesis 함수를 사용하면 된다. 지면을 줄이고자 R의 명령어 실행결과는 보여주지 않지만, 첫 번째 가설은 유의수준 5%에서, 두 번째 가설은 1%에서 각각 기각되어, 한국 농업경제는 규모수익이 불변이라 할 수 없고, 시간이 지나면서 비용이 변하는 효과가 없다고도 할 수 없다.

스크립트 7-3 콥-더글라스 비용함수의 추정

```
#Script 7.3: 콥-더글라스 비용함수 추정
> cost=wk*k+wl*l+wa*a+wm*m
> summary(CD_Cost_OLS <-
+ lm(log(cost/wm)~log(wk/wm)+log(wl/wm)+log(wa/wm)+log(y)+t))

Call:
lm(formula = log(cost/wm)~log(wk/wm) + log(wl/wm) + log(wa/wm) + log(y) + t)

Residuals:
      Min        1Q     Median        3Q       Max
 -0.075908  -0.015489  0.001294  0.011861  0.047899

Coefficients:
            Estimate Std. Error t value Pr(>|t|)
(Intercept)  1.482492   0.104910  14.131  3.38e-12  ***
log(wk/wm)   0.138431   0.032368   4.277  0.000335  ***
log(wl/wm)   0.111993   0.058281   1.922  0.068329  .
log(wa/wm)   0.386095   0.030761  12.551  3.17e-11  ***
log(y)       0.737944   0.111094   6.643  1.41e-06  ***
t           -0.008623   0.001833  -4.706  0.000120  ***
---
Signif. codes:  0 '***' 0.001 '**' 0.01 '*' 0.05 '.' 0.1 ' ' 1

Residual standard error: 0.03008 on 21 degrees of freedom
```

```
Multiple R-squared:    0.91,    Adjusted R-squared:   0.8886
F-statistic: 42.48 on 5 and 21 DF,  p-value: 2.774e-10
> bmat<-matrix(b<-CD_Cost_OLS$coef, nrow=1, ncol=6,  byrow=TRUE)
> bm=1-bmat[,2]-bmat[,3]-bmat[,4]; bm
[1] 0.3634804
> library(car)
> CRSH0 <- c("log(y)=1")
> linearHypothesis(CD_Cost_OLS, CRSH0)
> NTCH0 <- c("t=0")
> linearHypothesis(CD_Cost_OLS, NTCH0)
```

SECTION 04 신축적인 간접목적함수의 추정

1. 초월대수 비용함수

비용함수와 같은 간접목적함수를 콥－더글라스함수보다도 더 신축적인 형태로 만들고 생산기술에 대한 제약을 가능한 한 적게 가하려 하면 추정 파라미터의 수가 많아진다. 따라서 이 경우에는 단일 방정식으로 비용함수를 추정하기보다는 더 적은 수의 파라미터를 가진 다수 방정식 혹은 다변량 방정식을 추정하는 것이 도움이 된다. 다음과 같은 초월대수 비용함수를 고려하자.

$$(7.25) \quad \ln c_t = \beta_0 + \sum_i \beta_i \ln w_{it} + \beta_y \ln y_t + \beta_t t + \frac{1}{2} \sum_i \sum_j \beta_{ij} \ln w_{it} \ln w_{jt}$$

$$+ \sum_i \beta_{iy} \ln w_{it} \ln y_t + \sum_i \beta_{it} \ln w_{it} t + \frac{1}{2} \beta_{yy} (\ln y_t)^2 + \beta_{yt} \ln y_t t$$

$$+ \frac{1}{2} \beta_{tt} t^2 + u_t$$

$$\beta_{ij} = \beta_{ji}, \quad \sum_i \beta_i = 1,$$

$$\sum_i \beta_{ij} \left(= \sum_i \beta_{ji} \right) = \sum_i \beta_{iy} = \sum_i \beta_{it} = 0 \ \ (i, j = K, L, A, M)$$

식 (7.25)의 초월대수 비용함수에도 시간변수 t가 포함된다. 이 t는 각 연도별 기술수준을 나타내는 변수라 해석할 수 있다. 셰퍼드 보조정리를 적용하고, 각 투입물의 비용 몫 방정식에 교란항을 부가하면 다음의 추정식 체계가 도출된다.

$$(7.26a) \qquad s_{Kt} = \beta_K + \sum_j \beta_{Kj} \ln w_{jt} + \beta_{Ky} \ln y_t + \beta_{Kt} t + u_{Kt}$$

$$(7.26b) \qquad s_{Lt} = \beta_L + \sum_j \beta_{Lj} \ln w_{jt} + \beta_{Ly} \ln y_t + \beta_{Lt} t + u_{Lt}$$

$$(7.26c) \qquad s_{At} = \beta_A + \sum_j \beta_{Aj} \ln w_{jt} + \beta_{Ay} \ln y_t + \beta_{At} t + u_{At}$$

$$(7.26d) \qquad s_{Mt} = \beta_M + \sum_j \beta_{Mj} \ln w_{jt} + \beta_{My} \ln y_t + \beta_{Mt} t + u_{Mt}$$

$$\beta_{ij} = \beta_{ji}, \quad \sum_i \beta_i = 1,$$

$$\sum_i \beta_{ij} \left(= \sum_i \beta_{ji} \right) = \sum_i \beta_{iy} = \sum_i \beta_{it} = 0 \quad (i, j = K, L, A, M)$$

식 (7.26a)~(7.26d)에서 각 추정식은 식 (7.25)의 비용함수에 비해 훨씬 적은 수의 추정 파라미터만을 가지고 있다. 따라서 이 네 개의 비용 몫 방정식을 SUR모형으로 추정하는 것이 식 (7.25)를 단일 방정식으로 추정하는 것보다는 더 나은 대안이 될 수 있다. 이때 네 개의 교란항 $(u_{Kt}, u_{Lt}, u_{At}, u_{Mt})$은 0의 평균과 특정 공분산의 4변량 분포를 가진다고 가정한다.

하지만 초월대수함수를 추정할 때 등장하는 고유한 특성이 하나 있는데, 이는 (7.26a)~(7.26d)의 좌변의 값을 합하면 모든 관측치 t에서 그 값이 정확히 1이 된다는 것이다. 이때문에 네 개의 방정식 중 최대 세 개만이 서로 독립이 되고, 네 개의 교란항의 합 $u_{Kt} + u_{Lt} + u_{At} + u_{Mt}$은 모든 관측치에서 0이 된다. 따라서 SUR 추정과정에서 필요한 교란항의 분산－공분산행렬 Σ가 특이행렬(singular matrix)이 되면서 그 행렬식이 0이 되고, Σ^{-1}가 정의되지 않으므로 식 (7.26)의 파라미터 추정치를 구해낼 수 없는 문제가 발생한다.

이 문제는 네 개의 방정식 중 하나를 삭제하고 추정하여 해결한다. 만약 토지 몫 방정식을 삭제한다면 다음 세 개의 방정식을 추정하여야 한다.

$$(7.27a) \qquad s_{Kt} = \beta_K + \sum_j \beta_{Kj} \ln w_{jt} + \beta_{Ky} \ln y_t + \beta_{Kt} t + u_{Kt}$$

$$(7.27b) \qquad s_{Lt} = \beta_L + \sum_j \beta_{Lj} \ln w_{jt} + \beta_{Ly} \ln y_t + \beta_{Lt} t + u_{Lt}$$

$$(7.27c) \quad s_{Mt} = \beta_M + \sum_j \beta_{Mj} \ln w_{jt} + \beta_{My} \ln y_t + \beta_{Mt} t + u_{Mt}$$

$$\beta_{ij} = \beta_{ji}, \ \sum_i \beta_{ij} \left(= \sum_i \beta_{ji} \right) = 0 \ \ (i, j = K, L, A, M)$$

이렇게 추정이 이루어진 다음에는 추정에 반영되지 못한 토지 비용 몫 방정식의 파라미터인 β_A, β_{AA}, β_{Ay}, β_{At}는 각각 $\beta_A = 1 - \beta_K - \beta_L - \beta_M$, $\beta_{AA} = -(\beta_{KA} + \beta_{LA} + \beta_{AM})$, $\beta_{Ay} = -(\beta_{Ky} + \beta_{Ly} + \beta_{My})$, $\beta_{At} = -(\beta_{Kt} + \beta_{Lt} + \beta_{Mt})$로부터 사후에 복원된다. β_A, β_{AA}, β_{Ay}, β_{At}의 표준오차 추정치는 나머지 파라미터들의 분산-공분산행렬로부터 도출할 수 있다.

그렇다면 네 개의 방정식 중 어느 것을 삭제하든 추정결과가 동일할 것인지가 관건이 되는데, 결론적으로 이는 추정절차, 특히 교란항의 분산-공분산행렬을 추정하는 절차가 어떠하냐에 따라서 그 답이 결정된다. 다행스럽게도 반복 SUR의 방법을 사용하면 어느 방정식을 탈락시키느냐가 추정결과에 영향을 미치지 않는다. 그러나 1회 SUR 방법을 사용할 경우에는 어느 방정식을 삭제하느냐가 추정결과에 영향을 미칠 수 있다.[13]

마지막으로, 식 (7.25)와 식 (7.26) 혹은 식 (7.27)를 비교하면, 셰퍼드 보조정리를 적용하여 단일 비용함수를 다수의 비용 몫 방정식으로 전환하면 파라미터 중 β_0, β_y, β_{yy}, β_t, β_{tt}는 편도함수를 취하는 과정에서 없어지기 때문에 이들은 추정할 수가 없다. 따라서 만약 규모경제성에 대한 분석이나 기술변화의 효과를 분석하는 것이 주목적일 경우에는 비용 몫 방정식만 추정하는 것은 한계를 가진다. 이 문제는 (7.27a)~(7.27c) 세 개의 비용 몫 방정식과 더불어 원래의 비용함수 식 (7.25)를 함께 추정하여 해결할 수 있다. 이 경우 네 개의 방정식을 추정하게 되며, 실질적으로 이용가능한 관측치의 수를 $4 \times T$로 늘리게 되어 비용함수만 단일 회귀식으로 추정하는 것보다는 여전히 양호한 선택이 될 수 있다. 하지만 이 선택을 위해서는 T의 값이 비교적 커야 한다는 조건도 충족되어야 한다.[14]

(7.27a)~(7.27c)의 비중방정식을 반복 SUR 추정법으로 추정하고, 모든 파라미터를 복원하는 절차는 〈스크립트 7-4〉가 보여준다. 이 작업을 수행한 뒤 R이 보여주는 결과물은 내용이 많기 때문에 〈표 7-4〉와 같이 파라미터 추정결과만 별도로 정리하여 보여

---

13 관련된 보다 자세한 설명은 Berndt, E. R., 1991, *The Practice of Econometrics: Classic and Contemporary*, Addison Wesley, pp. 469-476이 제공한다.

14 권오상 외(2015, 전게논문)가 이 방법을 사용하였으나, 이 경우에도 관측치 수의 부족문제 때문에 일부 파라미터는 0으로 제약하는 절차를 거쳤다.

주도록 한다.

추정을 위해서는 먼저 패키지 systemfit을 설치하고 불러와야 한다. 이 패키지는 SUR과 같은 다변량 회귀식을 추정하도록 고안된 R 패키지이다.[15] 프로그램은 먼저 eqsk, eqsl, eqsa, eqsm의 네 개의 비중방정식을 정의한다. 이 가운데 토지 몫을 제외한 세 개의 방정식을 모아 TRSystem이라는 객체로 정의한다.

이어서 대단히 중요한 제약식을 부과하는 절차이다. 제약식은 제1절에서 설명한 바와 같이 $R\beta = r$의 형식으로 부과되는데, 여기에는 1차 동차성조건과 대칭성조건이 포함되어야 한다. 이들 제약은 정확히 다음의 여섯 가지이다.

(7.28a) $\beta_{KK} + \beta_{KL} + \beta_{KA} + \beta_{KM} = 0$

(7.28b) $\beta_{LK} + \beta_{LL} + \beta_{LA} + \beta_{LM} = 0$

(7.28c) $\beta_{MK} + \beta_{ML} + \beta_{MA} + \beta_{MM} = 0$

(7.28d) $\beta_{KL} = \beta_{LK}$

(7.28e) $\beta_{KM} = \beta_{MK}$

(7.28f) $\beta_{LM} = \beta_{ML}$

제약 (7.28a)~(7.28c)는 동차성조건이고, 제약 (7.28d)~(7.28f)는 대칭성조건이다. 식 (7.25)의 비용함수에 부과되는 동차성조건과 대칭성조건은 이들 외에도 있지만 토지 비용 몫 방정식이 추정에 포함되지 않기 때문에 일부는 제약에 포함할 필요가 없다. 모형이 이용할 수 있는 자료의 관측치 수는 27개인데 매 방정식별로 27개가 이용가능하므로 실제로는 총 81개이다. 매 비용 몫 방정식당 상수항을 포함하여 7개의 설명변수가 있으므로 추정 파라미터는 21개이지만, 식 (7.28a)~(7.28f)의 6가지 제약이 부과되므로 실제 추정 파라미터는 15이고, 따라서 모형 전체의 자유도는 66이다.

제약식 $R\beta = r$에서 행렬 R은 제약조건의 수만큼인 6의 행과 모형에 포함된 파라미터 수 21의 열을 가지는 행렬이다. β는 21개의 파라미터를 순서대로 원소로 가지는 21×1행렬이고, 우변의 r은 상수들로 구성된 6×1행렬이다. 〈스크립트 7-4〉에서 Rmat이 행렬 R인데, 먼저 모두 0의 값을 가지도록 생성한 후, 이어서 제약식이 적용되

---

15 Henningsen, A. and J. D. Hamann, 2007, "systemfit: A Package for Estimating Systems of Simultaneous Equations," *R. Journal of Statistical Software* 23(4), pp. 1-40. http://www.jstatsoft.org/v23/i04/. 아울러 spsur과 다음 책이 사용하는 plm, 그 외 몇 가지 R 패키지들이 SUR모형을 직접 추정한다: Croissant, Y. and G. Millo, 2019, *Panel Data Econometrics with R*, Wiley, pp. 64-71.

는 원소들의 위치에서의 값을 0에서 적절한 값으로 바꾸어준다. 그리고 rvec은 $R\beta = r$의 우변 행렬 r에 해당되며, 우리 모형의 경우 모두 0의 값을 가지게 하면 된다.

예를 들면 첫 번째 제약인 $\beta_{KK} + \beta_{KL} + \beta_{KA} + \beta_{KM} = 0$ 제약의 경우, 이 네 가지 파라미터의 위치는 전체 21개 파라미터 중 순서로 각각 2, 3, 4, 5이기 때문에 Rmat[1, 2], Rmat[1, 3], Rmat[1, 4], Rmat[1, 5]가 모두 1의 값을 가지게 한다. 그러면 $R\beta = r$의 전체 제약 중 이 제약관련 부분은 $1 \times \beta_{KK} + 1 \times \beta_{KL} + 1 \times \beta_{KA} + 1 \times \beta_{KM} = 0$와 같이 반영된다. 또 다른 예로 네 번째 제약인 $\beta_{KL} = \beta_{LK}$의 경우 이들 두 파라미터는 각각 세 번째와 아홉 번째 파라미터이다. 따라서 Rmat[4, 3]에는 1의 값을, Rmat[4, 9]에는 -1의 값을 부여하면, 전체 제약식 $R\beta = r$에서 이 제약은 $1 \times \beta_{KL} - 1 \times \beta_{LK} = 0$과 같이 반영된다.

이상과 같이 모형을 설정하고 systemfit을 이용해 추정한 후, 그 결과를 객체 UTR로 저장한다. 이 UTR에는 추정 파라미터와 그 분산-공분산행렬을 포함하는 여러 가지 정보가 저장되어 있다. 하지만 객체 UTR이 우리가 필요로 하는 정보 전체를 전달하지는 못한다. 무엇보다도 TRSystem 추정모형에는 3개의 비용 몫 방정식만 포함되어 있으므로 그 추정치로부터 삭제된 토지 몫 방정식의 파라미터를 추가로 생성해야 한다. 〈스크립트 7-4〉의 마지막 부분이 그 과정을 보여준다.

스크립트 7-4 초월대수 비용함수의 추정

```
>library(systemfit)

# 비중방정식 설정
>eqsk <- (wk*k)/cost~log(wk)+log(wl)+log(wa)+log(wm)+log(y)+t
>eqsl <- (wl*l)/cost~log(wk)+log(wl)+log(wa)+log(wm)+log(y)+t
>eqsa <- (wa*a)/cost~log(wk)+log(wl)+log(wa)+log(wm)+log(y)+t
>eqsm <- (wm*m)/cost~log(wk)+log(wl)+log(wa)+log(wm)+log(y)+t

>TRSystem <- list( capital = eqsk, labor=eqsl, material=eqsm )

># 1차 동차성 제약: Rmat*beta=rvec
>Rmat <- matrix(0, nrow = 6, ncol = 21)
>Rmat[1, 2] <- 1; Rmat[1, 3] <- 1; Rmat[1, 4] <- 1; Rmat[1, 5] <- 1
>Rmat[2, 9] <- 1; Rmat[2, 10] <- 1; Rmat[2, 11] <- 1; Rmat[2, 12] <- 1
```

```
>Rmat[3, 16] <- 1; Rmat[3, 17] <- 1; Rmat[3, 18] <- 1; Rmat[3, 19] <- 1
># 대칭성 제약: Rmat*beta=rvec
>Rmat[4, 3] <- 1; Rmat[4, 9] <- -1
>Rmat[5, 5] <- 1; Rmat[5, 16] <- -1
>Rmat[6, 12] <- 1; Rmat[6, 17] <- -1
>rvec <- c(0, 0, 0, 0, 0, 0)

>UTR <- systemfit(TRSystem, method = "SUR", maxiter=500, restrict.matrix
+ = Rmat, restrict.rhs = rvec)
>summary(UTR)

># 토지 비용 몫 파라미터 복원
>b0<-matrix(UTR$coefficient, nrow=3, ncol=7,  byrow=TRUE)
>bmat<-matrix(-colSums(b0), nrow=1, ncol=7)
>bmat[1,1]=bmat[1,1]+1
>ball=rbind(b0[1:2,], bmat, b0[3,])
```

스크립트에서 b0는 UTR의 추정 파라미터들로 구성된 데이터프레임 UTR$coefficient 을 이용해 생성된 3×7행렬이다. bmat은 이 행렬의 열의 합을 구해 음$(-)$의 값을 취해 준 1×7행렬인데 이는 $\sum_i \beta_i = 1$와 $\sum_i \beta_{ji} = \sum_i \beta_{iy} = \sum_i \beta_{it} = 0$의 제약을 반영하여 β_A, β_{KA}, β_{LA}, β_{AA}, β_{AM}, β_{Ay}, β_{At}를 생성하는 절차이다. 즉 $\beta_{KA} = -(\beta_{KK} + \beta_{KL} + \beta_{KM})$ 과 같이 도출하여 bmat의 원소 bmat[1,2]로 저장하고 나머지 bmat[1,3:7]의 내용도 β_{LA}, β_{AA}, β_{AM}, β_{Ay}, β_{At}의 값을 도출하여 채운다. 하지만 β_A의 경우 $\sum_i \beta_i = 1$의 제 약으로부터 도출되어야 하므로 β_A에 해당되는 bmat[1,1]에는 1을 추가로 더해주어야 한다. 마지막으로 ball은 자본 몫, 노동 몫, 토지 몫, 중간재 몫, 즉 KLAM의 순서대로 모 든 파라미터를 정렬해서 도출한 행렬이다.

하지만 추정작업은 아직 종료되지 않았고, 토지 몫의 파라미터 β_A, β_{AA}, β_{Ay}, β_{At} 의 통계적 유의성을 나타내는 지표, t-값을 구해내야만 한다. 이들 파라미터는 각각 systemfit이 제공하는 21개 파라미터의 추정치 가운데 세 개씩의 선형함수이다. 즉 우리 는 '추정치들의 함수'의 분산을 구해야 한다. 개별 파라미터 추정치도 모두 분산과 공분 산을 가지는 확률변수이므로 이들의 함수인 위의 네 가지 확률변수의 분산 추정치를 systemfit이 제공하는 추정 파라미터의 분산-공분산행렬로부터 구해야 한다. 이렇게 확률변수의 함수의 분산을 구하는 데에는 몇 가지 방법이 있는데, 미분이 가능할 경우 가장 많이 사용하는 방법은 델타법(delta method)이라는 것이다.

---

math 7.2 **델타법**

(θ_1, θ_2)를 두 확률변수라 하자. 그리고 $g(\theta_1, \theta_2)$가 미분가능한 함수라 하자. $\widehat{V}(\hat{\theta}_1, \hat{\theta}_2) = \begin{bmatrix} \widehat{V}_{11} & \widehat{V}_{12} \\ \widehat{V}_{21} & \widehat{V}_{22} \end{bmatrix}$가 추정치 $(\hat{\theta}_1, \hat{\theta}_2)$의 분산−공분산행렬이라면, $\hat{\gamma} = g(\hat{\theta}_1, \hat{\theta}_2)$ 라 할 때 이 함수의 분산−공분산행렬은 다음과 같다.

$$\widehat{V}(\hat{\gamma}) = \begin{bmatrix} \dfrac{\partial g(\hat{\theta}_1, \hat{\theta}_2)}{\partial \theta_1} & \dfrac{\partial g(\hat{\theta}_1, \hat{\theta}_2)}{\partial \theta_2} \end{bmatrix} \begin{bmatrix} \widehat{V}_{11} & \widehat{V}_{12} \\ \widehat{V}_{21} & \widehat{V}_{22} \end{bmatrix} \begin{bmatrix} \dfrac{\partial g(\hat{\theta}_1, \hat{\theta}_2)}{\partial \theta_1} \\ \dfrac{\partial g(\hat{\theta}_1, \hat{\theta}_2)}{\partial \theta_2} \end{bmatrix}$$

함수 $g(\hat{\theta}_1, \hat{\theta}_2)$를 두 확률변수의 평균인 (θ_1^0, θ_2^0) 부근에서 1계 테일러 전개했을 때 $\hat{\gamma} = g(\hat{\theta}_1, \hat{\theta}_2) \simeq g(\theta_1^0, \theta_2^0) + \dfrac{\partial g(\theta_1^0, \theta_2^0)}{\partial \theta_1}(\hat{\theta}_1 - \theta_1^0) + \dfrac{\partial g(\theta_1^0, \theta_2^0)}{\partial \theta_2}(\hat{\theta}_2 - \theta_2^0)$와 같이 된다. 또한 통계학의 잘 알려진 법칙에 의해 N개의 확률변수 $(x_1, ..., x_N)$가 있으면, 그 가중합의 분산은 $V\left(\sum_{i=1}^{N} a_i x_i\right) = \sum_{i=1}^{N} a_i^2 V_{ii} + \sum_{i \neq j} a_i a_j V_{ij}$와 같기 때문에 이를 위의 테일러 전개에 적용하면 math 7.2가 도출된다. 델타법은 탈락된 비용 몫의 파라미터의 분산 추정뿐 아니라 여러 개의 파라미터 추정치의 함수로 도출되는 각종 탄력성 추정치의 분산을 구할 때에도 편리하게 사용된다. 그러나 당장의 $\beta_A = 1 - \beta_K - \beta_L - \beta_M$와 같은 선형함수의 분산을 구하는 문제는 매우 단순하여 $\dfrac{\partial g(\hat{\theta}_1, \hat{\theta}_2, \hat{\theta}_3)}{\partial \theta_i}$가 모두 −1이 된다. 작업절차는 〈스크립트 7−5〉가 보여준다.

스크립트에서 cov0는 21개 추정 파라미터의 분산−공분산행렬 객체 UTR$coefCov로 부터 생성되는 21×21행렬이다. v_ba는 β_A의 분산인데, 이는 math 7.2가 의미하는 바와 같이 모두 −1을 원소로 가지는 1×3행렬을 $(\beta_K, \beta_L, \beta_M)$의 추정치의 분산−공분산행렬 앞에 곱하고, 모두 −1을 원소로 가지는 3×1행렬을 뒤에 곱해주어 도출하였다.[16] 그리고 t(c(-1,-1,-1))은 3×1행렬 혹은 벡터인 c(-1, -1, -1)을 1×3행렬 혹은 벡터로 전

---

16 R 명령어에서 "%*%"는 두 행렬의 상응하는 원소와 원소끼리 개별 곱을 하는 것이 아니라 앞의 행렬 전체와 뒤의 행렬 전체를 곱한다는 의미이다.

치(transpose)한 것이다. cov0[c(1,8,15), c(1,8,15)]은 21개 추정 파라미터의 분산－공분산 행렬에서 위치가 1, 8, 15인 $(\beta_K, \beta_L, \beta_M)$의 분산－공분산행렬만을 따온 것이다. 이런 절 차를 거쳐 t(c(-1, -1, -1)) %*% cov0[c(1,8,15),c(1,8,15)] %*%c(-1, -1, -1)는 β_A의 분 산을 도출한다. 마찬가지로 β_{AA}, β_{Ay}, β_{At} 추정치의 분산도 구해줄 수 있다.

이어서 (t_ba=ball[3,1]/(v_ba)^.5)은 $t_{\beta_A} = \dfrac{\hat{\beta}_A}{\hat{V}(\hat{\beta}_A)^{1/2}}$와 같이 구해준 β_A 추정치의 $t-$ 값이며, 나머지 파라미터에 대해서도 동일한 절차를 적용한다.[17] 그리고 (p_ba<-2*pt(-abs (t_ba), 66))는 $\hat{\beta}_A$의 통계적 유의성을 확인하기 위한 $p-$값을 정하는 절차이다.[18] 이때 자유도 66은 세 추정식의 전체 관측치 수 81에서 21개의 추정파라미터 수를 빼주고, 여기에 제약식의 수 6을 더한 것이다.

스크립트 7-5 비용 몫 파라미터의 표준오차 추정치 도출

```
> cov0<-matrix(UTR$coefCov, nrow=21, ncol=21,  byrow=TRUE)
> v_ba=t(c(-1, -1, -1)) %*% cov0[c(1,8,15),c(1,8,15)] %*%c(-1, -1, -1)
> v_baa=t(c(-1, -1, -1)) %*% cov0[c(4,11,18),c(4,11,18)] %*%c(-1, -1, -1)
> v_bay=t(c(-1, -1, -1)) %*% cov0[c(6,13,20),c(6,13,20)] %*%c(-1, -1, -1)
> v_bat=t(c(-1, -1, -1)) %*% cov0[c(7,14,21),c(7,14,21)] %*%c(-1, -1, -1)

> (t_ba=ball[3,1]/(v_ba)^.5)
> (t_baa=ball[3,4]/(v_baa)^.5)
> (t_bay=ball[3,6]/(v_bay)^.5)
> (t_bat=ball[3,7]/(v_bat)^.5)

> (p_ba<-2*pt(-abs(t_ba), 66))
> (p_baa<-2*pt(-abs(t_baa), 66))
> (p_bay<-2*pt(-abs(t_bay), 66))
> (p_bat<-2*pt(-abs(t_bat), 66))
```

---

[17] 객체를 만드는 명령어에 이처럼 전체 괄호를 붙이면 R은 객체를 만들어 기억하는 동시에 그 수치를 보여준다.

[18] $p-$값이 0.01, 0.05, 0.10보다 작으면 각각 1%, 5%, 10% 유의수준에서 통계적으로 유의함을 의미한다.

파라미터	추정치	t-값	파라미터	추정치	t-값
β_K	0.232	10.263***	β_{MM}	0.162	8.837***
β_L	0.331	13.346***	β_{KY}	0.582	7.105***
β_A	0.226	17.010***	β_{LY}	-0.288	-6.105***
β_M	0.211	8.546***	β_{AY}	-0.302	-7.825***
β_{KK}	0.117	4.877***	β_{MY}	0.008	0.298
β_{KL}	-0.012	-0.900	β_{Kt}	0.0005	0.380
β_{KA}	-0.047	-4.216***	β_{Lt}	-0.005	-6.458***
β_{KM}	-0.058	-7.009***	β_{At}	0.0007	1.268
β_{LL}	0.087	6.048***	β_{Mt}	0.004	7.801***
β_{LA}	-0.071	-9.212***	R_K^2	0.721	
β_{LM}	-0.004	-0.303	R_L^2	0.944	
β_{AA}	0.218	28.868***	R_M^2	0.974	
β_{AM}	-0.100	-13.827***			

주: ***는 1% 유의수준에서 통계적으로 유의함을 의미함.

이상 모든 작업을 거쳐 최종적으로 도출된 파라미터 추정치와 그 통계적 유의성, 세 추정식의 R^2에 관한 정보는 〈표 7-4〉가 보여준다. 대부분의 추정치의 통계적 유의성이 확보됨을 알 수 있다.

추정 파라미터 중 β_{iy}와 β_{it}의 추정치들은 그 자체가 생산기술의 특성에 관한 정보를 가지고 있다. β_{iy} 추정치를 보면, β_{Ky} 추정치가 통계적으로 유의하게 양(+)이고, β_{Ly}와 β_{Ay} 추정치는 반대로 통계적으로 유의하게 음(-)의 값을 가진다. 즉 한국 농업에서는 총산출이 늘어날 때 생산비에서 자본이 차지하는 비중은 높아지고 노동과 토지가 차지하는 비중은 반대로 낮아지며, 중간재의 비용 몫은 크게 영향을 받지 않는다. 이는 〈그림 7-4〉가 보여준 그래프들과도 일치하는 현상이다. 자본 비용 몫은 〈그림 7-2〉가 보여준 총 산출의 변화 형태와 가깝기 때문에 이러한 추정결과가 발생한다. 반면 노동과 토지의 비용 몫은 총산출이 늘어날 때에도 오히려 감소하는 모습을 보였기 때문에 자본의 경우와는 반대의 현상이 나타났다. 그리고 중간재는 총산출이 늘어나든 줄어들든 지속적으로 생산비에서 차지는 비중이 커지고 있어 총산출은 이 투입재의 비용 몫에는 통계적으로 유의한 영향을 미치지 못한다.

시간이 지나며 비용 몫이 바뀌는 것을 확인하기 위해 β_{it} 추정치를 보면, β_{Lt}는 통계적으로 유의하게 음(−)이고, 반대로 β_{Mt}는 통계적으로 유의하게 양(+)이다. 따라서 한국 농업은 그동안 중간재의 비용비중을 크게 늘리는 대신 이농과 노령화로 인해 희소성이 커지는 노동의 비용 비중은 줄이는 방향으로 기술변화가 진행되었다. 〈그림 7−4〉가 보여주듯이, 자본과 토지의 경우 전체 기간동안 비용 비중이 늘어나기도 하고 줄어들기도 하여 어느 한 가지 방향의 변화만 유의하게 보여주지는 않는다.

이제 제6장의 식 (6.50)이 보여준 바와 같이 각 투입물 조건부수요의 가격탄력성을 〈스크립트 7−6〉을 이용해 도출한다. 초월대수함수는 신축적인 함수이고, 1987~2013년의 기간 동안 한국 농업이 꽤 큰 구조적 변화를 거쳤기 때문에 어느 특정 연도에서 수요의 가격탄력성을 구하면 일부 투입물의 경우 우상향하는 수요곡선이 추정되기도 한다. 따라서 제6장의 식 (6.50) 탄력성 추정 시 반영되는 비용 몫의 값은 전체 기간의 평균치를 적용하였다. 계산을 종합하여 Elas가 수요의 자기가격 탄력성과 교차가격 탄력성을 모두 모은 4×4행렬이 된다.

자본, 노동, 토지, 중간재의 자기가격 탄력성은 순서대로 −0.18, −0.27, −0.06, −0.15이다. 노동수요가 가장 탄력적이고 토지수요가 가장 비탄력적이다. 투입물 수요의 교차가격 탄력성을 보면 자본재가격이 상승하면 중간재의 수요도 줄어들고, 그 역관계도 성립하여 두 투입물은 서로 수요에 있어 보완성을 가진다. 반면에 노동과 토지는 수요에 있어 서로 보완재이지만 자본과 중간재와는 대체관계를 형성한다.

〈스크립트 7−7〉은 제6장의 식 (6.45a)와 (6.45b)에 따라 알렌−우자와 편대체탄력성과 모리시마 편대체탄력성을 추정하여 보여준다. 알렌−우자와 탄력성으로는 수요의 가격 탄력성 경우와 마찬가지로 자본은 중간재와 보완관계, 그리고 노동은 토지와 보완관계를 이루지만, (자본, 중간재)와 (노동, 토지)는 서로 대체관계를 형성한다. 반면 제4장에서 설명했던 바와 같이 모리시마 탄력성은 대칭적이지 않으며, 알렌−우자와 탄력성과는 꽤 차이를 보인다. 모리시마 탄력성은 거의 모든 투입물 간에 있어 대체관계가 있음을 보여준다. 모리시마 대체탄력성은 특히 노동과 중간재 사이에 높아 한국 농업에 있어서는 기계화 못지않게 비료, 농약, 종자, 사료 등의 구입 생산요소가 노동력을 절감하는데 큰 도움이 됨을 알 수 있다.

스크립트 7-6 수요의 가격탄력성 추정

```
> sk=(mean(wk)*mean(k))/mean(cost)
> sl=(mean(wl)*mean(l))/mean(cost)
> sa=(mean(wa)*mean(a))/mean(cost)
> sm=(mean(wm)*mean(m))/mean(cost)

> ekk=(ball[1,2]+sk^2-sk)/sk
> ekl=(ball[1,3]+sk*sl)/sk
> eka=(ball[1,4]+sk*sa)/sk
> ekm=(ball[1,5]+sk*sm)/sk

> elk=(ball[2,2]+sl*sk)/sl
> ell=(ball[2,3]+sl^2-sl)/sl
> ela=(ball[2,4]+sl*sa)/sl
> elm=(ball[2,5]+sl*sm)/sl

> eak=(ball[3,2]+sa*sk)/sa
> eal=(ball[3,3]+sa*sl)/sa
> eaa=(ball[3,4]+sa^2-sa)/sa
> eam=(ball[3,5]+sa*sm)/sa

> emk=(ball[4,2]+sm*sk)/sm
> eml=(ball[4,3]+sm*sl)/sm
> ema=(ball[4,4]+sm*sa)/sm
> emm=(ball[4,5]+sm^2-sm)/sm

> (Elas=rbind(cbind(ekk, ekl, eka, ekm), cbind(elk, ell, ela, elm),
+ cbind(eak, eal, eaa, eam), cbind(emk, eml, ema, emm)))
            ekk          ekl          eka          ekm
[1,] -0.17623845   0.08251405   0.14644963  -0.02823240
[2,]  0.10009745  -0.26719811  -0.07036196   0.26195546
[3,]  0.06615886  -0.02620249  -0.05724358   0.04178004
[4,] -0.01775366   0.13579147   0.05815797  -0.15170294
```

```
> s=rbind(cbind(sk, sl, sa, sm), cbind(sk, sl, sa, sm), cbind(sk, sl, sa, sm),
+ cbind(sk, sl, sa, sm))
> (SigmaA=Elas/s)
            ekk          ekl          eka          ekm
[1,]  -0.96818676   0.5498972    0.3634516   -0.09753185
[2,]   0.54989718  -1.7806844   -0.1746209    0.90495307
[3,]   0.36345155  -0.1746209   -0.1420643    0.14433361
[4,]  -0.09753185   0.9049531    0.1443336   -0.52407398


> Ejj=rbind(cbind(ekk, ell, eaa, emm),cbind(ekk, ell, eaa, emm),
+ cbind(ekk, ell, eaa, emm),cbind(ekk, ell, eaa, emm))
> (SigmaM=Elas-Ejj)
            ekk          ekl          eka          ekm
[1,]  0.0000000   0.3497122    0.20369321   0.1234705
[2,]  0.2763359   0.0000000   -0.01311839   0.4136584
[3,]  0.2423973   0.2409956    0.00000000   0.1934830
[4,]  0.1584848   0.4029896    0.11540155   0.0000000
```

이상의 추정결과를 이용하여 몇 가지 가설을 검정할 수 있다. 여기에서는 〈표 7-5〉의 세 가지 가설을 검정하며, 그 검정결과도 표에 나와 있다. 첫 번째 가설은 생산기술이 동조성을 보이고, 따라서 총산출이 변해도 각 투입물의 비용 몫은 불변이라는 가설이다. 즉 투입물들이 생산비에서 차지하는 비중은 총산출규모에 대해 중립이라는 것인데 이는 〈그림 7-4〉가 보여주듯 자료가 보여주는 현실과는 다른 가설이다. 이 가설 검정을 위한 명령어는 〈스크립트 7-8〉이 보여준다. 기존 모형의 6가지 제약에 3가지의 제약, 즉 $\beta_{Ky} = \beta_{Ly} = \beta_{My} = 0$의 제약을 더하여 추정한 후, 그 결과를 객체 HTR에 저장한다. 이 세 가지 파라미터가 0이면 이미 부과된 동차성 제약에 의해 동조성을 위해 필요한 나머지 파라미터 β_{Ay}가 0이라는 성질은 자동 충족된다. 동조성제약이 없는 추정결과인 UTR과 새로운 추정결과 HTR에 lrtest기능을 적용해 우도비검정을 행한다. 제약식의 숫자인 자유도 3에서의 χ^2-검정 통계량이 매우 커서 1% 유의수준에서 가설이 기각된다.

아울러 유사한 절차를 거쳐 검정을 진행하면 두 번째 가설, 즉 시간이 지나고 기술변화가 있어도 각 투입물의 비용 몫이 달라지지 않는다는 가설 역시 기각된다.

가설	가설에 따른 제약	자유도	χ^2-검정 통계량
총산출의 요소편향성 없음: 동조성	$\beta_{Ky} = \beta_{Ly} = \beta_{My} = 0$	3	37.799***
기술변화의 요소편향성 없음	$\beta_{Kt} = \beta_{Lt} = \beta_{Mt} = 0$	3	55.652***
(K, L)이 M으로부터 분리가능	$\beta_{KM} - (s_K/s_L)\beta_{LM} = 0$	1	8.308***

스크립트 7-8 가설 검정: 생산기술의 동조성

```
> Rmat <- matrix(0, nrow = 9, ncol = 21)
> Rmat[1, 2] <- 1; Rmat[1, 3] <- 1; Rmat[1, 4] <- 1; Rmat[1, 5] <- 1
> Rmat[2, 9] <- 1; Rmat[2, 10] <- 1; Rmat[2, 11] <- 1; Rmat[2, 12] <- 1
> Rmat[3, 16] <- 1; Rmat[3, 17] <- 1; Rmat[3, 18] <- 1; Rmat[3, 19] <- 1
> Rmat[4, 3] <- 1; Rmat[4, 9] <- -1
> Rmat[5, 5] <- 1; Rmat[5, 16] <- -1
> Rmat[6, 12] <- 1; Rmat[6, 17] <- -1

> Rmat[7, 6] <- 1;
> Rmat[8, 13] <- 1;
> Rmat[9, 20] <- 1;
> rvec <- c(0, 0, 0, 0, 0, 0, 0, 0, 0)

> HTR <- systemfit(TRSystem, method = "SUR", maxiter=500, restrict.matrix = Rmat,
+ restrict.rhs = rvec)
> lrtest(UTR, HTR)
Likelihood ratio test

Model 1: UTR
Model 2: HTR
  #Df LogLik Df  Chisq Pr(>Chisq)
1  21 272.55
2  18 253.65 -3 37.799  3.117e-08 ***
---
Signif. codes:  0 '***' 0.001 '**' 0.01 '*' 0.05 '.' 0.1 ' '
```

〈표 7-5〉의 가설검정 중 세 번째 분리가능성 가설검정은 조금 설명이 필요하다. 제6장에서 이미 밝힌 바와 같이 신축적인 함수를 사용할 경우 분리가능성을 자료 값과 관계없이 전역적으로 부과하자면 많은 수의 파라미터를 제약해야 한다. 따라서 대안으로 특정 관측치나 자료의 대표 값에서만 분리가능성이 성립하도록 조건을 부과할 수 있다. 제6장의 식 (6.10)은 (K,L)이 M으로부터 분리가능하면 $\epsilon_{KM} = \epsilon_{LM}$이 성립해야 함을 의미했다. 또한 식 (6.50)은 $\epsilon_{iM} = \dfrac{\beta_{iM} + s_i s_M}{s_i}(i = K, L)$을 의미하므로, 분리가능성은 $\dfrac{\beta_{KM} + s_K s_M}{s_K} = \dfrac{\beta_{LM} + s_L s_M}{s_L}$을 필요로 하고, 이는 정리하면 $s_L \beta_{KM} = s_K \beta_{LM}$을 의미한다. 이 가설을 기본 모형에 추가 제약으로 반영하여 추정한 뒤, 역시 lrtest를 이용해 우도비검정했을 때에도 1% 유의수준에서 가설이 기각되었다. 따라서 통상적으로 흔히 가정하는 바와 같이 부가가치 투입물인 노동과 자본이 중간투입물로부터 분리가능하다는 가설은 한국의 농업자료에 있어서는 받아들여지지 않는다.

2. GL 비용함수

한국 농업의 KLAM자료는 GL 비용함수 추정에도 사용될 수 있다. 완전한 비동조 GL 비용함수는 추정 파라미터의 수가 많기 때문에 식 (7.29)와 같은 비교적 약식의 모형을 설정한다.

$$(7.29) \qquad c_t = y_t \left[\sum_i \sum_j \beta_{ij}(w_{it}w_{jt})^{1/2} \right] + \sum_i \beta_{it}w_{it}t + u_t, \ \ i,j = K, L, A, M$$

셰퍼드 보조정리를 적용해 다음 네 개의 수요함수 추정식을 도출한다.

$$(7.30a) \qquad K_t = \sum_j \beta_{Kj}(w_{jt}/w_{Kt})^{1/2}y_t + \beta_{Kt}t + u_{Kt}$$

$$(7.30b) \qquad L_t = \sum_j \beta_{Lj}(w_{jt}/w_{Lt})^{1/2}y_t + \beta_{Lt}t + u_{Lt}$$

$$(7.30c) \qquad A_t = \sum_j \beta_{Aj}(w_{jt}/w_{At})^{1/2}y_t + \beta_{At}t + u_{At}$$

$$(7.30d) \qquad M_t = \sum_j \beta_{Mj}(w_{jt}/w_{Mt})^{1/2}y_t + \beta_{Mt}t + u_{Mt}$$

식 (7.30a)~(7.30d)의 좌변은 모두 투입물의 수량 자체이고 비용 몫이 아니므로 그 합이 항상 특정 값을 가지는 관계가 성립하지 않는다. 따라서 어떤 방정식도 제거할 필요 없이 네 방정식을 모두 동시에 반복 SUR기법으로 추정한다. 추정을 위한 스크립트는 〈스크립트 7-9〉와 같다.

추정을 위해 이번에는 $(w_{jt}/w_{it})^{1/2}y_t$와 같이 변수를 미리 변환하여 추정식에 반영하였다. eqk, eql, eqa, eqm 네 개의 방정식이 모여 GLSystem이라는 추정 시스템을 구성한다. 각 방정식에서 eqk 〈-k~0+wkky+wlky+waky+wmky+t처럼 "0+"를 포함시킨 것은 상수항을 추정에 반영하지 않는다는 것을 의미한다.

GL 비용함수는 함수 형태상 1차 동차성이 자동 충족되므로 파라미터에 대한 모든 제약은 다음 여섯 가지와 같은 대칭성 제약이다.

$$\beta_{KL} = \beta_{LK}, \ \beta_{KA} = \beta_{AK}, \ \beta_{KM} = \beta_{MK}$$
$$\beta_{LA} = \beta_{AL}, \ \beta_{LM} = \beta_{ML}, \ \beta_{AM} = \beta_{MA}$$

추정 파라미터는 〈표 7-6〉에 정리되어 있다. 일단 각 방정식의 R^2는 초월대수함수의 경우에 비해서는 작다. 하지만 R^2는 상수항이 모형에 포함될 때에만 회귀식의 설명력을 나타내는 지표로서 의미를 가지는데, GL의 각 회귀식은 상수항을 포함하지 않으므로 낮은 R^2에 대해 우려할 필요는 없다. 총 $27 \times 4 = 108$개의 관측치로부터 제약식의 영향을 빼준 14개 파라미터가 추정되었고, 이 중 9개의 추정치가 유의수준 1%에서 통계적으로 유의하다. 긴 명령어를 다 보여주기 어려워 〈스크립트 7-9〉의 말미에서 수요의 가격탄력성 추정치만을 보여준다. 초월대수함수 추정 때와 비교하면 자본과 노동 수요가 좀 더 탄력적으로 추정되지만, 자본과 중간재가 서로 보완재이고 노동과 토지가 서로 보완재인 것 등, 두 함수 설정 간에 상당한 유사성도 관찰된다.

```
>#  GL 비용함수 추정
> wkky=(wk/wk)^.5*y;  wlky=(wl/wk)^.5*y;   waky=(wa/wk)^.5*y; wmky=(wm/wk)^.5*y
> wkly=(wk/wl)^.5*y;  wlly=(wl/wl)^.5*y;   waly=(wa/wl)^.5*y; wmly=(wm/wl)^.5*y
> wkay=(wk/wa)^.5*y;  wlay=(wl/wa)^.5*y;   waay=(wa/wa)^.5*y;  wmay=(wm/wa)^.5*y
> wkmy=(wk/wm)^.5*y;  wlmy=(wl/wm)^.5*y;   wamy=(wa/wm)^.5*y;
+ wmmy=(wm/wm)^.5*y

> eqk <- k~ 0+wkky+wlky+waky+wmky+t
> eql <- l~0+wkly+wlly+waly+wmly+t
> eqa <- a~0+wkay+wlay+waay+wmay+t
> eqm <- m~0+wkmy+wlmy+wamy+wmmy+t

> GLSystem <- list( capital = eqk, labor=eql, land=eqa, material=eqm )

> Rmat <- matrix(0, nrow = 6, ncol = 20)
> Rmat[1, 2] <- 1; Rmat[1, 6] <- -1
> Rmat[2, 3] <- 1; Rmat[2, 11] <- -1
> Rmat[3, 4] <- 1; Rmat[3, 16] <- -1
> Rmat[4, 8] <- 1; Rmat[4, 12] <- -1
> Rmat[5, 9] <- 1; Rmat[5, 17] <- -1
> Rmat[6, 14] <- 1; Rmat[6, 18] <- -1

> rvec <- c(0, 0, 0, 0, 0, 0)

> UGL <- systemfit(GLSystem, method = "SUR", maxiter=500, restrict.matrix = Rmat,
+ restrict.rhs = rvec)
>#  중략...

> (Elas=rbind(cbind(ekk, ekl, eka, ekm), cbind(elk, ell, ela, elm), cbind(eak, eal,
+ eaa, eam), cbind(emk, eml, ema, emm)))
            ekk          ekl          eka          ekm
[1,]  -0.53912578   0.44265876   0.23170109  -0.1352341
[2,]   0.53793369  -0.76210213  -0.14874319   0.3262470
[3,]   0.10244719  -0.07716093  -0.05280826   0.0275220
[4,]  -0.08279774   0.21978574   0.03811013  -0.1750981
```

파라미터	추정치	t-값	파라미터	추정치	t-값
β_{KK}	0.085	0.351	β_{MM}	0.602	6.270^{***}
β_{KL}	1.378	5.369^{***}	β_{Kt}	−0.012	−1.220
β_{KA}	0.327	2.790^{***}	β_{Lt}	−0.066	-4.274^{***}
β_{KM}	−0.204	-3.686^{***}	β_{At}	−0.012	-3.890^{***}
β_{LL}	−0.104	−0.202	β_{Mt}	−0.0003	−0.202
β_{LA}	−0.381	-2.961^{***}	R_K^2	0.497	
β_{LM}	0.836	4.622^{***}	R_L^2	0.826	
β_{AA}	1.177	13.701^{***}	R_A^2	0.033	
β_{AM}	0.066	1.605	R_M^2	0.897	

주: ***는 1% 유의수준에서 통계적으로 유의함을 의미함.

SECTION 05 CES 함수의 추정

지금까지 본서에서 소개된 생산경제학에서 사용되는 함수들은 크게 두 가지로 구분된다. 첫 번째는 자료가 분포하는 전체 공간에서 동일한 대체탄력성을 가지도록 하는 CES계열의 함수로서, 여기에는 선형함수, 콥−더글라스함수, 레온티에프함수도 특수한 예로 포함된다. 두 번째는 그 형태를 알 수 없는 참된 함수를 2계까지 근사할 수 있고, 대체탄력성 등의 값도 변수 값에 따라 달라질 수 있도록 하는 신축적인 함수들이다. 여기에는 초월대수함수와 일반화된 레온티에프함수, 그리고 여타 다양하게 설정할 수 있는 일반화된 2차함수들이 포함된다.

이 두 가지 유형의 함수들은 개발된 목적이나 주안점이 다르고 특성상 차이점을 가지고 있다. CES함수는 전역적으로 동일한 대체탄력성을 가지기는 하지만 그 값이 0, 1, ∞와 같은 특정 값에 국한되지 않고 어떤 값이든지 가질 수 있도록 하여 콥−더글라스함수나 레온티에프함수에 비해서는 보다 다양한 생산기술을 표현할 수 있도록 개발되었다. 초월대수함수와 같은 신축적인 함수들은 함수의 신축성에 주안점을 두어 개발되었고, 대체가능성 등이 고정되지 않고 자료의 값에 따라 달라질 수 있도록 하였다. CES계열의 함수와 신축적인 함수들은 그 구조가 다르기 때문에 초월대수함수의 2차항을 모두 0으로 두면 콥－더글라스함수가 되는 특수한 경우를 제외하면 어느 한 쪽에 제약을 가해 나머지 하나를 도출할 수는 없다. 따라서 이 두 가지 유형 중 어느 쪽 함수를 선택하느냐 하는 문제에 있어 항상 더 나은 선택은 있을 수 없고, 분석의 목적이나 이용가능한 자료의 성격 등을 감안하여 선택이 이루어져야 한다.

신축적인 함수의 경우 대체탄력성 등이 자료의 값에 따라 변할 수 있다는 것이 장점이긴 하지만 이것이 오히려 이 함수를 사용할 때 장애로 작용하기도 한다. 예를 들면 다수 시장의 균형조건을 분석하기 위해 각 산업의 공급함수나 비용함수를 신축적인 함수를 활용해 분석하면, 변수들의 값이 얼마냐에 따라서 함수의 볼록성이나 오목성이 충족되기도 하고 위배되기도 한다. 따라서 다수 시장의 동시적 균형을 발견하는 것이 대단히 어려워진다. 이런 경우에는 변수 공간 전역에서 볼록성이나 오목성이 성립하는 CES함수를 사용하는 것이 더 적절하며, 실제로 일반균형모형에서는 그렇게들 하고 있다. 또한 CES계열의 함수들은 비교적 소수의 파라미터만으로 생산기술의 특성을 표현할 수 있다는 장점도 가진다.

일반적인 형태의 CES함수는 그러나 파라미터들의 비선형함수로서, 자료를 이용해 이를 추정하기가 대단히 어렵다는 문제가 있다. 함수형태가 비선형이면서도 대체탄력성이 1의 값을 가질 때는 함수의 구조가 콥－더글라스형으로 바뀌는 등의 변화를 하기 때문에 컴퓨터가 실제 자료를 이용해 그 함수형태를 찾아내고 파라미터의 추정치를 구하는 것이 어려워진다. 하지만 이 경우에도 생산자의 최적화 행위를 반영하면 훨씬 더 간편하고 간단한 형태의 추정식을 만들어낼 수 있다.

제조업의 경우를 감안하여 생산요소를 자본(K), 노동(L), 에너지(E), 중간재(M), 즉 KLEM 구조로 구축하였다고 하고, 다음과 같은 CES 생산함수를 가정하자.

$$(7.31) \quad y_t = \left[\alpha_K (A_{Kt} K_t)^{\frac{(\sigma-1)}{\sigma}} + \alpha_L (A_{Lt} L_t)^{\frac{(\sigma-1)}{\sigma}} + \alpha_E (A_{Et} E_t)^{\frac{(\sigma-1)}{\sigma}} + \alpha_M (A_{Mt} M_t)^{\frac{(\sigma-1)}{\sigma}} \right]^{\frac{\sigma}{(\sigma-1)}}$$

$$\alpha_K + \alpha_L + \alpha_E + \alpha_M = 1$$

A_{it}는 i번째 투입물의 생산효율성을 나타내는 지수로서, 생산성변화를 반영한다. 예를 들면 K_t만큼의 자본이 투입될 때 $(A_{Kt} K_t)$가 마치 투입물인 것처럼 실제 생산에 영

향을 미치게 된다. A_{it}는 시간이 지나면서 기술수준을 반영해 변할 수 있다.

식 (7.31)은 파라미터 α_i, $A_{it}(i = K, L, E, M)$와 σ의 비선형함수인데, 이를 제1절에서 설명한 비선형 최소자승법을 이용해 직접 추정하는 것은 기술적으로 대단히 어렵고 많은 경우 성공하지 못한다. 비선형모형의 경우 컴퓨터는 특정 파라미터 값을 출발점으로 하여 추정작업을 반복적으로 수행하면서 점점 더 나은 파라미터 값을 찾아가는데, 이 과정에서 예를 들면 σ의 값이 1로 가까워지면 $\frac{\sigma}{\sigma-1}$의 값이 정의되지 않기 때문에 추정작업이 더 이상 진행되지 못하는 일이 흔히 발생한다. 다음과 같은 비용최소화 문제를 검토하자.

$$(7.32) \qquad L = w_{Kt}K_t + w_{Lt}L_t + w_{Et}E_t + w_{Mt}M_t + \lambda\left[y_t - h(K_t, L_t, E_t, M_t)^{\frac{\sigma}{\sigma-1}}\right]$$

$$\text{단, } h(\cdot) = \alpha_K(A_{Kt}K_t)^{\frac{(\sigma-1)}{\sigma}} + \alpha_L(A_{Lt}L_t)^{\frac{(\sigma-1)}{\sigma}} + \alpha_E(A_{Et}E_t)^{\frac{(\sigma-1)}{\sigma}}$$

$$+ \alpha_M(A_{Mt}M_t)^{\frac{(\sigma-1)}{\sigma}}$$

자본 K_t의 비용최소화 조건은 다음과 같다.

$$(7.33) \qquad w_{Kt} - \lambda\frac{\sigma}{\sigma-1}h(\cdot)^{\frac{1}{\sigma-1}}\frac{\partial h(\cdot)}{\partial K_t} = 0$$

우리는 포락선 정리에 의해 식 (7.32) 최적화문제의 라그랑지 승수 λ는 한계생산비임을 알고 있다. 아울러 이윤을 극대화하는 생산자는 한계생산비와 산출물의 가격이 일치하도록 생산량을 선택한다. 따라서 산출물가격이 p_t이면 최적의 선택에서는 $\lambda = p_t$가 되어야 한다. 이 내용과 또한 $y_t = h(\cdot)^{\frac{\sigma}{\sigma-1}}$라는 사실까지 식 (7.33)에 대입하여 정리하면 우리는 다음과 같은 관계를 얻는다.

$$(7.34) \qquad \ln\left(\frac{K_t}{y_t}\right) = (\sigma-1)\ln A_{Kt} + \sigma\ln\alpha_K + \sigma\ln\left(\frac{p_t}{w_{Kt}}\right)$$

식 (7.34)의 첫 번째 항에서의 A_{Kt}는 자료로 주어진 것이 아니고 파라미터인데, 두 번째 항 $\sigma\ln\alpha_K$ 역시 데이터는 없이 파라미터만의 항이므로 추정 작업 시 이들 두 항이 잘 구분이 되지 않는 문제가 있다. 또한 α_K는 생산함수에서 자본 앞에 붙는 가중치이고 많은 경우 이는 통계적으로 추정되지 않고 실제 생산비자료 등을 이용해 계수로 계산되어 사용되기도 한다.[19] 따라서 이 파라미터까지 굳이 추정할 필요는 없다는 점을 감안하여 식 (7.34)를 서로 다른 두 시점 t와 $t-1$간에 차이를 취하면 다음을 얻는다.

$$(7.35) \quad \ln\left(\frac{K_t}{y_t}\right) - \ln\left(\frac{K_{t-1}}{y_{t-1}}\right) = (\sigma-1)(\ln A_{Kt} - \ln A_{Kt-1})$$
$$+ \sigma\left[\ln\left(\frac{p_t}{w_{Kt}}\right) - \ln\left(\frac{p_{t-1}}{w_{Kt-1}}\right)\right]$$

$\dot{z}_t = \ln z_t - \ln z_{t-1}$처럼 변수의 변화율을 방점을 찍어 표기하고, 생산효율성 변화율은 $\gamma_K = \ln A_{Kt} - \ln A_{Kt-1}$처럼 일정하다고 하자. 그렇다면 네 가지 모든 투입물에 대해 다음과 같은 추정식을 구축할 수 있다.

$$(7.36) \quad \dot{K}_t - \dot{y}_t = (\sigma-1)\gamma_K + \sigma(\dot{p}_t - \dot{w}_{Kt}) + u_{Kt}$$
$$\dot{L}_t - \dot{y}_t = (\sigma-1)\gamma_L + \sigma(\dot{p}_t - \dot{w}_{Lt}) + u_{Lt}$$
$$\dot{E}_t - \dot{y}_t = (\sigma-1)\gamma_E + \sigma(\dot{p}_t - \dot{w}_{Et}) + u_{Et}$$
$$\dot{M}_t - \dot{y}_t = (\sigma-1)\gamma_M + \sigma(\dot{p}_t - \dot{w}_{Mt}) + u_{Mt}$$

위의 네 개의 방정식은 파라미터 σ와 $(\gamma_K, \gamma_L, \gamma_E, \gamma_M)$에 대해 여전히 비선형이다. 이 방정식 체계를 비선형 SUR모형으로 추정할 수도 있다.[20] CES함수 추정의 초점은 대체탄력성 σ의 추정에 있다는 점을 감안하면 최종 추정식은 다음과 같은 선형 SUR모형으로 설정할 수도 있다.

$$(7.37) \quad \dot{K}_t - \dot{y}_t = \beta_K + \sigma(\dot{p}_t - \dot{w}_{Kt}) + u_{Kt}$$
$$\dot{L}_t - \dot{y}_t = \beta_L + \sigma(\dot{p}_t - \dot{w}_{Lt}) + u_{Lt}$$
$$\dot{E}_t - \dot{y}_t = \beta_E + \sigma(\dot{p}_t - \dot{w}_{Et}) + u_{Et}$$
$$\dot{M}_t - \dot{y}_t = \beta_M + \sigma(\dot{p}_t - \dot{w}_{Mt}) + u_{Mt}$$

---

[19] 이렇게 함수 내의 특정 파라미터를 통계적으로 추정하지 않고 관측되는 자료 값을 이용해 수치를 찾아내는 것을 캘리브래이션(calibration)이라 부르기도 한다.

[20] R의 systemfit에도 비선형함수 추정기능이 있다.

식 (7.37)의 SUR모형이 추정되면, $\beta_i = (\sigma - 1)\gamma_i$의 관계를 이용해 γ_i가 복원될 수 있다.

CES생산함수는 이상 논의한 바와 같이 비선형의 형태 때문에 통계분석이 쉽지 않으나, 생산자의 최적화 행위를 반영하면 비교적 다루기 쉬운 비선형방정식으로 바꾸거나 아니면 선형 추정식으로 전환할 수도 있다. 마지막으로 하나 더 확인할 것은 CES함수에도 추가적인 신축성을 도입할 수 있다는 점이다. 위에서 본 KLEM형 생산함수에서 모든 투입물의 대체탄력성이 σ로 하나뿐이라는 것은 지나친 가정일 수도 있다. 이 문제를 완화하고자 하면 다음처럼 중첩CES(nested-CES) 생산함수를 설정할 수 있다.

$$(7.38) \qquad y_t = \left[\alpha_V V_t^{\frac{(\sigma-1)}{\sigma}} + \alpha_E (A_{Et} E_t)^{\frac{(\sigma-1)}{\sigma}} + \alpha_M (A_{Mt} M_t)^{\frac{(\sigma-1)}{\sigma}} \right]^{\frac{\sigma}{(\sigma-1)}}$$

$$V_t = \left[\beta_K (B_{Kt} K_t)^{\frac{(\sigma_v-1)}{\sigma_v}} + \beta_L (B_{Lt} L_t)^{\frac{(\sigma_v-1)}{\sigma_v}} \right]^{\frac{\sigma_v}{(\sigma_v-1)}}$$

$$\alpha_V + \alpha_E + \alpha_M = 1, \ \ \beta_K + \beta_L = 1$$

즉, 두 본원적 투입물인 자본과 노동이 먼저 CES 생산함수를 통해 부가가치재 V_t를 생산하고, 이어서 V_t와 나머지 두 투입물 E_t와 M_t가 CES 생산함수를 통해 최종 산출물 y_t를 생산해낸다. 이는 분리가능성을 도입하는 것으로서, 이렇게 함으로써 생산요소 간 대체탄력성에 다양성을 부여할 수 있다. 이때 생산자는 V_t 생산의 생산비를 최소화하고, 이어서 전체 생산비를 최소화하는 단계적 의사결정을 한다. 이외에도 다양한 품목 조합 간의 분리가능성을 도입할 수 있으며, 3단계 이상의 중첩구조를 도입할 수도 있다. 이 경우에도 생산자의 최적화 행위를 반영하여 σ_v와 σ와 같은 다수의 대체탄력성 추정 치를 도출할 수 있다.[21]

---

21 KLE 세 가지 투입물 선택에 있어 중첩CES함수를 비용최소화 행위를 이용해 추정하는 방법은 van der Werf(2008)가 제안하였다(van der Werf, E. 2008, "Production Functions for Climate Policy Modeling: An Empirical Analysis," *Energy Economics* 30, pp. 2964－2979). 다음 연구는 동일 방법을 KLEM 네 가지 투입물 선택문제로 확장하였다: 권오상·한미진·반경훈·윤지원, 2018, "한국 경제의 KLEM DB구축과 중첩 CES 생산함수 추정," 『자원·환경경제연구』 27, pp. 1－38.

생산자 동태최적화의 실증분석

생산자행위를 함수형태를 설정해 분석할 때 추가로 고려할 필요가 있는 경우로서 동태적 의사결정이 있다. 지금까지 본서가 도출한 모든 생산자행위는 정태적(static)이었다. 심지어 자본과 같은 고정투입요소의 양을 바꿀 때에도 그 선택원리는 특정 시점에 획득하는 이윤을 극대화하거나 지불해야 할 비용을 최소화하는 정태적 목표의 달성이었다. 하지만 현실에 있어서는 특정 시점의 생산자 선택은 당해기의 이윤이나 비용은 물론, 그 이후의 성과에도 영향을 미칠 수 있다. 이 경우 생산자는 현재의 성과는 물론이고, 미래에 발생할 성과도 반영해야하는 동태적(dynamic) 의사결정에 직면하게 된다.

생산자의 동태적 의사결정은 자본재 투자, R&D 지출 등 여러 영역에서 발생할 수 있는데, 여기에서는 자본재 선택과 관련해 발생한다고 가정한다. K를 자본, x를 기타 투입재, y를 산출이라 하고, 자본투입재의 양을 늘리려는 투자(investment)를 $I(>0)$라 하자. 동태분석이므로 시간 t를 도입하면, t는 1년, 2년처럼 이산시점(discrete time)으로 측정할 수도 있고 연속적인 실수, 즉 연속시점(continuous time)으로 측정할 수도 있다. 이산시점일 경우 시점 t의 자본량은 다음처럼 결정된다.

$$K_t = I_{t-1} + (1-\delta)K_{t-1}$$

δ는 감가상각률(depreciation rate)이라 불리는데, 자본재는 시간이 지나면서 성능이 약해지거나 감모된다는 점을 반영한다. 지금까지의 정태모형에서는 t시점의 생산자는 $t-1$시점의 자본량 K_{t-1}이 얼마였든지 관계없이 현재 원하는 만큼의 자본량 K_t를 즉각 구매하여 생산에 투입할 수 있었다. 하지만 동태모형에서는 t시점의 자본량 K_t는 $t-1$시점의 자본량 K_{t-1} 중 감가상각이 되지 않고 남은 $(1-\delta)K_{t-1}$에 $t-1$기에 행해진 투자 I_{t-1}을 더한 것과 같다. 따라서 자본량은 과거의 자본량에 연계되고, 동태적으로 조정된다.

시간변수가 연속적인 실수라면, 시점 t의 자본량이 $K(t)$일 때 그 변화는 $\dot{K} = dK/dt$와 같이 계산한다. $\dot{K}$는 미분형태로 표현된 단위 시간당 자본량 변화이다. 투자와 감가상각을 반영하면 자본은 다음과 같은 성장방정식을 따라 동태적으로 변한다.

(7.39) $\dot{K} = I(t) - \delta K(t)$

생산자의 동태최적화는 이산시점이나 연속시점 어느 경우를 가정하고도 분석할 수 있지만, 여기에서는 연속시점을 가정한다. x와 K의 가격은 각각 w와 r이며, 산출물가격은 1로 고정되었다고 하자. 즉 산출물과 투입물의 가격은 모두 산출물가격으로 나누어 정규화한 것이다. 자본 K는 투입요소로 사용된 후에도 감가상각을 제외하고는 여전히 남아있기 때문에 그 가격 r은 자본 자체의 구입비용이 아니라 자본이 투입요소로서 단위 시간당 제공한 서비스의 가격이라 해석해야 한다. 예를 들어 기계 등을 생산자가 임차하거나 리스(lease)했다면 그 단위 시간당 비용이 될 것이고, 생산자 소유의 기계라면 이를 다른 생산자에게 임대하여 벌어들일 수 있는 수입을 포기했기 때문에 발생하는 단위 시간당 기회비용으로 해석할 수 있다.[22]

특정 시점 t에 있어 생산기술은 다음과 같은 생산함수로 표현된다.

$$(7.40) \qquad y(t) = F(x(t), K(t), I(t))$$

아울러 $F_x \geq 0$, $F_K \geq 0$, $F_I \leq 0$을 가정한다. 투자 I는 통상적인 투입물 x, K와 달리 그 값이 커질수록 생산이 감소하는데, 이는 자본 투자 시 그 직간접 비용 때문에 산출량 생산 외의 용도로 생산요소를 배정할 필요가 있기 때문이다. 투자의 간접비용으로는 새로 도입한 기계 장비의 설치비 등을 예로 들 수 있다. 이 가정에 의해 특정 시점에서 I를 늘리면 당해기의 생산은 줄어들지만 식 (7.39)처럼 자본축적이 이루어져 이후 시점의 생산량은 늘어난다.

생산자는 미래에 발생하는 이윤에 대해서는 현재 얻는 이윤보다 낮은 가치를 부여하는 소위 할인(discounting)을 한다. 시작시점 t_0에서 무한시점까지 생산하는 생산자의 성과는 각 시점에서 발생하는 이윤을 할인하여 모두 더한 것이다. 연속시점을 가정할 경우 할인 '이윤의 합'은 다음처럼 시간에 대해 적분하여 얻을 수 있으며, 이를 극대화하는 것이 생산자의 목적이다.

---

22 본서는 지금까지 자본가격에 대해서는 엄밀히 논의하지 않았으나, 사실 자본재 자체의 구입비용과 자본서비스의 가격은 구분되어야 하고, 투입요소로서의 자본가격 r은 후자를 의미한다. r은 사용자비용(user cost)이라 불리기도 한다. 자본량 K가 자본가액, 즉 금액으로 측정될 경우 특정 기간 동안의 사용자비용 r은 그 기간 내에 자본가액의 변화가 없다면 [이자율+감가상각률]로 측정된다. 자본량 K와 사용자비용 r을 통계자료로부터 구하는 과정에 관한 설명으로 다음 문헌이 유용하다: OECD, 2009, *Measuring Capital, OECD Manual* 2nd ed..

$$(7.41) \qquad V(K_0, w, r) = \max_{x(t), I(t)} \int_{t_0}^{\infty} e^{-\rho(t-t_0)} \begin{bmatrix} F(x(t), K(t), I(t)) \\ -wx(t) - rK(t) \end{bmatrix} dt$$

$$\text{s.t.,} \quad \dot{K} = I(t) - \delta K(t), \quad K(t_0) = K_0$$

식 (7.41)에서 특정 값을 가지는 $\rho(>0)$가 할인율이다. $e^{-\rho(t-t_0)}$는 시점 t의 이윤에 곱해져 이윤을 시작시점 t_0의 가치로 전환한다. K_0는 시작시점에 주어진 자본량이다. 투입요소가격 (w, r)은 시작시점의 수준이 미래에도 그대로 유지된다고 가정한다. 따라서 최대화되는 이윤 할인 합의 크기 $V(K_0, w, r)$은 시작시점의 자본량과 투입요소가격에 의해 결정된다. 생산자는 각 시점에서 가변투입물 $x(t)$는 물론 투자 $I(t)$도 선택해 미래의 자본량에 영향을 미친다. 이 동태 최적화문제는 다음의 잘 알려진 형태로 전환할 수 있다.

𝐦𝐚𝐭𝐡 7.3   해밀턴-자코비-벨만 방정식

$$\rho V(K, w, r) = \max_{x, I} \{ F(x, K, I) - wx - rK + V_K(K, w, r)(I - \delta K) \}$$

해밀턴–자코비–벨만(Hamilton-Jacobi-Bellman. HJB) 방정식은 식 (7.41)과 같은 동태 최적화문제를 하나의 정태방정식을 푸는 문제로 전환한다. HJB 방정식의 도출은 비교적 긴 설명을 필요로 하므로 여기에서는 직관적으로 이해하도록 한다.[23] 의사결정이 이루어지는 특정 시점에 주어져있는 자본량을 K라 하자. 우변은 이 시점에서 발생하는 이윤 $F(x, K, L) - wx - rK$에 $V_K(K, w, r)(I - \delta K)$를 더한 것을 극대화한 것이다. $V(\cdot)$는 식 (7.41)을 풀어 최적 선택을 했을 때 지금부터 미래까지 발생하는 모든 이윤을 할인하여 더한 것으로서, 가치함수(value function)라 부른다.[24] $V_K(\cdot)$는 현재의 K가 한계적으로 늘어날 때 가치함수의 값이 얼마나 증가하는지를 보여준다. 즉 $V_K(\cdot)$는 생산자에게 있어 자본의 잠재적 가치이며, 따라서 자본량이 $I - \delta K$만큼 변할 때 발생하는 추가 이득

---

[23] HJB 방정식의 도출과정은 다음 문헌에서 확인할 수 있다: Weitzman, M. L., 2004, *Income, Wealth, and the Maximum Principle*, Harvard University Press, ch. 7; Caputo, M. R., 2005, *Foundations of Dynamic Economic Analysis: Optimal Control Theory and Applications*, Cambridge University Press, ch. 19.

[24] 가치함수 $V(K, w, r)$는 $V_K \geq 0$, $V_w \leq 0$, $V_r \leq 0$이고, (w, r)의 볼록함수임을 보여줄 수 있다. 그리고 생산함수 $F(x, K, I)$가 (x, K, I)의 오목함수이면 K의 오목함수이다(Caputo 2005, pp. 553−558).

을 가치화한 것이 $V_K(K,w,r)(I-\delta K)$이다. 이렇게 특정 시점에 발생하는 직접 이윤 $F(x,K,I)-wx-rK$와 자본량 변화로 인해 얻는 가치 $V_K(K,w,r)(I-\delta K)$를 합한 것을 최대로 만든 것이 우변의 값이다.

HJB 방정식의 좌변 $\rho V(K,w,r)$는 현재부터 미래까지 발생할 총 이윤에 할인율을 곱한 것이다. 그리고 할인율 ρ는 대체로 이자율 등을 반영한다. 따라서 $\rho V(K,w,r)$은 생산행위를 직접 하는 대신 예상되는 이윤의 할인합(= $V(K,w,r)$)만큼을 받고 사업체를 매각한 후, 그 대금을 은행에 예치했다면 단위 시간당 받을 수 있는 금융소득이 된다. 그러므로 이는 생산자가 생산행위를 하는 대신 포기하는 소득, 즉 기회비용이다. HJB 방정식은 이처럼 특정 시점에서 발생하는 생산행위의 기회비용(=좌변)과 생산을 실행해 얻는 직간접의 이득(=우변)이 일치해야 함을 의미한다.

이 동태 최적화문제를 풀어 특정 시점에 있어 최적의 y, x와 I 혹은 $\dot{K}$를 도출하기 위해서는 HJB 방정식의 쌍대문제인 다음 문제를 푸는 것이 편리하다.

$$(7.42) \qquad F(x,K,I) = \min_{w,r}\{\rho V(K,w,r) + wx + rK - V_K(I-\delta K)\}$$

이런 종류의 쌍대성은 여러 종류의 함수 사이에서 성립한다는 것을 제5장 등에서 확인한 바 있지만, HJB 방정식과 식 (7.42)에 의해 생산함수 $F(x,K,I)$와 가치함수 $V(K,w,r)$ 사이에는 잘 정립된 쌍대성이 존재한다. 식 (7.42)를 각각 w와 r에 대해 미분하면 다음의 최적 조건이 도출된다.

$$(7.43a) \qquad \rho V_w + x - V_{Kw}\dot{K} = 0$$

$$(7.43b) \qquad \rho V_r + K - V_{Kr}\dot{K} = 0$$

식 (7.43b)로부터 최적 $\dot{K}^*$인 아래의 식 (7.44a)를 도출할 수 있고, 이를 식 (7.43a)에 다시 대입하면 최적 x^*인 식 (7.44b)가 도출된다. 그리고 마지막으로 식 (7.42)의 우변에 최적 $\dot{K}^*$와 x^*를 대입하면 식 (7.44c)의 최적 공급량 y^*가 도출된다.

$$(7.44a) \qquad \dot{K}^*(K,w,r) = V_{Kr}^{-1}(\rho V_r + K)$$

$$(7.44b) \qquad x^*(K,w,r) = -\rho V_w + V_{Kw}V_{Kr}^{-1}(\rho V_r + K)$$

$$(7.44c) \qquad y^*(K,w,r) = \rho[V - V_w w - V_r r]$$
$$\qquad\qquad\qquad - [V_K - wV_{Kw} - rV_{Kr}][V_{Kr}^{-1}(\rho V_r + K)]$$

식 (7.44c)를 도출하기 위해 식 (7.42), (7.44a), (7.44b)로부터 다음을 확인하자:

$$y^* = F(x^*, K, I^*) = \rho V + wx^* + rK - V_K \dot{K}^*$$
$$= \rho V + w[-\rho V_w + V_{Kw} V_{Kr}^{-1}(\rho V_r + K)] + rK - V_K V_{Kr}^{-1}(\rho V_r + K)$$

식 (7.44a) 양변에 rV_{Kr}을 곱한 후 $\rho r V_r$을 다시 빼주면 $-\rho r V_r + r V_{Kr} V_{Kr}^{-1}(\rho V_r + K) = r V_{Kr} \dot{K}^* - \rho r V_r$가 되는데, 이 우변은 최적화 조건식 (7.43b)에 의해 rK이다. 즉 위의 y^*의 마지막 표현에서 rK 대신 $-\rho r V_r + r V_{Kr} V_{Kr}^{-1}(\rho V_r + K)$를 대입하여 정리하면 식 (7.44c)의 최적 공급함수 $y^*(K, w, r)$이 도출된다.

식 (7.44)의 최적화조건이 갖추어졌기 때문에 가치함수 $V(K, w, r)$에 특정 함수형태를 부여하면 이로부터 동태최적화를 달성하는 투입물수요 x^*와 투자계획 $\dot{K}^*$, 그리고 공급 y^*를 구체적으로 도출할 수 있다. 예를 들어 다음 2차함수를 설정해보자.

$$(7.45) \qquad V(K, w, r) = \alpha_0 + \alpha_K K + \alpha_w w + \alpha_r r + \frac{1}{2}\beta_{KK}K^2 + \beta_{Kr}Kr + \beta_{Kw}Kw$$
$$+ \frac{1}{2}\beta_{ww}w^2 + \beta_{rw}rw + \frac{1}{2}\beta_{rr}r^2$$

식 (7.44)에 식 (7.45)를 적용하면 다음과 같은 구체적 형태의 최적 투자, 투입물수요, 그리고 산출물공급이 도출됨을 연습문제로 확인해보기 바란다.

$$(7.46a) \qquad \dot{K}^* = \frac{\rho\alpha_r}{\beta_{Kr}} + \left(\frac{\rho\beta_{Kr}+1}{\beta_{Kr}}\right)K + \frac{\rho\beta_{rw}}{\beta_{Kr}}w + \frac{\rho\beta_{rr}}{\beta_{Kr}}r$$

$$(7.46b) \qquad x^* = \frac{\rho(\beta_{Kw}\alpha_r - \beta_{Kr}\alpha_w)}{\beta_{Kr}} + \frac{\beta_{Kw}}{\beta_{Kr}}K + \frac{\rho(\beta_{Kw}\beta_{rw} - \beta_{ww}\beta_{Kr})}{\beta_{Kr}}w$$
$$+ \frac{\rho(\beta_{rr}\beta_{Kr} - \beta_{rW}\beta_{Kw})}{\beta_{Kr}}r$$

$$(7.46c) \qquad y^* = \rho\alpha_0 + \rho\alpha_K K - \frac{1}{2}\rho\beta_{ww}w^2 - \frac{1}{2}\rho\beta_{rr}r^2 - \rho\beta_{rw}wr + \frac{1}{2}\rho\beta_{KK}K^2$$
$$- \alpha_K \dot{K}^* - \beta_{KK}K\dot{K}^*$$

식 (7.46a)~(7.46c)에 각각 교란항을 부가하여 전체 비선형 회귀식 시스템을 추정하면 식 (7.45) 가치함수의 파라미터들을 모두 식별할 수 있고, 또한 생산자의 동태최적화

행위를 실증적으로 분석할 수 있다. 추정식에는 할인율 ρ가 포함되고, $\dot{K}^*$도 $I^* - \delta K$로 전환되기 때문에 감가상각률 δ도 반영된다. 이 두 파라미터는 추정하지 않고 외부에서 주어진 값을 적용하지만, δ는 가치함수의 파라미터들과 함께 추정하기도 한다.

경제자료는 모두 이산시점으로 측정되므로 $(K_t, I_t, w_t, r_t, x_t, y_t)$, $t = 1, \dots, T$와 같은 자료를 가지게 된다. 모형 추정 시에는 자료가 측정된 각 시점을 시작시점으로 하는 동태최적화가 매번 이루어지고, 각 관측치에서 HJB 방정식이 풀리는 것으로 간주한다. 따라서 각 관측 자료 $(K_t, I_t, w_t, r_t, x_t, y_t)$가 추정식 (7.46a)~(7.46c)에 변수 $(K, I(= \dot{K} + \delta K), w, r, x, y)$의 값으로 사용된다.

생산자의 동태최적화는 이상과 같이 동태 이윤극대화문제로 설정할 수 있지만, 동태 비용최소화와 같은 다른 목적을 가지도록 설정할 수도 있다. 후자의 경우에는 목표 생산량도 주어진 것으로 가정해야 한다.

아울러 예상되는 미래 가격 $(w(t), r(t))$가 시작시점 수준에 고정되지 않고 변하며, 예상되는 미래 생산함수 $F(x(t), K(t), I(t), t)$도 시간 t에 따라 그 형태가 달라짐을 가정하기도 한다. 이 경우에는 생산자 가치함수 $V(\cdot)$도 시간 t에 따라 형태가 달라진다. 따라서 동태 최적화문제는 식 (7.41)에 비해 더 복잡한 구조를 가지고, HJB 방정식의 형태도 바뀔 필요가 있다. 그리고 이때 가격이나 생산기술의 예측치를 어떻게 분석에 반영할지의 문제도 대두된다.[25]

---

25 생산자 동태최적화를 분석하는 다양한 방법들에 대해서는 다음을 참고할 수 있다: Galeotti, M., 1996, "The Intertemporal Dimension of Neoclassical Production Theory," *Journal of Economic Survey* 10, pp. 421–460; Stefanou, S. E., 2022, "Dynamic Analysis of Production," in S. C. Ray, R. G. Chambers, and S. C. Kumbhakar, eds., *Handbook of Production Economics,* Springer, pp. 611–640.

References

■ Berndt, E. R., 1991, *The Practice of Econometrics: Classic and Contemporary*, Addison Wesley: 본장의 예제와 유사한 예제를 이 책 9장에서도 일부 다루고 있다.

■ Christensen, L. R. and W. H. Greene, 1976, "Economies of Scale in U.S. Electric Power Generation," *Journal of Political Economy* 84, pp. 655－676: 매우 저명한 이 논문의 기여도는 아래의 M. Nerlove 연구의 1950년대 미국 발전소 자료를 1970년대 자료로 확장하고, 단일 방정식이 아닌 초월대수 비용함수의 다변량 방정식을 추정하였다는 것이다.

■ Davidson, R. and J. G. MacKinnon, 2004, *Econometric Theory and Methods*, Oxford University Press: 두 저명 계량경제학자가 쓴 대단히 훌륭한 대학원 수준 계량경제학 교재이다. SUR, 델타법을 포함해 본장에서 사용하고 있는 모든 계량분석기법의 이론적 근거를 배울 수 있다.

■ Johnston, J. and J. DiNardo, 1997, *Econometric Methods*, 4th ed., McGraw－Hill: 학부 수준의 계량경제학 교재에서는 본장에서 중요하게 활용하는 SUR추정법에 대한 설명이 충분치 않다. 이 책은 대학원 수준의 교재이긴 하나 알기 쉽게 기법을 설명하고 있다.

■ Jorgenson, D. W., R. J. Goettle, M. S. Ho and P. J. Wilcoxen, 2013, *Double Dividend: Environmental Taxes and Fiscal Reform in the United States*, MIT Press: 집계자료와 신축적인 함수를 이용해 생산기술을 분석하고, 그 결과를 경제 분석에 활용하는 매우 체계적이면서 모범적인 분석 사례를 보여준다. D. Jorgenson은 이 주제와 관련하여 연구 기여도가 가장 높은 경제학자이기도 하다.

■ Nadiri, M. I. and I. R. Prucha, 2001, "Dynamic Factor Demand Models and Productivity Analysis," in C. R. Hulten, E. R. Dean, and M. J. Harper, eds., *New Developments in Productivity Analysis*, The University of Chicago Press, pp. 103－172: 두 전문 연구자가 생산자의 동태최적화 행위를 실증분석하는 방법에 관해 종합적으로 설명한다.

■ Nerlove, M. 1963, "Returns to Scale in Electricity Supply," in C. F. Christ, ed., *Measurement in Economics: Studies in Honor of Yehuda Grunfeld*, Stanford University Press, pp. 167－198: 지금은 학부 학생들도 수업시간에 배우는 내용이지만, 이 연구는 콥－더글라스 비용함수를 추정하여 콥－더글라스 생산함수의 특성을 완전 파악할 수 있음을 보여줌으로써 간접목적함수를 실증 분석하는 생산경제학의 전통을 수립한 기념비적인 연구이다. 비용함수 추정에 개입되는 그 외 다양한 계량경제학적 문제점도 검토하고 있다.

생산효율성의 분석

생 산 경 제 학
PRODUCTION
ECONOMICS

생산효율성의 분석

지금까지는 생산자들은 가장 효율적인 방법으로 생산행위를 하고, 가격변수와 같은 시장여건에 대해서도 가장 효과적으로 반응하여 비용을 최소화하거나 이윤을 극대화한 다고 가정하였다. 그런데 정부 규제의 영향이나 정보의 부적절한 전달, 생산 환경이나 기술력의 현저한 차이로 인해 특정 생산자가 자신이 선택할 수도 있는 가장 효과적인 생산방법을 선택하지 못한다면, 생산에 있어 일종의 비효율성(inefficiency)이 발생하게 된다. 산업 전체나 국가 전체의 자료가 아닌 개별 생산자의 자료를 이용할 때 특히 이러한 비효율성이 심하게 나타날 수 있다. 본장은 이렇게 생산자 간 기술이나 경영의사결정상의 효율성 격차가 있을 때 이를 분석하는 방법을 논의한다.

분석법은 크게 생산함수나 비용함수 등의 함수형태를 선택하지 않고 기술집합 등을 바로 구축하는 방법과, 제7장에서 살펴본 생산함수나 비용함수의 추정방법을 사용하되 비효율성이 존재할 수 있도록 추정방법을 변경하는 방법 두 가지로 나뉜다. 제2절과 제3절은 전자의 방법을 분석하며, 제4절은 후자의 방법을 분석한다. 그리고 마지막 제5절은 두 가지 접근법을 연계하거나 생산자의 특성이 효율성 격차에 미치는 영향을 추가로 분석하는 방법을 설명한다. 본장의 내용도 제7장의 경우와 마찬가지로 통계학이나 계량경제학적 용어를 어느 정도 사용하고 있어 일부 독자에게는 다소 어렵게 느껴질 수 있다.

SECTION 01 선형근사 생산기술

제7장에서 특정 함수형태를 선택해 생산기술이나 생산자행위의 특성을 분석하는 방법을 논의했다. 이들 함수는 모두 기술집합, 투입물집합, 산출물집합과 같은 생산기술

특성을 나타내는 집합에서 정의된다. 만약 실제로 이루어진 투입과 산출의 자료가 있다면 이를 이용해 실제로 이들 집합을 구축할 수도 있다. 이는 제7장에서 사용된 방법과 달리 연속적이고 미분가능한 함수를 추정하는 방법이 아니고, 기술집합 등을 직접 구축하는 방법이다. 이때 구축되는 집합은 그 경계가 몇 개의 직선 조각으로 연결되는 (piecewise linear) 특성이 있다. 즉 우리는 실제 기술집합의 경계를 자료를 이용해 선형으로 근사하게 된다.

생산행위가 이루어진 K개의 관측치가 있다고 하자. 즉 K개의 시험결과나 K명의 생산자 생산행위 결과가 자료로 축적되어 있다. 이렇게 생산행위의 결과물을 낳은 어떤 시험결과나 생산자를 관련 문헌에서는 의사결정단위(decision making unit, DMU)라 부르기도 한다. 어떤 DMU를 상첨자 k로 표현하여, x_n^k는 이 DMU가 사용한 n번째 투입물을, 그리고 y_m^k는 이 DMU의 m번째 산출물 생산량을 나타내도록 한다. 다음의 집합들을 검토하자.

$$(8.1a) \quad \overline{T}_C = \left\{ (x_1,...,x_N, y_1,...,y_M) : y_m \leq \sum_{k=1}^{K} \lambda^k y_m^k, \sum_{k=1}^{K} \lambda^k x_n^k \leq x_n, \lambda^k \geq 0 \right\}$$

$$(8.1b) \quad \overline{Y}_C(x_1,...,x_N) = \left\{ (y_1,...,y_M) : y_m \leq \sum_{k=1}^{K} \lambda^k y_m^k, \sum_{k=1}^{K} \lambda^k x_n^k \leq x_n, \lambda^k \geq 0 \right\}$$

$$(8.1c) \quad \overline{V}_C(y_1,...,y_M) = \left\{ (x_1,...,x_N) : y_m \leq \sum_{k=1}^{K} \lambda^k y_m^k, \sum_{k=1}^{K} \lambda^k x_n^k \leq x_n, \lambda^k \geq 0 \right\}$$

$$\text{단, } m = 1,...,M, \ n = 1,...,N$$

식 (8.1)의 세 집합은 각각 기술집합 T, 산출물집합 $Y(x_1,...,x_N)$, 투입물집합 $V(y_1,...,y_M)$을 근사한다. $\overline{T}_C$는 투입-산출물의 조합으로 이루어지는데, m번째 산출물 y_m은 실제로 관측된 K개의 y_m 산출량의 가중합인 $\sum_{k=1}^{K} \lambda^k y_m^k$보다 크지 않아야 한다. 반면 n번째 투입물 x_n은 실제로 관측된 K개의 x_n 투입량의 가중합인 $\sum_{k=1}^{K} \lambda^k x_n^k$보다 작지 않아야만 집합 $\overline{T}_C$에 포함될 수 있다.[1] 이러한 조건은 모든 산출물 $(y_1,...,y_M)$과 모든 투입물 $(x_1,...,x_N)$에 동시에 적용되어야 한다. 그리고 각 관측치의 자료에 부여되는 가중치 λ^k는 비음이어야 한다.

---

[1] 집합 내의 조건들인 $y_m \leq \sum_{k=1}^{K} \lambda^k y_m^k$, $\sum_{k=1}^{K} \lambda^k x_n^k \leq x_n$, $\lambda^k \geq 0$는 각각 모든 $m(=1,...,M)$, $n(=1,...,N)$, $k(=1,...,K)$에서 성립해야 함을 의미한다. 아래에서 도입될 모든 집합에서도 마찬가지이다.

집합 $\overline{Y}_C(x_1,...,x_N)$는 근사된 기술집합 $\overline{T}_C$와 동일한 방식으로 구축되지만, $\overline{T}_C$에서의 투입물의 수준이 특정량 $(x_1,...,x_N)$에 고정되었을 때 기술적으로 가능한 산출물집합을 나타낸다. 마찬가지로 $\overline{V}_C(y_1,...,y_M)$는 $\overline{T}_C$에서의 산출물 수준이 특정량 $(y_1,...,y_M)$에 고정되어 있을 때 이를 생산할 수 있는 투입물집합을 실제 자료를 이용해 구축한 것이다. 이들 근사집합이 어떤 성질을 가지는지를 $N=M=2$를 가정하고, 근사된 산출물집합 $\overline{Y}_C(x_1,x_2)$를 대상으로 다음과 같이 확인하자.

$\overline{Y}_C.1$ 모든 투입물조합에 있어 $(0,0)\in \overline{Y}_C(x_1,x_2)$이지만, $(y_1,y_2)\geq (0,0)$일 때 $(y_1,y_2)\not\in \overline{Y}_C(0,0)$

$\overline{Y}_C.2$ 모든 투입물조합 (x_1,x_2)에 있어 유계

$\overline{Y}_C.3$ 폐집합

$\overline{Y}_C.4$ $(x_1{'},x_2{'})\geq (x_1,x_2)$이면 $\overline{Y}_C(x_1,x_2)\subseteq \overline{Y}_C(x_1{'},x_2{'})$

$\overline{Y}_C.5$ $(y_1,y_2)\in \overline{Y}_C(x_1,x_2)$이고 $(y_1{'},y_2{'})\leq (y_1,y_2)$이면, $(y_1{'},y_2{'})\in \overline{Y}_C(x_1,x_2)$

$\overline{Y}_C.6$ 볼록집합

$\overline{Y}_C.7$ $\overline{Y}_C(\theta x_1,\theta x_2)=\theta\overline{Y}_C(x_1,x_2)$ (CRS)

위의 일곱 가지 성질 중 마지막 규모수익불변의 성질 $\overline{Y}_C.7$을 제외하면 모두 다 제3장에서 논의했던 산출물집합 $Y(x_1,x_2)$의 성질과 일치한다. 또한 이 CRS성질은 다음처럼 확인된다.

$$(8.2) \quad \overline{Y}_C(\theta x_1,\theta x_2)=\left\{(y_1,y_2):y_m\leq \sum_{k=1}^{K}\lambda^k y_m^k,\ \sum_{k=1}^{K}\lambda^k x_n^k\leq \theta x_n,\lambda^k\geq 0\right\}$$

$$=\theta\left\{(y_1/\theta,y_2/\theta):y_m/\theta\leq \sum_{k=1}^{K}(\lambda^k/\theta)y_m^k,\ \sum_{k=1}^{K}(\lambda^k/\theta)x_n^k\leq x_n,(\lambda^k/\theta)\geq 0\right\}$$

$$=\theta\left\{(\overline{y}_1,\overline{y}_2):\overline{y}_m\leq \sum_{k=1}^{K}\mu^k y_m^k,\ \sum_{k=1}^{K}\mu^k x_n^k\leq x_n,\mu^k\geq 0\right\}=\theta\overline{Y}_C(x_1,x_2)$$

단, $\theta>0$, $\overline{y}_m=y_m/\theta$, $\mu^k=\lambda^k/\theta$, $m=1,2$, $n=1,2$

나머지 $\overline{Y}_C 1$에서 $\overline{Y}_C 6$에 이르는 성질들은 사실 집합을 구성하는 부등식조건들에 의해 모두 자연스럽게 부과되는 성질들로서, 특별히 증명할 필요는 없다. 예를 들면 $(x_1', x_2') \geq (x_1, x_2)$이면, 두 집합 $A(x_1, x_2) = \left\{ (\lambda^1, ..., \lambda^K) : \sum_{k=1}^{K} \lambda^k x_1^k \leq x_1, \sum_{k=1}^{K} \lambda^k x_2^k \leq x_2 \right\}$ 와 $A(x_1', x_2') = \left\{ (\lambda^1, ..., \lambda^K) : \sum_{k=1}^{K} \lambda^k x_1^k \leq x_1', \sum_{k=1}^{K} \lambda^k x_2^k \leq x_2' \right\}$를 비교했을 때 $A(x_1, x_2)$ $\subseteq A(x_1', x_2')$임을 쉽게 알 수 있다. 즉 투입물측면의 제약을 충족하는 가중치들의 집합이 투입물의 양이 많아질수록 더 커진다. 이를 반영하면 $\{ (y_1, y_2) : y_m \leq \sum_{k=1}^{K} \lambda^k y_m^k$, $(\lambda^1, ..., \lambda^K) \in A(x_1, x_2) \} \subseteq \left\{ (y_1, y_2) : y_m \leq \sum_{k=1}^{K} \lambda^k y_m^k, (\lambda^1, ..., \lambda^K) \in A(x_1', x_2') \right\}$의 관계도 성립해야 하므로 $\overline{Y}_C 4$가 성립해야 한다.

생산기술이 규모수익불변이라는 $\overline{Y}_C 7$의 성질은 특수한 성질로서, 선형근사되는 산출물집합이 반드시 이를 충족할 필요는 없다. 산출물집합이 다른 형태의 규모수익성을 반영할 수 있도록 하려면 선형근사 방법을 식 (8.3) 및 (8.4)처럼 수정할 수 있다.

$$(8.3) \quad \overline{Y}_{NI}(x_1, ..., x_N)$$
$$= \left\{ (y_1, ..., y_M) : y_m \leq \sum_{k=1}^{K} \lambda^k y_m^k, \sum_{k=1}^{K} \lambda^k x_n^k \leq x_n, \lambda^k \geq 0, \sum_{k=1}^{K} \lambda^k \leq 1 \right\}$$

$$(8.4) \quad \overline{Y}_{V}(x_1, ..., x_N)$$
$$= \left\{ (y_1, ..., y_M) : y_m \leq \sum_{k=1}^{K} \lambda^k y_m^k, \sum_{k=1}^{K} \lambda^k x_n^k \leq x_n, \lambda^k \geq 0, \sum_{k=1}^{K} \lambda^k = 1 \right\}$$
$$\text{단, } m = 1, ..., M, \ n = 1, ..., N$$

식 (8.3)의 정의에서는 $\sum_{k=1}^{K} \lambda^k \leq 1$의 제약을 추가하였고, 식 (8.4)의 정의에서는 $\sum_{k=1}^{K} \lambda^k = 1$의 제약를 추가하였다. 각각 각 관측치에 부과되는 가중치의 합이 1보다 클 수 없고, 정확히 1이라는 제약이다. 반면 식 (8.1)의 CRS 가정하의 집합에서는 이런 제약이 부과되지 않는다. 단지 각 λ^k가 비음이기만 하면 된다. 이런 제약강도의 차이로 인해 우리는 집합의 크기가 $\overline{Y}_{V}(x_1, ..., x_N) \subseteq \overline{Y}_{NI}(x_1, ..., x_N) \subseteq \overline{Y}_{C}(x_1, ..., x_N)$의 순서로 정해짐을 알 수 있다. 아울러 식 (8.3)의 제약이 부과되면 생산기술이 규모수익비증가 (non-increasing returns to scale, NIRS), 식 (8.4)의 제약이 부과되면 가변규모수익(variable returns to scale, VRS)의 조건을 충족함을 아래에서 확인할 수 있다.

예를 들어 $\theta > 1$이라 하자, 규모수익비증가의 경우, $M = N = 2$를 가정하고 각 투입물을 θ배로 만들면, 식 (8.2)의 과정을 밟았을 때 맨 마지막 표현이 다음과 같이 된다.

$$(8.5) \quad \overline{Y}_{NI}(\theta x_1, \theta x_2)$$

$$= \theta \left\{ (\overline{y}_1, \overline{y}_2) : \overline{y}_m \leq \sum_{k=1}^{K} \mu^k y_m^k, \sum_{k=1}^{K} \mu^k x_n^k \leq x_n, \mu^k \geq 0, \sum_{k=1}^{K} \mu^k \leq \frac{1}{\theta} \right\}$$

$$m = 1, 2, \ n = 1, 2$$

아울러 투입물을 늘려 생산을 하지 않고 산출물집합 $\overline{Y}_{NI}(x_1, x_2)$을 직접 θ배로 늘려준 $\theta \overline{Y}_{NI}(x_1, x_2)$는 다음과 같아야 한다.

$$(8.6) \quad \theta \overline{Y}_{NI}(x_1, x_2)$$

$$= \theta \left\{ (\overline{y}_1, \overline{y}_2) : \overline{y}_m \leq \sum_{k=1}^{K} \mu^k y_m^k, \sum_{k=1}^{K} \mu^k x_n^k \leq x_n, \mu^k \geq 0, \sum_{k=1}^{K} \mu^k \leq 1 \right\}$$

$$m = 1, 2, \ n = 1, 2$$

결국 $\overline{Y}_{NI}(\theta x_1, \theta x_2)$와 $\theta \overline{Y}_{NI}(x_1, x_2)$의 차이는 제약조건 $\sum_{k=1}^{K} \mu^k \leq \frac{1}{\theta}$와 $\sum_{k=1}^{K} \mu^k \leq 1$의 차이이다. $\theta > 1$이어서 투입요소 사용량을 늘릴 경우, 가중치가 $\sum_{k=1}^{K} \mu^k \leq \frac{1}{\theta}$의 조건을 충족하려면 $\sum_{k=1}^{K} \mu^k \leq 1$의 조건을 충족할 때보다도 제약식 $\sum_{k=1}^{K} \mu^k y_m^k$를 보다 더 강하게 제약하게 되고, 따라서 취할 수 있는 산출물의 범위가 줄어들어야 한다. 즉 $\overline{Y}_{NI}(\theta x_1, \theta x_2) \subseteq \theta \overline{Y}_{NI}(x_1, x_2)$의 관계가 성립할 수밖에 없고, 투입물을 모두 θ배 했을 때 산출물은 θ배 혹은 그 이하의 증가만 가능하다. 이는 생산기술이 규모수익감소 혹은 규모수익불변의 성질을 가짐을 의미한다. 한편, 식 (8.4)에서는 제약이 $\sum_{k=1}^{K} \lambda^k = 1$로 바뀌는데, 이 경우 생산기술은 규모수익증가, 규모수익불변, 규모수익감소의 영역을 모두 가질 수가 있다.

〈그림 8-1〉은 $(x^1, y^1) = (1,1)$, $(x^2, y^2) = (2,2)$인 두 점 A와 B로 표시된 두 DMU의 생산자료로부터 구축된 세 가지의 기술집합을 보여준다. 〈그림 8-1(a)〉의 $\overline{T}_C$의 경우 $\lambda^1 x^1 + \lambda^2 x^2 \leq x$와 $y \leq \lambda^1 y^1 + \lambda^2 y^2$의 조건을 동시에 충족하는 (x, y)의 조합으로 구성된 집합이다. 선분 AB보다 오른쪽이면서 아래쪽에 위치한 면적이 모두 여기에 포

그림 8-1 선형근사 기술집합과 규모수익성

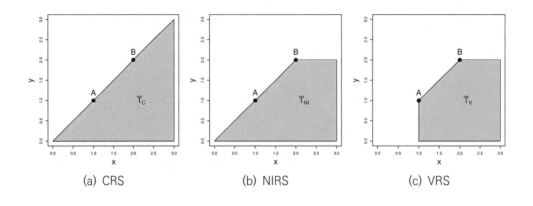

(a) CRS　　　　　　　(b) NIRS　　　　　　　(c) VRS

함된다. 또한 λ^1과 λ^2는 비음이기만 하면 되고, 0에서부터 무한히 큰 숫자까지 가질 수 있다. 따라서 선분 AB를 아래위로 연장하여 원점에서 무한히 뻗어나가게 한 직선 전체의 오른쪽과 아래쪽 면적이 모두 집합 $\overline{T}_C$에 속한다. 이 경우 그 경계인 생산함수가 원점을 지나는 직선이기 때문에 규모수익불변이 성립한다.

〈그림 8-1(b)〉의 경우 $\lambda^1 + \lambda^2 \leq 1$의 제약이 추가로 부과되며, 이로 인해 선분 AB를 원점 방향으로 연장한 것은 기술집합에 속하지만 위쪽으로 확장한 것은 포함되지 않는다. 그 결과 집합 $\overline{T}_{NI}$의 경계인 생산함수가 x가 2 이하일 경우 $y = x$이어서 CRS가 성립하지만 x가 2를 초과하면 $y = 2$가 되어, 생산요소 투입량을 늘려도 산출이 늘어나지 않는 DRS가 성립하게 된다.

마지막 〈그림 8-1(c)〉의 경우에는 $\lambda^1 + \lambda^2 \leq 1$의 제약 대신 $\lambda^1 + \lambda^2 = 1$의 제약이 추가로 부과된다. 따라서 선분 AB위의 점들, 즉 두 생산자료 A와 B의 볼록결합은 기술집합에 속하지만, 이를 원점 방향으로 연장하는 것도 허용되지 않고 그 반대방향으로 확장하는 것도 허용되지 않는다. 선분 AB의 오른쪽과 아래쪽으로 구성되는 집합 $\overline{T}_V$의 경계를 보면, x가 1보다 작으면 생산은 불가능하다. 그러나 $x = 1$이 되면 x의 증가 없이도 y가 0에서 1로 증가하는 일종의 IRS 현상이 나타난다. 두 점 A와 B 사이에는, 즉 $1 \leq x \leq 2$의 영역에서는 $y = x$라는 CRS기술이 적용되며, $x \geq 2$가 되면 투입량이 늘어도 산출이 증가하지 않으므로 DRS가 적용된다.

선형근사 생산기술은 위에서 논의한 바와 같이 규모수익에 대한 가정에 따라 구축방법이 달라진다. 선형근사법은 또한 투입물이나 산출물의 처분가능성 가정의 차이도 반영할 수 있다. 제5장에서는 두 가지 산출물 y_1과 y_2가 있을 때 이 중 y_1이 오염물질이라면, 통상적인 산출물 y_2의 양을 고정한 상태에서 y_1만 줄이는 것은 가능하지 않다고 하였다. 다만 y_1과 y_2를 동시에 비례적으로 줄이는 것은 가능하다. 즉 (y_1, y_2)는 동시에 약처분가능하며, y_2만 자유처분가능하고, y_1은 자유처분이 불가능하다.

그렇다면 선형근사 산출물집합 $\overline{Y}_V$의 처분성관련 가정은 다음과 같이 바뀌어야 한다. 단, 생산기술의 규모수익성은 VRS의 특성을 가진다고 가정한다.

$\overline{Y}_V.5a$ $(y_1, y_2) \in \overline{Y}_V(x_1, x_2)$이고 $(0 < \theta \leq 1)$이면, $(\theta y_1, \theta y_2) \in \overline{Y}_V(x_1, x_2)$
   (산출물의 약처분성)

$\overline{Y}_V.5b$ $(y_1, y_2) \in \overline{Y}_V(x_1, x_2)$이고, $y_2' \leq y_2$이면, $(y_1, y_2') \in \overline{Y}_V(x_1, x_2)$
   (y_2의 자유처분성)

VRS의 가정하에서 이상의 처분가능성을 충족하는 선형근사 산출물집합은 다음처럼 구축할 수 있다.

$$(8.7) \qquad \overline{Y}_V(x_1, x_2) = \left\{ \begin{array}{l} (y_1, y_2) : y_1 = \theta \sum_{k=1}^{K} \lambda^k y_1^k, \ y_2 \leq \theta \sum_{k=1}^{K} \lambda^k y_2^k, \\[2mm] \sum_{k=1}^{K} \lambda^k x_n^k \leq x_n, \ n = 1, 2, \ \lambda^k \geq 0, \ \sum_{k=1}^{K} \lambda^k = 1, \\[2mm] 0 < \theta \leq 1 \end{array} \right\}$$

식 (8.7)에서 $y_1 = \theta \sum_{k=1}^{K} \lambda^k y_1^k$의 제약과 $y_2 \leq \theta \sum_{k=1}^{K} \lambda^k y_2^k$의 제약은 1보다 작은 θ를 선택하면 관측되는 산출물의 가중합인 $\left(\sum_{k=1}^{K} \lambda^k y_1^k, \sum_{k=1}^{K} \lambda^k y_2^k \right)$보다도 더 작은 (y_1, y_2)를 선택할 수 있음을 의미한다. 즉 (y_1, y_2)를 동시에 비례적으로 줄이는 것이 가능하다. 그리고 $y_2 \leq \theta \sum_{k=1}^{K} \lambda^k y_2^k$의 부등식 조건은 통상적인 산출불 y_2는 특정 θ를 유지하면서 그 양을 $\theta \sum_{k=1}^{K} \lambda^k y_2^k$보다도 더 줄여도 여전히 산출물집합에 속함을 의미한다. 하지만 $y_1 = \theta \sum_{k=1}^{K} \lambda^k y_1^k$의 조건은 등식이라서 θ값을 줄여 y_2가 존재할 수 있는 공간도 함께 줄이지 않으면 y_1만을 줄이는 것을 불가능하게 한다.

이상의 약처분가능성은 〈그림 8-2〉가 보여준다. 〈그림 8-2(a)〉는 생산기술이 VRS의 특성을 가지면서 두 산출물 (y_1, y_2)가 모두 자유처분 혹은 강처분(strong disposable)가능할 때의 산출물집합 $\overline{Y}_V(x_1, x_2)$를 보여준다. 두 점 $A(1,2)$와 $B(2,1)$의 산출물조합이 관측되었고, 둘 모두 동일하게 주어진 (x_1, x_2)로 생산되었다고 하자. 만약 두 산출물이 모두 자유처분가능하다면 식 (8.7)의 집합 내 제약식이 $y_1 \leq \lambda^1 + 2\lambda^2$ 및 $y_2 \leq 2\lambda^1 + \lambda^2$와 같이 바뀌어야 한다. 따라서 관측된 두 산출물조합 A와 B의 볼록결합 $(\lambda^1 + 2\lambda^2, 2\lambda^1 + \lambda^2)$를 기준으로 y_1과 y_2 모두 줄여주는 것이 가능하다.

〈그림 8-2(b)〉는 그러나, $y_1 = \theta(\lambda^1 + 2\lambda^2)$ 및 $y_2 \leq \theta(2\lambda^1 + \lambda^2)$의 제약을 가지고 있다. 이때 θ의 값을 1에서 줄여 가면 선분 AB상의 모든 (y_1, y_2) 조합을 원점을 향해 줄여주는 것은 가능하다. 또한 $y_2 \leq \theta(2\lambda^1 + \lambda^2)$의 조건이 있으므로 특정 θ를 유지하면서 y_1은 줄이지 않고 y_2만 줄이면 여전히 산출물집합에 속하는 산출물조합을 얻는다. 하지만 $y_1 = \theta(\lambda^1 + 2\lambda^2)$의 조건 때문에 θ를 더 작게 하여 y_2가 존재할 수 있는 공간도 함께 줄이지 않는 한 y_1만 줄이는 것은 불가능하다. 그 결과 〈그림 8-2(b)〉의 산출물집합은 점 A에서는 원점에서 뻗어 나온 우상향하는 경계를 가지게 되며, 정상적인 산출물 y_2의 생산에는 오염물질 배출량 y_1이 필요하다는 것을 보여준다.

그림 8-2 처분가능성과 선형근사 산출물집합

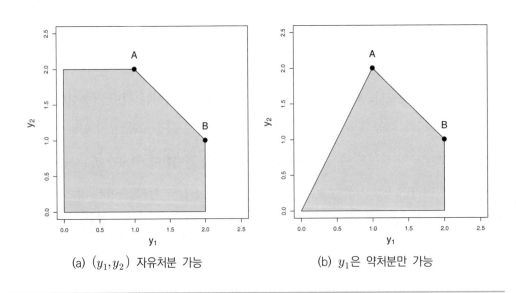

(a) (y_1, y_2) 자유처분 가능   (b) y_1은 약처분만 가능

두 산출물 중 하나 이상이 자유처분가능하지 않을 경우 식 (8.7)처럼 산출물집합을 구축한 후 생산기술 분석을 할 수 있으나, 이제는 θ와 λ^k 두 파라미터의 곱이 산출물집합 구성 시 반영된다는 문제가 발생한다. 뒤에서 보겠지만 자료를 이용해 실제 생산구조를 분석할 때 이 둘은 사실 주어진 값이 아니고 최적화를 거쳐 모형에서 그 값이 구해져야 한다. 이는 약처분성만 허용할 경우 최적화모형이 비선형모형이 되는 불편함이 있음을 의미한다. 하지만 다행히 식 (8.7)을 선형모형으로 변형할 수 있다. 먼저 생산기술이 CRS나 NIRS를 따를 경우에는 식 (8.7) 대신 산출물집합을 다음처럼 구축할 수 있다.

$$
(8.8a) \quad \overline{Y}_C(x_1,x_2) = \left\{ \begin{array}{l} (y_1,y_2): y_1 = \sum_{k=1}^{K} \lambda^k y_1^k, \ y_2 \leq \sum_{k=1}^{K} \lambda^k y_2^k, \\ \sum_{k=1}^{K} \lambda^k x_n^k \leq x_n, \ n=1,2, \ \lambda^k \geq 0 \end{array} \right\}
$$

$$
(8.8b) \quad \overline{Y}_{NI}(x_1,x_2) = \left\{ \begin{array}{l} (y_1,y_2): y_1 = \sum_{k=1}^{K} \lambda^k y_1^k, \ y_2 \leq \sum_{k=1}^{K} \lambda^k y_2^k, \\ \sum_{k=1}^{K} \lambda^k x_n^k \leq x_n, \ n=1,2, \ \lambda^k \geq 0, \sum_{k=1}^{K} \lambda^k \leq 1 \end{array} \right\}
$$

즉 이제는 식 (8.7)과 달리 θ 자체를 포함하지 않고 산출물집합을 설정한다. 이렇게 설정된 집합이 통상적인 산출물 y_2와 투입물 $x_n (n=1,2)$의 자유처분성을 보장한다는 것은 각각에 부여된 부등호로부터 알 수 있다. 그러나 오염물질 y_1의 경우 θ는 없이 $y_1 = \sum_{k=1}^{K} \lambda^k y_1$와 같은 등호제약만을 가지고 있어서 이렇게 해도 약처분성이 여전히 성립하는지를 확인하여야 한다. 즉, 만약 $0 < \tau \leq 1$이고 $(y_1,y_2) \in \overline{Y}_C(x_1,x_2)$이면 $(\tau y_1, \tau y_2) \in \overline{Y}_C(x_1,x_2)$가 성립함을 보여주어야 한다. 이는 다음의 세 조건을 비교하여 확인할 수 있다.

조건 1		조건 2		조건 3
$\tau y_1 = \sum_{k=1}^{K} \lambda^k y_1^k$ $\tau y_2 \leq \sum_{k=1}^{K} \lambda^k y_2^k$ $\sum_{k=1}^{K} \lambda^k x_n^k \leq x_n$ $\lambda^k \geq 0$	$\Leftrightarrow$	$y_1 = \sum_{k=1}^{K} (\lambda^k/\tau) y_1^k$ $y_2 \leq \sum_{k=1}^{K} (\lambda^k/\tau) y_2^k$ $\sum_{k=1}^{K} (\lambda^k/\tau) x_n^k \leq (x_n/\tau)$ $(\lambda^k/\tau) \geq 0$	$\Leftrightarrow$	$y_1 = \sum_{k=1}^{K} \tilde{\lambda}^k y_1^k$ $y_2 \leq \sum_{k=1}^{K} \tilde{\lambda}^k y_2^k$ $\sum_{k=1}^{K} \tilde{\lambda}^k x_n^k \leq (x_n/\tau)$ $\tilde{\lambda}^k \geq 0$

$(\tau y_1, \tau y_2) \in \overline{Y}_C(x_1, x_2)$이려면 위의 조건 1의 내용들이 모두 성립해야 한다. 조건 2는 조건 1의 모든 항을 0보다 큰 τ로 나누어준 것이라 조건 1과 동일하다. 조건 3 역시 조건 2의 가중치를 재정의하여 $\lambda^k/\tau = \tilde{\lambda}^k$로 표시한 것이므로 세 가지 조건은 모두 동일하다. 식 (8.8a)와 조건 3을 비교하면 수식 표현들이 모두 동일하고 다만 $\sum_{k=1}^{K} \lambda^k x_n^k \leq x_n$와 $\sum_{k=1}^{K} \tilde{\lambda}^k x_n^k \leq (x_n/\tau)$의 표현방식만 다르다. 그런데 $(y_1, y_2) \in \overline{Y}_C(x_1, x_2)$였기 때문에 조건 3의 제약식 $\sum_{k=1}^{K} \tilde{\lambda}^k x_n^k \leq (x_n/\tau)$보다 더 강한 투입물 사용량 조건인 $\sum_{k=1}^{K} \tilde{\lambda}^k x_n^k \leq x_n$의 조건도 식 (8.8a)에서는 성립하였었다. 따라서 $(y_1, y_2) \in \overline{Y}_C(x_1, x_2)$일 때 조건 3의 내용은 모두 충족되며, 이는 조건 1에 의해 결국 $(\tau y_1, \tau y_2) \in \overline{Y}_C(x_1, x_2)$임을 의미한다. 즉 생산기술이 CRS일 경우 식 (8.7)처럼 θ를 포함하는 조건식 대신 (8.8a)처럼 θ를 포함하지 않는 선형의 보다 간단한 형태로 산출물집합을 표현할 수 있고, 이 경우에도 두 산출물이 동시에 약처분가능하다는 성질이 충족된다.

연습문제 8.1 생산기술이 NIRS의 특성을 지닐 때 식 (8.8b)의 집합이 두 산출물 (y_1, y_2)의 약처분성을 허용함을 보여라.

하지만 생산기술이 VRS의 특성을 지닐 경우에는 식 (8.7)의 θ를 제거하여 산출물집합을 표시할 수는 없다. 이는 $\sum_{k=1}^{K} \lambda^k = 1$라는 등식제약 때문에 발생하는 현상이다. VRS의 특성이 있을 때에도 θ를 포함하지 않는 다음 집합을 고려해보자.

$$\widetilde{Y}_V(x_1, x_2) = \left\{ (y_1, y_2) : y_1 = \sum_{k=1}^{K} \lambda^k y_1^k, \ y_2 \leq \sum_{k=1}^{K} \lambda^k y_2^k, \right.$$
$$\left. \sum_{k=1}^{K} \lambda^k x_n^k \leq x_n, \ n = 1, 2, \ \lambda^k \geq 0, \sum_{k=1}^{K} \lambda^k = 1 \right\}$$

VRS 특성하에서 위의 조건 1, 2, 3을 다시 검토하면, 조건 3에서는 추가로 $\sum_{k=1}^{K} \tilde{\lambda}^k = \frac{1}{\tau}$의 조건을 필요로 하게 된다. 하지만 위의 집합 $\widetilde{Y}_V(x_1, x_2)$에서는 $\tilde{\lambda}^k$가 가중치라면 이와는 다른 $\sum_{k=1}^{K} \tilde{\lambda}^k = 1$의 조건을 필요로 하기 때문에 $(y_1, y_2) \in \widetilde{Y}_V(x_1, x_2)$였다고 해서 $(\tau y_1, \tau y_2)$

$\in \widetilde{Y}_V(x_1, x_2)$라고 말할 수 없다.

VRS기술조건에서는 따라서 θ를 산출물집합 구성 시 포함시켜야 하는데, 이와 관련하여 비교적 최근에 제기된 의문은 반드시 모든 k에 대해 동일한 θ를 적용하여 약처분성이 성립하도록 해야 하느냐이다. 만약 각 DMU별로 다른 θ의 값, 즉 θ^k를 가질 수 있게 허용한다면 식 (8.7)은 다음처럼 바뀌어야 한다.[2]

$$(8.9) \qquad \overline{Y}_V^{KU}(x_1, x_2) = \left\{ \begin{array}{l} (y_1, y_2) : y_1 = \sum_{k=1}^{K} \theta^k \lambda^k y_1^k, \ y_2 \le \sum_{k=1}^{K} \theta^k \lambda^k y_2^k, \\[2mm] \sum_{k=1}^{K} \lambda^k x_n^k \le x_n, \ n = 1,2, \ \lambda^k \ge 0, \sum_{k=1}^{K} \lambda^k = 1, \\[2mm] 0 < \theta^k \le 1 \end{array} \right\}$$

이렇게 변형된 산출물집합이 가지는 장점 중 하나는 이를 선형모형으로 변환할 수 있다는 점이다. 이를 위해 다음처럼 변환된 가중치를 도입하자.

$$\overline{\lambda}^k = \theta^k \lambda^k = \lambda^k - \mu^k, \ \mu^k \ge 0$$

즉 서로 다른 두 종류의 파라미터가 곱해진 $\theta^k \lambda^k$를 $\overline{\lambda}^k$로 재정의하였고, 이를 다시 $\lambda^k - \mu^k$와 같다고 가정하였다. 그렇다면 $\mu^k = (1 - \theta^k)\lambda^k \ge 0$가 된다. 즉 μ^k는 비음인 또 다른 파라미터가 된다. 이를 반영하면 식 (8.9)는 다음처럼 변형된다.

$$(8.10) \qquad \overline{Y}_V^{KU}(x_1, x_2) = \left\{ \begin{array}{l} (y_1, y_2) : y_1 = \sum_{k=1}^{K} \overline{\lambda}^k y_1^k, \ y_2 \le \sum_{k=1}^{K} \overline{\lambda}^k y_2^k, \\[2mm] \sum_{k=1}^{K} (\overline{\lambda}^k + \mu^k) x_n^k \le x_n, \ n = 1,2, \\[2mm] \sum_{k=1}^{K} (\overline{\lambda}^k + \mu^k) = 1, \ \overline{\lambda}^k, \ \mu^k \ge 0 \end{array} \right\}$$

---

2 식 (8.9)와 같은 약처분성하의 산출물집합의 구축방식은 Kuosmanen(2005)이 기존 방법을 비판하며 제안한 것이다. 그러나 식 (8.7)의 구축법이 여전히 더 우월함을 주장하는 반론도 있어, VRS기술 조건하의 약처분성을 반영하는 방법에 관해서는 논쟁이 있다. 관련해서 다음 세 논문을 참고할 수 있다: Kuosmanen, T., 2005, "Weak Disposability in Nonparametric Production Analysis with Undesirable Outputs," *American Journal of Agricultural Economics* 87, pp. 1077−1082; Färe R and S. Grosskopf, 2009, "A Comment on Weak Disposability in Nonparametric Production Analysis," *American Journal of Agricultural Economics* 91, pp. 535−538; Pham M. D. and V. Zelenyuk, 2019, "Weak Disposability in Nonparametric Production Analysis: A New Taxonomy of Reference Technology Sets," *European Journal of Operational Research* 274, pp. 186−198.

식 (8.10)은 이제 $\bar{\lambda}^k$와 μ^k 모두에 대해 선형의 관계식만 포함하고 있다. 즉 식 (8.10)은 식 (8.9)의 변형된 VRS 가정하의 오염물질을 포함하는 산출물집합의 선형화된 모습이다. 그리고 식 (8.8a)와 식 (8.8b)의 도출과정에서 설명했던 바와 같이 생산기술이 CRS나 NIRS를 따를 경우에는 식 (8.10)에서 $\mu^k = 0 (\forall k)$로 두어 각각 식 (8.8a)와 (8.8b)와 같이 더 간단한 형태로 산출물집합을 구축할 수 있다.

한편, 어떤 이유로 인해 산출물이 아닌 투입물의 일부가 약처분만 가능할 때에도 식 (8.7)~식 (8.10)과 같은 방법을 적용해 그에 상응하는 투입물집합들을 구축할 수 있다.

SECTION 02 　 효율성의 비모수적 분석: DEA기법

제1절에서처럼 실제 관측되는 자료를 이용해 생산기술관련 집합들을 선형근사하면 이를 이용해 다양한 생산기술특성을 분석할 수 있다. 이 분석은 생산함수나 비용함수 등의 특정함수형태를 사용하지 않는 분석이기 때문에 비모수적 분석이라 불리기도 한다. 그리고 이때 선형계획법(linear programming, LP)과 같은 최적화기법을 사용한다는 특성이 있다. 본절에서는 LP기법을 선형근사기술에 적용하는 몇 가지 중요한 사례들을 살펴본다.

1. DEA 효율성지표의 도출

선형근사기법은 기술적으로 가장 효과적인 생산경계뿐 아니라 기술집합 자체를 구축하기 때문에 그 과정에서 어느 DMU가 생산경계에 위치하는 소위 선도 생산자(=leader)이고 어느 DMU가 집합 내부에 위치하여(=follower) 상대적으로 비효율적인 생산행위를 하는지를 분석할 수 있다. 이러한 효율성지표 분석은 그 역사가 매우 오래되었는데, 지금처럼 실제 자료에 LP기법을 적용해 효율성지표를 도출하는 것은 미국 각 주별 농업 생산자료를 이용한 Farrell(1957)의 연구에서 시작되었다.[3]

---

3 Farrell, M. J., 1957, "The Measurement of Productive Efficiency," *Journal of the Royal Statistical Society Series A*, General 120, pp. 253–281.

LP기법을 적용하는 효율성지표 분석법은 흔히 자료포락분석(data envelopment analysis, DEA)이라 불린다. 이 방법은 용어가 의미하는 그대로 실제 관측되는 자료를 둘러싸는 가장 바깥쪽 경계를 실증적으로 도출하는 방법이다. 따라서 가장 효율적인 기술조건이 무엇인지를 도출하여 각각의 DMU가 가장 효율적인 상태와 비교할 때 어떤 위치를 가지는지를 분석한다. 그런 만큼 제7장에서 분석했던 것과 같은 생산에 영향을 미치는 확률적인 요인은 고려하지 않으며, 생산경계로부터 벗어나는 모든 상태는 오로지 기술적 비효율성 때문이라 간주한다.

하지만 현실에 있어 각 생산자는 서로 이질적인 조건하에서 생산행위를 하기 때문에 수치상으로 주어지는 투입물과 산출물만 비교하여 누가 더 효율적인지를 단정하는 것은 사실 위험한 방식이기도 하다. 특히 제4장 이래 본서가 분석해왔던 바와 같이 생산자들은 기술조건은 물론, 가격과 같은 시장변수에 대해서도 가장 합리적으로 반응한다고 경제학은 전제하기 때문에 기술적으로 비효율적인 생산행위가 실제로 선택될 것이라 보기어려운 점도 있다. 이런 점 때문에 DEA 분석법을 크게 신뢰하지 않는 학자들도 있고, 부적절한 대상에 적용될 경우 분석기법의 남용이 우려되는 것도 사실이다. 그럼에도 불구하고 이 방법은 효과적으로 DMU 간 효율성 격차를 도출할 수 있고, 정부 규제나 생산 하부구조의 미비 등으로 인해 기술적 비효율성이 실제로 지속되는 경우도 있을 수 있으므로 일단의 분석자들 사이에서는 대단히 선호되는 방법이기도 하다.

DEA기법이 적용되는 대상과 사례는 매우 많고, 경제학 외의 분야에서도 다양하게 사용되고 있으며, 관련 전문서적도 많기 때문에 본서에서 그 모든 내용을 다루는 것은 적절치 않다. 따라서 본절에서는 DEA기법의 이론적 구조, 추정방법, 그리고 몇 가지 경제학적 적용대상에 대해서만 설명한다.

효율성지표로는 투입물은 고정시킨 채 산출물 생산의 효율성을 도출할 수도 있고, 역으로 산출물은 고정시킨 채 투입물 사용의 효율성을 도출할 수도 있다. 그리고 산출물과 투입물을 동시에 고려하는 효율성지표도 측정할 수 있다. 다음은 산출물을 기준으로 j번째 DMU에 대해 정의된 효율성지표이다.

(8.11) $\quad \max_{(\theta_V, \lambda^1, \ldots, \lambda^K)} \theta_V$

$$\text{s.t. } \theta_V y_m^j \leq \sum_{k=1}^{K} \lambda^k y_m^k, \ m = 1, \ldots, M, \ \sum_{k=1}^{K} \lambda^k x_n^k \leq x_n^j, \ n = 1, \ldots, N,$$

$$\sum_{k=1}^{K} \lambda^k = 1, \ \lambda^k \geq 0, \ k = 1, \ldots, K$$

식 (8.11)은 선형계획모형인데, 선택변수는 $(\theta_V, \lambda^1, ..., \lambda^K)$의 $K+1$개이고, 목적함수는 θ_V 자체이다. 이 LP문제는 부등식 제약에 들어갈 $(y_1^j, ..., y_M^j)$와 $(x_1^j, ..., x_N^j)$ 값이 각 DMU의 θ_V 값을 구할 때마다 달라지므로 K개의 모든 DMU에 대해 순차적으로 풀어져야 한다. j번째 DMU에 대해서 푼다면, 그 해는 이 생산자가 실제로 생산한 산출물 $(y_1^j, ..., y_M^j)$을 어느 정도까지 비례적으로 늘려주어도 여전히 기술집합에 포함될지를 나타낸다. 이때 이 생산자가 사용한 투입물 $(x_1^j, ..., x_N^j)$도 기술집합 내에 있도록 해야 한다. 아울러 $\sum_{k=1}^{K} \lambda^k = 1$의 제약 때문에 생산기술은 VRS의 특징을 가진다. 이 제약을 포함하지 않으면 CRS를 가정하고 이때의 효율성지표를 θ_C로 정의할 수 있고, 제약을 $\sum_{k=1}^{K} \lambda^k \leq 1$로 바꾸면 NIRS를 가정한 상태에서의 효율성지표 θ_{NI}를 도출할 수 있다.

식 (8.11) LP문제의 해 θ_V는 사실 식 (8.4)와 같이 선형근사된 산출물집합을 이용해 도출되는 j번째 DMU의 산출물거리함수의 역수와 정확히 일치한다. 따라서 식 (8.11)은 모든 DMU에서의 산출물거리함수 값을 도출하는 절차이다. 그렇기 때문에 산출물기준 효율성지표는 그 값이 1 이상이다. 1일 경우 더 이상 산출량을 늘리지 못하므로 해당 DMU는 산출물집합의 경계에 놓여있고 그 산출물거리함수의 값은 1이다. 효율성지표 θ_V의 값이 1보다 크면 해당 DMU는 산출물집합의 내부에 위치하고 그 실제 생산보다 더 많은 생산이 가능하므로 이 DMU는 비효율적이며, 그 산출물거리함수의 값은 1보다 작다.

식 (8.11)의 LP문제의 해 θ_V, θ_C, θ_{NI} 등의 역수, 즉 산출물거리함수 값은 흔히 기술효율성(technical efficiency, TE)으로 불린다. 이 값은 규모수익성에 대한 가정을 달리함에 따라 변하게 되는데, 이에 착안하여 기술효율성을 순수 기술효율성과 규모효율성(scale efficiency, SE)의 곱으로 분해하기도 한다. $TE_V = \dfrac{1}{\theta_V}$, $TE_C = \dfrac{1}{\theta_C}$라 하면, 규모효율성은 다음처럼 도출된다.

$$SE = \frac{TE_C}{TE_V}$$

규모효율성을 이렇게 정의하는 것은 규모수익불변을 달성하는 생산량이 일종의 최적 생산규모라는 것을 반영한다. 〈그림 8–3〉에서 각각 VRS와 CRS 가정하의 기술집합이 나타나 있다. 만약 현재 생산이 점 A에서 이루어지고 있다면, $TE_C = \dfrac{DA}{DC}$이고,

그림 8-3 순수 기술효율성과 규모효율성

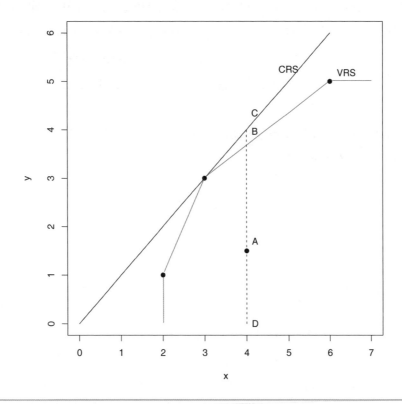

$TE_V = \dfrac{DA}{DB}$ 이다. 따라서 $SE = \dfrac{DB}{DC}$ 가 된다. 이들 지표는 모두 해당 비효율성이 존재할 경우에는 1보다 작은 값을 가진다.

한편, 다음처럼 문제설정을 바꾸면 우리는 모든 DMU의 투입물기준 효율성지표, 혹은 투입물거리함수의 역수를 도출할 수 있다.

(8.12) $\quad \min_{(\tau_V, \lambda^1, \dots, \lambda^K)} \ \tau_V$

$$\text{s.t. } y_m^j \le \sum_{k=1}^{K} \lambda^k y_m^k, \ m = 1, \dots, M, \ \sum_{k=1}^{K} \lambda^k x_n^k \le \tau_V x_n^j, \ n = 1, \dots, N,$$

$$\sum_{k=1}^{K} \lambda^k = 1, \ \lambda^k \ge 0, \ k = 1, \dots, K$$

식 (8.12)의 투입물기준 효율성지표 τ_V는 평가가 이루어지는 j번째 DMU가 사용한 투입물량들을 최대한 어느 정도나 비례적으로 줄여주어도 여전히 이 DMU의 산출물들을 생산해낼 수 있는지를 나타낸다. 기술적 비효율성을 가질 경우 τ_V의 값은 1보다 작아지므로 이제는 기술효율성 TE_V는 τ_V 자체가 된다. 투입물기준 효율성지표도 CRS, NIRS 가정하에서 도출할 수 있으며, 기술효율성을 순수한 기술효율성과 규모효율성으로 분해할 수 있다.

식 (8.11)의 산출물기준 효율성지표는 다음의 문제를 풀어 구하기도 한다. 단, 간편함을 위해 CRS를 가정하자.

$$(8.13) \quad \min_{(u_1,\ldots,u_M,v_1,\ldots,v_N)} \frac{\sum_{n=1}^{N} v_n x_n^j}{\sum_{m=1}^{M} u_m y_m^j}$$

$$\text{s.t.,} \quad \frac{\sum_{n=1}^{N} v_n x_n^k}{\sum_{m=1}^{M} u_m y_m^k} \geq 1, \ k=1,\ldots,K, \ u_m, v_n \geq 0$$

식 (8.13)의 분석모형은 개발자의 이름을 따 CCR(Charnes, Cooper, and Rhodes, 1978) 모형이라 불리기도 한다.[4] 이 모형은 각 투입물과 산출물에 부여되는 가중치 조합 $(v_1,\ldots,v_N)$과 $(u_1,\ldots,u_M)$을 선택하는데, 이 가중치로 평가했을 때 j번째 DMU의 투입물 가중합과 산출물 가중합의 비율을 최소가 되게 한다. 그리고 이때 모든 DMU의 투입물 가중합과 산출물 가중합의 비율은 1보다 작지 않도록 제약한다. 이 모형 역시 DEA모형이라 불리며, 경제학보다는 경영과학분야 등에서 선호하는 모형이다. 사실 이 모형은 CRS를 가정한 상태에서의 식 (8.11)과 동일한 모형임을 보여줄 수 있다.

비선형인 식 (8.13)은 다음과 같이 선형모형으로 변환할 수 있다.

$$(8.14) \quad \min_{(u_1,\ldots,u_M,v_1,\ldots,v_N)} \sum_{n=1}^{N} v_n x_n^j$$

---

4 Charnes, A., W. W. Cooper, and E. Rhodes, 1978, "Measuring the Efficiency of Decision−Making Units," *European Journal of Operational Research* 2, pp. 429−444.

$$\text{s.t.,} \quad \sum_{m=1}^{M} u_m y_m^j = 1, \quad \sum_{n=1}^{N} v_n x_n^k \geq \sum_{m=1}^{M} u_m y_m^k, \quad k = 1,...,K, \quad u_m, v_n \geq 0$$

모든 k에 있어 $\sum_{m=1}^{M} u_m y_m^k > 0$이므로 식 (8.13)의 제약식에 이를 곱하면 식 (8.14)의 부등식제약으로 변형할 수 있다. 또한 식 (8.13)의 목적함수의 경우, 분수는 같은 값으로 분자와 분모를 모두 곱하거나 나누어도 불변이라는 성질을 활용해 그 분모를 1로 둔 후, 이를 제약식으로 옮기면 식 (8.14)와 같은 선형모형이 만들어진다.[5] 식 (8.14)의 모형을 승수형(multiplier form) DEA모형이라 부른다. 반면 식 (8.11)이나 (8.12)와 같은 모형을 포락형(envelopment form) DEA모형이라 부른다.

이제 다음의 선형계획법 쌍대성 정리(duality theorem)를 검토하자.

math 8.1   선형계획법 쌍대성 정리

다음의 선형계획문제 P1의 최적 해가 존재하면 그 쌍대문제 D1의 해도 존재하며, 최적 해에서의 두 목적함수의 값은 동일하다.

(P1) $\min V = b^T y,$ s.t., $A^T y \geq c,$ $y \geq 0$

(D1) $\max Z = c^T x,$ s.t., $Ax \leq b,$ $x \geq 0$

위와 같은 쌍대관계는 다음 두 선형계획문제 P2와 D2 사이에도 성립한다.

(P2) $\min V = b^T y,$ s.t., $A^T y = c,$ $y \geq 0$

(D2) $\max Z = c^T x,$ s.t., $Ax \leq b$

math 8.1에서 P1과 D1 사이의 쌍대관계를 대칭형(symmetric form) 쌍대관계라 하고, P2와 D2의 경우 제약식의 형태가 서로 다르기 때문에 비대칭형(asymmetric form) 쌍대관계라 한다. 선형계획법의 쌍대성에 있어 원문제의 제약식의 우변의 파라미터 벡터 c가 쌍대문제 목적함수의 계수가 되고, 원문제의 목적함수의 계수 b는 쌍대문제 제약식의 파라미터로 위치를 서로 바꾼다. 또한 원문제의 선택변수의 수는 쌍대문제의 제약식의 숫자가 되며, 쌍대문제의 선택변수의 수는 원문제의 제약식의 수와 같다. 그리고 제약식의 계수 행렬은 두 문제에 반영될 때 열과 행의 교환이 있으며, 대

---

5 식 (8.13)과 식 (8.14)의 관계는 제5장의 math 5.3에 의해서도 설명이 된다.

칭형에서는 선택변수의 비음제약을 제외하고는 제약식의 부등호 방향도 바뀐다. 이런 식으로 두 문제는 서로 대칭 구조를 이룬다. 이때 두 문제의 목적함수 값은 일치한다는 것이 쌍대성 정리의 내용이고, 따라서 두 최적화문제는 같은 문제를 푸는 서로 다른 접근법이 된다. 비대칭형의 경우, 원문제는 등식제약을 포함한다. 쌍대문제에서는 그러나 제약이 부등식으로 바뀌는데, 대신 선택변수에 대한 부호제약이 없어진다. math 8.1의 보다 구체적인 의미는 본장 부록에서 추가로 논의된다.

식 (8.14)의 문제는 등식과 부등식제약을 모두 포함하기 때문에 P1과 P2가 결합된 형태이다. 식 (8.14)는 구체적으로 다음을 의미한다.

$$b = [0 \ \cdots \ 0 \ x_1^j \ \cdots \ x_N^j]^T, \ y = [u_1 \ \cdots \ u_M \ v_1 \ \cdots \ v_N]^T,$$

$$A^T = \begin{bmatrix} y_1^j & \cdots & y_M^j & 0 & \cdots & 0 \\ -y_1^1 & \cdots & -y_M^1 & x_1^1 & \cdots & x_N^1 \\ \vdots & \cdots & \vdots & \vdots & \cdots & \vdots \\ -y_1^K & \cdots & -y_M^K & x_1^K & \cdots & x_N^K \end{bmatrix}, \ c = [1 \ 0 \ \cdots \ 0]^T, \ u_m, v_n \geq 0$$

따라서 식 (8.14)의 쌍대문제의 선택변수를 $[\theta_C \ \lambda^1 \ \cdots \ \lambda^K]^T$라 하면 다음과 같이 표현된다.[6]

(8.15) $\max \ Z = \theta_C$

$$\text{s.t,} \ \begin{bmatrix} y_1^j & -y_1^1 & \cdots & -y_1^K \\ \vdots & \vdots & \cdots & \vdots \\ y_M^j & -y_M^1 & \cdots & -y_M^K \\ 0 & x_1^1 & \cdots & x_1^K \\ \vdots & \vdots & \cdots & \vdots \\ 0 & x_N^1 & \cdots & x_N^K \end{bmatrix} \begin{bmatrix} \theta_C \\ \lambda^1 \\ \vdots \\ \lambda^K \end{bmatrix} \begin{matrix} \leq \\ \vdots \\ \leq \\ \leq \\ \vdots \\ \leq \end{matrix} \begin{bmatrix} 0 \\ \vdots \\ 0 \\ x_1^j \\ \vdots \\ x_N^j \end{bmatrix}, \ \lambda^k \geq 0$$

행렬로 표현된 이 문제는 식 (8.11)의 DEA문제에서 $\sum_{k=1}^{K} \lambda^k = 1$의 제약을 가하지 않아 CRS를 가정하는 것과 정확히 같은 문제이다. 따라서 쌍대성 정리에 의해 $\max \theta_C = \min \sum_{n=1}^{N} v_n x_n^j / \sum_{m=1}^{M} u_m y_m^j$ 이 되어야 한다.

---

6 아래에서 변수 λ^k에 대해서는 부호제약이 있으나, θ_C의 경우 식 (8.14)의 등식제약에 상응하는 변수이므로 부호제약을 가지지 않는다.

VRS와 NIRS를 가정하여 제약 $\sum_{k=1}^{K} \lambda^k = 1$와 $\sum_{k}^{K} \lambda^k \leq 1$를 각각 포함하는 포락형 DEA모형과 상응하는 승수형 DEA문제를 도출해보라.

기술효율성 분석에 있어 일부 산출물이나 일부 투입물이 자유처분성을 가지지 않을 경우에는 LP문제의 제약식을 구성할 때 규모수익성에 관한 가정에 따라서 식 (8.8a), (8.8b) 혹은 (8.10)처럼 모형을 구축할 수 있다. 그리고 만약 방향거리함수를 비모수적으로 각 DMU별로 도출하고 싶다면 다음 문제를 풀면 된다.

$$(8.16) \quad \max_{(\beta_V, \lambda^1, \dots, \lambda^K)} \beta_V$$

$$\text{s.t. } y_m^j + \beta_V g_{ym} \leq \sum_{k=1}^{K} \lambda^k y_m^k, \ m = 1, \dots, M,$$

$$\sum_{k=1}^{K} \lambda^k x_n^k \leq x_n^j - \beta_V g_{xn}, \ n = 1, \dots, N,$$

$$\sum_{k=1}^{K} \lambda^k = 1, \ \lambda^k \geq 0, \ k = 1, \dots, K$$

이제, 실제 자료를 이용해 효율성지표를 구하는 과정을 살펴보자. 〈표 8-1〉은 10개의 쌀 재배농가의 1994년 쌀 생산량과 투입물 사용량을 보여준다. RICE가 산출량이고, 투입물은 순서대로 토지, 노동, 자본, 비료, 농약, 기타를 의미한다.[7] 즉 $M = 1$, $N = 6$, 그리고 $K = 10$인 자료이다. 여기에서는 이 자료를 이용해 식 (8.11)과 같은 산출물기준 효율성지표를 10개의 농가에 대해 도출하되, CRS, NIRS, VRS를 각각 가정하는 세 가지 분석결과를 도출한다.

---

7 이 자료는 다음 논문이 사용한 많은 수의 DMU로 구성된 자료 중 일부만을 발췌한 것이다: Kwon, O. S. and H. Lee, 2004, "Productivity Improvement in Korean Rice Farming: Parametric and Non-parametric Analysis," *The Australian Journal of Agricultural and Resource Economics* 48, pp. 323-342.

DMU	RICE	LAND	LABOR	CAP	FERT	PEST	OTHER
1	5741.001	1709.861	3410.086	551747.7	173731.1	121801	83113.7
2	26794	11673	7590.388	1310954	28002.08	1091106	203828.8
3	3420	2487	2299.676	437058.2	2447246	173560.2	25495.24
4	9613.001	5381	2234.667	606478.1	298278.1	631806.5	130921.5
5	16397.01	5762.542	6369.981	1444243	507275.4	558560.4	214288.8
6	4887.999	2468	1967.854	551035.7	113367.8	180039.3	77991.24
7	8812.002	4361.001	3683.569	716818.1	74005.17	407984.5	79100.83
8	1478	918.9999	1249.28	83218.87	52891.93	42480.37	26818.03
9	6076.997	1459.079	2129.773	450510.7	142360.7	116793.2	59185.28
10	19032	4813.723	5965.417	1489882	262481.2	420811.7	174679.2

식 (8.11)과 같은 LP모형을 푸는 데는 컴퓨터와 관련 소프트웨어의 도움이 필요하다. DEA분석에 사용할 수 있는 전문 소프트웨어는 상당수 있다. 이런 소프트웨어들은 개발자가 정해놓은 형식으로 자료를 정비하고 명령어를 기입하면 표준적인 DEA모형들을 쉽게 분석하여 결과를 제시한다. 그러나 이미 위에서 본 바와 같이 다양한 규모수익, 처분가능성, 거리함수의 종류 등을 모두 분석하고, 본인이 원하는 새로운 방식의 효율성지표 구축까지 할 수 있으려면 불편하더라도 LP모형을 직접 구축하여 해를 구하는 것이 바람직하다. 다행히 R에는 일반적인 LP문제를 풀 수 있는 몇 가지 패키지가 있는데, 여기에서는 lpSolve를 사용하고자 한다.[8]

LP문제를 구축하여 DEA분석을 하고자 할 때에는 식 (8.14)의 CCR문제와 식 (8.11)의 산출물기준 효율성지표를 구하는 문제 간의 관계를 입증하기 위해 사용했던 식 (8.15)와 같은 행렬 모형 설정법이 편리하다. 〈표 8-1〉의 자료를 감안하고, VRS를 가정하면 식 (8.15)는 다음처럼 다시 구축된다.

$$(8.17a) \quad \max Z = c^T x, \text{ s.t., } Ax \leq b, \ x \geq 0$$

---

8 DEA분석을 위해서는 R 외에 선형계획모형을 풀 수 있는 어떤 소프트웨어도 사용할 수 있다. 경제학 분야에서는 GAMS(The General Algebraic Modeling System)를 일반적으로 가장 선호한다 (https://www.gams.com/).

$$(8.17b) \quad \max \; Z = \theta_V$$

$$\text{s.t,} \quad \begin{bmatrix} y^j & -y^1 & -y^2 & \cdots & -y^{10} \\ 0 & x_1^1 & x_1^2 & \cdots & x_1^{10} \\ \vdots & \vdots & \vdots & \cdots & \vdots \\ 0 & x_6^1 & x_6^2 & \cdots & x_6^{10} \\ 0 & -1 & 0 & \cdots & 0 \\ 0 & 0 & -1 & \cdots & 0 \\ \vdots & \vdots & \vdots & \cdots & \vdots \\ 0 & 0 & 0 & \cdots & -1 \\ 0 & 1 & 1 & \cdots & 1 \end{bmatrix} \begin{bmatrix} \theta_V \\ \lambda^1 \\ \lambda^2 \\ \vdots \\ \lambda^{10} \end{bmatrix} \begin{matrix} \leq \\ \leq \\ \vdots \\ \leq \\ \leq \\ \leq \\ \vdots \\ \leq \\ = \end{matrix} \begin{bmatrix} 0 \\ x_1^j \\ \vdots \\ x_6^j \\ 0 \\ 0 \\ \vdots \\ 0 \\ 1 \end{bmatrix}$$

(식 8.17b)는 식 (8.17a)와 같은 문제이지만 후자의 두 제약 $Ax \leq b$, $x \geq 0$을 하나의 행렬표현에 포함하고 있다. 즉 선택변수의 부호제약까지 포함하는 하나의 제약식 체계를 가진다. 이를 풀기 위한 R 명령어는 〈스크립트 8-1〉과 같다. MData는 〈표 8-1〉을 그 모양대로 읽어 들인 자료 행렬이다. C<-c(1, rep(0, times=10))는 목적함수의 계수로 사용될 벡터인데, 첫 번째 원소는 1이고, 나머지 10개의 원소는 0으로 구성된다. THETA_VRS와 LAMBDA_VRS는 각각 분석결과 도출되는 θ_V와 λ^k를 저장하기 위한 10×1행렬과 10×10행렬인데, 일단 모두 0으로 채워둔다. for(k in 1:10) {는 다음 }가 나타나기 이전의 중괄호 { } 안의 내용을 10회 반복 수행함을 의미한다.

A<-matrix(0, nrow=18, ncol=11)는 18×11행렬을 0으로 채운 후, 아래에서 그 내용을 제약식에 맞게 바꾸어 간다. A[1,1]<-MData[k,2]와 A[1,2:11]<- -t(MData[, 2])는 $\theta_V y^j \leq \sum_{k=1}^{10} \lambda^k y^k$의 제약을 만들도록 준비한다. A[2:7, 2:11]<-t(MData[, 3:8])은 $\sum_{k=1}^{K} \lambda^k x_n^k \leq x_n^j$ 라는 6가지 제약을 준비하며, A[8:17, 2:11]<- -diag(10)은 10개의 $\lambda^k \geq 0$의 제약을 준비한다. 마지막으로 A[18, 2:11]<-rep(1, times=10)은 VRS제약 $\sum_{k=1}^{10} \lambda^k = 1$도 준비한다.

제약식의 우변은 B<-matrix(0, nrow=18, ncol=1); B[2:7]<-t(MData[k,3:8]); B[18]<-1에 의해 구축되는데, 먼저 0으로 모든 원소를 채운 후, 그 값을 변경할 필요가 있는 원소에 대해서만 자료로부터 값을 가져와 변경한다. C_D<-c(rep("<=", times=17), "=")는 LP모형의 제약식 부등호방향을 나타낸다. 처음 17개는 모두 부등호 $\leq$이어야 하지만, 마지막 VRS 조건은 등호가 되어야 한다.

Out_Eff_VRS<- lp(direction="max", objective.in = C, const.mat = A, const.dir = C_D, const.rhs = B, all.int = F)는 LP작업을 지시하는 명령어이다. 극대화 문제임을 알려주고, 목적함수의 계수 행렬, 제약식의 좌변 행렬, 제약식의 부등호 형태나 방향, 제약식의 우변행렬을 모두 알려준다. 그리고 모든 변수가 연속변수라서 정수는 포함하지 않음도 알

려준다. 작업결과는 THETA_Lambda_VRS라는 객체로 저장된다. 이 중 θ_V의 값은 THETA_VRS[k,]에, λ^k의 값은 LAMBDA_VRS[k,]에 저장하였다.

이상 모든 작업은 각 k, 즉 DMU에 대해 시행되며, 그 결과는 처음에 0으로 채워두었던 두 행렬 THETA_VRS와 LAMBDA_VRS에 값을 바꾸며 쌓여지고, 최종적으로 이를 프린트하여 각 DMU별로 θ_V와 10개의 λ^k 값을 도출할 수 있다. 또한 CRS와 NIRS 하의 분석은 식 (8.17b)의 맨 마지막 행을 제거하거나 수정하여 시행할 수 있다.

한편, DEA분석을 보다 쉽게 할 수 있도록 연구자들이 제공하는 전문 소프트웨어도 많이 있다. 이 가운데 Benchmarking이라는 것을 이용하고자 한다면, 〈스크립트 8-1〉의 맨 하단에 있는 바와 같이 투입물과 산출물의 행렬을 각각 x와 y로 지정해주고, 명령어 dea를 사용하되, 규모수익성은 vrs, drs, crs 중 무엇을 적용하며, 효율성지표를 산출물기준과 투입물기준 중 무엇을 이용하여 도출할지 등을 지정해주면 된다.

연습문제 8.3* 〈스크립트 8−1〉을 변형하여 식 (8.16)의 방향거리함수를 추정하는 모형을 구축하라.

스크립트 8-1 산출물기준 효율성지표의 도출

```
> library(lpSolve)
> Data <- read.csv(file="c:/work/text(생산)/통계분석/DEA_EX1.csv",
+ header=TRUE, sep=",")
> attach(Data)
> MData<-as.matrix(Data)

> # Output Efficiency: VRS
> C<-c(1, rep(0, times=10))
> THETA_VRS<-matrix(0, nrow=10, ncol=1)
> LAMBDA_VRS<-matrix(0, nrow=10, ncol=10)

> for(k in 1:10) {
+ A<-matrix(0, nrow=18, ncol=11)
+ A[1,1]<-MData[k,2]
+ A[1,2:11]<- -t(MData[, 2])
```

```
+ A[2:7, 2:11]<-t(MData[, 3:8])
+ A[8:17, 2:11]<- -diag(10)
+ A[18, 2:11]<-rep(1, times=10)
+
+ B<-matrix(0, nrow=18, ncol=1)
+ B[2:7]<-t(MData[k,3:8])
+ B[18]<-1
+
+ C_D   <- c(rep("<=", times=17), "=")
+
+ Out_Eff_VRS <-   lp(direction="max", objective.in = C, const.mat = A,
+          const.dir = C_D, const.rhs = B, all.int = F)
+ THETA_Lambda_VRS <- Out_Eff_VRS$solution
+ THETA_VRS[k,]=THETA_Lambda_VRS[1]
+ LAMBDA_VRS[k,]=THETA_Lambda_VRS[2:11]
+ }

> print(THETA_VRS)
> print(LAMBDA_VRS)

>library(Benchmarking)
>y<-MData[,2]; x<-MData[,3:8]
>(e_vrs<-dea(x,y, RTS="vrs", ORIENTATION="out"))
```

〈표 8-2〉는 CRS, NIRS, VRS 세 가지 규모수익성 가정하에서 도출한 10개 농가의 산출물기준 효율성지표와, 각 농가별 LP문제에서 0이 아닌 λ^k를 가진 농가가 누구인지를 보여준다.

〈표 8-2〉는 비교적 적은 수의 DMU만 가지고 분석한 예제의 결과이므로 DEA분석으로부터 얻을 수 있는 다양한 결과를 모두 나타내기에는 한계가 있다. 하지만 일단 총 10개의 DMU 중 6개가 그 효율성지표 θ의 값이 1이어서 기술집합의 경계에 위치해 효율적이고, 나머지 4개의 DMU는 효율성지표로 1보다 큰 값을 가져 기술집합의 내부에 위치함을 확인할 수 있다. 이들 4개 농가는 CRS기술조건에서는 현재의 투입물로도 각각 10.4%, 23%, 32.9%, 16.5%의 생산증가를 이룰 수 있지만 이를 달성하지 못하고 있다.

DMU	CRS		NIRS		VRS		규모 수익성
	θ_C	벤치마킹 대상	θ_{NI}	벤치마킹 대상	θ_V	벤치마킹 대상	
1	1.104	9	1.096	9,10	1.096	9,10	DRS
2	1	2	1	2	1	2	CRS
3	1	3	1	3	1	3	CRS
4	1	4	1	4	1	4	CRS
5	1.230	2,9,10	1.216	2,9,10	1.216	2,9,10	DRS
6	1.329	4,10	1.329	4,10	1.069	2,4,8,9	IRS
7	1.165	2,10	1.165	2,10	1.019	2,3,8	IRS
8	1	8	1	8	1	8	CRS
9	1	9	1	9	1	9	CRS
10	1	10	1	10	1	10	CRS

VRS > NIRS > CRS의 순서로 LP모형의 제약강도가 강하기 때문에 효율성지표 θ의 값은 역으로 CRS일 때가 가장 크고 이어서 NIRS, VRS의 순서로 값이 정해지지만, 규모수익성 가정을 달리해도 동일한 효율성지표가 도출될 수도 있다. 〈표 8-2〉의 예에서는 기술효율적인 모든 농가는 규모수익성 가정을 달리해도 여전히 효율적인 것으로 나타났으나, 이는 항상 성립하는 결과는 아니다.

〈표 8-2〉의 결과는 각 농가가 어떤 규모수익성하에 있는지도 확인하게 해준다. 〈그림 8-3〉을 참조하면, 만약 $\theta_C = \theta_{NI} = \theta_V$인 농가가 있다면 이 농가는 규모수익불변(CRS)의 수익성을 가졌다고 보아야 한다. 〈표 8-2〉의 예에서는 기술적으로 효율적인 농가들이 모두 이 조건을 충족하였다. 만약 $\theta_C = \theta_{NI} > \theta_V$를 보여준다면, 이 농가는 규모수익증가, 즉 IRS의 기술특성을 가진다. 농가 6과 7이 그러하다. 마지막으로 $\theta_C > \theta_{NI} = \theta_V$인 농가가 있다면 규모수익감소, 즉 DRS의 기술특성을 가진다고 보아야 하는데, 농가 1과 5가 이에 해당된다.

연습문제 8.4 농가 1, 5, 6, 7의 순수 기술효율성과 규모효율성을 도출하라.

마지막으로, 각 농가별로 효율성지표를 도출할 때 어떤 λ^k가 0이 아니었는지를 도출하면 이를 통해 각 농가가 효율성측면에서 어떤 농가를 벤치마킹해야 하는지를 확인할 수 있다. 즉 LP문제의 두 가지 제약 $\theta_V y_m^j \le \sum_{k=1}^{K} \lambda^k y_m^k$와 $\sum_{k=1}^{K} \lambda^k x_n^k \le x_n^j$에서 λ^k의 값이 0이 아닌 DMU들은 효율성지표를 계산하는 j번째 DMU보다 많지 않은 투입물을 사용하면서 더 적지 않은 산출을 하고 있다는 것을 의미하므로 j번째 DMU가 벤치마킹해야 할 대상이고, 이들 DMU들이 j번째 DMU를 비효율적으로 판정하게 만든다. 〈표 8−2〉를 보면 효율적인 농가들은 모두 자신만이 벤치마킹 대상이다. 그러나 예를 들면 효율적이지 못한 농가 7의 경우 CRS와 NIRS 가정에서는 농가 2와 10을, VRS 가정하에서는 농가 2, 3, 8을 벤치마킹하여야 한다.

DEA분석을 시행하면 〈표 8−2〉가 보여주는 정보 외에도 각 제약식에서의 여분 값 (slacks)을 도출할 수 있고, 이로부터 생산효율성과 특성에 관한 추가 정보를 도출하는 등, 여러 가지 추가 작업을 행할 수 있다.[9]

연습문제 8.5
〈표 8−1〉의 자료에서 비료(FERT)는 반드시 자유처분가능하지 않고 다른 투입물과 동시에 약처분가능하기만 하다고 하자. 이를 반영하는 산출물기준 효율성지표 계산을 위한 DEA R 프로그램을 만들어 보라.

2. DEA와 배분효율성

DEA기법은 생산의 기술적 효율성을 분석할 뿐 아니라 가격조건을 반영하는 최적 생산행위를 분석하는 데에도 사용될 수 있다. j번째 DMU의 산출물 $(y_1^j, ..., y_M^j)$을 최소비용으로 생산하는 방법을 찾기 위해서는 다음을 풀어 최적의 $(x_1^{*j}, ..., x_N^{*j})$을 구하면 된다.

---

9 사실 식 (8.11)의 모형에서 θ_V 값이 1로 계산될 때에도 제약식 $\theta_V y_m^j \le \sum_{k=1}^{K} \lambda^k y_m^k$와 $\sum_{k=1}^{K} \lambda^k x_n^k \le x_n^j$가 등식으로 성립하지 않고 여분 값을 가질 수가 있다. 이 경우 j번째 DMU의 실제 생산량을 여전히 더 늘려주거나 투입요소 사용량을 여전히 더 줄여주는 것이 기술적으로는 가능하다. 즉 θ_V의 값이 1이라는 것은 기술효율성을 위해 필요한 조건이지 충분한 조건은 아니다. 완전한 의미의 기술효율성은 $\theta_V = 1$, $y_m^j = \sum_{k=1}^{K} \lambda^k y_m^k$, $\sum_{k=1}^{K} \lambda^k x_n^k = x_n^j$의 조건이 모두 충족될 때 발생하며, 이를 쿠프만(Koopman) 효율성조건이라 부르기도 한다.

$$(8.18) \quad \bar{c}(w_1,...,w_N,y_1^j,...,y_M^j) = \min_{(x_1^{*j},...,x_N^{*j},\lambda^1,...,\lambda^K)} \sum_{n=1}^{N} w_n x_n^{*j}$$

$$\text{s.t. } y_m^j \leq \sum_{k=1}^{K} \lambda^k y_m^k, \ m=1,...,M, \ \sum_{k=1}^{K} \lambda^k x_n^k \leq x_n^{*j}, \ n=1,...,N,$$

$$\sum_{k=1}^{K} \lambda^k = 1, \ \lambda^k \geq 0, \ k=1,...,K$$

이 역시 하나의 LP문제라서 〈스크립트 8−1〉을 변형하면 쉽게 해를 구할 수 있다. j번째 DMU의 실제 비용지출액 $\sum_{n=1}^{N} w_n x_n^j$와 최소비용 $\sum_{n=1}^{N} w_n x_n^{*j}$의 비율이 바로 비용효율성(cost efficiency, CE)이다. 그리고 비용효율성은 다시 기술효율성 TE와 배분효율성(allocative efficiency, AE)으로 다음처럼 분리될 수 있다.

$$(8.19) \quad CE = \frac{\sum_{n=1}^{N} w_n x_n^{*j}}{\sum_{n=1}^{N} w_n x_n^j} = TE \times AE$$

TE는 앞에서 구한 수치이며, 배분효율성은 $AE = CE/TE$처럼 CE와 TE로부터 구해진다. 세 가지 효율성지표, 비용효율성, 배분효율성, 기술효율성의 관계는 〈그림 8−4〉가 보여준다. 특정 생산량 y를 얻고 있는 세 개의 투입요소 결합으로부터 구축된 근사된 투입물 집합 $\bar{V}_V(y)$의 경계가 있고, 또한 두 투입물가격 (w_1, w_2)로부터 도출된 등비용선이 직선으로 그려져 있다. 이 등비용선은 식 (8.18)을 풀었을 때의 비용최소화 선택인 점 D를 지나고 있으며, 이 직선에 해당되는 비용이 y 생산의 최소비용이다.

만약 점 A에서 생산을 하고 있는 생산자가 있다면, 그 기술효율성은 투입물거리함수의 역수인 $TE = \frac{0B}{0A}$가 되어야 한다. 이는 A에서의 실제 투입물 사용량이 생산경계 상의 점인 B로 이동할 수 있는 정도를 보여주며, 식 (8.12)의 τ_V이다. 비용효율성은 $CE = \frac{0C}{0A}$가 되어야 한다. 점 B는 생산경계에 있기는 하지만, 주어진 가격조건에서의 비용을 최소화하는 선택이 될 수 없기 때문에 점 B와 점 C 간의 간격이 배분효율성이 되고, 이는 $AE = \frac{0C}{0B}$와 같이 계산된다.

만약 주어진 투입물로부터 수입을 극대화하는 생산량 선택에 관심이 있다면 식 (8.18)을 수입극대화문제로 전환할 수 있다. j번째 DMU의 투입물 $(x_1^j,...,x_N^j)$을 이용해 판매수입을 극대화하는 방법을 찾기 위해 다음을 풀어 최적의 $(y_1^{*j},...,y_M^{*j})$을 구한다.

그림 8-4 기술효율성과 배분효율성

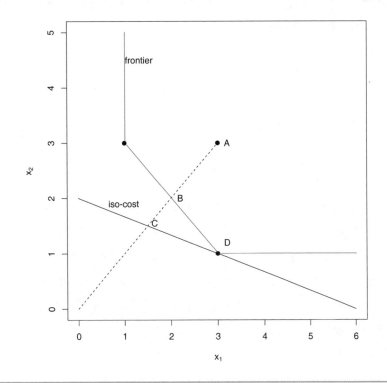

$$\bar{r}(p_1,...,p_M,x_1^j,...,x_N^j) = \max_{(y_1^{*j},...,y_M^{*j},\lambda^1,...,\lambda^K)} \sum_{m=1}^{M} p_m y_m^{*j} \tag{8.20}$$

$$\text{s.t. } y_m^{*j} \leq \sum_{k=1}^{K} \lambda^k y_m^k, \ m=1,...,M, \ \sum_{k=1}^{K} \lambda^k x_n^k \leq x_n^j, \ n=1,...,N,$$

$$\sum_{k=1}^{K} \lambda^k = 1, \ \lambda^k \geq 0, \ k=1,...,K$$

연습문제 8.6 〈그림 8-4〉와 유사한 그림을 그리고, 수입효율성(revenue efficiency), 산출물기준 기술효율성, 배분효율성의 관계를 도출해보라.

이제 산출물과 투입물을 모두 선택할 수 있는 보다 장기적인 의사결정인 이윤극대화 문제를 고려하자. 주어진 산출물과 투입물의 가격하에서, 이윤극대화는 선형근사된 기술집합에서 다음처럼 이루어질 수 있다.

$$(8.21) \quad \bar{\pi}(p_1,...,p_M,w_1,...,w_N)$$

$$= \max_{(x_1^*,...,x_N^* y_1^*,...,y_M^*, \lambda^1,...,\lambda^K)} \sum_{m=1}^{M} p_m y_m^* - \sum_{n=1}^{N} w_n x_n^*$$

$$\text{s.t.} \ \ y_m^* \leq \sum_{k=1}^{K} \lambda^k y_m^k, \ \ m=1,...,M, \ \ \sum_{k=1}^{K} \lambda^k x_n^k \leq x_n^*, \ \ n=1,...,N,$$

$$\sum_{k=1}^{K} \lambda^k = 1, \ \ \lambda^k \geq 0, \ \ k=1,...,K$$

이렇게 도출된 최대의 이윤 $\bar{\pi}(\cdot)$가 실제 얻어진 이윤과 비교되어야 한다. 이 과정은 선형근사된 기술집합에서 비용최소화와 수입극대화를 달성할 때의 과정과 사실 같으며, 여전히 LP문제를 풀면 된다. 그러나 이 두 문제를 푼 후 각각 비용효율성과 수입효율성을 기술효율성과 배분효율성으로 구분했던 절차를 이윤효율성에 대해서도 밟고자 하면 한 가지 문제가 발생한다. 이는 이윤효율성에서 분리해내야 할 기술효율성을 산출물 기준으로 계산할 것인지 아니면 투입물기준으로 계산할 것인지의 문제이다. 즉 기술효율성지표를 식 (8.11)의 θ_V에서 얻을 것인지 아니면 식 (8.12)의 τ_V로부터 얻을 것인지의 문제가 있으며, 어떤 선택을 하느냐에 따라 이윤효율성을 기술효율성과 배분효율성으로 분리하는 결과에 영향을 미칠 수 있다.

이 문제는 투입물과 산출물을 동시에 바꾸어 생산경계로 이동할 수 있는 방향거리함수를 활용하여 해결한다. 즉 식 (8.16)의 LP문제를 풀어 그 목적함수 값인 $\beta_V = \vec{D}_T(\cdot)$를 도출하고 이를 이용해 기술효율성을 정의하면 된다. 이 경우 이윤효율성은 다음과 같이 표현된다.

$$(8.22) \quad NI = \frac{\bar{\pi}(p_1,...,p_M,w_1,...,w_N) - \left[\sum_{m=1}^{M} p_m y_m^j - \sum_{n=1}^{N} w_n x_n^j\right]}{\sum_{m=1}^{M} p_m g_{ym} + \sum_{n=1}^{N} w_n g_{xn}}$$

식 (8.22)에서 $(g_{y1},...,g_{yM})$과 $(g_{x1},...,g_{xN})$은 각각 방향거리함수에서 산출물과 투입물의 이동방향을 나타낸다.[10] 극대화된 이윤 $\bar{\pi}(p_1,...,p_M,w_1,...,w_N)$와 실제 이윤 $\sum_{m=1}^{M} p_m y_m^j$

---

10 식 (8.22)의 이윤효율성지표는 본서에서 수차례 언급된 경제학자 M. Nerlove의 이름을 따 널러브

$-\sum_{n=1}^{N} w_n x_n^j$ 간의 격차를 $\sum_{m=1}^{M} p_m g_{ym} + \sum_{n=1}^{N} w_n g_{xn}$로 나누어주는 것은 제5장에서 도출했던 이윤함수와 방향거리함수 간의 쌍대관계를 반영하는 것이다(식 (5.45)). 아울러 이렇게 해줌으로써 이윤효율성지수 NI는 산출물가격과 투입물가격에 대해 0차 동차가 되어 가격변수의 단위에 대해 일종의 중립성을 지닌다는 장점도 가지게 된다.

방향거리함수를 분석할 경우에는 그 값 자체가 기술효율성이 된다. 방향거리함수는 산출물거리함수나 투입물거리함수와 달리 생산경계로 이동하는 데 필요한 수량변수의 변화비율이 아니라 수량 자체의 변화량을 나타낸다. 따라서 어떤 DMU의 방향거리함수의 값이 식 (8.16)을 통해 도출되고 그 값이 $\vec{D}_T(\cdot)$라면, 이윤측면의 배분효율성은 다음과 같이 NI와 $\vec{D}_T(\cdot)$의 비율이 아니라 격차로 도출된다.

$$\vec{AE} = NI - \vec{D}_T(\cdot)$$

연습문제 8.7★ 식 (8.16)의 방향거리함수를 구하는 문제에 있어 $(g_{y1},...,g_{yM}) = (0,...,0)$과 $(g_{x1},...,g_{xN}) = (0,...,0)$으로 선택방향을 각각 제약하는 두 경우를 고려하고, 그로부터 비용효율성과 수입효율성 개념을 각각 도출할 수 있는지, 있다면 그 배분효율성은 어떻게 정의할 수 있는지 설명해보라.

선형근사된 기술집합을 이용한 경제 분석은 기술효율성과 배분효율성의 분석 외에도 다양한 분야에 적용될 수 있다. 예를 들면 제4장에서 중요하게 다루었던 범위의 경제성 문제를 실증 분석할 때에도 이 방법을 유용하게 사용할 수 있다. 이때에는 식 (8.18)의 비용최소화 문제를 두 가지 산출물을 생산하는 DMU를 대상으로 풀어 최소비용을 구한 후, 두 산출물 중 한 가지만을 생산하는 DMU의 자료를 모아 각각 비용최소화 문제를 다시 풀면 된다. 결합생산된 두 가지 산출물의 양을 각각 주어진 산출물로 하여 독립되게 생산할 때 필요한 비용을 도출하여 합한 것이 두 가지 산출물을 모두 생산하는 최소비용과 어느 정도 차이가 있는지 확인하면 된다. 즉 $\bar{c}(w_1,...,w_N,y_1,y_2) \le \bar{c}(w_1,...,w_N,y_1) + \bar{c}(w_1,...,w_N,y_2)$의 관계가 성립하는지를 확인할 수 있다.[11]

이윤지표(Nerlovian profit indicator)라 불리기도 한다(Färe, R. and S. Grosskopf, 2004, *New Directions: Efficiency and Productivity*, Springer, p. 13).

| SECTION 03 | 효율성의 모수적 분석: SFA기법 |

제2절의 DEA분석법은 특정 함수형태 등을 사용하지 않고도 기술 및 배분효율성을 포함하는 다양한 주제를 분석할 수 있는 매우 효과적인 방법이며, 관련 이론적 기반도 강한 분석법이다. 하지만 이미 밝힌 대로 확률변수의 영향을 감안하지 않고 생산경계를 관측되는 자료의 가장 바깥쪽 자료로 한정하는 문제를 가진다. 이는 무엇보다도 이상 관측치가 존재할 때 심각한 문제가 될 수 있다. 자료 집계상의 단순 실수와 같은 이유로 인해 생산량이 유난히 크게 집계된 DMU가 하나 있으면 이 DMU의 존재로 인해 모든 DMU들이 기술적으로 비효율적인 생산단위로 판정되는 문제가 발생한다.

확률경계분석법(stochastic frontier analysis, SFA)은 DEA가 가지는 이러한 한계를 극복하고자 개발된 방법이다. 이 방법은 제7장에서처럼 생산함수나 비용함수의 형태를 가정하고 분석하기 때문에 비모수적 분석법은 아니다. 이 방법은 설명변수가 설명하지 못하는 부분을 담당하는 확률변수를 모형에 포함하여 분석하고, 생산경계 자체를 그러한 확률적 요인을 감안하여 도출하기 때문에 보다 현실적인 방법이라 할 수 있다. 또한 분석결과가 이상 관측치에 의해 과다한 영향을 받는 문제도 피할 수 있다. 이 방법은 통계추정방법을 이용하지만 제7장에서 사용되었던 회귀분석이나 SUR방법이 아닌 최우추정법(maximum likelihood estimation)을 주로 사용한다. 아래에서는 먼저 최우추정법에 대해 간략히 검토하고 이를 SFA분석에 활용하는 방법을 이어서 논의한다.

1. 최우추정법

어떤 확률변수의 자료가 y_i, $i = 1, \dots, I$와 같은데, 각 값이 서로 독립이면서 동일한 확률밀도함수(probability density function) $f(y_i; \theta)$를 가진다 하자. θ는 확률변수의 분포를 결정하는 미지의 파라미터 혹은 그 벡터이다. 확률밀도함수 $f(y_i; \theta)$가 만약 잘 알려진 정규분포(normal distribution)함수라면, $\theta = (\mu, \sigma^2)$처럼 y_i의 평균 μ와 분산 σ^2이 θ를 이

---

11 다음 연구가 실제로 한국의 열병합발전소의 범위의 경제성문제를 이 방법을 이용해 분석하였고, 열과 전력의 병합생산으로 총 비용의 13% 정도가 절감됨을 보였다: Kwon, O. S. and W.−C. Yun, 2003, "Measuring Economies of Scope for Cogeneration Systems in Korea: A Nonparametric Approach," *Energy Economics* 25, 331−338.

룬다. 그렇다면 관측된 $(y_1,...,y_I)$의 자료를 가질 확률은 각 관측치의 밀도함수의 곱으로 다음과 같아야 한다.

$$f(y_1,...,y_I;\theta) = \prod_{i=1}^{I} f(y_i;\theta)$$

우도함수(likelihood function)는 이상의 결합분포를 관측되는 자료 $(y_1,...,y_I)$를 가지고 평가한 것으로서, 우리가 모르는 파라미터 θ의 함수이다. 즉 다음이 우도함수이다.

$$(8.23) \qquad L(\theta) = f(y_1,...,y_I;\theta) = \prod_{i=1}^{I} f(y_i;\theta)$$

최우추정치(maximum likelihood estimate, MLE) $\hat{\theta}$는 주어진 자료 $(y_1,...,y_I)$를 이용해 도출하는 우도함수 $L(\theta)$를 극대화하는 θ값을 의미한다. MLE는 현재 가지고 있는 자료가 획득될 확률을 가장 높게 하는 θ값이므로 자료의 성격을 가장 잘 반영하는 파라미터 추정치라 할 수 있다.

θ_0를 우리가 모르는 실제 파라미터 벡터라 하자. 몇 가지 전제 조건이 충족되고 표본의 수가 클 경우 $\hat{\theta}$는 평균이 θ_0인 정규분포를 따름을 보여줄 수 있다. MLE는 자료에 대해 우리가 부여하는 분포함수의 종류가 그 자료를 생성시킨 실제 분포함수의 종류와 같다면, 다른 어떤 불편 추정치보다 효율적이어서 가장 작은 분산을 가지며, 일치성도 가진다.

실제로 $\hat{\theta}$를 도출할 때에는 우도함수 $L(\theta)$보다는 이를 로그변환한 $l(\theta) = \ln L(\theta)$를 극대화한다. 식 (8.23)을 보면 우도함수를 로그변환하면 각 개별 관측치에서의 밀도함수의 로그 값의 합이 되므로 보다 편리하게 추정치를 도출할 수 있다. 그리고 $\hat{\theta}$이 얻어지면 그 분산의 추정치는 몇 가지 방법으로 추정될 수 있지만 흔히 다음처럼 구해진다.

$$(8.24) \qquad \hat{V}(\hat{\theta}) = -H^{-1}(\ddot{\theta})$$

식 (8.24)에서 $H(\cdot)$는 로그 우도함수 $l(\theta)$를 θ의 각 원소로 두 번 미분한 행렬, 즉 헤시안행렬이다. 이 행렬을 MLE에서 평가하고 역행렬을 취한 후, 음의 값을 붙인 것이 MLE 분산행렬의 추정치이다. MLE인 $\hat{\theta}$ 자체의 분산까지 이렇게 얻어지므로 이를 이용해 가설검정을 할 수가 있다. 만약 가설이 $H_0 : g(\theta) = r$과 같은 형태로 주어진다면, 이 가설을 적용한 상태에서 추정하여 얻어지는 MLE $\hat{\theta}_R$과 적용하지 않은 상태에서 추정된 MLE $\hat{\theta}$가 도출되며, 각각의 최대화된 로그우도함수를 $l(\widehat{\theta_R})$과 $l(\hat{\theta})$과 같이 정의할 수 있다. 이때 표본의 수가 충분히 클 경우 다음의 우도비(log$-$likelihood ratio)가 H_0의 가설하에서는 제약식의 숫자만큼의 자유도를 가지는 χ^2분포를 따른다는 것이 알려져 있다.

$$(8.25) \qquad LR = -2\left[l(\hat{\theta}_R) - l(\hat{\theta})\right]$$

MLE는 제7장에서 추정하였던 단일 선형방정식이나 다변량 방정식에도 적용될 수 있다. 단일방정식이 $y_i = \beta_0 + \beta_1 x_{1i} + ... + \beta_N x_{Ni} + \epsilon_i$와 같고 ϵ_i가 평균이 0이고 분산이 σ^2인 정규분포를 따른다면, 그 로그우도함수는 다음과 같다.

$$(8.26) \qquad l(\beta_0, \beta_1, ..., \beta_N, \sigma) = -\frac{I}{2}\ln(2\pi\sigma^2)$$

$$-\frac{1}{2\sigma^2}\sum_{i=1}^{I}(y_i - \beta_0 - \beta_1 x_{1i} - ... - \beta_N x_{Ni})^2$$

식 (8.26)을 극대화하는 $(\beta_0, \beta_1, ..., \beta_N, \sigma)$를 찾아내는 것이 최우추정법이다. 식 (8.26)의 마지막 항의 일부인 $\sum_{i=1}^{I}(y_i - \beta_0 - \beta_1 x_{1i} - ... - \beta_N x_{Ni})^2$는 사실 제7장에서 사용했던 OLS 추정법이 최소화하는 목적함수이다. 따라서 σ의 값이 주어져 있으면 MLE와 OLS의 $(\beta_0, \beta_1, ..., \beta_N)$ 추정치가 동일함을 확인할 수 있다.

2. SFA모형의 설정과 추정

최우추정법을 이용해 생산기술의 경계를 분석하는 방법은 사실 대단히 많다. 다음의 모형이 그 중 가장 흔히 사용되는 모형이다.

$$(8.27) \qquad y_i = \beta_0 + \beta_1 x_{1i} + ... + \beta_N x_{Ni} + v_i - u_i$$

$$v_i \sim N(0, \sigma_v^2), \ u_i \sim N^+(0, \sigma_u^2)$$

식 (8.27)에서 v_i는 평균이 0이고 분산이 σ_v^2인 통상적인 정규분포를 따르는 확률변수로서, 생산량에 영향을 미치는 순수한 확률적 요인이다. 이 모형에는 또 다른 확률변수 u_i가 있는데, 이는 역시 평균이 0이고 분산은 σ_u^2인 정규분포를 따르지만 그 값이 0 이상인 반쪽짜리 정규분포, 즉 반정규분포(half normal distribution)를 따른다. 이 확률변수가 생산기술의 비효율성을 나타낸다. SFA는 이런 식으로 두 가지 확률변수를 설정하여, 자료의 순수한 확률적 요인과 생산기술효율성을 각각 표현하게 한다. 통상적으로 v_i와 u_i 는 상호독립으로 가정된다.

식 (8.27)이 일반 OLS모형과 다른 것은 바로 u_i를 추가로 포함한다는 것이다. 일반 회귀분석 OLS에서는 $u_i = 0$이고, 관측되는 자료의 "평균"을 추정하는 반면, SFA모형은 생산량에 영향을 미치는 확률적 요인을 고려하면서도 자료의 "경계"를 추정하고자 한 다. 양자 간의 차이는 〈스크립트 8-2〉가 그린 〈그림 8-5〉가 보여준다.

그림 8-5 평균과 경계

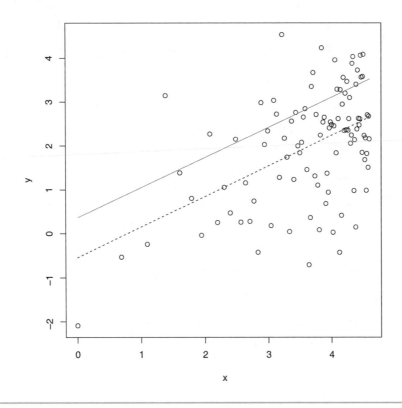

```
〉 set.seed(1236227)
〉 x〈-log(c(1:100))
〉 v=rnorm(100)
〉 set.seed(1336227)
〉 u=abs(rnorm(100))
〉 y〈-.2+.7*x+v-u

〉 ols〈-lm(y~x)

〉 plot(x,y)
〉 curve(ols$coefficients[1]+ols$coefficients[2]*x, lty=2)
```

〈그림 8-5〉의 변수 x는 $\ln(1)$에서 $\ln(100)$까지의 값을 가지며, 100개의 관측치를 가진다. v는 평균이 0인 표준정규분포를 따르는 100개의 값을 추출한 것이며, u는 표준정규분포를 따르는 또 다른 100개의 값을 추출한 후 그 절댓값을 취해 0보다 작을 수 없도록 한 것이다. 종속변수인 y의 값은 $y_i = 0.2 + 0.7x_i + v_i - u_i$와 같이 계산되었다.

만약 100개의 (x_i, y_i)조합을 이용해 회귀분석을 하면 x와 y 간의 평균적인 직선관계를 도출하게 될 것이다. 〈스크립트 8-2〉는 OLS추정을 한 후, 그 회귀식을 그림으로 그렸고, 그 결과 〈그림 8-5〉의 점선으로 표시된 직선이 도출되었다. 하지만 이 회귀식은 y의 값이 v뿐 아니라 u처럼 한 쪽 방향으로만 분포하는 확률변수의 영향까지 받는다는 점을 고려하지 않았고, 그 결과 자료들의 한 가운데를 지나는 직선으로 추정되었다. 이 직선의 절편 추정치는 -0.547이고 기울기 추정치는 0.696이다. 기울기 추정치는 실제 값 0.7과 매우 가깝지만 절편 추정치는 실제 값 0.2와 큰 차이를 보인다.[12]

y가 한쪽 방향으로만 영향을 미치는 확률변수 u의 영향까지도 받는다는 것을 반영하면 〈그림 8-5〉의 실선과 같은 회귀선이 추정될 것이다. 이는 자료의 가운데를 지나가는 OLS회귀선보다는 위쪽에 위치하고 있다. 하지만 이 선은 그렇다고 해서 DEA분석 때처럼 자료의 가장 바깥쪽에 위치하지는 않는다. 이는 각 관측치 값에는 v의 영향, 즉

---

[12] 이 예가 보여주듯이 식 (8.27)을 OLS 추정해도 β_1에서 β_N에 이르는 기울기 파라미터의 추정치는 모두 일치성을 가진다. 하지만 절편 β_0의 OLS 추정치는 교란항 $v_i - u_i$의 평균이 0이 아니기 때문에 그렇지 않다. 이런 점을 반영하여, SFA에 관한 초기 연구들은 OLS 추정 후 상수항 추정치만을 교란항 추정치의 최댓값을 이용해 보정해주고, 그 결과로부터 효율성지표를 도출하기도 하였다.

효율성과 관련이 없는 순수한 확률변수의 영향도 있기 때문이다.[13]

이러한 확률경계를 도출하기 위해서는 식 (8.27)의 두 확률변수 u와 v에 대해 다음과 같은 확률밀도함수를 부여한다.

$$(8.28) \quad f(v) = \frac{1}{\sqrt{2\pi}\,\sigma_v} \exp\left(-\frac{v^2}{2\sigma_v^2}\right), \; f(u) = \frac{2}{\sqrt{2\pi}\,\sigma_u} \exp\left(-\frac{u^2}{2\sigma_u^2}\right)$$

$$f(u,v) = \frac{2}{2\pi\sigma_u\sigma_v} \exp\left(-\frac{u^2}{2\sigma_u^2} - \frac{v^2}{2\sigma_v^2}\right)$$

식 (8.28)에서 $f(u,v)$는 두 확률변수의 결합 확률밀도함수이다. 실제 회귀식의 추정에는 두 확률변수의 차이인 $v_i - u_i$를 하나의 확률변수로 처리하는 것이 편리하다. 즉 $\epsilon_i = v_i - u_i$와 같은 또 다른 확률변수를 도입할 수 있다. 이를 대입하여 식 (8.28)의 결합 확률밀도함수 $f(u,v)$를 $f(u,\epsilon)$의 형태로 바꾸고, 확률변수 u의 분포에 대해 적분하면 다음처럼 ϵ만의 확률밀도함수를 도출할 수 있다.

$$(8.29) \quad f(\epsilon) = \int_0^\infty f(u,\epsilon)du = \frac{2}{\sigma}\phi\left(\frac{\epsilon}{\sigma}\right)\Phi\left(-\frac{\epsilon\lambda}{\sigma}\right)$$

$$\text{단,} \; \sigma = (\sigma_u^2 + \sigma_v^2)^{1/2}, \; \lambda = \sigma_u/\sigma_v$$

식 (8.29)에서 $\phi(\cdot)$는 표준정규분포의 확률밀도함수이고, $\Phi(\cdot)$는 그 누적분포함수이다. 즉 $\Phi(c)$는 표준정규분포함수를 따르는 확률변수의 값이 c보다 크지 않을 확률이다.[14] 이제는 다음과 같은 회귀방정식을 가지며, 그 교란항의 분포특성이 식 (8.29)와 같다는 것을 알기 때문에 식 (8.23)과 같은 우도함수를 극대화하는 β들과 σ, 그리고 λ의 추정치를 얻을 수 있다.

$$(8.30) \quad y_i = \beta_0 + \beta_1 x_{1i} + \dots + \beta_N x_{Ni} + \epsilon_i$$

우리는 식 (8.30)과 같은 회귀식을 최우추정(ML)기법으로 추정하지만 특히 기술효율성지표인 u의 값을 매 관측치에서 도출하는 것에 관심이 있다. 식 (8.30)의 추정결과

---

13 이 선의 도출방법은 뒤에서 설명한다.

14 식 (8.29)의 확률밀도함수를 적분을 통해 도출하는 과정은 어렵지 않으나 수차례 변수변환과정을 거쳐야 한다. 도출과정은 다음에서 확인할 수 있다: Bogetoft, P. and L. Otto, 2011, *Benchmarking with DEA, SFA, and R*, Springer, pp. 230−231.

얻어지는 것은 $\hat{\epsilon}_i$와 같은 확률변수 ϵ_i의 추정치이므로 이로부터 $\hat{u}_i$를 복원하는 절차가 필요하다. 이는 다음의 과정을 이용한다.

$$(8.31) \qquad f(u|\epsilon) = \frac{f(u,\epsilon)}{f(\epsilon)} = \frac{\dfrac{2}{\sqrt{2\pi}\,\sigma^*}\exp\left[-\dfrac{(u-\mu^*)^2}{2\sigma^{*2}}\right]}{1-\Phi\left(-\dfrac{\mu^*}{\sigma^*}\right)}$$

$$\text{단, } \mu^* = -\frac{\epsilon\sigma_u^2}{\sigma^2}, \ \sigma^{*2} = \sigma_u^2\frac{\sigma_v^2}{\sigma^2}$$

식 (8.31)은 ϵ이 주어져 있을 때의 u의 조건부 확률밀도함수 $f(u|\epsilon)$을 구하는 과정이다. 따라서 이제는 ϵ_i의 값이 주어져 있을 때 u_i의 조건부 기댓값을 다음과 같이 도출할 수 있다.

$$(8.32) \qquad E[u_i|\epsilon_i] = \int_0^\infty u_i f(u_i|\epsilon_i)du_i = \mu_i^* + \sigma^*\left[\frac{\phi(-\mu_i^*/\sigma^*)}{1-\Phi(-\mu_i^*/\sigma^*)}\right]$$

식 (8.30)의 SFA모형이 추정된 후, 각 관측치의 ϵ_i 추정치에 식 (8.32)를 적용해 해당 관측치의 기술효율성지표 u_i의 기댓값을 도출할 수 있다.

이와 같은 구조를 가진 SFA모형에는 다양한 유형들이 포함된다. 먼저 기술효율성을 나타내는 확률변수 u는 반드시 위에서처럼 반정규분포를 따를 필요는 없다. u가 0 이상의 값을 가지게 하는 어떤 종류의 분포도 따를 수가 있는데, 반정규분포의 대안으로 다음과 같은 지수분포(exponential distribution)와 절단정규분포(truncated normal distribution)가 자주 사용된다.

$$(8.33a) \qquad f(u) = \frac{1}{\sigma_u}\exp\left(-\frac{u}{\sigma_u}\right)$$

$$(8.33b) \qquad f(u) = \frac{1}{\sqrt{2\pi}\,\sigma_u\Phi(-\mu/\sigma_u)}\exp\left(-\frac{(u-\mu)^2}{2\sigma_u^2}\right)$$

위의 확률밀도함수를 각각 반정규분포 밀도함수 대신 사용하여 식 (8.29)와 같은 $f(\epsilon)$을 도출하여 MLE를 구할 수 있다. 그리고 사후적으로 역시 식 (8.32)에 해당되는 $E[u_i|\epsilon_i]$를 각각 도출할 수 있다. 특히 절단정규분포의 경우 $u \geq 0$의 한쪽 방향으로 분

포하는 정규분포의 봉우리가 반드시 $u = 0$에서 발생하지 않을 수도 있음을 허용한다. 즉 절단정규분포에서 $\mu = 0$인 특수한 경우가 반정규분포이므로 후자보다 좀 더 일반적인 모형이라 할 수 있다.

절단정규분포와 반정규분포 간의 관계를 좀 더 자세히 알아보면, u가 절단정규분포를 따를 경우 ϵ의 확률밀도함수로는 식 (8.29) 대신 다음이 도출된다.

$$f(\epsilon) = \frac{1}{\sigma} \phi\left(\frac{\epsilon + \mu}{\sigma}\right) \Phi\left(\frac{\mu}{\sigma\lambda} - \frac{\epsilon\lambda}{\sigma}\right) \left[\Phi\left(-\frac{\mu}{\sigma_u}\right)\right]^{-1}$$

표준정규분포의 성질상 이는 $\mu = 0$일 경우 식 (8.29)의 밀도함수로 돌아감을 확인할 수 있다. $\mu = -0.5, 0, 0.5$인 세 가지 경우의 $f(u)$와 $f(\epsilon)$의 모습은 〈그림 8-6〉이 보여준다. $\mu = 0$인 경우 밀도함수 $f(u)$의 봉우리 혹은 최빈값(mode)이 $u = 0$에서 형성되지만, $\mu < 0$일 때에는 u가 0보다 작은 곳에서, 그리고 $\mu > 0$일 경우 u가 0보다 큰 곳에서 형성된다.

아울러 $f(\epsilon)$의 밀도함수는 $\epsilon = v - u$이기 때문에 μ의 값과 상관없이 그 봉우리가 $\epsilon = 0$에서 형성되지 않으며, ϵ 자체의 평균값이 0이 아니다. μ의 값에 따라 $f(\epsilon)$의 형태도 영향을 받는데, 그 값이 커질수록 $f(\epsilon)$의 봉우리가 점차 왼쪽으로 이동하게 된다.

그림 8-6 절단정규분포의 확률밀도함수

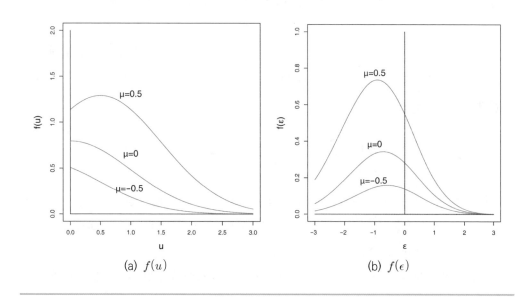

(a) $f(u)$ (b) $f(\epsilon)$

실제 추정 시 생산함수를 추정하고자 한다면 통상적으로는 다음처럼 콥－더글라스 형태를 많이 가정한다.

$$y_i = B \prod_{n=1}^{N} x_{ni}^{\beta_n} \exp(v_i - u_i)$$

이를 로그변환하면 다음과 같다.

$$(8.34) \qquad \ln y_i = \beta_0 + \sum_{n=1}^{N} \beta_n \ln x_{ni} + v_i - u_i, \ \ \beta_0 = \ln B$$

콥－더글라스함수 외에 초월대수함수 등도 생산함수 추정에 많이 사용된다. 그리고 다수의 산출물이 있을 경우에는 산출물거리함수나 투입물거리함수, 혹은 방향거리함수를 추정하여야 할 것이다. 산출물거리함수를 $D_o(x_1, ..., x_N, y_1, ..., y_M; \theta)$라 하면, 다음처럼 추정식을 설정할 수 있다.

$$(8.35a) \qquad D_o(x_{1i}, ..., x_{Ni}, y_{1i}, ..., y_{Mi}; \theta) = \exp(v_i - u_i)$$

$$(8.35b) \qquad 1 = D_o(x_{1i}, ..., x_{Ni}, y_{1i}, ..., y_{Mi}; \theta) \exp(u_i - v_i)$$

식 (8.35a)는 산출물거리함수의 값은 1 이하이고 그 자체가 (확률변수의 영향을 포함하는) 기술효율성지표라는 점을 반영한다. 식 (8.35b)는 식 (8.35a)의 좌우변을 $\exp(v_i - u_i)$로 나누어 다시 정리한 것이다. 식 (8.35b)가 식 (8.34)와 같은 추정식이 될 수가 있겠지만 좌변의 변수 값이 항상 1이라는 문제가 있다. 이 문제는 산출물거리함수가 산출물에 대해 1차 동차함수라는 성질을 반영하여 해결한다. 예를 들어 y_{1i}로 모든 산출물을 나누어주면 다음과 같은 추정식이 도출된다.

$$(8.36) \qquad \frac{1}{y_{1i}} = D_o\left(x_{1i}, ..., x_{Ni}, 1, \frac{y_{2i}}{y_{1i}}, ..., \frac{y_{Mi}}{y_{1i}}; \theta\right) \exp(u_i - v_i)$$

위 추정식에서는 교란항에서 u_i와 v_i의 순서가 바뀌었다는 것을 제외하고는 식 (8.27) 등의 추정식과 다르지 않다. 따라서 초월대수함수 등의 형태를 적용하여 구체적인 추정식을 설정할 수 있다.

그리고 만약 이용가능한 자료가 다수의 생산자 자료이면서 또한 여러 시점에 걸친

자료라면 우리는 패널자료(panel data)를 갖게 된다. 이때의 SFA모형은 다음과 같이 설정된다.

$$(8.37) \qquad y_{it} = \beta_0 + \beta_1 x_{1it} + ... + \beta_N x_{Nit} + \epsilon_{it}$$

$$\epsilon_{it} = v_{it} - u_{it}$$

이때에는 v_{it}와 u_{it}의 분포를 어떻게 가정하느냐에 따라 다양한 유형의 패널 SFA모형이 설정될 수 있다. 특히 u_{it}의 경우 시간이 지나면서 바뀔 수가 있다고 할 것인지 아니면 각 DMU별로 시간이 지나도 불변이라 가정할 것인지가 결정되어야 한다. 그리고 시간이 지나면서 u_{it}의 값이 바뀐다면 어떤 방식으로 어떤 변수의 영향을 받아 바뀌는지 등도 고려하여야 한다. 이 모든 선택이 분석모형의 우도함수와 u_{it}의 조건부 기댓값에 영향을 주게 된다.

3. SFA와 배분효율성

SFA는 비용함수 추정을 통해 기술효율성과 배분효율성을 분리해서 도출할 수도 있다. 다만 비용함수를 추정할 때에는 단일 비용방정식을 추정할 것인지, 아니면 제7장에서 보았던 것처럼 셰퍼드 보조정리를 적용해 다변량 방정식을 추정할 것인지를 결정해야 한다. 먼저 $M = 1$인 경우 단일 방정식을 추정하고자 하면 다음의 회귀식을 설정하여야 한다.

$$(8.38) \qquad \ln E_i = \ln c(w_{1i}, ..., w_{Ni}, y_i; \beta) + v_i + u_i$$

$$\text{단, } E_i = \sum_{n=1}^{N} w_{ni} x_{ni}$$

식 (8.38)에서 E_i는 i번째 관측치의 실제 생산비이다. 그 최소비용을 나타내는 비용함수는 $c(w_{1i}, ..., w_{Ni}, y; \beta)$와 같기 때문에 식 (8.19)가 정의했던 비용효율성은 다음과 같다.

$$(8.39) \qquad CE_i = \frac{c(w_{1i}, ..., w_{Ni}, y; \beta) \exp(v_i)}{E_i} = \exp(-u_i)$$

즉, 비용효율성을 충족하고 있으면 $CE_i = 1$이므로 $u_i = 0$이지만, 그렇지 못할 경우

$CE_i < 1$이기 때문에 $u_i > 0$이 되어야 한다. 따라서 비용함수의 추정 시에는 $\epsilon_i = v_i - u_i$가 아니라 $\epsilon_i = v_i + u_i$와 같이 추정식의 교란항이 설정되어야 하고, 이에 맞게 우도함수가 도출되어야 한다.

만약 콥−더글라스형 비용함수를 가정한다면 다음을 추정할 수 있다.

$$(8.40) \qquad \ln\left(\frac{E_i}{w_{1i}}\right) = \beta_0 + \beta_y \ln y_i + \sum_{n=2}^{N} \beta_n \ln\left(\frac{w_{ni}}{w_{1i}}\right) + v_i + u_i$$

좌변과 우변의 가격변수를 모두 첫 번째 투입물의 가격 w_{1i}로 나누어준 것은 비용함수가 투입물가격에 대해 1차동차라는 성질을 반영한 것이다.

앞 절의 DEA분석 시 식 (8.19)는 비용함수를 분석하여 비용효율성 CE_i를 기술효율성과 배분효율성의 곱, 즉 $CE_i = TE_i \times AE_i$와 같이 분리하였었다. SFA의 경우 이러한 분리가 가능하지만 DEA에 비하면 좀 더 복잡한 과정을 거쳐야 한다. 이를 〈그림 8−7〉에서 확인하자. $N = 2$일 때 현재 x^A에서 생산하고 있다고 하자. 만약 두 투입물의 가격비가 그림의 직선처럼 주어져 있다면 주어진 생산량 y를 생산할 수 있는 최소비용 선택은 점 x^D가 되어야 한다. $\|x^A\| = \sqrt{(x_1^A)^2 + (x_2^A)^2}$처럼 그림의 점들에서 원점까지의 거리를 나타내자. 그렇다면 $TE = \dfrac{\|x^B\|}{\|x^A\|}$, $AE = \dfrac{\|x^C\|}{\|x^B\|}$, $CE = \dfrac{\|x^C\|}{\|x^A\|}$가 되어야 한다.

추정된 비용함수로부터 점 x^B, x^C, x^D를 찾아내는 것이 관건인데, 투입물이 N가지인 경우 점 x^D는 추정된 비용함수에 셰퍼드 보조정리를 적용하여 $\dfrac{\partial c(w_1^A, ..., w_N^A, y)}{\partial w_i^A}$ $= x_i^D(w_1^A, ..., w_N^A, y)$와 같이 각 투입물사용량을 도출할 수 있다. 단, $(w_1^A, ..., w_N^A)$는 점 x^A가 선택될 때의 투입물의 가격을 의미한다.

x^C를 찾기 위해서는 다음 연립방정식을 풀 수 있다.

$$(8.41) \qquad \frac{x_n^C}{x_N^C} = \frac{x_n^A}{x_N^A}, \ n = 1, ..., N-1$$

$$\sum_{n=1}^{N} w_n^A x_n^C = c^*$$

그림 8-7 비용효율성, 기술효율성, 배분효율성

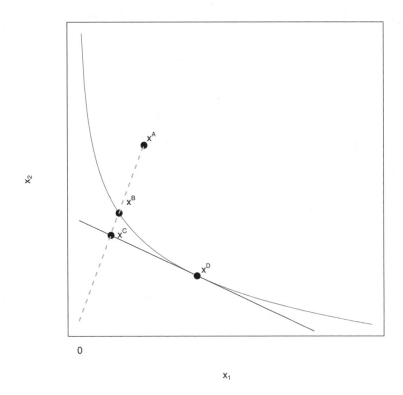

단, c^*는 x^C에서의 최소비용이다. 식 (8.41)은 x^C가 x^A와 원점을 잇는 직선상에 있으면서, $(w_1^A, ..., w_N^A)$의 가격조건에서 y를 생산하는 최소비용선 위에 있다는 성질을 이용한 것이다.

점 x^B를 찾기 위해 다음의 연립방정식을 풀 수 있다.

(8.42)

$$\frac{x_n^B}{x_N^B} = \frac{x_n^A}{x_N^A}, \ n = 1, ..., N-1$$

$$\frac{\partial c(w_1^B, ..., w_N^B, y)}{\partial w_n^B} = x_n^B(w_1^B, ..., w_N^B, y), \ i = 1, ..., N$$

$$\sum_{n=1}^{N} w_n^B = 1$$

식 (8.42)는 $2N$개의 식으로 구성되고, 이로부터 $(x_1^B,...,x_N^B)$와 $(w_1^B,...,w_N^B)$의 $2N$개의 변수값을 구해낸다. $\dfrac{x_n^B}{x_N^B}=\dfrac{x_n^A}{x_N^A}$의 조건은 물론 x^B가 x^A와 원점을 잇는 직선 위에 있을 조건이다. 두 번째 $\dfrac{\partial c(w_1^B,...,w_N^B,y)}{\partial w_n^B}=x_n^B(w_1^B,...,w_N^B,y)$는 비용함수의 형태가 추정되어 알려져 있으므로 만약 x^B가 비용을 최소화하는 배분효율성까지 충족하는 투입물 선택이 되게 하려면 어떤 가격조건이 유지되어야 하는지를 찾는 과정이다. 이 두 가지 방정식의 수는 총 $2N-1$개이므로 마지막으로 $\displaystyle\sum_{n=1}^{N} w_n^B=1$와 같이 가격을 정규화하여 전체 $2N$개의 변수를 찾아낸다. 식 (8.41)과 식 (8.42)는 각각 비선형인 연립방정식이라 이를 풀기 위해서는 컴퓨터를 사용해야 할 것이다.

제7장에서 보았지만 비용함수의 경우 셰퍼드 보조정리를 적용해 다수 방정식 추정모형으로 전환할 수 있다. 만약 초월대수형 비용함수가 추정된다면 이 경우 각 투입물의 비용 몫 방정식이 추정된다. 확률경계분석법에서는 그러나 가격에 대한 투입요소 수요량의 반응뿐 아니라 비용 자체를 파악하는 것도 필요하기 때문에 다음처럼 비용함수 자체와 $N-1$개의 비용 몫 방정식이 함께 추정될 필요가 있다.

$$(8.43) \qquad \ln E_i = \ln c(w_{1i},...,w_{Ni},y_i;\beta)+v_i+u_i$$
$$s_{ni} = s_{ni}(w_{1i},...,w_{Ni},y_i;\beta)+\eta_{ni}, \ \ n=2,...,N$$

식 (8.43)에서 비용 몫 방정식의 합은 항상 1이므로 첫 번째 투입물 x_1의 비용 몫 방정식은 포함하지 않았다. 식 (8.43)으로부터도 우도함수를 구축하여 MLE를 구할 수 있고, 위에서 사용한 방법을 이용해 비용효율성, 기술효율성, 배분효율성을 모두 도출할 수 있다. 하지만 한 가지 추가로 발생하는 문제는 세 가지 종류의 확률변수 v_i, u_i, $(\eta_{2i},...,\eta_{Ni})$ 간의 관계를 설정하는 것이다. 만약 비용 몫 방정식의 교란항 $(\eta_{2i},...,\eta_{Ni})$가 효율성과 관련 없는 v_i와 같은 단순 확률변수라면 이들 세 가지 확률변수는 모두 서로 독립이라 가정할 수 있고, 추정모형도 간편해진다. 하지만 $(\eta_{2i},...,\eta_{Ni})$들이 각 투입물의 배분효율성과 관련이 있다면, 전체 비용함수의 u_i는 기술효율성과 배분효율성 모두를 반영하고 있기 때문에 u_i와 $(\eta_{2i},...,\eta_{Ni})$들은 서로 독립일 수가 없다. 이 문제를 해결하기 위한 많은 방법이 제시된 바가 있는데, 대부분 $u_i=u_{Ti}+u_{Ai}$와 같이 u_i를 기술효율성부분 u_{Ti}와 배분효율성부분 u_{Ai}로 분리한 뒤, u_{Ai}를 각 η_{ni}의 제곱의 가중합으로 처리하는 방식 등을 사용한다. 즉 u_{Ti}에 대해서는 반정규분포 등을 가짐을 가정하지만, u_{Ai}에 대해서는 별도로 확률분포를 부여하지 않고, 다변량 정규분포를 가지는 $(\eta_{2i},...,\eta_{Ni})$들의 가중 제곱합으로 추정한다.[15]

이상 논의한 바와 같이 SFA 분석법은 생산함수, 거리함수, 비용함수 등에 적용되어 기술효율성과 배분효율성을 도출할 수 있도록 개발되었고, 패널자료 등에도 사용할 수 있다. 지난 40여 년의 연구에 의해 이 기법은 계량경제학의 주요 주제 가운데 하나로 자리 잡기도 하였고, 전 세계의 상당수 계량경제학자와 생산경제학자들이 이 주제에 대해 연구하기 때문에 기법의 발전도 대단히 빠른 속도로 이루어지고 있다. 하지만 식 (8.29)와 같은 추정식 교란항의 밀도함수 형태가 통상적인 선형회귀식에 비해 복잡하고, 특히 $\lambda=\sigma_u/\sigma_v$와 같은 두 추정치의 비율을 추정해야 하는 점 등으로 인해 실제로 통계적으로 유의한 추정결과를 얻기가 어렵다는 문제도 가지고 있다.[16] 따라서 R 소프트웨어 등을 이용해 우도함수를 설정한 후 직접 극대화하는 작업을 수행하면 많은 경우 유의한 통계적 결과를 얻을 수가 없다. 이런 종류의 비선형모형의 추정은 추정치의 초깃값을 가정하고, 반복 계산작업을 통해 점차 더 양호한 추정치를 찾아가는 방법을 사용하는데, 적절한 파라미터 초깃값을 찾기가 어려운 문제가 있다. 따라서 SFA 분석은 관련 전문가들이 효율적으로 최적 추정치를 찾을 수 있도록 만들어 놓은 패키지를 사용하는 것이 좋을 것이다. STATA 등의 상업적인 소프트웨어에도 물론 확률경계모형 추정기능이 있으나, R 패키지 중에는 frontier가 유용하게 사용된다.[17]

〈스크립트 8-3〉은 frontier를 이용해 SFA추정을 하는 간단한 경우를 보여준다. 여기에서 사용된 자료는 〈표 8-1〉의 한국의 쌀 재배농가의 산출과 투입자료를 관측치를

---

15 이에 관한 내용과 SFA모형 설정법에 관한 보다 자세하고 전문적인 설명은 다음 두 문헌에서 얻을 수 있다: Kumbhakar, S. C. and C. A. K. Lovell, 2000, *Stochastic Frontier Analysis*, Cambridge University Press; Stead, A. D., P. Wheat and W. H. Greene, "Distributional Forms in Stochastic Frontier Analysis," in T. ten Raa and W. H. Greene, eds., 2019, *The Palgrave Handbook of Economic Performance Analysis*, Palgrave—macmillan

16 $\lambda=\sigma_u/\sigma_v$를 추정해야 한다는 점은 이 기법의 추정결과를 해석하는 데에도 문제를 야기한다. $\lambda=0$일 경우 $\sigma_u=0$이므로 이 모형은 OLS모형이 된다. 따라서 $H_0:\lambda=0$을 가설검정하여 비효율성이 존재하지 않는지를 검정할 수 있다. 하지만 이 가설은 0보다 작을 수 없는 λ가 존재하는 공간의 내부가 아니라 경계인 $\lambda=0$에 대해 설정되기 때문에 이 경우 통상적인 가설검정절차는 왜곡된 결론을 내릴 수 있다.

17 Coelli, T. and A. Henningsen, 2013, "frontier: Stochastic Frontier Analysis. R package version 1.1." http://CRAN.R—Project.org/package=frontier. 다음의 보다 최근에 개발된 패키지도 있다: Dakpo, K. H., Y. Desjeux, and L. Latruffe, 2021, "sfaR: Stochastic Frontier Analysis using R." 아울러 본장 부록은 직접 로그우도함수를 설정해 확률경계를 추정하는 스크립트를 제공한다.

1,026개로 늘려 확장한 것이다.[18] 명령어 sfa가 MLE를 수행하며, 분포함수에 대한 추가적인 지시가 없으면 반정규분포모형이 추정된다. 그 결과를 halfnorm이라는 객체에 저장하였다. sfa명령어에서 truncNorm=TRUE라는 지시를 추가하면 절단정규분포모형이 추정된다. 그 결과는 trunc_norm이라는 객체에 저장하였다. 〈스크립트 8-3〉은 절단정규분포모형 추정결과의 일부도 보여주는데, 모든 파라미터가 최소한 유의수준 10%에서 통계적으로 유의하다. 명령어 중 lrtest(halfnorm, trunc_norm)는 반정규분포모형과 절단정규분포모형을 우도비검정하는데, $H_0 : \mu = 0$의 가설검정을 하여 반정규분포모형을 사용할 수 있는지를 검정한다. 이 자료에서는 5% 유의수준에서 가설이 기각되어 절단정규분포를 가정하는 것이 적절하다. μ의 추정치는 -0.837로서 0보다 작다.

추정파라미터 중 sigmaSq와 gamma는 각각 $\sigma^2 = (\sigma_u^2 + \sigma_v^2)$와 $\gamma = \sigma_u^2 / \sigma^2$를 의미하고, 식 (8.29)의 σ와 λ 대신 로그우도함수에 반영된다. 둘 모두 통계적으로 유의하다. 한편 trunc_norm_CRS는 CRS가정하에서 산출과 여타 투입물을 모두 토지투입물로 나누어 준 후 추정한 결과인데, lrtest(trunc_norm_CRS, trunc_norm)을 이용해 우도비검정하면 CRS모형은 1% 유의수준에서 기각된다.

〈그림 8-8〉은 두 SFA모형 추정결과와 VRS 가정하의 DEA모형이 추정하는 기술효율성의 확률밀도함수를 동시에 보여준다. 두 SFA모형 추정결과는 매우 유사한 형태를 보여주지만, $f(u)$의 봉우리가 어디에 있는지에 대한 가정의 차이로 인해 TE의 밀도함수의 봉우리 역시 위치가 서로 다르다. 두 SFA모형 모두에 있어 기술효율성이 0.9를 전후하여 가장 높은 빈도로 나타난다. 반면 DEA의 경우 두 개의 봉우리를 가지고 있다. 0.7부근의 TE가 가장 높은 빈도로 나타나지만, 또 다른 작은 봉우리가 $TE = 1$에서 형성된다. 이는 기술집합의 경계에 위치한 효율적인 농가들에 의해 형성되는 작은 봉우리이다. 하지만 SFA에서는 모형이 v와 같은 확률변수의 영향을 반영하기 때문에 정확히 $TE = 1$인 경계의 생산자는 원칙적으로 존재하지 않는다. 이런 점에서도 특정 DMU가 명확히 경계에 있는지 아닌지를 구분하는 DEA와 확률모형인 SFA는 서로 차이를 가진다. 이 세 가지 모형의 평균 TE는 순서대로 0.828, 0.864, 0.726이어서 확률변수의 영향을 고려하지 않고 경계로부터의 이탈을 모두 기술비효율성으로 간주하는 DEA가 SFA에 비해 평균적으로는 더 낮은 TE를 도출함이 확인된다.

〈그림 8-9〉의 위쪽 그래프는 DEA와 SFA TE의 상관도이다. 모두 VRS가정하에서

---

[18] Benchmarking이나 frontier와 같은 효율성분석 전문패키지에는 시험적으로 사용할 수 있는 양호한 자료들이 다수 포함되어 있어 이들 프로그램을 설치하면 그 자료들을 이용할 수 있다.

얻어졌고, SFA의 경우 절단정규분포모형에서 추정된 값이다. 전체적으로 SFA의 *TE*값이 더 커 추정치들이 45°선 위쪽에 많이 분포하지만, 두 지수의 방향은 같은 쪽임을 알수 있다. 즉 DEA의 기술효율성이 높으면 SFA의 기술효율성도 높은 경향이 있다. 그러나 VRS모형은 다수 DMU에 대해 1의 *TE*을 부여하므로 이 영역에서는 추정치들이 45°선 아래쪽에 분포한다.

〈그림 8−9〉 아래쪽 그래프는 두 기법 *TE*의 박스플롯으로서, 각자의 분포를 보여준다. 아래쪽 가로 선은 자료의 최솟값, 위쪽 가로선은 자료의 최댓값, 그리고 가운데 상자의 아래쪽 변은 하위 25% 값을, 상자의 위쪽 변은 상위 25% 값을, 그리고 상자의 가운데 굵은 선은 중앙값을 보여준다. SFA *TE*의 경우 아래쪽 가로 선보다도 더 아래쪽에 위치된 점들은 일종의 이상 관측치(outliers)들이다. 비록 SFA의 경우 이상 관측치가 보이긴 하지만, 전체적으로 DEA의 *TE*가 값이 더 작으면서 더 큰 분포 폭을 보여준다. 이역시 다수의 *TE* 값이 1이면서 동시에 많은 DMU에서의 *TE* 값을 상대적으로 더 작게 추정하는 기법의 특성 때문에 발생한다.

스크립트 8-3 SFA 추정 예

```
〉 library(frontier)
〉 halfnorm 〈- sfa(log(RICE)~log(LAND)+log(LABOR)+log(CAP)+log(FERT)
+log(PEST)+log(OTHER))
〉 trunc_norm 〈- sfa(log(RICE)~log(LAND)+log(LABOR)+log(CAP)+log(FERT)
+log(PEST)+log(OTHER), truncNorm=TRUE)
〉 summary(trunc_norm)

final maximum likelihood estimates
              Estimate    Std. Error   z value    Pr(〉|z|)
(Intercept)   -1.690888   0.125420    -13.4818   〈 2.2e-16 ***
log(LAND)     0.093146    0.013640     6.8287     8.571e-12 ***
log(LABOR)    0.398902    0.015600     25.5555    〈 2.2e-16 ***
log(CAP)      0.224785    0.014229     15.7975    〈 2.2e-16 ***
log(FERT)     0.032624    0.008615     3.7868     0.0001526 ***
log(PEST)     0.138708    0.013848     10.0166    〈 2.2e-16 ***
log(OTHER)    0.158263    0.013471     11.7486    〈 2.2e-16 ***
sigmaSq       0.204959    0.071696     2.8587     0.0042538 **
gamma         0.855148    0.053776     15.9020    〈 2.2e-16 ***
mu            -0.837306   0.495942    -1.6883     0.0913507 .
```

```
---
Signif. codes:  0 '***' 0.001 '**' 0.01 '*' 0.05 '.' 0.1 ' ' 1
log likelihood value: 94.41133


> lrtest(halfnorm, trunc_norm)
  #Df LogLik Df  Chisq Pr()Chisq)
1   9 91.564
2  10 94.411  1 5.6956    0.01701 *


> trunc_norm_CRS<-sfa(log(RICE/LAND)~log(LABOR/LAND)+log(CAP/LAND)
+log(FERT/LAND)+log(PEST/LAND)+log(OTHER/LAND), truncNorm=TRUE)
> lrtest(trunc_norm_CRS, trunc_norm)
  #Df LogLik Df  Chisq Pr()Chisq)
1   9 84.049
2  10 94.411  1 20.725  5.302e-06 ***
```

그림 8-8 SFA모형에서의 기술효율성의 확률밀도

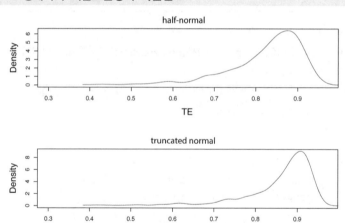

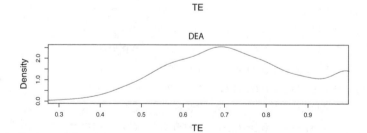

그림 8-9 두 기법의 상관관계와 박스플롯

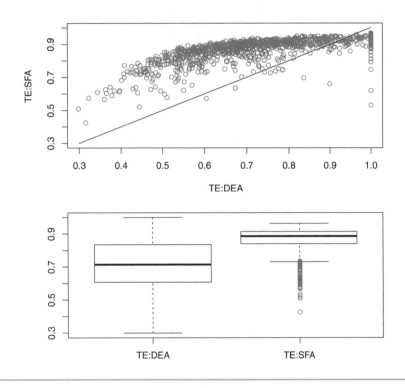

〈그림 8-8〉이 보여주는 바와 같이 SFA는 v_i로 표현되는 확률변수의 영향도 반영하면서 동시에 u_i로 표현되는 기술적 비효율성을 도출한다. 따라서 확률변수 v_i의 영향은 감안하지 않고 생산경계로부터의 이탈 전부를 기술비효율성으로 간주하는 DEA보다는 더 높은 효율성지수 TE를 도출하는 경향이 있다. 하지만 통상적인 SFA분석 역시 실제 기술비효율성을 왜곡해서 평가하고 TE를 실제보다 과소평가한다는 비판이 제기되고 있다. 이는 DEA와 마찬가지로 SFA도 모든 생산자의 생산경계가 같다고 가정하기 때문에 발생한다. 사실 생산자들은 생산구조나 하부시설의 차이, 산출물이나 투입물의 품질 차이, 정부규제가 적용되는 차이, 농업생산의 경우 토양성질, 농지 경사, 기후 등의 환경 조건, 그 외 자료로 관측할 수도 없는 조건들에 따라 그 생산경계가 모두 다를 수 있다. 이렇게 생산경계 자체가 서로 다를 경우 각 생산자는 '자신의' 생산경계로부터 얼마나 벗어나서 생산하는지를 통해 TE 값이 계측되어야 한다. 그렇지 않고 모든 생산자의 경계가 동일하다고 전제하고 그 경계를 추정하면 특히 생산조건이 불리한 생산자들은 애

당초 도달할 수 없는 경계로부터 *TE* 값이 계산되기 때문에 이들의 *TE* 값이 크게 과소평가될 수 있다.

생산자 이질성으로 인해 생산경계 자체가 서로 다르다면, 예를 들어 패널자료의 경우 SFA 생산함수는 $\ln y_{it} = \beta_{0i} + \sum_{n=1}^{N} \beta_n \ln x_{nit} + v_{it} - u_{it}$와 같이 설정할 수 있다. 즉 생산경계의 상수항 β_{0i}가 생산자별로 달라서 생산자들은 각기 다른 경계를 가지게 된다. 원한다면 생산경계의 기울기 β_n들도 생산자별로 다르게 할 수 있다.[19] 또 다른 방법으로 생산자들을 몇 개의 그룹으로 나누어 각 그룹별로 서로 다른 SFA를 추정할 수 있다. 이 경우에는 생산자들을 각 그룹으로 분류하는 작업과 각 그룹별 생산경계를 추정하는 작업을 자료 성격에 맞게 하나의 추정모형에서 동시에 진행한다.[20] 이렇게 생산자 간 생산경계 차이를 인정하는 방식으로 SFA분석을 행한 연구들은 기존의 SFA분석이 *TE*를 상당히 과소평가한다는 것을 보여주었다.

SECTION 04 두 기법의 연계

선형 혹은 비선형계획모형인 DEA기법과 통계적 추정모형인 SFA기법은 생산효율성을 분석하는 두 가지 대표적인 방법으로서 각기 장단점을 가지고 있다. DEA모형은 함수형태의 설정이 필요 없고 손쉽게 효율성지표를 구할 수 있으며, 기술집합의 볼록성 등도 항상 충족시킬 수 있다. 하지만 이상 관측치 등에 의해 민감한 영향을 받고, 순수한 의미의 확률변수가 생산에 미치는 영향은 고려하지 못한다. SFA는 통계적 기법으로서 DEA의 단점을 상당부분 해결하지만 추정함수의 단조성이나 오목성 등을 부여하지 못하며, 추정작업의 난이도가 높고 신뢰할 만한 추정결과를 성공적으로 얻지 못하는 경우도 있다. 이 두 가지 기법의 장점을 함께 갖기 위한 다양한 시도가 있는데, 그 중 가장 효과적으로 사용될 수 있는 것이 부트스트래핑(bootstrapping) DEA방법이다. 이를 아래

---

[19] 이 문제를 고려하여 분석모형을 구축하고 한국 자료에 적용한 연구로 다음이 있다: 권오상·조현경, 2020, "농가 이질성과 생산기술효율성: 베이지안 확률경계분석," 『농업경제연구』 61(4), pp. 1－25.

[20] 이 두 번째 방식을 잠재계층(latent class) SFA분석법이라 한다. 다음 연구를 예로 들 수 있다: Orea, L. and S. C. Kumbhakar, 2004, "Efficiency Measurement Using a Latent Class Stochastic Frontier Model," *Empirical Economics* 29, pp. 169－183.

소절에서 간략히 설명한다. 그리고 개인 생산자의 특성이 효율성지표에 미치는 영향을 분석하고자 할 때에도 DEA기법과 통계분석이 결합될 필요가 있어 이는 그 다음 소절에서 설명한다.

1. 부트스트래핑 DEA

부트스트래핑 DEA기법은 자료를 재추출하여 효율성지표 값의 분포를 도출하는 방법이다. 즉 가지고 있는 자료로부터 중복을 허용하며 총 K개의 자료를 추출하여 DEA 분석을 하고, 이를 추출된 자료를 바꾸어 가며 반복하면 이제는 각 DMU별로 다수의 효율성지표가 획득되므로 효율성지표의 통계적 분포 자체를 도출할 수 있다.

문제는 이때 어떻게 자료를 추출할 것인가이다. 일반적으로 부트스트래핑 기법 적용 시 흔히 사용하는 방법은 관측치 $(y^k, x_1^k, ..., x_N^k)$를 복원 추출하는 것이다. 즉 $(y^k, x_1^k, ..., x_N^k)$, $k = 1, ..., K$의 관측치로부터 중복을 허용하면서 K개의 투입－산출물자료를 추출해 매번 K개의 효율성지표를 도출하는 작업을 반복할 수 있다. 총 B회 추출이 이루어졌다면 각 DMU별로 B개 혹은 그 가까운 수의 효율성지표 추정치가 얻어지므로 이를 이용해 효율성지표의 확률적 분포를 도출할 수 있다.

그러나 이 방법은 y와 $(x_1, ..., x_N)$ 간의 관계를 OLS 추정할 때에는 유용하게 사용할 수 있지만, 각 DMU에서 관측된 y가 아니라 기술적으로 효율적인 y, 혹은 역으로 주어진 y에서 기술적으로 효율적인 $(x_1, ..., x_N)$를 도출하고자 할 때에는 사용하기 어려운 점이 있다. 이 분야의 저명한 연구인 Simar and Wilson(1998)은 이때문에 투입－산출물자료가 아닌 효율성지표를 추출하는 방법을 제안하였고, 이 방법이 지금도 가장 많이 사용되는 부트스트랩 DEA분석법이다.[21] 만약 $M = 1$일 때 산출물거리함수를 구해 효율성분석을 하고자 한다면 이 방법의 절차는 다음과 같다.

---

21 Simar, L. and P. W. Wilson, 1998, "Sensitivity Analysis of Efficiency Scores: How to Bootstrap in Noparametric Frontier Models," *Management Science*, 44, pp. 49−61.

1. 실제 자료 $(y^k, x_1^k, ..., x_N^k)$, $k = 1, ..., K$를 이용해 각 DMU의 통상적인 DEA 효율성지표 $\hat{\theta}^k$ 추정

2. 추정된 $\hat{\theta}^k$를 이용해 각 DMU의 기술집합 경계상의 산출물조합 $\bar{y}^k = \hat{\theta}^k y^k$ 도출

3. $(\hat{\theta}^1, ..., \hat{\theta}^K)$로부터 반복을 허용하며 효율성지표 $(\theta_1^{*1}, ..., \theta_1^{*K})$를 임의 추출

4. 추출된 $(\theta_1^{*1}, ..., \theta_1^{*K})$부터 각 DMU의 산출물 값 $(\bar{y}^1/\theta_1^{*1}, ..., \bar{y}^K/\theta_1^{*K})$ 도출

5. $(\bar{y}^1/\theta_1^{*1}, ..., \bar{y}^K/\theta_1^{*K})$를 DEA LP모형의 제약식 내의 산출물로 간주하고, 각 DMU별 새로운 지표 $(\hat{\theta}_1^{*1}, ..., \hat{\theta}_1^{*K})$ 추정

6. 3~5의 과정을 반복하여 $(\hat{\theta}_b^{*1}, ..., \hat{\theta}_b^{*K})$, $b = 2, ..., B$ 도출

즉 b번째 임의 추출된 효율성지표가 θ_b^{*k}라면, 단계 5에서는 j번째 DMU의 효율성지표를 구하는 LP모형의 제약식을 $\hat{\theta}_b^{*j} y^j \leq \sum_{k=1}^{K} \lambda^k \left(\dfrac{\hat{\theta}^k}{\theta_b^{*k}} \right) y^k$와 같이 반영하고($j = 1, ..., K$), 이와 다른 제약조건들을 모두 충족하는 최대의 $\hat{\theta}_b^{*j}$를 구한다. 나머지 제약은 통상적인 DEA LP모형과 동일하며, 이 작업을 반복 시행한다($b = 1, ..., B$).

이제는 효율성지표 θ^k는 일종의 확률변수이다. 우리가 모르는 그 참 값 θ^k와 통상적인 DEA가 도출한 $\hat{\theta}^k$ 사이에 존재하는 기대 오차 혹은 편의(bias)는 $E(\hat{\theta}^k) - \theta^k$와 같다. 또한 부트스트래핑 방법을 사용했기 때문에 그 과정을 통해 얻어진 효율성지표와 통상적인 DEA의 효율성지표 사이에도 $E(\hat{\theta}^{*k}) - \hat{\theta}^k$와 같은 편의가 있다. 기댓값 $E(\hat{\theta}^{*k})$는 $E(\hat{\theta}^{*k}) = \dfrac{1}{B} \sum_{b=1}^{B} \hat{\theta}_b^{*k} = \bar{\theta}^{*k}$와 같이 구한다. Simar and Wilson(1998)은 이 두 가지 편의가 같다고 간주한다. 따라서 통상적인 DEA 지표의 편의가 제거된 권장 효율성지표는 다음과 같다.[22]

$$\tilde{\theta}^k = \hat{\theta}^k - 편의 = \hat{\theta}^k - [\bar{\theta}^{*k} - \hat{\theta}^k] = 2\hat{\theta}^k - \bar{\theta}^{*k}$$

아울러 추정치 표준오차는 다음과 같이 도출한다.

---

22 Simar and Wilson(1998) 이래 많은 부트스트래핑 DEA 연구들이 방법론적 개선을 시도하였다. 다음이 가장 최근까지의 연구 성과를 정리하고 있다: Mastromarco, C., L. Simar, and P. W. Wilson, "Nonparametric Statistical Analysis of Production," in T. ten Raa and W. H. Greene, eds., 2019, *The Palgrave Handbook of Economic Performance Analysis*, Palgrave-macmillan.

$$\widehat{se}^k = \left\{ \frac{1}{B-1} \sum_{b=1}^{B} \left(\hat{\theta}_b^{*k} - \bar{\theta}^{*k} \right)^2 \right\}^{1/2}$$

이상의 절차를 거쳐 도출된 효율성지표 $\tilde{\theta}^k$와 표준오차 추정치 $\widehat{se}^k$를 이용해 효율성지표의 신뢰구간 도출과 같은 다양한 통계적 분석을 행할 수 있다.

〈스크립트 8-4〉는 〈스크립트 8-1〉이 〈표 8-1〉의 자료를 이용해 시도했던 DEA분석을 부트스트래핑 DEA로 확장하는 R 프로그램을 보여준다. 이 스크립트는 〈스크립트 8-1〉을 실행한 후 이어서 실행해야 하며, VRS를 가정한다. 총 100회의 임의추출을 통해 부트스트래핑 DEA분석을 시도하기 때문에 LP를 시행하는 루프(loop)가 $b = 1, ..., 100$과 $k = 1, ..., 10$의 2중 구조를 가진다.[23]

명령어 THETA_STAR[b,] 〈- as.matrix(sample(THETA_VRS, 10, replace=TRUE))는 각 b에서 $(\theta_b^{*1}, ..., \theta_b^{*K})$를 추출한 것이다. y_BOOT[b,k]=y_BAR[k,]/THETA_STAR[b,k]는 $(\bar{y}^1/\theta_b^{*1}, ..., \bar{y}^K/\theta_b^{*K})$를 도출한다. 〈스크립트 8-1〉과 비교할 때, A[1,2:11]〈--y_BOOT[b,]는 LP문제의 제약식을 $\hat{\theta}_b^{*j} y^j \leq \sum_{k=1}^{K} \lambda^k \left(\frac{\hat{\theta}^k}{\theta_b^{*k}} \right) y^k$와 같이 바꾸기 위해 $\left(\frac{\hat{\theta}^k}{\theta_b^{*k}} \right) y^k$를 생성한다$(k = 1, ..., K)$. LP모형의 나머지 구성요소들은 동일하다.

마지막으로 (THETA_TILDE〈-2*THETA_VRS-as.matrix(THETA_HAT_BAR))는 권장 효율성지표 $\tilde{\theta}^k$를 구하며, apply(THETA_BOOT_VRS, 2, sd)는 $\widehat{se}^k$를 도출한다.

〈표 8-3〉이 부트스트래핑 DEA분석결과를 DEA분석결과와 비교하여 보여주는데, 두 가지 방법이 제시하는 효율성지표 값이 강한 상관관계를 가져 θ_V가 클 경우 $\tilde{\theta}$도 크다는 것을 알 수 있다.[24] 그러나 $\tilde{\theta}$는 이제 확률변수라서 1의 값을 가지는 완벽하게 효율적인 경우는 보여주지 않으며, 또한 θ_V가 동일하게 1이었던 DMU들도 $\tilde{\theta}$의 경우 그 값이 동일하지 않고 [1.023, 1.045]의 분포를 보여준다. 산출물거리함수 혹은 기술효율

---

[23] 여기에서 보여주는 본서의 프로그램이 부트스트래핑 DEA를 분석하는 가장 효율적인 방법은 아니다. 이 기법에 관한 전문 연구자들이 만든 패키지들이 더 효율적으로 작동하겠지만, 처분가능성, 배분효율성에 대한 분석 여부, 거리함수의 선택 등에 있어 이들 패키지들은 제약을 가지기도 하므로 〈스크립트 8-4〉와 같이 직접 분석 알고리즘을 만드는 것도 유용하다. 전공자들이 만든 전문 패키지로는 앞에서 소개했던 Benchmarking이 있고, 이 패키지의 근간이 된 또 다른 R 소프트웨어 FEAR도 있다. FEAR는 R의 홈페이지가 아닌 개발자의 웹사이트에서 직접 다운로드하여 설치하여야 한다: https://pww.people.clemson.edu/Software/FEAR/fear.html (2022년 9월 10일 방문).

[24] 〈스크립트 8-4〉에서는 효율성지표 추출의 시드(seed)를 고정하지 않았기 때문에 부트스트래핑을 매번 시행할 때마다 조금씩 다른 추정결과가 얻어질 것이다.

성은 이 값들의 역수를 취하면 얻어진다. 아울러 $\tilde{\theta}$와 표준오차 추정치 $\widehat{se}$를 함께 고려하여 각 DMU별로 θ 값이 1이라는 가설을 기각할 수 있는지도 검정할 수 있다.

▼ 표 8-3 DEA와 부트스트래핑 DEA

DMU	θ_V	$\tilde{\theta}$	$\widehat{se}$
1	1.096	1.131	0.057
2	1	1.032	0.058
3	1	1.038	0.060
4	1	1.045	0.064
5	1.216	1.269	0.074
6	1.069	1.105	0.061
7	1.019	1.054	0.050
8	1	1.023	0.045
9	1	1.025	0.049
10	1	1.035	0.058

스크립트 8-4 부트스트래핑 DEA

```
> #Bootstrapped DEA
> THETA_BOOT_VRS<-matrix(0, nrow=100, ncol=10)
> y_BAR<-as.matrix(THETA_VRS*MData[,2])
> THETA_STAR<-matrix(0, nrow=100, ncol=10)
> y_BOOT<-matrix(0, nrow=100, ncol=10)
> for(b in 1:100) {
+ THETA_STAR[b,] <- as.matrix(sample(THETA_VRS, 10, replace=TRUE))
+
+ for(k in 1:10) {
+ y_BOOT[b,k]=y_BAR[k,]/THETA_STAR[b,k]
+
+ A<-matrix(0, nrow=18, ncol=11)
+ A[1,1]<-MData[k,2]
+ A[1,2:11]<- -y_BOOT[b,]
+ A[2:7, 2:11]<-t(MData[, 3:8])
+ A[8:17, 2:11]<- -diag(10)
```

```
+ A[18, 2:11]<-rep(1, times=10)
+
+ B<-matrix(0, nrow=18, ncol=1)
+ B[2:7]<-t(MData[k,3:8])
+ B[18]<-1
+
+ C_D   <- c(rep("<=", times=17), "=")
+
+ Out_BOOT_VRS <-  lp(direction="max", objective.in = C,
+                const.mat = A, const.dir = C_D, const.rhs = B,
+                all.int = F)
+
+ OUT_BOOT_VRS <- Out_BOOT_VRS$solution
+ THETA_BOOT_VRS[b,k]=OUT_BOOT_VRS[1]
+ }
+ }

> (THETA_HAT_BAR <-colMeans(THETA_BOOT_VRS) )
> (THETA_TILDE<-2*THETA_VRS-as.matrix(THETA_HAT_BAR) )
> apply(THETA_BOOT_VRS, 2, sd)
```

2. 생산자 특성의 영향 분석

개별 생산자의 효율성지표는 그 생산자 개인의 특성이나 생산자가 처한 환경에 따라서 값이 달라질 것이다. DEA나 SFA분석의 주목적이 생산자가 가진 어떤 특성이 효율성지표에 어떤 방향으로 영향을 주는지를 분석하는 경우가 많이 있다. 본 소절에서는 그 방법에 대해 역시 간단하게 논의한다.

먼저 SFA의 경우 비교적 초기 방법은 생산경계 자체에 특성변수를 반영하는 방법이었다. $(z_{1i}, ..., z_{Ji})$를 i번째 DMU의 학력, 연령 등의 특성을 나타내는 변수묶음이라 하면, 다음과 같은 모형을 설정한다.

(8.44) $\ln y_i = \ln f(x_{1i}..., x_{Ni}, z_{1i}, ..., z_{Ji}; \beta) + v_i - u_i$

이렇게 개인 특성변수 $(z_{1i}, ..., z_{Ji})$가 생산경계 자체를 이동시키는 효과를 분석할 때에는 위에서 설정되었던 SFA의 최우추정모형을 그대로 사용할 수 있다. 하지만 개인 생산자의 특성 변수 중에는 u_i와 상관관계가 깊은 변수들도 많기 때문에 $(z_{1i}, ..., z_{Ji})$와 u_i 간의 독립성을 가정하는 것이 사실 비현실적이다.

보다 최근의 분석기법은 모형을 다음처럼 설정한다.

(8.45)　　　$\ln y_i = \ln f(x_{1i}, ..., x_{Ni}; \beta) + v_i - u_i$

　　　　　　　$u_i = g(z_{1i}, ..., z_{Ji}; \gamma) + \epsilon_i$

즉 특성변수 $(z_{1i}, ..., z_{Ji})$는 효율성지표 u_i에 직접 영향을 미치되, 확률변수 ϵ_i와 함께 u_i를 결정한다. 식 (8.45)의 두 식을 결합하면 다음을 얻는다.

(8.47)　　　$\ln y_i = \ln f(x_{1i}, ..., x_{Ni}; \beta) + v_i - [g(z_{1i}, ..., z_{Ji}; \gamma) + \epsilon_i]$

v_i는 평균이 0인 통상적인 정규분포를 따르게 하면 된다. ϵ_i의 경우 $u_i \geq 0$의 조건이 충족되어야 하므로 $\epsilon_i \geq -g(z_{1i}, ..., z_{Ji}; \gamma)$를 충족해야 한다. 이는 ϵ_i도 평균이 0인 정규분포를 따르게 하되, 그 하한 $-g(z_{1i}, ..., z_{Ji}; \gamma)$에서 절단된 정규분포를 가진다고 가정하면 충족된다. 즉 식 (8.33b)에서 u_i가 봉우리 μ를 가지고 0에서 절단되는 절단정규분포를 가졌다면, 이 경우에는 ϵ_i가 봉우리는 $\mu = 0$에서 형성되지만 절단되는 지점이 $-g(z_{1i}, ..., z_{Ji}; \gamma)$로서 DMU별로 다르도록 한다는 차이가 있다. 이 차이만 유지하면 $u_i \geq 0$이 되게 하면서도 기존의 SFA모형을 크게 수정하지 않고도 개인 특성변수를 포함하여 분석할 수 있다. 통상적으로 $g(z_{1i}, ..., z_{Ji}; \gamma) = \exp(\gamma_1 z_{1i} + ... + \gamma_J z_{Ji})$와 같은 형태의 지수함수가 설정되어 추정된다.

DEA의 경우에도 개인특성변수 $(z_{1i}, ..., z_{Ji})$를 반영하여 예를 들면 산출물거리함수 $D_o(x_{1i}, ..., x_{Ni}, y_{1i}, ..., y_{Mi}, z_{1i}, ..., z_{Ji})$와 같이 추정하여 효율성지표로 간주할 수도 있을 것이다. 그러나 이 경우 생산량을 늘리는 통상적인 투입물 $(x_{1i}, ..., x_{Ni})$와 달리 개인 특성변수 $(z_{1i}, ..., z_{Ji})$들이 거리함수의 값에 어떤 방향으로 영향을 미치는지 알 수 없다는 문제가 있다. 즉 $(z_{1i}, ..., z_{Ji})$들에 대해서는 처분가능성을 전제하기가 어려운 것이다.

대안으로 사용하는 방법은 2단계 분석법으로서, 1) DEA를 $(z_{1i}, ..., z_{Ji})$를 반영하지 않고 분석하여 기술효율성 TE_i를 구한 후, 2) $TE_i = \gamma_0 + \gamma_1 z_{1i} + ... + \gamma_J z_{Ji} + \epsilon_i$와 같은 회귀식을 추정해 $(z_{1i}, ..., z_{Ji})$가 효율성에 미치는 영향을 분석한다. 이 방법은 물론 SFA

에 대해서도 적용할 수 있다. 이때 ϵ_i는 통상적인 정규분포를 따른다고 가정하지만, 이 제는 TE_i가 $0 < TE_i \leq 1$과 같이 그 값의 분포가 제한되었다는 점을 반영해주어야 한 다. 이렇게 종속변수의 분포가 제한되는 회귀모형의 추정기법은 잘 알려져 있고, R로도 수행할 수 있다.[25]

---

[25] 이를 감안하는 추정방법을 토빗(tobit)모형이라 부른다.

선형계획법의 쌍대성

먼저 대칭형 쌍대성이 의미하는 바를 확인한다. 모형에 사용되는 각 행렬 혹은 벡터의 차원은 다음과 같다: $A(m \times n)$, $c(n \times 1)$, $x(n \times 1)$, $b(m \times 1)$, $y(m \times 1)$. 원문제 (P1) $\min V = b^T y$, s.t., $A^T y \geq c$, $y \geq 0$의 제약식 좌변에서 $n \times 1$벡터 $t(\geq 0)$를 빼주어 $A^T y - t = c$처럼 등식으로 변환할 수 있다. 이는 다시 x^T를 곱해 $x^T A^T y - x^T t = x^T c$처럼 바꿀 수 있고, 좌우변 모두를 전치하면 $y^T A x - t^T x = c^T x = Z$가 만들어진다.

쌍대문제 (D1) $\max Z = c^T x$, s.t., $Ax \leq b$, $x \geq 0$의 제약식 좌변에 $m \times 1$벡터 $s(\geq 0)$를 더하여 $Ax + s = b$와 같이 등식으로 바꿀 수 있다. 이는 또한 $y^T A x + y^T s = y^T b = b^T y = V$와 같이 변환할 수 있다.

따라서 $V - Z = y^T s + t^T x$인데, 부등식 제약 $y \geq 0$, $x \geq 0$과 $t \geq 0$, $s \geq 0$ 때문에 이 값은 0보다 작을 수 없다. 즉 V는 Z보다 작을 수가 없다. 따라서 V를 최소로 만들면서 동시에 Z를 최대로 만들면 양자는 일치한다는 것이 쌍대성 정리가 의미하는 바이다. 하지만 $\min V$와 $\max Z$ 사이에 간격이 없고 양자가 일치한다는 것을 보여주기 위해서는 좀 더 엄밀한 증명과정이 필요하다.

이제 비대칭형을 검토하자. 원문제 (P2) $\min V = b^T y$, s.t., $A^T y = c$, $y \geq 0$의 등식 제약은 $A^T y \geq c$이자 $-A^T y \geq -c$임을 의미하므로 문제 (P2)는 다음처럼 재설정할 수 있다.

$$\min V = b^T y, \text{ s.t., } \begin{bmatrix} A^T \\ -A^T \end{bmatrix} y \geq \begin{bmatrix} c \\ -c \end{bmatrix}, \ y \geq 0$$

이 문제는 부등식 제약이 더 많아진 (P1)과 같은 문제이므로 그 쌍대문제는 다음과 같아야 한다. 단 아래 쌍대문제의 새로운 선택변수 q와 r은 각각 $n \times 1$벡터이다.

$$\max Z = \begin{bmatrix} c^T & -c^T \end{bmatrix} \begin{bmatrix} q \\ r \end{bmatrix}, \text{ s.t., } \begin{bmatrix} A & -A \end{bmatrix} \begin{bmatrix} q \\ r \end{bmatrix} \leq b, \ q \geq 0, \ r \geq 0$$

$$= c^T(q-r), \text{ s.t., } A(q-r) \leq b, \ q \geq 0, \ r \geq 0$$

$$= c^T x, \text{ s.t., } Ax \leq b, \ 단 \ x = q-r$$

따라서 쌍대문제 (D2)가 도출되었다. $q \geq 0$, $r \geq 0$이고, $x = q - r$이기 때문에 변수 x는 부호제약을 가지지 않음이 확인된다.

부록2 **확률경계 추정**

〈스크립트 8 – A〉는 frontier와 같은 특정 패키지에 의존하지 않고 로그우도함수를 직접 설정해 확률경계를 추정하는 예를 보여준다. 이 예는 효율성지표를 결정하는 확률변수 u가 반정규분포를 가지는 경우에 해당되지만, 이를 변형하면 절단정규분포를 포함하는 다른 종류의 SFA모형도 추정할 수 있다.

먼저 Half_norm.LL은 로그우도함수의 값을 도출한다. 종속변수 벡터로 y, 설명변수의 행렬로 x를 가지며, 이들 자료와 식 (8.30)의 β, 식 (8.29)의 λ와 σ로 구성된 추정 파라미터 벡터 pars가 로그우도함수의 값을 결정한다. function은 R의 사용자 정의함수로서, 중괄호 { } 안의 여러 명령어를 모두 작동시켜 Half_norm.LL과 같은 객체를 만들어내는 역할을 한다. u가 반정규분포를 따를 경우 〈스크립트 8 – A〉의 sum(LL_i)가 식 (8.29)로부터 도출되는 추정모형의 로그우도함수와 일치한다. pnorm(·)은 (표준)정규분포의 누적분포함수 값을 계산한다.

로그우도함수를 이렇게 설정한 다음에는 종속변수 y와 설명변수 묶음 x를 지정해준다. 이어서 최우추정에 필요한 파라미터들의 초깃값을 설정하는데, 여러 방법을 사용할 수 있지만 (상수항을 포함하는) 투입요소들의 파라미터 β의 경우 회귀분석을 실행해 그 추정치를 사용토록 한다. SFA 추정을 위한 설명변수 묶음 x에 이미 상수항을 얻기 위한 1이 포함되어 있기 때문에 회귀분석을 실행하는 명령어 lpm.fit 〈 - lm(y~x – 1)는 상수항 없이 회귀분석을 실행할 것을 요구한다.

명령어 maxLik은 어떤 종류의 최우추정도 실행할 수 있는 명령어로서, 이를 실행하기 위해서는 ML추정 패키지인 maxLik을 설치한 후 이를 불러들여야 한다(library maxLik). 스크립트의 maxLik명령어는 위에서 구축된 Half_norm.LL을 로그우도함수로 극대화하되, 추정치를 초깃값에서부터 개선해 가면서 찾아가는 알고리즘으로는 "Newton – Raphson"방법(=NR)이라 불리는 방법을 사용토록 지정한다. 이는 로그우도함수 값을 극대화하는 여러 알고리즘 중 하나이다. 그리고 파라미터의 초깃값은 β들의 경우 위의 회귀분석에서 얻은 값을 사용하고, λ와 σ는 각각 0.8과 0.2를 적용하도록 한다.

이렇게 해서 구한 최우추정치는 Half_norm.fit에 담겨져 있으며, 〈스크립트 8-3〉이 frontier패키지를 이용해 얻은 추정결과인 halfnorm의 추정치와 일치한다. 그 이하의 절차는 식 (8.31)이 보여준 바와 같이 μ^*와 σ^*를 구하고, 이를 활용해 식 (8.32)에 따라서 u의 조건부 기댓값 $E[u|\epsilon]$와 효율성지수를 도출하는 과정이다. dnorm($\cdot$)은 (표준)정규분포의 확률밀도함수 값을 계산하기 위해 사용된다.

스크립트 8-A 반정규분포 SFA의 최우추정

```
> library(maxLik)
> Data <- read.csv(file="c:/work/text(생산)/통계분석/SFA_EX1_95.csv", header=TRUE,
+ sep=",")
> attach(Data)

> # 로그-우도함수 구축
> Half_norm.LL<- function(pars, x, y) {
+   beta <- pars[1:7]
+   p.lambda <-pars[8]
+   p.sigma <- pars[9]
+   res <- y-x%*%beta
+   ll_i <- -log(p.sigma) + (1/2)*log(2/pi)
+ - (1/2)*(res/p.sigma)^2+log(pnorm(-res*p.lambda/p.sigma))
+   sum(ll_i)
+ }

> y <- log(RICE)
> x <- cbind(1, log(LAND), log(LABOR), log(CAP), log(FERT), log(PEST), log(OTHER))

> # 초깃값을 얻기 위해 OLS 추정
> lpm.fit <- lm(y~x - 1)
># x에 이미 1이 포함되이 있으므로 OLS 추정식은 상수항을 제외함

> Half_norm.fit <- maxLik(Half_norm.LL, method = "NR", start = c(beta=coef(lpm.fit),
+ p.lambda=.8, p.sigma=.2), y = y, x = x)
> summary(Half_norm.fit)

> epsilon<-  y-x%*%coef(Half_norm.fit)[1:7]
> lambda <- coef(Half_norm.fit)[8]
```

```
> sigma <- coef(Half_norm.fit)[9]

> # 효율성지수 도출
> mu.star=-epsilon*lambda^2/(1+lambda^2)
> sigma.star=sigma*lambda/(lambda^2+1)

> Half_norm.u<-mu.star+sigma.star*(dnorm(-mu.star/sigma.star))/
+ (1-pnorm(-mu.star/sigma.star))
> print(Half_norm.eff<-exp(-Half_norm.u))
```

References

- Bogetoft, P. and L. Otto, 2011, *Bechmarking with DEA, SFA, and R*, Springer: 본장에서 소개한 R 소프트웨어 Benchmarking을 활용하는 효율성 분석 사례를 종합적으로 보여준다.

- Coelli, T. J., D. S. P. Rao, C. J. O'Donnell, and G. E. Battese, 2005, *An Introduction to Efficiency and Productivity Analysis*, 2nd ed., Springer: 저자 중 Coelli와 Battese는 SFA기법에 대한 기여도가 매우 높은 경제학자들이다. 이 책은 효율성과 생산성 관련 분석이론과 기법을 설명하고, 본인들이 만든 소프트웨어를 여러 사례에 적용한다.

- Cooper, W. W., L. M. Seiford, and K. Tone, 2007, *Data Envelopment Analysis: A Comprehensive Text with Models, Applications, References, and DEA-Solver Software*, Springer: 경영과학분야 학자들이 쓴 DEA 서적으로, 관련 이론과 응용 사례를 종합적으로 다룬다.

- Färe R., S. Grosskopf, and C. A. K. Lovell, 1994, *Production Frontiers*, Cambridge University Press: 선형근사 기술집합을 이용한 생산기술분석의 기법을 가장 포괄적으로 설명하는 잘 알려진 책이다.

- Fried, H. O., C. A. K. Lovell, and S. S. Schmidt, eds., 2008, *The Measurement of Productive Efficiency and Productivity Growth*, Oxford University Press: 생산효율성관련 이론과 분석기법의 발전정도를 보여주는 책으로서, 총 5개 주제에 대해 해당 분야 저명 연구자가 집필한 전문 연구서이다.

- Hackman, S. T., 2008, *Production Economics: Integrating the Microeconomic and Engineering Perspectives*, Springer: 산업공학자가 쓴 생산경제학 교재로서, 본장에서 다루는 선형근사 기술집합과 관련된 수치 예 등을 잘 보여준다.

- Kumbhakar, S. C. and C. A. K. Lovell, 2000, *Stochastic Frontier Analysis*, Cambridge University Press: SFA와 관련해서는 가장 포괄적이고 활용도가 높은 책이다.

- Lovell, C. A. K., 1993, "Production Frontiers and Production Efficiency," in H. O. Fried, C. A. K. Lovell, and S. S. Schmidt, eds., *The Measurement of Productive Efficiency: Techniques and Applications*, Oxford University Press, pp. 3-67: 기술효율성관련 이론과 실증분석기법의 종류와 발전과정에 관한 유익한 설명을 제공한다.

- Luenberger, D. G. and Y. Ye, 2008, *Linear and Nonlinear Programming*, 3rd ed., Springer: 수리계획모형에 관한 가장 권위 있는 교과서로서, 쌍대성 원리를 포함하는 많은 내용을 배울

수 있다.

■ Sickles, R. C., and V. Zelenyuk, 2019, *Measurement of Productivity and Efficiency: Theory and Practice*, Cambridge University Press.: 생산성과 효율성을 계측하는 방법론에 관한 가장 최근의 종합 설명서이다.

CHAPTER
09

기술변화와 생산성변화

생 산 경 제 학
PRODUCTION
ECONOMICS

CHAPTER
09

기술변화와 생산성변화

본장은 지금까지는 고정된 것으로 가정했던 생산기술이 시간이 지나면서 변하는 기술변화에 대해 논의한다. 기술변화는 또한 투입대비 산출이 증가하는 생산성향상의 한 원인이기도 하므로 양자 간의 관계가 어떻게 되는지, 그리고 자료를 이용해 두 지표를 어떻게 실측할 수 있는지를 설명한다.

제1절에서는 먼저 기술변화를 어떻게 생산기술 분석수단에 반영할 수 있는지, 기술변화는 어떻게 정의하며, 이들 수단을 통해 어떻게 측정할 수 있는지를 설명한다. 또한 기술변화가 투입요소 사용에 있어 일종의 중립성을 가지는지 아니면 편향성을 가지는지를 확인하는 방법에 대해서도 설명한다.

제2절과 제3절은 생산성변화와 기술변화를 지수를 이용하거나 계량경제모형을 활용해 실제로 분석하는 다양한 방법을 논의한다. 또한 생산기술의 효율성문제까지 생산성 분석에 반영하는 방법도 설명한다.

제4절은 개별 생산자 자료에 계량경제기법을 적용해 생산성을 추정할 때 나타나는 문제와, 이를 해결하기 위해 최근에 제시된 분석방법들을 소개한다.

그리고 마지막 제5절은 기술발전에 의해 새로운 투입요소가 개발되어 사용되게 되면서 발생하는 생산성 변화를 측정하는 방법에 대해 논의한다.

SECTION 01 **기술변화의 성격과 특성**

기술변화는 그 원인이 무엇이든 시간이 지나면서 투입물과 산출물의 관계, 즉 생산기술이 변하는 것을 의미한다. 이러한 기술변화는 지금까지 다루었던 생산기술을 나타내는 수단들에 몇 가지 방법으로 반영될 수 있고, 또한 생산자행위를 나타내는 간접목적함수에도 반영될 수 있다.

기술변화는 크게 체화된(embodied) 기술변화와 비체화된(disembodied) 기술변화로 구분되고, 비체화된 기술변화는 다시 생산함수의 수직이동과 요소증강(factor-augmenting) 기술변화로 구분된다. 생산요소들을 이용해 생산행위를 할 때 t가 시간을 나타내는 지표라 하자. 다음 세 가지 생산함수 설정방식을 고려할 수 있다.

(9.1a) $y_t = f_t(X_t, t)$

(9.1b) $y_t = f(x_1, ..., x_N, t)$

(9.1c) $y_t = f(\lambda_1(t)x_1, ..., \lambda_N(t)x_N) = f(\tilde{x}_1(x_1, t), ..., \tilde{x}_N(x_N, t))$

식 (9.1a)는 체화된 기술변화를 보여준다. X_t는 시점 t에서 생산에 사용되는 투입물의 묶음으로서, 시간이 지나면서 그 양이나 성능은 물론 종류와 품질 자체가 바뀔 수 있다. 또한 투입물의 종류가 달라진다면 생산함수의 형태도 $f_t(\cdot)$와 같이 시간이 지나며 아예 달라질 수 있다. 투입요소 X_t에는 기술조건 변화 때문에 과거에는 없던 새로운 투입물도 포함되며, 기존에 있던 투입물도 품질이 크게 변할 경우 새로운 투입요소로 간주된다. 현재의 생산에는 과거에는 없던 컴퓨터와 자동화기계가 사용되고, 동력원의 경우도 사람과 가축의 육체노동에서 화석연료, 전력 등으로 변화되고, 농작물의 경우도 유전공학을 통해 과거에는 없던 씨앗이나 품종이 생산에 사용된다. 따라서 X_t에는 인류의 지식과 기술수준이 체화되어 있다.

식 (9.1b)에서는 투입물의 종류나 품질 자체가 바뀌지는 않지만 동일한 양이 사용되어도 기술변화에 의해 생산되는 산출물의 양이 달라진다. 따라서 기술변화는 생산함수를 이동시킨다. 달리 표현하면 시간 t는 일종의 고정투입물로 생산함수에 반영된다. 식 (9.1b)의 모형화는 식 (9.1a)의 체화된 기술변화에 비하면 기술변화의 형태를 대단히 한정하는 것이라 할 수 있다. 하지만 이 방법은 실제 투입－산출물자료를 이용해 기술변화의 형태와 효과를 측정함에 있어 편리하기 때문에 생산경제학 분야에서는 가장 많이 사용되는 모형화방법이다.

식 (9.1c)는 또 다른 비체화 기술변화 표현방식이다. 여기에서는 동일한 양의 투입요소 x_i가 사용되어도, 기술변화로 인해 실제 생산에 미치는 영향은 $\lambda_i(t)x_i$와 같이 시간에 따라 달라진다. $\lambda_i(t)x_i$를 투입물 i의 유효투입물(effective input)이라 부를 수 있고, 이러한 기술변화를 요소증강 기술변화라 부른다.[1] 경제학에서는 특히 노동의 증강에 대해 많은 관심을 기울이는데, 현대 경제에 있어 노동력은 인력의 수보다는 교육·훈련을 통해 인적자본이 얼마나 축적되느냐에 따라서 그 생산성이 결정되므로 현실성이 높은 설정방식이라 할 수 있다. 다만 몇 가지 가정하에서는 식 (9.1c)의 기술변화를 식 (9.1b)와 같은 생산함수의 이동방식으로 표현할 수 있기도 하다.

이상 세 가지의 기술변화 표현방식은 각기 장단점을 가지고 있지만, 앞서 밝힌 대로 특히 자료를 이용한 실증분석과 연결될 때에는 식 (9.1b)의 표현방식이 유용하기 때문에 본장에서는 이 방법을 주로 사용하여 기술변화를 논의한다. 그러나 식 (9.1a)의 체화된 기술변화를 모형화하는 방법에 대해서도 간략히 소개하며, 식 (9.1c)의 요소증강 기술변화와 식 (9.1b)의 생산함수의 수직이동 간의 관계도 정리한다.

1. 기술변화의 정의

식 (9.1b)의 방식으로 생산함수를 표현하면, 기술변화율은 결국 생산성(productivity) 변화율과 밀접한 관계를 맺게 된다. 즉 시간이 지나면서 동일 투입물로 생산할 수 있는 산출물의 양이 얼마나 늘어나는지가 기술변화의 척도가 된다. 만약 $N=2$라면, $y=f(x_1, x_2, t)$이므로 기술변화율은 다음과 같다.

$$(9.2) \qquad \frac{\partial \ln f}{\partial t} = \frac{d \ln y}{dt} - \frac{1}{f}\left(f_1 \frac{dx_1}{dt} + f_2 \frac{dx_2}{dt} \right)$$

어떤 함수의 로그변환된 값을 시간에 대해 미분하면 함수의 증가율이 되므로 식 (9.2)와 같은 기술변화율을 정의할 수 있다.[2] 식 (9.2)는 $\frac{d\ln y}{dt} = \frac{\partial \ln f}{\partial x_1}\frac{dx_1}{dt} + \frac{\partial \ln f}{\partial x_2}\frac{dx_2}{dt}$ $+ \frac{\partial \ln f}{\partial t}$의 관계로부터 도출된다. 시간이 지나도 투입물 사용량이 변하지 않는다면 $\frac{\partial \ln f}{\partial t} = \frac{d\ln y}{dt}$로서 기술변화율은 생산량 증가율과 동일하겠지만, 투입물 사용량이 바뀔 경우 그 때문에 달라진 생산량효과 $\frac{\partial \ln f}{\partial x_1}\frac{dx_1}{dt} + \frac{\partial \ln f}{\partial x_1}\frac{dx_1}{dt}$를 빼주어 기술변화율을 구한다.

---

1 제7장에서 CES함수의 형태로 이러한 요소증강 생산함수를 정의하고 추정하는 방법을 설명하였다(식 (7.31)).

2 즉 $\frac{d\ln z}{dt} = \frac{dz/dt}{z}$의 관계가 성립한다.

기술변화는 생산자의 비용최소화 행위를 반영하는 비용함수 $c(w_1, w_2, y, t)$를 이용해서도 다음처럼 정의할 수 있다.[3]

$$(9.3) \qquad -\frac{\partial \ln c}{\partial t} = s_1 \frac{d \ln w_1}{dt} + s_2 \frac{d \ln w_2}{dt} + \frac{\partial \ln c}{\partial \ln y} \frac{d \ln y}{dt} - \frac{d \ln c}{dt}$$

비용함수로 정의하는 기술변화율은 시간이 지나면서 다른 조건이 불변일 때 비용이 얼마나 줄어들었는지를 나타낸다. 단 s_i는 i번째 투입물의 비용 몫이다. 이 경우에는 가격변화와 생산량 변화로 인해 발생한 생산비변화 $s_1 \frac{d \ln w_1}{dt} + s_2 \frac{d \ln w_2}{dt} + \frac{\partial \ln c}{\partial \ln y} \frac{d \ln y}{dt}$에서 실제로 발생한 생산비 변화 $\frac{d \ln c}{dt}$를 빼준 순수한 생산비 변화 $-\frac{\partial \ln c}{\partial t}$가 비용함수로 정의되는 기술변화율이다. 식 (9.3)은 비용함수 $c(w_1, w_2, y, t)$를 로그변환하여 시간에 대해 미분하면 $\frac{d \ln c}{dt} = \frac{\partial \ln c}{\partial \ln w_1} \frac{d \ln w_1}{dt} + \frac{\partial \ln c}{\partial \ln w_2} \frac{d \ln w_2}{dt} + \frac{\partial \ln c}{\partial \ln y} \frac{d \ln y}{dt} + \frac{\partial \ln c}{\partial t}$이고, 셰퍼드 보조정리에 의해 $\frac{\partial \ln c}{\partial \ln w_i} = s_i$이기 때문에 도출된다.

즉 제4, 5, 6, 7장에서 논의했던 바와 같이 기술조건을 나타내는 생산함수와 비용함수가 모두 기술변화율을 정의하는 데 사용될 수 있다. 그렇다면 이 두 가지 정의가 동일한 기술변화율을 나타내는지를 확인할 필요가 있는데, 결론부터 얘기하면 생산기술이 규모수익불변, 즉 CRS의 특성을 가지면 두 지표는 서로 일치한다. 하지만 생산기술이 DRS를 나타내거나 IRS를 나타낼 경우에는 두 지표는 서로 다른 의미를 지닌다. 이를 확인하기 위해 먼저 식 (9.2)의 생산함수 기술변화율을 다음과 같이 표현하자.

$$(9.4) \qquad \frac{\partial \ln f}{\partial t} = \frac{d \ln y}{dt} - \frac{\partial \ln y}{\partial \ln c} \left(s_1 \frac{d \ln x_1}{dt} + s_2 \frac{d \ln x_2}{dt} \right)$$

이는 다음으로부터 도출된다.

$$\frac{\partial \ln f}{\partial t} = \frac{d \ln y}{dt} - \frac{1}{f} \left(f_1 \frac{dx_1}{dt} + f_2 \frac{dx_2}{dt} \right)$$

$$= \frac{d \ln y}{dt} - \frac{1}{f} \left(\frac{w_1}{p} \frac{dx_1}{dt} + \frac{w_2}{p} \frac{dx_2}{dt} \right) \quad (\because w_i = p f_i)$$

---

3 이와 같은 유형의 비용함수 $c(w_1, w_2, y, t)$를 제7장에서는 한국 농업의 KLAM자료를 이용해 실제로 추정하였었다(식 (7.24)).

$$= \frac{d\ln y}{dt} - \frac{c}{pf}\left(\frac{w_1 x_1}{c}\frac{d\ln x_1}{dt} + \frac{w_2 x_2}{c}\frac{d\ln x_2}{dt}\right)$$

$$= \frac{d\ln y}{dt} - \frac{c}{(\partial c/\partial y)y}\left(s_1\frac{d\ln x_1}{dt} + s_2\frac{d\ln x_2}{dt}\right)\ (\because p = \partial c/\partial y)$$

$$= \frac{d\ln y}{dt} - \frac{\partial \ln y}{\partial \ln c}\left(s_1\frac{d\ln x_1}{dt} + s_2\frac{d\ln x_2}{dt}\right)$$

위의 관계식은 제5장에서 확인했던 것처럼 이윤을 극대화하는 생산자는 각 투입물의 한계생산가치 pf_i와 그 가격 w_i가 일치하도록 하고, 또한 산출물가격 p와 한계생산비 $\partial c/\partial y$가 일치되도록 생산량을 결정한다는 원리가 반영되어 도출된다.

생산비는 $c = w_1 x_1 + w_2 x_2$와 같은데, 이를 미분하면 실제 생산비의 변화율은 $\frac{d\ln c}{dt}$ $= s_1\frac{d\ln w_1}{dt} + s_2\frac{d\ln w_2}{dt} + s_1\frac{d\ln x_1}{dt} + s_2\frac{d\ln x_2}{dt}$와 같으므로 이를 식 (9.4)에 대입하면 $\frac{\partial \ln f}{\partial t} = \frac{d\ln y}{dt} - \frac{\partial \ln y}{\partial \ln c}\left(\frac{d\ln c}{dt} - s_1\frac{d\ln w_1}{dt} - s_2\frac{d\ln w_2}{dt}\right)$을 얻는다. 여기에 식 (9.3)의 정의를 대입하면 다음이 도출된다.

$$(9.5) \qquad \frac{\partial \ln f}{\partial t} = \frac{d\ln y}{dt} - \frac{\partial \ln y}{\partial \ln c}\left(\frac{\partial \ln c}{\partial \ln y}\frac{d\ln y}{dt} + \frac{\partial \ln c}{\partial t}\right)$$

$$= -\frac{\partial \ln y}{\partial \ln c}\frac{\partial \ln c}{\partial t}$$

식 (9.5)에서 $\frac{\partial \ln y}{\partial \ln c}$는 비용이 1% 늘 때 생산량이 몇 % 늘어나는지를 나타내므로 제4장에서 도입되었던 규모경제탄력성이다. 제4장에서 본 바와 같이 비용최소화 선택에서는 이는 규모탄력성과 동일하다. 생산기술이 CRS의 특성을 가지고 그 값이 1이면 $\frac{\partial \ln f}{\partial t} = -\frac{\partial \ln c}{\partial t}$가 되어 생산함수의 이동과 비용함수의 이동은 동일한 기술변화율을 나타낸다. 하지만 DRS 조건이 성립되어 $\frac{\partial \ln y}{\partial \ln c} < 1$일 경우 $\frac{\partial \ln f}{\partial t} < -\frac{\partial \ln c}{\partial t}$가 되어 비용함수 기술변화율은 생산함수 기술변화율을 과대평가하며, IRS조건하에서 $\frac{\partial \ln y}{\partial \ln c} > 1$일 경우 반대로 과소평가하게 된다.

생산기술이 CRS 특성을 갖지 않을 때 생산함수의 이동 폭과 비용함수의 이동 폭이 서로 다른 이유는 비용함수의 경우 생산량을 원래 수준 y에 고정시킨 상태에서 순수한 함수의 수직 이동인 $-\frac{\partial \ln c}{\partial t}$만을 취해 이를 기술변화율로 간주하기 때문이다. 생산함수에서는 기술진보가 발생하면 동일한 투입요소 사용량을 유지하더라도 생산량 자체가 늘어나게 된다. 이러한 생산량 증가는 생산기술이 IRS의 특성을 지닐 경우에는 단위 생산비를 낮추기 때문에 추가적인 비용절감요인으로 작용한다. 하지만 비용함수를 통해 생산량을 고정시킨 상태에서 기술조건 t가 함수를 하방 이동시키는 영향 $-\frac{\partial \ln c}{\partial t}$만을 파악하면, 여기에는 생산량이 늘어나 단위 생산비가 추가로 하락한 것이 반영되지 않는다. 따라서 생산함수의 수직 이동 폭에 비해서는 작은 수준의 기술변화효과를 추정하게 된다.

이는 간단한 예를 통해 확인할 수 있다. 생산함수로 $f(x_1, x_2, t) = A x_1^a x_2^b \exp(ct)$를 설정하자. $c > 0$이면 기술진보가 존재하고 생산성이 증가한다. $\ln f = \ln A + a \ln x_1 + b \ln x_2 + ct$이므로 기술진보율은 $\frac{\partial \ln f}{\partial t} = c$와 같다. 아울러 $a + b$의 값이 1보다 크면 IRS, 1이면 CRS, 1보다 작으면 DRS가 성립한다. 제4장에서 이미 확인했던 바와 같이 라그랑지안을 만들어 이 생산함수를 이용한 비용최소화 문제를 풀면 비용함수는 다음과 같음을 보여줄 수 있다 (식 (4.12)).

$$c(w_1, w_2, y, t) = \left[\left(\frac{a}{b}\right)^{\frac{b}{a+b}} + \left(\frac{b}{a}\right)^{\frac{a}{a+b}} \right] w_1^{\frac{a}{a+b}} w_2^{\frac{b}{a+b}} \left(\frac{y}{A}\right)^{\frac{1}{a+b}} \exp\left(\frac{-c}{a+b}t\right)$$

따라서 $\ln c = \widetilde{A} + \frac{a}{a+b} \ln w_1 + \frac{b}{a+b} \ln w_2 + \frac{1}{a+b} \ln y - \frac{c}{a+b} t$와 같다. 단 $\widetilde{A}$는 비용함수에서 모든 상수 파라미터의 항을 다 묶은 것이다. $-\frac{\partial \ln c}{\partial t} = \frac{c}{a+b}$이고 $a + b = \frac{\partial \ln y}{\partial \ln c}$이므로, $\frac{\partial \ln f}{\partial t}$와 $-\frac{\partial \ln c}{\partial t}$ 사이에는 다음의 관계가 있다.

$a + b = 1$일 때 $\quad \frac{\partial \ln f}{\partial t} = -\frac{\partial \ln c}{\partial t}$

$a + b > 1$일 때 $\quad \frac{\partial \ln f}{\partial t} > -\frac{\partial \ln c}{\partial t}$

$a + b < 1$일 때 $\quad \frac{\partial \ln f}{\partial t} < -\frac{\partial \ln c}{\partial t}$

연습 문제 9.1 제7장 〈스크립트 7−3〉에서 추정된 비용함수를 이용하여 $-\frac{\partial \ln c}{\partial t}$와 $\frac{\partial \ln f}{\partial t}$를 도출하라.

2. 기술변화의 요소편향성

기술변화의 크기를 위에서처럼 정확히 정의하고 측정하는 것도 중요하지만 그 성격을 파악하는 것도 중요하다. 기술변화의 성격과 관련해 경제학에서 주목하는 것은 그 요소편향성(factor-bias)이다. 기술변화는 생산함수를 이동시키고 또한 두 투입물공간에서 형성되는 등량곡선도 이동시킬 것이다. 그러나 기술변화로 인해 이동하는 등량곡선이 그 때문에 기울기를 바꾸지는 않는다면 이때의 기술변화를 힉스 중립적(Hicks neutral) 기술변화라고 부른다. 기술변화가 이와 같은 중립성을 충족하지 못하면 편향성을 지닌다고 말한다.

두 가지 투입물이 있다면, 기술변화의 편향성을 다음처럼 나타낼 수 있다.

$$B_{12}(x_1, x_2, t) = \frac{\partial \ln(f_1/f_2)}{\partial t} = \frac{\partial \ln f_1}{\partial t} - \frac{\partial \ln f_2}{\partial t}$$

등량곡선의 기울기는 두 한계생산성의 비율이므로 f_1/f_2가 기술변화에도 불구하고 변하지 않으면, 즉 $B_{12} = 0$이면 기술변화는 힉스 중립적이다. 편향성지표 $B_{12}(x_1, x_2, t)$는 투입요소 사용량에 따라 서로 달라지므로 투입물의 함수이다.

〈그림 9-1〉은 두 시점에서의 두 등량곡선 IQ_s와 IQ_t를 보여주고 있다. 기술변화로 인해 등량곡선이 IQ_s에서 IQ_t로 변했을 때 그 기울기는 동일하게 유지되었다면 두 등량곡선은 만나지 않고 그 위치만 서로 다를 것이며, 이때 기술변화는 힉스 중립적이다. 그러나 그림에서처럼 서로 만나고, 만나는 점에서의 기울기가 다르다면 기술변화는 중립적이라 할 수가 없다. 그림에서는 기술변화로 인해 등량곡선의 기울기가 더 가파르게 변해 x_1으로 대체할 수 있는 x_2의 양이 늘어났다.

$B_{12}(x_1, x_2, t) = \dfrac{\partial \ln(f_1/f_2)}{\partial t} = 0$의 조건이 충족되려면 생산함수는 $y = f(x_1, x_2, t)$ $= g(h(x_1, x_2), t)$와 같이 두 투입물 (x_1, x_2)가 t로부터 약분리적이라는 성질을 가지면 된다. 이 경우 $\dfrac{f_1}{f_2} = \dfrac{(\partial g/\partial h)(\partial h/\partial x_1)}{(\partial g/\partial h)(\partial h/\partial x_2)} = \dfrac{\partial h/\partial x_1}{\partial h/\partial x_2}$이므로 등량곡선의 기울기는 시간 t에 대해 독립이 된다.

뒤에서 보겠지만 생산함수의 동조성 또한 기술변화의 요소편향성과 관련해 특별한 의미를 가진다. 만약 생산함수가 동조적이면서 투입물 (x_1, x_2)가 t로부터 분리적이면, 생산함수는 다음과 같이 표현된다.

그림 9-1 기술변화의 요소편향성

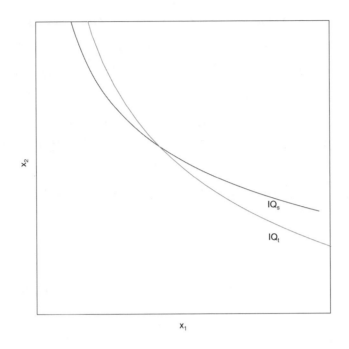

(9.6) $y = h[A(t)g(x_1, x_2)], \; h'(\cdot) > 0$

식 (9.6)에서 $g(x_1, x_2)$는 1차 동차함수이다. $h(\cdot)$는 동조성과 분리가능성을 동시에 충족하고 있으며, 따라서 기술변화가 힉스 중립적이면서 원점을 지나는 직선 위에서 한계기술대체율이 동일하다. 즉 등경사선이 원점을 지나는 직선이 된다. 식 (9.6)에서 함수 $h(\cdot)$의 역함수를 $h^{-1}(\cdot)$라 하자. 그러면 $g(x_1, x_2) = h^{-1}(y)/A(t)$이고 이는 (x_1, x_2)의 1차 동차함수이다. 이로부터 요소중립성과 동조성을 가지는 생산함수를 유발하는 투입물집합을 다음 형태로 도출한다.

(9.7) $V(y, t) = [h^{-1}(y)/A(t)] \, V(1)$

단, $V(1)$은 $y = 1$과 같이 기준이 되는 어떤 생산량을 생산하는 데 필요한 투입물집합, 즉 단위투입물집합이다.[4]

---

4 이는 제3장의 식 (3.17)이 보여주었던 동조성하의 투입물집합이 시간이 지나며 변하게 하되, 힉스 중립성을 유지하며 변하게 하는 것이다.

한편, 요소편향성은 $B_1 = s_2 B_{12}$와 같이 정의할 수도 있다. 이 요소편향성지표는 다음 성질을 충족한다.

$$(9.8) \qquad B_1(x_1, x_2, t) = \frac{\partial \ln s_1}{\partial t}\big|_{(x_1, x_2)}$$

즉 투입물 x_1의 요소편향성은 투입요소가격이 원래의 투입물조합 (x_1, x_2)가 그대로 확장경로에 남아 있도록, 즉 비용을 최소로 하는 투입물조합으로 남아 있도록 변할 때 시간이 지나면서 x_1의 비용 몫이 늘어나는 비율이다. $B_1 > 0$일 경우 그 비용 몫이 시간이 지나면서 늘어나므로 기술변화가 x_1 사용적(x_1-using)이라 말하고, 반대로 $B_1 < 0$일 경우 기술변화가 x_1 절약적(x_1-saving)이라 말한다.

> **연습문제**
> **9.2*** $s_1 = \dfrac{w_1 x_1}{c}$ 에서, 투입요소가격이 투입물 (x_1, x_2)가 여전히 비용을 최소화하는 선택이 되도록 변하면 $B_1(x_1, x_2, t) = s_2 B_{12}(x_1, x_2, t) = \dfrac{\partial \ln s_1}{\partial t}\big|_{(x_1, x_2)}$ 임을 보여라.

만약 $N \geq 3$이라면, 특정 투입물 x_i의 종합적인 요소편향성을 $B_i(x_1, ..., x_N, t) = \displaystyle\sum_{j \neq i}^{N} s_j B_{ij}$ 와 같이 정의할 수 있으며, 이는 $B_i(x_1, ..., x_N, t) = \dfrac{\partial \ln s_i}{\partial t}\big|_{(x_1, ..., x_N)}$와 같음을 보여줄 수 있다.

요소편향성은 비용함수 혹은 비용최소화 투입물 선택행위를 통해서도 정의할 수 있다. $x_i(w_1, w_2, y, t)$가 시점 t에서 생산량 y를 최소비용으로 생산할 때의 i번째 투입요소 사용량이라 하자. 기술변화의 요소편향성은 $B_{12}^C(w_1, w_2, y, t) = \dfrac{\partial \ln(x_1(w_1, w_2, y, t)/x_2(w_1, w_2, y, t))}{\partial t}$ $= \dfrac{\partial \ln x_1(w_1, w_2, y, t)}{\partial t} - \dfrac{\partial \ln x_2(w_1, w_2, y, t)}{\partial t}$ 와 같이 나타낼 수 있다. 이 값이 0이면 비용 중립적(cost neutral) 기술변화를 가지게 된다. 아울러 x_1의 요소편향성지표는 다음처럼 도출할 수도 있다.

$$(9.9) \qquad B_1^C(w_1, w_2, y, t) = s_2 B_{12}^C(w_1, w_2, y, t) = \frac{\partial \ln s_1(w_1, w_2, y, t)}{\partial t}$$

단, $s_1(w_1,w_2,y,t)$는 비용을 최소화하는 최적의 x_1 비용 몫이다. 이 관계가 성립함을 확인하기 위해 $s_2 B_{12}^C = s_2 \dfrac{\partial \ln x_1}{\partial t} - s_2 \dfrac{\partial \ln x_2}{\partial t} = \dfrac{\partial \ln x_1}{\partial t} - \left(s_1 \dfrac{\partial \ln x_1}{\partial t} + s_2 \dfrac{\partial \ln x_2}{\partial t} \right)$임을 확인하자. 단, x_1과 x_2는 모두 비용을 최소화하는 투입물수요이다. 한편 $\ln s_1 = \ln w_1 + \ln x_1 - \ln c = \ln w_1 + \ln x_1 - \ln \left(\displaystyle\sum_{j=1}^{2} w_j x_j \right)$이다. 그리고 우리는 w_i들의 효과는 검토하지 않으므로 모두 고정된 것으로 보면, $\dfrac{\partial \ln s_1(w_1,w_2,y,t)}{\partial t} = \dfrac{\partial \ln x_1}{\partial t} - \dfrac{1}{c} \displaystyle\sum_{j=1}^{2} \dfrac{\partial x_j}{\partial t} w_j = \dfrac{\partial \ln x_1}{\partial t}$ $- \displaystyle\sum_{j=1}^{2} s_j \dfrac{\partial \ln x_j}{\partial t} = s_2 B_{12}^C$가 된다. 식 (9.9)는 최적 선택에서의 x_1 비용 몫이 기술변화로 인해 늘어나면 x_1 사용적 기술변화이고, 그 반대일 경우 x_1 절약적 기술변화임을 의미한다.

<table>
<tr><td>연 습
문 제

9.3</td><td>$N \geq 3$개의 투입물이 있다고 하자. 다음 관계를 도출하라:

$B_i(w_1,...,w_N,y,t) = \displaystyle\sum_{j \neq i}^{N} s_j B_{ij}^C(w_1,...,w_N,y,t) = \dfrac{\partial \ln s_i(w_1,...,w_N,y,t)}{\partial t}$</td></tr>
</table>

그렇다면 $B_1^C(w_1,w_2,y,t) = 0$인 비용 중립적 기술변화가 $B_1(x_1,x_2,t) = 0$인 힉스 중립적 기술변화를 의미하는지를 확인할 필요가 있다. 비용 중립적인 비용함수는 다음과 같이 설정할 수 있다.

(9.10) $\qquad c(w_1,w_2,y,t) = A(y,t)\bar{c}(w_1,w_2,y)$

단, $\bar{c}(w_1,w_2,y)$는 (w_1,w_2)의 1차 동차함수이다. 이 경우 $x_i(w_1,w_2,y,t) = A(y,t)\dfrac{\partial \bar{c}}{\partial w_i}$ $(i=1,2)$이므로 $B_{12}^C(w_1,w_2,y,t) = \dfrac{\partial \ln (x_1(w_1,w_2,y,t)/x_2(w_1,w_2,y,t))}{\partial t} = 0$이다. 아울러 $s_1(w_1,w_2,y,t) = \dfrac{w_1(\partial \bar{c}/\partial w_1)}{\bar{c}(w_1,w_2,y)}$이므로 t와 독립이어서 역시 비용 중립적 기술변화를 유발한다.

힉스 중립적 기술변화는 생산함수가 $y = g(h(x_1,x_2),t)$와 같아서 (x_1,x_2)가 t로부터 분리가능함을 필요로 한다. 이를 풀어 생산함수를 $g^*(y,t) = h(x_1,x_2)$와 같이 표현하자. 이때 비용함수는 다음처럼 도출된다.

$$(9.11) \qquad c(w_1,w_2,y,t) = \min_{(x_1,x_2)} \sum_{i=1}^{2} w_i x_i + \mu[g^*(y,t) - h(x_1,x_2)]$$

$$= \tilde{c}(w_1,w_2,g^*(y,t))$$

즉 약분리성으로 인해 생산량 y대신 $g^*(y,t)$를 (x_1,x_2)로 생산하는 산출물로 간주할 수 있다. 이제 힉스 중립성을 충족하는 식 (9.11)의 비용함수가 비용 중립성을 충족하는 지를 확인하기 위해 비용최소화 투입물의 사용비를 $\dfrac{\partial \tilde{c}/\partial w_1}{\partial \tilde{c}/\partial w_2} = l(w_1,w_2,g^*(y,t))$와 같이 구해보자. 비용 중립적 기술변화는 이 함수 $l(w_1,w_2,g^*(y,t))$가 시간 t에 의존하지 않아야 함을 의미한다. 이는 다시 $\dfrac{\partial l(w_1,w_2,g^*(y,t))}{\partial t} = \dfrac{\partial l}{\partial g^*}\dfrac{\partial g^*}{\partial t} = 0$의 조건을 필요로 한다. 그런데, 기술변화가 존재하는 한 $\dfrac{\partial g^*}{\partial t} = 0$은 성립할 수 없기 때문에 결국 $\dfrac{\partial l}{\partial g^*} = 0$이 되어야 힉스 중립성은 비용 중립성과 일치하게 된다. 아울러 $\dfrac{\partial l}{\partial g^*} = 0$이 성립하기 위해서는 $\dfrac{\partial \tilde{c}/\partial w_1}{\partial \tilde{c}/\partial w_2} = l(w_1,w_2,g^*(y,t))$을 구하는 과정에서 $g^*(y,t)$가 소거되어야 하고, 이는 비용함수 $\tilde{c}(w_1,w_2,g^*(y,t))$가 다음처럼 $g^*(y,t)$에 비례함을 의미한다.

$$(9.12) \qquad c(w_1,w_2,y,t) = g^*(y,t)c(w_1,w_2)$$

이러한 비용함수는 제5장 4절에서 설명한 바와 같이 생산기술이 투입물 동조성을 지님을 의미한다. 즉 식 (9.6)의 생산함수처럼 (x_1,x_2)가 기술수준을 나타내는 변수 t로부터 분리가능하고, 동시에 생산함수가 동조함수이면, 힉스 중립성은 비용 중립성과 동일한 조건이 된다.

기술변화의 중립성은 이윤함수 혹은 이윤극대화 행위를 통해서도 표현할 수 있다. $x_i(p,w_1,w_2,t)$를 이윤을 극대화하는 투입요소 사용량이라 하고, $s_i(p,w_1,w_2,t) = \dfrac{w_i x_i(p,w_1,w_2,t)}{\displaystyle\sum_{i=1}^{2} w_i x_i(p,w_1,w_2,t)}$를 이윤을 극대화할 때의 최적 비용 몫이라 하자. 그러면 다음의 편향성 지표를 도출할 수 있다.

$$(9.13a) \qquad B_{12}^{\pi}(p,w_1,w_2,t) = \frac{\partial \ln(x_1(p,w_1,w_2,t)/x_2(p,w_1,w_2,t))}{\partial t}$$

$$(9.13b) \qquad B_1^{\pi}(p,w_1,w_2,t) = s_2 B_{12}^{\pi}(p,w_1,w_2,t) = \frac{\partial \ln s_1(p,w_1,w_2,t)}{\partial t}$$

이윤 중립성은 위의 두 지표가 모두 0일 것을 요구한다. 이 조건과 앞에서 보았던 힉스 중립성 및 비용 중립성 간의 관계를 살펴보자. 비용 중립적 기술변화를 유발하는 동조적 비용함수는 위에서 $c(w_1, w_2, y, t) = g^*(y, t)c(w_1, w_2)$와 같은 형태를 지님을 보았다. 제5장의 식 (5.5)가 보여준 바와 같이 이때의 이윤함수는 다음과 같다.

$$\pi(p, w_1, w_2, t) = \max_y \{py - g^*(y, t)c(w_1, w_2)\}$$

호텔링 보조정리를 적용하면 $\dfrac{x_1(p, w_1, w_2, t)}{x_2(p, w_1, w_2, t)} = \dfrac{\partial c/\partial w_1}{\partial c/\partial w_2}$가 되어, 기술수준과 최적 생산량 $y(p, w_1, w_2, t)$에 의존하지 않는다. 따라서 이 경우 이윤 중립성도 성립한다. 또한 이는 위에서 논의한 대로 생산기술이 분리가능성과 동조성을 지님을 의미하기도 한다.

그러나 동조성이 성립하지 않으면, 생산함수, 비용함수, 이윤함수를 통해 정의되는 기술변화 중립성은 각기 다른 의미를 가지게 됨도 유념할 필요가 있다. 기술변화가 있으면 생산량의 변화도 발생할 수밖에 없는데, 생산기술이 동조성을 지니면 등경사선이 원점을 지나는 직선으로서, 투입물선택이 산출량에 대해 일종의 중립성을 지니므로 생산함수, 비용함수, 이윤함수를 통해 정의되는 기술변화의 중립성이 같은 의미를 가지게 된다.

3. 체화된 기술변화

이상의 기술변화 반영방식은 모두 생산함수나 비용함수, 이윤함수의 이동을 통해 기술변화가 나타남을 가정한 것이다. 이 경우 기술수준 변수 t는 일종의 고정생산요소처럼 처리되었다. 만약 요소증강방식으로 생산기술을 표현하고자 한다면, 지금까지 사용되었던 기술관련 함수나 생산행위 관련 함수를 거의 그대로 활용할 수 있다. 다만 이때에는 투입요소와 그 가격을 측정하는 단위를 유효투입물을 기준으로 하여야 한다. 이 경우 식 (9.1c)는 생산함수를 다음과 같이 설정하였었다.

$$y_t = f(\lambda_1(t)x_1, \lambda_2(t)x_2) = f(\tilde{x}_1(x_1, t), \tilde{x}_2(x_2, t))$$

그렇다면 비용최소화문제는 다음처럼 설정할 수 있다.

$$(9.14) \quad c(w_1, w_2, y, t) = \min_{(x_1, x_2)} w_1 x_1 + w_2 x_2 + \mu[y - f(\lambda_1(t)x_1, \lambda_2(t)x_2)]$$

$$= \min_{(\tilde{x}_1, \tilde{x}_2)} \widetilde{w}_1 \tilde{x}_1 + \widetilde{w}_2 \tilde{x}_2 + \mu[y - f(\tilde{x}_1, \tilde{x}_2)]$$

$$= c(\widetilde{w}_1, \widetilde{w}_2, y)$$

이처럼 유효투입물 $(\tilde{x}_1, \tilde{x}_2)$와 그 가격 $(\widetilde{w}_1, \widetilde{w}_2) = (w_1/\lambda_1, w_2/\lambda_2)$으로 최적화행위를 표현하면 기술변화까지 반영하는 생산행위 분석이 가능하다.

체화된 기술변화의 경우 식 (9.1a)처럼 이용가능한 투입요소의 종류나 품질이 시간이 지나며 달라짐을 의미한다. 체화된 기술변화를 반영하는 방법 중 하나로 다음과 같은 딕싯–스티글리츠 함수(Dixit-Stiglitz function)가 많이 사용된다.[5]

$$(9.15) \quad y = Al^{1-\sigma} \left[\sum_{i=1}^{N} x_i^{\sigma} \right]^{\alpha/\sigma}, \ 0 < \sigma < 1, \ 0 < \alpha < 1$$

이 생산함수에서 l은 노동과 같은 특정 생산요소를 의미하고, $x_i(i=1,...,N)$은 중간재처럼 생산과정에 투입되는 여타 투입물을 의미한다. 이러한 생산함수는 현대 경제성장론 분야에서 매우 빈번히 사용되는데, 이용가능한 중간재의 수 N이 기술혁신에 의해 늘어난다고 본다. 앞에서 예를 든 것처럼 컴퓨터나 AI와 같은 과거에 존재하지 않던 새로운 투입물이 개발되어 생산에 활용된다. 이러한 생산함수를 반영하여 생산자의 비용최소화나 이윤극대화 행위를 물론 분석할 수 있다. 그리고 이 함수를 이용한 분석 시에는 통상적으로 상품시장이 완전경쟁적이지 않을 수 있음도 반영한다.

이러한 체화된 기술의 생산함수가 가지는 중요 특성 중 하나는 이용가능한 투입물의 가짓수가 많아지면 그 자체가 생산성을 높인다는 것이다. 이를 $\alpha = \sigma$라 가정하고, 모든 투입물이 동일한 양, 즉 $x_i = x$만큼 사용되는 경우를 예로 들어 확인해보자. 이 경우 식 (9.15)의 생산함수는 다음처럼 바뀐다.

$$y = Al^{1-\alpha} Nx^{\alpha} = Al^{1-\alpha}(Nx)^{\alpha} N^{1-\alpha}$$

N이 주어져 있으면 l과 Nx를 각각 두 투입물이라 간주할 수 있다. 이 두 가지 투입물에 대해 위의 생산함수는 규모수익불변(CRS)의 특성을 가진다. 그렇지만 l과 Nx가

---

5 Dixit, A. K. and J. E. Stiglitz, 1977, "Monopolistic Competition and Optimum Product Diversity," *American Economic Review* 67, pp. 297-308.

동일한 값을 유지한다고 하더라도 $N^{1-\alpha}$때문에 생산량 y는 N이 늘어나면서 증가함을 알 수 있다. $N^{1-\alpha}$이 바로 기술변화에 의해 새로이 이용가능한 투입물의 수가 늘어나면서 생산량이 늘어나는 정도를 보여준다. 또는 달리 표현하면 생산함수에 x^α이 들어가고, $0 < \alpha < 1$이기 때문에 개별 중간재 투입물은 모두 규모수익감소(DRS)의 특징을 보이지만, 전체 생산함수는 N이 커질 때 생산성이 높아지는 형태를 보인다. 이러한 함수구조를 활용해 R&D를 통한 새로운 투입물의 개발이 생산성 증대와 경제성장에 미치는 영향을 파악할 수 있다.

SECTION 02 생산성변화의 측정

기술수준을 변수 t로 표시하고, 이를 일종의 고정투입물로 간주할 경우 기술변화는 변수 t의 변화가 유발하는 생산함수나 비용함수의 수직적 이동을 의미한다. 앞에서 이러한 기술변화는 단위 투입물당 산출량을 나타내는 생산성의 변화와 밀접한 관련이 있음을 언급하였다. 하지만 사실 생산성변화(productivity change)는 기술변화와 완전 동일한 것은 아니며, 특정 조건하에서만 이 두 가지 개념은 서로 일치한다. 본 절에서는 생산성변화를 정의하고, 이를 측정하는 방법을 다룬다.

1. 생산성변화와 기술변화

N가지 투입물로 산출물 y를 생산한다고 하자. 생산성은 투입물 사용량과 산출량의 비율을 나타낸다. 따라서 생산성은 개별 투입물별로 정의될 수 있으며, y/x_1, y/x_2 등으로 특정 투입요소의 평균생산성을 이용해 생산성을 정의할 수 있다. 이들 생산성은 모두 편(partial)요소생산성으로서, 노동생산성, 자본생산성, 토지생산성 등이 이러한 편요소생산성에 해당된다. 특정 투입물의 편요소생산성은 유용한 경제적인 의미를 가지며, 특히 노동생산성은 근로자의 소득수준과 직결되기 때문에 많은 관심을 가지게 한다. 농업부문의 경우 특성상 전체 사용가능 면적이 늘어날 수 없는 토지의 생산성이 특히 중요한 경제변수로 인식되기도 한다.

이러한 편요소생산성이 변하게 하는 요인에는 여러 가지가 있겠지만 무엇보다도 앞에서 논의한 기술변화가 큰 역할을 할 것이다. 즉 기술변화는 생산성변화의 가장 큰 원인이 되며, 편요소생산성 변화율을 측정하는 것은 역으로 기술변화의 정도를 측정하는 방법이 될 수도 있다. 하지만 예를 들면 노동생산성은 기술변화로 인해 향상될 수 있지만, 노동자 1인이 사용할 수 있는 자본이나 여타 투입물의 양이 늘어나도 증가하기 때문에 노동만의 생산성을 평가하는 것은 생산 전체의 효율성이 높아진 것을 측정하는 정확한 방법이 되기 어렵다. 자본이나 토지와 같은 다른 투입물의 편요소생산성 역시 마찬가지이다.

따라서 생산성은 모든 투입요소의 생산성을 종합하여 측정할 필요가 있으며, 이때문에 사용하는 개념이 총요소생산성(total factor productivity, TFP)이다. 총요소생산성은 총산출 (혹은 통합산출)과 총투입(혹은 통합투입)의 비율, 즉 $TFP = \dfrac{y}{X}$와 같으며, 여기에서 X는 모든 투입요소를 포함하는 총투입(aggregate input)이다. 이 총산출과 총투입 비율의 변화율이 총요소생산성의 변화율이다. 혹은 총요소생산성의 분자인 총산출의 변화율과 분모인 총투입의 변화율 간의 차이, 즉 $\dot{TFP} = \dot{y} - \dot{X}$를 총요소생산성의 변화율로 정의할 수 있다.

단일 생산물, 즉 $M = 1$인 경우 총요소생산성 변화율을 이상과 같이 정의하면 이를 계측하기 위해 총투입 X를 어떻게 구축할 것인가가 중요한 문제가 된다. 노동, 토지, 자본, 중간재 등의 투입요소는 각기 다른 단위와 특성 및 가격을 가지기 때문에 이들을 어떻게 결합해서 총투입물 X를 만들어내느냐 하는 문제가 생산성 측정의 출발점이 된다. 영어식 표현을 빌리면 사과 수와 오렌지 수를 그냥 더해서 과일의 총량이라 할 수 없듯이, 서로 다른 종류의 투입물을 단순 합해서는 적절한 총투입량을 도출할 수 없고, 어떤 기준을 정해 통합하여야 한다.

N가지의 투입요소를 통합하여 총투입물을 만들어내는 규칙 혹은 방식을 통합함수 (aggregator function)라 부를 수 있고, $X = h(x_1, ..., x_N)$와 같은 함수로 표기할 수 있다. 그렇다면 총요소생산성은 $TFP = \dfrac{y}{h(x_1, ..., x_N)}$와 같이 산출물과 통합함수 값의 비율이 되어야 하고, $h(x_1, ..., x_N)$에 구체적으로 어떤 함수형태를 부여할지를 결정해야 한다. 통합함수의 값은 오로지 투입요소 $(x_1, ..., x_N)$에 의해서만 결정되고 기술수준 t의 영향은 받지 않는다.

오래전 도입된 솔로우(Solow)의 성장회계(growth accounting)는 통합함수에 구체적인 형태를 도입하지 않고도 총요소생산성 증가율을 지수형태로 계측할 수 있는 방법을 제시하였다.[6] 힉스 중립적 기술변화를 가정하면 생산함수를 $y = A(t)h(x_1, x_2)$와 같이 표현

---

6 Solow, R, A, 1957, "Technical Change and the Aggregate Production Function," *Review of Economics and Statistics* 39, pp. 312−320.

할 수 있다. 이 경우 우리는 $h(x_1, x_2)$를 총투입물을 만들어내는 통합함수라 간주할 수 있고, 따라서 $A(t) = \dfrac{y}{h(x_1, x_2)}$가 바로 시점 t에서의 총요소생산성이 된다. 총요소생산성의 증가율은 $A(t)$의 변화율 $\dot{A}$가 되어야 한다.

$\ln y = \ln A(t) + \ln h(x_1, x_2)$이므로 $\dfrac{d \ln y}{dt} = \dfrac{d \ln A}{dt} + \dfrac{\partial \ln h}{\partial \ln x_1} \dfrac{d \ln x_1}{dt} + \dfrac{\partial \ln h}{\partial \ln x_2} \dfrac{d \ln x_2}{dt}$와 같이 나타낼 수 있다. 여기에 이윤극대화 조건 $h_1 = \dfrac{w_1}{pA}$, $h_2 = \dfrac{w_2}{pA}$와, $\dfrac{\partial \ln h}{\partial \ln x_i} = h_i \dfrac{x_i}{h}$를 반영하면 생산성지수 $A(t)$의 증가율은 다음과 같이 나타난다.

$$(9.16) \qquad \dot{A} = \frac{d \ln A}{dt} = \frac{d \ln y}{dt} - \frac{w_1 x_1}{py} \frac{d \ln x_1}{dt} - \frac{w_2 x_2}{py} \frac{d \ln x_2}{dt}$$

$$= \frac{d \ln y}{dt} - s_1 \frac{d \ln x_1}{dt} - s_2 \frac{d \ln x_2}{dt}$$

마지막 식은 생산기술이 CRS라 가정하고, 이때문에 생산가액 py가 생산비 $\sum_{i=1}^{2} w_i x_i$와 일치한다는 가정을 적용한 것이다. 따라서 생산성변화율은 투입−산출물자료 (y, x_1, x_2)와 각 투입물의 비용 몫 (s_1, s_2)가 알려져 있으면 식 (9.16)과 같이 쉽게 도출할 수 있다. 아울러 이 과정에서 통합함수 $h(x_1, x_2)$의 어떤 구체적인 형태도 가정하지 않는다.

식 (9.16)의 솔로우 생산성변화율은 힉스중립적인 기술변화를 가정하지만 매우 직관적인 의미를 가지고 있다. 즉 생산성변화율은 산출물의 증가율에서 총투입물의 증가율을 빼주되, 총투입물의 증가율은 비용 몫을 비중으로 하는 개별투입물 증가율의 가중합이다. 이를 일반화하여 다음처럼 총요소생산성 변화율을 정의하자.

$$(9.17) \qquad \dot{TFP} = \dot{y} - \dot{X} = \frac{d \ln y}{dt} - \sum_{i=1}^{2} s_i \frac{d \ln x_i}{dt}$$

식 (9.17)에서 각 투입물 변화율의 가중합인 $\dot{X} = \sum_{i=1}^{2} s_i \dfrac{d \ln x_i}{dt}$를 디비지아 투입물지수 (Divisia input index)라 부르며, 이것이 총투입물 혹은 투입물 통합함수 값의 변화율이다. 생산성변화율은 산출량 증가율에서 디비지아 투입물지수를 빼준 것이다.

식 (9.17)의 생산성변화율은 CRS이고 힉스중립적인 생산함수로부터 도출된 식 (9.16)의 솔로우지수의 형태를 그대로 따르고 있지만, 힉스중립적이지 않은 생산함수의 생산성변화율로도 사용될 수 있는지는 불분명하다. 여기에서는 CRS가정이 성립하면, 생산함수가 힉스중립적이지 않더라도 식 (9.17)의 생산성변화율은 기술변화율을 정확히 나타내고, 따라서 기술변화 때문에 발생하는 생산성 변화율의 정확한 측정치가 된다는 것을 보여주어 그 타당성을 간접적으로 입증한다.

생산함수를 $y = f(x_1, x_2, t)$와 같이 나타내자. 함수 $f(\cdot)$는 기술수준 t도 포함하고 있으므로 투입물의 통합함수가 아니라 생산함수이다. 솔로우 생산함수에서는 $A(t)h(x_1, x_2)$가 생산함수에 해당되었고 함수 $h(\cdot)$는 투입물의 통합함수였다. 생산함수 $f(\cdot)$를 로그변환한 후 미분하여 $\dfrac{d\ln y}{dt} = \dfrac{\partial \ln f}{\partial \ln x_1}\dfrac{d\ln x_1}{dt} + \dfrac{\partial \ln f}{\partial \ln x_2}\dfrac{d\ln x_2}{dt} + \dfrac{\partial \ln f}{\partial t}$를 구한다. 식 (9.2)에서처럼 마지막 항 $\dfrac{\partial \ln f}{\partial t}$가 기술변화율인데, 이윤극대화 조건 $f_1 = \dfrac{w_1}{p}$, $f_2 = \dfrac{w_2}{p}$와, $\dfrac{\partial \ln f}{\partial \ln x_i} = f_i \dfrac{x_i}{f}$를 반영하면 이는 다음처럼 정리된다.

$$(9.18) \qquad \frac{\partial \ln f}{\partial t} = \frac{d\ln y}{dt} - \frac{w_1 x_1}{py}\frac{d\ln x_1}{dt} - \frac{w_2 x_2}{py}\frac{d\ln x_2}{dt}$$

만약 생산기술이 CRS를 따른다면 $py = \sum_{i=1}^{2} w_i x_i$가 성립하고, 따라서 식 (9.18)의 기술변화율 $\dfrac{\partial \ln f}{\partial t}$는 식 (9.17)의 생산성변화율 $T\dot{F}P$와 정확히 일치한다. 식 (9.18)의 $\dfrac{\partial \ln f}{\partial t}$은 CRS 가정하에서 생산함수 $f(x_1, x_2, t)$에 이윤극대화 조건을 반영하여 도출한 기술변화율이다. 식 (9.17)의 $T\dot{F}P$는 생산함수에 대한 특별한 가정 없이 디비지아지수를 총투입의 변화율로 간주하는 생산성변화율이다. 이상 본 바와 같이 생산기술이 CRS를 따른다면 기술변화율과 디비지아지수로 표현되는 생산성변화율이 일치하며, 기술변화는 생산성변화의 유일한 원인이 된다.

만약 산출물도 $M \geq 2$로 다수라면, 생산성변화율을 도출하기 위해 산출물들도 합해주어 총산출 Y를 도출하여야 한다. 즉 산출물을 통합하는 통합함수도 필요하며, 그 값이 총산출 Y가 된다. r_j를 전체 판매수입 R에서 j번째 산출물이 차지하는 비중, 즉 판매 몫(revenue share)이라 하자. 디비지아지수를 산출물의 경우로까지 확장한다면 생산성변화율을 다음처럼 정의할 수 있다.

$$(9.19) \qquad T\dot{F}P = \dot{Y} - \dot{X} = \sum_{j=1}^{M} r_j \frac{d\ln y_j}{dt} - \sum_{i=1}^{N} s_i \frac{d\ln x_i}{dt}$$

식 (9.19)에서 $\sum_{j=1}^{M} r_j \frac{d\ln y_j}{dt} = \sum_{j=1}^{M} \frac{p_j y_j}{R} \frac{d\ln y_j}{dt}$ 를 디비지아 산출물지수(Divisia output index)라 부르며, 개별 산출물 증가율의 가중합이다.

다수 산출물일 경우에도 디비지아지수를 이용한 생산성변화율은 CRS 조건하에서 생산자 의사결정을 반영하면 기술변화율과 일치한다는 점을 보여줄 수 있다. $M = 2$라 하고, 생산기술을 전환함수를 풀어 $y_1 = h(y_2, x_1, x_2, t)$와 같이 나타내자. $r_1 = \frac{p_1 y_1}{p_1 y_1 + p_2 y_2}$ 은 전체 판매수입에서 y_1이 차지하는 비중이다. 다수 산출물 생산에 있어 Hulten(1973)은 $r_1 \frac{\partial \ln h}{\partial t}$ 를 적절한 기술증가율로 제시하였다.[7] 함수 $h(\cdot)$의 값은 두 산출물 중 y_1의 생산량을 결정하므로 그 변화율에 판매 몫을 곱해준 것을 기술증가율로 측정하는 것이다.

이윤극대화 문제 $\max \sum_{j=1}^{2} p_j y_j - \sum_{i=1}^{2} w_i x_i + \lambda[h(y_2, x_1, x_2, t) - y_1]$로부터 이윤극대화 조건 $p_1 - \lambda = 0$, $p_2 + \lambda \frac{\partial h}{\partial y_2} = 0$, $-w_i + \lambda \frac{\partial h}{\partial x_i} = 0$을 도출한다. 즉, $\frac{\partial h}{\partial y_2} \frac{y_2}{h} = -\frac{p_2}{p_1} \frac{y_2}{h}$, $\frac{\partial h}{\partial x_i} \frac{x_i}{h} = \frac{w_i}{p_1} \frac{x_i}{h}$가 성립한다. 이를 $\frac{d\ln y_1}{dt} = \frac{\partial \ln h}{\partial \ln y_2} \frac{d\ln y_2}{dt} + \sum_{i=1}^{2} \frac{\partial \ln h}{\partial \ln x_i} \frac{d\ln x_i}{dt} + \frac{\partial \ln h}{\partial t}$에 대입하면 $\frac{\partial \ln h}{\partial t} = \frac{d\ln y_1}{dt} + \frac{p_2 y_2}{p_1 y_1} \frac{d\ln y_2}{dt} - \sum_{i=1}^{2} \frac{w_i x_i}{p_1 y_1} \frac{d\ln x_i}{dt}$가 도출된다. 따라서 최종적으로 다음을 도출할 수 있다.

(9.20) $r_1 \frac{\partial \ln h}{\partial t} = r_1 \frac{d\ln y_1}{dt} + r_2 \frac{d\ln y_2}{dt} - \sum_{i=1}^{2} \frac{w_i x_i}{R} \frac{d\ln x_i}{dt}$

단, $R = p_1 y_1 + p_2 y_2$

역시 CRS를 가정할 때 $R = \sum_{i=1}^{N} w_i x_i$이므로 (9.20)의 기술변화율은 생산자 최적행위를 반영했을 때 식 (9.19)의 디비지아 총요소생산성 변화율과 완전 일치한다.

한편, 식 (9.19)의 생산성변화율은 시간을 연속적인 실수로 보고, 변수들을 시간에 대해 미분하는 절차를 필요로 한다. 현실에 있어 경제자료는 연간, 월간 등의 이산시점으로 집계되기 때문에 이를 이산시점 지표로 전환하는 것이 필요하다. 두 시점 s와 t사이의 생산성변화율을 다음처럼 나타내자.

---

7 Hulten, R. C., 1973, "Divisia Index Numbers," *Econometrica* 41, pp. 1017−1025.

$$(9.21) \quad \dot{TFP} = \sum_{j=1}^{M}\left(\frac{r_j^s + r_j^t}{2}\right)(\ln y_j^t - \ln y_j^s) - \sum_{i=1}^{N}\left(\frac{s_i^s + s_i^t}{2}\right)(\ln x_i^t - \ln x_i^s)$$

식 (9.21)의 생산성변화율을 **퇸크비스트 생산성지수**(Törnqvist productivity index)라 부른다. 이 지수에서는 각 산출물의 증가율을 가중합하여 총산출의 증가율을 구하는데, 두 시점에 있어 판매 몫이 서로 다를 수 있으므로 두 연도에서의 판매 몫의 평균 $(r_j^s + r_j^t)/2$를 가중치로 취한다. 마찬가지로 총투입의 변화율은 개별 투입물의 증가율을 비용 몫을 이용해 가중합을 취하는데, 역시 두 시점의 비용 몫의 평균 $(s_i^s + s_i^t)/2$를 가중치로 사용한다.8

이처럼 디비지아 생산성지수나 그 이산시점 형태인 퇸크비스트 생산성지수는 CRS 가정하에서는 생산기술의 수직적 이동을 어떤 구체적인 생산함수형태도 가정하지 않고 나타낼 수 있다는 점에서 그 타당성이 간접 확인된다. 하지만 생산성변화율은 사실 기술변화율과는 별개의 개념이고, CRS 가정이 없을 경우에는 양자가 서로 일치하지 않기 때문에 생산성변화율 자체에 대한 이론적 검토를 더 진행할 필요가 있다. 아울러 디비지아지수를 이산시점으로 근사하는 방법은 여러 가지가 있을 것인데 왜 식 (9.21)과 같은 방식으로 근사해야 하는지도 아직은 불명확하다. 이에 관해서는 다음 소절이 설명한다.

2. 지수공식과 통합함수

두 시점 s와 t간의 생산성변화율은 $TFP_{st} = \dfrac{TFP_t}{TFP_s} = \dfrac{Y_t/X_t}{Y_s/X_s} = \dfrac{Y_t/Y_s}{X_t/X_s}$ 처럼 나타낼 수도 있다. 즉 1) 각 시점의 생산성인 [통합산출물과 통합투입물의 비율]의 비율을 다시 취하거나, 2) [두 시점 간 통합산출물의 비율]로 [두 시점 간 통합투입물의 비율]을 나누어주는 방법을 취할 수 있다.9 이러한 생산성변화율을 실제로 계측하는 데에는 크게 두 가지 방법이 사용되는데, 하나는 지수공식(index formula)을 적용하는 방법이고,

---

8 제7장에서 사용된 한국 농업의 KLAM자료에서의 생산성변화율이 어떻게 되는지 퇸크비스트 생산성지수로 구해보기 바란다.

9 시간이 이산변수이되, 식 (9.21)처럼 로그차분을 취해 생산성변화율을 구할 때에는 방점을 두어 $\dot{TFP}$처럼 표기하기로 한다. 그리고 여기에서처럼 통합투입물과 통합산출물의 비율을 이용하여 구한 생산성변화율에는 TFP_{st}처럼 두 비교시점을 하첨자로 부가하기로 한다.

두 번째는 통합함수를 분석하는 방법이다.

첫째, 지수공식법은 Y_t/Y_s, X_t/X_s처럼 통합산출의 비율과 통합투입의 비율을 각각 특정 공식을 가지는 지수로 구하여 생산성변화율을 도출한다. 이 경우 각 세부 산출과 세부 투입을 가중합하는 절차를 지수의 형태로 설정하여 사용하며, 가중합의 가중치에는 가격변수가 흔히 사용되기 때문에 수량자료와 가격자료를 모두 활용한다. 식 (9.21)의 뢴크비스트 생산성지수가 지수공식을 적용한 한 예이다. 하지만 적용할 수 있는 지수공식의 형태는 다양하기 때문에 어떤 형태가 바람직한지를 판단할 수 있어야 하는데, 이를 위해서는 지수가 충족해야 할 바람직한 기준들을 설정하고 이들을 각 지수공식이 충족하는지를 확인하는 공리적 접근법(axiomatic approach)을 활용한다.

둘째, 통합함수 분석법은 통합산출 Y_k와 통합투입 $X_k(k=s,t)$를 통합함수를 이용해 구축한 후, 이들로부터 생산성변화율을 도출한다. 통합함수에는 특정한 함수형태가 부여되며, 이 함수는 수량변수만 설명변수로 반영한다. 특정 함수형태가 적용되기 때문에 통합함수는 지수공식법과 달리 생산기술에 대한 구체적인 특성을 부여한다. 하지만 특정 조건하에서는 통합함수 분석법은 지수공식 분석법과 직접 연계되게 된다.

두 방법 중 먼저 지수공식을 적용할 때에는, 두 시점 간에는 사실 수량이 변할 뿐 아니라 가격도 변한다. 따라서 기준연도 대비 수량의 지수와 기준연도 대비 (산출물과 투입물의) 가격의 지수를 모두 도출하는 것을 검토할 필요가 있다.

논의의 단순화를 위해 산출물만을 생각해보면, 기준연도를 s라 하고, 가격은 $(p_1^s,...,p_M^s)$, 수량은 $(y_1^s,...,y_M^s)$이었다고 하자. 비교연도인 t에 가격과 수량이 각각 $(p_1^t,...,p_M^t)$, $(y_1^t,...,y_M^t)$로 변했다면, 뢴크비스트 수량지수는 이를 $Y_{st}^T = \prod_{j=1}^{M} \left[\frac{y_j^t}{y_j^s} \right]^{\frac{r_j^s+r_j^t}{2}}$ 와 같이 집계한다. 이를 로그변환한 것이 식 (9.21)의 산출량 변화율 $\ln Y_{st}^T = \sum_{j=1}^{M} \left(\frac{r_j^s+r_j^t}{2} \right) (\ln y_j^t - \ln y_j^s)$이다. 마찬가지의 절차를 적용하면 뢴크비스트 가격지수는 $P_{st}^T = \prod_{j=1}^{M} \left[\frac{p_j^t}{p_j^s} \right]^{\frac{r_j^s+r_j^t}{2}}$ 와 같이 나타낼 수 있을 것이다.

시점 s와 t간의 수량지수와 가격지수는 〈표 9-1〉과 같이 그 외에도 여러 방식으로 집계할 수 있다.

지수	수량	가격
라스페이레스(Laspeyres) 지수	$Y_{st}^{L} = \dfrac{\sum p_j^s y_j^t}{\sum p_j^s y_j^s}$	$P_{st}^{L} = \dfrac{\sum p_j^t y_j^s}{\sum p_j^s y_j^s}$
파쉐(Paasche) 지수	$Y_{st}^{P} = \dfrac{\sum p_j^t y_j^t}{\sum p_j^t y_j^s}$	$P_{st}^{P} = \dfrac{\sum p_j^t y_j^t}{\sum p_j^s y_j^t}$
피셔(Fisher) 지수	$Y_{st}^{F} = \sqrt{Y_{st}^{L} \times Y_{st}^{P}}$	$P_{st}^{F} = \sqrt{P_{st}^{L} \times P_{st}^{P}}$
퇸크비스트 지수	$Y_{st}^{T} = \prod \left[\dfrac{y_j^t}{y_j^s} \right]^{(r_j^s + r_j^t)/2}$	$P_{st}^{T} = \prod \left[\dfrac{p_j^t}{p_j^s} \right]^{(r_j^s + r_j^t)/2}$

라스페이레스 수량지수는 가격을 가중치로 하여 두 연도에서의 수량을 가중합한 후 그 비율을 구한 것이다. 이때 가중치 역할을 하는 가격으로 기준연도가격 p_j^s를 두 연도의 수량에 모두 반영한다. 라스페이레스 가격지수는 반대로 수량을 가중치로 하여 두 연도에서의 가격을 가중합한 후 그 비율을 구한 것이다. 이때 가중치인 수량으로 기준연도의 수량 y_j^s를 두 연도의 가중합에 모두 반영한다. 파쉐지수는 작성원리가 라스페이레스지수와 같지만 가중치로 모두 비교연도의 값이 사용된다. 즉 파쉐 수량지수의 경우 가격은 비교연도가격 p_j^t에 고정시키고, 가격지수는 수량을 비교연도수량 y_j^t에 고정시켜 구한다. 피셔 수량지수는 라스페이레스 수량지수와 파쉐 수량지수의 기하평균이고, 피셔 가격지수는 라스페이레스 가격지수와 파쉐 가격지수의 기하평균이다.

마찬가지로 총투입물의 수량이나 가격변화도 라스페이레스지수, 파쉐지수, 피셔지수, 퇸크비스트지수 등 여러 가지 방식으로 도출할 수 있다.

이렇게 지수들이 구축되면, 예를 들어 라스페이레스지수라면, 생산성변화율을 식 (9.21)처럼 TFP의 로그차분(log−difference)을 취하지 않고 다음처럼 두 시점 TFP의 비율로 표현할 수 있다.

$$TFP_{st}^{L} = \frac{TFP_t^L}{TFP_s^L} = \frac{Y_t^L / X_t^L}{Y_s^L / X_s^L} = \frac{Y_t^L}{Y_s^L} \Big/ \frac{X_t^L}{X_s^L} = \frac{Y_{st}^L}{X_{st}^L}$$

$$\text{단, } Y_{st}^{L} = \frac{Y_t^L}{Y_s^L} = \frac{\sum p_j^s y_j^t}{\sum p_j^s y_j^s}, \quad X_{st}^{L} = \frac{X_t^L}{X_s^L} = \frac{\sum w_i^s x_i^t}{\sum w_i^s x_i^s}$$

생산성변화율은 이렇게 산출물지수 Y_{st}와 투입물지수 X_{st}의 비율로 구할 수 있다. 하지만 〈표 9－1〉이 보여주는 바와 같이 이들 지수를 구하는 방법은 여러 가지이다. 따라서 어떤 지수가 생산성변화율 계측을 위한 '바람직한 지수'인지를 검토해야 한다.

바람직한 지수의 조건으로는 그동안 20여 가지가 논의되어 왔는데, Coelli et al.(2005, pp. 95－96)은 이 가운데 다음 8가지를 강조하였다.[10]

1. 양(＋)의 성질: 지수는 항상 양의 값을 지녀야 한다.
2. 연속성: 수량과 가격의 연속적인 함수여야 한다.
3. 비례성: 모든 가격(수량)이 동일 비율로 늘어나면 $P_{st}(Y_{st})$ 역시 동일 비율로 늘어나야 한다.
4. 단위 독립성: 수량이나 가격을 측정하는 단위의 영향을 받지 않아야 한다.
5. 시간 역전성: $P_{st} = 1/P_{ts}$
6. 중앙값(mean value) 성질: 지수는 계산에 포함된 개별 산출물 중 가장 작은 폭과 가장 큰 폭의 변화를 보인 산출물의 변화율 범위 내에 있어야 한다.
7. 요소역전성(factor－reversal) 혹은 자기쌍대성: 수량지수와 가격지수의 형태가 동일하며, 두 지수의 곱은 생산액 비율이 되어야 한다.
8. 이행성: $P_{st} = P_{sr} \times P_{rt}$

〈표 9－1〉이 보여주는 지수 중 라스페이레스지수와 파쉐지수는 수량지수를 구할 때에는 가격을, 그리고 가격지수를 구할 때에는 수량을 각각 기준연도와 비교연도에 고정시켜버리기 때문에 사실 '바람직한 지수'라 보기 어렵다. 이들 두 지수가 가지는 이런 특성이 당장 유발하는 문제는 5번 시간 역전성(time reversal)을 충족하지 못한다는 것이다. 바람직한 지수는 두 시점 s와 t 중 무엇을 기준시점으로 보고 무엇을 비교시점으로 보느냐와 관계없이 일관된 변화율을 도출할 수 있어야 하는데 이들 두 지수는 이 조건을 충족하지 못한다.

시간 역전성은 위의 8가지 공리 중에서도 특히 중요하게 인정되고 있으므로 이 조건

---

10 Coelli, T. J., D. S. P. Rao, C. J. O'Donnell, and G. E. Battese, 2005, *An Introduction to Efficiency and Productivity Analysis*, 2nd ed., Springer. 다음이 보다 전문적인 문헌이다: Diewert, W. E., 1992, "Fisher Ideal Output, Input and Productivity Indexes Revisited," *Journal of Productivity Analysis* 3, pp. 211－248.

을 충족하는 피셔지수와 퇸크비스트지수에 더 관심이 간다.[11] 피셔지수는 위의 8가지 성질 가운데 8번 이행성을 제외하고는 모두 충족한다는 것을 보여줄 수 있다. 특히 $R^s = \sum p_j^s y_j^s$와 $R^t = \sum p_j^t y_j^t$를 두 시점에서의 최적 판매수입이라 할 때 〈표 9−1〉의 내용을 대입해 $P_{st}^F \times Y_{st}^F = R^t/R^s$의 관계가 있고, 따라서 요소역전성까지 충족함을 쉽게 확인할 수 있다.

퇸크비스트지수는 위의 8가지 성질 중 피셔지수처럼 8번 이행성을 충족하지 않고, 또한 7번 요소역전성도 충족하지 않는다. 즉 퇸크비스트 가격지수와 수량지수를 곱했을 때 최적 판매수입액 비율과 일치하지 않아 $P_{st}^T \times Y_{st}^T \neq R^t/R^s$가 된다. 이때문에 퇸크비스트지수를 사용할 때에는 수량지수와 가격지수 중 하나를 선택해 먼저 구하고, 나머지 지수는 각 시점에서의 실제 생산액의 비율과 일치하도록 사후 도출한다. 예를 들어 $Y_{st}^T = \prod \left[\dfrac{y_j^t}{y_j^s} \right]^{(r_j^s + r_j^t)/2}$ 를 공식에 의해 구한 후에 가격지수는 $\tilde{P}_{st}^T = \left(\dfrac{R^t}{R^s} \right) / Y_{st}^T$와 같이 도출하며, 이를 잠재가격지수(implicit price index)라 부른다. 요소역전성 혹은 자기쌍대성이 성립할 경우 그 대칭적 구조 때문에 간결함은 있지만 지수의 품질을 결정하는 것은 아니므로, 이를 충족하지 못하는 것이 퇸크비스트지수의 흠결은 아니다. 특히 식 (9.21)처럼 생산성변화율을 계측하고자 할 경우에는 가격지수는 불필요하기도 하다.

이상 제시된 8가지의 조건은 지수의 품질을 판단하는 데 적용할 수 있는 조건들이지만, 〈표 9−1〉의 여러 지수들이 투입물과 산출물을 통합하는 통합함수와는 어떤 관계를 맺고 있는지가 아직 불분명하다. 각 지수는 수량변수나 가격변수를 통합하는 절차를 가지기 때문에 특정 통합함수와 직접적인 연관성을 가질 수가 있다.

따라서 이제 두 번째 방법, 즉 통합함수를 이용하는 방법을 검토하자. 이와 관련하여, Diewert(1976)의 대단히 잘 알려진 논문은 다양한 통합함수로부터 두 시점 간의 생산성변화율을 도출하되, 계량모형 추정 없이 지수공식을 이용해 통합함수 값을 도출하는 방법을 제시하였다.[12] 이 논문은 통합함수를 대신하여 사용되는 지수공식은 다음 두 가지 조건을 충족해야 한다고 보았다. 첫째, 지수는 특정 통합함수와 일관성을 가져야 하고, 아울러 그 통합함수에 생산자행위를 정확히 반영할 수 있어야 한다, 그리고 둘째,

---

11 지수구축 작업에는 산업연관표나 국민소득계정 자료를 많이 사용하고 있고, 이들 자료는 주로 라스페이레스지수로 계산된다. 따라서 생산성지수에도 라스페이레스지수가 적용되는 경우가 많다. 하지만 지수 자체가 가지는 장점 때문에 개인 연구자는 물론 국가 통계기관에서도 피셔지수와 퇸크비스트지수를 구축하는 사례가 늘어나고 있다.

12 Diewert, W. E., 1976, "Exact and Superlative Index Numbers," *Journal of Econometrics* 4, pp. 115−145.

이때 지수와 일관성을 가지는 통합함수는 신축적이라야 한다.

우리가 선택하는 지수는 기술적 근거를 가진 것이라야 하고, 생산기술 특성을 포함하고 있는 특정 통합함수의 형태를 반영할 수 있어야만 한다. 첫 번째 조건은 선택하는 지수가 이런 점에서 특정 기술조건과 일치성을 가져야 함을 의미하고 이 조건을 충족하는 지수를 '정확한(exact) 지수'라 부른다. 두 번째 조건은 첫 번째 조건에 의해 어떤 생산기술 혹은 통합함수와 일치성을 가지는 지수라면 그 생산기술은 제6장에서 도입했던 2계 신축성을 가져야 한다는 조건이다. 즉 지수는 가능한 한 제약을 적게 가지는 생산기술을 반영할 수 있어야 한다. 이 두 번째 조건을 충족하는 지수를 '우월한(superlative) 지수'라 부른다.

〈표 9-1〉의 지수공식은 사실 모두 그에 상응하는 통합함수가 존재하는, 즉, 정확한 지수들이다. 예를 들면 라스페이레스지수와 파쉐지수는 가격이 변해도 선택수량이 달라지지 않는다는 가정을 하고 있기 때문에 레온티에프형 통합함수를 전제로 하고 있다. 하지만 이들 지수 중 정확함은 물론 우월함까지 갖춘 지수는 피셔지수와 퇸크비스트지수 두 가지이다. 여기에서는 퇸크비스트지수의 정확함과 우월함을 검토하자. $M=1$, $N=2$ 라 하고, 다음의 임의의 2차함수를 투입물의 통합함수로 검토하자.

$$(9.22) \qquad f(z_1, z_2) = a_0 + a_1 z_1 + a_2 z_2 + \frac{1}{2} \sum_{i=1}^{2} \sum_{j=1}^{2} a_{ij} z_i z_j, \ a_{ij} = a_{ji}$$

다음이 Diewert(1976)가 제시하는 유명한 2차 근사 보조정리(quadratic approximation lemma)이다.

ᵢᵢ₀ᵢᵢ math 9.1　**2차 근사 보조정리**

$f(z_1^1, z_2^1) - f(z_1^0, z_2^0) = \frac{1}{2} \sum_{i=1}^{2} \left[f_i(z_1^1, z_2^1) + f_i(z_1^0, z_2^0) \right] (z_i^1 - z_i^0)$가 성립하기 위한 필요충분조건은 함수 $f(z_1, z_2)$가 식 (9.22)와 같은 형태를 가진다는 것이다.

즉 함수 $f(z_1, z_2)$가 식 (9.22)와 같은 2차함수 형태를 가지면 두 점에서 평가된 함수값의 차이인 $f(z_1^1, z_2^1) - f(z_1^0, z_2^0)$는 math 9.1에서와 같은 형태를 가져야 하고, 그 역의 관계도 성립한다. 다음처럼 이 보조정리를 증명하자.

$$f(z_1^1, z_2^1) - f(z_1^0, z_2^0) = \sum_{i=1}^{2} a_i (z_i^1 - z_i^0)$$

$$+ \frac{1}{2} \sum_{i=1}^{2} \sum_{j=1}^{2} a_{ij} z_j^1 (z_i^1 - z_i^0) + \frac{1}{2} \sum_{i=1}^{2} \sum_{j=1}^{2} a_{ij} z_j^0 (z_i^1 - z_i^0)$$

$$= \frac{1}{2} \sum_{i=1}^{2} \left[a_i + \sum_{j=1}^{2} a_{ij} z_j^1 + a_i + \sum_{j=1}^{2} a_{ij} z_j^0 \right] (z_i^1 - z_i^0)$$

$$= \frac{1}{2} \sum_{i=1}^{2} \left[f_i(z_1^1, z_2^1) + f_i(z_1^0, z_2^0) \right] (z_i^1 - z_i^0)$$

위 증명과정에 $f_i = a_i + \sum_{j=1}^{2} a_{ij} z_j$, $i = 1, 2$임과, $a_{ij} = a_{ji}$임이 반영되었다.

이제 투입물 통합함수가 초월대수형으로서, $\ln h(x_1, x_2) = a_0 + \sum_{i=1}^{2} a_i \ln x_i + \frac{1}{2} \sum_{i=1}^{2} \sum_{j=1}^{2} a_{ij} \ln x_i \ln x_j$, $a_{ij} = a_{ji}$와 같이 주어져 있다고 하자. $\ln x_i$를 z_i로 변환하면 초월대수함수도 식 (9.22)의 2차함수의 하나가 된다. 즉 $\ln h(x_1, x_2) = f(z_1, z_2) = a_0 + \sum_{i=1}^{2} a_i z_i + \frac{1}{2} \sum_{i=1}^{2} \sum_{j=1}^{2} a_{ij} z_i z_j$로 전환된다. 아울러 $\frac{\partial f}{\partial z_i} = \frac{\partial h}{\partial x_i} \frac{x_i}{h}$와 같음도 알고 있다. 따라서 2차 근사 보조정리에 의해 다음이 성립한다.

$$\ln h(x_1^1, x_2^1) - \ln h(x_1^0, x_2^0) =$$

$$\frac{1}{2} \sum_{i=1}^{2} \left[h_i(x_1^1, x_2^1) \frac{x_i^1}{h(x_1^1, x_2^1)} + h_i(x_1^0, x_2^0) \frac{x_i^0}{h(x_1^0, x_2^0)} \right] (\ln x_i^1 - \ln x_i^0)$$

위의 표현을 지수공식으로 만들기 위해서는 생산자의 최적화 행위를 반영할 필요가 있다. 생산함수가 $y_k = f(h(x_1^k, x_2^k), k) = A(k) h(x_1^k, x_2^k)(k = 0, 1)$와 같다 하자.[13] 이윤극 대화 조건에 의해 $h_i(x_1^k, x_2^k) = \frac{w_i^k}{p^k A(k)}$임을 알 수 있으므로 이를 대입하면 다음을 얻는다.

$$\ln h(x_1^1, x_2^1) - \ln h(x_1^0, x_2^0) = \frac{1}{2} \sum_{i=1}^{2} \left[\frac{w_i^1 x_i^1}{p^1 y^1} + \frac{w_i^0 x_i^0}{p^0 y^0} \right] (\ln x_i^1 - \ln x_i^0)$$

---

13 이 생산함수는 식 (9.16)의 솔로우 성장회계를 도출한 힉스중립적 생산함수와 동일하다. 하지만 성장회계의 경우와 달리 여기에서는 시간은 연속변수가 아닌 이산변수이며, 특정 두 시점 간의 생산성변화율을 2차 근사 보조정리를 활용해 도출한다.

뒤에서 다시 설명되지만, 총요소생산성 증가율은 실제 생산기술의 규모수익성이 어떠하든지 관계없이 CRS의 조건이 성립한다는 전제하에(즉, $\sum_{i=1}^{2} a_i = 1$, $\sum_{i=1}^{2} a_{ij} = 0$) 정의된다. 따라서 $\dfrac{w_i^k x_i^k}{p^k y^k} = s_i^k$가 성립하므로 결국 통합 투입물의 증가율은 $\dfrac{1}{2}\sum_{i=1}^{2}\left[s_i^1 + s_i^0 \right]$ $(\ln x_i^1 - \ln x_i^0)$와 같은 퇴른크비스트 투입물 수량지수가 된다. 시점을 s와 t로 표현하고, $N \geq 3$인 경우로 일반화하면 총요소생산성 변화율이 다음처럼 도출된다.

$$(9.23) \qquad \dot{TFP} = \ln y^t - \ln y^s - \frac{1}{2}\sum_{i=1}^{N}\left[s_i^t + s_i^s \right]\left(\ln x_i^t - \ln x_i^s \right)$$

이는 식 (9.21)의 퇴른크비스트 생산성지수에서 정확히 $M=1$인 경우이다. 즉, 퇴른크비스트지수는 통합함수가 CRS 초월대수형일 경우 '정확하며', 초월대수함수는 2계 신축성을 지니므로 '우월한' 지수이다. 2차 근사 보조정리는 이처럼 통합함수가 초월대수함수라면, 그 파라미터 a_0, a_i, a_{ij}들의 추정치를 몰라도 수량자료와 가격자료만으로 정확하게 생산성변화지수를 도출할 수 있게 한다.

> **연습문제**
>
> **9.4★** 피셔지수는 어떤 형태의 통합함수를 반영하는 정확하고(exact) 우월한(superlative) 지수인지를 검토해보라.

생산성변화율에 대한 논의는 생산함수가 $y_k = f(h(x_1^k, x_2^k), k) = A(k)h(x_1^k, x_2^k) (k = s, t)$처럼 통합함수 $h(x_1^k, x_2^k)$를 그 구성요소로 포함하고, 또한 CRS의 특성을 가진다고 가정하여 이루어진다. 생산성은 $A(k) = y_k / h(x_1^k, x_2^k)$로서, 산출량과 통합함수 값의 비율이다. 통합함수가 초월대수함수일 경우에는 두 시점 간 생산성변화율은 퇴른크비스트 생산성지수와 일치한다. 반면 앞에서 논의했던 기술변화는 생산함수를 통합함수는 없이 $y_t = f(x_1^t, x_2^t, t)$와 같이 바로 설정하고, 투입요소 사용량이 고정될 때 생산함수의 수직이동, 즉 $\dfrac{\partial \ln f}{\partial t}$로 도출된다. 식 (9.18)은 기술변화는 $\dfrac{\partial \ln f}{\partial t} = \dfrac{d \ln y}{dt} - \sum_{i=1}^{2}\left[\dfrac{w_i x_i}{py} \dfrac{d \ln x_i}{dt} \right]$와 같음을 보였는데, 이는 규모수익성 형태와 관계없이 성립한다. 이 기술변화를 $TC = [\ln y_t - \ln y_s] -$ $\dfrac{1}{2}\sum_{i=1}^{2}\left[\dfrac{w_i^t x_i^t}{p^t y^t} + \dfrac{w_i^s x_i^s}{p^s y^s} \right](\ln x_i^t - \ln x_i^s)$처럼 이산시점에 대해 나타내면[14] 퇴른크비스트 총요소생

---

[14] 기술변화율을 이와 같이 이산시점 근사하는 것이 적절한 이유는 제3절에서 제시된다.

산성 변화율과 기술변화율 사이에는 다음 관계가 성립한다.

$$(9.24) \qquad T\dot{F}P - \dot{T}C = -\frac{1}{2}\sum_{i=1}^{N}\left[s_i^t + s_i^s\right]\left(\ln x_i^t - \ln x_i^s\right)$$

$$+\frac{1}{2}\sum_{i=1}^{2}\left[\frac{w_i^t x_i^t}{p^t y^t} + \frac{w_i^s x_i^s}{p^s y^s}\right]\left(\ln x_i^t - \ln x_i^s\right)$$

$$= -\frac{1}{2}\sum_{i=1}^{2}\left[s_i^s(1-\epsilon^s) + s_i^t(1-\epsilon^t)\right]\left[\ln x_i^t - \ln x_i^s\right]$$

각 시점에 있어 투입물 i의 편요소탄력성을 $e_i = f_i x_i / y$라 할 때 이윤극대화조건 pf_i $= w_i$를 반영하면 규모탄력성은 $\epsilon = \sum_{i=1}^{2} e_i = \sum_{i=1}^{2} w_i x_i / py$이다. $w_i x_i / py = \left\{w_i x_i \sum_{j=1}^{2} w_j x_j\right\}/$ $\left\{py \sum_{j=1}^{2} w_j x_j\right\} = \left(w_i x_i / \sum_{j=1}^{2} w_j x_j\right)\left(\sum_{j=1}^{2} w_j x_j / py\right) = s_i \epsilon$이므로 식 (9.24)의 최종 형태가 도출된다.

생산성변화율 $T\dot{F}P$는 CRS기술을 전제하고 있어 생산규모에 중립적인 반면, 기술변화율 $\dot{T}C$는 반드시 그렇지 않다. 따라서 식 (9.24)에서의 $T\dot{F}P$와 $\dot{T}C$의 격차는 규모효과(scale effect)라 불린다. 즉 [생산성변화율] = [기술변화율 + 규모효과]의 관계가 성립한다. 만약 실제 생산기술이 DRS를 따른다면 ϵ^s와 ϵ^t가 모두 1보다 작다. 이 경우 모든 i에 있어 $\ln x_i^t > \ln x_i^s$라서 시간이 지나면서 생산규모가 늘어난다면, 규모효과는 음(−)이 된다. 이는 생산규모가 커져서 평균생산성이 낮아졌기 때문에 발생하는 생산성 손실을 의미한다. 반대로 IRS가 나타난다면 시간이 지나면서 투입요소 사용량이 늘어날 때 규모효과는 양(+)의 값을 가진다. 물론 CRS의 조건에서는 $\epsilon^s = \epsilon^k = 1$이므로 규모효과는 없고 $T\dot{F}P = \dot{T}C$이다.

이 내용은 〈그림 9−2〉를 통해서도 파악할 수 있다. 그림에서 $f^s(x)$와 $f^t(x)$는 각각 두 시점의 실제 생산함수들이다. 생산기술은 DRS의 특성을 보여준다. 두 시점에서의 투입−산출 선택이 각각 (x^s, y^s)와 (x^t, y^t)였다고 하자. 생산성은 투입대비 산출이므로 두 시점의 총요소생산성은 각각 y^s/x^s와 y^t/x^t이다. 그리고 총요소생산성 변화율은 $TFP_{st} = \dfrac{y^t/x^t}{y^s/x^s}$로서, 이는 원점과 (x^t, y^t)를 잇는 직선 f^{ct}와 원점과 (x^s, y^s)를 잇는 직선 f^{cs}의 기울기 비율과 같다. 두 직선 f^{ct}와 f^{cs}는 각 시점에서 선택된 투입−산출조합을 지나는 CRS 생산함수들이다.

그림 9-2 생산성변화와 기술변화

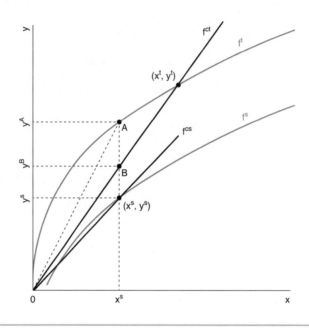

기술변화율은 투입규모는 동일한 상태에서 생산함수가 수직으로 이동한 정도를 나타낸다. 그림에서는 투입요소 사용량을 x^s로 고정시켰을 때 시점 t의 기술로는 f^t상의 점 A에서의 생산량인 y^A까지 생산이 가능하다. 따라서 생산량 y^s에서 y^A로의 이동이 기술변화이다. 생산성변화율도 투입량 x^s에서 평가할 수 있는데, 이는 f^{ct}상의 점 B에서 평가될 때 $TFP_{st} = \dfrac{y^B/x^s}{y^s/x^s} = \dfrac{y^B}{y^s}$로서 $\dfrac{y^t/x^t}{y^s/x^s}$와 동일하다. 즉 생산성변화는 생산량 y^s에서 y^B로의 이동이다. 따라서 x^s에서 평가했을 때, 기술변화는 실제 생산함수가 f^s에서 f^t로 바뀌어 발생하는 생산량 차이이고, 생산성변화는 CRS 생산함수가 f^{cs}에서 f^{ct}로 바뀌어 발생하는 생산량 차이이다. 생산성은 정의상 가로축 변수 x 값과 세로축 변수 y 값의 비율, 즉 CRS형 직선의 기울기이기 때문에 이런 현상이 발생한다.

〈그림 9-2〉에서의 기술변화율을 생산성변화율과 비교할 수 있도록 원점과 점 A를 잇는 직선의 기울기를 이용해 표현하면 $TC_{st} = \dfrac{y^A/x^s}{y^s/x^s} = \dfrac{y^A}{y^s}$와 같으며, $\dfrac{y^B}{y^s}$인 TFP_{st}보다도 크다. $x = x^s$에서의 규모효과는 y^A에서 y^B로의 이동인데, 그 값이 $TFP_{st}/TC_{st} = y^B/y^A$로서 1보다 작다. 이는 DRS의 기술특성이 있는 상태에서 시점 s에서 t로 넘어갈

때 투입요소 사용량이 늘어났고, 따라서 평균생산성이 하락했기 때문이다.[15] 한편, 퇸크비스트지수처럼 로그차분을 취할 경우에는 $x = x^s$에서는 $T\dot{F}P = \ln y^B - \ln y^s$와 같고, $TC = \ln y^A - \ln y^s$와 같으며, 규모효과는 그 차이인 $\ln y^B - \ln y^A$로서 0보다 작다.

실제 생산기술이 IRS의 특성을 따른다면 그에 맞게 생산함수를 〈그림 9-2〉에 다시 그릴 수 있고, 이 경우에는 규모효과가 0보다 크다는 것을 보여줄 수 있다. 그리고 만약 생산기술이 CRS를 따른다면 직선 f^{cs}, f^{ct}가 실제 생산함수를 나타내므로 퇸크비스트 생산성지수는 기술변화율과 일치한다. 즉 $T\dot{F}P = TC = \ln y^B - \ln y^s$가 되며, 규모효과는 0이다.

3. 계량경제모형을 이용한 생산성변화 추정

공리적 기준을 따르든 통합함수로부터 도출하든 퇸크비스트 생산성지수와 같은 지수를 계산하는 방법은 적은 양의 수량 및 가격자료만 있으면 편리하게 생산성변화율을 계측하게 한다. 하지만 지수계산법은 변수 간의 관계에 영향을 미치는 확률적 요인을 감안할 수 없고, 대개 실제 생산기술이 CRS를 따른다고 가정하기 때문에 생산성변화와 기술변화가 동일하게 측정되도록 한다. 이러한 지수계산법을 사용하지 않고 제7장에서 보았던 계량경제기법을 이용해 생산성변화를 추정할 수도 있다. 사실 제7장에서 소개되었던 초월대수 비용함수 추정 사례는 계량경제모형 추정을 통한 기술변화 분석 절차를 이미 보여준 바 있는데, 함수 추정법은 생산기술이 반드시 CRS를 따른다고 가정하지 않으며, 생산성변화의 두 요인인 기술변화와 규모효과를 분리하여 제시한다.

생산성변화 추정작업도 생산함수 등의 원 기술함수를 추정하는 방법과 비용함수 등의 간접목적함수를 추정하는 방법으로 나눌 수 있다.[16] 먼저 생산함수를 추정하되, 다음과 같은 초월대수 생산함수를 추정한다고 하자. 아래 함수는 기술수준 t를 포함하므로 투입물 통합함수가 아닌 생산함수이다.

---

15 t시점의 생산기술인 f^t를 기준으로 하면, 투입요소가 x^s와 x^t일 때 평균생산성은 각각 y^A/x^s와 $y^t/x^t = y^B/x^s$이기 때문에 생산규모 증대로 인한 평균생산성의 변화는 실제로 y^B/y^A가 된다.

16 생산함수 외에 거리함수를 시간변수 t를 포함하여 추정한 후, 기술변화와 생산성변화를 도출할 수도 있다.

$$\ln y = a_0 + \sum_{i=1}^{2} a_i \ln x_i + \frac{1}{2} \sum_{i=1}^{2} \sum_{j=1}^{2} a_{ij} \ln x_i \ln x_j + b_t t + \frac{1}{2} b_{tt} t^2 + t \sum_{i=1}^{2} c_i \ln x_i, \ \ a_{ij} = a_{ji}$$

이 생산함수를 추정하여 파라미터 a_0, a_i, a_{ij}, b_t, b_{tt}, c_i의 값을 얻었다면, 이로부터 생산성변화율을 도출할 수 있다. 생산함수는 시간의 연속적인 함수이므로 다음처럼 로그변환된 형태의 생산함수를 시간에 대해 미분할 수 있다.

$$\dot{y} = \frac{d\ln y}{dt} = \sum_i a_i \frac{d\ln x_i}{dt} + \sum_i \sum_j a_{ij} \ln x_j \frac{d\ln x_i}{dt} + t \sum_i c_i \frac{d\ln x_i}{dt} + b_t + b_{tt} t + \sum_i c_i \ln x_i$$

$$= \sum_i \left(a_i + \sum_j a_{ij} \ln x_j + c_i t \right) \frac{d\ln x_i}{dt} + b_t + b_{tt} t + \sum_i c_i \ln x_i$$

첫 번째 등식 우변의 두 번째 항은 $a_{ij} = a_{ji}$임을 반영하고, 다음 관계로부터 도출한 것이다.

$$\frac{1}{2} \frac{d}{dt} \sum_{i=1}^{2} \sum_{j=1}^{2} a_{ij} z_i z_j = \frac{1}{2} \left[\begin{matrix} 2a_{11} z_1 \dfrac{dz_1}{dt} + a_{12} z_1 \dfrac{dz_2}{dt} + a_{12} z_2 \dfrac{dz_1}{dt} \\ + a_{21} z_1 \dfrac{dz_2}{dt} + a_{21} z_2 \dfrac{dz_1}{dt} + 2a_{22} z_2 \dfrac{dz_2}{dt} \end{matrix} \right]$$

$$= \frac{1}{2} \left[2a_{11} z_1 \frac{dz_1}{dt} + 2a_{12} z_2 \frac{dz_1}{dt} + 2a_{21} z_1 \frac{dz_2}{dt} + 2a_{22} z_2 \frac{dz_2}{dt} \right]$$

또한 우리는 $\dfrac{\partial \ln y}{\partial \ln x_i} = \dfrac{w_i x_i}{py} = \dfrac{c}{py} s_i = a_i + \sum_j a_{ij} \ln x_j + c_i t$임을 알고 있다. 여기에는 이윤극대화 조건 $w_i = p \dfrac{\partial y}{\partial x_i}$가 반영되었다. 그리고 연속적인 시간 변수에서의 디비지아 투입물지수를 사용한다면 $\dot{X} = \sum_j s_j \dot{x}_j$와 같아야 하고, 다음이 도출된다.

$$\dot{y} = \sum_i \frac{c}{py} s_i \frac{d\ln x_i}{dt} + b_t + b_{tt} t + \sum_i c_i \ln x_i = \frac{c}{py} \dot{X} + b_t + b_{tt} t + \sum_i c_i \ln x_i$$

따라서 총요소생산성 변화율은 다음과 같다.

$$\dot{TFP} = \dot{y} - \dot{X} = \left[\left(\frac{\partial \ln c}{\partial \ln y} \right)^{-1} - 1 \right] \dot{X} + b_t + b_{tt} t + \sum_i c_i \ln x_i$$

이 식의 도출에는 이윤극대화 조건은 산출물가격과 한계생산비가 일치함을 요구하고, 따라서 $p = \dfrac{\partial c}{\partial y}$ 임이 반영되었다.

만약 생산기술이 CRS의 특성을 가진다면 $c = py$ 이고 $\dfrac{\partial \ln c}{\partial \ln y} = 1$ 이므로 $\dot{TFP} = b_t + b_{tt}t + \sum_i c_i \ln x_i$ 와 같이 추정된다. 추정된 파라미터 b_t, b_{tt}, c_i 와 자료 값 $\ln x_i$ 를 반영해 매 관측치에서의 총요소생산성 변화율을 구할 수 있다. $f(\cdot)$ 를 생산함수라 하면, 이때 $\dot{TFP} = \dfrac{\partial \ln f}{\partial t} = TC$ 로서, 생산함수의 수직적 이동, 즉 기술변화가 곧 생산성변화이다.

반면 CRS가 성립하지 않으면 $\left[\left(\dfrac{\partial \ln c}{\partial \ln y} \right)^{-1} - 1 \right] \dot{X}$ 는 없어지지 않고, 이 항이 규모효과 (scale effect)에 의한 생산성변화를 나타낸다. 이때문에 이제는 총요소생산성의 변화율은 생산함수의 수직적 이동인 $\dfrac{\partial \ln f}{\partial t}$ 와 일치하지 않는다. 이 경우 [생산성변화 = 기술변화 + 규모효과]로 생산성변화에 영향을 미치는 요인이 두 가지로 분리된다.

규모경제탄력성 $\left(\dfrac{\partial \ln c}{\partial \ln y} \right)^{-1}$ 의 값은 비용함수를 추정하지 않는 한 알 수가 없지만, 제4장에서 본 바와 같이 최적의 투입물 선택에서는 규모경제탄력성이 규모탄력성과 동일함을 활용할 수 있다. 예를 들면, $\sum_i a_{ij} = \sum_i c_i = 0$ 의 제약을 가하면 $\sum_{i=1}^{2} a_i$ 가 초월대수 생산함수의 규모탄력성을 나타내므로 이를 규모경제탄력성 대신 사용하여 총요소생산성 변화율을 도출하면 된다.

이제 비용함수 추정법을 살펴보자. 여기에서는 특정 함수형태를 가정하지 않고 $c(w_1, w_2, y, t)$ 와 같은 비용함수를 검토하자. 식 (9.3)은 비용함수를 로그변환한 후 시간에 대해 미분한 결과를 보여주었다. 또한 실제 비용지출액 $c = \sum_{i=1}^{2} w_i x_i$ 를 역시 로그변환한 후 시간에 대해 미분하면 다음을 얻는다.

$$\frac{d \ln c}{dt} = \sum_i s_i \frac{d \ln w_i}{dt} + \sum_i s_i \frac{d \ln x_i}{dt}$$

이를 식 (9.3)에 대입하면 다음을 얻는다.

$$\sum_i s_i \frac{d \ln x_i}{dt} = \frac{\partial \ln c}{\partial \ln y} \frac{d \ln y}{dt} + \frac{\partial \ln c}{\partial t}$$

총요소생산성 변화율은 $\dot{TFP} = \dfrac{d \ln y}{dt} - \sum_i s_i \dfrac{d \ln x_i}{dt}$ 이므로, 위의 내용을 이에 대입하면 다음이 도출된다.

$$(9.25) \qquad \dot{TFP} = \frac{d\ln y}{dt} - \frac{\partial \ln c}{\partial \ln y}\frac{d\ln y}{dt} - \frac{\partial \ln c}{\partial t}$$

$$= \left[1 - \frac{\partial \ln c}{\partial \ln y}\right]\frac{d\ln y}{dt} - \frac{\partial \ln c}{\partial t}$$

여기에서도 생산성변화율은 비용함수의 수직 이동인 기술변화 $-\frac{\partial \ln c}{\partial t}$와 규모효과 $\left[1 - \frac{\partial \ln c}{\partial \ln y}\right]\frac{d\ln y}{dt}$로 분리된다. 생산기술이 CRS를 보일 경우에만 $\dot{TFP} = -\frac{\partial \ln c}{\partial t}$로서, 비용함수의 수직 이동 폭과 같고, 이 경우 [생산성변화율＝기술변화율]의 관계가 성립한다. 하지만 IRS가 성립해 $\frac{\partial \ln c}{\partial \ln y} < 1$인 상황에서는 생산량이 늘어나서 $\frac{d\ln y}{dt} > 0$이면 생산성변화율은 기술변화율보다도 더 크다. 반대로 DRS가 성립해 $\frac{\partial \ln c}{\partial \ln y} > 1$인 상황에서는 시간이 지나며 생산량이 늘어나면 생산성변화율은 기술변화의 효과보다도 더 작아진다.

이상 살펴본 바와 같이 생산함수나 비용함수를 통계적으로 추정하면 생산성변화의 요인으로서의 기술변화효과와 규모효과를 명시적으로 구분해서 도출할 수 있다. 규모수익성의 존재가 생산성변화율과 기술변화율 간의 관계에 미치는 영향을 다시 한 번 정리하면, 첫째, IRS나 DRS가 존재하면 식 (9.5)가 보여준 바와 같이 $\frac{\partial \ln f}{\partial t} \neq -\frac{\partial \ln c}{\partial t}$가 되어, 기술변화율 자체가 생산함수를 통해 정의할 때와 비용함수를 통해 정의할 때 서로 달라진다. 둘째, $\frac{\partial \ln f}{\partial t} \neq \dot{TFP}$가 되어 생산함수를 통해 정의되는 기술변화는 생산성변화와 일치하지 않는다. 셋째, $-\frac{\partial \ln c}{\partial t} \neq \dot{TFP}$가 되어, 비용함수를 통해 정의되는 기술변화도 생산성변화와 일치하지 않는다. 이 모든 차이는 규모효과가 개입되어 나타나며, 따라서 CRS의 조건이 형성될 경우에만 $\frac{\partial \ln f}{\partial t} = -\frac{\partial \ln c}{\partial t} = \dot{TFP}$의 관계가 성립한다.

한편, 생산성변화는 기술변화와 규모효과 외의 요인들에 의해서도 발생할 수 있다. 이를 감안해 비용함수를 $c(w_1, w_2, y, t, R)$처럼 설정해보자. R이 생산성에 영향을 미치는 추가요인인데, 발전소가 대기오염물질 배출을 줄이도록 도입된 규제수준일 수 있고 (Gollop and Roberts, 1983),[17] 생산성에 영향을 미치는 기후변수일 수 있으며(Kwon et al., 2022),[18] R&D투자로 축적된 지적스톡(knowledge stock)일 수도 있다(권오상 외,

---

[17] Gollop, F. M. and M. J. Roberts, 1983, "Environmental Regulations and Productivity Growth: The Case of Fossil−fueled Electric Power Generation," *Journal of Political Economy* 91, pp. 654−674.

[18] Kwon, O. S., H. J. Shin, and J. Shim, 2022, "The Impacts of Climate Variables on Korean

2018).[19] 위에서 도입된 절차를 적용하여 다음이 성립함을 확인해보기 바란다.

$$(9.26) \qquad \dot{TFP} = \left[1 - \frac{\partial \ln c}{\partial \ln y} \right] \frac{d \ln y}{dt} - \frac{\partial \ln c}{\partial t} - \frac{\partial \ln c}{\partial R} \frac{dR}{dt}$$

마지막 항이 규제강화, 기후변화, 혹은 지적스톡변화로 인해 발생한 생산성변화이다. 비용함수 $c(w_1, w_2, y, t, R)$를 추정할 수 있으면, 이에 따라 [생산성변화율＝규모효과＋기술변화효과＋추가요인효과]로 요인분해가 가능하다.

4. 생산자 수익의 변화 분석

생산성변화를 분석할 수 있는 지수분석법은 생산경제학의 다양한 관심분야로 확장 적용될 수 있다. 그 중 하나가 생산자들이 특정 기간 동안 어느 정도의 수익증대를 얻었으며, 그 요인이 무엇인지를 파악하는 것이다. 즉 이번에는 생산성변화가 직접적인 관심이 아니라 이윤의 변화를 구하고자 한다. 그리고 생산성변화는 이윤변화의 한 원인으로 반영될 수 있다. 특정 기간 동안 투입물 사용량, 산출량, 투입물과 산출물의 가격, 그리고 생산성 등이 모두 변했으므로 이들 요인들이 최종적으로 이윤변화에 기여한 바를 지수형식으로 도출할 수 있다.

두 시점 s와 t에 있어 이윤변화를 다음과 같이 정의하자.[20]

$$(9.27) \qquad \pi^t - \pi^s = \left[\sum_j p_j^t y_j^t - \sum_i w_i^t x_i^t \right] - \left[\sum_j p_j^s y_j^s - \sum_i w_i^s x_i^s \right]$$

$$= \left[\sum_j \bar{p}_j (y_j^t - y_j^s) - \sum_i \bar{w}_i (x_i^t - x_i^s) \right] \qquad \text{(수량효과)}$$

$$+ \left[\sum_j \bar{y}_j (p_j^t - p_j^s) - \sum_i \bar{x}_i (w_i^t - w_i^s) \right] \qquad \text{(가격효과)}$$

단, $\bar{a} - \frac{1}{2}(a^s + a^t)$, $a \in \{p, w, y, x\}$

Agricultural Productivity: A Dual Approach," A Paper Presented at the 11th Congress of Asian Association of Environmental and Resource Economics, Ho Chi Minh City, Vietnam.

19 권오상·반경훈·허정회, 2018, "농업부문 연구개발투자가 농가유형별 소득에 미치는 영향," 『농촌경제』 41(2), pp. 1-33.

20 한편, 두 시점 간 판매수입과 생산비의 비율, 즉 수익성(profitability)의 변화도 아래와 유사한 방법을 통해 지수형태로 도출할 수 있다.

식 (9.27)의 $\bar{p}_j = \dfrac{p_j^s + p_j^t}{2}$ 처럼 두 시점 변수 값의 평균이 가중치로 사용되어 이윤변화 $\pi^t - \pi^s$가 수량효과와 가격효과로 분리된다. 수량효과는 산출물과 투입물의 동일 가격지수를 각각 사용했을 때 두 기간 동안 발생한 생산량 증가분의 가치에서 투입요소 사용량 증가분의 가치를 빼준 것으로서, 가격이 고정되었을 때 투입물 증가분에 비해 산출량 증가분이 얼마나 더 커 이윤이 늘었는지를 보여준다. 반면 가격효과는 산출량과 투입물 사용량이 두 기간의 평균값에 각각 고정되었을 때 산출물가격의 증가가 투입물 가격의 증가에 비해 얼마나 더 커 이윤이 증가했는지를 나타낸다.

식 (9.27)의 수량효과와 가격효과에서 각각 고정된 가격과 수량은 두 시점 가격과 수량의 평균이기 때문에 라스페이레스지수와 파쉐지수의 산술평균이라 할 수 있다. 이렇게 이들 두 지수의 산술평균을 취한 것을 베넷(Bennet)지수라 부르며, 두 지수의 기하평균인 피셔지수와 구분된다.[21] 이 지수는 라스페이레스지수나 파쉐지수처럼 기준 가격이나 수량을 특정 연도에 고정시켜야하는 문제를 갖지 않는다.

아울러 수량효과는 다시 순수한 생산성변화에 따른 효과와 생산규모의 효과로 분리할 수 있다. 여기에서 생산성효과는 앞에서 논의한 대로 투입물 대비 산출이 변해서 이윤에 미치는 영향이다. 생산규모효과는 산출물가격 조건이 투입물가격에 비해 좋아 생산단위당 양($+$)의 수익을 내고 있을 때에는 산출량을 늘릴 때 이윤이 늘어나고, 그 반대의 경우에는 이윤이 감소하는 효과이다.

따라서 순수한 생산성변화효과만을 도출하려면, 수량효과에서 생산규모효과가 발생하지 않도록 해야 하는데, 기준연도 s에서의 이윤이 0이면 생산규모효과는 발생하지 않는다. 즉 베넷가격으로 평가한 s시점의 이윤이 $\bar{\pi}^s = \sum_j \bar{p}_j y_j^s - \sum_i \bar{w}_i x_i^s = 0$처럼 0이어야 한다. 이를 반영하면 다음의 생산성효과가 도출된다.

$$(9.28) \quad \sum_j \bar{p}_j(y_j^t - y_j^s) - \sum_i \bar{w}_i(x_i^t - x_i^s) = \sum_j \bar{p}_j y_j^t - \sum_i \bar{w}_i x_i^t$$

$$= \sum_i \bar{w}_i x_i^t \left[\frac{\sum_j \bar{p}_j y_j^t}{\sum_j \bar{p}_j y_j^s} \frac{\sum_i \bar{w}_i x_i^s}{\sum_i \bar{w}_i x_i^t} - 1 \right] \quad (\because \sum_j \bar{p}_j y_j^s = \sum_i \bar{w}_i x_i^s)$$

$$= \sum_i \bar{w}_i x_i^t \left[\frac{Y_B}{X_B} - 1 \right], \quad Y_B = \sum_j \bar{p}_j y_j^t / \sum_j \bar{p}_j y_j^s, \quad X_B = \sum_i \bar{w}_i x_i^t / \sum_i \bar{w}_i x_i^s$$

---

21 라스페이레스지수(É. Laspeyres), 파쉐지수(H. Paasche), 디비지아지수(F. Divisia), 뙨크비스트지수 (L. Törnqvist), 피셔지수(I. Fisher), 베넷지수(T. Bennet)는 모두 해당 지수개발의 단초를 제공한 통계학자나 경제학자의 이름을 딴 지수들이다.

식 (9.28)에서 Y_B는 베넷 산출물 수량지수이고, X_B는 베넷 투입물 수량지수이다. 각기 베넷 산출물가격과 베넷 투입물가격을 가중치로 하여 두 시점 간에 있어서의 수량증가율을 보여준다. $Y_B > X_B$일 경우 투입물에 비해 산출물의 증가율이 더 높았기 때문에 생산성변화효과에 의해 이윤은 증가하게 된다.

이어서 생산규모효과를 도출하려면, 기준 시점 s의 이윤을 0이 아니라 실제 이윤 $\bar{\pi}^s$로 되돌려야 한다. 그렇게 하면 수량효과와 생산성효과는 일치하지 않게 되며, 그 차이가 규모효과이다. 규모효과를 Z라 하면, 식 (9.27)에서의 수량효과와 식 (9.28)의 생산성효과를 반영하여 다음을 얻는다.

$$\sum_i \bar{w}_i x_i^t \left[\frac{Y_B}{X_B} - 1 \right] + Z = \sum_j \bar{p}_j y_j^t - \sum_i \bar{w}_i x_i^t - \bar{\pi}^s$$

이를 Z에 대해 풀면 다음이 도출된다.

$$Z = \sum_j \bar{p}_j y_j^t - \sum_i \bar{w}_i x_i^t - \bar{\pi}^s - \sum_i \bar{w}_i x_i^t \left[\frac{\sum_j \bar{p}_j y_j^t}{\sum_j \bar{p}_j y_j^s} \frac{\sum_i \bar{w}_i x_i^s}{\sum_i \bar{w}_i x_i^t} - 1 \right]$$

$$= \bar{\pi}^s [Y_B - 1] = \left[\sum_j \bar{p}_j y_j^s - \sum_i \bar{w}_i x_i^s \right] [Y_B - 1]$$

기준연도 s에 이윤을 얻고 있었으면, 즉 $\bar{\pi}^s > 0$이었으면 Y_B가 1보다 커서 산출을 늘리면 규모효과에 의해 이윤은 증가하고 그 반대의 경우는 감소한다. 이상을 종합하면 이윤변화 $(\pi^t - \pi^s)$는 다음 세 가지 효과로 분해된다.

- 생산성효과: $\sum_i \bar{w}_i x_i^t \left[\dfrac{Y_B}{X_B} - 1 \right]$
- 규모효과: $\left[\sum_j \bar{p}_j y_j^s - \sum_i \bar{w}_i x_i^s \right] [Y_B - 1]$
- 가격효과: $\left[\sum_j \bar{y}_j (p_j^t - p_j^s) - \sum_i \bar{x}_i (w_i^t - w_i^s) \right]$

사례로서, 식 (9.26) 관련 연구로 소개되었던 권오상 외(2018)는 한국 농업에 있어 R&D 투자에 따른 지식스톡 증가가 농가유형별로 소득변화에 기여한 바를 도출하였다. 이를 위해 R&D에 따른 지식스톡을 설명변수 R로 포함하는 비용함수를 추정한 후 식

(9.26)처럼 생산성이 높아지는 효과를 도출하고, 또한 R&D의 요소편향성까지 추정하여 Y_B와 X_B에 반영하였다. 그리고 R&D로 인한 산출물과 투입물의 가격변화까지 도출한 후, R&D에 따른 생산성효과, 규모효과, 가격효과가 각각 농가유형별 소득변화에 어떤 기여를 했는지를 분석하였다.

SECTION 03 거리함수와 생산성변화

제2절에서 정의되고 측정된 생산성은 기본적으로 총생산량과 총투입량의 비율이었다. 분자인 총생산량의 변화율이 분모인 총투입량의 변화율보다 얼마나 더 큰지에 따라서 생산성변화율이 결정된다. 이에 대한 실증분석은 총산출과 총투입을 도출하는 통합함수를 직접 분석하기보다는 관측되는 수량과 가격자료를 이용해 퇸크비스트지수와 같은 지수를 계산하거나, 아니면 기술수준도 고정투입요소로 포함하는 생산함수나 비용함수를 추정하는 방법을 통해 이루어진다는 것을 보였다.

생산성분석을 위한 또 다른 접근법은 거리함수를 산출물과 투입물의 통합함수로 활용하는 방법이다. 이 방법을 사용하면 거리함수의 특성상 다수 품목을 생산하는 경우로 생산성분석을 쉽게 확장할 수 있으며, 다수 품목을 생산하는 동일 생산자의 서로 다른 시점 간 생산성비교는 물론, 동일 시점의 서로 다른 생산자 간의 생산성비교도 가능하다. 거리함수를 도입하면 생산성변화율은 지수공식이나 함수추정, DEA분석 등 다양한 방법을 이용해 도출할 수 있다. 그리고 생산성변화를 기술변화와 효율성변화 등의 여러 요인으로 분해하는 것도 가능하기 때문에 거리함수 분석법은 현재 생산성변화 분석에서 가장 많이 사용되는 방법이다.

그러나 거리함수를 통합함수로 활용하는 방법은 유일하지가 않다. 크게 맘퀴스트지수(Malmquist index)와 힉스−무어스틴지수(Hicks-Moorsteen index)를 각각 이용하는 두 가지 분석법으로 나눌 수 있지만, 이들 외에도 여러 변형된 분석법이 있다. 맘퀴스트지수는 산출물거리함수와 투입물거리함수 중 하나만을 통합함수로 사용하며, 산출물과 투입물 중 한 가지는 고정시킨 채 생산성변화를 분석하는 반면, 힉스−무어스틴지수는 두 가지 거리함수를 모두 통합함수로 이용하고, 총산출과 총투입의 변화율 차이로부터 생산성변화율을 도출하는 전통적인 분석법을 유지한다는 특성 차이가 있다.

1. 맘퀴스트지수

먼저 생산의 기술적 비효율성은 없고, 항상 기술집합의 경계에서 생산이 이루어진다고 하자. 변수표기를 가능한 한 간단히 하기 위해 $M = 2$, $N = 1$을 가정한다. 하지만 이하 모든 결과는 다수 투입물의 경우로 확장할 수 있다. 맘퀴스트 생산성지수는 산출물을 기준으로 정의할 수도 있고 투입물을 기준으로 정의할 수도 있다. 산출물을 기준으로 정의하기 위해 다음과 같은 두 가지 지수를 고려하자.[22]

$$(9.29a) \quad M_o^s = \frac{D_o^s(x^t, y_1^t, y_2^t)}{D_o^s(x^s, y_1^s, y_2^s)} = D_o^s(x^t, y_1^t, y_2^t) \ (D_o^s(x^s, y_1^s, y_2^s) = 1 \text{일 때})$$

$$(9.29b) \quad M_o^t = \frac{D_o^t(x^t, y_1^t, y_2^t)}{D_o^t(x^s, y_1^s, y_2^s)} = \frac{1}{D_o^t(x^s, y_1^s, y_2^s)} \ (D_o^t(x^t, y_1^t, y_2^t) = 1 \text{일 때})$$

M_o^s와 M_o^t는 각각 시점 s와 t에서의 산출물기준 맘퀴스트 생산성지수라 불린다. 식 (9.29)에서의 거리함수의 상첨자는 모두 어느 시점의 기술조건에서의 거리함수인지를 나타내며, 괄호 속의 투입물과 산출물은 어느 시점에서의 투입물과 산출물인지를 나타낸다. 예를 들어 $Y^s(x)$가 시점 s에서의 기술수준을 반영하는 산출물집합이라면, $D_o^s(x^s, y_1^s, y_2^s)$와 $D_o^s(x^t, y_1^t, y_2^t)$는 각각 다음을 의미한다.

$$D_o^s(x^s, y_1^s, y_2^s) = \min\left\{\theta : (y_1^s/\theta, y_2^s/\theta) \in Y^s(x^s)\right\}$$
$$D_o^s(x^t, y_1^t, y_2^t) = \min\left\{\theta : (y_1^t/\theta, y_2^t/\theta) \in Y^s(x^t)\right\}$$

마찬가지 방법으로 $D_o^t(x^s, y_1^s, y_2^s)$와 $D_o^t(x^t, y_1^t, y_2^t)$를 정의할 수 있다. 맘퀴스트지수에서는 거리함수를 통합함수로 사용하되, 이처럼 함수 형태 자체가 시점별로 달라지는 것을 허용한다. $D_o^s(x^t, y_1^t, y_2^t)$와 $D_o^t(x^s, y_1^s, y_2^s)$는 기술수준을 나타내는 시점과 거리함수 값이 평가되는 투입-산출물조합의 시점이 서로 다르다는 특징을 가진다.

각 시점의 실제 생산이 효율적이라면 $D_o^s(x^s, y_1^s, y_2^s) = D_o^t(x^t, y_1^t, y_2^t) = 1$이다. 즉 (y_1^s, y_2^s)

---

22 맘퀴스트지수는 스웨덴 학자 S. Malmquist의 이름이 붙여진 것이지만, 이 지수를 현재처럼 광범위하게 사용하게 된 계기는 저자들 이름 머리글자를 따 흔히 CCD라 부르는 다음 논문의 발간이었다: Caves, D. W., L. R. Christensen, and E. W. Diewert, 1982. "The Economic Theory of Index Numbers and the Measurement of Input, Output, and Productivity," *Econometrica* 50, pp. 1393–1414.

와 (y_1^t, y_2^t)는 각각 집합 $Y^s(x^s)$와 $Y^t(x^t)$에 속하되, 집합 내부가 아닌 경계에 놓여있다. 그런데 s와 t 사이 생산성이 높아졌다는 것은 동일 투입물로 생산할 수 있는 능력이 커져 $Y^s(x) \subset Y^t(x)$임을 의미한다. $M_o^s = D_o^s(x^t, y_1^t, y_2^t)$는 시점 t의 생산자료 (x^t, y_1^t, y_2^t)가 시점 s에 관측되었다면 그 투입량을 유지하면서 산출물량을 얼마나 비례적으로 바꿀 수 있는지를 나타낸다. 생산성이 높아졌다면 (x^t, y_1^t, y_2^t)는 시점 s 기술로는 불가능한 조합이기 때문에 $(y_1^t, y_2^t) \not\subset Y^s(x^t)$이고, $M_o^s = D_o^s(x^t, y_1^t, y_2^t) > 1$이 된다. 또한 $M_o^t = \dfrac{1}{D_o^t(x^s, y_1^s, y_2^s)}$는 시점 s의 생산자료 (x^s, y_1^s, y_2^s)가 시점 t에 관측된다면 그 투입량을 유지하면서 산출물량을 얼마나 비례적으로 바꿀 수 있는지를 나타낸다. 생산성 증대가 있으면 (y_1^s, y_2^s)는 집합 $Y^t(x^s)$의 경계가 아닌 내부에 있게 된다. 따라서 $D_o^t(x^s, y_1^s, y_2^s) < 1$이고 $M_o^t = \dfrac{1}{D_o^t(x^s, y_1^s, y_2^s)} > 1$이 된다.

연습문제 9.5 (9.29a)와 (9.29b)의 두 지수가 동일한 생산성변화율을 보이려면 산출물거리함수가 어떤 특성을 지녀야할지를 생각해보라.

식 (9.29)의 두 지수는 어느 시점의 기술을 기준 기술로 보느냐에 있어 차이가 있으므로 다음과 같이 이 두 지수의 기하평균을 취할 수 있고, 이렇게 도출된 지수를 산출물을 기준으로 한 맘퀴스트 생산성지수(Malmquist productivity index)라 부른다.

$$
(9.30) \quad M_o(x^s, x^t, y_1^s, y_1^t, y_2^s, y_2^t) = \sqrt{\begin{array}{l} M_o^s(x^s, x^t, y_1^s, y_1^t, y_2^s, y_2^t) \\ \times M_o^t(x^s, x^t, y_1^s, y_1^t, y_2^s, y_2^t) \end{array}}
$$

$$
= \sqrt{\frac{D_o^s(x^t, y_1^t, y_2^t)}{D_o^s(x^s, y_1^s, y_2^s)} \times \frac{D_o^t(x^t, y_1^t, y_2^t)}{D_o^t(x^s, y_1^s, y_2^s)}}
$$

각 시점에서의 생산이 항상 기술집합 경계에서 이루어지면 $M_o(x^s, x^t, y_1^s, y_1^t, y_2^s, y_2^t)$ $= \sqrt{\dfrac{D_o^s(x^t, y_1^t, y_2^t)}{D_o^t(x^s, y_1^s, y_2^s)}}$ 으로 표기할 수도 있다.

마찬가지로 투입물거리함수를 이용해서 투입물기준 맘퀴스트 생산성지수를 다음처럼 정의할 수도 있다.

$$(9.31) \quad M_i(x^s, x^t, y_1^s, y_1^t, y_2^s, y_2^t) = \sqrt{\begin{aligned} & M_i^s(x^s, x^t, y_1^s, y_1^t, y_2^s, y_2^t) \\ & \times M_i^t(x^s, x^t, y_1^s, y_1^t, y_2^s, y_2^t) \end{aligned}}$$

$$= \sqrt{\frac{D_i^s(x^s, y_1^s, y_2^s)}{D_i^s(x^t, y_1^t, y_2^t)} \times \frac{D_i^t(x^s, y_1^s, y_2^s)}{D_i^t(x^t, y_1^t, y_2^t)}}$$

역시 생산의 기술효율성이 항상 충족되면 $M_i(x^s, x^t, y_1^s, y_1^t, y_2^s, y_2^t) = \sqrt{\dfrac{D_i^t(x^s, y_1^s, y_2^s)}{D_i^s(x^t, y_1^t, y_2^t)}}$ 와 같이 표현해도 된다.

연습문제 9.6 식 (9.30)의 $M_o(x^s, x^t, y_1^s, y_1^t, y_2^s, y_2^t)$와 식 (9.31)의 $M_i(x^s, x^t, y_1^s, y_1^t, y_2^s, y_2^t)$가 동일한 값을 가지려면 어떤 조건이 필요할까?

〈그림 9-3〉은 두 시점 s와 t에 있어 두 생산점 (x^s, y^s), (x^t, y^t)와, 생산함수 f^s 및 f^t를 보여준다. 생산기술은 CRS임을 가정하고 있는데, 그 이유는 아래에서 다시 설명된다. 산출물을 기준으로 생산성변화율을 도출하면 어느 시점을 기준 시점으로 하느냐에 따라서 다음의 두 지표 중 하나가 도출된다.

$$M_o^s = \frac{D_o^s(x^t, y_1^t, y_2^t)}{D_o^s(x^s, y_1^s, y_2^s)} = D_o^s(x^t, y_1^t, y_2^t) = \frac{0d}{0c}$$

$$M_o^t = \frac{D_o^t(x^t, y_1^t, y_2^t)}{D_o^t(x^s, y_1^s, y_2^s)} = \frac{1}{D_o^t(x^s, y_1^s, y_2^s)} = \frac{0b}{0a}$$

이들 두 지수는 따라서 (x^t, y^t)는 f^s로부터 얼마나 떨어져 있고, (x^s, y^s)는 f^t로부터 얼마나 떨어져 있는지를 각각 측정해 생산성변화율로 간주하되, 기준시점의 생산경계와 비교시점의 생산점 간의 수직적 격차만을 검토할 뿐 두 생산점 간의 수평적 격차, 즉 투입물의 변화율은 명시적으로 감안하지 않는다. 따라서 맘퀴스트지수는 [총산출의 증가율-총투입의 증가율] 혹은 [t시점의 생산성/s시점의 생산성]이라는 전통적인 총요소생산성지수의 형태를 사실 가지고 있지 않으며, 〈그림 9-3〉이 보여주듯이 생산경계가 시간이 지나며 이동한 정도를 보여주는 일종의 기술변화라 할 수 있다.

그림 9-3 맘퀴스트 생산성지수

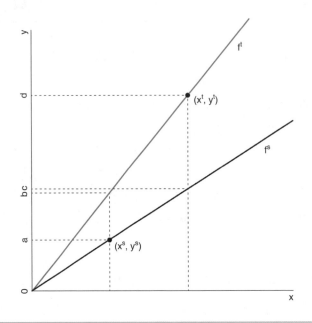

하지만 맘퀴스트지수가 총요소생산성 변화율의 형태를 가지게 될 때도 있는데, 이는 생산기술이 〈그림 9−3〉처럼 CRS의 특성을 가질 때이다. CRS가정하에서는 다음이 성립한다.

$$M_o^s = \frac{D_o^s(1,1)y^t/x^t}{D_o^s(1,1)y^s/x^s} = \frac{y^t/x^t}{y^s/x^s}$$

위 표현은 먼저 산출물거리함수는 산출물에 대해 선형동차이므로 $D_o^s(x^t, y^t) = D_o^s(x^t, 1)y^t$임을 반영하고, 이어서 CRS가정하에서는 산출물거리함수는 투입물의 −1차 동차이므로 $D_o^s(x^t, 1)y^t = D_o^s(1,1)y^t/x^t$이기 때문에 성립한다(제3장의 연습문제 3.5 참조). 따라서 CRS가정하에서는 산출물거리함수만을 이용하는 맘퀴스트지수가 두 시점의 생산성의 비율을 나타내는 전형적인 총요소생산성지수의 형식을 갖추게 된다. 이런 이유로 인해 〈그림 9−3〉은 CRS 생산기술을 가정하고 있다.

비교적 풍부한 자료가 주어지면 식 (9.30)의 거리함수들을 계량경제학 기법을 이용해 추정하고, 이를 이용해 맘퀴스트 생산성지수를 도출할 수 있다. 그러나 충분한 양의 시계열자료가 축적되지 못했다면 지수계산법을 이용해 M_o를 구해야 할 것이다. 산출물 거리함수를 로그변환한 것을 다음과 같이 나타내자.

(9.32)
$$\ln D_o^k(x,y_1,y_2) = a_0^k + b_1^k \ln x + \sum_{i=1}^{2} a_i^k \ln y_i + \frac{1}{2} \sum_{i=1}^{2} \sum_{j=1}^{2} a_{ij}^k \ln y_i \ln y_j$$
$$+ \frac{1}{2} b_2^k \ln x^2 + \sum_{i=1}^{2} c_i^k \ln y_i \ln x,$$
$$a_{ij}^k = a_{ji}^k, \ \sum_{i=1}^{2} a_i^k = 1, \ \sum_{i=1}^{2} a_{ij}^k = 0, \ \sum_{i=1}^{2} c_i^k = 0, \ k = s, t$$

또한 $a_{ij}^s = a_{ij}^t$, $b_2^s = b_2^t$, $c_i^s = c_i^t$여서, 로그변환 변수의 2차 항의 파라미터는 시간이 지나도 달라지지 않는다고 가정하자. 2차 근사 보조정리에 의해 다음이 확인된다.

$$\ln M_o^s = \ln D_o^s(x^t, y_1^t, y_2^t) - \ln D_o^s(x^s, y_1^s, y_2^s)$$
$$= \frac{1}{2} \sum_{i=1}^{2} \left[\frac{\partial \ln D_o^s(x^t, y_1^t, y_2^t)}{\partial \ln y_i^t} + \frac{\partial \ln D_o^s(x^s, y_1^s, y_2^s)}{\partial \ln y_i^s} \right] \left[\ln y_i^t - \ln y_i^s \right]$$
$$+ \frac{1}{2} \left[\frac{\partial \ln D_o^s(x^t, y_1^t, y_2^t)}{\partial \ln x^t} + \frac{\partial \ln D_o^s(x^s, y_1^s, y_2^s)}{\partial \ln x^s} \right] \left[\ln x^t - \ln x^s \right]$$

$$\ln M_o^t = \ln D_o^t(x^t, y_1^t, y_2^t) - \ln D_o^t(x^s, y_1^s, y_2^s)$$
$$= \frac{1}{2} \sum_{i=1}^{2} \left[\frac{\partial \ln D_o^t(x^t, y_1^t, y_2^t)}{\partial \ln y_i^t} + \frac{\partial \ln D_o^t(x^s, y_1^s, y_2^s)}{\partial \ln y_i^s} \right] \left[\ln y_i^t - \ln y_i^s \right]$$
$$+ \frac{1}{2} \left[\frac{\partial \ln D_o^t(x^t, y_1^t, y_2^t)}{\partial \ln x^t} + \frac{\partial \ln D_o^t(x^s, y_1^s, y_2^s)}{\partial \ln x^s} \right] \left[\ln x^t - \ln x^s \right]$$

이를 반영해 $\ln M_o^s + \ln M_o^t$를 다음처럼 분해할 수 있다.

$$\ln M_o^s + \ln M_o^t = \sum_{i=1}^{2} \left[\frac{\partial \ln D_o^t(x^t, y_1^t, y_2^t)}{\partial \ln y_i^t} + \frac{\partial \ln D_o^s(x^s, y_1^s, y_2^s)}{\partial \ln y_i^s} \right] \left[\ln y_i^t - \ln y_i^s \right]$$
$$+ \frac{1}{2} \sum_{i=1}^{2} \left[\frac{\partial \ln D_o^t(x^s, y_1^s, y_2^s)}{\partial \ln y_i^s} - \frac{\partial \ln D_o^t(x^t, y_1^t, y_2^t)}{\partial \ln y_i^t} \right. $$
$$\left. + \frac{\partial \ln D_o^s(x^t, y_1^t, y_2^t)}{\partial \ln y_i^t} - \frac{\partial \ln D_o^s(x^s, y_1^s, y_2^s)}{\partial \ln y_i^s} \right] \left[\ln y_i^t - \ln y_i^s \right]$$

$$+ \left[\frac{\partial \ln D_o^t(x^t, y_1^t, y_2^t)}{\partial \ln x^t} + \frac{\partial \ln D_o^s(x^s, y_1^s, y_2^s)}{\partial \ln x^s} \right] \left[\ln x^t - \ln x^s \right]$$

$$+ \frac{1}{2} \left[\begin{array}{c} \dfrac{\partial \ln D_o^t(x^s, y_1^s, y_2^s)}{\partial \ln x^s} - \dfrac{\partial \ln D_o^t(x^t, y_1^t, y_2^t)}{\partial \ln x^t} \\ + \dfrac{\partial \ln D_o^s(x^t, y_1^t, y_2^t)}{\partial \ln x^t} - \dfrac{\partial \ln D_o^s(x^s, y_1^s, y_2^s)}{\partial \ln x^s} \end{array} \right] \left[\ln x^t - \ln x^s \right]$$

그런데 $a_{ij}^s = a_{ij}^t$, $b_2^s = b_2^t$, $c_i^s = c_i^t$이므로 네 개의 항을 가진 두 가지 중괄호 속의 표현 중 첫 번째를 보면 다음이 성립한다.

$$\frac{\partial \ln D_o^t(x^s, y_1^s, y_2^s)}{\partial \ln y_i^s} - \frac{\partial \ln D_o^t(x^t, y_1^t, y_2^t)}{\partial \ln y_i^t} + \frac{\partial \ln D_o^s(x^t, y_1^t, y_2^t)}{\partial \ln y_i^t} - \frac{\partial \ln D_o^s(x^s, y_1^s, y_2^s)}{\partial \ln y_i^s}$$

$$= \left(a_i^t + \sum_{j=1}^{2} a_{ij}^t \ln y_j^s + c_i^t \ln x^s \right) - \left(a_i^t + \sum_{j=1}^{2} a_{ij}^t \ln y_j^t + c_i^t \ln x^t \right)$$

$$+ \left(a_i^s + \sum_{j=1}^{2} a_{ij}^s \ln y_j^t + c_i^s \ln x^t \right) - \left(a_i^s + \sum_{i=j}^{2} a_{ij}^s \ln y_j^s + c_i^s \ln x^s \right) = 0$$

네 개의 항을 가진 두 번째 중괄호 속의 표현 역시 0이 되므로, 맘퀴스트 생산성지수는 다음처럼 정리된다.

$$\ln M_o = \frac{1}{2} \ln M_o^s + \frac{1}{2} \ln M_o^t$$

$$= \frac{1}{2} \sum_{i=1}^{2} \left[\frac{\partial \ln D_o^s}{\partial \ln y_i^s} + \frac{\partial \ln D_o^t}{\partial \ln y_i^t} \right] \left[\ln y_i^t - \ln y_i^s \right] + \frac{1}{2} \left[\frac{\partial \ln D_o^s}{\partial \ln x^s} + \frac{\partial \ln D_o^t}{\partial \ln x^t} \right] \left[\ln x^t - \ln x^s \right]$$

제3장 식 (3.15)에 의하면, $N=1$, $M=2$일 경우 규모탄력성은 다음과 같다.

$$\epsilon_o^k = - \frac{\dfrac{\partial D_o^k(x^k, y_1^k, y_2^k)}{\partial x^k} x^k}{\displaystyle\sum_{j=1}^{2} \dfrac{\partial D_o^k(x^k, y_1^k, y_2^k)}{\partial y_j^k} y_j^k} = - \frac{\partial D_o^k(x^k, y_1^k, y_2^k)}{\partial x^k} x^k$$

$$= - \frac{\partial \ln D_o^k(x^k, y_1^k, y_2^k)}{\partial \ln x^k} \quad (\because D_o^k(x^k, y_1^k, y_2^k) = 1), \quad k = s, t$$

또한 제5장 제3절 수입극대화 문제는 최적 해에서 $\dfrac{p_i^k}{p_1^k y_1^k + p_2^k y_2^k} = \dfrac{\partial D_o^k(x^k, y_1^k, y_2^k)}{\partial y_i^k}$의 관계가 성립함을 보여주었다. 즉 $\dfrac{p_i^k y_i^k}{p_1^k y_1^k + p_2^k y_2^k} = \dfrac{\partial D_o^k(x^k, y_1^k, y_2^k)}{\partial y_i^k} y_i^k = \dfrac{\partial \ln D_o^k(x^k, y_1^k, y_2^k)}{\partial \ln y_i^k}$의 관계가 성립한다. 이상을 반영하면 다음이 도출된다.

$$
(9.33) \quad \ln M_o = \frac{1}{2}\ln M_o^s + \frac{1}{2}\ln M_o^t
$$

$$
= \frac{1}{2}\sum_{i=1}^{2}\left[r_i^s + r_i^t\right]\left[\ln y_i^t - \ln y_i^s\right] - \frac{1}{2}\left[\epsilon_o^s + \epsilon_o^t\right]\left[\ln x^t - \ln x^s\right]
$$

$$
= \frac{1}{2}\sum_{i=1}^{2}\left[r_i^s + r_i^t\right]\left[\ln y_i^t - \ln y_i^s\right] - \left[\ln x^t - \ln x^s\right]
$$

$$
+ \frac{1}{2}\left[(1-\epsilon_o^s) + (1-\epsilon_o^t)\right]\left[\ln x^t - \ln x^s\right]
$$

$$
\text{단, } r_i^k = \frac{p_i^k y_i^k}{p_1^k y_1^k + p_2^k y_2^k}, \ i = 1,2, \ k = s,t
$$

위의 맘퀴스트 생산성지수에서 앞 두 부분의 합 $\frac{1}{2}\sum_{i=1}^{2}\left[r_i^s + r_i^t\right]\left[\ln y_i^t - \ln y_i^s\right] - \left[\ln x_i^t - \ln x_i^s\right]$는 CRS가정하에서 도출되었던 식 (9.23)의 퇴른크비스트 생산성지수와 사실 같은 지수이다. 식 (9.23)에서는 $N=2$, $M=1$을 가정했을 뿐이다. 따라서 CRS 가정하에서는 맘퀴스트 생산성지수가 총산출의 변화율과 총투입의 변화율 차이를 나타낼 수 있다는 위에서의 논의가 다시 확인이 된다.

하지만 생산기술이 CRS가 아니면, 맘퀴스트지수와 퇴른크비스트지수 사이에는 $\frac{1}{2}\left[(1-\epsilon_o^s) + (1-\epsilon_o^t)\right]\left[\ln x^t - \ln x^s\right]$만큼의 격차가 있는데, 이는 $M=1$일 때를 분석했던 식 (9.24)가 보여준 바와 같은 규모효과(의 음의 값)로 볼 수가 있다. 〈그림 9-3〉은 맘퀴스트지수는 실질적으로는 생산경계의 이동을 나타내는 기술변화라 해석하는 것이 적절함을 보여주었고, 따라서 CRS가정하에서는 두 지수가 일치했으나, 보다 일반적인 기술조건에서는 둘 사이에는 규모효과만큼의 차이가 있다.

연습문제 9.7* $N=M=2$인 경우의 맘퀴스트 생산성지수를 지수공식 형태로 도출해보라.

한편, 지수작성법을 통해 식 (9.33)의 맘퀴스트 생산성지수를 도출하려면, $\epsilon_o = 1$이 아닐 경우 이 탄력성의 수치를 필요로 한다. 이 정보는 함수추정 없이도 이윤극대화 행위로부터 도출할 수 있다. 만약 생산기술이 IRS를 보인다면 생산자는 가능한 한 생산량을 늘리려는 동기를 가지게 되어 이윤을 극대화하는 최적 수량을 최적화모형을 통해 도출할 수 없기 때문에 탄력성 추정치에 대한 별도의 정보를 필요로 한다. 그러나 DRS의 경우 관측되는 자료를 이용해 ϵ_o를 구할 수 있다. 먼저 다음의 이윤극대화 문제를 검토하자.

$$\pi(p_1, p_2, w) = \max_x \{r(p_1, p_2, x) - wx\}$$

이윤극대화 원칙은 $\dfrac{\partial r}{\partial x} = w$이다. 즉 투입물 x가 한 단위 늘어날 때 최적의 판매수입이 늘어나는 정도인 한계수입 $\dfrac{\partial r}{\partial x}$가 투입물가격 w와 일치해야 한다. 아울러 수입극대화 문제는 $L = p_1 y_1 + p_2 y_2 + \lambda[1 - D_o(x, y_1, y_2)]$와 같고, 포락선정리에 의해 최적 해에서는 $\dfrac{\partial r}{\partial x} = -\lambda \dfrac{\partial D_o(\cdot)}{\partial x}$와 같다. 그런데 우리는 제5장 제3절에서 산출물거리함수의 1차 동차성에 의해 $\lambda = r(p_1, p_2, x)$가 되어야 하고, 또한 위의 식 (9.33)을 도출하기 위한 준비과정에서 $\epsilon_o = -\dfrac{\partial D_o(\cdot)}{\partial x} x$임을 보았다. 이를 반영하면 결국 $\dfrac{\partial r}{\partial x} = w = -\lambda \dfrac{\partial D_o(\cdot)}{\partial x}$ $= r(p_1, p_2, x) \dfrac{\epsilon_o}{x}$임을 알 수 있다. 따라서 $\epsilon_o = \dfrac{wx}{p_1 y_1 + p_2 y_2}$와 같이 반영해주면 된다.

이상에서 본 바와 같이 맘퀴스트지수는 산출물변화율과 투입물변화율을 모두 고려하는 전통적인 총요소생산성 증가율과 같지는 않다. 하지만 여전히 초월대수형태의 거리함수를 그 통합함수로 가지며, 거리함수 형태를 명시적으로 추정하지 않아도 관측되는 수량과 가격자료를 이용해 쉽게 계산할 수 있다는 장점을 가지고 있다.

2. 힉스-무어스틴지수

다음과 같은 기준 시점을 달리 하는 두 가지 힉스-무어스틴 지수를 고려하자.[23]

---

23 이 지수의 개발과 관련된 주요 문헌은 다음과 같다: Moorsteen, R. H, 1961, "On Measuring Productive Potential and Relative Efficiency," *Quarterly Journal of Economics* 75, pp. 451−467; Diewert, W. E., 1992, "Fisher Ideal Output, Input, and Productivity Indexes Revisited," *Journal of Productivity Analysis* 3, pp. 211−248; Bjurek, H., 1996, "The Malmquist Total Factor Productivity Index," *Scandinavian Journal of Economics* 98, pp. 303−313,

$$\text{(9.34a)} \quad HM^s(x^s, x^t, y_1^s, y_1^t, y_2^s, y_2^t)$$

$$= \frac{D_o^s(x^s, y_1^t, y_2^t)/D_o^s(x^s, y_1^s, y_2^s)}{D_i^s(x^t, y_1^s, y_2^s)/D_i^s(x^s, y_1^s, y_2^s)} = \frac{D_o^s(x^s, y_1^t, y_2^t)}{D_i^s(x^t, y_1^s, y_2^s)}$$

$$\text{(9.34b)} \quad HM^t(x^s, x^t, y_1^s, y_1^t, y_2^s, y_2^t)$$

$$= \frac{D_o^t(x^t, y_1^t, y_2^t)/D_o^t(x^t, y_1^s, y_2^s)}{D_i^t(x^t, y_1^t, y_2^t)/D_i^t(x^s, y_1^t, y_2^t)} = \frac{D_i^t(x^s, y_1^t, y_2^t)}{D_o^t(x^t, y_1^s, y_2^s)}$$

위의 두 지수에서 각각 마지막 표현은 각 시점에서 생산이 효율적으로 이루어짐을 가정할 때의 단순화된 표현이다. 즉 $D_i^k(x^k, y_1^k, y_2^k) = D_o^k(x^k, y_1^k, y_2^k) = 1(k = s, t)$를 가정하고 있다.

식 (9.34a)에서 분자인 $D_o^s(x^s, y_1^t, y_2^t)$는 시점 s의 기술로 시점 s의 투입량 x^s를 사용해 생산해낼 수 있는 최대한의 산출물이 시점 t의 실제 산출량 (y_1^t, y_2^t)보다 비례적으로 얼마나 큰지 작은지를 나타내는 역할을 한다. 여기에서는 맘퀴스트지수를 계산할 때와는 달리 투입량도 생산기술의 시점 s에서의 투입량 x^s에 고정시킨다. 만약 이 값이 1보다 크다면 이는 s시점의 기술로는 x^s를 사용해 (y_1^t, y_2^t)를 생산할 수 없었다는 것을 뜻하므로 기술진보 혹은 생산성증대가 있었음을 의미한다.

식 (9.34a)의 분모인 $D_i^s(x^t, y_1^s, y_2^s)$는 s시점의 기술로 그때의 생산량 (y_1^s, y_2^s)를 생산할 수 있는 최소한의 투입물이 t시점의 실제 투입량 x^t보다 비례적으로 얼마나 큰지 작은지를 나타내는 역할을 한다. 만약 $D_i^s(x^t, y_1^s, y_2^s)$의 값이 1보다 작다면 이는 s시점의 기술에서 x^t만을 사용해서는 (y_1^s, y_2^s)를 생산할 수 없었음을 의미하므로, 기술진보 혹은 생산성증대가 있었다고 할 수 있다.

따라서 식 (9.34a)의 분자와 분모는 각각 두 시점 간에 있어 동일 투입물로 생산할 수 있는 산출물량의 차이와 동일 산출물 생산에 필요한 투입물의 차이를 나타낸다. 그러므로 이 둘의 비율인 HM^s는 튄크비스트지수처럼 생산량 변화와 투입량 변화를 동시에 고려하여 생산성변화율을 나타낸다.

힉스-무어스틴 지수는 이처럼 산출물거리함수와 투입물거리함수를 모두 통합함수로 사용하기 때문에 실제 생산기술이 CRS 특성을 가지지 않을 경우에도 산출물과 투입물의 변화율을 모두 감안하는, 전형적인 총요소생산성 변화율 지수가 된다. $N = M = 1$을 가정하고 다음을 확인하자.

$$HM^s = \frac{D_o^s(x^s,1)y^t}{D_o^s(x^s,1)y^s} \times \frac{D_i^s(1,y^s)x^s}{D_i^s(1,y^s)x^t} = \frac{y^t/x^t}{y^s/x^s}$$

따라서 힉스-무어스틴지수는 두 시점의 총요소생산성의 비율이다. 이를 도출하는 데에는 산출물거리함수와 투입물거리함수가 각각 산출물과 투입물의 선형동차라는 성질만 사용되었고, CRS가정은 불필요하였다.

이 성질은 〈그림 9-4〉에서도 확인된다. 이제 생산함수 그래프는 곡선이고 CRS를 가정하지 않는다. 그림에서 s를 기준시점으로 하는 산출물 비율 Y_{HM}^s와 투입물 비율 X_{HM}^s, 생산성변화지수 HM^s는 각각 다음처럼 도출된다.

$$Y_{HM}^s = \frac{D_o^s(x^s,y^t)}{D_o^s(x^s,y^s)} = \frac{0c}{0a}, \quad X_{HM}^s = \frac{D_i^s(x^t,y^s)}{D_i^s(x^s,y^s)} = \frac{0\beta}{0\alpha}$$

$$HM^s = \frac{Y_{HM}^s}{X_{HM}^s} = \frac{0c/0a}{0\beta/0\alpha}$$

그림 9-4 힉스-무어스틴지수

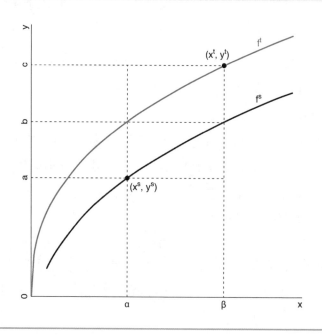

따라서 맘퀴스트지수의 경우와 달리 이제는 두 생산점 간의 투입물의 사용량 변화율 X_{HM}^s와 산출물 변화율 Y_{HM}^s가 모두 반영되어 생산성변화율이 계측됨을 알 수 있다.

연 습 문 제 9.8 〈그림 9–4〉에 맘퀴스트지수를 표시하고 힉스-무어스틴지수와 비교하라.

한편 식 (9.34b)의 생산성지수 HM^t는 시점 t의 기술을 사용하여 HM^s와 대응되도록 생산성지수를 정의한 것이다. 두 시점의 기술을 이용해 각각 정의되는 지수들을 기하평균으로 종합하여 다음처럼 새로운 지수를 정의할 수 있다.

(9.35)
$$HM(x^s, x^t, y_1^s, y_1^t, y_2^s, y_2^t) = \sqrt{HM^s \times HM^t}$$

$$= \sqrt{\frac{D_o^s(x^s, y_1^t, y_2^t) / D_o^s(x^s, y_1^s, y_2^s)}{D_i^s(x^t, y_1^s, y_2^s) / D_i^s(x^s, y_1^s, y_2^s)} \times \frac{D_o^t(x^t, y_1^t, y_2^t) / D_o^t(x^t, y_1^s, y_2^s)}{D_i^t(x^t, y_1^t, y_2^t) / D_i^t(x^s, y_1^t, y_2^t)}}$$

$$= \sqrt{\frac{D_o^s(x^s, y_1^t, y_2^t)}{D_i^s(x^t, y_1^s, y_2^s)} \times \frac{D_i^t(x^s, y_1^t, y_2^t)}{D_o^t(x^t, y_1^s, y_2^s)}}$$

$$(\text{단, } D_i^k(x^k, y_1^k, y_2^k) = D_o^k(x^k, y_1^k, y_2^k) = 1, \; k = s, t)$$

우리는 위에서 생산함수를 활용하든 비용함수를 활용하든, 아니면 식 (9.33)처럼 거리함수를 활용하든, 이들 함수의 이동을 나타내는 기술변화와 생산성변화율은 생산기술이 CRS의 특성을 가질 때에는 서로 일치한다고 하였다. 그리고 맘퀴스트지수는 사실 기술변화를 나타내는 반면 힉스-무어스틴지수는 생산성변화율을 나타낸다고 하였다. 그렇다면 CRS 기술에서는 맘퀴스트지수와 힉스-무어스틴성지수가 서로 일치할 것이라 유추할 수 있다.

두 지수가 서로 일치하기 위해서는 예를 들면 식 (9.34a)에서 시점 s를 기준으로 하는 지수 $\dfrac{D_o^s(x^s, y_1^t, y_2^t)}{D_i^s(x^t, y_1^s, y_2^s)}$와 식 (9.29a)에서 역시 시점 s를 기준으로 하는 지수 $D_o^s(x^t, y_1^t, y_2^t)$가 일치해야 한다. $x^t = \lambda x^s$라 하자($\lambda > 0$). 생산기술이 CRS 특성을 가진다면 다음이 성립한다.

$$\frac{D_o^s(x^s, y_1^t, y_2^t)}{D_i^s(x^t, y_1^s, y_2^s)} = \frac{D_o^s(x^t/\lambda, y_1^t, y_2^t)}{D_i^s(\lambda x^s, y_1^s, y_2^s)} = \frac{\lambda D_o^s(x^t, y_1^t, y_2^t)}{\lambda D_i^s(x^s, y_1^s, y_2^s)} = D_o^s(x^t, y_1^t, y_2^t)$$

위의 관계식을 도출할 때 CRS라서 $D_o^s(x^t/\lambda, y_1^t, y_2^t) = \lambda D_o^s(x^t, y_1^t, y_2^t)$라는 성질과, 투입물거리함수는 투입물에 대해 1차동차라서 $D_i^s(\lambda x^s, y_1^s, y_2^s) = \lambda D_i^s(x^s, y_1^s, y_2^s)$라는 성질이 활용되었다. 마찬가지로 시점 t를 기준으로 하는 힉스−무어스틴지수인 식 (9.34b)의 $\dfrac{D_i^t(x^s, y_1^t, y_2^t)}{D_o^t(x^t, y_1^s, y_2^s)}$와 맘퀴스트지수인 식 (9.29b)의 $\dfrac{1}{D_o^t(x^s, y_1^s, y_2^s)}$도 CRS하에서 서로 일치함을 보여줄 수 있다.[24]

연습문제 9.9★

맘퀴스트 생산성지수는 식 (9.31)처럼 투입물거리함수를 이용해서도 정의할 수 있다. 다수 산출물 다수 투입물이 있을 때 식 (9.30)처럼 산출물거리함수를 이용해 정의되는 맘퀴스트 생산성지수와 식 (9.31)처럼 투입물거리함수를 이용해 정의되는 맘퀴스트 생산성지수가 모두 힉스−무어스틴 생산성지수와 동일하려면 CRS조건만으로는 불충분하다. 이때에는 제5장에서 논의했던 투입물 동조성과 산출물 동조성이 모두 성립한다는 조건이 추가로 필요하다. 이 두 가지 동조성이 모두 충족되는 생산기술을 완전(completely) 혹은 역(inversely) 동조적 생산기술이라 한다. $N = M = 2$일 때 완전 동조성과 CRS특성이 동시에 성립하면 거리함수들은 $D_o^t(x_1^s, x_2^s, y_1^s, y_2^s) = f^t(y_1^s, y_2^s) / g^t(x_1^s, x_2^s) = 1/D_i^t(x_1^s, x_2^s, y_1^s, y_2^s)$ 등과 같이 나타낼 수 있고, 두 함수 $f^t(\cdot)$와 $g^t(\cdot)$는 모두 선형동차함수이다($s = t$ 혹은 $s \neq t$). 생산기술이 이런 성질을 가질 때 맘퀴스트 생산성지수들과 힉스−무어스틴 생산성지수가 서로 일치하는지를 확인하라.

한편, 퇸크비스트 생산성지수와 힉스−무어스틴 생산성지수는 모두 생산성변화율지수이다. 뿐만 아니라 거리함수들이 2차항의 파라미터가 시간이 지나도 그대로 유지되는 초월대수함수일 경우 양자는 CRS가 성립하지 않아도 서로 일치함을 보여줄 수 있다.[25] 반면 맘퀴스트 생산성지수는 앞에서 밝힌 대로 기술변화율을 나타낸다. 따라서 CRS가 성립하지 않으면 거리함수가 동일한 조건을 충족해도 맘퀴스트지수는 퇸크비스트지수/힉스−무어스틴지수와는 식 (9.33)이 보여주는 바와 같은 (음의) 규모효과만큼의 격차를 가진다.

---

24 이들 두 지수의 관계에 관한 엄밀한 분석은 다음을 참조하라: Färe R., S. Grosskopf, and P. Roos, 1996, "On Two Definitions of Productivity," *Economics Letters* 53, pp. 269−274.

25 Mizobuchi, H., 2017, "A Superlative Index Number Formula for the Hicks−Moorsteen Productivity Index," *Journal of Productivity Analysis* 48, pp. 167−178.

3. 기술효율성문제의 반영: 맘퀴스트지수

제8장에서 논의되었던 바와 같이 만약 생산이 기술적 비효율성하에 이루어지는 경우가 있다면, 이를 생산성지수 계산에도 반영할 수 있다. 어떤 이유로 생산경계에서 생산하지 못하는 생산자가 있다면 이들도 시간이 지나며 생산성변화를 겪는다. 비효율적인 생산자의 생산성변화는 이 생산자가 개별적으로 생산경계로 더 이동했기 때문에 발생하기도 하고, 동시에 이 생산자가 속한 생산자집단의 생산경계가 이동했기 때문에 발생하기도 한다. 전자를 효율성의 변화 그리고 후자를 기술변화로 정의할 수 있고, 발생한 생산성변화를 이 두 요인으로 구분해볼 수 있다.[26]

생산성변화가 기술집합 내의 이동, 즉 효율성변화까지 포함하게 되면 이제는 맘퀴스트지수도 단순히 생산경계의 이동만을 나타내지는 않고, 따라서 기술변화만을 의미하는 지수가 아니다. 오히려 맘퀴스트지수는 생산성변화를 기술변화와 기술효율성변화로 쉽게 분리해낼 수 있기 때문에 이것이 이 지수가 실증분석에서 가장 많이 사용되는 이유가 된다. 맘퀴스트지수를 생산비효율성까지 감안하여 도출한 유명한 연구가 Färe et al.(1994)의 연구로서,[27] 이들은 식 (9.30)의 맘퀴스트 생산성지수를 다음처럼 분해하였다.

$$(9.36) \quad M_o(x^s, x^t, y_1^s, y_1^t, y_2^s, y_2^t)$$

$$= \frac{D_o^t(x^t, y_1^t, y_2^t)}{D_o^s(x^s, y_1^s, y_2^s)} \left[\frac{D_o^s(x^t, y_1^t, y_2^t)}{D_o^t(x^t, y_1^t, y_2^t)} \frac{D_o^s(x^s, y_1^s, y_2^s)}{D_o^t(x^s, y_1^s, y_2^s)} \right]^{1/2}$$

식 (9.36)의 맘퀴스트 생산성지수는 분해된 방식이 다를 뿐 최종적인 수치는 식 (9.30)의 지수와 같다. 이 지수는 생산성변화를 다음의 기술효율성변화(technical efficiency change)와 기술변화로 구분한다.

---

26 기술효율성문제를 도입하게 되면 나아가 배분효율성까지도 분석에 반영할 수 있고, 생산성변화의 원인을 보다 다양하게 찾을 수 있다. 맘퀴스트 혹은 힉스−무어스틴지수 등을 다수의 구성요소로 분해하는 방법은 대단히 많다. 다음 두 문헌을 예로서 소개한다: Balk, B. M., 2001, "Scale Efficiency and Productivity Change," *Journal of Productivity Analysis* 15, pp. 159−183; O'Donnell, C. J., 2010, "An Aggregate Quantity Framework for Measuring and Decomposing Productivity Change," *Journal of Productivity Analysis* 38, pp. 255−272.

27 Färe R., S. Grosskopf, M. Norris, and Z. Zhang, 1994, "Productivity Growth, Technical Progress, and Efficiency Change in Industrialized Countries," *American Economic Review* 84, pp. 66−83.

(9.37a)   기술효율성변화: $\dfrac{D_o^t(x^t,y_1^t,y_2^t)}{D_o^s(x^s,y_1^s,y_2^s)}$

(9.37b)   기술변화: $\left[\dfrac{D_o^s(x^t,y_1^t,y_2^t)}{D_o^t(x^t,y_1^t,y_2^t)}\dfrac{D_o^s(x^s,y_1^s,y_2^s)}{D_o^t(x^s,y_1^s,y_2^s)}\right]^{1/2}$

기술효율성변화 $\dfrac{D_o^t(x^t,y_1^t,y_2^t)}{D_o^s(x^s,y_1^s,y_2^s)}$ 는 두 시점에서 실제로 선택된 투입-산출물조합을 그 시점의 기술조건으로 평가한 산출물거리함수 값의 비율이다. 산출물거리함수 자체가 기술효율성을 나타내므로 이 비율은 시간이 지나면서 생산이 얼마나 기술집합의 경계 쪽으로 이동했는지를 나타낸다. 즉 효율성의 개선을 나타내는 지표이다.

이 기술효율성변화와 또 다른 구성요소인 기술변화의 차이는 Färe et al.(1994)이 제시해서 유명해진 〈그림 9-5〉를 통해 이해할 수 있다. 기술비효율성의 존재를 인정하면 단일 DMU의 자료만으로 분석할 수는 없고 다수의 DMU가 생산을 하되, 그 중 일부는 기술집합의 경계에서 생산하는 효율적인 DMU이고, 나머지는 기술집합 내부에서 생산하는 비효율적인 DMU라 가정하여야 한다. 그림에서 $N=M=1$이며, (x^s,y^s)와 (x^t,y^t)는 각각 두 시점에서 실제로 관측된 어떤 DMU의 투입-산출물조합을 나타내고, f^s와 f^t는 두 시점에서의 기술집합의 경계, 즉 생산함수를 나타낸다. 두 시점 모두에 있어 이 DMU는 기술집합 내부에서 생산행위를 하고 있어 기술적 비효율성을 가지고 있다. 생산기술은 CRS의 특성을 가져 생산함수가 원점을 지나는 직선이다.

그림에서 $D_o^s(x^s,y^s)$는 $\dfrac{oa}{ob}$ 이고, $D_o^t(x^t,y^t)$는 $\dfrac{od}{of}$ 이다. 식 (9.37a)에서의 기술효율성변화는 $\left(\dfrac{od}{of}\right)\left(\dfrac{ob}{oa}\right)$ 이고, 이는 s기에 비해서 t기의 효율성이 상대적으로 어느 정도인지를 나타내어 준다. 이 값이 1보다 클 경우에는 이 생산자 효율성의 개선이 있고, 그 값이 1보다 작을 경우에는 비효율성이 증대되었음을 의미한다. 두 시점에 걸쳐 효율성의 변화가 없거나 기술비효율성 자체가 존재하지 않아 생산이 항상 기술집합 경계에서 이루어지면 이 지수는 1이다.

식 (9.37b)의 기술변화를 나타내는 표현 가운데 첫 번째 부분인 $\dfrac{D_o^s(x^t,y^t)}{D_o^t(x^t,y^t)}$ 는 〈그림 9-5〉에서 $\left(\dfrac{od/oe}{od/of}\right)=\dfrac{of}{oe}$ 에 해당된다. 이는 그림이 보여주듯이 시점 t의 실제 투입량 x^t에서 평가한 두 시점 간 생산경계의 이동, 즉 기술변화를 나타낸다. 그리고 기술변화지수의 두 번째 부분인 $\dfrac{D_o^s(x^s,y^s)}{D_o^t(x^s,y^s)}$는 〈그림 9-5〉에서 $\left(\dfrac{oa/ob}{oa/oc}\right)=\dfrac{oc}{ob}$로 나타나
는데, 이는 시점 s의 실제 투입량 x^s에서 평가한 두 시점 간 생산경계의 이동이다. 식
(9.37b)의 기술변화지수는 이 두 가지 기술변화효과의 기하평균이다.

▌ 그림 9-5 맘퀴스트지수의 분해

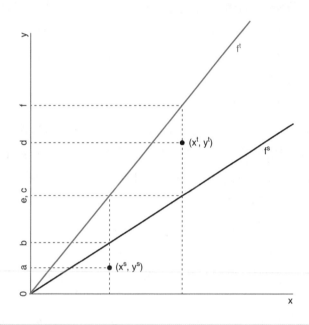

이상과 같이 기술효율성변화와 기술변화로 분리되는 총체적 생산성지수를 정리하면,
〈그림 9-3〉의 경우 다음과 같다.

$$M_o\left(x^s,x^t,y^s,y^t\right)\;=\;\left(\dfrac{od}{of}\right)\left(\dfrac{ob}{oa}\right)\left[\left(\dfrac{od/oe}{od/of}\right)\left(\dfrac{oa/ob}{oa/oc}\right)\right]^{1/2}$$

$$=\;\left(\dfrac{od}{of}\right)\left(\dfrac{ob}{oa}\right)\left[\left(\dfrac{of}{oe}\right)\left(\dfrac{oc}{ob}\right)\right]^{1/2}$$

총체적 맘퀴스트 생산성지수와 기술변화지수 역시 기술효율성변화지수와 마찬가지
로 그 값이 1보다 클 경우에는 각각 생산성과 기술의 향상이 나타났음을 의미하고, 그
값들이 1보다 작을 경우에는 생산성의 하락과 기술의 퇴보가 발생했음을 의미한다.

4. 루엔버거지표

맘퀴스트 생산성지수는 위에서 본 바와 같이 산출물거리함수를 이용하여 산출물을 기준으로 하여 구축하거나, 아니면 또 다른 거리함수인 투입물거리함수를 이용해 투입물을 기준으로 구축할 수도 있다. 생산기술이 CRS를 보이지 않으면 제3장에서 언급한 대로 산출물거리함수와 투입물거리함수는 직접적인 연관성이 없으므로 어떤 거리함수를 사용해 지수를 구축하느냐에 따라 맘퀴스트 생산성지수의 값은 달라진다. 따라서 두 거리함수 중 하나를 선택해야 하는 문제가 발생한다. 또한 맘퀴스트지수는 거리함수 값의 비율로 계측이 되어 그 의미를 해석하는 것도 쉽지가 않다. 예를 들면 어떤 생산자의 생산성지수는 1.2이고 또 다른 생산자의 지수가 1.05이면 이 둘 사이의 격차가 얼마나 크다고 할 수 있는지가 불분명하기도 하다.

루엔버거지표(Lunenberger indicator)는 Chambers et al.(1996)에 의해 제안된 맘퀴스트지수의 대안으로서,[28] 방향거리함수를 사용하여 투입물과 산출물을 동시에 변화시키며 생산성지수를 도출할 수 있기 때문에 보다 신축적인 거리함수를 사용한다는 장점이 있다. 또한 동시에 이 지표는 맘퀴스트지수와 달리 거리함수의 비율이 아닌 차이로 값이 결정되기 때문에 그 수치를 해석하는 데에도 장점이 있어 현재에는 맘퀴스트지수보다도 더 사용빈도가 높은 생산성지표이다.[29]

맘퀴스트지수를 분석했을 때처럼 $N=1$, $M=2$라 하면, 방향거리함수는 다음과 같다.

$$\vec{D}_T^k(x^k, y_1^k, y_2^k; g_x, g_{y1}, g_{y2}) = \max\left\{\beta : (x^k - \beta g_x, y_1^k + \beta g_{y1}, y_2^k + \beta g_{y2}) \in T\right\}$$

식 (9.30)의 산출물기준 맘퀴스트지수가 네 가지 산출물거리함수의 비율들로 구성되었다면, 루엔버거 생산성지표는 다음과 같이 네 개의 방향거리함수의 차이로 정의된다.

$$(9.38) \quad L_T(x^s, x^t, y_1^s, y_1^t, y_2^s, y_2^t)$$

$$= \frac{1}{2}\left[\begin{array}{l} \vec{D}_T^t(x^s, y_1^s, y_2^s; g_x, g_{y1}, g_{y2}) - \vec{D}_T^t(x^t, y_1^t, y_2^t; g_x, g_{y1}, g_{y2}) \\ + \vec{D}_T^s(x^s, y_1^s, y_2^s; g_x, g_{y1}, g_{y2}) - \vec{D}_T^s(x^t, y_1^t, y_2^t; g_x, g_{y1}, g_{y2}) \end{array}\right]$$

---

[28] Chambers, R. G., R. Färe, and S. Grosskopf, 1996, "Productivity Growth in APEC Countries," *Pacific Economic Review* 1, pp. 181−190.

[29] 이 지표는 맘퀴스트지수와 달리 거리함수의 비율이 아닌 차이로 측정되므로 지수(index)가 아닌 지표(indicator)라는 명칭을 개발자들이 붙였다.

식 (9.38)의 지표는 각 시점의 생산기술을 기준으로 하는 두 가지 지표의 산술평균임을 알 수 있다. 아울러 식 (9.38)은 다음처럼 다시 루엔버거 기술효율성변화와 기술변화로 분리될 수 있다.

(9.39a) 기술효율성변화: $\vec{D}_T^s(x^s, y_1^s, y_2^s; g_x, g_{y1}, g_{y2}) - \vec{D}_T^t(x^t, y_1^t, y_2^t; g_x, g_{y1}, g_{y2})$

(9.39b) 기술변화: $\dfrac{1}{2}\left[\begin{array}{l} \vec{D}_T^t(x^t, y_1^t, y_2^t; g_x, g_{y1}, g_{y2}) - \vec{D}_T^s(x^t, y_1^t, y_2^t; g_x, g_{y1}, g_{y2}) \\ + \vec{D}_T^t(x^s, y_1^s, y_2^s; g_x, g_{y1}, g_{y2}) - \vec{D}_T^s(x^s, y_1^s, y_2^s; g_x, g_{y1}, g_{y2}) \end{array} \right]$

이들 루엔버거지표는 그 값이 0보다 크면 효율성개선이나 기술진보가 발생함을 의미한다.

아울러 몇 가지 조건하에서는 루엔버거지표와 맘퀴스트지수 사이의 분명한 함수관계도 도출할 수 있다.[30] 맘퀴스트지수는 산출물과 투입물 중 한 가지만 비례적으로 바꿀 때에 대해 적용되므로 그에 대응되는 루엔버거지표를 도출하려면 방향거리함수에서 산출물과 투입물 중 한 가지만 변화를 주면 된다. 예를 들면 $\vec{D}_T^k(x^k, y_1^k, y_2^k; 0, y_1^k, y_2^k)$처럼 투입물은 변형시키지 않고 산출물은 관측된 수량의 방향대로 늘리는 변화를 줄 수 있다. 제3장에서 본 바와 같이 이 경우 $\vec{D}_T^k(x^k, y_1^k, y_2^k; 0, y_1^k, y_2^k) = \dfrac{1}{D_o^k(x^k, y_1^k, y_2^k)} - 1$와 같이 산출물거리함수와의 관련성을 가지기 때문에 이를 적용하여 루엔버거지표와 맘퀴스트지수 사이의 함수관계를 도출할 수 있다.

5. 힉스-무어스틴지수의 분해

위에서 확인한 바와 같이 맘퀴스트지수는 그 형태를 유지하면서도 간단한 분해를 통해 생산성변화의 원인을 기술변화와 기술효율성변화로 구분할 수 있고, 루엔버거지표처럼 방향거리함수를 사용토록 변환도 된다. 반면 힉스-무어스틴지수는 총산출과 총투입의 비율 변화를 동시에 고려하는 장점을 가지지만, 기술변화와 효율성변화로 구분하는 것은 쉽지 않은 문제가 있다. 이 문제를 해결하기 위한 여러 제안들이 있는데, 한 가지 예를 들면 다음과 같은 분해가 가능하다.

---

[30] 이에 관해서는 다음을 참조하라: Balk, B. M., R. Färe, S. Grosskopf, and D. Margaritis, 2008, "Exact Relations between Luenberger Productivity Indicators and Malmquist Productivity Indexes," *Economic Theory* 35, pp. 187-190.

$$(9.40) \qquad HM(x^s, x^t, y_1^s, y_1^t, y_2^s, y_2^t) \; = \; \frac{TFP_t^*}{TFP_s^*} \times EC_{st}^{HM}$$

이제 $HM(x^s, x^t, y_1^s, y_1^t, y_2^s, y_2^t)$는 식 (9.35)의 마지막 표현과는 달리 적어도 일부 DMU의 경우 생산이 기술적 비효율성을 가짐을 전제하고 계측된다. 식 (9.40)에서 TFP_t^*는 시점 t에서 총요소생산성, 즉 Y_t / X_s를 극대가 되도록 하는 투입−산출물조합을 선택했을 때의 총요소생산성이다. 마찬가지의 의미를 TFP_s^*는 시점 s에서 가진다. 따라서 최대 총요소생산성의 비율인 $\dfrac{TFP_t^*}{TFP_s^*}$를 계량적 방법을 통해 구할 수 있으면, 이를 두 시점 간에 발생한 기술변화로 간주할 수 있다. 그리고 효율성 변화는 $EC_{st}^{HM} = \dfrac{HM(x^s, x^t, y_1^s, y_1^t, y_2^s, y_2^t)}{TFP_t^* / TFP_s^*}$와 같이 역산할 수 있다. $\dfrac{TFP_t^*}{TFP_s^*}$를 자료를 이용해 계산할 수 있는 방법은 뒤에서 다시 논의된다.

6. 지수와 지표의 추정

위에서 논의된 생산성이나 기술변화율을 퇸크비스트지수처럼 수량자료와 가격자료를 함께 이용해 지수를 만들어 도출할 수도 있다. 그러나 퇸크비스트지수 혹은 피셔지수 등은 기술비효율성이 있을 때 생산성변화를 기술변화와 기술효율성변화로 분해하지는 못한다. 분해를 위해서는 생산자 간 효율성 격차를 인정하는 거리함수의 추정작업이 필요하다. 생산비효율성이 존재할 경우의 맘퀴스트지수, 루엔버거지표, 힉스−무어스틴 지수 모두 거리함수의 추정을 필요로 하며, 추정에는 제8장에서 살펴본 바와 같이 비모수적 분석 즉 DEA와, 계량경제추정법인 SFA가 모두 사용될 수 있다.

DEA분석법은 제8장에서 설명되었던 분석모형들을 그대로 사용할 수 있고, 〈스크립트 8−1〉이나 〈스크립트 8−3〉의 LP모형을 활용해 거리함수 값을 도출하여 맘퀴스트지수 혹은 루엔버거지표를 계산하고, 요인별 분해도 시도할 수 있다. 다만 식 (9.30)이나 식 (9.38)에서는 $D_o^s(x^t, y_1^t, y_2^t)$나 $\overrightarrow{D}_T^t(x^s, y_1^s, y_2^s; g_x, g_{y1}, g_{y2})$처럼 준거기술의 시점과 거리함수가 측정되는 자료의 시점이 서로 다른 문제를 풀어야 한다. 예를 들면 $D_o^s(x^t, y_1^t, y_2^t)$의 경우 다음 문제를 각 DMU $j(=1, ..., K)$에 대해 풀어야 한다.

$$(9.41) \qquad \max_{(\theta_{NI}, \lambda^1, \dots, \lambda^K)} \ \theta_{NI}$$

$$\text{s.t.} \ \ \theta_{NI} y_m^{j,t} \leq \sum_{k=1}^{K} \lambda^{k,s} y_m^{k,s}, \ \ m = 1, \dots, M,$$

$$\sum_{k=1}^{K} \lambda^{k,s} x_n^{k,s} \leq x_n^{j,t}, \ \ n = 1, \dots, N,$$

$$\sum_{k=1}^{K} \lambda^{k,s} \leq 1, \ \ \lambda^{k,s} \geq 0, \ \ k = 1, \dots, K$$

이 경우 선형근사 기술집합을 만들 때에는 시점 s에서의 모든 DMU의 투입－산출물 자료가 사용되고, 산출물거리함수의 역수인 θ_{NI}는 t시점의 DMU j의 투입－산출물자료에서 평가된다.[31]

한 가지 언급할 것은 식 (9.41)의 LP문제는 제8장에서의 DEA LP문제들과는 달리 VRS를 가정하면, 즉 $\sum_{k=1}^{K} \lambda^{k,s} = 1$의 제약을 부과하면, 일부 DMU에서는 해를 못 구할 수 있다는 점이다. 즉 $\sum_{k=1}^{K} \lambda^{k,s} \leq 1$의 제약만을 가해 NIRS를 가정하거나, 아니면 $\lambda^{k,s}$의 합에 관한 가정을 부과하지 않는 CRS를 가정해야만 준거기술의 시점 s와 거리함수가 추정되는 자료의 시점 t가 달라도 모든 DMU에서 LP문제의 해가 얻어진다. 이 현상은 준거기술의 시점과 거리함수가 측정되는 자료의 시점이 서로 다르기 때문에 발생한다. 이 문제 때문에 맘퀴스트지수를 기술변화와 기술효율성변화로 분해하는 〈그림 9－3〉에서는 생산경계가 CRS의 특성을 지니도록 하였다.

예를 들어 두 명의 DMU가 있고, VRS가정하에서 첫 번째 DMU의 거리함수를 추정한다고 하자. 즉 이제는 목적함수가 θ_V이고, 식 (9.41)에 VRS제약 $\sum_{k=1}^{K} \lambda^{k,s} = 1$이 포함된다. 이 경우 첫 번째 산출물의 제약식은 $\theta_V y_1^{1,t} \leq \lambda^{1,s} y_1^{1,s} + \lambda^{2,s} y_1^{2,s}$와 같다. 이제는 t 시점의 수량 $y_1^{1,t}$는 선형근사 기술집합을 만들기 위한 산출물결합 $\lambda^{1,s} y_1^{1,s} + \lambda^{2,s} y_1^{2,s}$의 구성요소가 아니다. 그렇기 때문에 만약 $y_1^{1,t}$의 값이 시점 s에서의 두 값 $y_1^{1,s}$와 $y_1^{2,s}$보다 클 경우 θ_V의 값은 1보다 오히려 작을 수가 있다. 이것이 준거기술의 시점과 자료의 시점이 일치할 경우 산출물거리함수의 역수이어서 θ_V의 값이 항상 1 이상인 것과의 차이점이다. 그러나 $y_1^{1,t}$의 값이 시점 s에서의 산출량 크기에 비해 크든 작든 그에 맞게

---

[31] 한편, 만약 기술변화가 진보만 있고 퇴보는 있을 수 없다고 가정한다면, 특정 시점의 선형기술집합을 구성할 때 그 이전 시점의 생산점 관측치를 모두 제약식에 반영해줄 수도 있다.

θ_V 값이 선택되므로 규모수익성에 대한 가정이 무엇이든 산출량의 제약식이 해를 구하는데 문제가 되지는 않는다.

그러나 투입물의 경우에는 그렇지 않다. 식 (9.41)에 있어 첫 번째 투입물의 제약식은 $\lambda^{1,s}x_1^{1,s} + \lambda^{2,s}x_1^{2,s} \leq x_1^{1,t}$와 같다. 마찬가지로 t 시점의 수량 $x_1^{1,t}$가 기술집합을 만들기 위한 투입물결합 $\lambda^{1,s}x_1^{1,s} + \lambda^{2,s}x_1^{2,s}$의 구성요소가 아니다. 부등호의 방향을 감안할 때 $x_1^{1,t}$의 값이 $x_1^{1,s}$나 $x_1^{2,s}$에 비해 많이 작게 관측될 경우를 검토할 필요가 있다. 만약 두 가중치의 합이 $\lambda^{1,s} + \lambda^{2,s} = 1$로 고정되지 않고 1보다 작거나 제약 자체가 없다면, 이 경우 개별 $\lambda^{1,s}$나 $\lambda^{2,s}$의 값을 작게 잡아주어 여전히 제약식을 충족하며 해 θ_V를 구할 수 있다. 그러나 $\lambda^{1,s} + \lambda^{2,s} = 1$이라는 VRS제약이 부과되면 $\lambda^{1,s}$나 $\lambda^{2,s}$의 값을 작게 만드는 데 한계가 있게 되므로, 이제는 부등식 $\lambda^{1,s}x_1^{1,s} + \lambda^{2,s}x_1^{2,s} \leq x_1^{1,t}$를 충족할 수 없고, 따라서 모든 제약을 동시에 충족하는 해 θ_V를 구할 수 없는 문제(=infeasibility)가 발생할 수 있다.

이런 점에서 볼 때 식 (9.40)의 힉스-무어스틴지수는 장점을 가진다. 이 지수 계산을 위해 추정되어야 하는 거리함수 중 $D_o^s(x^s, y_1^t, y_2^t)$의 추정 시에는 각 시점의 실제 투입물 사용량이 제약에 반영되고, $D_i^s(x^t, y_1^s, y_2^s)$ 추정 시에는 각 시점의 실제 산출물 생산량이 제약에 반영되어 해를 구할 수 없는 문제가 완화된다.

식 (9.40)의 힉스-무어스틴지수를 기술변화율과 효율성변화율로 분해하기 위해 기술변화율을 나타내는 지수 $\dfrac{TFP_t^*}{TFP_s^*}$를 구하는 방법을 생각해보자. TFP_s^*는 예를 들면 다음 방법을 이용해 도출할 수 있다.

$$(9.42) \qquad \max_{(z_1,\ldots,z_M, v_1,\ldots,v_N, \lambda^1,\ldots,\lambda^K)} \sum_{m=1}^{M} z_m$$

$$\text{s.t. } z_m \leq \sum_{k=1}^{K} \lambda^{k,s} y_m^{k,s}, \ m=1,\ldots,M, \ \sum_{k=1}^{K} \lambda^{k,s} x_n^{k,s} \leq v_n, \ n=1,\ldots,N,$$

$$\sum_{n=1}^{N} v_n = 1, \ z_m \geq 0, \ v_n \geq 0, \ \lambda^{k,s} \geq 0, \ k=1,\ldots,K$$

시점 s에서 실제로 사용된 각 투입물들의 가중합 $\sum_{k=1}^{K} \lambda^{k,s} x_n^{k,s}$를 모두 합한 것을 1 이하로 제약한 상태에서 각 산출물이 얼마나 산출될 수 있는지를 z_m으로 구하고, 이를 모두 합한 것을 목적함수로 한다. 따라서 그 값 $\sum_{m=1}^{M} z_m$이 시점 s에서의 최대 총요소생산성 TFP_s^*라 할 수 있다.[32] 마찬가지로 TFP_t^*를 구할 수 있고, 이를 통해 $\dfrac{TFP_t^*}{TFP_s^*}$를 도출한다.

SFA 기법을 사용하고자 한다면 다수의 DMU에 대해 여러 시점에 걸쳐 획득된 자료, 즉 패널자료(panel data)로부터 다음과 같은 함수를 추정하여야 한다.

$$(9.43) \qquad y_{it} = f(x_{1t},...,x_{Nt},t) + v_{it} - u_{it}, \ i = 1,...,I, \ t = 1,...,T$$

변수를 어떻게 정의하느냐에 따라서 식 (9.43)은 생산함수, 거리함수, 혹은 비용함수 등을 SFA기법으로 추정하게 되는데, 시간변수 t는 함수 자체를 이동시키면서 동시에 기술효율성 u_{it}에도 영향을 미친다. 따라서 이 기술효율성이 시간이 지나도 불변인지 아니면 달라지는지를 가정하여야 한다. 시간이 지나면서 효율성이 변할 수 있다고 가정하면 흔히 다음처럼 모형화한다.[33]

$$(9.44a) \qquad u_{it} = \frac{u_i}{1 + \exp\left(\gamma_1 t + \gamma_2 t^2\right)}$$

$$(9.44b) \qquad u_{it} = u_i \exp\left[-\eta(t-T)\right]$$

식 (9.44)에서 γ_1, γ_2, η는 제8장에서 논의했던 ML 추정법을 이용해 추정한다.

한국 자료를 이용한 Kwon and Lee(2004)의 연구에서는 생산경계를 $y = f(x_1,...,x_N,t)$ $\exp(-u)$와 같이 설정하였고, 식 (9.44b)처럼 기술효율성지수가 시간이 지나며 달라질 수 있도록 하였다.[34] 이 경우 생산량 변화는 다음처럼 분해되는데, 수식표현의 간소화를 위해 개별 DMU를 나타내는 지표 i와 시간을 나타내는 지표 t는 생략하였다.

---

[32] 식 (9.42)에서는 $\sum_{k=1}^{K} \lambda^{k,s} = 1$의 제약을 포함하지 않아 CRS기술이 가정된다. 따라서 이렇게 TFP_s^*를 도출할 경우 식 (9.40)의 EC_{st}^{HM}에는 순순한 기술효율성변화와 함께 배분효율성변화도 포함된다.

[33] 제8장에서 소개한 R 패키지 frontier가 패널자료 SFA모형을 추정할 수 있다.

[34] Kwon, O. S. and H. Lee, 2004, "Productivity Improvement in Korean Rice Farming: Parametric and Non−parametric Analysis," *The Australian Journal of Agricultural and Resource Economics* 48, pp. 323−342.

$$\frac{d\ln y}{dt} = \sum_{n=1}^{N} \frac{\partial f(x_1,\ldots,x_N,t)}{\partial x_n} \frac{x_n}{f(x_1,\ldots,x_N,t)} \frac{d\ln x_n}{dt} + \frac{\partial \ln f(x_1,\ldots,x_N,t)}{\partial t} - \frac{du}{dt}$$

$$= \sum_{n=1}^{N} \epsilon_n \frac{d\ln x_n}{dt} + \frac{\partial \ln f(x_1,\ldots,x_N,t)}{\partial t} - \frac{du}{dt}, \ \ \epsilon_n = \frac{\partial f}{\partial x_n} \frac{x_n}{f}$$

따라서 총요소생산성 변화율은 다음처럼 도출된다.

$$T\dot{F}P = \frac{d\ln y}{dt} - \sum s_n \frac{d\ln x_n}{dt}$$

$$= \sum_{n=1}^{N} \epsilon_n \frac{d\ln x_n}{dt} + \frac{\partial \ln f}{\partial t} - \frac{du}{dt} - \sum s_n \frac{d\ln x_n}{dt}$$

$$= \frac{\partial \ln f}{\partial t} - \frac{du}{dt} + \sum (\epsilon_n - s_n) \frac{d\ln x_n}{dt}$$

$$= \frac{\partial \ln f}{\partial t} - \frac{du}{dt} + (\epsilon - 1) \sum \frac{\epsilon_n}{\epsilon} \frac{d\ln x_n}{dt} + \sum \left(\frac{\epsilon_n}{\epsilon} - s_n \right) \frac{d\ln x_n}{dt}, \ \ \epsilon = \sum \epsilon_n$$

위의 총요소생산성 변화율은 1) 기술변화 $\frac{\partial \ln f}{\partial t}$, 2) 기술효율성변화 $-\frac{du}{dt}$, 3) 규모효율성변화 $(\epsilon - 1) \sum \frac{\epsilon_n}{\epsilon} \frac{d\ln x_n}{dt}$, 4) 배분효율성(allocative efficiency)변화 $\sum \left(\frac{\epsilon_n}{\epsilon} - s_n \right) \frac{d\ln x_n}{dt}$ 의 합이다.[35] 규모효율성변화는 규모탄력성 ϵ이 1과 다를 때 발생한다. 만약 IRS가 규모수익특성이라면 투입물 사용량을 늘릴 때 생산성이 높아진다. 그 효과를 평가하기 위해 투입물 증가율에 부여되는 가중치 $\frac{\epsilon_n}{\epsilon}$ 는 해당투입물의 편요소탄력성 ϵ_n에 비례한다. 마지막으로 배분효율성변화는 편요소탄력성이 비용 몫보다도 더 커 생산증대효과가 큰 투입요소 사용량을 늘릴수록 생산성이 높아지는 효과를 나타낸다.

---

35 비용함수추정을 통해 생산성변화를 이렇게 분해하는 것도 가능하다. 다음이 잘 알려진 연구이다: Bauer, P. W., 1990, "Decomposing TFP Growth in the Presence of Cost Inefficiency, Nonconstant Returns to Scale, and Technological Progress," *Journal of Productivity Analysis* 1, pp. 287−299.

생산행위 분석에 이용 가능한 자료가 풍부해지면서 국가 전체는 물론 개별 생산자 자료를 이용하는 생산성분석도 많이 시행되고 있다. 이 경우 자료는 횡단면자료와 시계열자료를 모두 포함하는 패널자료가 된다. 이렇게 미시 생산자료를 사용하게 되면서 대두된 문제 중 하나는 생산자의 투입물 선택은 내생적으로 결정되며, 특히 생산성이나 효율성 수준의 영향을 크게 받을 것이라는 점이다. 예를 들면 특정 투입요소를 다루는 데 유난히 능숙한 생산자라면 다른 생산자에 비해서 해당 투입요소를 더 많이 사용할 것이다. 그리고 특히 자본에 대한 투자는 기업 생산성이나 수익성이 높을수록 클 수가 있다.

본서가 설명했던 DEA나 SFA 분석법은 생산자 간 효율성/생산성의 격차와 그 변화를 계측하는 데 유용한 방법들이지만, 생산자들이 이렇게 생산성의 영향을 반영해 투입요소를 내생적으로 선택하는 문제는 반영하지 않았다. 다음과 같은 콥-더글라스형 생산함수를 고려하자.

$$(9.45) \qquad y_{it} = \beta_0 + \beta_k k_{it} + \beta_l l_{it} + \beta_m m_{it} + v_{it}^q + u_{it}$$

모든 변수는 이미 로그변환된 값을 나타낸다고 하자. k, l, m은 각각 자본, 노동, 중간투입재 사용량의 로그 값이다. v_{it}^q는 생산량에 영향을 미치는 일반적인 확률변수이다. 그렇다면 $\exp(\omega_{it}) = \exp(\beta_0 + u_{it})$가 생산자 i의 생산성을 나타낸다. u_{it}는 생산성을 결정짓는 변수이지만 직접 관측되지는 않는 확률변수이거나, 다른 변수들의 함수로서 추정되어야 한다. u_{it}는 SFA모형에서와는 달리 반정규분포와 같은 한 방향의 분포만을 가지는 확률변수는 아니다.

만약 식 (9.45)가 $\epsilon_{it} = v_{it}^q + u_{it}$와 같은 교란항 가정하에 OLS기법을 통해 추정될 수 있고, 그 파라미터 추정치가 $\hat{\beta}_0$, $\hat{\beta}_k$, $\hat{\beta}_l$, $\hat{\beta}_m$이라면, 생산자 i의 생산성 추정치의 로그 값은 $\hat{\omega}_{it} = \hat{u}_{it} + \hat{\beta}_0 = y_{it} - \hat{\beta}_k k_{it} - \hat{\beta}_l l_{it} - \hat{\beta}_m m_{it}$와 같이 도출된다. 또한 생산성변화율은 그 값이 시간이 지나며 바뀌는 정도가 된다.

그런데 식 (9.45)의 모형을 개별 생산자 자료를 이용해 OLS 추정할 때 몇 가지 문제가 등장한다. 첫째, 앞에서 논의한 것처럼 관측되지 않는 확률변수 형태로 포함된 생산성관련 변수 u_{it}와 투입물 k, l, m 간에는 강한 상관관계가 존재할 수 있다. 이 경우, 제7장에서 언급한 바와 같이, 추정치 $\hat{\beta}$들이 바람직한 통계적 성질을 갖지 못하게 된다.

둘째, 위 문제 때문에 비용함수를 분석하는 쌍대 접근법을 대안으로 사용할 수 있지만, 이 경우에도 개별 생산자 자료는 문제를 가진다. 비용함수 분석법은 좌변에는 생산비 로그값을, 우변에는 투입물 수량자료 대신 그 가격들의 로그값을 사용하며, 투입물 시장가격은 투입량과 달리 생산성 u_{it}와 독립이라 가정할 수 있다. 하지만 동일 시점에 각 생산자가 고용하는 투입물의 가격이 모두 서로 다르다는 것은 비현실적인 가정이다.

셋째, 분석을 위해 생산자별 수량을 도출할 때에도 문제가 발생한다. 대개는 판매수입 r_{it}를 가격으로 나누어 생산자별 산출량을 도출하는데 이때 생산자별 실제 가격을 알기 어려워 산업 전체의 평균가격을 적용하기 때문에 이로 인한 편의(bias)가 발생한다.

넷째, 많은 경우 개별 생산자들은 다수의 산출물을 생산함에도 불구하고 각 생산자를 특정 산업 하나에 포함시킴으로써 역시 편의가 발생한다.

개별 생산자 자료를 이용한 생산성분석이 가지는 이러한 문제들은 여러 방법으로 해결하거나 완화할 수 있는데, 특히 처음 두 문제에 관해서는 Olley and Pakes(1996)와 Levinsohn and Petrin(2003)의 분석법이 큰 기여를 하였다.[36]

먼저 $I_{it} = K_{it+1} - (1-\delta)K_{it}$를 자본량이 변하는, 즉 자본성장 방정식이라 하자. δ는 자본의 감가상각률이다. $i_{it} = \ln(I_{it})$라 하면, 이는 현재의 (로그변환된) 자본량 k_{it}와 생산성 u_{it}에 의해 영향을 받아 $i_{it} = i_t(k_{it}, u_{it})$와 같이 결정된다. 이를 생산성에 대해 풀어 $u_{it} = h_t(k_{it}, i_{it})$와 같이 표현할 수 있다. 식 (9.45)는 다음처럼 변형된다.

$$(9.46) \qquad y_{it} = \beta_0 + \beta_k k_{it} + \beta_l l_{it} + \beta_m m_{it} + h_t(k_{it}, i_{it}) + v_{it}^q$$
$$= \beta_l l_{it} + \beta_m m_{it} + \phi_{it}(k_{it}, i_{it}) + v_{it}^q$$
$$\text{단, } \phi_{it}(k_{it}, i_{it}) = \beta_0 + \beta_k k_{it} + h_t(k_{it}, i_{it})$$

---

36 Olley, G. S., and A. Pakes, 1996, "The Dynamics of Productivity in the Telecommunications Equipment Industry," *Econometrica* 64, pp. 1263−1297; Levinsohn, J., and A. Petrin, 2003, "Estimating Production Functions Using Inputs to Control for Unobservables," *Review of Economic Studies* 70, pp. 317−342. 한편, 설명변수의 내생성을 반영하는 SFA 연구들도 있으며, 다음은 그 중 하나이다: Kutlu, L., K. C. Tran, and M. G. Tsionas, 2019, "A Time−varying True Individual Effects Model with Endogenous Regressors," *Journal of Econometrics* 211, pp. 539−559.

위 모형은 2단계로 추정하는 것이 수월하다. 먼저 제1단계에서는 $\phi_{it}(k_{it}, i_{it})$에 다항식과 같은 어떤 함수형태를 설정한 후, 이를 반영하는 식 (9.46)의 두 번째 식과 같은 회귀식을 추정한다. 그 결과 β_l과 β_m의 추정치 $\hat{\beta}_l$과 $\hat{\beta}_m$이 얻어지고, 함수 $\phi_{it}(k_{it}, i_{it})$도 추정되는데, 몇 가지 가정하에서는 추정치 $\hat{\beta}_l$과 $\hat{\beta}_m$의 통계적 품질이 확보된다.

또한 생산성변수 u_{it}는 그 이전 기의 값 u_{it-1}이 있을 때 다음의 관계를 가진다고 가정한다.

$$u_{it} = E(u_{it}|u_{it-1}) + \xi_{it} = g(\phi_{it-1} - \beta_k k_{it-1}) + \xi_{it}$$

단, ξ_{it}는 확률변수

이상을 반영하여 제2단계에서 다음을 추정한다.

$$(9.47) \qquad y_{it} - \hat{\beta}_l l_{it} - \hat{\beta}_m m_{it} = \beta_o + \beta_k k_{it} + g(\hat{\phi}_{it-1} - \beta_k k_{it-1}) + \eta_{it}$$

$$\text{단, } \eta_{it} = \xi_{it} + v_{it}^q$$

제2단계에서는 β_k의 추정치를 구하는 것이 목적인데, 함수 $g(\cdot)$에도 어떤 형태를 부여할 수 있다. 이상의 두 추정모형을 동시에 혹은 단계적으로 추정하면, 생산성 지표가 자료로 관측되지 않음에도 불구하고 그에 반응하는 생산자의 생산함수를 완전 식별할 수 있다.

이상의 절차를 구조적 생산함수(structural production function) 분석법이라 부르기도 한다. 이 방법은 미시자료에서 투입요소 사용량이 생산성에 영향을 받아 내생적으로 결정되는 특성을 반영하면서도 생산자별 투입요소 가격자료를 필요로 하지 않으며, 또한 투입물 선택의 동태적 측면도 반영할 수 있다. 하지만 이 분석법은 몇 가지 가정하에서만 이론적·통계적 정당성을 가지기 때문에 이를 개선하려는 많은 시도가 있다.[37]

한편, 생산성의 동태적 변화를 $u_{it} = \rho u_{it-1} + \xi_{it}$, $|\rho| < 1$와 같이 구체화하고 이를 생산함수 (9.45)에 대입하면, 생산량이 이전 시점의 투입물 사용량과 산출량에 의해서도 영향을 받는 동태 패널모형(dynamic panel model)이 만들어진다. 동태 패널모형 분석법은 계량경제학의 주요 주제 중 하나이다. 따라서 투입물 선택의 내생성을 반영하는 생

---

[37] 예: Ackerberg, D. A., K. Caves, and G. Frazer, 2015, "Identification Properties of Recent Production Function Estimators," *Econometrica* 83, pp. 2411–2451. 구조적 생산함수 분석사례가 많아지면서 estprod와 같은 관련 R 소프트웨어도 만들어져 있다.

산기술 분석은 생산경제학자들과는 별개로 여러 계량경제학자들에 의해 다른 방식으로 진행되기도 한다.[38]

SECTION 05 **새로운 투입요소와 생산성**

지금까지의 논의에서 생산성변화율은 총투입대비 총산출의 비율이 시간이 지나면서 변하는 정도를 의미했고, 생산성변화가 발생하는 주요인은 기술변화와 규모효과, 그리고 생산비효율성이 있을 경우 효율성변화 등이었다. 만약 생산기술이 CRS의 특성을 가지고 있고, 생산이 항상 생산경계에서 이루어진다면, 기술변화가 곧 생산성변화이다. 이렇게 생산성변화를 분석하는 것은 따라서 기술수준을 일종의 고정투입요소로 보고, 그 값이 달라지면서 생산함수 등이 수직으로 이동하는 정도를 측정하는 것이 된다.

제1절 식 (9.15)의 딕싯−스티글리츠 생산함수가 보여준 바와 같이 체화된 기술변화를 반영할 경우에는 외생적인 기술수준변수 t가 아니라 투입물의 다양성 혹은 가짓수가 생산성에 영향을 미친다. 현대 경제에서는 기술혁신을 통해 과거에는 없던 새로운 투입물이 활용되게 되고 이로 인해 생산성이 높아지는 결과가 발생하는 것이다. 그렇다면 이렇게 새로운 투입물이 추가됨으로 인해 발생하는 생산성증가율은 어떻게 측정할 수 있을까?

이 경우 식 (9.15)와 같은 딕싯−스티글리츠 함수를 직접 추정하거나, 보다 효과적으로는 그에 상응하는 비용함수를 도출하여 동일 산출물 생산에 필요한 생산비가 새로운 투입요소가 사용 가능하게 되면서 얼마나 줄어드는지를 확인하여 새로운 투입물의 생산성 증대효과를 도출할 수 있을 것이다. 하지만 이 경우에도 생산자의 최적화행위를 적절히 반영하면 생산기술이나 비용함수 전체에 대해서는 알지 못해도 그에 관한 최소한의 정보만을 이용해 새로 개발된 투입물의 생산성 증대효과를 도출할 수 있다.

시점 s에는 (x_1, x_2) 두 가지 투입물만 이용 가능했지만, 시점 t에서는 새로운 투입물 x_3가 개발되어 (x_1, x_2, x_3)의 투입물조합이 사용 가능하게 되었다 하자. 두 기의 딕싯−스티글리츠 생산함수는 각각 다음과 같다.

---

[38] 다음 책 27장에서 자세한 설명을 얻을 수 있다: Pesaran, H. M., 2015, *Time Series and Panel Data Econometrics*, Oxford University Press.

(9.48a) $y_s = \left[a_{1s} x_{1s}^{(\sigma-1)/\sigma} + a_{2s} x_{2s}^{(\sigma-1)/\sigma} \right]^{\sigma/(\sigma-1)}$

(9.48b) $y_t = \left[a_{1t} x_{1t}^{(\sigma-1)/\sigma} + a_{2t} x_{2t}^{(\sigma-1)/\sigma} + a_{3t} x_{3t}^{(\sigma-1)/\sigma} \right]^{\sigma/(\sigma-1)}, \ \sigma > 1$

두 함수는 CRS 특성을 가진다. 그리고 $a_{it} = a_{is}(i = 1,2)$이어서 두 기간 모두 이용 가능했던 공통 투입물 (x_1, x_2)의 생산성은 변하지 않는다고 하자. 즉 지금까지 줄곧 가정했던 바와 같은 생산함수의 수직 이동은 없으며, 단지 새로운 생산요소 x_3가 이용 가능하게 되었다.[39]

이 생산함수는 CES형이고, 대체탄력성 σ가 1보다 크다고 가정한다. 이 가정은 투입물의 다양성이 생산성을 높이도록 하기 위해 필요한 가정이다.[40] N가지 투입요소가 사용되고 있고, 모두 동일한 양이 사용된다고 하자. 즉 모든 i에 있어 $x_i = \dfrac{X}{N}$이고 $(i = 1,...,N)$, X는 투입물의 총사용량이다. 또한 편의상 a_i는 모두 1이라 하자. 그러면 생산함수는 $y = \left[\sum_{i=1}^{N} \left(\dfrac{X}{N} \right)^{(\sigma-1)/\sigma} \right]^{\sigma/(\sigma-1)} = \left[N \left(\dfrac{X}{N} \right)^{(\sigma-1)/\sigma} \right]^{\sigma/(\sigma-1)} = \left[N^{1/(\sigma-1)} X \right]$와 같다. $\sigma > 1$라면, 투입물의 총사용량 X가 불변이더라도 그 가짓수가 많아지고 N이 커지면 생산량이 늘어난다.

제4장에서 CES형 생산함수로부터 비용함수를 도출했던 과정을 다시 적용하면, 다음과 같은 비용함수를 식 (9.48)의 두 생산함수로부터 도출할 수 있다.

(9.49a) $c(w_{1s}, w_{2s}, y_s) = y_s \left[b_{1s} w_{1s}^{1-\sigma} + b_{2s} w_{2s}^{1-\sigma} \right]^{1/(1-\sigma)}, \ b_{is} = a_{is}^{\sigma}, \ i = 1,2$

(9.49b) $c(w_{1t}, w_{2t}, w_{3t}, y_t) = y_t \left[b_{1t} w_{1t}^{1-\sigma} + b_{2t} w_{2t}^{1-\sigma} + b_{3t} w_{3t}^{1-\sigma} \right]^{1/(1-\sigma)},$
$b_{it} = a_{it}^{\sigma}, \ i = 1,2,3$

역시 $b_{it} = b_{is}(i = 1,2)$이어서 두 시점 모두 이용 가능한 투입요소의 생산성은 변하지 않는다. 비용함수를 사용할 경우 생산성변화율은 동일 산출을 얻기 위해 필요한 비용이 얼마나 감소하는지를 통해 측정한다. 식 (9.49)의 비용함수가 생산량에 비례하기 때문에 두 시점에 있어 동일하게 한 단위, 즉 $y_s = y_t = 1$을 생산하는 데 소요되는 비용의 비율을 도출하면 다음과 같아야 한다. 이 관계식의 도출과정은 본장 부록에 정리되어 있다.

---

39 제2장에서의 CES함수와 달리 $a_{1s} + a_{2s} = 1$, $a_{1t} + a_{2t} + a_{3t} = 1$을 반드시 가정하지는 않는다.

40 아울러 $\sigma > 1$, 즉 $(\sigma-1)/\sigma > 0$의 조건은 투입물 중 일부를 사용하지 않고도 생산할 수 있게 하며, 등량곡선이 세로축이나 가로축과 만날 수 있게 한다(예: $x_{2s} = 0 \ \rightarrow \ y_s = a_{1s}^{\sigma/(\sigma-1)} x_{1s}$).

$$(9.50) \qquad \frac{c(w_{1t}, w_{2t}, w_{3t}, 1)}{c(w_{1s}, w_{2s}, 1)} = \prod_{i=1}^{2} \left(\frac{w_{it}}{w_{is}} \right)^{\kappa_{it}} \times \left(\frac{\lambda_t}{\lambda_s} \right)^{1/(\sigma-1)}$$

$$\text{단, } \lambda_t = \frac{\sum_{i=1}^{2} w_{it} x_{it}}{\sum_{i=1}^{3} w_{it} x_{it}}, \quad \lambda_s = \frac{\sum_{i=1}^{2} w_{is} x_{is}}{\sum_{i=1}^{2} w_{is} x_{is}} = 1,$$

$$\kappa_{it} = \frac{(\bar{s}_{it} - \bar{s}_{is})/(\ln \bar{s}_{it} - \ln \bar{s}_{is})}{\sum_{j=1}^{2} (\bar{s}_{jt} - \bar{s}_{js})/(\ln(\bar{s}_{jt} - \ln \bar{s}_{js})},$$

$$\bar{s}_{it} = \frac{w_{it} x_{it}}{\sum_{j=1}^{2} w_{jt} x_{jt}}, \quad \bar{s}_{is} = \frac{w_{is} x_{is}}{\sum_{j=1}^{2} w_{js} x_{js}}, \quad i = 1, 2$$

식 (9.50)의 값이 1보다 작으면 한 단위 생산을 위한 비용이 시간이 지나면서 절감된 것이므로 생산성 증대가 있었다. 이 식은 두 부분으로 구성되어 있다. 첫 번째 구성요소 $\prod_{i=1}^{2} \left(\frac{w_{it}}{w_{is}} \right)^{\kappa_{it}}$ 은 사토-바르티아(Sato-Vartia)가격지수라 불리며, 두 기간 동안 발생한 가격효과이다. 이 가격효과는 두 시점 모두에 이용 가능했던 투입물 (x_1, x_2)의 가격이 변해서 동일한 양의 산출물을 생산하는 데 소요되는 비용이 변한 정도를 나타낸다. κ_{it}는 가격 비율에 적용되는 각 품목별 가중치인데, '두 시점에 있어 모두 이용 가능했던 두 가지 투입물에 대한 지출액 합'에서 각 공통 투입물의 지출액이 차지하는 비중을 반영하고 있다. 특정 투입물 x_i의 그러한 비중은 $\bar{s}_{is}$와 $\bar{s}_{it}$, 두 가지이므로 그 로그평균(logarithmic mean)인 $(\bar{s}_{it} - \bar{s}_{is})/(\ln \bar{s}_{it} - \ln \bar{s}_{is})$가 κ_{it}를 위한 x_i의 가중치로 사용된다.[41] 사토-바르티아지수 $\prod_{i=1}^{2} \left(\frac{w_{it}}{w_{is}} \right)^{\kappa_{it}}$는 κ_{it}를 가중치로 하는 각 품목별 가격비 w_{it}/w_{is}의 평균인데, 제2장 math 2.2에서 논의되었던 r계 평균 혹은 가중 멱평균의 변형된 형태이다.

두 번째 구성요소는 $\left(\frac{\lambda_t}{\lambda_s} \right)^{1/(\sigma-1)}$ 인데, 이것이 바로 새로운 생산요소가 이용 가능하게 되면서 발생하는 생산성 증대효과이다. λ_t와 λ_s는 각각 시점 t와 시점 s에서의 전체 생산비에서 두 시점 모두에서 사용 가능했던 투입물 (x_1, x_2)에 대한 지출의 비중이다. 시점 t에서는 x_3라는 새로운 투입물이 사용 가능했기 때문에 $\lambda_t < \lambda_s = 1$이고, $\sigma > 1$

---

[41] $(u-v)/(\ln u - \ln v)$를 두 변수 u와 v의 로그평균이라 부른다. 단 이 두 변수는 모두 0보다 크고 서로 같지 않다.

이므로 $\left(\dfrac{\lambda_t}{\lambda_s}\right)^{1/(\sigma-1)}$ 는 1보다 작은 값을 가진다. 따라서 $\left(\dfrac{\lambda_t}{\lambda_s}\right)^{1/(\sigma-1)}$ 는 새로운 생산요소 x_3가 이용 가능하게 되면서 동일 산출을 위해 필요한 비용이 시점 t에서 더 적어지는 정도를 나타낸다.

두 번째 구성요소 $\left(\dfrac{\lambda_t}{\lambda_s}\right)^{1/(\sigma-1)}$ 는 σ와 λ_t/λ_s의 크기에 의해 영향을 받는다. 먼저 σ 가 매우 크고 극단적으로 무한대라면 $\left(\dfrac{\lambda_t}{\lambda_s}\right)^{1/(\sigma-1)}$ 는 λ_t/λ_s의 값과 상관없이 1이 되고, 투입요소 가짓수가 늘어나는 것의 생산성효과가 없어진다. 이 경우에는 투입물별 고유한 특성이 없어서 새로 사용되는 x_3가 기존 투입물 (x_1, x_2)을 그 양만큼 완전 대체할 수 있기 때문에 비용절감효과가 소멸되는 것이다. 즉 동일한 비율 λ_t/λ_s가 관측되더라도 σ 값이 1에 가깝고 투입물 간 대체관계가 제한될수록 새로운 투입요소의 생산성 기여도가 커진다.

또한 λ_t/λ_s는 새로 투입된 생산요소 x_3의 시장점유율과 관련이 있다. x_3의 점유율이 높을수록 λ_t는 작은 값을 가지게 된다. 따라서 이 경우 주어진 σ에서 $\left(\dfrac{\lambda_t}{\lambda_s}\right)^{1/(\sigma-1)}$ 의 값은 작아지고, x_3가 생산비 절감에 기여하는 바가 커지게 된다. 즉 새로 개발된 투입요소가 생산자에 의해 선택되는 정도가 클수록 새로운 투입요소 개발의 생산비 절감효과가 크게 계측된다.

두 요소 $\displaystyle\prod_{i=1}^{2}\left(\dfrac{w_{it}}{w_{is}}\right)^{\kappa_{it}}$ 와 $\left(\dfrac{\lambda_t}{\lambda_s}\right)^{1/(\sigma-1)}$ 로 구성된 식 (9.50)의 지수 전체는 핀스트라(Feenstra)지수라 불린다. 핀스트라지수는 원래 새로운 상품이 등장했을 때 소비자들이 얻는 후생효과를 분석하기 위해 개발되었는데, 본절은 이를 생산이론에 변형·적용하였다.[42] 핀스트라지수는 투입물 간 대체탄력성 σ에 대한 정보가 있으면 전체 생산함수나 비용함수를 추정하지 않고도 비용이 절감되는 정도를 도출할 수 있다. 따라서 새로운 상품 혹은 투입재의 생산비 절감효과(=생산성증가율)를 계측하는 대단히 유용한 지표이다. 아울러 두 기간 동안 이용 가능한 생산요소의 종류에 변화가 없다면 $\lambda_t = \lambda_s$가 되므로 새로운 생산요소 효과는 없어지고 핀스트라지수는 사토-바르티아지수와 일치하게 된다.

---

42 Feenstra, R. C., 1994, "New Product Varieties and the Measurement of International Prices," *American Economic Review* 84, pp. 157-177.

핀스트라지수는 시간이 지나면서 새로운 투입물이 등장할 뿐 아니라 동시에 개발된 지 오래된 생산요소 중 일부가 사라지는 경우에 대해서도 적용 가능하다. 그리고 비용함수의 파라미터가 $b_{it} = b_{is}(i = 1,2)$처럼 시점 간에 불변이라는 가정도 보다 최근의 연구에 의해 완화되었다.

연습 문제 9.10 시점 s에는 (x_1, x_2, x_3) 세 가지 투입물이 사용 가능했지만 시점 t에는 x_3이 없어지고 대신 x_4가 새로 개발되어 (x_1, x_2, x_4) 세 가지 투입물이 사용된다고 하자. 이때의 핀스트라지수를 도출하라.

핀스트라지수의 도출

핀스트라지수의 도출은 다음 세 단계를 거친다.

1) $\dfrac{c(w_{1t},w_{2t},w_{3t},1)}{c(w_{1s},w_{2s},1)} = \dfrac{w_{it}\,(\bar{s}_{it})^{1/(\sigma-1)}\lambda_t^{1/(\sigma-1)}}{w_{is}\,(\bar{s}_{is})^{1/(\sigma-1)}\lambda_s^{1/(\sigma-1)}},\ \ i=1,2$

2) $\dfrac{c(w_{1t},w_{2t},w_{3t},1)}{c(w_{1s},w_{2s},1)} = \prod_{i=1}^{2}\left(\dfrac{w_{it}}{w_{is}}\right)^{\kappa_{it}} \times \left(\dfrac{\lambda_t}{\lambda_s}\right)^{1/(\sigma-1)} \times \prod_{i=1}^{2}\left(\dfrac{\bar{s}_{it}}{\bar{s}_{is}}\right)^{\kappa_{it}/(\sigma-1)}$

3) $\displaystyle\prod_{i=1}^{2}\left(\dfrac{\bar{s}_{it}}{\bar{s}_{is}}\right)^{\kappa_{it}/(\sigma-1)} = 1$

즉 1)에 의해 두 기간의 단위 생산비 비율을 두 기간 모두에 이용 가능했던 특정 투입물 x_i의 가격 w_i와 (두 시점 모두에서 이용 가능한 투입물에 대한) 지출액 비중 $\bar{s}_i$, 그리고 (λ_t/λ_s)의 함수로 표현한다. 2)에서는 1)의 좌우변을 κ_{it}를 가중치로 하여 가중 멱평균을 취하는데, 평균을 취했을 때 $\kappa_{1t}+\kappa_{2t}=1$이므로 좌변은 값을 그대로 유지하지만 우변은 가중 멱평균된 형태가 된다. 3)에서는 2)의 세 구성요소 가운데 마지막 구성요소인 비용 몫 가중합은 1이라는 것을 보여주면 된다.

첫 번째 단계에서는 먼저 특정 투입물 x_{it}의 비용 몫 s_{it}을 구하기 위해 셰퍼드 보조정리를 적용해 다음을 도출한다.

$$x_{it} = \frac{\partial c(w_{1t},w_{2t},w_{3t},1)}{\partial w_{it}} = \frac{c(w_{1t},w_{2t},w_{3t},1)}{\displaystyle\sum_{i=1}^{3} b_{it}w_{it}^{1-\sigma}}\, b_{it}w_{it}^{-\sigma}$$

식 (9.49b)에서 $c(w_{1t},w_{2t},w_{3t},1) = \left[\displaystyle\sum_{i=1}^{3} b_{it}w_{it}^{1-\sigma}\right]^{1/(1-\sigma)}$ 였으므로 이는 다음을 의미한다.

$$s_{it}^{1/(\sigma-1)} = \left[\frac{w_{it}x_{it}}{c(w_{1t},w_{2t},w_{3t},1)}\right]^{1/(\sigma-1)} = c(w_{1t},w_{2t},w_{3t},1)b_{it}^{1/(\sigma-1)}w_{it}^{-1}$$

마찬가지 절차를 시점 s에 대해서도 적용한다. 그리고 식 (9.50)에서 도입되었던 두 기간 공통비용 몫 $\bar{s}_{ik}$의 정의에 의해 $s_{ik} = \bar{s}_{ik} \times \lambda_k$라는 성질을 활용하여 다음을 도출할 수 있다($k = s,t$).

$$\frac{c(w_{1t},w_{2t},w_{3t},1)}{c(w_{1s},w_{2s},1)} = \frac{w_{it}s_{it}^{1/(\sigma-1)}b_{it}^{1/(1-\sigma)}}{w_{is}s_{is}^{1/(\sigma-1)}b_{is}^{1/(1-\sigma)}} = \frac{w_{it}(\bar{s}_{it})^{1/(\sigma-1)}\lambda_t^{1/(\sigma-1)}}{w_{is}(\bar{s}_{is})^{1/(\sigma-1)}\lambda_s^{1/(\sigma-1)}}$$

$$(\because b_{it} = b_{is})$$

두 번째 단계는 위 표현의 단순한 가중 몌평균이기 때문에 특별히 설명할 것이 없다. 마지막 단계 역시 간단한데, $\prod_{i=1}^{2}\left(\frac{\bar{s}_{it}}{\bar{s}_{is}}\right)^{\kappa_{it}/(\sigma-1)} = 1$을 보여주는 대신 양변의 로그를 취해 $\sum_{i=1}^{2}\frac{\kappa_{it}}{\sigma-1}\{\ln\bar{s}_{it} - \ln\bar{s}_{is}\} = 0$임을 보여주면 된다. 이는 식 (9.50)의 κ_{it}를 대입하면 바로 보여줄 수 있다.

References

▪ Acemoglu, D., 2009, *Introduction to Modern Economic Growth*, Princeton University Press: 체화된 기술이 경제성장을 유발하는 메커니즘을 연구하는 경제성장론 분야의 가장 권위 있는 교과서이다. 수학적 요구수준이 꽤 높은 편이다.

▪ Balk, B. M., 2008, *Price and Quantity Index Numbers: Models for Measuring Aggregate Change and Difference*, Cambridge University Press: 수량지수와 가격지수를 구축하는 방법에 관한 많은 저작물이 있다. 이 책은 그 중 하나로서, 비교적 최근에 발간된 관련 전문가의 안내서이다.

▪ Binswanger, H. P, 1974, "The Measurement of Technical Change Biases with Many Factors of Production," *American Economic Review* 64, pp. 964-976: 기술변화의 요소편향성에 관한 고전적 연구이다.

▪ Capalbo, S. M., and J. M. Antle, eds., 1988, *Agricultural Productivity: Measurement and Explanation*, Resources for the Future: 기술변화와 생산성변화, 생산기술의 특성, 분석을 위한 자료구축 방법 등을 종합적으로 설명한다.

▪ Chambers, R. G., 1988, *Applied Production Analysis: A Dual Approach*, Cambridge University Press: 제6장에서 기술변화의 요소편향성과 생산기술구조와의 관련성을 자세히 설명하며, 그 내용이 일부 본장에 반영되었다.

▪ Färe, R., S. Grosskopf, and D. Margaritis, 2008, "Efficiency and Productivity: Malmquist and More," in H. O. Fried, C. A. K. Lovell, and S. S. Schmidt, eds., *The Measurement of Productive Efficiency and Productivity Growth*, Oxford University Press: 생산성변화를 정의하고 각 세부 구성요소로 분해하는 방법을 종합적으로 설명한다.

▪ Feenstra, R. C., 2015, *Advanced International Trade: Theory and Evidence*, 2nd ed., Princeton University Press: 대단히 유용한 현대 국제무역이론 교과서이다. 저자는 이 분야에서 가장 업적이 많은 학자이면서, 본문에서 설명했던 핀스트라지수의 개발자이기도 하다. 생산경제학의 주요 개념들이 이 책 여러 곳에서 활용된다.

▪ Gardner, B., 2002, *American Agriculture in the Twentieth Century: How It Flourished and What It Cost*, Harvard University Press (권오상 역, 2010, 『20세기의 미국 농업, 번영과 그 대가』, 박영사/박영북스): 농업부문만을 대상으로 하지만 아래에서 소개되는 Jorgenson et al.(1988)과 비견될 수 있는 연구서이다. 탁월한 농업경제학자였던 저자가 편요소생산성

과 총요소생산성 관련 이론과, 무엇보다도 실제 자료를 이용해 측정하는 방법을 상세히 설명한다. 아울러 지난 100여 년의 눈부신 생산성변화와 그에 적응하는 구조조정으로 인해 미국 농업이 현재와 같은 경쟁력을 가지게 된 과정을 경제이론과 자료, 계량경제분석을 통해 설명한다.

■ Grifell−Tatjé, E. and C. A. K. Lovell, 2015, *Productivity Accounting: The Economics of Business Performance,* Cambridge University Press: 수량지수와 가격지수를 이용해 생산자 이윤이나 수익성의 변화를 요인별로 분해하는 방법을 종합해서 설명한다.

■ Jorgenson, D. W., F. M. Gollop, and B. M. Fraumeni, 1988, *Productivity and U.S. Economic Growth*, Harvard University Press: 실제 경제통계를 이용해 수량지수, 가격지수 등을 도출하는 가장 표준적인 방법을 제시한 영향력 있는 연구서이다. 이 책이 제시하는 방법은 현재 한국과 미국을 포함하는 여러 국가의 통계기관과 OECD 등의 국제기구에 의해 생산성지수 구축에 활용되고 있다.

■ Russell, R. R., 2018, 'Theoretical Productivity Indices," in E. Grifeli−Tatjé, C. A. K. Lovell, and R. C. Sickles, eds., *The Oxford Handbook of Productivity Analysis,* Oxford University Press: 맘퀴스트지수와 힉스−무어스틴지수를 대등한 비중을 두고 이론적으로 설명하는 훌륭한 논문이다. 저자는 생산경제학 분야의 저명한 연구자 중 한 명이다.

불확실성과
생산자
의사결정

생 산 경 제 학
PRODUCTION
ECONOMICS

CHAPTER 10
불확실성과 생산자 의사결정

　　지금까지 본서는 생산자들은 생산을 기획하고 실행할 때 그로부터 얻을 수 있는 최종적인 성과를 확실하게 인지한 상태에서 의사결정한다고 가정하였다. 따라서 투입요소 사용량을 결정하면 그로부터 얻을 산출량을 정확히 알고 있고, 또한 가격정보도 알려져 있어 투입물에 대해 지불할 비용과 산출물 판매로부터 얻을 수입도 정확히 알고 있는 상태에서 생산자는 의사결정을 한다. 하지만 이렇게 생산관련 정보가 사전에 정확히 알려져 있는 경우는 사실 드물며, 생산자들은 상당한 불확실성(uncertainty)하에서 의사결정을 하여야 한다. 본장은 이렇게 불확실성이 존재할 경우 이를 생산자 행위론에 반영하는 방법과, 불확실성을 감안할 때 생산자 행위가 어떻게 달라지는지에 대해 논의한다.

　　본장의 제1절에서는 불확실성이 있을 경우 생산자가 의사결정의 기준으로 삼는 것은 무엇인지를 설명하고, 제2절에서는 생산관련 불확실성이 확률적 지배관계(stochastic dominance)라는 특정 분포조건을 충족할 때의 생산자 선택문제를 분석한다. 제3절에서는 보다 일반적인 불확실성 구조하에서 생산자가 내리는 주요 의사결정의 특성을 살펴보고, 불확실성이 없을 경우와의 차이점을 확인한다. 제4절에서는 생산기술 원함수뿐 아니라 비용함수와 같은 간접목적함수를 이용해 불확실성하의 의사결정을 분석하는 법을 배운다.

　　본장은 불확실성하의 생산행위에 관해 비교적 오래전부터 개발되어온 전통적인 분석법을 설명한다. 본장에서 다루는 많은 주제들은 제11장에서 보다 새로운 분석법인 상태의존 생산이론을 활용해서도 설명된다.

많은 경우에 있어 기획에서 최종 판매까지의 전체 생산과정은 상당한 시간을 필요로 한다. 그렇기 때문에 생산기간 동안 발생한 기상이나 환경조건, 자연재해 등으로 인해 당초 의도한 것보다 생산량이 많거나 적을 수 있다. 또한 생산기간 동안 투입물과 산출물의 가격이 크게 변할 수도 있다. 예를 들어 농작물의 경우 봄에 파종한 후 가을에 수확할 때까지의 기간 동안 병충해가 발생할 수 있고, 가을에 시장에서 형성될 가격도 생산품목과 경작면적을 결정하는 봄에는 정확히 알 수 없다. 반도체를 생산하는 기업도 설비규모를 확장하는 투자를 시행할 때와 제품을 실제 판매하는 시점 간에는 상당한 시차가 있어 새로운 설비에서 생산된 제품을 판매할 때 형성될 시장 상황이 어떨지를 미리 알 수는 없다. 이렇게 불확실성하에서 의사결정을 할 때 생산자는 본인의 기대와는 다른 성과가 나타날 수도 있는 일종의 위험(risk)에 처하게 된다.[1]

생산자는 생산행위의 최종 성과를 정확히 알 수 없는 위험하에 있지만 이 상태에서도 의사결정을 해야만 생산을 시작할 수 있다. 즉 생산자는 생산성이나 가격과 같은 주요변수들의 값이 실현되기 이전에 사전(*ex-ante*) 의사결정을 해야 하고, 이 의사결정 이후에 생산성이나 가격조건과 같은 불확실한 변수들의 값이 실현되면서 사후(*ex-post*) 경영성과가 확정된다. 생산성이나 가격관련 불확실성이 있으면 따라서 생산자가 얻는 최종 경영성과도 불확실성을 가지게 된다. 하지만 보다 중요한 것은 이러한 불확실성이 있게 되면 생산자의 행위 자체가 불확실성이 없을 때와는 달라질 수 있다는 것이다. 즉 생산자들은 자신들이 처하는 불확실성을 의사결정에 반영하는 선택을 한다. 본절은 불확실성하에서 생산자들이 가지는 의사결정 원칙으로는 어떤 것이 있는지를 논의한다.

1. 기대효용이론

생산자가 생산행위를 하면 이윤 혹은 소득 π가 발생한다. 특정 생산행위로부터 발생하는 이윤은 불확실성으로 인해 이제 다양한 값을 가질 수 있고 정확히 어떤 값이 실현될지 사전에 알 수 없다. 이윤은 최소 π_1에서 최대 π_J까지 J가지의 값 중 하나로 나타

---

1 문헌에 따라서는 불확실성과 위험이라는 용어를 서로 구분하기도 하지만 본서는 이 두 용어를 혼용하기로 한다.

난다고 하자. 이 J가지의 이윤은 각기 발생할 확률을 가지게 된다. 이 확률은 생산자가 어떤 품목을 얼마나, 어떤 방식으로 생산하느냐에 따라 달라질 것이다. 어떤 생산선택에서는 비교적 가운데 수준의 이윤 중 하나가 나타날 확률이 매우 높고, 가운데 수준보다 크게 낮거나 높은 이윤이 발생할 확률은 대단히 낮을 수가 있다. 하지만 또 다른 생산선택에서는 가운데 수준보다 많이 낮거나 높은 이윤이 나타날 확률도 꽤 높을 수가 있다.

J가지의 이윤 값 중 π_j가 나타날 확률을 $p_j (\geq 0)$라 하면[2] 그 합은 정확히 1이 되어야 한다. 즉 $\sum_{j=1}^{J} p_j = 1$이 되어야 한다. 아울러 서로 다른 두 이윤수준 π_j와 $\pi_k (j \neq k)$는 동시에는 발생할 수 없고, J가지의 이윤 수준 중 하나만 실현이 된다.[3]

어떤 생산선택을 했을 때 발생할 이윤의 특성은 각 실현될 수 있는 값과 그 실현 확률을 결합하여 $(\pi_1, \pi_2, ..., \pi_j; p_1, p_2, ..., p_J)$와 같이 표현할 수 있다. 사실 J를 매우 큰 값으로 정할 경우 발생 가능한 이윤의 종류가 어떤 생산선택을 하든지 $(\pi_1, ..., \pi_J)$의 동일한 J가지 값으로 구성된다고 가정해도 무방하다. J를 충분히 크게 한 후 예를 들어 어떤 이윤 π_j가 특정 생산선택에서는 아예 발생할 수 없다면, 이 생산선택에서는 그 확률로 $p_j = 0$을 부과하면 된다. 따라서 어떤 생산선택 A에 따른 이윤 π^A는 각 이윤 값의 발생확률 $P^A = (p_1^A, ..., p_J^A)$만으로도 그 특성을 나타낼 수 있다. 마찬가지로 또 다른 생산선택의 이윤 π^B는 $P^B = (p_1^B, ..., p_J^B)$의 확률 특성을 가진다. 두 선택의 소득 π^A와 π^B는 이처럼 모두 확률변수이다.

생산자들은 이렇게 각기 다른 π의 분포를 가지는 생산방식 중 하나를 선택해야 한다. 이때 어떤 선택을 할 것인지가 문제가 되는데, 지금까지 우리가 가정했던 바와 같이 생산자들이 이윤을 극대화한다고 하면 불확실성하에서는 이윤의 기댓값, 즉 $E\pi = \sum_{j=1}^{J} p_j \pi_j$를 가장 크게 하는 선택을 할 것이다. 이는 선택가능한 생산행위로부터 기대할 수 있는 이윤을 극대화하는 것이므로 가장 자연스러운 의사결정원칙이라 할 수 있다. 하지만 불

---

2 생산행위를 명시적으로 분석하지 않는 많은 문헌에서 불확실한 상태의 발생확률을 π_j로 표기한다. 하지만 본서에서는 생산행위를 다루고 있고, 지금까지 생산자의 이윤 혹은 소득을 π로 표기했기 때문에 발생확률은 p_j로 대신하기로 한다. 발생확률이 지금까지 산출물가격으로 사용해온 p와 혼동이 될 경우에는 가격은 q로 대체하기도 한다. 이 방식은 제10장과 제11장 전체에 적용된다. 하지만 소득이 생산과정을 거치지 않고도 발생하는 경우에는 x나 y 등으로 표기하기도 한다.

3 한편, 실현되는 이윤 π가 구간 $[a,b]$ 내에 존재할 수 있는 연속적인 실수라면 그 경우의 수를 셀 수가 없다. 이 경우 특정 이윤의 발생 확률은 확률밀도함수 $\phi(\pi)(\geq 0)$의 값이 되어야 하며, 이윤이 구간 $[\pi_1, \pi_2] \subseteq [a,b]$에 속할 확률은 $p(\pi \in [\pi_1, \pi_2]) = \int_{\pi_1}^{\pi_2} \phi(\pi)d\pi$와 같다. 그리고 $\int_a^b \phi(\pi)d\pi = 1$이다. 본장은 편의에 따라 이윤이 이산(discrete) 변수이거나 아니면 연속(continuous) 변수라 간주한다.

확실성이 개입될 경우 이러한 기대이윤(expected profit) 극대화는 대단히 비현실적인 선택이 될 수 있다.

한 예로 값 j를 동전을 던졌을 때 처음으로 앞면이 나오기 위해 던져야 하는 횟수라 하고, 이 값에 따라 2^j을 상금으로 주는 복권이 있다고 하자. 즉 $\pi_j = 2^j$이다. 이 복권의 기대 상금액은 다음과 같다.

$$(10.1) \qquad E\pi = \frac{1}{2}\times 2 + \left(\frac{1}{2}\right)^2 \times 2^2 + \left(\frac{1}{2}\right)^3 \times 2^3 + \cdots = 1 + 1 + 1 + \cdots = \infty$$

이 복권의 상금 기댓값이 무한대이기 때문에 복권구입가격이 무한대가 아닌 한 누구나 이 복권을 구입해야만 할 것이다. 하지만 이 복권은 그 상금이 8원 이하일 확률이 무려 7/8이나 되기 때문에 이 복권을 높은 가격을 지불하고 구입할 사람은 사실 없을 것이다. 상트페테르부르크 역설(St. Peterburg Paradox)이라 불리는 이 예는 불확실성하에서 기대이윤만을 기준으로 선택하는 것이 얼마나 비현실적인지를 잘 보여준다.[4]

그렇다면 어떤 기준을 적용해 이 복권을 구입할지 여부를 결정해야 할까? 복권 구입자가 상금액 $\pi_j = 2^j$을 그대로 자신의 보수로 받아들이지 않고 그 값을 변환해 $4\sqrt{\pi_j}$와 같이 받아들인다고 하자. 이 변환을 $u(\pi_j) = 4\sqrt{\pi_j}$와 같이 함수 $u(\cdot)$로 표현해보자. 이제 이 구입자는 이윤 π의 기댓값이 아닌 $u(\pi)$의 기댓값을 가지고 복권의 기대가치를 평가하게 되는데, 이는 다음과 같이 도출된다.

$$(10.2) \qquad Eu(\pi) = \frac{1}{2}u(2) + \left(\frac{1}{2}\right)^2 u(2^2) + \left(\frac{1}{2}\right)^3 u(2^3) + \cdots$$

$$= 4\left\{ \frac{1}{2}\sqrt{2} + \left(\frac{1}{2}\right)^2 \sqrt{2^2} + \left(\frac{1}{2}\right)^3 \sqrt{2^3} + \cdots \right\}$$

$$= \frac{4}{\sqrt{2}}\left\{ 1 + \left(\frac{1}{\sqrt{2}}\right) + \left(\frac{1}{\sqrt{2}}\right)^2 + \cdots \right\} \approx 9.66$$

이렇게 구입자가 상금액 π가 아닌 이를 변환한 $4\sqrt{\pi}$를 상금가치로 인정할 경우 이 복권의 기대가치는 무한대가 아닌 9.66이 된다. 그렇다면 이 구입자는 복권에 대해 얼마나 지불할 생각이 있을까? 복권가격이 X라 하면, 이 비용도 구입자는 마찬가지로

---

4 이 역설은 유명한 수학자 가문 출신의 N. Bernoulli가 18세기에 처음 제시한 것으로 알려져 있다. 이 역설의 연원에 대한 추가 설명은 탁월한 게임이론 교재인 다음 책 제4장에서 얻을 수 있다: Binmore, K. 2007, *Playing for Real: A Text on Game Theory*, Oxford University Press.

$4\sqrt{X}$ 만큼의 가치가 있는 것으로 간주할 것이다. 따라서 이 경우 다음과 같은 관계에 의해 이 구입자는 복권에 대해 5.83원만 지불할 의사가 있다.

$$(10.3) \qquad u(X) = 4\sqrt{X} = Eu(\pi) \approx 9.66$$
$$X^* \approx 5.83$$

이상 살펴본 예에서는 의사결정자가 이윤 자체의 기댓값 $E\pi$보다는 그 값을 변형한 $u(\pi)$의 기댓값 $Eu(\pi)$를 기준으로 의사결정을 할 때 보다 더 현실적인 선택을 하게 된다. 이 예가 바로 본장에서 가장 중요한 의사결정원리로 사용하는 기대효용이론(expected utility theory)을 보여주고 있다.

어떤 실현되는 이윤수준 π_j를 $u(\pi_j) = u_j$와 같이 변형하도록 하는 π의 증가함수 $u(\cdot)$를 경제학에서는 효용함수(utility function)라 부른다($u'(\pi) > 0$). $u(\pi_j)$는 π_j라는 실현되는 이윤이 가져다주는 만족도를 나타내는 지표이고, 그 자체는 반드시 화폐액일 필요가 없다. 기대효용이론은 불확실성하에서는 기대이윤이나 기대소득이 아니라 그로부터 얻는 기대효용을 극대화하는 행위를 한다고 가정할 때 생산자의 의사결정을 잘 나타낼 수 있음을 의미한다. 다음과 같은 기대효용정리가 그 내용을 담고 있다.

---

math 10.1 　**기대효용정리**

두 생산 선택 A와 B의 소득이 확률변수로서 각각 π^A와 π^B이고, 소득 값 $(\pi_1, ..., \pi_J)$의 발생확률은 두 선택에서 각각 $P^A = (p_1^A, ..., p_J^A)$와 $P^B = (p_1^B, ..., p_J^B)$라 하자. 생산자 선택행위가 몇 가지 조건을 충족할 경우에는, A가 B보다 더 선호될 때 $\sum_{j=1}^{J} p_j^A u_j \geq \sum_{j=1}^{J} p_j^B u_j$이고, 역으로 $\sum_{j=1}^{J} p_j^A u_j \geq \sum_{j=1}^{J} p_j^B u_j$일 때 A가 B보다 더 선호되게 하는 효용함수 값 $u_j = u(\pi_j)$가 각 π_j에 대해 존재한다.

즉 생산자입장에서 A가 B보다 더 나은 선택이라는 것은 π^A의 기대효용 $Eu(\pi^A) = \sum_{j=1}^{J} p_j^A u_j$가 π^B의 기대효용 $Eu(\pi^B) = \sum_{j=1}^{J} p_j^B u_j$보다 더 크다는 것과 동일한 의미를 갖게 하는 효용함수 값 $u_j = u(\pi_j)$를 각 π_j에 대해 부여할 수 있다($j = 1, ..., J$). 위의 식 (10.2)에서 보았던 $u(\pi_j) = u_j = 4\sqrt{\pi_j}$가 그러한 효용함수의 예이다. 이 정리 때문에 우리는 기대효용함수 값이 가장 큰 선택을 최적의 선택으로 간주할 수 있는 것이다.

기대효용정리는 불확실성하 의사결정 기본원리로 인정받고 있지만, 몇 가지 조건이 충족될 경우에만 성립하기 때문에 많은 한계도 가지고 있다.[5] 무엇보다도 일종의 독립성이 가정된다. 즉 j번째 결과가 발생했을 때 얻는 만족도 $u_j = u(\pi_j)$는 이때 얻는 이윤 π_j의 크기만으로 결정되고 다른 상황에서 얻는 이윤 $\pi_k(k \neq j)$와는 독립이다. 또한 기대효용 $Eu(\pi) = \sum_{j=1}^{J} p_j u_j$를 얻기 위해 u_j에 부여하는 가중치도 그 발생확률 p_j뿐이어서 다른 이윤이 발생할 확률 $p_k(k \neq j)$는 반영하지 않는다. 실제로 의사결정자가 이런 가정과 일치되게 만족도를 얻는지에 대해서는 많은 비판이 있다.[6] 특히 심리학 분야에서는 사람들이 실제로 만족도를 느끼는 메커니즘을 고려할 때 이윤 π_j에 1:1로 대응하는 만족도 수준 u_j를 부여하는 것이 가능하지 않다는, (기대)효용이론에 대한 본질적인 이의를 제기한다.[7] 아울러 기대효용함수는 유일하지도 않다. 만약 $Eu(\pi)$가 유효한 기대효용함수라면 그 선형 단조증가변환인 $Ev(\pi) = \alpha Eu(\pi) + \beta(\alpha > 0)$도 유효한 기대효용함수이다. 이는 $Eu(\pi)$를 극대화하는 선택은 동시에 $Ev(\pi)$도 극대화하기 때문에 그러하다. 그러나 이러한 한계에도 불구하고 기대효용이론은 여전히 가장 효과적으로 불확실성하의 의사결정을 분석하는 수단이기 때문에 본장은 이 이론에 기반을 두고 생산이론을 전개한다.

---

5 기대효용정리의 수학적 증명과 그 비판에 관한 엄밀한 논의는 본서의 수준을 벗어나므로 생략한다. 다음 책 제6장을 참고할 수 있다: Mas−Colell, A., M. D. Whinston, and J. R. Green, 1995, *Microeconomic Theory*, Oxford University Press.

6 기대효용이론이 가지는 이와 같은 독립성 제약을 부과하지 않고 불확실성하 의사결정을 설명하려는 여러 시도가 있다. 이런 시도들을 일반화된 기대효용이론(generalized expected utility theory)이라 부른다. 하지만 이들 보다 일반적인 이론모형들은 매우 복잡할 뿐 아니라 기대효용모형과 달리 실제 자료를 이용하는 실증분석에 적용하기가 어려운 단점을 가진다.

7 원래 500만원이었던 월 소득이 줄어들어 400만원이 되었을 때 얻는 만족도와, 300만원이었던 소득이 늘어 400만원이 되었을 때 얻는 만족도를 각각 평가한다 하자. 심리특성상 첫 번째 경우는 500만원 대비 400만원의 가치를 평가하고, 두 번째는 300만원 대비 400만원의 가치를 평가하므로 후자에서의 400만원이 더 큰 만족도를 준다는 것이다. 따라서 400만원 고유의 만족도 값 u_{400}을 지정해줄 수 없다. 만족도 지표로서의 u_j의 존재여부에 대한 이러한 효과적인 비판제기는 심리학자인 D. Kahneman교수가 노벨 경제학상을 수상하는 계기가 되었다.

2. 위험의 회피

기대효용이론에 따르면 소득의 기댓값 $E\pi$가 아니라 효용의 기댓값 $Eu(\pi)$를 최대로 하는 생산행위를 선택해야 한다. 따라서 이 이론을 적용할 때 가장 중요한 절차는 효용함수 $u(\pi)$의 형태를 설정하는 것이다. 대단히 많은 함수형태가 효용함수 $u(\pi)$로 사용될 수 있는데, 이 함수형태의 설정은 특히 생산자들이 위험도에 대해 가지는 태도(risk attitude)를 반영하게 된다.

생산행위의 위험도는 그로 인해 발생하는 소득이나 이윤이 불확실한 정도를 의미한다. 불확실성이 없을 경우에는 소득의 특정 값이 예상대로 정확히 실현되기 때문에 위험도가 없다. 그러나 불확실성이 있을 경우에는 소득은 가변적이며, 어느 값이 실현될지 사전에 알 수 없는 위험도를 가지게 된다. 소득이 불확실하거나 위험한 정도는 그 평균적인 수준에서 멀리 떨어진 값이 실현될 확률이 높을수록 크다고 할 수 있다.

예를 들면 어떤 생산자가 선택할 수 있는 품목이 두 가지인데, 첫 번째 품목의 경우 생산결과 얻을 수 있는 이윤이 100으로 확실한 반면, 두 번째 품목은 이윤의 값으로 0 혹은 200이 각각 0.5의 확률을 가지고 발생한다 하자. 두 품목의 이윤 기댓값은 100으로 동일하지만, 두 번째 품목에서는 기댓값 100은 절대로 얻어지지 않고 0 아니면 200이 얻어진다. 따라서 이 두 번째 품목이 생산자입장에서는 '더 위험한' 품목이다. 이러한 위험도 차이는 두 품목 소득의 표준편차를 비교해서도 확인할 수 있다. 첫 번째 품목의 표준편차는 0이지만, 두 번째 품목은 $\sqrt{0.5\times(0-100)^2+0.5\times(200-100)^2}$ $=\sqrt{0.5\times100^2+0.5\times100^2}=100$이 되어, 두 번째 품목 이윤이 더 가변적이고 높은 위험도를 가지게 된다

이 예에서 보듯이 소득의 평균적인 크기를 나타내는 기댓값과 그 위험도를 나타내는 가변성은 별개의 개념이다. 일반적으로는 생산선택별 이윤 기댓값과 그 위험도가 모두 서로 다를 것이기 때문에 생산자는 소득의 기댓값과 가변성을 동시에 감안하는 선택을 할 것이다. 따라서 기대효용이론이 유효한 이론이려면 적절한 형태의 효용함수 $u(\pi)$를 설정하는 것이 생산자의 이윤 기댓값과 위험도에 대한 선호 모두를 반영하는 방법임이 입증되어야 한다. 효용함수 $u(\pi)$는 이윤의 증가함수이므로 다른 조건은 불변인 채 이윤 기댓값만 커지면 그 기대효용도 커질 것이다. 그렇다면 $u(\pi)$는 소득의 위험도에 대한 선호 혹은 회피욕구는 어떻게 반영할 수 있을까? 이를 확인하기 전에 먼저 생산자들이 위험에 대해 어떤 태도를 가질지를 검토할 필요가 있다.

위험태도와 관련하여, 많은 경우에 있어 생산자는 위험회피적(risk-averse)이라 얘기한

다. 위험회피적 생산자는 기대소득이 동일하다면 위험도가 더 낮은 선택을 원한다. 현재 어떤 생산자의 자산소득이 w라 하자. 생산자가 생산행위를 하면 1년 후 추가소득으로 x를 얻을 수 있지만 그 값은 불확실하며, 음$(-)$일 수도 있다. 생산자는 생산행위를 하지 않고 w의 소득을 확실하게 유지하거나, 아니면 생산행위를 해 $w+x$를 얻는 선택을 해야 한다. x의 평균은 0이라 하자. 그러면 $E(w+x) = w$로서, 두 선택의 기대소득은 동일하므로 정의에 의해 이 생산자가 위험회피적이라면 생산을 실행하지 않는 선택을 한다. 즉 이 생산자의 효용함수는 $Eu(w+x) \le Eu(w) = u(w)$의 조건을 충족한다.

또 다른 유형의 생산자는 위험중립적(risk-neutral)이라고 하는데, 이 생산자는 소득의 기댓값에만 관심이 있을 뿐 그 위험도에는 관심이 없다. $Ex = 0$이므로 이 생산자는 $Eu(w+x) = Eu(w)$와 같은 효용함수 구조를 가진다.

마지막 유형은 위험선호적(risk-loving) 생산자이다. 이 유형의 생산자들은 소득의 기댓값이 같다면 오히려 위험도가 더 높은 생산행위를 선호하며, 따라서 $Eu(w+x) > Eu(w)$와 같은 효용함수 구조를 가진다.

이상 세 가지 위험태도 중 위험선호적인 태도는 현실적으로 찾아보기 어려운 유형이기 때문에[8] 우리는 위험회피적 생산자와 위험중립적 생산자에 주로 관심을 가진다.

이상 살펴본 바와 같이 생산자가 위험회피적일지 중립적일지를 결정하는 것은 효용함수 $u(\pi)$의 구조인데, 이 함수가 강오목하면 생산자는 위험회피적이고, 선형이면 위험중립적이 된다. 불확실한 소득이 π라고 하고, 그 평균을 $\bar{\pi}$라 하자. 제2장의 math 2.6에 의해 효용함수가 강오목이라면 $u(\pi) < u(\bar{\pi}) + u'(\bar{\pi})(\pi - \bar{\pi})$임을 우리는 알고 있다. 좌우변의 기댓값을 구하면, $Eu(\pi) < u(\bar{\pi}) + u'(\bar{\pi})E(\pi - \bar{\pi}) = u(\bar{\pi}) = u(E\pi)$임을 알 수 있고($\because E(\pi - \bar{\pi}) = 0$), 따라서 이 생산자는 $Eu(\pi) < u(E\pi)$인 위험회피자이다. 그러나 효용함수 $u(\pi)$가 선형이라면, 위의 부등식이 등식으로 바뀌므로 $Eu(\pi) = u(E\pi)$가 되어 이 생산자는 위험중립적이다. 효용함수가 강볼록이면 부등호의 방향이 반대로 바뀌기 때문에 $Eu(\pi) > u(E\pi)$이고 위험선호자가 됨을 알 수 있다.

효용함수의 형태와 위험태도 간의 관계는 〈그림 10-1〉을 통해서도 확인이 된다. 그림에서 π의 실현되는 값은 π_1 혹은 π_2 가운데 하나이고, 각각 발생할 확률이 p_1과 $p_2 = 1 - p_1$이라 하자. 그림에서의 효용함수는 강오목함수이다. 이 효용함수에서 기대이윤 $E\pi$를 확실히 얻을 때의 효용 값인 $u(E\pi)$가 π_1과 π_2로부터 각각 얻는 효용 $u(\pi_1)$

---

8 내기나 도박행위 등을 위험선호적 행동의 예로 들기도 하지만, 내기나 도박행위는 상금 외에도 그 행위 자체가 주는 긴장감 등이 만족도에 영향을 미치기 때문에 적절한 예로 보기는 어렵다.

그림 10-1 위험회피

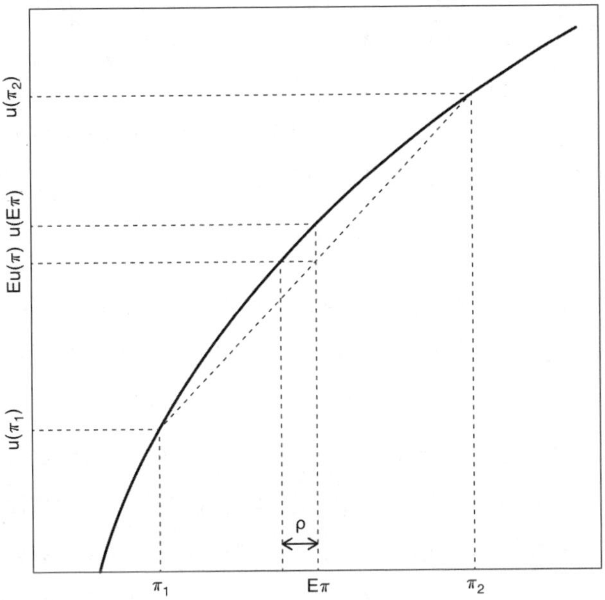

과 $u(\pi_2)$의 기댓값, 즉 기대효용 $Eu(\pi)=p_1u(\pi_1)+(1-p_1)u(\pi_2)$보다 크다는 것을 확인할 수 있다($Eu(\pi)<u(E\pi)$). 이 경우 생산자는 위험회피자가 된다. 유사한 그림을 그려서, 효용함수가 강볼록일 경우에는 $Eu(\pi)>u(E\pi)$이어서 위험선호자가 되고, 효용함수가 선형일 경우 $Eu(\pi)=u(E\pi)$이어서 위험중립자가 됨을 확인할 수 있다.

효용함수의 오목성/볼록성과 위험회피성향이 가지는 이상의 관계는 다음과 같은 젠센(혹은 옌센)의 부등식(Jensen's inequality)이 적용되는 한 예이다.

math 10.2 젠센의 부등식

$u(\pi)$가 확률변수 π의 $\begin{cases}\text{오목}\\ \text{선형}\\ \text{볼록}\end{cases}$ 함수이면, $Eu(\pi)\begin{cases}\leq\\ =\\ \geq\end{cases} u(E\pi)$의 관계가 성립한다.

연습 문제 10.1★

두 생산자 A와 B가 있다. 두 사람에게 주어진 확실한 소득은 w로 동일하다. 추가로 얻을 수 있는 불확실한 소득이 x인 새로운 사업을 검토하고 있다. $Ex = 0$이다. 위험회피적 생산자 A의 효용함수는 $u^A(\cdot)$이고, $Eu^A(w+x) < u^A(w)$가 성립한다. 생산자 B의 효용함수 u^B는 효용함수 u^A보다 더 오목하다고 하자. 이 경우 $Eu^A(w+x) < u^A(w)$이기 때문에 생산자 A가 회피하는 사업은 $Eu^B(w+x) < u^B(w)$ 이어서 생산자 B도 회피한다는 것을 보여라.

〈그림 10−1〉에서 생산자가 가지는 위험회피 욕구를 $Eu(\pi)$와 $u(E\pi)$를 상호 비교하는 것 외의 방법으로도 확인할 수 있다. 그림 하단에 표시된 ρ는 π_1 혹은 π_2로 그 값이 불확실한 상태에서 소득 π를 주는 대신, 그 평균 $E\pi$에서 이만큼을 삭감하여 확실하게 주어도 생산자의 기대효용은 변하지 않는다는 것을 의미한다. 즉 $u(E\pi) > Eu(\pi)$이지만 $u(E\pi - \rho) = Eu(\pi)$의 관계를 충족한다. 이렇게 위험을 벗어나기 위해서 어느 정도나 기대소득으로부터 삭감해도 되는지를 나타내는 지표 ρ를 위험프리미엄(risk premium)이라 부른다. 또한 기대소득 $E\pi$에서 위험프리미엄 ρ를 빼준 $E\pi - \rho$를 확실등가(certainty equivalent)라 부른다. 위험회피 성향 때문에 불확실한 소득은 그 기댓값만큼은 생산자에게 가치를 주지 못한다. 위험프리미엄을 이용해 도출되는 확실등가는 이를 감안할 경우 위험소득이 실제로 어느 정도의 화폐가치를 가지는지를 하나의 수치로 제시한다. 상트페테르부르크 역설을 설명하기 위해 도입되었던 식 (10.3)의 계산과정은 사실이 복권의 확실등가가 무한대가 아니라 5.83임을 보여주었다.

연습 문제 10.2

어떤 투자자의 효용함수는 $u(w) = \sqrt{w}$와 같다. 이 투자자는 현재 모든 자산을 주식으로 가지고 있고 주식가치가 곧 현금화될 것이지만, 그 값이 확률 2/3를 가지고 144가 되거나 확률 1/3을 가지고 225가 된다. 이 자산으로부터의 기대효용은 얼마이며, 이 주식 대신 확실한 금액을 받고자 한다면 그때의 위험프리미엄은 얼마인가?

위험프리미엄 ρ는 이상과 같이 생산자 효용함수 값의 차이 $Eu(\pi) - u(E\pi)$와는 다른 측면에서, 즉 동일 만족도를 얻는 데 필요한 소득이 불확실할 때와 확실할 때 얼마나 다른지의 측면에서 생산자의 위험회피 욕구를 보여주는 지표이고, 다른 조건이 같을 때 이 값이 클수록 생산자는 위험을 더 회피하고자 한다. 그렇다면 이 지표는 어떤 요인에 의해 그 값이 결정될까? 첫 번째 요인은 물론 생산자의 효용함수 구조이다. 〈그림 10−1〉에서, 그리고 위의 연습문제 10.1이 풀어보기를 바라는 것처럼, 효용함수가 보다 오목하여 좀 더 큰 곡률을 가질수록 ρ의 값이 커진다(이 경우 확실등가는 더 작아진다). 두 번째 요인은 소득 자체의 불확실성이다. 〈그림 10−1〉에서 π_1과 π_2가 발생할 확률과 이윤 기댓값은 불변이지만 그 격차가 더 커져 π_1은 보다 왼쪽으로, 그리고 π_2는 보다 오른쪽으로 이동한다고 하자. 이 상황에서 그림을 다시 그리면 ρ의 값은 증가할 수밖에 없다는 것을 확인할 수 있다. 이렇게 실현되는 값들이 그 평균값에서 보다 멀어지고 소득의 변동성이 커질수록 위험프리미엄은 커진다.

나아가 우리는 위험프리미엄과 불확실소득의 분포특성, 그리고 효용함수구조가 서로 간에 가지는 관계를 보다 명시적으로 도출할 수도 있다. 다음을 고려하자.

$$u(\pi) \approx u(\overline{\pi}) + u'(\overline{\pi})(\pi - \overline{\pi}) + \frac{1}{2}u''(\overline{\pi})(\pi - \overline{\pi})^2$$

$$Eu(\pi) \approx u(\overline{\pi}) + u'(\overline{\pi})E(\pi - \overline{\pi}) + \frac{1}{2}u''(\overline{\pi})E(\pi - \overline{\pi})^2$$

$$= u(\overline{\pi}) + \frac{1}{2}u''(\overline{\pi})\sigma_\pi^2$$

즉 효용함수 $u(\pi)$를 기대소득 $\overline{\pi} = E\pi$에서 2계 테일러근사를 하고, 그 기댓값을 취한다. $E(\pi - \overline{\pi}) = 0$임을 반영하면, 그 결과는 확실한 기대소득에서의 효용 $u(\overline{\pi})(= u(E\pi))$와 소득의 분산 σ_π^2를 포함하는 또 다른 항 $\frac{1}{2}u''(\overline{\pi})\sigma_\pi^2$의 합이다. 생산자가 위험 회피적이고 효용함수가 강오목이면 이 항 $\frac{1}{2}u''(\overline{\pi})\sigma_\pi^2$은 음$(-)$의 값을 가지므로, 우리는 또다시 기대소득 $\overline{\pi}$를 확실하게 얻을 때에 비해 불확실한 상태에서 얻는 소득의 기대만족도가 더 낮음을 확인할 수 있다.

이렇게 근사되는 $Eu(\pi)$와 $u(\overline{\pi})$의 차이를 위험프리미엄 ρ와 연결하기 위해 확실등가 $\overline{\pi} - \rho$의 효용함수 값 $u(\overline{\pi} - \rho)$를 역시 $\overline{\pi}$에서 1계 테일러근사하면 다음을 얻는다.

$$u(\overline{\pi} - \rho) \approx u(\overline{\pi}) - u'(\overline{\pi})\rho$$

확실등가가 소득으로 주어질 때와 불확실한 소득이 주어질 때의 기대만족도는 동일하므로, 즉 $u(\overline{\pi}-\rho) \approx u(\overline{\pi})-u'(\overline{\pi})\rho \approx u(\overline{\pi})+\dfrac{1}{2}u''(\overline{\pi})\sigma_\pi^2$이므로 아래의 두 표현을 얻는다.

$$(10.4a) \qquad \rho \approx -\frac{1}{2}\frac{u''(\overline{\pi})}{u'(\overline{\pi})}\sigma_\pi^2 = \frac{1}{2}A\sigma_\pi^2,\ \ A=-\frac{u''(\overline{x})}{u'(\overline{x})}$$

$$(10.4b) \qquad \frac{\rho}{\pi} \approx -\frac{1}{2}\frac{u''(\overline{\pi})\overline{\pi}}{u'(\overline{\pi})}\frac{\sigma_\pi^2}{\overline{\pi}^2} = \frac{1}{2}Rs_\pi^2,\ \ R=-\frac{u''(\overline{\pi})\overline{\pi}}{u'(\overline{\pi})},\ \ s_\pi^2=\frac{\sigma_\pi^2}{\overline{\pi}^2}$$

식 (10.4a)에서 위험프리미엄 ρ는 A라 표현된 $-\dfrac{u''(\overline{\pi})}{u'(\overline{\pi})}$와 소득 자체의 분산 σ_π^2에 의해 결정된다. A는 애로우-프라트 절대위험회피도(Arrow-Pratt measure of absolute risk aversion)라 불린다. 이는 소득의 기대치에서 효용함수의 곡률인 2계미분치 $u''(\overline{\pi})$가 얼마나 큰지를 한계효용 $u'(\overline{\pi})$를 기준으로 나타내고, 효용함수가 얼마나 오목한지를 나타낸다. 위험중립적인 생산자라면 이 값은 0이 되고, ρ도 0이 되며, $Eu(\pi) = u(E\pi)$가 된다. 하지만 위험회피적 생산자라면 $u''(\cdot) < 0$이기 때문에 A는 0보다 크고, ρ도 0보다 크며, $Eu(\pi) < u(E\pi)$의 관계가 성립한다. 식 (10.4a)에서 위험프리미엄은 효용함수의 구조를 나타내는 A와 소득 자체의 가변성 σ_π^2 두 요인에 의해 결정되는데, 이는 〈그림 10-1〉에서 확인한 바이기도 하다.

소득의 단위가 크면 ρ의 단위 역시 클 것이기 때문에 위험프리미엄을 단위에 대해 중립이 되도록 표현한 것이 식 (10.4b)이다. 기대소득과 위험프리미엄의 비율 $\dfrac{\rho}{\pi}$는 R로 표현된 계수 $-\dfrac{u''(\overline{\pi})\overline{\pi}}{u'(\overline{\pi})}$와 s_π^2로 표현된 소득 분산을 기대치 제곱으로 나눈 산포지수(index of dispersion)에 의해 결정된다. R은 애로우-프라트 상대위험회피도(Arrow-Pratt measure of relative risk aversion)라 불리는, 위험회피도를 나타내는 또 다른 지표이다.

식 (10.4)가 보여주는 바와 같이 A와 R은 생산자가 위험을 얼마나 싫어하는지를 나타내는 지표가 되므로 위험하 의사결정을 분석할 때 매우 중요한 역할을 한다. 또한 이 두 지표는 효용함수의 차이로 인해 개인 생산자별로 서로 다를 수 있다. 아울러 같은 효용함수라 하더라도 소득수준 자체가 그 값에 영향을 미칠 수도 있다. 즉 기대소득 $\overline{\pi}$가 큰지 작은지에 따라서 A나 R의 값이 달라질 수 있는데, A가 소득수준 $\overline{\pi}$의 값이 커질 때 커지면 절대위험회피증가(increasing absolute risk aversion, IARA), 작아지면 절대위험회피감소(decreasing absolute risk aversion, DARA) 현상이 있다고 한다. A가 $\overline{\pi}$의 크기와는 독립이면 불변위험회피(constant absolute risk aversion, CARA) 성향이 있다. 마찬가지로 상대위험회피도 R 역시 소득수준의 증가함수나 감소함소일 수 있고, 소득과 관계없이 일정한 값을 가질 수도 있다. 소득과 A 혹은 R의 관계는 상대적으로 부유한 생산자와 그렇지 못한 생산자 가운데 누가 더 위험도가 높은 생산행위를 택하려고 하는지를 나타내므로 생산행위 분석에 있어 중요한 의미를 지닌다.

연습문제 10.3*

현재 확실한 소득 w를 가진 생산자가 있고, 사업시행에 따른 추가 소득 x는 기댓값이 0이지만 불확실하다. 이 생산자의 위험프리미엄은 $Eu(w+x)=u(w-\rho)$를 충족해야 한다. 다음 세 조건은 서로 동일한 의미를 지님을 보여라.

1) ρ는 w의 감소함수이다.
2) A는 w의 감소함수이다.
3) $-\dfrac{u'''(w)}{u''(w)} \geq -\dfrac{u''(w)}{u'(w)}$ 가 성립한다.

위에서 확인한 바와 같이 위험회피도 A나 R은 효용함수로부터 도출되는 것이므로 효용함수의 특성을 당연히 포함하고 있다. 역으로 우리는 A나 R로부터 그에 상응하는 효용함수를 도출할 수도 있다. 일단 $A(\pi)=-\dfrac{u''(\pi)}{u'(\pi)}=-\dfrac{d\ln u'(\pi)}{d\pi}$임을 확인하고, 이윤 π는 불확실하지만 연속적인 실수 값을 가진다고 하자. 다음 적분을 취하되, k_1과 k_2는 적분상수이다.

$$\int^{\pi} \exp\left[-\int^{z} A(s)ds\right]dz = \int^{\pi} \exp\left[\int^{z} \frac{d\ln u'(s)}{ds}ds\right]dz$$
$$= \int^{\pi} \exp\left[\ln u'(z)+k_1\right]dz = e^{k_1}\int^{\pi} u'(z)dz = k_2 + e^{k_1}u(\pi)$$

따라서 절대위험회피도 $A(\pi)$로부터 효용함수 $u(\pi)$의 선형 증가변환인 $k_2 + e^{k_1}u(\pi)$를 도출할 수 있고, 이 변환된 함수는 원래의 효용함수 $u(\pi)$와 동일한 선택을 하게 하므로 우리는 효용함수를 복원한 것으로 볼 수 있다. 따라서 예를 들어 $A(\pi)=a_0+a_1\pi$를 가정할 경우 다음을 효용함수로 간주할 수 있다.

$$u(\pi) = \int^{\pi} \exp\left(k_1 - a_0 z - (1/2)a_1 z^2\right)dz$$

한편, 효용함수의 3계 도함수 $u'''(\pi)$도 생산자의 위험태도와 관련해 어떤 의미를 지니고 있다. 연습문제 10.3에서의 기대효용과 확실소득효용의 차이를 $v(w) = Eu(w+x) - u(w)$라 하자. 이는 위험소득과 확실소득의 만족도 차이를 나타낸다. 정의에 의해 효용함수가 오목이라서 $u''(w) \leq 0$이면 $v(w) \leq 0$가 성립한다. 그렇다면 w가 $v(w)$에 미치는 한계적 영향은 $v'(w) = Eu'(w+x) - u'(w)$와 같은데, 이의 부호는 '한계'효용함수 $u'(w)$가 w의 오목함수인지 볼록함수인지에 달려있다. 만약 $u'(w)$가 볼록함수라서 $u'''(w) \geq 0$라면, 젠센의 부등식에 의해 $Eu'(w+x) \geq u'(w)$이므로 $v'(w) \geq 0$가 성립한다. 즉 $u'''(w) \geq 0$일 경우 소득이 높을수록 불확실자산을 싫어하는 정도가 감소한다. 이 결론은 연습문제 10.3의 표현 3)과도 관련이 있다.

한편, $u'''(w) \geq 0$이고, 그래서 $v'(w) \geq 0$라는 것의 의미는 다른 식으로도 해석된다. ϵ을 평균이 0인 확률변수라 하자. 불확실한 사업 x^1과 x^2가 있는데, x^1의 소득은 확률 1/2을 가지고 x_d이거나 $x_u + \epsilon$이지만, x^2의 소득은 역시 확률 1/2을 가지고 $x_d + \epsilon$이거나 x_u라 하자. 그리고 $x_u > x_d$이다. 즉 x^1은 낮은 소득이 발생할 경우 그 값은 확실하지만 높은 소득은 실현되는 값이 불확실하다. 반대로 x^2는 낮은 소득이 발생할 때에는 그 값이 얼마일지 사전에 알 수 없지만 높은 소득이 발생할 때는 얼마인지 알 수 있다. 두 소득 x^1과 x^2는 평균과 분산은 서로 동일함이 확인된다. 생산자는 이 두 사업 중 어느 것을 선호할 것인가?

두 사업을 각각 선택할 때의 기대효용은 다음과 같다.

$$Eu(w+x^1) = \frac{1}{2}u(w+x_d) + \frac{1}{2}Eu(w+x_u+\epsilon)$$

$$Eu(w+x^2) = \frac{1}{2}Eu(w+x_d+\epsilon) + \frac{1}{2}u(w+x_u)$$

따라서 다음을 도출할 수 있다.

$$Eu(w+x^1) - Eu(w+x^2)$$
$$= \frac{1}{2}\left[\{Eu(w+x_u+\epsilon) - u(w+x_u)\} - \{Eu(w+x_d+\epsilon) - u(w+x_d)\}\right]$$
$$= \frac{1}{2}\left[v(w+x_u) - v(w+x_d)\right]$$

앞에서 $u'''(w) \geq 0$일 경우에는 $v'(w) \geq 0$이어서 확실소득 w가 커질수록 기대효용과 확실효용 간의 격차가 줄어든다고 하였다. 확실소득이 $w + x_u$와 $w + x_d$일 때 전자가 더 크기 때문에 이 관계를 적용하면 $v(w + x_u) \geq v(w + x_d)$이고, 따라서 $Eu(w + x^1) \geq Eu(w + x^2)$임을 알 수 있다. 즉 $u'''(w) \geq 0$의 조건은 x^1처럼 높은 영역에서 불안정한 소득보다는 x^2처럼 낮은 영역에서 불안정한 소득을 더 회피하려는 욕구를 반영한다. 이러한 동기를 지표화한 것을 하방위험회피도(downside risk aversion)라 부르는데, 연습문제 10.3에서 제시된 지표 $P(w) = -\dfrac{u'''(w)}{u''(w)}$가 사용되기도 하고, 또 다른 지표 $D(w) = \dfrac{u'''(w)}{u'(w)}$가 사용되기도 한다. 하방위험 회피성향이 있으면 $P(w)$ 혹은 $D(w)$는 0보다 크다.[9]

3. 효용함수와 위험회피도

기대효용이론은 효용함수의 존재를 전제하고 있기 때문에 적절한 형태의 효용함수로 어떤 것이 있는지를 검토할 필요가 있다. 많은 유형의 효용함수가 정의될 수 있지만, 다음 형태가 불확실성하 의사결정에 많이 사용된다.

$$(10.5) \qquad u(\pi) = \xi \left(\eta + \frac{\pi}{\gamma} \right)^{1-\gamma}, \ \xi(1-\gamma)/\gamma > 0$$

$$u'(\pi) = \xi \frac{1-\gamma}{\gamma} \left(\eta + \frac{\pi}{\gamma} \right)^{-\gamma}, \quad u''(\pi) = -\xi \frac{1-\gamma}{\gamma} \left(\eta + \frac{\pi}{\eta} \right)^{-\gamma-1}$$

제약조건 $\xi(1-\gamma)/\gamma > 0$이 부과되면 $u'(\pi) > 0$이고 $u''(\pi) < 0$이어서 위험회피적인 효용함수가 된다. 이 효용함수로부터 절대위험회피도와 상대위험회피도는 아래처럼 도출된다.

$$A(\pi) = \left(\eta + \frac{\pi}{\gamma} \right)^{-1}, \quad R(\pi) = \pi \left(\eta + \frac{\pi}{\gamma} \right)^{-1}$$

식 (10.5)의 효용함수는 비교적 간단한 형태를 가지고 있고, 특히 절대위험회피도 $A(\pi)$의 역수 $\dfrac{1}{A(\pi)} = \eta + \dfrac{\pi}{\gamma}$가 소득 π의 선형함수라는 제약을 가지고 있다. 이 효용함

---

9 하방위험회피도를 위험프리미엄과 연결할 수도 있다: Stapleton, R. C. and Q. Zeng, 2018, "Downside Risk Aversion and the Downside Risk Premium," *The Journal of Risk and Insurance* 85, pp. 379-395.

수는 조화절대위험회피(harmonic absolute risk aversion, HARA)의 특성을 가진다고 얘기된다 (Gollier 2001, p. 26). HARA형 효용함수는 그 단순한 형태에도 불구하고 의외로 소득수준 π가 위험회피도에 미치는 영향을 다양하게 표현할 수 있다. 다음 세 가지 경우가 특히 자주 검토된다.

첫째, 상대위험회피불변(constant relative risk aversion, CRRA), 즉 소득과 위험프리미엄의 비율이 소득수준에 의해 영향을 받지 않는 경우이다. HARA 효용함수에서 이를 위한 조건은 $\eta = 0$이고, 이 경우 상대위험회피도가 $R(x) = R = \gamma$로 일정하다. 그러면 효용함수는 $u(\pi) = \xi \left(\frac{\pi}{\gamma} \right)^{1-\gamma}$가 되고, 한계효용은 $u'(\pi) = \xi \frac{1-\gamma}{\gamma} \left(\frac{\pi}{\gamma} \right)^{-\gamma}$가 된다. 이 표현이 조금 복잡하므로 $u'(1) = 1$이 되도록 정규화하자. 즉 $\xi \frac{1-\gamma}{\gamma} \left(\frac{1}{\gamma} \right)^{-\gamma} = 1$의 제약을 부과하고, 이를 한계효용에 대입하면 $u'(\pi) = \pi^{-\gamma}$와 같이 단순화된다. 이런 한계효용은 다음과 같은 효용함수로부터 도출된다.

$$u(\pi) = \begin{cases} \pi^{1-\gamma}/(1-\gamma) & \gamma \neq 1 \\ \ln(\pi) & \gamma = 1 \end{cases}$$

CRRA, 즉 상대위험회피도가 일정하면 $A(\pi) = \frac{\gamma}{\pi}$이고 $A'(\pi) = -\frac{\gamma}{\pi^2}$이므로 절대위험회피도는 소득에 대해 감소하며(DARA), 소득수준이 높은 생산자일수록 위험을 피하려는 욕구가 작다.

둘째, 절대위험회피불변(constant absolute risk aversion, CARA)의 경우이다. HARA 효용함수에서 $A(\pi) = \left(\eta + \frac{\pi}{\gamma} \right)^{-1}$이므로 $\gamma \to \infty$이면 $A(\pi) = A = \frac{1}{\eta}$로 일정하게 된다. 또한 이는 $-u''(\pi) = Au'(\pi)$임을 의미하는데, 효용함수가 이런 관계를 가지기 위해서는 다음과 같은 지수형태를 지니면 된다.

$$u(\pi) = -\frac{\exp(-A\pi)}{A}$$

셋째, 절대위험회피증가(increasing absolute risk aversion, IARA)의 경우이다. HARA 효용함수에 $\gamma = -1$의 제약을 가하면, 다음의 2차식으로 효용함수가 설정된다.

$$u(\pi) = \xi(\eta - \pi)^2$$

$u'(\pi) = -2\xi(\eta - \pi)$이고, $u''(\pi) = 2\xi$인데, 한계효용은 0보다 커야 하므로 이 경우 $\eta > \pi$라는 제약이 부과되어야 한다. $A(\pi) = \frac{1}{\eta - \pi}$로서, π의 증가함수임을 알 수 있다.

이상 살펴본 바와 같이 식 (10.5)에서 제시된 HARA형 효용함수로부터 다양한 위험회피 반응을 도출할 수 있다. 그리고 생산자가 어떤 유형의 위험회피도를 가지는지는 η 나 γ와 같은 파라미터의 크기에 달려있음도 알 수 있다. 소득수준이 위험회피도에 미치는 영향은 경제학적으로 특히 중요한 의미를 지니며, 정부가 경제정책을 도입할 때에도 요긴한 정보가 된다. 예를 들면 정부가 재해보험사업 등을 지원하여 보다 많은 생산자들이 재해보험에 가입해 예상치 못한 손실을 보상받을 수 있도록 한다 하자. 이는 경영위험도를 줄여주는 것이 되는데, 이로 인한 이득은 위험회피도가 큰 생산자일수록 더 클 것이다. 따라서 이 정책의 주 수혜자가 소득이 높은 대규모 생산자일지 그 반대일지는 정책관련 중요 정보가 된다. 또한 정책효과를 예상하기 위해서는 생산자 중 DARA형과, CARA형, IARA형의 비중이 각각 어느 정도나 되는지도 파악할 필요가 있다. 이런 이유 때문에 상당수 연구들이 실증적으로 생산자의 위험회피도를 측정하고 그 구조를 파악하려는 시도를 하였다.[10] 이런 시도는 설문조사나 간단한 실험 등을 이용하기도 하고, 자료가 허용할 경우 정교한 계량분석모형을 활용하기도 한다.

첫 번째 실험을 이용하는 방법은 특히 개발도상국 생산자 등에 활발히 적용되는데, 예를 들면 다음과 같은 질문을 할 수 있다.

> "당신의 소득이 불확실하여 확률 50%씩을 가지고 $1-\alpha$가 되거나 $1+\alpha$가 된다고 하자. 정부나 보험회사의 도움으로 이 소득을 항상 1로 고정시킬 수 있지만 대신 사전에 비용을 정부나 보험회사에 지불해야 한다면 얼마까지 지불할 생각이 있는가?"

위와 같은 질문에 대한 응답이 k였다고 하자. 그리고 생산자의 효용구조가 CRRA라고 가정하자. 그렇다면 이 생산자의 응답은 다음을 의미한다.

$$0.5\frac{(1-\alpha)^{1-\gamma}}{1-\gamma}+0.5\frac{(1+\alpha)^{1-\gamma}}{1-\gamma}=\frac{(1-k)^{1-\gamma}}{1-\gamma}$$

위의 식에서 α의 값은 설문에서 주어진 값이고, k는 생산자가 응답한 값이므로 이 식으로부터 γ를 구할 수 있고, 이는 상대위험회피도 R이 된다. CRRA의 가정하에서는 이 방법은 또한 효용함수를 파악하는 방법이 되기도 한다.

---

10 이론적, 경험적 측면에서 다수 연구자들이 절대위험회피도는 소득에 감소하는, 즉 DARA형이 타당할 것이라 믿는 반면, 상대위험회피도는 비교적 안정적이라 믿어서 CRRA의 가정을 많이 도입한다.

이상의 실험은 CRRA 형태의 효용함수를 미리 가정한다는 한계를 가지고 있고, 단한 번만의 선택을 통해 위험회피도 혹은 효용함수구조를 파악한다는 한계도 가진다. 이를 보완하기 위해 좀 더 정교한 질문법을 사용할 수 있다. 오래전부터 이 분야의 연구서로 잘 알려져 있는 Anderson et al.(1977)은 설문조사에서 생산자가 부여하는 확실등가를 이용해 효용함수구조와 위험회피도를 측정하는 방법을 제안하는데, 이들이 ELCE (Equally Likely Certainty Equivalent)라 부른 방법은 〈표 10-1〉과 같은 질문법을 사용한다.[11]

ELCE에서는 먼저 발생할 수 있는 최악의 상황을 a, 최선의 상황을 b라 하고 각각 50%의 확률로 발생한다고 가정한다. 그리고 효용함수 값을 $u(a) = 0$, $u(b) = 1$로 단위조정을 한다. 그리고 $(a,b;0.5,0.5)$로 위험도를 가지는 소득과 만족도가 같은 확실등가는 얼마인지를 물어보고 그 값 c를 도출한다. 이어서 이렇게 도출된 c값을 이용해 $(a,c;0.5,0.5)$와 동일한 만족도를 주는 확실등가 d는 얼마인지를 물어본다. 또한 다시 c를 적용하여 $(c,b;0.5,0.5)$와 같은 만족도를 주는 확실등가 e도 얼마인지를 물어본다.

a와 b는 설문에서 제시된 값인 반면 확실등가 c, d, e는 생산자가 응답한 금액이다. $u(a) = 0$이고 $u(b) = 1$일 때 확실등가의 정의에 의해 〈표 10-1〉의 세 번째 열이 보여주는 바와 같이 $u(c) = 0.5$, $u(d) = 0.25$, $u(e) = 0.75$의 값을 도출할 수 있다. 우리는 이렇게 5가지 소득 수준에서의 효용함수 값을 알게 되므로 효용함수의 구조를 그래프로 그리거나, 아니면 통계분석하여 파악할 수 있다.

한편, 〈표 10-1〉의 마지막 질문은 응답자가 응답했던 두 확실등가 d와 e가 각각 50%의 확률로 얻어지는 불확실한 소득과 동일 만족도를 주는 확실등가 c'이 얼마인지를 물어본다. $u(d) = 0.25$, $u(e) = 0.75$이므로 이 확실등가 c'의 만족도 $u(c')$는 0.5가되어야 한다. 그런데 단계 2에서 0.5의 만족도를 가져다주는 확실등가는 c라 응답했기 때문에 c'의 금액이 c와 너무 큰 격차를 가지게 되면 이 응답자는 비논리적으로 응답한 경우가 된다. ELCE는 이런 식으로 설문에서의 응답이 논리적 일관성과 신뢰도를 가지는지 여부를 확인할 수 있다.

---

11 Anderson, J. R., J. R. Dillon, and J. B. Hardaker, 1977, *Agricultural Decision Analysis*, Iowa State University Press.

단계	ELCE원리		응답 예 ($a=200$, $b=1000$)
	확실등가 질문	효용 값	
1		$u(a)=0$, $u(b)=1$	
2	$(c;1) \sim (a,b;0.5,0.5)$	$u(c)=0.5u(a)+0.5u(b)=0.5$	$(440;1) \sim (200,1000;0.5,0.5)$
3	$(d;1) \sim (a,c;0.5,0.5)$	$u(d)=0.5u(a)+0.5u(c)=0.25$	$(283;1) \sim (200,440;0.5,0.5)$
4	$(e;1) \sim (c,b;0.5,0.5)$	$u(e)=0.5u(c)+0.5u(b)=0.75$	$(693;1) \sim (440,1000;0.5,0.5)$
5	$(c';1) \sim (d,e;0.5,0.5)$	$u(c')=0.5u(d)+0.5u(e)=0.5$	$(430;1) \sim (283,693;0.5,0.5)$

주: 확실등가 응답에서 $\sim$ 표시는 동일하게 선호됨을 의미함.

〈표 10-1〉의 예에서는 설문 시 $a=200$, $b=1000$이 제시되었고, 응답자는 4가지 확실등가로 $c=440$, $d=283$, $e=693$, $c'=430$를 선택하였다. 따라서 c와 c'이 서로 가까워 비교적 일관성 있는 응답을 했다고 할 수 있다. 이제 $(200,0)$, $(283,0.25)$, $(430,0.5)$, $(440,0.5)$, $(693,0.75)$, $(1000,1)$의 6가지의 소득 π_j와 그때의 효용함수 값 $u(\pi_j)=u_j$의 조합을 가지게 되므로 효용함수의 구조를 파악할 수 있다.

이 6가지 조합을 (π,u)공간에 산포도로 표시한 것이 〈그림 10-2〉이다. 또한 이를 회귀분석 등을 이용해 구체적인 효용함수로 도출할 수도 있다. 식 (10.5)의 HARA형 효용함수에 $u(200)=0$과 $u(1000)=1$의 제약을 가하면 $\eta=-\dfrac{200}{\gamma}$와 $\xi=\left(\dfrac{800}{\gamma}\right)^{\gamma-1}$이 되어야 하고, 따라서 효용함수는 $u(\pi)=\left(\dfrac{\pi-200}{800}\right)^{1-\gamma}$가 되어야 한다. 여기에 교란항 ϵ을 더해 $u(\pi_j)=\left(\dfrac{\pi_j-200}{800}\right)^{1-\gamma}+\epsilon_j$와 같이 표현하고, 제7장에서 공부했던 최소자승법을 적용하되, 추정식이 파라미터 γ의 비선형함수라는 특성을 반영하여 〈스크립트 10-1〉과 같이 추정하면, γ는 약 0.418로 추정된다. R의 비선형 최소자승추정법 명령어는 nls이며, γ추정의 초깃값으로 0.5를 부과하였다. 이렇게 도출된 효용함수형태는 〈그림 10-2〉에서 오목한 곡선으로 표시되어 있다.

```
〉 x〈-c(200, 283, 430, 440, 693, 1000)
〉 u〈-c(0, 0.25, 0.5, 0.5, 0.75, 1)
〉 all.mat〈-cbind(x,u)
〉 all.df〈-as.data.frame(all.mat)
〉 utility〈-nls(u~( (x-200)/800 )^(1-gamma), data=all.df, start=list(gamma=.5))
〉 summary(utility)
```

연 습
문 제

10.4

〈그림 10−2〉에서와 같이 추정된 효용함수를 이용해 평균소득에서의 절대위험회
피도와 상대위험회피도를 도출하라. 그리고 이들 위험회피도가 소득수준과 어떤
관련이 있는지를 설명하라.

그림 10-2 효용함수 도출 예

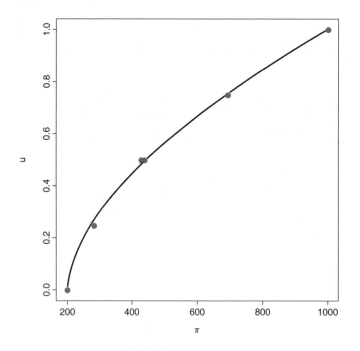

실험 혹은 설문조사를 통해 효용함수와 위험회피도를 도출하는 방법으로 제시된 절차는 ELCE 외에도 여러 방법이 있다. 이들 방법에 대해서는 Anderson et al.(1977)과 같은 전문 연구서를 참고할 수 있다.[12] 이들 방법은 간단한 실험을 통해 효용함수 형태를 알 수 있게 하지만, 실험이나 설문에서 응답자들이 확실등가의 개념을 정확히 이해하고 논리적으로 일관되게 반응하기가 쉽지 않고, 기본적으로 그 정도의 인지력과 계산력을 갖추기 어렵다는 문제가 있다.[13] 만약 생산자들의 실제 선택이 자료로서 충분히 확보된다면 여기에 계량경제 분석법을 적용해 생산자들의 위험회피도 수준과 특성을 파악할 수 있다.

계량경제기법을 사용하고자 한다면 불확실성을 가지는 생산자의 기술특성을 생산함수 등을 통해 나타낼 수 있어야 하고, 동시에 생산자의 기대효용함수를 반영하여 최적화 행위를 분석하여야 한다. 이 두 단계의 분석은 동시에 이루어질 수도 있고, 단계적으로 시행될 수도 있다. 불확실성하 생산기술 특성을 예를 들어 다음과 같은 Just-Pope함수로 설정해 보자.[14]

$$(10.6) \qquad \pi(x, \epsilon) = f(x; \alpha) + g(x; \beta)\epsilon - \sum_{i=1}^{N} x_i$$

식 (10.6)에서 x_i는 i번째 투입물에 대한 지출액이라 하자. 즉 모든 투입물은 편의상 투입액으로 계산되고, x_i는 마치 가격이 1인 투입물인 것처럼 해석할 수 있다. 그리고 산출물의 가격도 1이라 하자. 이렇게 가격이 모두 1이라는 가정은 필요한 가정은 아니고 편의상 도입되는 가정이다. Just-Pope함수(줄여서 JP함수)는 식 (10.6)에서 $f(x; \alpha) + g(x; \beta)\epsilon$에 해당되는 부분이다. 이 함수는 확률생산함수(stochastic production function)라 불리기도 하는데, 이 두 학자들로 하여금 불확실성하 경제분석과 관련된 명성을 크게 얻게 한 함수이다.

JP함수의 첫 번째 항 $f(x; \alpha)$에서 x는 투입물의 벡터이고, α는 추정되어야 할 파라

---

12 최근의 연구 성과까지 정리한 다음 문헌을 추가로 참고할 수 있다: Holt, C. A. and S. K. Laury, 2014, "Assessment and Estimation of Risk Preferences," in M. Machina and K. Viscusi, eds., *Handbook of the Economics of Risk and Uncertainty*, Vol 1, North-Holland, pp. 135-201.

13 아울러 각주 7)에서 설명한 바와 같이 응답자의 심리구조상 이런 종류의 실험을 통해 일관된 효용함수를 도출하는 것 자체가 불가능하다는 지적도 있다.

14 Just, R. and R. D. Pope, 1978, "Stochastic Specification of Production Functions and Economic Implications," *Journal of Econometrics* 7, pp. 67-86.

미터 벡터이다. 이 항은 확률변수를 포함하지 않기 때문에 생산으로부터 확실하게 얻을 수 있는 판매수입인데 가격이 1이므로 생산량이라 볼 수도 있다. 두 번째 항 $g(x;\beta)\epsilon$에서도 β는 추정되어야 할 또 다른 파라미터 벡터이다. $g(x;\beta)$는 값이 0이상인 함수라서 ϵ의 값이 커지면 산출량도 많아진다. ϵ은 평균이 0이고 분산이 σ^2인 정규분포를 따르는 확률변수이다. 따라서 이 두 번째 항이 불확실성 혹은 위험도를 나타낸다. 이제 확률변수 ϵ은 $\epsilon_1, \epsilon_2, ...$와 같이 발생가능한 경우를 셀 수 있는 이산적(discrete) 변수가 아니고 평균이 0이면서 $(-\infty, \infty)$의 분포를 가지는 연속적(continuous)인 변수이다. 마지막 항 $\sum_{i=1}^{N} x_i$는 역시 모든 가격이 1인 투입물 사용량에 따른 비용을 나타낸다. 결국 식 (10.6)의 π는 불확실성을 가지는 생산자의 이윤을 나타내고, $f(x;\alpha) + g(x;\beta)\epsilon$은 불확실한 판매수입을 나타낸다.

JP함수에서 $E\epsilon = 0$이므로 이윤의 기댓값은 $E\pi(x) = \bar{\pi}(x) = f(x;\alpha) - \sum_{i=1}^{N} x_i$와 같다. 이윤의 분산, 즉 위험은 $\sigma_\pi^2(x) = E[(\pi - \bar{\pi})^2] = g(x;\beta)^2 E\epsilon^2 = g(x;\beta)^2 \sigma^2$와 같다. 어떤 투입요소 x_i 사용량을 늘렸을 때 위험도가 높아지는지의 여부는 함수 $g(\cdot)$가 x_i의 증가함수인지에 달려있다. 생산성이나 판매가격에서 예상치 못한 충격이 발생할 때 상당히 많은 종류의 투입물이 그 사용량이 많을수록 충격을 증폭시키기도 한다. 예를 들면 작물생산의 경우 질소질 비료의 사용증가는 통상적으로 생산량을 늘리지만, 병해충이나 가뭄 발생 시 그 피해를 증폭시켜 생산가변성을 높이는 것으로 알려져 있다.

$u(\pi)$를 생산자의 효용함수라 하면, N가지의 투입물로 $Eu(\pi)$를 편미분하여 기대효용극대화 조건을 도출하여야 한다. x_i에 대해 미분을 시행하면 다음과 같다.

$$\{f_i(x;\alpha) - 1\}Eu'(\pi) + g_i(x;\beta)Eu'(\pi)\epsilon = 0, \ i = 1,...,N$$

단, $f_i(x;\alpha) = \dfrac{\partial f(x;\alpha)}{\partial x_i}$, $g_i(x;\beta) = \dfrac{\partial g(x;\beta)}{\partial x_i}$

이상의 최적화 조건에 통계적 추정을 위한 교란항 η_i를 부가하면, 다음과 같은 N개의 회귀방정식으로 구성된 다변량 추정식이 도출된다.

(10.7) $f_i(x;\alpha) = 1 - \Theta g_i(x;\beta) + \eta_i, \ i = 1,...,N$

$$\Theta = \frac{Eu'(\pi)\epsilon}{Eu'(\pi)}$$

다수 생산자의 실제 선택이 자료로 확보될 경우 식 (10.7)을 제7장에서 설명되었던

(비선형) SUR추정법 등을 사용하여 추정할 수 있다. 그 결과 JP함수를 구성하는 두 부분 생산함수 $f(x;\alpha)$, $g(x;\beta)$와 σ^2를 추정할 수 있고, 또한 동시에 이윤의 함수인 Θ를 추정할 수 있다.

생산자의 효용함수 구조, 즉 위험회피도는 Θ에 반영되어 있다. $u'(\pi)$는 확률변수인 ϵ의 영향을 포함하므로 그 자체가 확률변수이다. 그러나 Θ의 분모인 $Eu'(\pi)$는 $u'(\pi)$의 기댓값을 이미 취한 것이므로 더 이상 확률변수가 아니다. 또한 한계효용은 음(−)의 값을 가질 수 없으므로 $Eu'(\pi)$의 부호는 양(+)이다. 분자인 $E[u'(\pi)\epsilon]$은 두 확률변수 $u'(\pi)$와 ϵ 곱의 기댓값이므로 그 부호는 두 확률변수 $u'(\pi)$와 ϵ이 움직이는 방향이 같은지 아니면 반대인지에 달려있다. 어떤 이유로 생산이 평소보다 양호하거나 판매가격이 높아 ϵ이 0보다 커졌다고 하자. 그렇다면 이윤 π도 늘어난다. 이때 만약 한계효용 $u'(\pi)$이 π의 감소함수라면, 즉 효용함수가 오목이라면, 이들 두 확률변수는 서로 반대로 움직이기 때문에 Θ의 분자 $E[u'(\pi)\epsilon]$는 음의 값을 지닌다. 따라서 $\Theta < 0$이면 효용함수는 오목이고 생산자는 위험회피자, 반대로 $\Theta > 0$이면 효용함수는 볼록이고 생산자는 위험선호자가 된다. 물론 $\Theta = 0$일 경우 생산자는 위험중립적이다.

식 (10.7)의 다변량 회귀식을 추정하기 위해서는 JP함수와 같은 생산함수에 구체적인 형태를 부여해야 하고, 또한 효용함수 $u(\pi)$에 대해서도 구체적인 형태를 부여해야 한다. 이들 함수를 부여하고 모형을 실제로 추정한 다수의 연구들이 있고, 다양한 방법들이 사용된 바 있다.[15] 그런데 식 (10.5)와 같은 함수형태를 부여하면, $\phi(\epsilon)$을 ϵ의 확률밀도함수라 할 때 기대효용은 $Eu(\pi) = \int_{-\infty}^{\infty} u(\pi)\phi(\epsilon)d\epsilon$와 같이 계산되고, $Eu'(\pi)$와 $Eu'(\pi)\epsilon$도 유사한 방식으로 계산되어 Θ에 반영되어야 한다. 하지만 확률생산함수를 포함하고 있는 π와 그 효용함수 $u(\pi)$를 적용했을 때 이러한 적분을 대수적으로 풀어 Θ를 도출하는 것이 대단히 어렵거나 불가능할 수 있다.

한 가지 대안은 효용함수가 아니라 $A(\pi)$와 같은 위험회피도를 소득의 함수로 직접 설정하는 방법이다. 투입물조합 x에서의 평균소득을 $\overline{\pi} = f(x;\alpha) - \sum_{i=1}^{N} x_i$와 같이 표기하자. 그러면 $u(\pi) = u(\overline{\pi} + g(x;\beta)\epsilon)$인데, 그 한계효용을 $\epsilon = 0$에서 2계 테일러 근사하면 다음과 같다.

$$u'(\pi) \approx u'(\overline{\pi}) + u''(\overline{\pi})g(x;\beta)\epsilon + \frac{1}{2}u'''(\overline{\pi})g(x;\beta)^2\epsilon^2$$

---

15 이들 구체적인 방법들은 본장 말미에 참고문헌으로 소개된 Moschini and Hennessy(2001)에서 확인할 수 있다.

따라서 다음 두 관계를 도출할 수 있다.

$$Eu'(\pi) \approx u'(\overline{\pi}) + \frac{1}{2}u'''(\overline{\pi})g(x;\beta)^2\sigma^2 \quad (\because E\epsilon = 0, \ E\epsilon^2 = \sigma^2)$$

$$Eu'(\pi)\epsilon \approx u''(\overline{\pi})g(x;\beta)\sigma^2 \quad (\because E\epsilon = E\epsilon^3 = 0, \ E\epsilon^2 = \sigma^2)$$

$u''(\overline{\pi}) = -A(\overline{\pi})u'(\overline{\pi})$이므로 이제 Θ는 다음처럼 정리된다.

$$(10.8) \quad \Theta = \frac{Eu'(\pi)\epsilon}{Eu'(\pi)} \approx \frac{-A(\overline{\pi})u'(\overline{\pi})g(x;\beta)\sigma^2}{u'(\overline{\pi}) + 0.5u'''(\overline{\pi})g(x;\beta)^2\sigma^2}$$

$$= \frac{-A(\overline{\pi})g(x;\beta)\sigma^2}{1 + 0.5D(\overline{\pi})g(x;\beta)^2\sigma^2}, \quad D(\overline{\pi}) = \frac{u'''(\overline{\pi})}{u'(\overline{\pi})}$$

마지막 표현은 $u'(\overline{\pi})$로 분모와 분자를 나누어서 도출한다. 식 (10.8)의 표현에서 $D(\overline{\pi})$는 앞에서 설명되었던 하방위험회피도이다. 미분을 통해 $D(\overline{\pi})$와 $A(\overline{\pi})$는 다음 관계를 가짐도 보여줄 수 있다.

$$(10.9) \quad D(\overline{\pi}) = -\frac{dA(\overline{\pi})}{d\overline{\pi}} + A(\overline{\pi})^2$$

이제는 Θ가 식 (10.8)과 식 (10.9)에 의해 효용함수가 아니라 기대이윤에서의 절대위험회피도 $A(\overline{\pi})$의 함수로 표현된다. 예를 들어 $A(\overline{\pi}) = a_0 + a_1\overline{\pi}$의 함수를 선택하고 이를 식 (10.7), (10.8), (10.9)에 대입하여 비선형인 다변량 회귀식을 추정하면, 파라미터 α, β, σ^2, a_0, a_1을 모두 얻게 되고, 생산기술의 특성은 물론 생산자의 위험태도와 최적 행동까지 파악할 수 있다. 보다 간편하게는 먼저 JP함수를 추정하여 α, β, σ^2를 파악한 뒤, 그 값을 추정식에 반영하여 a_0와 a_1을 추정하는 2단계 추정법을 사용할 수 있다. 추정 결과 a_1이 0보다 작으냐, 0이냐, 0보다 크냐에 따라 생산자는 각각 DARA, CARA, IARA의 특성을 보이게 된다.

권오상(2002)은[16] 한국의 개별 쌀생산 농가의 자료를 이용해 2단계 추정법을 사용하였

---

[16] 권오상, 2002, "쌀재배 농가의 위험회피도 계량분석," 『농업경제연구』 43, pp. 77−91. 다음 두 연구도 참조하라: Kumbhakar, S. C., 2002, "Risk Preferences and Technology," *Marine Resource Economics* 17, pp. 73−76; Kumbhakar, S. C., 2002, "Specification and Estimation of Production Risk, Risk Preferences and Technical Efficiency," *American Journal of Agricultural Economics* 84, pp. 8−22.

다. 제7장에서처럼 투입요소를 KLAM의 네 가지로 분류하고, JP함수로 $\alpha K^{\alpha_K} L^{\alpha_L} A^{\alpha_A} M^{\alpha_M}$ $+ \beta K^{\beta_K} L^{\beta_L} A^{\beta_A} M^{\beta_M} \epsilon$와 같은 콥–더글라스 함수를 설정하였다. 또한 $A(\bar{\pi}) = a_0 + a_1 \bar{\pi}$ 와 같은 절대위험회피함수도 설정하였다. 추정결과 토지는 사용량이 많을수록 생산위험 도를 낮추지만(즉 $\beta_A < 0$), 다른 세 가지 투입물들은 사용량이 늘어날 때 생산이나 판매 수입의 위험도가 커지는 것으로 나타났다. $A(\bar{\pi})$의 값이 표본 내에서 최소 7.61×10^{-8} 에서 최대 7.10×10^{-7}의 분포를 보여 생산자는 위험회피 성향을 보였다. 그리고 a_0는 0보다 크고 a_1은 0보다 작으면서도 통계적으로 유의한 것으로 추정되었다. 따라서 한국 의 쌀재배 농가는 DARA의 위험태도를 보인다. 아울러 상대위험회피도 $R(\bar{\pi})$는 그 평균 이 3.2이면서 소득수준이 낮을 경우에는 소득에 대해 증가하고(IRRA), 소득이 높은 수준 에서는 하락함을(DRRA) 보여주었다.

SECTION 02 확률적 지배관계와 생산자 선택

제1절에서 논의한 바와 같이 불확실성하 생산자 선택은 생산자가 처한 불확실성의 구조, 즉 소득의 통계적 분포형태와, 생산자의 효용함수구조 모두를 정확히 알아야 분석 할 수 있다. 그런데 생산자가 선택할 수 있는 대안별 소득분포들이 특정한 관계를 서로 가지면, 생산자 효용함수에 대해서는 최소한의 가정만을 한 상태에서도 어떤 생산선택 (예: 품목 선택, 생산기술 선택, 생산량 선택 등)이 더 유리한지를 판정할 수 있다. 이렇게 이 윤의 확률적 분포만을 보고 어떤 대안이 더 선호되는지를 알려면 대안별 이윤 간에 확 률적 지배관계(stochastic dominance)가 성립해야 한다.[17]

1. 확률적 지배관계

논의의 편의를 위해 확률변수인 이윤 혹은 소득 π가 연속변수라 하고, 두 가지 생산 선택을 검토한다 하자. 예를 들면 자동차회사가 승용차만 생산할지 승용차와 트럭을 함

---

17 다음의 확률적 지배관계에 관한 논의는 본장 참고문헌 Bikhchandani, et al.(2013)의 설명을 적절히 변형한 것이다.

께 생산할지에 따라 이윤의 확률분포가 다를 것이고, 농민이 관행적 농법을 선택할지 유기농법을 선택할지에 따라 소득의 확률분포가 다를 것이다. 두 확률변수 π_F와 π_G를 각각 두 사업 F와 G로부터 발생하는 소득이라 하자. 소득이 특정 금액 π^0보다 크지 않을 확률을 각각 다음 두 누적분포함수(cumulative distribution function, CDF)로 나타낼 수 있다.

$$F(\pi^0) = \Pr[\pi_F \leq \pi^0], \quad G(\pi^0) = \Pr[\pi_G \leq \pi^0]$$

여기에서는 편의상 소득은 연속변수라 가정한다. 소득의 최소와 최대를 두 사업 모두에 있어 각각 α와 β라 하면, 두 사업의 기대효용은 다음과 같이 계산된다. 단, $F'(\pi)$와 $G'(\pi)$는 각각 $F(\pi)$와 $G(\pi)$에 상응하는 확률밀도함수(probability density function, PDF)로서, 특정 이윤 π가 실현될 확률을 나타낸다.

$$Eu(\pi_F) = \int_\alpha^\beta u(\pi)F'(\pi)d\pi, \quad Eu(\pi_G) = \int_\alpha^\beta u(\pi)G'(\pi)d\pi$$

이 두 사업 중 무엇을 선택할지를 알려면 두 사업 소득의 확률분포와 함께 생산자의 효용함수 $u(\pi)$의 형태도 알아야 한다. 하지만 두 사업 소득 사이에 아래에서 소개되는 1계 확률적 지배관계(first-order stochastic dominance, FSD)가 성립한다면, 효용함수가 소득 π의 증가함수이기만 하면 어느 사업이 더 선호되는지 알 수 있다.

━━ math 10.3   1계 확률적 지배관계와 순위정리 I(Ranking Theorem I)

모든 π 값에 있어서 $F(\pi) \leq G(\pi)$의 관계가 성립하고, 일부 π 값에 있어서는 부등식이 등호를 포함하지 않는다면, 분포 F는 분포 G를 1계 확률지배한다.
F가 G를 1계 확률지배하면, π에 대해 증가하고 미분가능한 모든 함수 $u(\pi)$에 있어서 $Eu(\pi_F) > Eu(\pi_G)$의 관계가 성립한다.

분포 F가 분포 G를 1계 확률지배한다는 것은 어떤 소득수준 $\pi^0 \in [\alpha, \beta]$에 대해서도, 실현되는 소득 π가 이 소득 π^0보다 더 작을 확률이 F보다는 G의 분포하에서 더 크다는 것이다. 따라서 함수 $u(\pi)$가 π의 증가함수라면, 분포 F가 더 선호될 수밖에 없다는 것이 위의 순위정리 I이 의미하는 바이다.

그림 10-3 확률적 지배관계

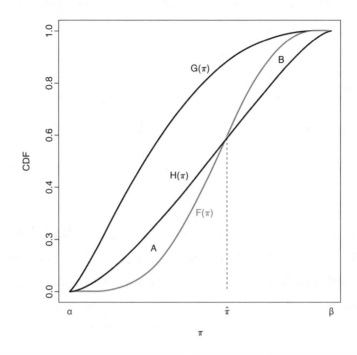

〈그림 10-3〉은 세 가지 소득분포 $F(\pi)$, $G(\pi)$, $H(\pi)$를 보여주고 있다. 모두 CDF 이다. 전체 구간 $[\alpha, \beta]$에 있어서 $G(\pi) \geq F(\pi)$이고 대부분의 구간에서 $G(\pi) > F(\pi)$이므로, $F(\pi)$는 $G(\pi)$를 1계 확률지배한다. 마찬가지로 $G(\pi) \geq H(\pi)$이기 때문에 분포 $H(\pi)$도 분포 $G(\pi)$를 1계 확률지배한다. 하지만 $F(\pi)$와 $H(\pi)$를 서로 비교하면, $\pi \in [\alpha, \hat{\pi}]$ 구간에서는 $H(\pi) \geq F(\pi)$이고 반대로 $\pi \in [\hat{\pi}, \beta]$ 구간에서는 $H(\pi) \leq F(\pi)$이므로 둘 사이에는 1계 확률적 지배관계가 형성되지 않는다.

1계 확률적 지배관계가 형성될 때 기대효용이 순위가 결정된다는 것을 확인하려면, 다음을 검토하면 된다.

$$
\begin{aligned}
Eu(\pi_F) - Eu(\pi_G) &= \int_\alpha^\beta u(\pi)[F'(\pi) - G'(\pi)]d\pi \\
&= u(\pi)[F(\pi) - G(\pi)]|_\alpha^\beta + \int_\alpha^\beta u'(\pi)[G(\pi) - F(\pi)]d\pi \\
&= \int_\alpha^\beta u'(\pi)[G(\pi) - F(\pi)]d\pi > 0 \quad (\text{단, } u'(\pi) > 0)
\end{aligned}
$$

위의 결과를 도출하는 데에는 다음의 부분적분(integration by parts)이 적용되었다. 위 적분의 $u(\pi)$가 부분적분법 공식의 $u(x)$에 해당되고, $[F'(\pi) - G'(\pi)]d\pi$가 $v'(x)dx$에 해당된다.

$$\int_a^b u(x)v'(x)dx = u(x)v(x)\big|_a^b - \int_a^b v(x)u'(x)dx$$
$$= u(b)v(b) - u(a)v(a) - \int_a^b v(x)u'(x)dx$$

1계 확률적 지배관계는 두 생산선택 간의 선호도를 분명히 결정짓지만 〈그림 10-3〉 이 보여주듯이 전 구간에 걸쳐 $F(\pi)$가 $G(\pi)$보다 작을 것을 요구하기 때문에 매우 강한 조건이다. 보다 완화된 확률적 지배관계로 다음의 2계 확률적 지배관계(second-order stochastic dominance, SSD)가 정의되는데, 상대적으로 느슨한 이 지배관계가 존재하면 효용함수가 오목이라는 추가 조건만 부과하여 생산선택 간의 우열관계를 정해줄 수 있다.

모든 π 값에 있어서 $\int_\alpha^\pi F(r)dr \leq \int_\alpha^\pi H(r)dr$의 관계가 성립하고, 일부 구간에서 는 부등식이 등호를 포함하지 않는다면, 분포 F는 분포 H를 2계 확률지배한다. F가 H를 2계 확률지배하면, π의 증가함수이면서 오목이며 일부구간에서는 강오목 인 모든 함수 $u(\pi)$에 있어서 $Eu(\pi_F) > Eu(\pi_H)$의 관계가 성립한다.

2계 확률적 지배관계는 누적분포함수 값의 차이가 아니라 그 분포함수곡선 이하 면 적의 차이에 의해 결정된다. 어떤 $\pi \in [\alpha, \beta]$에서 평가해도 α와 π 사이에 형성되는 $F(\pi)$ 이하의 면적이 $H(\pi)$ 이하의 면적보다 크지 않으면 $F(\pi)$는 $H(\pi)$를 2계 확률지 배한다. 〈그림 10-3〉에서 두 분포함수의 크기는 $\hat\pi$에서 한 번 역전된다. 하지만 이 그 림에서 두 분포함수 사이에서 형성되는 면적 A가 또 다른 면적 B보다 작지 않을 경우 math 10.5의 적분이 계산하는 두 분포함수 이하의 면적은 π가 β에 이를 때까지 한 번 도 역전되지 않으므로 2계 확률적 지배관계가 형성된다. 두 CDF곡선이 2회 이상 교차할 경우에도 math 10.5의 조건이 충족될 경우 SSD관계는 성립하며, 또한 FSD관계가 성립하면 SSD관계는 저절로 성립함도 확인된다.

이제 소득이 아닌 효용의 분포함수를 검토하기로 하고, $\hat{F}(u)$를 소득 π의 분포함수가 $F(\pi)$일 때 그 효용함수 값의 분포함수라고 하자. $u(\pi)$가 증가함수이므로 효용이 $u(\pi)$ 이하일 확률은 소득이 π 이하일 확률과 같아야 한다. 즉 $\hat{F}(u(\pi)) = F(\pi)$의 관계가 성립한다. 〈그림 10-4〉는 〈그림 10-3〉의 두 소득분포 $F(\pi)$와 $H(\pi)$로부터 생성되는 효용의 분포 $\hat{F}(u)$와 $\hat{H}(u)$를 보여준다. 순위정리 II를 증명하기 위해서는 어떤 분포함수 $\hat{F}(u)$가 주어져 있을 때 그 분포를 따르는 확률변수 u의 기댓값 $Eu_{\hat{F}}$는 〈그림 10-4〉의 음영부분이 보여주는 바와 같이 CDF곡선 좌측의 면적과 같다는 사실을 이용하면 된다. 이것이 사실이라면 〈그림 10-4〉에서 두 분포함수 사이의 면적 C가 또 다른 면적 D보다 클 경우 $Eu_{\hat{F}} = Eu(\pi_F) > Eu_{\hat{H}} = Eu(\pi_H)$가 성립하고, π_F의 기대효용이 π_H의 기대효용보다 크기 때문에 순위정리 II가 증명된다.

그림 10-4 누적분포와 기댓값

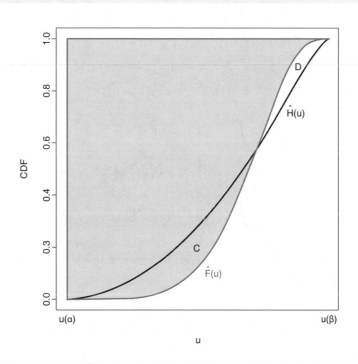

먼저 어떤 누적분포함수의 좌측 영역이 그 확률변수의 기댓값이 된다는 것을 확인하자. $P = \hat{F}(u)$를 그 누적확률이라 하면, $dP = \hat{F}'(u)du$이고, $\hat{F}'(u)$는 u의 확률밀도함수이므로 기대효용은 $Eu_{\hat{F}} = \int_{u(\alpha)}^{u(\beta)} u\hat{F}'(u)du = \int_0^1 u dP$가 된다. 이 마지막 적분은 세로축을 따라 0에서 1까지 적분을 하되, (횡으로) 적분을 하는 곡선의 높이는 효용 값인 그러한 적분이다. 따라서 〈그림 10−4〉의 음영 처리된 부분이 $Eu_{\hat{F}}$이 된다. 〈그림 10−4〉의 음영 처리된 면적이 기대효용이라는 것은 달리 표현하면 $Eu_{\hat{F}} = [u(\beta) - u(\alpha)] \times 1 - \int_{u(\alpha)}^{u(\beta)} \hat{F}(u)du$임을 의미한다. 즉 사각형 면적 $[u(\beta) - u(\alpha)] \times 1$에서 분포함수 $\hat{F}(u)$ 이하의 면적을 빼준 것과 같다. 마찬가지로 $Eu_{\hat{H}} = [u(\beta) - u(\alpha)] \times 1 - \int_{u(\alpha)}^{u(\beta)} \hat{H}(u)du$ 이므로 다음이 도출된다.

$$Eu(\pi_F) - Eu(\pi_H) = -\int_{u(\alpha)}^{u(\beta)} [\hat{F}(u) - \hat{H}(u)]du$$

따라서 〈그림 10−4〉에서 면적 C가 면적 D보다 크면 $F(\pi)$의 기대효용이 $H(\pi)$의 기대효용보다 더 커 순위정리 II가 성립한다.

그렇다면 우리는 〈그림 10−3〉의 면적 A가 면적 B보다 작지 않으면, 즉 소득 면에서의 2계 확률적 지배관계가 성립하면 왜 〈그림 10−4〉의 효용공간의 분포에 있어 면적 C가 면적 D보다 크게 되는지를 확인해야 한다. 두 생산선택의 기대효용 격차는 변수변환을 통해 다음과 같이 소득공간에서도 나타낼 수 있다.

$$
\begin{aligned}
Eu(\pi_F) - Eu(\pi_H) &= -\int_{u(\alpha)}^{u(\beta)} [\hat{F}(u) - \hat{H}(u)]du \\
&= -\int_{\alpha}^{\beta} [\hat{F}(u(\pi)) - \hat{H}(u(\pi))]\frac{du}{d\pi}d\pi \\
&= -\int_{\alpha}^{\beta} [F(\pi) - H(\pi)]u'(\pi)d\pi
\end{aligned}
$$

〈그림 10−3〉에서처럼 두 소득의 분포함수 값이 $\hat{\pi}$에서 한 번 역전된다면, 기대효용 격차는 다음처럼 정리된다.

$$
\begin{aligned}
Eu(\pi_F) - Eu(\pi_H) &= \int_{\alpha}^{\hat{\pi}} [H(\pi) - F(\pi)]u'(\pi)d\pi - \int_{\hat{\pi}}^{\beta} [F(\pi) - H(\pi)]u'(\pi)d\pi \\
&> \int_{\alpha}^{\hat{\pi}} [H(\pi) - F(\pi)]u'(\hat{\pi})d\pi - \int_{\hat{\pi}}^{\beta} [F(\pi) - H(\pi)]u'(\hat{\pi})d\pi
\end{aligned}
$$

$$= u'(\hat{\pi}) \int_{\alpha}^{\beta} [H(\pi) - F(\pi)] d\pi \geq 0$$

위의 전개에서 두 번째 식은 기댓값을 구하는 적분을 $\hat{\pi}$를 기준으로 두 구간에 걸쳐 시행하도록 한 것이다. 또한 부등식은 효용함수가 오목이라 $u'(\pi)$가 π의 감소함수이므로 $\pi \leq \hat{\pi}$일 때는 $H(\pi) \geq F(\pi)$이면서 $u'(\pi) \geq u'(\hat{\pi})$이고, 반대로 $\pi > \hat{\pi}$일 때는 $F(\pi) > H(\pi)$이면서 $u'(\pi) < u'(\hat{\pi})$이기 때문에 성립한다. 마지막 부등식은 2계 확률적 지배관계로 인해 [면적 A] $\geq$ [면적 B], 즉 $\int_{\alpha}^{\beta} [H(\pi) - F(\pi)] d\pi \geq 0$이기 때문에 성립한다.

〈그림 10−3〉의 면적 A가 면적 B보다 클 경우에는 사실 분포함수의 좌측 면적이 F분포일 때가 H분포일 때보다 더 크기 때문에 $E\pi_F > E\pi_H$의 관계가 성립한다. 즉 소득의 기댓값 자체가 F분포일 때가 더 크다. 만약 면적 A가 면적 B와 동일하면 어떻게 될까? 이 경우에는 $E\pi_F = E\pi_H$로 소득의 기댓값은 두 선택에서 동일하다. 하지만 CDF 이하의 면적은 F분포의 경우가 내내 더 작다가 $\pi = \beta$가 될 때 H분포의 경우와 동일해진다. 따라서 이 경우에도 여전히 SSD관계는 성립한다. 이처럼 낮은 소득영역에서 $H(\pi)$의 값이 상대적으로 더 크고 또한 SSD의 조건이 충족되지만, 면적 A와 면적 B가 같아서 기대소득 자체는 서로 같다면, 두 분포 간의 순위는 어떻게 될까? 다음의 순위정리 III이 그 대답이다.

math 10.6   순위정리 III(Ranking Theorem III)

F와 H가 서로 같은 기대소득을 가지면서 F가 H를 2계 확률지배하면, π의 증가함수이면서 오목이며 일부 구간에서는 강오목인 모든 함수 $u(\pi)$에 있어서 $Eu(\pi_F) > Eu(\pi_H)$의 관계가 성립한다.

즉, 〈그림 10−3〉의 면적 A와 B가 서로 같아서 기대소득 자체는 동일해도 그 분포함수의 특성이 SSD 관계를 형성하면, 〈그림 10−4〉의 면적 C는 면적 D보다 커서 위험회피자는 여전히 H보다는 F의 분포를 가지는 사업을 선택한다.

〈그림 10−5(a)〉는 두 분포 F와 H에서의 소득 π의 PDF를 보여주고, 〈그림 10−5(b)〉는 소득 π의 CDF를 보여준다. 〈그림 10−5(b)〉에서 면적 A와 면적 B는 동일하고, 따라서 소득의 기댓값은 두 분포에서 서로 같도록 되어 있다. 〈그림 10−5(a)〉

그림 10-5 평균유지확산과 순위정리 III

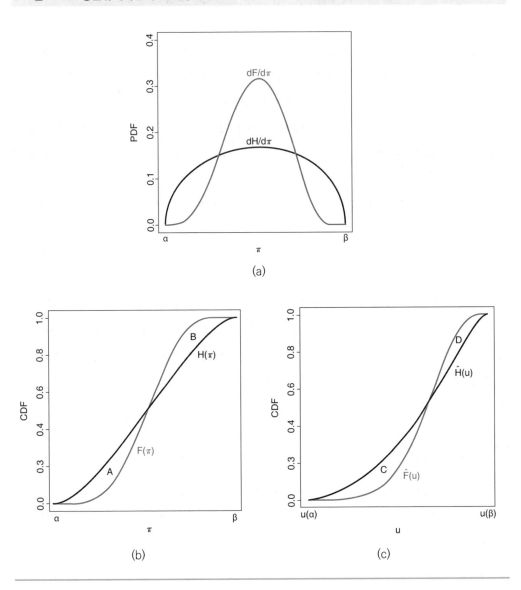

(a)

(b)

(c)

의 PDF를 보면, $F'(\pi)$는 소득의 최빈값이나 평균값에서 크고 그로부터 멀어질수록 작아져 발생확률이 크게 낮아진다. 반면 $H'(\pi)$는 최빈값이나 평균값에서의 크기는 $F'(\pi)$에 비하면 작지만 그로부터 비교적 멀리 떨어져 있는 소득에 있어서도 그 값이 여전히 높다. 〈그림 10-5(a)〉에서처럼 π의 평균을 동일하게 유지하되, 그 PDF $F'(\pi)$를 더 넓게 펴서 $H'(\pi)$처럼 되게 했을 때의 선택 H를 F의 평균유지확산(mean-preserving spread, MPS)이라 부른다. CDF인 H와 F를 사용하면, MPS는 〈그림 10-5(b)〉에서처럼 면적 A가 면적 B와 일치하지만, 후자보다 더 좌측에서 형성되기 때문에 두 분포 간에 SSD의 관계가 성립함을 의미한다.[18]

〈그림 10-5(c)〉에서는 좌측 두 그림에서의 소득분포와 상응하는 $u(\pi) = \ln(\pi)$인 효용의 CDF, $\hat{F}(u)$와 $\hat{H}(u)$가 그려져 있다. 그림이 보여주듯 이제는 두 면적 C와 D를 비교할 때 전자가 더 크고 따라서 $Eu(\pi_F) > Eu(\pi_H)$가 성립한다. 즉 〈그림 10-5(b)〉에서 면적 A와 면적 B가 동일하여 소득의 기댓값은 동일하지만, 소득을 오목함수 변환한 효용의 분포에서는 면적 C가 면적 D보다 더 크게 바뀌고, 따라서 효용의 기댓값은 π_F의 경우가 더 크게 된다. 순위정리 III은 이처럼 소득의 평균유지확산은 2계 확률지배 관계의 한 특수한 예이고, 이 경우에도 위험회피자는 평균유지확산은 선택하지 않는다는 것을 의미한다.

2. 소득 확률분포의 도출

확률적 지배관계는 이상의 경우 외에도 3계 확률적 지배 등으로 추가 정의할 수 있고, 또한 소득의 분포형태와 그 확률적 지배관계는 실증적으로 확인할 수도 있다. 복잡한 계량분석 없이도 확률변수의 특성에 관한 최소한의 가정이나 정보만으로 그 통계적 분포를 대수적으로 도출할 수 있는 경우가 많이 활용되는데, 그 중 특히 사용빈도가 높은 것이 PERT(Program Evaluation and Review Technique)분포이다. 이 분포를 적용하면 소득의 최솟값($=a$), 최댓값($=b$), 그리고 발생빈도가 가장 많을 것으로 예상되는 최빈값($=m$)에 대한 정보 혹은 개인적 예상만 있으면, 이로부터 확률변수의 분포함수를 도출할 수 있다. 객관적 정보를 이용하든 주관적으로 판단하든, 이 세 가지 정도의 파라미터에 대해서는 비교적 쉽게 그 값을 예상할 수 있을 것이기 때문에 유용한 방법이 된다. 최근에는 변형 PERT(modified PERT)라고 해서 이 세 가지 파라미터에 형태(shape) 파라미터($=\lambda$)를 하나 더 추가하는 방법이 많이 사용된다.[19]

---

18 한편, 분포 H가 F의 MPS이면 SSD관계가 성립하고 전자의 분산이 후자에 비해 더 크다. 하지만 그 역의 관계는 반드시 성립하지는 않는다. 즉 H와 F의 평균이 같고 전자의 분산이 더 크다고 해서 양자 간에 SSD관계가 성립하는 것은 아니다: Bikhchandani, et al.(2013), p. 115.

19 위에서 보여주었던 〈그림 10-3〉~〈그림 10-5〉는 모두 변형 PERT분포를 적용해 그린 것이다. 이 분포의 개발자가 쓴 다음의 책이 유용한 참고자료이고, 이 책 부록 III이 변형 PERT 외에도 여러 가지 분포함수의 사용법을 보여준다: Vose, D., 2008, *Risk Analysis: A Quantitative Guide*, 3rd

변형 PERT분포의 확률밀도함수(PDF), 즉 각 π 값이 발생할 확률은 다음과 같이 정의된다.

$$(10.10) \quad f(\pi) = \frac{(\pi - a)^{\alpha_1 - 1}(b - \pi)^{\alpha_2 - 1}}{B(\alpha_1, \alpha_2)(b - a)^{\alpha_1 + \alpha_2 - 1}}$$

$$\text{단, } \alpha_1 = 1 + \lambda\left(\frac{m - a}{b - a}\right), \ \alpha_2 = 1 + \lambda\left(\frac{b - m}{b - a}\right),$$

$$B(\alpha_1, \alpha_2)\text{는 베타(beta)함수[20]}$$

변형 PERT분포의 누적분포함수(CDF)는 식 (10.10)의 PDF를 적분하여 $F(\pi) = \int_a^\pi f(z)dz$와 같이 도출한다. 그리고 이 분포를 따르는 확률변수의 기댓값은 다음과 같다.

$$(10.11) \quad \mu = \frac{a + \lambda m + b}{\lambda + 2}$$

예를 들어 〈표 10−1〉의 ELCE에서 사용되었던 것처럼 $a = 200$, $b = 1000$으로 이해되고 있다고 하고, 최빈값으로는 $m = 500$이 예상된다고 하자. 원래의 PERT분포함수에서는 $\lambda = 4$로 가정되는데, 이 형태 파라미터 값에서의 PDF가 〈그림 10−6〉에 그려져 있다. 변형 PERT분포에서는 이 값에 변화를 주어 보다 다양한 형태의 분포를 도출한다. 〈그림 10−6〉에서는 $\lambda = 1$과 $\lambda = 6$의 경우를 추가로 그렸다. λ의 값이 클수록 최빈값 부근 소득이 발생할 확률이 높은 반면, 그 값이 작을수록 최빈값에서 멀리 떨어진 소득이 발생할 확률이 상대적으로 높아지고 위험도가 커진다. 실제 분석 시에는 최솟값, 최댓값, 최빈값만을 선택하게 한 후, 〈그림 10−6〉에서처럼 다양한 λ 값을 사용했을 때의 확률분포를 도출해 보여주고, 그 중 가장 적절해 보이는 분포는 무엇인지를 선택하게 해 λ 값을 정하는 방식을 사용할 수 있다.

또한 서로 다른 두 사업 $F(\pi)$와 $H(\pi)$의 확률적 지배관계를 실증적으로 분석할 때에는 확률변수를 이산변수로 전환하는 것이 편리할 수 있다. 즉 전체 $[\alpha, \beta]$ 구간을 몇 개의 부분구간으로 나누도록 π 값들을 취한 후, 각 부분구간에서 형성되는 분포함수 이하의 사각형 면적을 더해준 것이 두 분포 간에 어떤 차이를 보이는지 확인할 수 있다.

---

ed., John Wiley & Sons. 아울러 R의 mc2d와 같은 몇몇 통계 패키지가 변형 PERT분포의 누적분포함수 값을 계산하여 보여준다.

[20] $B(\alpha_1, \alpha_2) = \int_0^1 t^{\alpha_1 - 1}(1 - t)^{\alpha_2 - 1}dt$를 의미한다.

그림 10-6 변형 PERT분포

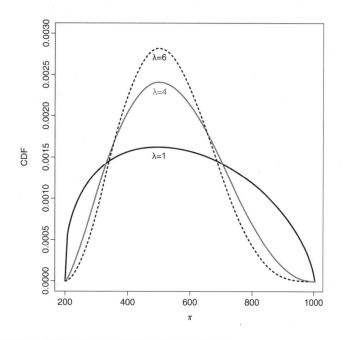

불확실성하 생산자행위의 주요 특성

확률적 지배관계가 형성되지 않을 수도 있는 보다 일반적인 상황에서는 생산자는 각 선택별 소득의 확률분포와 자신의 효용함수를 반영하여 최종 생산행위를 한다. 자신이 처한 위험요인을 반영하기 때문에 생산자는 위험도가 없을 경우와는 상당히 다른 의사 결정을 할 수 있다. 본절에서는 불확실성하에서 이루어지는 이러한 주요 생산특성을 살펴보도록 한다.

1. 위험자산에 대한 투자

먼저 생산자가 자원을 서로 다른 위험도를 가지는 사업에 분산하는 원리를 알아보자. w가 현 자산규모인데 안전자산과 위험자산 두 가지에 분할 투자할 수 있다. 안전자산에 한 단위 투자하면 1년 후에도 한 단위를 그대로 돌려받는다. 위험자산에 한 단위 투자하면 z를 돌려받는데, 그 기댓값 Ez가 1보다 크지 않다면 위험자산이 선택되지 않을 것이므로 $Ez > 1$을 가정한다. 즉 위험자산은 평균 수익률측면에서 안전자산보다 유리하다(actuarially favorable).

α를 위험자산에 대한 투자액, $\beta = w - \alpha$를 안전자산에 대한 투자액이라 하면, 1년 후의 자산은 $\alpha z + (w - \alpha) = w + \alpha(z - 1)$이 되고 불확실한 값이 된다. 의사결정자는 다음의 기대효용 극대화문제를 가진다.

$$(10.12) \quad \max_\alpha Eu(w + \alpha(z - 1))$$

한계기대효용을 $\phi(\alpha, w) = Eu'(w + \alpha(z - 1))(z - 1)$와 같이 표현하자. 아래에서 우리는 자산규모 w가 최적 α에 미치는 영향에 관해 논의할 것이므로 한계기대효용은 w 수준에 의해서도 영향을 받는 것으로 표기하였다. 단 w는 α와 달리 선택변수가 아니라 주어진 파라미터이다.

우리는 우선 $\alpha = 0$, 즉 위험자산은 배척되고 선택되지 않는 것이 최적인지에 관심이 있다. $\phi(0, w) = u'(w)E(z - 1)$인데, 위험자산은 수익성측면에서 더 유리하므로 $Ez > 1$이고, 따라서 $\phi(0, w) > 0$이다. 즉 0인 α에서는 한계기대효용이 0보다 크기 때문에 α를 증가시킬 때 기대효용도 커진다. 따라서 최적 α는 $\phi(\alpha, w) = 0$이 되게 하는 0보다는 큰 $\alpha(w)$이다. 이는 평균 수익성 측면에서 확실자산보다 유리한 위험자산이나 품목이라면, 생산자가 설령 위험회피자라 하더라도 적어도 어느 정도의 자산이나 생산자원을 그에 할당해야 함을 의미한다.

그렇다면 자산규모가 큰 생산자와 작은 생산자 중 누가 더 많은 자원을 위험자산에 할당할까? 이는 자산이나 소득규모가 위험회피도에 미치는 영향이 어떠한지에 달려있다. 위에서 본 바와 같이 기대효용을 극대화하는 기준은 $\phi(\alpha, w) = Eu'(w + \alpha(z - 1))(z - 1) = 0$을 충족하는 0보다 큰 $\alpha(w)$를 선택하는 것이다. 이 조건식에 음함수 정리(math 5.2)를 적용하면 최적 위험자산 투자액 α는 다음과 같이 자산규모 w에 반응한다.

$$(10.13) \quad \alpha'(w) = -\frac{\partial\phi/\partial w}{\partial\phi/\partial \alpha} = -\frac{Eu''(w + \alpha(z - 1))(z - 1)}{Eu''(w + \alpha(z - 1))(z - 1)^2}$$

식 (10.13)에서 분모인 $\partial\phi/\partial\alpha$는 '한계'기대효용 ϕ를 다시 선택변수인 α로 미분한 것이다. 최적의 선택을 한다면 이는 음$(-)$이라야 한다. 주어진 w에서 α^0를 선택했을 때 $\phi(\alpha^0, w) = 0$의 조건이 충족된다고 하자. 그리고 α^1과 α^2를 각각 α^0보다 조금 더 크고 작은 값이라 하자($\alpha^1 > \alpha^0$, $\alpha^2 < \alpha^0$). 만약 분모가 양(+)이어서 $\partial\phi(\alpha^0, w)/\partial\alpha > 0$라면, $\phi(\alpha^1, w) > 0$이고 $\phi(\alpha^2, w) < 0$이기 때문에 α 값을 α^1으로부터 늘리거나 α^2로부터 줄일수록, 즉 α^0로부터 멀게 할수록 기대효용 값이 커진다. 따라서 이 경우에는 $\phi(\alpha^0, w) = 0$이 충족되어도 기대효용이 α^0에서 극대화된다고 할 수 없다. 반대로 $\partial\phi(\alpha^0, w)/\partial\alpha < 0$라면, $\phi(\alpha^1, w) < 0$이고 $\phi(\alpha^2, w) > 0$이기 때문에 각각 α^1에서 줄이고 α^2에서 늘려 다시 α^0로 돌아올수록 기대효용 값이 커진다. 이 때문에 $\phi(\alpha^0, w) = 0$의 조건과 함께 $\partial\phi(\alpha^0, w)/\partial\alpha < 0$의 조건도 동시에 충족되어야 기대효용 극대화가 이루어진다고 할 수 있다.[21]

식 (10.13) 우변의 분모가 음이므로 w가 최적 α에 미치는 영향은 식 (10.13)의 분자인 $\dfrac{\partial\phi}{\partial w} = Eu''(w + a(z-1))(z-1)$의 부호에 달려있다. 먼저 생산자가 위험회피자이지만 DARA, 즉 $A'(w) < 0$의 특성을 보인다고 가정해보자. 그러면 다음 관계가 성립한다.

$$
(10.14) \quad z > 1일\ 때 \quad -\frac{u''(w + \alpha(z-1))}{u'(w + \alpha(z-1))} < -\frac{u''(w)}{u'(w)}
$$

$$
z < 1일\ 때 \quad -\frac{u''(w + \alpha(z-1))}{u'(w + \alpha(z-1))} > -\frac{u''(w)}{u'(w)}
$$

즉 위험자산 수익 z의 실현되는 값이 1보다 큰지 작은지에 따라서 최종 소득 $w + \alpha(z-1)$에서 평가한 $A(w + \alpha(z-1))$($=$좌변)과 투자 이전 소득 w에서 평가한 $A(w)$($=$우변)의 상대적 크기가 달라진다. 이제 식 (10.14)의 양변에 $-u'(w + \alpha(z-1))(z-1)$을 곱해보자. 한계효용은 0보다 크기 때문에 이 값은 $z > 1$일 때는 음($-$), $z < 1$일 때는 양($+$)이다. 따라서 이를 부등식의 양변에 곱하면 z가 1보다 크든 작든 $u''(w + \alpha(z-1))(z-1) > \dfrac{u''(w)}{u'(w)}u'(w + \alpha(z-1))(z-1)$의 관계가 성립한다. 이 부등식 좌우변의 기대치를 비교하면 다음과 같다.

---

21 목적함수 $Eu(w + \alpha(z-1))$를 선택변수 α로 두 번 미분한 $\partial\phi/\partial\alpha$가 최적 선택에서 음의 값을 가져야 한다는 조건을 극대화의 2계 충분조건이라 부른다. 목적함수를 한 번 미분한 $\phi(\alpha, w)$가 0이 되어야 한다는 조건은 극대화의 1계 필요조건이다. 이 두 조건이 동시에 충족되면 극대화를 달성했다고 믿어도 된다. 반대로 극소화문제를 가지고 있다면 1계 필요조건은 동일하지만 2계 충분조건은 $\partial\phi/\partial\alpha > 0$로 부등호가 바뀐다. 본서는 지금까지 최적화문제의 2계 충분조건에 대해서는 명시적으로 고려하지 않았고, 문제의 성격에 맞게 충족되고 있다고 암묵적으로 가정했었다.

$$Eu''(w + \alpha(z-1))(z-1) > \frac{u''(w)}{u'(w)} Eu'(w + \alpha(z-1))(z-1)$$

그런데 위 부등식의 우변은 최적화 조건 $\phi(\alpha, w) = Eu'(w + \alpha(z-1))(z-1) = 0$에 의해 0이 되어야 한다. 따라서 $A'(w) < 0$, 즉 DARA일 경우 식 (10.13)의 분자 $Eu''(w + \alpha(z-1))$ $(z-1)$는 0보다 커야 한다. 이는 결국 $\alpha'(w) > 0$이어서 자산규모가 큰 생산자일수록 위험자산에 더 많은 투자를 함을 의미한다.

마찬가지 절차를 적용해 $A'(w) > 0$이어서 절대위험회피도가 자산의 증가함수이면 (IARA), $\alpha'(w) < 0$이어서 부유할수록 위험자산에 대한 투자액을 줄인다는 것을 보여줄 수 있으며, $A'(w) = 0$인 경우, 즉 CARA의 경우 위험자산에 대한 투자액은 자산액 w와는 독립임을 확인할 수 있다.

연습문제 10.5★ 자산에서 위험자산에 투자되는 비율 α/w는 자산수준 w에 대해 증가할지 감소할지를 설명해보라.

연습문제 10.6 자산 w를 위험자산에 x만큼 투자하면 1년 후 자산이 $(w-x) + x(1+r)$ $= w + xr$이 된다. r은 확률변수로 평균이 $\bar{r}$이고 분산이 σ^2이다. 투자자의 효용함수가 $u(w) = aw - bw^2(a > 0, \ b > 0, \ a - 2bw > 0)$와 같다고 하자. 이 투자자의 위험회피도는 자산규모 w에 대해 증가하는가 감소하는가? 최적의 x를 도출하라. 최적 x는 w에 대해 증가하는가 감소하는가?

2. 위험하 생산량 선택

생산자 행동 중에서 특히 관심을 가져야 할 것은 위험의 존재와 이를 피하고자 하는 성향 때문에 생산량이나 투입물 사용량이 어떻게 달라지느냐이다. 보다 구체적으로는 위험중립적인 생산자에 비해 위험회피자의 생산량이 얼마나 크냐 작냐의 문제이다. 그리고 가격이나 수량의 위험도 자체가 높아지거나 낮아지면 이때문에 선택이 어떻게 달라지는지, 즉 생산량이나 투입물 사용량이 어떻게 달라지며, 생산자후생은 어떤 변화를 겪는지에 관심이 있다. 또한 위험도가 아니라 산출물가격이나 투입물가격의 (평균) 수준이 달라질 경우에는 생산자들이 어떤 반응을 하는지 논의할 필요도 있다.

본절의 이하 내용들은 그러한 생산자행위의 주요 특성을 다룬다. 가격 특히 산출물가격의 위험과 생산량의 위험은 동시에 올 수도 있고 서로 연관될 수도 있지만, 편의상 아래에서는 두 가지 위험은 서로 독립적이라 가정한다. 따라서 가격위험 혹은 수량위험 둘 중 하나가 존재할 경우의 생산자행위를 각각 분석하도록 한다. 아래에서는 두 가지 위험의 성격 차이로 인해 그에 대한 생산자의 반응이 상당히 다를 수 있음을 보여준다.

가. 가격위험이 있는 경우

생산기술측면의 불확실성은 없거나 있더라도 산출물가격과는 독립적이라 하자. 따라서 여기에서는 산출물가격의 불확실성이 주 관심사이다. 제5장에서 이윤을 극대화하는 생산자는 단위당 판매수입인 산출물가격과 한 단위 추가생산을 위한 한계비용이 일치하는 수준까지 생산한다고 하였다. 만약 생산자가 수취하는 산출물가격이 불확실하다면 생산자는 여전히 가격과 한계생산비가 일치하는 수준까지 생산할 것인가? 이 경우에는 가격을 사전에 알 수 없기 때문에 생산자가 원한다 해도 가격을 한계생산비와 일치시킬 수가 없다. 그렇다면 하나의 대안은 가격의 어떤 대푯값을 기준으로 삼아 여기에 한계비용을 일치시키도록 생산량을 선택하는 것일 것이다.

가격 q의 대푯값으로 가장 자연스럽게 선정할 수 있는 것이 그 평균, 즉 기대가격 $Eq = \bar{q}$이다. 생산자가 위험중립자라면 $E\pi = \bar{q}y - c(y)$를 극대화하는 y를 선택하므로 $\bar{q} = c'(y)$의 조건을 충족하는 선택을 한다. 하지만 생산자가 위험회피자라면 다음처럼 기대효용을 극대화한다.

$$\max_y Eu(qy - c(y))$$

각주 21)이 설명하는 바와 같이 다음 두 조건이 충족되면 기대효용이 극대화된다.

(10.15a) $\phi(y) = Eu'(\pi)(q - c'(y)) = 0, \quad \pi = qy - c(y)$

(10.15b) $D(y) = \dfrac{d\phi(y)}{dy} = E[u''(\pi)(q - c'(y))^2 - u'(\pi)c''(y)] < 0$

식 (10.15a)의 극대화조건을 $Eu'(\pi)q = Eu'(\pi)c'(y)$와 같이 전개한 후, 양변에서 $Eu'(\pi)\overline{q}$를 빼주면 다음을 얻는다.

(10.16) $Eu'(\pi)(q - \overline{q}) = Eu'(\pi)(c'(y) - \overline{q})$

위 식의 좌변은 두 확률변수 $u'(\pi)$와 $(q - \overline{q})$를 곱한 후 그 기댓값을 취한 것이다. 두 확률변수 x와 z가 있으면 그 공분산(covariance)은 $Cov(xz) = Exz - ExEz$임을 우리는 알고 있다. $u'(\pi)$를 x, $(q - \overline{q})$를 z라 하면, $Ez = E(q - \overline{q}) = 0$이기 때문에 식 (10.16)의 좌변은 두 확률변수 $u'(\pi)$와 $(q - \overline{q})$의 공분산이다. 어떤 이유로 q가 평균보다 높아 $q - \overline{q}$가 커지면 이윤 $\pi = qy - c(y)$도 커진다. 그런데 생산자가 만약 위험회피자라면 효용함수가 오목이므로 그 한계효용 $u'(\pi)$는 오히려 작아진다. 따라서 두 확률변수의 공분산인 식 (10.16)의 좌변은 음(−)의 값을 가진다. 이는 또한 그 우변인 $Eu'(\pi)(c'(y) - \overline{q})$도 음이어야 하고, 따라서 최적 산출량 y^*에서는 다음이 성립함을 의미한다.

$(c'(y^*) - \overline{q})Eu'(\pi) < 0 \implies c'(y^*) < \overline{q}$

즉 위험회피자인 생산자는 가격의 기댓값보다도 한계생산비가 더 작은 수준에서 생산량을 선택한다.

〈그림 10−7〉에서 산출물가격은 q_1 혹은 q_2이고, 그 평균은 $\overline{q}$이다. 생산자가 만약 위험중립자라면 한계효용 $u'(\pi)$가 항상 일정한 값을 가질 것이므로 식 (10.16) 좌변의 공분산은 0이다. 따라서 이 경우 우변도 0이 되기 위해 그림에서처럼 $c'(y)$가 증가하는 영역에서 $c'(\overline{y}) = \overline{q}$를 충족하는 생산량 $\overline{y}$가 선택될 것이다. 하지만 생산자가 위험회피적이라면 식 (10.16)의 좌변과 우변은 모두 0보다 작아야한다. 따라서 평균가격 $\overline{q}$와 한계비용 $c'(y)$가 일치하는 $\overline{y}$가 아니라 그보다는 더 적고 식 (10.15a)가 성립하는 산출량 y^*를 선택하며, 이 최적 생산량에서는 $c'(y^*) < \overline{q}$의 조건이 성립한다.

이처럼 위험중립자에 비해서는 생산을 적게 하는 위험회피적 생산자가 지급받는 가격이 정부의 시장개입이나 다른 요인에 의해 전반적으로 상승한다고 하자. 즉 가격의 평균 자체가 높아진다면, 이에 대한 생산자의 반응을 어떠할까? 제5장에서는 가격위험성이 없을 경우 산출물가격 상승은 생산량을 늘린다고 하였다. 그러나 가격이 불확실하면 반드시 그렇지는 않다.

그림 10-7 가격 불확실성과 생산량 선택

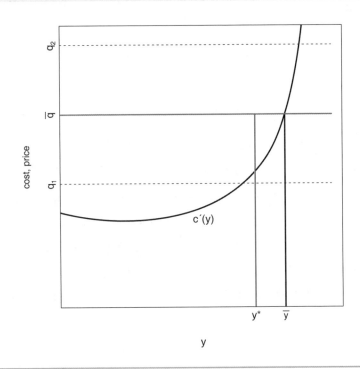

가격을 $q = \bar{q} + \epsilon$처럼 평균가격 $\bar{q}$와 불확실요인 ϵ으로 분리하자. $E\epsilon = 0$이 되어야 한다. 식 (10.15a)의 최적화조건은 $\phi(y, \bar{q}) = E[u'((\bar{q} + \epsilon)y - c(y))(\bar{q} + \epsilon - c'(y))] = 0$와 같이 표현되고, 이에 음함수 정리를 적용하면 평균가격 $\bar{q}$가 최적 생산량 y에 미치는 영향은 다음과 같다.

$$(10.17) \quad y'(\bar{q}) = -\frac{\partial\phi/\partial\bar{q}}{\partial\phi/\partial y} = -\frac{yE[u''(qy - c(y))(q - c'(y))]}{D} - \frac{Eu'(qy - c(y))}{D}$$

위에서 D는 식 (10.15b)의 D이다. $D < 0$이므로 위 표현에서 우변의 두 번째 항은 항상 0보다 크다. 이는 비용대비 산출물가격이 상승했기 때문에 생산량이 늘어나는 부분으로서, 가격위험이 없을 경우의 생산자반응에 상응한다.

가격위험성이 있을 경우에는 식 (10.17) 우변의 첫 번째 항도 생산자반응에 영향을 미친다. 이 항의 정체를 알기 위해, 어떤 y에서의 한계비용 $c'(y)$와 가격 q가 일치할 때의 이윤을 π라 하자. 즉 π는 여기에서는 고정된 특정 가격에서 형성되는 이윤이므로 확률변수는 아니다. 그리고 $A'(\pi) < 0$, 즉 DARA를 가정하면, 식 (10.14)에서처럼 다음을 도출할 수 있다.

$$(10.18) \quad q > c'(y) \text{일 때} \quad -\frac{u''(qy-c(y))}{u'(qy-c(y))} < -\frac{u''(\pi)}{u'(\pi)}$$

$$q < c'(y) \text{일 때} \quad -\frac{u''(qy-c(y))}{u'(qy-c(y))} > -\frac{u''(\pi)}{u'(\pi)}$$

양변에 $-u'(qy-c(y))(q-c'(y))$를 곱하면 식 (10.18)은 q가 $c'(y)$보다 크든 작든 $u''(qy-c(y))(q-c'(y)) > \frac{u''(\pi)}{u'(\pi)}u'(qy-c(y))(q-c'(y))$를 의미하고, 이의 양변 기댓값을 구하면 우변은 식 (10.15a)의 최적화 조건에 의해 0이 된다. 따라서 $Eu''(qy-c(y))$ $(q-c'(y)) > 0$이므로 식 (10.17) 우변의 첫 번째 항 $-yE[u''(qy-c(y))(q-c'(y))]/D$ 는 0보다 크다. 마찬가지 방법을 이용해 $A'(\pi) > 0$, 즉 IARA현상이 있을 경우 이 항은 반대로 음(−)임을 보여줄 수 있다. 따라서 이 항은 산출물의 평균가격이 높아질 때 소득도 높아지고, 이때문에 생산자의 위험회피도가 달라져서 발생하는 생산량 선택변화이다.

불확실한 가격의 평균값이 상승할 때 생산자반응은 이처럼 두 가지로 나타난다. 첫번째는 식 (10.17) 우변의 두 번째 항, 즉 비용대비 가격이 상승해 생산량이 늘어나는 효과이다. 이는 투입물과 산출물의 상대가격이 바뀌어서 발생하는 효과이므로 대체효과 (substitution effect)라 부를 수 있다. 두 번째는 식 (10.17) 우변의 첫 번째 항, 즉 산출물 평균가격이 상승했고, 따라서 소득이 상승했기 때문에 발생하는 소득효과(income effect) 이다. 이 효과의 방향은 앞에서 본 것처럼 위험회피성향에 따라 다르다. 소득이 늘어날 때 위험회피도가 감소하면(DARA), 소득효과는 대체효과를 강화하고 공급량을 더욱 늘리는 요인이 된다. 하지만 반대로 소득이 늘어나면서 위험회피욕구도 커지면(IARA), 소득효과는 대체효과와 반대방향으로 작용한다. 특히 IARA의 경우 가격상승 때문에 위험회피욕구가 커지면서 생산을 줄일 동기가 생기므로, 평균가격 상승이 생산을 늘릴지 여부도 불확실해진다.

연습 문제 10.7

위에서 몇 차례 보여준 바와 같이, 가격 등의 여건이 바뀔 때 생산자가 행하는 반응은 식 (10.15)와 같은 최적화 조건에 식 (10.17)과 같은 음함수 정리를 적용하여 도출할 수 있다. 한 예로 확실한 투입요소가격이 w이고 비용함수가 $c(w,y)$라면, w 인상이 최적 생산량 y에 미치는 영향을 이 방법을 이용해 도출해보라.

연습 문제 10.8

소위 고정직불금이라는 생산자 소득지원정책이 있다. 금액 G를 생산량과 관련없이 정부가 정액(lump-sum)으로 지급한다. 생산자소득은 $\pi = qy - c(y) + G$와 같은데, 가격 q는 불확실하고 평균이 $\bar{q}$이다. 생산자는 위험회피자이다. 1) 생산자의 최적화문제를 설정하고 y를 선택하는 기준을 도출하라. 2) 최적 생산량이 $\bar{q} = c'(y)$를 충족하는 생산량보다 많은가 적은가? 3) 정부가 G를 더 크게 하면 생산량이 어떻게 반응하는가? 4) 만약 가격이 $\bar{q}$에 고정되어 있다면 3)의 대답이 달라지는가?

이상 살펴본 바와 같이 위험회피적 생산자는 가격위험 때문에 위험중립자보다 더 적은 생산을 선택한다. 평균가격이 상승할 때에는 위험회피도와 소득의 관계가 어떠하냐에 따라서 생산량 반응이 달라진다. 위험회피적 생산자가 위험중립자에 비해 생산량을 스스로 줄이면 기대소득을 낮추기 때문에 일종의 효율성 손실이 발생한다. 따라서 가격의 평균수준은 그대로 유지하더라도 그 가변성은 없애거나, 아니면 생산자로 하여금 가변성을 느끼지 못하게 한다면 생산량을 늘리고 생산자후생을 증가시킬 수 있다.

가격 자체의 변동성을 줄이기 위해서는 생산자 스스로 조직을 만들어 합의를 통해 생산조절/비축을 하거나, 정부가 공공비축을 시행할 수 있다. 이 방식은 시장가격이 낮을 때에는 판매를 하지 않고 비축하고, 가격이 높아질 때 재고를 방출하여 시장가격을 안정화시키는 방식이다. 하지만 이 방식이 가격안정화에 반드시 성공한다는 보장은 없으며, 수요와 공급에 의해 거래량과 가격이 결정되는 시장메커니즘 때문에 가격안정화조치를 실행할 때 생산자와 소비자 중 누가 어느 정도 이득을 얻는지를 평가하는 것은 사실 꽤 복잡한 문제가 된다.[22]

---

[22] 이에 관해서는 권오상 외 7인, 2018, 『농·식품경제원론』(박영사)의 제5장과, Just, R., D. L. Hueth, and A. Schmitz, 2004, *The Welfare Economics of Public Policy*, Edward Elgar의 제12장에 자세한 설명이 있다.

따라서 가격변동 자체는 허용하는 대신 생산자가 그 위험성을 느끼지 못하게 하는 방법을 생각할 수 있다. 여기에는 선물시장(futures market)이나 선도거래를 생산자가 이용하는 경우와, 보험제도를 활용하는 경우가 해당된다. 선물/선도거래에서는 미래의 특정시점에 특정가격에 제품을 거래하는 계약을 판매자와 구매자와 맺는다. 따라서 이때의 계약가격은 생산자입장에서는 고정된 것이 되고, 또한 현물 시장가격의 평균에서 크게 벗어나지 않을 것이므로, 생산자입장에서는 가격이 평균수준 $\bar{q}$에 고정되는 것이나 마찬가지가 된다.

가격급락에 따른 손실을 미리 가입한 보험을 통해 보상받을 수 있다면, 이 경우에도 생산자는 가격위험을 느끼지 않고 생산행위를 할 수 있고, 보험조건이 공정하다면 생산량을 늘리고 더 높은 기대소득과 후생을 얻을 수 있다. 이러한 선물/선도거래와 보험제도를 이용하는 생산자행위는 본서의 제11장 제5절에서 상술하기로 한다.

나. 생산위험이 있는 경우

생산량 선택에 대한 이상의 논의는 모두 생산위험은 없고 산출물가격이 불확실함을 가정한 것이다. 산출물가격 대신 생산량이 자연재해 등으로 인해 불확실하다면 생산선택은 어떻게 될까? 재해를 반영하는 확률생산함수는 $h(x,\epsilon)$이고, ϵ은 평균이 0인 확률변수이다. $N=1$이어서 투입물은 x 한 가지임을 가정한다. 생산함수의 단조성과 오목성 조건에 의해 $h_x > 0$, $h_\epsilon > 0$, $h_{xx} < 0$, $h_{\epsilon\epsilon} < 0$이다. $h_{x\epsilon} > 0$일 경우 ϵ은 그 값이 클수록 한계생산성 h_x를 높이지만, $h_{x\epsilon} < 0$일 경우에는 한계생산성을 줄인다. 아래의 논의는 $h_{x\epsilon}$의 부호가 생산자 선택에 중요한 영향을 미친다는 것을 보여줄 것이다.

생산자는 기대효용 $Eu(\pi) = Eu(qh(x,\epsilon) - wx)$를 극대화하는 x를 선택하고, 극대화조건은 $E[u'(\pi)(qh_x(x,\epsilon) - w)] = 0$이다. 이 조건을 반영하면 두 확률변수 $u'(\pi)$와 $qh_x(x,\epsilon) - w$의 공분산은 다음과 같다.

$$Cov[u'(\pi), qh_x(x,\epsilon) - w] = E[u'(\pi)(qh_x(x,\epsilon) - w)] - Eu'(\pi)E[qh_x(x,\epsilon) - w]$$
$$= -Eu'(\pi)E[qh_x(x,\epsilon) - w]$$

따라서 $E[qh_x(x,\epsilon)-w] = -\dfrac{Cov[u'(\pi),qh_x(x,\epsilon)-w]}{Eu'(\pi)}$ 이고 다음처럼 정리된다.[23]

$$(10.19) \qquad qEh_x(x,\epsilon)-w = -q\frac{Cov[u'(\pi),h_x(x,\epsilon)]}{Eu'(\pi)}$$

좌변은 투입물의 한계기대가치와 투입물가격의 격차인데, 위험중립자는 $u'(\pi)$가 불변이므로 우변의 공분산이 0이고, 따라서 이 격차가 없도록 x를 선택한다. 즉 $\overline{x}$를 위험중립자의 최적 선택이라 하면 $qEh_x(\overline{x},\epsilon)=w$의 관계가 성립한다. 반면 위험회피자의 경우에는 우변의 부호에 따라 좌변의 부호도 결정되는데, 우변의 공분산은 0보다 클 수도 있고 작을 수도 있다.

x^*를 위험회피자의 최적 선택이라 하자. 그리고 $h_{x\epsilon} > 0$이라서 확률변수의 값이 커지면 x의 한계생산성도 커진다고 가정하자. 어떤 이유로 인해 ϵ의 값이 증가하면 $h_\epsilon > 0$이므로 이윤이 증가하고, 위험회피자의 경우 $u'(\pi)$는 감소한다. 하지만 $h_{x\epsilon} > 0$이므로 h_x는 커지게 되고 따라서 $Cov[u'(\pi),h_x(x,\epsilon)] < 0$이다. 이 경우 식 (10.19)의 좌변은 양($+$)이 되어 $qEh_x(x^*,\epsilon) > w$이고, 한계기대가치가 투입물가격보다 높은 수준에서 생산이 이루어진다. $h_{xx} < 0$이라 한계기대가치는 투입물에 대해 감소하므로 이는 위험중립자에 비해 더 적은 투입물을 사용하는 경우이다($x^* < \overline{x}$).

반대로 $h_{x\epsilon} < 0$라면 $Cov[u'(\pi),h_x(x,\epsilon)] > 0$이어서 $qEh_x(x^*,\epsilon) < w$이므로 위험회피자는 위험중립자에 비해 과대투입을 한다($x^* > \overline{x}$). 이런 결과 때문에 $h_{x\epsilon} > 0$일 경우 x는 위험을 늘리는(risk-increasing) 투입물, $h_{x\epsilon} < 0$의 경우는 위험을 줄이는(risk-decreasing) 투입물이라 얘기한다. 즉 위험회피자는 위험중립자에 비할 때 위험을 늘리는 투입물 사용량은 줄이고 반대로 위험을 줄이는 투입물 사용량은 늘린다. 생산수량이 불확실할 경우에는 투입물의 과대 혹은 과소 투입 여부는 위험태도뿐 아니라 이처럼 확률생산함수의 구조에도 달려있다. 위험의 존재는 그 위험요인이 가격일 경우에는 위험회피적 생산자의 투입물 사용량과 산출량을 항상 줄이는 역할을 하지만, 수량인 경우에는 투입물 사용량에 미치는 영향이 일방적이지가 않다.

---

23 $Cov(x,a+bz)=bCov(x,z)$임을 확인하기 바란다.

3. 평균유지확산의 영향

본 소절에서는 평균유지확산이 생산자 선택에 미치는 영향을 알아본다. 즉 경영성과에 영향을 미치는 확률변수의 평균은 그대로 유지되지만 그 불확실한 정도가 더 커지면 생산자는 어떤 반응을 할 것인가?

생산자가 $Eu(x,z)$와 같은 기대효용을 극대화하려 한다. x는 극대화를 위한 선택변수이고, z는 확률변수이다. 기대효용 극대화의 두 가지 조건은 다음과 같다.

(10.20a) $Eu_x(x,z) = 0$

(10.20b) $Eu_{xx}(x,z) < 0$

예를 들어 $z = \bar{z} + \alpha\epsilon$이고, ϵ은 평균이 0인 확률변수, α는 1 이상인 파라미터이면, α가 커질 때 z의 가변성이 커지고 MPS가 발생한다. 즉 α는 이 예처럼 MPS의 정도를 나타낸다. 최적 선택을 $x(\alpha)$와 같이 나타낼 수 있다.

식 (10.20a)는 어떤 α에서도 최적 선택이 충족해야 하는 조건이므로 이를 α에 대해 미분하면 $\frac{\partial x}{\partial \alpha} Eu_{xx}(x,z) + \frac{\partial}{\partial \alpha} Eu_x(x,z) = 0$가 성립한다. 만약 한계효용 $u_x(x,z)$가 (선택변수 x가 아닌) 확률변수 z의 오목함수라면, 순위정리 III에서 확인한 바와 같이 α의 값이 커지고 MPS가 심해질수록 한계효용의 기댓값 $Eu_x(x,z)$은 감소할 것이다. 즉 $\frac{\partial}{\partial \alpha} Eu_x(x,z) < 0$이다. 따라서 이 경우 최적화조건 (10.20a)를 유지하기 위해서는 $\frac{\partial x}{\partial \alpha} Eu_{xx}(x,z) > 0$가 되어야 하는데, 또 다른 조건 (10.20b)에 의해 $Eu_{xx}(x,z) < 0$이므로 결국 $\partial x/\partial \alpha < 0$가 되어야 한다. 반대로 만약 $u_x(x,z)$가 확률변수 z의 볼록함수이면, $\partial x/\partial \alpha > 0$가 되어야 한다.

결국 MPS가 발생할 때 선택변수 x가 줄어들지 늘어날지는 한계효용함수 $u_x(x,z)$의 '확률변수' z에 대한 곡률에 달려있다. 또한 $u_x(x,z)$가 구체적으로 어떤 변수들의 함수이며, 그 구조가 어떠한지는 문제의 설정에 따라 다르기 때문에 MPS의 영향을 파악하기 위해서는 생산자의 의사결정문제와 부합되도록 하는 $u_x(x,z)$의 구조를 살펴볼 필요가 있다.

MPS의 영향을 분석하는 예로서 판매가격이 불확실한 위험회피 생산자행위를 검토하자. 판매수입을 $r = qf(x)$라 하면, 생산자는 $Eu(r) - wx = Eu(qf(x)) - wx$와 같은 목적함수를 가진다. 즉 이번에는 기대효용은 이윤이 아닌 판매수입에 대해서 취해진다.[24]

---

[24] 이런 방식의 목적함수 설정은 본장 참고문헌 중 하나인 Newbery and Stiglitz(1981)가 산출물가격

최적화 조건은 다음과 같다.

$$Eu'(r)q = \frac{w}{f'(x)}$$

우리는 판매가격 q의 평균유지확산(MPS)이 발생하면 투입요소 x가 늘어날 것인지 줄어들 것인지에 관심이 있다. 이는 좌변에서 함수 $u'(r)q$가 확률변수 q의 오목함수인지 볼록함수인지를 확인하는 절차를 필요로 한다. 만약 이 함수가 q의 오목함수이면, MPS가 발생할 때 좌변의 기댓값은 감소하고, 따라서 우변 $w/f'(x)$도 감소해야 한다. $f''(x) < 0$이므로 $f'(x)$는 x의 감소함수이다. 따라서 이 경우 x도 감소해야 한다. 반대로 함수 $u'(r)q$가 q의 볼록함수이면, 가격 q의 MPS는 x의 증가를 가져온다.

오목성 혹은 볼록성을 확인하기 위해 $u'(r)q$를 q에 대해 한 번 미분하면 다음을 얻는다.

$$\frac{du'(r)q}{dq} = u'(r) + u''(r)qf(x) = u'(r) + u''(r)r = u'(r)(1 - R)$$

여기에는 $R = -\dfrac{u''(r)r}{u'(r)}$, 즉 상대위험회피도가 적용되었다. 마지막 표현을 q에 대해 한 번 더 미분하면 다음을 얻는다.

$$\frac{d^2 u'(r)q}{dq^2} = u''(r)(1 - R(r))f(x) - u'(r)R'(r)f(x) \quad \text{혹은}$$

$$q\frac{d^2 u'(r)q}{dq^2} = u''(r)(1 - R(r))r - u'(r)R'(r)r$$

여기에 상대위험회피도를 반영하면 $q\dfrac{d^2 u'(r)q}{dq^2} = -u'(r)[R(r)(1 - R(r)) + R'(r)r]$가 된다. q와 $u'(r)$ 모두 양(+)이므로, 결국 $R(r)(1 - R(r)) + R'(r)r$이 0보다 작으면 $u'(y)q$는 q의 볼록함수이고, 0보다 크면 오목함수이다. 즉 다음의 결론을 얻는다.

$$R(r)(1 - R(r)) + R'(r)r \begin{cases} \leq 0 \\ \geq 0 \end{cases} \text{일 때 MPS는} \begin{cases} x \text{ 증가 초래} \\ x \text{ 감소 초래} \end{cases}$$

위의 결과와 $R(r)$의 특성을 연결해보자. 첫째 만약 $R'(r) = 0$, 즉 CRRA 성질이 있

안정화의 경제 분석을 위해 도입하였다.

다면, R이 1보다 큰지 작은지가 결론을 정한다. 이 경우 R이 1보다 커서 위험회피욕구가 강하면 $R(1-R)<0$이므로 가격의 MPS는 투입물 사용을 늘린다. 위험회피 욕구가 강한 생산자는 가격 불안정성이 커질 때 판매수입이 적어 생계가 곤란해지는 최악의 상황을 특히 우려하여 생산을 늘리는 대응을 한다. 반면 $R'(r)=0$이지만 $R<1$이어서 위험회피욕구가 상대적으로 작은 생산자는 가격위험이 커지면 투입물 증투의 한계가치 $qf'(x)$가 그로 인해 더 낮아진 것으로 본다. 따라서 비용을 들여 생산을 하려는 동기도 약해지고 x 사용량을 줄인다. 둘째, 만약 $R'(r)<0$이어서 DRRA의 성질이 있다면, $R(r)(1-R(r))+R'(r)r$가 음$(-)$일 가능성이 CRRA의 경우보다 더 높다. 특히 영세한 생산자일수록 R의 값이 크기 때문에 최악의 낮은 소득을 피하려는 욕구가 커서 MPS는 이들로 하여금 x 사용을 늘리고 생산도 늘리게 유도한다. 결국 전체 이윤이 아닌 판매수입만의 기대효용을 목적함수에 반영하는 위의 예에서는 위험태도에 따라 MPS는 생산량을 늘릴 수도 줄일 수도 있다.

이상의 예와 같은 단순한 문제에서도 평균유지확산이 생산자선택에 미치는 영향을 평가하는 것은 여러 조건들을 감안해야 하는 비교적 복잡한 분석이 된다. 그러나 확률변수의 MPS가 발생할 때 위험회피자의 반응은 상황에 따라 다른 방향으로 나타날 수 있지만, 후생은 결국 감소한다. α가 q의 MPS 정도일 때, 그 수치가 조금 증가했다면 후생효과는 다음과 같다.

$$\frac{d(Eu(r)-wx)}{d\alpha} = \frac{\partial(Eu(r)-wx)}{\partial x}\frac{dx}{d\alpha} + \frac{\partial Eu(r)}{\partial \alpha} = \frac{\partial Eu(r)}{\partial \alpha}$$

맨 마지막 결과는 최적화조건 $\partial(Eu(r)-wx)/\partial x=0$에 따른 것인데, 일종의 포락선정리(math 4.2)가 적용된 결과이다. $u(r)$이 강오목이기 때문에 순위정리 III에 의해 MPS는 $Eu(r)$을 줄인다. 즉 $\partial Eu(r)/\partial \alpha <0$이며, MPS의 심화는 생산자후생 $Eu(r)-wx$를 감소시킨다.

4. 다수 투입물의 선택

앞 소절들은 위험중립적이거나 위험회피적인 생산자가 산출물가격이나 생산량이 불확실할 때 최적 투입물을 선택하는 행위를 분석하였고, 불확실성과 생산기술구조, 그리고 위험회피성향이 생산자선택에 미치는 영향들을 분석하였다. 하지만 이 모든 분석은 선택할 수 있는 투입요소가 한 가지뿐인 경우를 가정하였었다. 투입물이 다수일 경우에는 생산자들은 투입물 간의 기술적인 대체/보완관계도 추가로 고려해 생산행위를 한다. 이때의 생산자행위 특성은 일반화하기가 상당히 어렵고 결론을 도출하는 과정도 길기 때문에 아래에서는 엄밀한 도출과정 없이 불확실성이 없거나 위험중립자인 경우에 비해 어떤 차이가 발생하는지만 소개한다.

가. 가격위험이 있는 경우

먼저 산출물가격 q가 불확실한 경우이다. $N = 2$이고, 강오목인 생산함수는 $f(x_1, x_2)$라 하자. 만약 생산자가 위험중립자라면 $\bar{q}f_i = w_i(i = 1, 2)$의 조건을 충족하도록 투입물 사용량을 선택할 것이다. 하지만 위험회피 생산자의 목적함수는 $\max_{(x_1, x_2)} Eu(qf(x_1, x_2) - w_1 x_1 - x_2 x_2)$이고, 최적화조건은 다음과 같다.

$$Eu'(\pi)qf_i = Eu'(\pi)w_i \quad (i = 1, 2)$$

f_i와 w_i는 확률변수가 아니므로 이는 $\dfrac{w_i}{f_i} = \dfrac{E[u'(\pi)q]}{Eu'(\pi)}$와 같이 정리할 수 있고, 따라서 다음 관계가 성립함을 알 수 있다.

$$\frac{w_1}{w_2} = \frac{f_1}{f_2}$$

즉 불확실성이 없던 제4장에서처럼 두 투입물의 가격비와 한계생산성의 비율이 일치하도록 생산행위가 이루어진다. 이런 일이 발생하는 이유는 투입물가격과 생산량은 확률변수가 아니므로 $c(w_1, w_2, y)$와 같은 통상적인 비용함수가 여전히 잘 정의되고, 이 비용함수에는 확률요인이 영향을 미치지 않는다는 데에 있다. 따라서 생산자는 목표 산출량이 정해지면 통상적인 비용최소화행위를 통해 투입물을 선택한다.

생산의 불확실성은 없고 산출물가격만 불확실할 경우 이렇게 비용함수가 잘 정의되고, 그 한계비용함수 $c_y(w_1, w_2, y)$ 역시 잘 정의된다. 따라서 $N = 1$일 때 식 (10.15)와 식 (10.16)을 통해 보여주었던 절차를 적용하면 $N = 2$인 경우에도 가격 불확실성 때문에 위험회피적 생산자는 위험중립적 생산자보다 더 적은 목표 생산량 y를 선택함을 보여줄 수 있다.

하지만 $N \geq 2$인 경우, 가격 불확실성은 위험회피적 생산자로 하여금 생산량은 줄이게 하지만 각 개별 x_i 사용량을 어떻게 선택하게 하는지는 불명확하다. 가격위험 때문에 생산량을 줄이되 x_1 사용량은 늘리고 대신 x_2는 많이 줄이는 선택을 할 수도 있고, 그 반대의 선택을 할 수도 있다. 그리고 x_1과 x_2 모두 줄이는 선택도 물론 할 수 있다. 이 문제를 x_1에 대해 검토하기로 하고, 최적화 조건식 양변에서 $Eu'(\pi)\bar{q}f_1$를 빼면 다음이 된다.

$$(10.21) \qquad E[u'(\pi)(q-\bar{q})f_1] = E[u'(\pi)(w_1 - \bar{q}f_1)]$$

우리는 좌변이 음(−)이라는 것을 보여주려 한다. $\pi = qf(x_1, x_2) - w_1 x_1 - w_2 x_2$이므로 $E\pi = \bar{q}f(x_1, x_2) - w_1 x_1 - w_2 x_2$이고, $\pi = E\pi + (q - \bar{q})f(x_1, x_2)$와 같다. $u''(\pi) < 0$이므로 다음 관계가 있다.

$q \geq \bar{q}$일 때 $\pi \geq E\pi$이므로 $u'(\pi) \leq u'(E\pi)$

$q \leq \bar{q}$일 때 $\pi \leq E\pi$이므로 $u'(\pi) \geq u'(E\pi)$

좌우변에 $(q - \bar{q})f_1$을 곱하면 q의 값과 관계없이 다음이 도출된다.

$$(q - \bar{q})f_1 u'(\pi) \leq (q - \bar{q})f_1 u'(E\pi)$$

양변의 기대치를 구하되, f_1과 $u'(E\pi)$는 확률변수가 아니므로 우변 기댓값은 0이 된다는 것을 감안하면($\because E(q - \bar{q}) = 0$) 결국 좌변의 기대치 $E[u'(\pi)(q - \bar{q})f_1]$은 0보다 클 수 없다. 이는 식 (10.21)에서 $E[u'(\pi)(w_1 - \bar{q}f_1)] = (w_1 - \bar{q}f_1)Eu'(\pi) \leq 0$이고 $w_1 \leq \bar{q}f_1$임을 의미한다. 마찬가지로 $w_2 \leq \bar{q}f_2$임을 보여줄 수 있다.

$N = 2$일 경우 $w_i \leq \bar{q}f_i(i = 1, 2)$의 관계가 성립하지만 각 개별 투입물 x_1과 x_2 사용량이 위험중립자가 선택하는 $\bar{x}_1$와 $\bar{x}_2$에 비해 각각 더 작을지는 분명치 않다. 최적 선택 x_1^*는 $w_1 \leq \bar{q}f_1(x_1^*, x_2^*)$을 충족하고, 위험중립자의 선택은 $w_1 = \bar{q}f_1(\bar{x}_1, \bar{x}_2)$를 충족하는데, 생산함수가 강오목이라 $f_1(\cdot)$이 x_1에 감소하기 때문에 만약 x_2^*와 $\bar{x}_2$가 일치한다면 우리는 $x_1^* < \bar{x}_1$라 할 수 있다. 하지만 두 조건에 있어 x_2^*와 $\bar{x}_2$는 서로 다를 수 있기 때문에 이런 결론을 내릴 수 없다. 즉, 가격위험성 때문에 전체 생산량이 줄어든다는 것은 분명하지만, 투입물 간 대체/보완관계가 있어서 각 개별 투입물 사용량까지 줄어든다고 할 수는 없다.

두 투입물의 선택량이 불확실성과 위험회피성향 때문에 어떻게 되는지를 확인하려면 그로 인해 생산량이 줄어들 때 비용최소화 행동에 의해 x_1과 x_2가 어떤 영향을 받는지를 분석하면 된다. 다음의 비용최소화문제와 그 최적 조건을 검토하자.

$$L = w_1 x_1 + w_2 x_2 + \lambda[y - f(x_1, x_2)]$$
$$w_1 - \lambda f_1 = 0, \ w_2 - \lambda f_2 = 0, \ y = f(x_1, x_2)$$

위의 세 가지 최적화 조건을 전미분하면 다음과 같다.

$$dw_1 - d\lambda f_1 - \lambda f_{11} dx_1 - \lambda f_{12} dx_2 = 0$$
$$dw_2 - d\lambda f_2 - \lambda f_{21} dx_1 - \lambda f_{22} dx_2 = 0$$
$$dy - f_1 dx_1 - f_2 dx_2 = 0$$

위의 연립방정식은 행렬을 이용해 다음과 같이 정리할 수 있다.

$$\lambda \begin{bmatrix} f_{11} & f_{12} & f_1 \\ f_{21} & f_{22} & f_2 \\ f_1 & f_2 & 0 \end{bmatrix} \begin{bmatrix} dx_1 \\ dx_2 \\ d\lambda/\lambda \end{bmatrix} = \begin{bmatrix} dw_1 \\ dw_2 \\ \lambda dy \end{bmatrix}$$

투입물가격은 변하지 않으므로 $dw_1 = dw_2 = 0$이라 두면, 다음이 도출된다.

$$\begin{bmatrix} f_{11} & f_{12} & f_1 \\ f_{21} & f_{22} & f_2 \\ f_1 & f_2 & 0 \end{bmatrix} \begin{bmatrix} dx_1/dy \\ dx_2/dy \\ d\lambda/(\lambda dy) \end{bmatrix} = \begin{bmatrix} 0 \\ 0 \\ 1 \end{bmatrix}$$

위의 관계식에 크래머 법칙(math 4.4)을 적용하면 다음이 도출된다.

$$\frac{\partial x_1}{\partial y} = \frac{1}{|\overline{F}|}(f_{12}f_2 - f_1 f_{22}), \ 단, \ |\overline{F}| = \begin{vmatrix} f_{11} & f_{12} & f_1 \\ f_{21} & f_{22} & f_2 \\ f_1 & f_2 & 0 \end{vmatrix}$$

생산함수가 강오목이면 강준오목이기도 하므로 $|\overline{F}| > 0$을 가정할 수 있다. 따라서 생산량 y가 줄 때 x_1도 줄어들기 위해서는 $f_{12}f_2 - f_1 f_{22} > 0$ 혹은 $f_1 f_{22} - f_{12}f_2 < 0$의 조건이 충족되어야 한다. 이것이 $x_2^* \neq \overline{x}_2$일 경우에도 $x_1^* < \overline{x}_1$일 조건이다. 반대로 $f_1 f_{22} - f_{12}f_2 > 0$이면 $x_1^* > \overline{x}_1$이어서 위험회피 생산자는 위험중립 생산자에 비해 x_1

사용량을 더 늘린다.

마찬가지 절차를 적용하면, $f_2 f_{11} - f_{12} f_1 < 0$일 때 $x_1^* \neq \bar{x}_1$이어도 $x_2^* < \bar{x}_2$가 성립한다. 따라서 위험회피자가 가격 불확실성 때문에 생산량을 위험중립자에 비해 줄이되, 두 투입요소 모두를 줄여서 그렇게 하기 위해서는 $f_1 f_{22} - f_{12} f_2 < 0$의 조건과 $f_2 f_{11} - f_{12} f_1 < 0$의 조건이 동시에 충족되어야 한다. 생산함수가 강오목하다고 가정하면 $f_{11} < 0$이고 $f_{22} < 0$이므로 $f_{12} > 0$일 때 이 두 가지 조건은 모두 충족된다. 즉 강오목한 생산함수에서 투입물이 기술적으로 상호보완적이라는 것은 위험회피자가 위험중립자보다 두 투입물 사용량을 모두 줄일 충분조건이 된다.

산출물가격이 불확실하고, 투입물이 다수일 경우 이 외에도 우리는 평균산출물가격 $Eq = \bar{q}$의 변화와 w_i의 변화, 그리고 불확실성이 더 커지는 사건 등이 y와 (x_1, x_2) 선택에 미치는 영향에 관심이 있다. 이들 결론은 앞에서 이미 여러 차례 보여준 바와 같이 식 (10.20)과 같은 기대효용 극대화조건에 음함수정리를 적용하여 도출한다. 이 과정들은 비교적 길기 때문에 생략하고, 그동안의 연구들이 도출한 결론을 아래처럼 요약한다. 아래 내용이 보여주는 바와 같이 산출물가격이 불확실한 경우에는 효용함수와 생산함수가 특정 조건을 충족할 때에만 생산자반응의 방향을 얘기할 수 있다. 다음은 모두 'DARA의 위험태도'를 가정한다.[25]

① DARA(이하 마찬가지)에서는 $N = 1$이었던 식 (10.17)의 경우와 같이 $N = 2$이어도 $\bar{q}$의 인상은 산출량을 늘린다. 따라서 $f_{12} > 0$, 즉 두 투입물이 상호보완적이면, $\bar{q}$의 인상은 각 투입물 사용량을 모두 늘린다. 그러나 $f_{12} < 0$일 경우에는 그렇게 주장할 수 없다.

② 가격 불확실성이 더 커지면 $f_{12} > 0$일 때 각 투입물 사용량을 모두 줄인다. 그러나 $f_{12} < 0$일 경우에는 그렇게 주장할 수 없다.

③ $f_{12} > 0$인 경우, $\partial x_i / \partial w_i < 0$이어서 각 투입물수요는 자기가격에 대해 감소한다. 하지만 이 경우에도 교차가격효과 $\partial x_j / \partial w_i$의 부호는 결정되지 않는다$(j \neq i)$.

---

25 관련하여 다음 논문을 참고하라: Batra, R. N. and A. Ullah, 1974, "Competitive Firm and the Theory of Input Demand under Price Uncertainty," *Journal of Political Economy* 82, pp. 537−548 (1975년 동일 학술지에 게재된 R. Hartman의 코멘트 포함).

나. 생산위험이 있는 경우

이어서 모든 가격은 확실하지만 생산함수 $h(x_1, x_2, \epsilon)$가 확률변수를 포함하는 경우를 검토하자. $h(x_1, x_2, \epsilon)$는 두 투입물의 강오목함수이고, $h_\epsilon > 0$라 하자. 하지만 이 조건이 $h_{ij}(i \neq j)$와 $h_{i\epsilon}$의 부호를 어느 한 쪽으로 한정하지는 않는다. 위험회피 생산자의 목적함수는 $\max_{(x_1, x_2)} Eu(qh(x_1, x_2, \epsilon) - w_1 x_1 - w_2 x_2)$이고, 최적화조건은 $N = 1$일 때 식 (10.19)가 보여주었던 것처럼 다음과 같다.

$$qEh_i(x_1, x_2, \epsilon) - w_i = -q \frac{Cov[u'(\pi), h_i(x_1, x_2, \epsilon)]}{Eu'(\pi)}, \ i = 1, 2$$

투입물이 한 가지였던 식 (10.19) 이하의 논의를 두 가지 이상의 투입물이 있을 경우로 확장하면 위험증가 투입물과 위험감소 투입물은 각각 $Cov[u'(\pi), h_i(x_1, x_2, \epsilon)]$가 0보다 작고 크다는 것을 의미한다. 이는 또한 $h_{i\epsilon} > 0$이면 위험증가 투입물, $h_{i\epsilon} < 0$이면 위험감소 투입물임을 의미한다. 확률생산함수를 보다 구체적으로 정의하여 JP함수, 즉 $h(x_1, x_2, \epsilon) = f(x_1, x_2) + g(x_1, x_2)\epsilon$라 하면,[26] $g_i(\cdot)$가 0보다 크면 x_i는 위험증가, 0보다 작으면 위험감소 투입물이다. 단 $g(x_1, x_2)$의 값은 0보다 크다. $h_i(\cdot) = f_i(\cdot) + g_i(\cdot)\epsilon$이고 $qEh_i(\cdot) = qf_i$이므로 위의 최적화조건은 다음처럼 된다.

$$(10.22) \quad qf_i - w_i = -qg_i \frac{Cov[u'(\pi), \epsilon]}{Eu'(\pi)}, \ i = 1, 2$$

$t = \dfrac{Cov[u'(\pi), \epsilon]}{Eu'(\pi)}$로 재정의하면, 이제 두 투입물 선택에는 다음 관계가 성립한다.

$$\frac{w_1}{w_2} = \frac{f_1 + g_1 t}{f_2 + g_2 t} \neq \frac{f_1}{f_2}$$

즉 생산기술 자체가 불확실할 경우에는 최적선택에서 두 투입물가격의 비율이 (기대)한계생산성 비율과 일치하지 않으며, 제4장에서 본 바와 같은 비용최소화조건이 성

---

[26] 불확실성과 생산자 생산행위를 결합하는 최초의 분석은 저명한 노르웨이 경제학자 Sandmo(1971) 교수에 의해 이루어졌다: Sandmo, A. 1971, "On the Theory of the Competitive Firm under Price Uncertainty," *American Economic Review* 61, pp. 65−73. 이 논문은 JP함수의 개발에도 영향을 미쳤다.

립하지 않는다.[27] 이는 산출물 y가 이제는 확률변수 ϵ의 영향을 받기 때문에 확실변수로만 구성된 제4장의 비용함수 $c(w_1, w_2, y)$가 존재할 수 없고, 이를 최소화하는 것이 투입물 선택원리가 될 수 없다는 것을 의미하기도 한다. 물론 생산자가 위험중립적이라서 $u(\pi) = \pi$이면 $u'(\pi)$는 항상 1이며, $Cov[u'(\pi), \epsilon] = t = 0$이기 때문에 통상적인 비용최소화 원리가 적용된다.

이미 여러 차례 언급한대로 위험회피적 생산자의 경우 $Cov[u'(\pi), \epsilon] < 0$의 특성을 가진다. 따라서 식 (10.22)는 다음을 의미한다.

$$qf_i(x_1^*, x_2^*) < (>)w_i \quad \Leftrightarrow \quad g_i(x_1^*, x_2^*) < (>)0, \quad i = 1, 2$$

반면 위험중립적 생산자는 $w_i = qf_i(\overline{x}_1, \overline{x}_2)(i = 1, 2)$의 조건을 충족하는 선택을 한다. 강오목성에 의해 $f_{ii} < 0$를 가정하긴 하지만, $N = 1$일 경우와는 달리 $g_i(\cdot)$의 부호가 정해져도 x_i^*가 $\overline{x}_i$보다 큰지 작은지를 얘기할 수는 없다. 이는 $N = 2$이면 x_i 외 여타 투입물 사용량도 두 경우에 있어 서로 다르기 때문이다. 따라서 투입물이 두 가지 이상인 경우에는 특정 투입물이 위험증가형(위험감소형)이라고 해서 그 투입물 사용량이 위험중립적 생산자에 비해 줄어든다고(증가한다고) 바로 결론내릴 수 없다. 이 결론을 내리려면 다른 투입물이 위험증가형인지 위험감소형인지도 알아야 하고, 또한 투입물 간 기술적인 대체/보완관계, 즉 $h_{ij}(i \neq j)$에 대한 정보를 추가로 필요로 한다. 위험의 존재가 투입물사용량에 미치는 영향이 이렇게 분명하지 않기 때문에 평균 산출량 Ey가 위험회피도 때문에 늘어날지 줄어들지도 일반적으로는 얘기할 수 없다. 이 결론 역시 모든 투입물의 g_i와 h_{ij}의 부호에 따라 달라진다.

생산이 불확실할 경우에는 이처럼 생산자의 비용최소화 원리 자체가 불확실성이 없을 때와는 다르다. 그런 만큼 산출물가격, 투입물가격, 위험태도 등이 변할 때 생산자반응이 달라지는 것을 분석하는 것이 산출물가격만 불확실할 경우에 비해 더 복잡해진다.[28] 하지만 그 분석원리는 여전히 식 (10.22)와 같은 최적화조건에 일종의 음함수정리를 적용하는 것이다. 제한된 조건하에서만 성립하는 아래의 결론들을 도출과정을 생략하고 정리하는데, 모두 'DARA의 위험태도'를 가정하고 있다.[29] 아래에서는 효용함수의

---

[27] JP생산함수에서 $g(x_1, x_2) = f(x_1, x_2)$인 특수한 경우에는 어떤 결론을 내릴 수 있는지 확인해보라.

[28] 제11장에서는 산출물가격과 생산이 동시에 불확실할 경우의 생산자 선택문제도 다룬다.

[29] 다음 두 논문을 참고하라: Pope, R. D. and R. A. Kramer, 1979, "Production Uncertainty and Factor Demands for the Competitive Firms," *Southern Economic Journal* 46, pp. 489−501; Hiebert, L. D.

구조 및 위험태도와 함께, $h_{ij}(x_1, x_2, \epsilon) = f_{ij}(x_1, x_2) + g_{ij}(x_1, x_2)\epsilon$의 부호, 그리고 각 투입물의 $g_i(x_1, x_2)$의 부호가 모두 결론에 영향을 미친다.

① $h_{12} > 0$이고 g_1과 g_2가 모두 0보다 크면(작으면), 생산위험도가 커질 때 두 투입물 사용량이 모두 줄어든다(늘어난다). 또한 $h_{12} < 0$이고 $g_i > 0$, $g_j < 0$이면($j \neq i$) x_i 사용량이 감소한다.

② $h_{12} > 0$이고 g_1과 g_2가 모두 0보다 크면(작으면), 위험회피도가 큰 생산자일수록 두 투입물 사용량을 모두 줄인다(늘린다). $h_{12} < 0$이고 $g_i > 0$, $g_j < 0$이면($j \neq i$) x_j를 늘린다.

③ $h_{12} > 0$이고 g_1과 g_2가 모두 0보다 크면, 두 투입물수요는 자기가격에 대해 감소한다. $h_{12} < 0$이고 g_1과 g_2가 모두 0보다 작을 때도 두 투입물수요는 자기가격에 대해 감소한다.

④ 산출물가격 상승은 생산 불확실성이 없을 경우와는 달리 DARA의 선호구조와 $h_{12} > 0$의 조건이 충족되어도 두 투입물 사용량을 모두 늘린다고 할 수 없으며, 위험선호도와 생산기술에 대한 추가 제약이 부과되어야만 그 효과를 예측할 수 있다.

⑤ 효용함수구조에 특별한 제약을 추가하지 않는 한, 제4장과 제5장에서 셰퍼드 보조정리와 호텔링 보조정리를 통해 도출했던 대칭성은 일반적으로 성립하지 않는다: 즉 $\dfrac{\partial x_i}{\partial w_j} \neq \dfrac{\partial x_j}{\partial w_i}$, $\dfrac{\partial x_i}{\partial q} \neq -\dfrac{\partial Ey}{\partial w_i}$이다($i = 1, 2$)

5. 평균-분산분석

지금까지 불확실성하의 생산자는 소득의 평균 혹은 기댓값과 더불어 그 가변성도 동시에 고려하여 의사결정을 한다고 하였다. 가변성은 기댓값에서 멀리 떨어진 소득이 발생할 확률이 높을수록 커진다고 하였는데, 제1절에서 예를 든 것처럼 이는 흔히 소득의 표준편차나 분산을 통해 나타낸다. 즉 표준편차나 분산이 클수록 가변성이 높고 위험도가 높아지는 것으로 간주한다. 그러나 통계학 교과서들이 보여주는 바이지만 표준편차나 분산이 확률변수의 가변성을 나타내는 지표의 전부는 아니다. 그러므로 원칙적으로

1981, "Production Uncertainty and Factor Demands for the Competitive Firm: An Extension," *Southern Economic Journal* 48, pp. 221–225.

는 기대효용이론은 소득의 평균과 분산에만 집중하지는 않는다. 하지만 특정 조건이 충족되면 표준편차나 분산을 소득 가변성의 유일한 대표 지표로 인정하고 기대효용함수 자체를 소득의 기댓값과 분산으로 구성되는 것처럼 할 수가 있다. 이 경우에는 생산자 의사결정분석이 대단히 간편해지므로 많은 종류의 의사결정분석이나 정책효과분석에 이 방법이 사용된다.

이렇게 분산과 평균만을 이용하는 분석법, 즉 평균–분산분석법(mean-variance analysis)은 크게 두 가지 경우에 정당화된다. 첫 번째 경우는 효용함수가 $u(\pi)=\alpha\pi^2+\pi$처럼 2차함수인 경우이다. μ와 σ^2을 소득 π의 평균과 분산이라 하자. 이 경우 기대효용함수는 $Eu(\pi)=E[\alpha\pi^2+\pi]=\alpha E\pi^2+E\pi=\alpha(\sigma^2+\mu^2)+\mu$가 되어 소득의 평균 μ와 분산 σ^2의 함수이다. 여기에는 $\sigma^2=E(\pi^2)-[E(\pi)]^2$라는 분산의 성질이 적용되었다. 본장 연습문제 10.6은 이러한 효용함수를 가진 투자자의 최적 선택문제를 다루었다.

그러나 평균–분산분석법이 주로 적용되는 경우는 효용함수가 위와 같은 2차함수가 아니라 음지수함수(negative exponential function)로서 $u(z)=-\exp(-\lambda z)$와 같은 형태를 가지면서($\lambda>0$), 동시에 소득이 평균 μ, 분산 σ^2의 정규분포를 따른다고 가정하는 경우이다. 여기에서는 소득을 정규분포함수 내의 상수 π와 구분하기 위해 z로 표기하였다. 이 효용함수에서는 $u'(z)=\lambda\exp(-\lambda z)$이고 $u''(z)=-\lambda^2\exp(-\lambda z)$이므로 절대위험회피도가 $A=-\dfrac{u''}{u'}=\lambda$로 일정하다. 소득 z가 정규분포를 따르므로 그 PDF는 $f(z)=\dfrac{1}{(2\pi\sigma^2)^{1/2}}\exp\left(-\dfrac{(z-\mu)^2}{2\sigma^2}\right)$와 같다. 따라서 기대효용함수는 다음처럼 도출된다.

$$
\begin{aligned}
Eu &= \frac{1}{(2\pi\sigma^2)^{1/2}}\int_{-\infty}^{\infty}-\exp(-\lambda z)\exp\left(-\frac{(z-\mu)^2}{2\sigma^2}\right)dz \\
&= \frac{1}{(2\pi\sigma^2)^{1/2}}\int_{-\infty}^{\infty}-\exp\left(-\lambda z-\frac{(z-\mu)^2}{2\sigma^2}\right)dz \\
&= -\exp\left[-\lambda\left(\mu-\frac{\lambda\sigma^2}{2}\right)\right]\frac{1}{(2\pi\sigma^2)^{1/2}}\int_{-\infty}^{\infty}\exp\left[-\frac{(z-(\mu-\lambda\sigma^2))^2}{2\sigma^2}\right]dz \\
&= -\exp\left[-\lambda\left(\mu-\frac{\lambda\sigma^2}{2}\right)\right]
\end{aligned}
$$

우변 세 번째 식은 $\lambda z+\dfrac{(z-\mu)^2}{2\sigma^2}=\dfrac{(z-\mu+\lambda\sigma^2)^2}{2\sigma^2}+\lambda\left(\mu-\dfrac{\lambda\sigma^2}{2}\right)$임을 반영하여 도출된 것이고, 마지막 네 번째 식은 $\tilde{\mu}=\mu-\lambda\sigma^2$라 할 때 어떤 $\tilde{\mu}$에 대해서든 정규분포의

정의상 $\frac{1}{(2\pi\sigma^2)^{1/2}}\int_{-\infty}^{\infty}\exp\left(-\frac{(z-\tilde{\mu})^2}{2\sigma^2}\right)dz = 1$이기 때문에 성립한다.

따라서 효용함수가 음지수함수이고 소득이 정규분포를 따를 경우 기대효용함수는 $Eu = -\exp\left[-\lambda\left(\mu - \frac{\lambda\sigma^2}{2}\right)\right]$와 같이 도출된다. λ는 생산자특성에 의해 주어진 값이므로 실제 분석에서는 이 Eu를 변환해 다음과 같은 목적함수를 극대화하는 생산선택을 한다.

$$(10.23) \quad CE = \mu - \frac{\lambda}{2}\sigma^2$$

식 (10.23)의 목적함수 CE는 음지수 효용함수와 소득의 정규분포함수를 가정할 때 기대효용함수 Eu대신 목적함수로 사용할 수 있을 뿐 아니라, 그 표현이 보여주듯 확실등가이기도 하다. 식 (10.4a)에서 위험프리미엄 ρ는 $\frac{1}{2}A\sigma^2$와 같았는데, 음지수 효용함수에서 $A = \lambda$이므로 $\rho = \frac{\lambda}{2}\sigma^2$와 같다. 식 (10.23)의 목적함수 CE는 평균소득에서 이 위험프리미엄을 빼준 것이므로 불확실한 소득의 확실등가이다. 이 목적함수는 그 자체로 화폐적인 의미를 가지므로 매우 편리하게 분석에 사용할 수 있다.

이상 살펴본 평균-분산분석이 가능한 두 가지 경우에 있어 효용함수가 2차함수이면 기대효용함수는 $Eu = \alpha(\mu^2 + \sigma^2) + \mu$가 되고, 효용함수가 음지수함수이고 소득이 정규분포를 따르는 경우에는 기대효용함수가 $Eu = -\exp\left[-\lambda\left(\mu - \frac{\lambda\sigma^2}{2}\right)\right]$ 혹은 $CE = \mu - \frac{\lambda}{2}\sigma^2$가 된다. 이 두 경우 모두에 있어서 기대치를 구하는 과정 $E(\cdot)$가 목적함수에서 아예 사라져버리기 때문에 생산자 반응분석이 대단히 쉬워진다는 것을 알 수 있다. 그러나 이 두 가지 효용함수는 식 (10.5)의 HARA 효용함수의 각각 특수한 두 경우로서, 위험태도에 대해 상대적으로 강한 제약을 가진 효용함수들이다.

한 적용 예를 살펴보자. 산출물가격은 1이고, 투입물은 한 가지인 생산자가 있다. 투입물 사용량은 x인데 생산함수는 JP함수로서 $f(x) + g(x)\epsilon$과 같다(단, $g(x) > 0$). ϵ은 평균이 0이고 분산이 1인 정규분포를 따른다. w가 x의 가격이라면 이윤은 $\pi(x) = f(x) + g(x)\epsilon - wx$와 같다. 이윤 $\pi(x)$의 평균은 $\mu(x)$이고 분산은 $\sigma^2(x)$라 하자. 즉 이윤의 평균과 분산은 투입물 사용량에 따라 달라진다. 효용함수는 $u(\pi) = -\exp(-\lambda\pi)$라 하자($\lambda > 0$).

먼저 $\mu(x)$와 $\sigma^2(x)$의 구조를 파악하자. ϵ의 평균이 0이고 분산이 1이므로 $\mu(x) = E[f(x) + g(x)\epsilon - wx] = f(x) - wx$임을 쉽게 알 수 있고, 아울러 $\sigma^2(x) = g(x)^2$이 된다. 즉 이윤 $\pi(x)$는 평균이 $f(x) - wx$이고 분산이 $g(x)^2$인 정규분포를 따른다.

기대효용함수 $Eu(\pi)$ 대신 다음의 확실등가함수를 이용해 최적화문제를 설정할 수 있다.

$$\max_x CE(x) = f(x) - wx - \frac{\lambda}{2}g(x)^2, \ \lambda > 0$$

최적화조건은 다음과 같다.

$$\frac{dCE(x)}{dx} = f'(x) - w - \lambda g(x)g'(x) = 0$$

따라서 우리는 함수 $f(x)$, $g(x)$의 형태와 파라미터 λ를 알면 최적 투입물 사용량을 명시적으로 알 수 있다. 만약 불확실성이 없거나 위험중립자라면 생산은 $f'(x) = w$를 충족하도록 이루어진다. 이때와 비교해 투입물 사용량은 더 많은가 아니면 더 적은가? $g'(x) < 0$이어서 투입물 사용이 생산위험도를 줄인다면, 최적 선택에서는 $f'(x^*) < w$의 조건이 성립한다. 생산함수는 오목함수라서 $f''(x) < 0$이고 기대한계생산성 $f'(x)$는 x에 대해 감소하므로, 이는 불확실성이 없을 때에 비해 x 사용량이 더 많다는 것을 의미한다. 반대로 $g'(x) > 0$이면, x는 생산 위험도가 없을 때에 비해 더 적어야 한다.

> **연습문제 10.9**
>
> 현재 자산 w를 가지고 있는데 이 중 일부를 위험자산에 투자하려 한다. 위험자산의 수익률은 θ이고 안전자산의 수익률은 r이다. 즉 1원을 투자하면 각각 θ와 r이 돌아온다. θ는 평균이 $\bar\theta$이고 분산은 σ_θ^2인 정규분포를 따른다. 효용함수는 $u(w) = -\exp(-\lambda w)$와 같다($\lambda > 0$). 1) 위험자산에 대한 투자액을 α라 할 때 이를 도출하라. 2) w가 α에 미치는 영향을 파악하라. 3) λ가 α에 미치는 영향을 파악하라.

이상의 예제와 연습문제가 보여주듯이 평균−분산분석은 불확실성하 의사결정을 매우 간편하게 만들고 많은 생산결정과 정책효과분석에 유용하게 사용할 수 있다. 이러한 편리함은 위에서 확인한 것처럼 효용함수와 확률변수의 분포형태에 관한 강한 가정하에서만 얻을 수 있다. 하지만 한 가지 언급할 것은 사실 평균과 분산만을 이용하는 분석은 위에서 소개된 두 가지 경우보다도 더 일반적인 상황에서도 사용될 수 있다는 것이다. Meyer(1987)는[30] 어떤 선택 F와 또 다른 선택 H가 있을 때 두 선택 소득의 분포가 다

---

[30] Meyer, J., 1987, "Two−Moment Decision Models and Expected Utility," *American Economic*

음과 같은 관계를 충족하면, 두 선택에서의 기대효용을 비교하는 것을 두 선택의 평균과 표준편차(혹은 분산)만의 함수 $V(\mu_i, \sigma_i)(i = F, H)$를 비교하는 것으로 대신할 수 있음을 보여주었다.

$$F(\pi) = H(\alpha + \beta\pi), \ \beta > 0$$

즉, 두 확률변수 분포의 차이를 위치(location) 파라미터 α와 규모(scale) 파라미터 β만으로 조절해 줄 수 있다면, 평균-분산분석을 보다 광범위한 대상에 적용할 수 있다. 이 경우에는 $V(\mu_i, \sigma_i)$에 적절한 함수구조를 부여하여 DARA, CARA, IARA, DRRA, CRRA, IRRA 등의 다양한 위험태도를 반영하는 분석을 시행할 수 있다.

SECTION 04 생산위험과 쌍대함수

본장의 제1절은 생산기술이 불확실성을 가질 경우 생산기술구조와 위험태도를 동시에 분석하는 것이 필요하고, 이는 기대효용함수를 극대화하는 식 (10.7)과 같은 방정식을 계량적으로 분석하는 것을 필요로 한다고 하였다.

하지만 제1절에서 사용된 접근법은 기본적으로 JP생산함수와 같은 원함수(primal function)에 확률변수의 영향을 반영하는 방식이었다. 이런 생산함수를 확률생산함수라 불렀다. 그런데 본서는 제3장부터 시작하여 모든 장에서 생산기술의 특성을 변수 간의 수량적 관계를 나타내는 생산함수, 혹은 원함수를 통해서 분석할 수도 있고, 비용함수처럼 최적화행위를 반영하는 쌍대함수(dual function)를 사용해 분석할 수도 있음을 보여주었다. 그리고 특히 자료를 이용한 실증분석에서는 여러 가지 이유로 인해 쌍대함수 분석이 더 유용함도 강조하였었다. 제3절에서 이미 확인한 바와 같이 생산기술의 불확실성은 없고 가격만 불확실하다면 기존의 비용함수를 그대로 사용하면 된다. 하지만 생산기술 자체가 확률변수의 영향을 받을 때에는 비용함수와 같은 쌍대함수를 이용하는 분석이 가능한지, 가능하다면 어떻게 시행할 수 있는지가 검토되어야 한다.

제4장에서 두 가지 투입물 (x_1, x_2)를 이용해 y를 생산할 때 비용함수를 $c(w_1, w_2, y)$ $= \min_{(x_1, x_2)}\{w_1 x_1 + w_2 x_2 : (x_1, x_2) \in V(y)\}$와 같이 정의하였었다. $V(y)$는 y를 생산

Review 77, pp. 421-430.

할 수 있는 투입물집합이다. 만약 생산과정이 확률변수 ϵ의 영향을 받아 생산함수를 $y = h(x_1, x_2, \epsilon)$처럼 표현해야 한다면 투입물집합은 이제 다음처럼 정의된다.

$$(10.24) \qquad V(y,\epsilon) = \{(x_1, x_2) : y \le h(x_1, x_2, \epsilon)\}$$

기상조건 등에 따라 y를 생산하는 데 필요한 투입물이 달라질 수 있으므로 투입물집합은 ϵ에도 의존한다. 이제 제4장에서와 같은 방식으로 비용함수를 다음처럼 정의하자.

$$(10.25) \qquad c(w_1, w_2, y, \epsilon) = \min_{(x_1, x_2)} \{w_1 x_1 + w_2 x_2 : (x_1, x_2) \in V(y, \epsilon)\}$$

이 문제를 풀면 조건부 요소수요함수 $x_i(w_1, w_2, y, \epsilon)(i=1,2)$를 얻을 수 있다. 확률요인 ϵ이 어떤 값으로 주어져 있다면, 식 (10.25)의 비용함수는 제3장 제3절에서 도출했던 $c.1$에서 $c.6$에 이르는 비용함수의 성질을 모두 충족한다. 사실 식 (10.25)에서의 ϵ은 제9장에서 기술수준의 영향을 반영하여 비용함수를 $c(w_1, w_2, y, t)$와 같이 표현했을 때의 t와 같은 역할을 한다.

그러나 제9장의 비용함수 $c(w_1, w_2, y, t)$와는 달리 식 (10.25)의 함수 $c(w_1, w_2, y, \epsilon)$를 비용함수로 받아들이는 데에는 큰 문제가 개입된다. 이 두 함수는 각각 기술수준 t와 확률요인 ϵ의 값을 아는 상태에서 행하는 의사결정을 반영한다. 전자의 경우에는 그러한 가정을 적용하는 데 문제가 없으나, 후자의 경우는 그렇지 않다. 실제 생산자들은 ϵ 값이 알려져 있지 않은 상태에서(예: 비가 많이 올지 가뭄이 들지 모르는 상태에서) 사전에 y 생산을 위한 비용최소화를 해야 하는 것이다. 식 (10.25)의 비용함수는 마치 ϵ 값을 먼저 관측한 후, 이어서 y 생산의 최소비용을 찾는 것과 같은 행위를 반영하고 있다. 따라서 이 비용함수를 사후비용함수(*ex-post* cost function)라 불러야 할 것이다.

사후비용함수는 확률요인의 영향하에 사전에 투입물을 선택해야 하는 상황을 반영하지 못한다. 더욱이 확률변수 ϵ은 자료로 관측되는 것이 아니므로 실증분석에 있어서는 우리는 ϵ의 영향도 비용함수에 반영하지 못하고 $c(w_1, w_2, y)$와 같은 비용함수를 그냥 추정하여 사용하게 된다. 이것이 본서의 제7장에서 보여준 한국 농업의 비용함수 추정 방식이었다.

생산이 확률적 요인의 영향을 받는 경우에는 쌍대함수인 비용함수가 사전적인 생산자행위를 적절히 나타낼 수 없다는 것은 쌍대함수를 이용하는 분석법이 가지는 대표적인 한계로 오랫동안 지적되어 왔으며, 이 문제는 아직도 완전 해결된 것은 아니다. 이때문에 불확실성하의 생산행위 분석은 제1절에서처럼 JP함수와 같은 원함수를 이용하는 것이 더 적합하다는 것이 아직은 지배적인 의견이다.

하지만 최근에 이 문제에 관한 새로운 연구 성과가 쌓이고 있다. 원래의 비용함수 분석법이 사후비용함수를 분석하는 데 그치는 문제를 개선하려는 시도는 오래전부터 있어 왔으나, 유의한 해결책을 제시한 것은 아이러니하게도 확률생산함수인 JP함수를 제안했던 바로 그 학자들이다. 논문 Pope and Just(1996)에서[31] 이들은 사후비용함수가 아닌 사전비용함수(*ex-ante* cost function)를 설정하고 추정하는 방법을 제시하여 관련 연구를 촉발하였다.

논의의 편의를 위해 위험중립적 생산자를 가정하고 다음의 이윤극대화문제를 설정하자.

$$\max_{(x_1,x_2)} E[qh(x_1,x_2,\epsilon) - w_1x_1 - w_2x_2]$$

산출물가격 q는 확실하거나, 불확실하더라도 생산위험성 ϵ과는 독립이라면, 위의 기대이윤 극대화문제는 다음처럼 정리된다.

$$(10.26) \quad \overline{\pi}(q,w_1,w_2) = \max_{(x_1,x_2)} [qEh(x_1,x_2,\epsilon) - w_1x_2 - w_2x_2]$$
$$= \max_{(x_1,x_2)} [qf(x_1,x_2) - w_1x_2 - w_2x_2]$$
$$단, \ f(x_1,x_2) = Eh(x_1,x_2,\epsilon)$$

기대이윤 $\overline{\pi}$를 극대화하는 과정에서 생산자는 $Eh(x_1,x_2,\epsilon)$, 즉 기대산출 $f(x_1,x_2)$를 구하게 된다. 기대이윤 극대화를 위해 선택되는 사전산출량(*ex-ante* output)을 $\overline{y}$라 하면, 이는 기대생산함수 $f(x_1,x_2)$에 의해 생산되는 것처럼 간주할 수 있다. 위의 기대이윤 극대화문제와 상응하는 비용함수는 다음과 같다.

$$(10.27) \quad \overline{c}(w_1,w_2,\overline{y}) = \min_{(x_1,x_2)} \{w_1x_1 + w_2x_2 : \overline{y} = f(x_1,x_2)\}$$

식 (10.27)의 $\overline{c}(w_1,w_2,\overline{y})$가 바로 사전비용함수이다. 이 비용함수와 식 (10.26)의 기대이윤함수 사이에는 제5장에서 본 것과 같은 비용함수와 이윤함수 간의 통상적인 관계가 성립한다:

$$(10.28) \quad \overline{\pi}(q,w_1,w_2) = \max_{\overline{y}} [q\overline{y} - \overline{c}(w_1,w_2,\overline{y})]$$

---

[31] Pope R., and R. E. Just, 1996, "Empirical Implementation of Ex Ante Cost Functions," *Journal of Econometrics* 72, pp. 231–249.

식 (10.27)의 비용함수는 실제 관측되는 산출량 y가 아니라 기대산출량 $\bar{y}$의 함수이고, 따라서 확률요인 ϵ의 특정 값에 의존하지 않는다. 이 비용함수는 실제 생산량 y 대신 기대생산량 $\bar{y}$가 사용되었다는 점 외에는 통상적인 비용함수 $c(w_1,w_2,y)$와 다르지 않고, 비용함수의 일반적인 성질을 모두 충족한다. 하지만 이 비용함수를 실제 자료를 이용해 분석하는 데에는 문제가 등장하는데, 그것은 기대생산량 $\bar{y}$는 자료로 관측되지 않는다는 점이다. 이때문에 기존 연구들은 실제생산량 y를 기대생산량 $\bar{y}$와 같다고 가정하고 비용함수를 분석하지만, 실제생산량은 특정 ϵ 값하에서만 얻어진 것이기 때문에 이 방식은 이론적으로 생산자의 행위와 맞지 않을 뿐 아니라 몇 가지 통계학적인 문제도 유발한다.

따라서 필요한 분석절차는 사전비용함수 $\bar{c}(w_1,w_2,\bar{y})$나 그에 세퍼드 보조정리를 적용해 도출되는 사전투입물수요함수 $\bar{x}_i(w_1,w_2,\bar{y})(i=1,2)$를 통계적으로 추정하되, 동시에 $\bar{y}$가 결정되는 함수 $f(x_1,x_2)$도 함께 추정하는 것이다. 이때 원함수와 쌍대함수 사이의 쌍대관계로 인해 생산함수 $f(x_1,x_2)$의 형태를 설정하면 그로 인해 사전비용함수 $\bar{c}(w_1,w_2,\bar{y})$의 형태도 결정되고, 역으로 $\bar{c}(w_1,w_2,\bar{y})$의 형태를 결정하면 그에 맞게 $f(x_1,x_2)$의 형태도 정해진다는 점을 반영해야 한다. 이들 두 함수형태가 서로 상응하도록 설정하고 통계적으로 추정하는 방법에 관해서는 Pope and Just(1996) 외에도 Moschini(2001), Chambers and Serra(2018) 등의 후속연구가 이어졌다.[32]

α를 사전비용함수와 기대생산함수의 파라미터 벡터라 하면, 통계분석을 위한 두 확률변수 η_c와 η_y를 부여했을 때 다음의 두 회귀식을 동시에 추정해야 한다. 이들 두 확률변수는 각각 관측되는 비용 c와 사전비용 $\bar{c}$, 그리고 관측되는 생산량 y와 기대생산량 $\bar{y}$의 격차를 설명한다.

$$(10.29) \quad c = \bar{c}(w_1,w_2,\bar{y};\alpha) + \eta_c = \bar{c}(w_1,w_2,f(x_1,x_2;\alpha);\alpha) + \eta_c$$

$$y = \bar{y} + \eta_y = f(x_1,x_2;\alpha) + \eta_y$$

---

32 Moschini, G., 2001, "Production Risk and the Estimation of Ex−Ante Cost Functions," *Journal of Econometrics* 100, pp. 357−380; Chambers, R. G. and T. Serra, 2018, "Estimating *Ex Ante* Cost Functions for Stochastic Technologies," *American Journal of Agricultural Economics* 101, pp. 807−824. 다음은 불확실성하의 쌍대성문제에 관한 보다 폭넓은 논의를 보여 준다: Pope, R. D. and A. Saha, 2002, "Can Indirect Approaches Represent Risk Behavior Adequately?" in R. E. Just and R. D. Pope, eds., *A Comprehensive Assessment of the Role of Risk in U.S. Agriculture*, Kluwer Academic Publishers.

Pope and Just(1996)가 제안한 이런 다변량 회귀식 추정법에 있어 여전히 대두되는 문제 중 하나는 식 (10.29)을 추정하기 위해 설명변수로 사용되는 (x_1, x_2)는 특정 ϵ 값에서 관측된 실제 투입물자료이고 따라서 확률변수 ϵ의 영향을 이미 포함하고 있다는 점이다. 생산자들이 사전비용 최소화를 위해 선택하는 것은 ϵ의 값이 알려지기 전의 사전수요량(ex-ante demands) $(\bar{x}_1, \bar{x}_2)$이기 때문에 (x_1, x_2)를 설명변수로 사용하는 것은 완전한 문제 해결책이 될 수 없다.[33]

이때문에 Moschini(2001)는 식 (10.28)의 기대이윤 극대화문제를 이용해 추정법을 더 개선하고자 하였다. 기대이윤을 극대화하는 최적 사전생산량 $\bar{y}^*$는 외부적으로 주어진 가격 (q, w_1, w_2)만의 함수이고, 이들 가격변수는 고정되거나 생산성에 영향을 미치는 확률요인 ϵ과는 독립이라 가정된다. 따라서 이 기대이윤 극대화문제를 풀어 최적의 사전공급함수 $\bar{y}^* = s(q, w_1, w_2; \alpha)$를 구하고, 그 값을 사전공급량으로 활용한다. 이 경우 전체 모형의 추정식은 다음과 같다.

$$(10.30) \quad c = \bar{c}(w_1, w_2, s(q, w_1, w_2; \alpha); \alpha) + \eta_c$$
$$y = s(q, w_1, w_2; \alpha) + \eta_s$$

예를 들어 확률생산함수를 $h(x_1, x_2, \epsilon) = x_1^a x_2^b \epsilon$와 같이 설정하자$(a+b<1)$. 따라서 파라미터 벡터 α는 a와 b로 구성된다. 제4장과 제9장 등에서 사용했던 비용최소화 절차를 적용하면, ϵ의 평균은 1이라 할 때 그로부터 도출되는 사전비용함수는 다음과 같다.

$$\bar{c}(w_1, w_2, \bar{y}) = K w_1^{\frac{a}{a+b}} w_2^{\frac{b}{a+b}} \bar{y}^{\frac{1}{a+b}},$$

$$\text{단}, \quad K = \left[\left(\frac{a}{b} \right)^{\frac{b}{a+b}} + \left(\frac{b}{a} \right)^{\frac{a}{a+b}} \right]$$

위의 비용함수에 기대이윤 극대화조건인 $\partial \bar{c}/\partial \bar{y} = q$를 반영하면, 아래의 식 (10.31b)의 우변이 $s(q, w_1, w_2; \alpha) + \eta_s$의 구체적인 모습으로 도출된다. 최적 $\bar{y} = s(q, w_1, w_2; \alpha)$를 다시 위의 사전비용함수에 대입하면 식 (10.31a)가 도출된다.

---

[33] 즉 기대생산함수는 $\bar{y} = f(\bar{x}_1, \bar{x}_2)$와 같이 설정되어야 한다.

$$(10.31a) \quad c = (a+b)^{\frac{1}{1-a-b}} K^{-\frac{a+b}{1-a-b}} q^{\frac{1}{1-a-b}} w_1^{\frac{-a}{1-a-b}} w_2^{\frac{-b}{1-a-b}} + \eta_c$$

$$(10.31b) \quad y = (a+b)^{\frac{a+b}{1-a-b}} K^{-\frac{a+b}{1-a-b}} q^{\frac{a+b}{1-a-b}} w_1^{\frac{-a}{1-a-b}} w_2^{\frac{-b}{1-a-b}} + \eta_s$$

식 (10.31)이 최종 추정방정식이다. 하지만 콥－더글라스 비용함수는 투입요소 간 대체관계를 강하게 제약하기 때문에 실제 실행된 연구들은 그보다 신축적인 일반화된 레온티에프함수나 CES함수를 비용함수로 적용하였다.

**연 습
문 제**

10.10

식 (10.31a)의 우변을 보면 $\bar{c}(w_1, w_2, s(q, w_1, w_2; \alpha); \alpha)$는 가격 (q, w_1, w_2)에 대해 1차 동차이다. 이 성질은 비용함수로 사용하는 함수형태와 관계없이 항상 성립해야 되는 성질인지 아닌지를 설명해보라.

사전비용함수를 도입하고 생산위험이 있을 경우에도 쌍대함수를 적용하려는 이상의 시도는 생산자의 위험중립적 태도를 가정하고 있고, 아직은 부분적인 성공만을 거두고 있다. 불확실성하의 생산 분석에 쌍대함수를 도입하는 것은 다음의 제11장이 설명하는 상태의존 분석법을 적용할 때 더 효과적으로 이루어진다.

References

■ Bikhchandani, S., J. Hirshleifer, and J. Riley, 2013, *The Analytics of Uncertainty and Information*, 2nd ed., Cambridge University Press: 불확실성하 의사결정과 정보비대칭하 의사결정에 관한 가장 잘 알려진 경제학 교재 중 하나이다.

■ Gollier, C., 2004, *The Economics of Risk and Time*, MIT Press: 불확실성하 의사결정 전반을 다루는 이 분야 전문가가 쓴 책이고, 본장의 일부 내용에 영향을 미쳤다.

■ Hardaker, J. B., G. Lien, J. R. Anderson, and R. M. M. Huirne, 2014, *Coping with Risk in Agriculture: Applied Decision Analysis*, 3rd ed., CABI: 본문에서 소개되었던 저명한 연구서 Anderson et al.(1977)의 현대판으로서, 학부생용 교과서로 재작성 되었다. 불확실성하 의사결정을 폭넓게 다루는 대단히 유용한 서적이다.

■ Just, R., D. L. Hueth, and A. Schmitz, 2004, *The Welfare Economics of Public Policy*, Edward Elgar: 1983년에 발간된 동일 저자들 저서의 완전 개정판이다. 오랫동안 경제정책 후생효과 분석의 기본 텍스트로 사용되어왔다. 불확실성하 의사결정은 물론 시장균형의 특성도 깊이 있게 다룬다. 최근 현직에서 은퇴한 대표저자 R. Just는 생산/가격의 불확실성과 의사결정, 후생효과 등에 관한 가장 탁월한 연구자였다.

■ Kahneman, D. and A. Tversky, 1979, "Prospect Theory: An Analysis of Decisions under Risk," *Econometrica* 47, pp. 263 – 291: 심리학자인 두 저자가 실험을 통해 실제로 사람들이 행하는 선택이 기대효용이론과 일치하지 않음을 보여주었고, 자신들만의 이론체계를 제시하였다. 이들의 연구는 행동경제학(behavioral economics) 발전에도 많은 영향을 미쳤다.

■ List, J. A, 2004, "Neoclassical Theory Versus Prospect Theory: Evidence from the Marketplace," *Econometrica* 72, pp. 615 – 625: 행동경제학적 실험이 모두 (기대)효용이론을 부정하는 결과를 보여주는 것은 아니다. List는 이 분야의 잘 알려진 연구자로서 이 논문에서 효용이론의 타당성이 실험에서 뒷받침되는 경우를 보여주었다.

■ Mas – Colell, A., M. D. Whinston, and J. R. Green, 1995, *Microeconomic Theory*, Oxford University Press: 많이 사용되는 대학원 미시경제학 교재로서, 제6장에서 불확실성하 의사결정을 깊이 있게 다룬다. 하지만 생산기술의 불확실성은 다루지 않는다.

■ Moschini, G. and D. A. Hennessy, 2001, "Uncertainty, Risk Aversion, and Risk Management for Agricultural Producers" in B. L. Gardner and G. C. Rausser, eds., *Handbook of Agricultural Economics* Vol 1, Part A, Elsevier, pp. 87 – 153: 불확실성하 생

산자 행위론에 관한 두 전문 연구자가 쓴 논문으로서, 관련 이론과 실증분석사례를 정리·소개한다. 본장에서 소개하지 못한 많은 선행연구들을 이 논문에서 찾을 수 있다.

■ Newbery, D. M. G. and J. E. Stiglitz, 1981, *The Theory of Commodity Price Stabilization: A Study in the Economics of Risk*, Oxford University Press: 두 저명 이론경제학자가 쓴 불확실성하 의사결정과 정책관련 연구서이다. 지금도 높은 영향력을 가지고 있다.

■ Silberberg, E. and W. Suen, 2001, *The Structure of Economics: A Mathematical Analysis*, 3rd ed., McGraw-Hill: 본서와 비슷한 수준의 난이도를 가지고 불확실성하 의사결정의 주요 특성을 잘 정리하고 있다. Gollier(2004), Mas-Colell et al.(1995) 등과 마찬가지로 생산기술의 불확실성은 다루지 않는다.

상태의존 생산이론

생 산 경 제 학
PRODUCTION
ECONOMICS

CHAPTER 11

상태의존 생산이론

    제10장에서는 생산 자체나 산출물의 가격에 있어 불확실성이 개입될 경우의 생산자 의사결정을 전통적인 불확실성하의 생산자이론을 통해 분석하였다. 제10장은 생산기술에 영향을 미치는 불확실 요인은 확률생산함수를 사용해 반영하고, 생산자의 의사결정 원칙으로는 기대효용을 극대화하는 것을 선택하였다.

    상태의존 분석법(state-contingent approach)은 생산 및 가격의 불확실성을 반영하여 여러 생산행위를 분석하는 또 다른 방법이며, 비교적 최근에 개발된 방법이다. 이 방법은 전체 발생 가능한 상태를 유한한 숫자만큼으로 분류하고, 각 상태별 산출물을 서로 별개의 산출물로 간주한다. 따라서 본서의 제9장까지에서 사용되었던 다수 산출물 생산이론을 불확실성하에서도 그대로 적용할 수 있다. 그리고 불확실성하의 생산기술에 확률 생산함수 분석법보다는 더 적은 제약만을 가하며, 비용함수와 같은 쌍대함수도 생산 불확실성하에서 정의하고 활용할 수 있다. 아울러 이 분석법에서는 기대효용 극대화를 생산자 의사결정원칙으로 반드시 수용하지 않아도 되고, 보다 다양한 의사결정기준을 도입할 수 있다. 상태의존 분석법은 제10장의 전통적 분석법에 비할 때 생산기술과 생산자 목적함수를 보다 폭넓게 선택하게 하면서도, 동일 분석주제에 대한 결론을 도출하는 과정이 더 간편하다는 점도 확인될 것이다.

    상태의존 분석법은 제10장의 전통적인 생산경제학기법에 비하면 아직은 생소한 분석법이고, 그만큼 난이도가 높은 분석법이기도 하다. 본장은 본서의 전체적인 난이도에 맞추어 이 이론과 응용사례를 정리하여 제시하는데, 제1절은 먼저 상태의존 생산기술의 특성에 대해 논의한다. 제2절은 상태의존 생산을 하는 생산자의 의사결정기준에 대해 논의하고 상태의존 생산에서의 위험태도를 분석한다. 제3절은 상태의존 생산이론을 적용해 실제로 생산자가 행하는 최적화행위를 분석한다. 제4절은 상태의존 생산이론의 장점을 살려 불확실성하에서도 비용함수와 같은 쌍대함수를 설정하고 활용하는 것을 공부한다. 그리고 마지막 제5절은 이 이론을 선도/선물거래, 재해보험가입과 같은 위험분산행위에 적용한다.

불확실성하의 상태의존 분석법은 사실 그 역사가 오래되었다. 경제학의 두 거인인 K. Arrow와 G. Debreu가 1950년대에 제시한 이래 이 이론은 여러 상품시장으로 이루어진 경제 전체의 균형(=일반균형)이나 금융시장의 분석에 주로 사용되어 왔다. 그러나 생산경제학 분야의 불확실성 분석에서는 제10장에서 설명했던 바와 같이 확률생산함수를 정의하고 기대효용함수를 도입하여 분석하는 것이 주된 방법이었다. 이 흐름에 변화를 준 것이 본장 말미의 참고문헌에서 소개하는 Chambers and Quiggin(2000)의 연구이다. 이들은 상태의존 생산이론을 개발하여 생산행위는 물론이고, 소비행위, 비대칭적 정보하의 의사결정, 경제정책분석 등 다양한 분야에 적용해 왔고, 이 방법은 이제는 상당수 학자들이 활용하는 분석법이 되었다.

상태의존 분석법의 기본 아이디어는 불확실성을 발생 상태 각각을 원소로 하는 하나의 집합으로 표현하고, 불확실한 산출은 각 발생 상태별로 그 값이 결정되는 것으로 생산기술을 설정한다는 것이다. 따라서 산출물이 실제로는 한 가지라도, 각 상태별로 (state-contingent) 달리 생산량이 결정되는 일종의 다수 산출물 생산기술을 도입할 수 있다. 이렇게 함으로써 불확실성이 존재해도 확률변수의 기댓값을 구하는 대신 제3장이 도입했던 불확실성이 없을 경우의 다수 산출물 생산기술을 그대로 적용할 수 있다. 그리고 특정 효용함수를 가정하지 않아도 분석이 가능하며, 산출물의 종류도 여러 가지로 확장할 수 있다. 무엇보다도 비용함수와 같은 쌍대함수를 불확실성하에서도 적절히 사용할 수 있다. 반면 이 방법은 이론적 장점에도 불구하고 자료를 이용한 실증분석에는 어려움이 따르는데, 이 문제를 극복하려는 시도도 최근에는 이루어지고 있고, 그 성과도 나타나고 있다.[1]

간단하게 산출물은 y 한 가지이고, 두 생산요소 (x_1, x_2)로 생산된다 하자. 제10장에서 여러 차례 사용했던 확률생산함수 분석법은 생산함수를 $y = h(x_1, x_2, \epsilon)$와 같이 설정한다. 즉 특정 분포를 따르는 확률요인 ϵ이 사전에 관측되지는 않지만 투입물의 하나로

---

[1] Chambers and Quiggin(2000)은 본서를 주의 깊게 공부한 독자들은 이해할 수 있는 수준의 연구서이지만, 분량이 많고 상당히 난해한 것이 사실이다. 보다 축약된 설명을 원할 경우 Hardaker et al.(2014)의 교과서 제8장과, 다음 문헌을 참고할 수 있다: Chambers, R. G., 2022, "Production under Uncertainty," in S. C. Ray, R. G. Chambers, and S. C. Kumbhakar, eds., *Handbook of Production Economics,* Springer, pp. 575-610; Rasmussen, S., 2011, *Optimisation of Production under Uncertainty: The State-Contingent Approach*, Springer.

간주된다. 생산자는 ϵ의 값을 모르는 상태에서 (x_1, x_2)를 선택한다. 제10장에서는 Just−Pope함수를 대표적인 확률생산함수로 여러 차례 사용하였었다.

상태의존이론은 확률생산함수와는 달리 생산에 영향을 미칠 수 있는 상태가 총 S가지라면, 각 상태에서 생산되는 산출물은 마치 서로 다른 산출물인 것처럼 처리한다. 따라서 특정 투입물조합 (x_1, x_2)를 선택했을 때 생산되는 산출물은 $(y_1, ..., y_S)$로 S가지가 되고, 마치 S가지의 산출물이 생산되는 것처럼 간주한다. 즉 생산자는 투입물결합 (x_1, x_2)를 선택함으로써 동시에 자신이 생산할 산출물결합 $(y_1, ..., y_S)$도 선택하는 2투입물−S산출물 기술을 가지고 있다. 각 y_s는 (x_1, x_2)의 선택에 따라 그 값이 달라진다. 생산자가 (x_1, x_2)를 선택한 후, 생산자가 영향을 미칠 수 없는 "자연"이 S개의 상태 중 어떤 상태가 발생할 것인지를 선택하면, $y_1, ..., y_S$의 값 중 하나가 최종 생산된다.[2]

상태의존 생산에서 특정 투입물의 증투는 상태 i의 산출물 y_i는 늘리지만, 다른 상태 j의 산출물 y_j는 별로 늘리지 않거나 줄일 수도 있다. 이런 식으로 사전에 투입물선택을 달리함으로써 상태의존 생산량 간의 대체가 이루어지게 할 수 있다. 이런 점을 감안하여 투입물을 그 행하는 기능에 따라 상태일반(state-general) 투입물, 상태특화(state-specific) 투입물, 그리고 상태배분(state-allocable) 투입물 중 하나로 분류한다.

상태일반 투입물은[3] 그 사용량이 모든 (혹은 최소한 두 가지 이상) 상태에서의 산출물에 영향을 미친다. 농업생산의 예를 들면 비료사용량은 비가 적절히 오든 가뭄이 들든 작물생산량에 영향을 미친다. 그러나 그 영향을 미치는 정도는 강우량 상태별로 다르다.

반면 상태특화 투입물은 특정 상태하의 산출물 생산량에만 영향을 미친다. 예를 들어 특정 병충해 피해를 줄일 수 있는 농약이나 소독약을 살포하는 행위는 해당 병충해가 발생하는 상태에서만 생산량에 영향을 미친다. 화재방지시설도 화재가 발생할 때에만 자산 가치에 영향을 미친다.

마지막으로 상태배분 투입물은 모든 (혹은 최소한 두 가지 이상) 상태 생산량에 영향을 미치지만 그 사용량이 사전에 각 상태별로 배분되어야 하는 투입물이다. 예를 들면 자본투자액을 홍수가 들 때를 대비해 배수시설개선에 미리 사용할 수도 있고, 가뭄이 들 경우를 대비해 지하수개발에 미리 사용할 수도 있다. 각각의 투자는 홍수가 들거나 가

---

2 쌀과 채소를 동시에 생산하는 것처럼 산출물의 가짓수가 다수인 경우에도 상태의존 생산기술은 잘 정의된다. 산출물의 가짓수가 M이라면 MS개의 산출물이 존재하는 것처럼 생산기술을 설정할 수 있다.

3 Chambers and Quiggin(2000)은 상태일반 생산기술을 입방체(output−cubical)기술이라 불렀다.

뭄이 들 때만 효력을 발휘하는데, 생산자는 강우 상황이 알려지기 이전에 투자액 배분을 해야 한다. 상태배분 투입물의 경우 배분할 수 있는 총량에 제한이 없으면 상태 숫자만큼의 상태특화 투입물과 다르지 않다. 따라서 많은 경우 상태배분 투입물은 그 배분 가능한 총량이 고정된 것으로 가정한다.

먼저 상태일반 투입물의 경우를 좀 더 자세히 살펴보자. Hadaker et. al(2014, p. 144)은 $S=2$일 때 다음과 같은 생산함수의 예를 든다. 이들은 $s=1$은 적절히 비가 올 경우, $s=2$는 가뭄이 들 경우의 작물의 단위면적당 생산함수를 설정하고 있다.

$$(11.1) \qquad y_1 = -1.6 + 0.085x - 0.0005x^2$$
$$y_2 = -1.7 + 0.087x - 0.0006x^2$$

즉 상태의존 생산함수는 $y_1 = f_1(x)$과 $y_2 = f_2(x)$처럼 각 상태별로 별도로 설정되고, 상태 1 혹은 상태 2가 각각 발생했다는 전제하의 생산함수이므로 확률생산함수와 달리 ϵ과 같은 확률변수를 포함하지 않는다. 즉 이들 함수는 발생 상태가 결정된 후의 사후적($ex-post$) 생산함수들이다. 하지만 사실 식 (11.1)의 상태의존 생산함수들은 ϵ이 특정 값이나 구조를 가지게 하는 제10장에서의 확률생산함수와 본질적인 차이를 가지지는 않는다. 확률생산함수에서도 ϵ 값이 정확히 알려지면 사후생산함수가 생성된다.

그림 11-1 상태일반 투입물과 생산함수

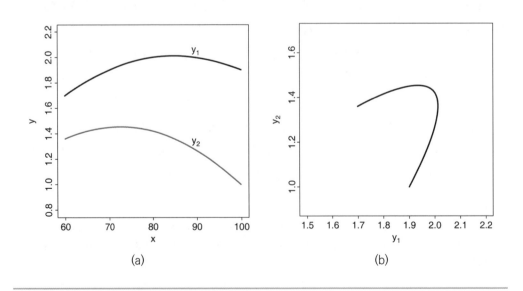

(a)   (b)

이제 이 두 생산함수를 그래프로 그리면 〈그림 11-1(a)〉와 같다. 이 예에서 x는 단위 면적당 밀을 파종하는 양이고 y는 단위면적당 밀 생산량인데, $dy_1/dx \neq 0$이고 $dy_2/dx \neq 0$이어서 x는 두 상태의 산출물 모두에 영향을 미치는 상태일반 투입물이다. 〈그림 11-1(b)〉는 식 (11.1)에 $x \in [60, 100]$의 값을 대입한 후, (y_1, y_2) 공간에 그린 것이다. 이는 x의 사용량을 달리 하면서 도출되는 (y_1, y_2)의 생산가능경계이다. 이 경계상에서 생산자는 달성하고자 하는 목표에 맞게 (y_1, y_2)조합을 선택할 수 있고, 그에 해당되는 최적 x 사용량을 선택할 수 있다. 한 가지 주의할 것은 〈그림 11-1(b)〉의 (y_1, y_2) 경계상의 점들은 각기 다른 x 수준에서 자원낭비 없이 효율적으로 생산할 때의 (y_1, y_2) 궤적이라는 점이다. 따라서 제3장에서 도입되었던, 고정된 특정 x 수준에서 생산가능한 산출물조합으로 구성되는 산출물집합의 경계와는 다른 개념이다. 즉 투입요소 사용량 x가 고정되어 있으면 두 상태의존 투입물 y_1과 y_2 사이에는 대체관계가 형성되지 않고, x가 바뀌지 않는 한 고정된 (y_1, y_2)의 조합 하나가 얻어지며, 이는 〈그림 11-1(b)〉의 생산가능경계상의 한 점이 된다.

이어서 상태특화 투입물의 예이다. 〈그림 11-2(a)〉에서는 생산함수가 y_1의 경우는 식 (11.1)의 경우와 동일하지만, y_2 생산량은 x 사용량과 관련 없이 1.42로 고정되어 있다(즉 $dy_2/dx = 0$). 그에 해당되는 (y_1, y_2)의 경계는 〈그림 11-2(b)〉와 같다. x 사용량

그림 11-2 상태특화 투입물과 생산함수

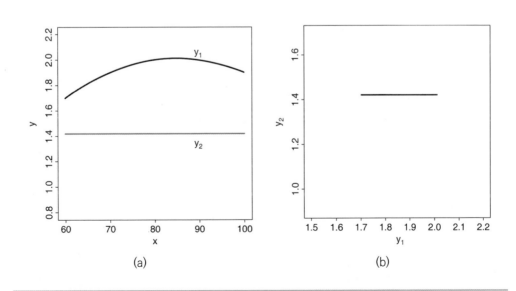

(a)   (b)

이 $[60,100]$의 분포를 보일 때 y_2는 1.42로 불변이고 y_1은 $[1.7, 2.01]$의 분포를 보인다.

마지막으로, 〈그림 11-3〉은 상태배분 투입물의 경우이다. 총 이용가능한 생산요소가 $x = 100$이라면, 이를 x_1과 x_2에 배분한다($x_1 + x_2 = 100$). 〈그림 11-3(a)〉는 x_2가 특정 수준을 유지하는 상태에서의 x_1 증투는 y_1 생산만 늘림을 보여주고, 〈그림 11-3(b)〉는 반대로 x_1을 특정 수준에 유지하는 상태에서 x_2를 바꿀 때 y_2 생산만 반응함을 보여준다.

그림 11-3 상태배분 투입물과 생산함수

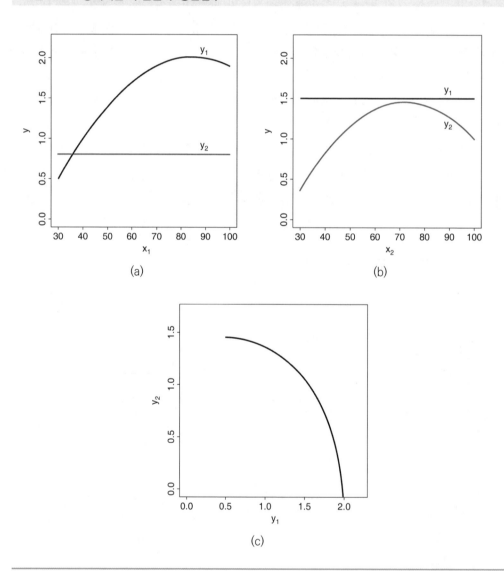

(a)

(b)

(c)

즉 생산기술은 $y_1 = f_1(x_1)$, $y_2 = f_2(x_2)$, $x_1 + x_2 = x$처럼 표현되어, 제3장에서 도입했던 투입물 비결합성이 성립하는 경우가 된다. 〈그림 $11-3$(c)〉는 $x_1 + x_2 = 100$을 유지하면서 (x_1, x_2)의 배분방식을 바꿀 때의 y_1과 y_2 간의 대체관계를 보여주고 있다. 확률생산함수를 사용하는 경우와 매우 유사했던 상태일반 생산기술과 달리 상태배분 생산기술에서는 이렇게 동일 투입물 사용량 x를 유지함에도 불구하고 두 상태의존 산출물 간에 대체관계를 허용할 수 있고, 이런 기술을 분석할 수 있다는 것이 제10장의 확률생산함수 분석법에 비해 상태의존 생산이론이 가지는 장점 중 하나이다.

한편, 위에서 설명된 세 가지 상태의존 생산기술은 생산자가 어떤 이유로 의도적으로 비효율적인 생산을 선택할 경우로 확장해서 살펴볼 수도 있다. 예를 들면 〈그림 $11-3$(c)〉에서 (y_1, y_2)의 곡선경계는 $x_1 + x_2 = 100$를 충족하는 각 (x_1, x_2) 배분에서 생산할 수 있는 산출물을 최대한까지 생산할 때의 경계이다. 비효율적인 생산이 허용된다면 이 경계 이하의 면적 전체가 일종의 산출물집합 $Y(x)$를 형성한다.

이처럼 비효율적 생산까지 허용할 경우 상태의존 생산기술의 특성에 맞게 제3장에서 살펴본 투입물집합과 산출물집합, 그리고 거리함수들을 정의할 수 있고, 이들 집합과 함수의 성질에 대해서도 엄밀한 논의를 진행할 수 있다. 이에 대해서는 Chambers and Quiggin(2000)의 제2장에서 상세히 설명된다.

SECTION 02 상태의존 소득과 생산자 선호

불확실성하의 의사결정을 위해서는 상태의존 산출물을 생산하는 생산자의 선호 역시 어떤 수단을 통해 나타낼 수 있어야 한다. $M = N = 1$이라 하고, $S = 2$라 하자. 상태의존 산출물은 (y_1, y_2)이고, 그에 상응하는 가격을 (q_1, q_2)라 하자. 즉 각 상태별로 산출물의 가격도 달라질 수 있는데, 이는 농산물처럼 생산여건이 좋아 풍작일 때의 시장가격과 반대로 흉작일 때의 시장가격이 다름을 생각하면 쉽게 이해할 수 있다. 각 상태별 판매수입을 $r_s = q_s y_s$라 하고, 사용한 투입물이 $x \in R_+$일 때 그 비용을 $g(x)$라 하면, 상태의존 소득 혹은 이윤은 $\pi_s = r_s - g(x)$와 같다. 따라서 각 상태가 발생할 확률이 (p_1, p_2)로 주어진 상태에서 생산자 후생은 $W(\pi_1, \pi_2)$와 같은 각 상태의존 소득의 증가함수로 표현할 수 있다. 이러한 후생함수는 다음과 같은 여러 형태를 가질 수 있다.

$$(11.2a) \quad W(\pi_1, \pi_2) = p_1\pi_1 + p_2\pi_2, \ p_2 = 1 - p_1$$

$$(11.2b) \quad W(\pi_1, \pi_2) = \min\{\pi_1, \pi_2\}$$

$$(11.2c) \quad W(\pi_1, \pi_2) = p_1 u(\pi_1) + p_2 u(\pi_2), \ u'(\cdot) > 0, \ u''(\cdot) < 0$$

$$(11.2d) \quad W(\pi_1, \pi_2) = V(\overline{\pi}, \sigma_\pi^2), \ \overline{\pi} = p_1\pi_1 + p_2\pi_2$$

식 (11.2a)는 위험중립적 생산자의 후생함수를 보여준다. 식 (11.2b)는 최악의 상태에서 얻는 이윤이 최종 생산자 후생을 결정하는, 그래서 극단적으로 위험을 회피하는 성향을 지닌 생산자의 후생함수이다. 식 (11.2c)는 제10장에서 사용했던 기대효용함수를 후생함수로 채택하는 경우이며, 식 (11.2d)는 상태의존 이윤의 평균과 분산이 후생수준을 결정하게 하는 경우이다. 아울러 기대효용함수 외 다양한 형태의 생산자 목적함수를 추가로 설정할 수 있다.

어떤 함수를 후생함수로 설정하든, 불확실한 상태의존 소득 (π_1, π_2)를 얻을 때보다는 그 평균수준 $\overline{\pi} = p_1\pi_1 + p_2\pi_2$를 확실하게 얻을 때의 후생이 더 크다고 느낀다면 이 생산자는 위험회피적이다. 이는 상태의존 생산에서는 $W(\overline{\pi}, \overline{\pi}) \geq W(\pi_1, \pi_2) \ \forall \ (\pi_1, \pi_2)$의 관계가 성립함을 의미한다. 아울러 두 가지 위험프리미엄, 즉 절대 위험프리미엄 ρ_A와 상대 위험프리미엄 ρ_R, 그리고 확실등가 e를 다음과 같이 각각 정의할 수 있다.

$$(11.3a) \quad \rho_A(\pi_1, \pi_2) = \max\{\rho_A : W(\overline{\pi} - \rho_A, \overline{\pi} - \rho_A) \geq W(\pi_1, \pi_2)\}, \ \overline{\pi} = \sum_s p_s \pi_s$$

$$(11.3b) \quad \rho_R(\pi_1, \pi_2) = \max\{\rho_R > 0 : W(\overline{\pi}/\rho_R, \overline{\pi}/\rho_R) \geq W(\pi_1, \pi_2)\}$$

$$(11.3c) \quad e(\pi_1, \pi_2) = \min\{c : W(c, c) \geq W(\pi_1, \pi_2)\}$$

먼저 식 (11.3c)의 확실등가 e는 특정 상태의존 소득 (π_1, π_2)가 제공하는 후생을 얻는 대가로 확실하게 지불할 의향이 있는 금액이 얼마인지를 나타낸다. 위험회피적인 생산자라면 $e(\pi_1, \pi_2) < \overline{\pi}$일 것이다. 식 (11.3a)의 절대 위험프리미엄 ρ_A은 위험도가 있는 상태의존 소득 (π_1, π_2)로부터 얻는 후생과 동일한 후생을 얻기 위해 평균 소득 $\overline{\pi}$에서 최대한 빼줄 수 있는 정도를 나타낸다. 그리고 식 (11.3b)의 상대 위험프리미엄 ρ_R은 불확실소득 (π_1, π_2)와 동일한 후생을 얻기 위해 평균소득 $\overline{\pi}$를 최대한 나누어줄 수 있는 정도를 의미한다. 위험회피적 생산자는 $\rho_A > 0$, $\rho_R > 1$의 특성을 가질 것이다.

절대 위험프리미엄 ρ_A는 제3장에서 도입했던 방향거리함수의 일종이지만, 거리함수 측정을 위해 기대소득 $(\bar{\pi}, \bar{\pi})$를 $(-1, -1)$의 방향으로 이동시킨다. 상대 위험프리미엄 ρ_R는 역시 제3장에서 도입했던 변수들을 비례적으로 바꾸는 방사형(radial) 거리함수의 일종이다. 따라서 이 두 지표는 각각 방향거리함수와 방사형 거리함수의 성질을 보유한다. 식 (11.3)의 세 가지 정의로부터 $\rho_A(\pi_1, \pi_2) = \bar{\pi} - e(\pi_1, \pi_2)$와 $\rho_R(\pi_1, \pi_2) = \bar{\pi}/e(\pi_1, \pi_2)$의 관계가 확인된다.

주어진 상태의존 소득 (π_1, π_2)에서 평가된 위험프리미엄 ρ_A와 ρ_R의 값이 큰 생산자일수록 높은 위험회피성향을 나타낸다. 예를 들면 $\rho_A(\pi_1, \pi_2) = \bar{\pi} - e(\pi_1, \pi_2)$이기 때문에 어떤 생산자의 ρ_A 값이 다른 생산자에 비해 크다는 것은 확실등가 e의 값은 작다는 것을 의미하고, 따라서 이 생산자는 위험을 회피하기 위해 포기하고자 하는 소득이 상대적으로 크다.

〈그림 11-4〉는 상태의존 생산으로부터 얻는 소득과 식 (11.3)이 정의하는 위험프리미엄, 그리고 확실등가 간의 관계를 보여준다. 이 그림은 두 상태의존 소득 (π_1, π_2)의 공간에 그려짐에 유의하자. 그림의 가로축은 상태 1에서 얻는 소득 π_1, 세로축은 상태 2에서 얻는 소득 π_2를 나타낸다. 생산행위결과 상태 1과 2에서 얻는 상태의존 소득의 조합은 점 A에서처럼 (π_1^0, π_2^0)와 같다고 하자. 이 상태의존 소득의 기댓값은 $p_1\pi_1^0 + p_2\pi_2^0 = \bar{\pi}$와 같다. 점 A를 지나는 우하향하는 직선은 $\bar{\pi} = p_1\pi_1 + p_2\pi_2$를 충족하는 직선이다. 즉 이 직선 위의 (π_1, π_2) 조합은 모두 (π_1^0, π_2^0)의 기대소득 $\bar{\pi}$와 동일한 기대소득을 얻게 한다. 이 직선은 공정승산선(fair-odds line)이라 불리는데, 그 기울기는 $-p_1/p_2$으로서 두 상태가 각각 발생할 확률의 비율과 같다.

〈그림 11-4〉에서 특정 소득조합 (π_1, π_2)의 만족도를 $W(\pi_1, \pi_2) = W$라 하면, 점 A에서의 소득조합 (π_1^0, π_2^0)에서는 그 값이 $W(\pi_1^0, \pi_2^0) = W^0$와 같다. 이와 동일한 만족도를 생산자에게 제공하는 모든 (π_1, π_2)의 조합을 점 A를 지나는 곡선으로 그림에서처럼 표시할 수 있다. 이 곡선은 흔히 무차별곡선(indifference curve)이라 불리는데, 생산자에게 동일한 후생수준을 가져다주는 상태의존 소득의 조합이다.

$W_i = \partial W/\partial \pi_i$를 i번째 상태소득이 후생에 미치는 한계적 영향이라 하자$(i = 1, 2)$. $dW = W_1 d\pi_1 + W_2 d\pi_2 = 0$의 관계식에서 후생수준이 불변인 상태에서 두 소득의 교환비율을 $-d\pi_2/d\pi_1 = W_1/W_2$처럼 구할 수 있다. 이는 상태 1의 소득 π_1이 하나 늘어날 때 동일 만족도를 유지하기 위해 상태 2의 소득 π_2는 얼마나 줄어도 되는지를 보여주

며, 두 상태의존 소득의 교환비율, 즉 한계대체율(marginal rate of substitution)이다. 아울러 이 한계대체율은 무차별곡선 기울기의 음의 값이 되기도 한다. W_1과 W_2는 모두 0보다 크기 때문에 무차별곡선의 기울기 자체는 음$(-)$이다. 그리고 만약 후생함수 $W(\cdot)$가 두 상태의존 소득의 강오목함수이거나 강준오목함수이면 두 상태의존 소득 간의 한계대체율이 감소하고 무차별곡선은 원점에 대해 볼록해야 한다(math 2.6, 2.8). 어떤 상태의존 소득조합이든 이를 지나가는 원점에 대해 볼록한 무차별곡선이 하나 존재한다. 따라서 상태의존 소득 (π_1, π_2)의 전체 공간에는 무차별곡선이 무수히 많으며, 원점에서 멀리 존재하는 무차별곡선일수록 높은 후생수준을 나타낸다.

〈그림 11-4〉에서 원점을 지나는 45°선을 그으면, 이 직선 위의 모든 점에서는 두 상태에서 얻는 소득이 동일하여 생산위험이 모두 사라진 상태가 된다. 따라서 점 B에서는 상태와 관계없이 확실소득 $\bar{\pi}$를 얻는다. 생산자가 위험회피적이면 $W(\bar{\pi}, \bar{\pi})$ > $W(\pi_1^0, \pi_2^0)$의 관계가 성립하므로 점 B를 지나가는 무차별곡선 W^1이 점 A를 지나가는 무차별곡선 W^0보다 원점에서 더 멀리 위치해야 한다. 또한 이처럼 무차별곡선이 원점에 대해 볼록하고 생산자가 위험회피적일 경우 점 B에서는 〈그림 11-4〉에서처럼 무

그림 11-4 상태의존 생산과 생산자선호

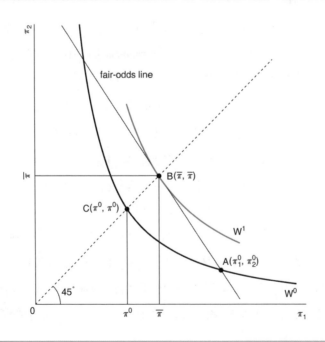

차별곡선이 공정승산선과 접해야 한다는 것도 아래에서 확인하게 될 것이다.

불확실한 상태의존 소득 (π_1^0, π_2^0)를 얻을 때보다 그 기댓값 $\bar{\pi}$를 확실하게 얻는 것이 더 높은 만족도를 얻게 하므로 생산자는 위험프리미엄을 지불할 의향이 있다. 〈그림 11−4〉에서 이 프리미엄은 $\rho_A(\pi_1^0, \pi_2^0) = \bar{\pi} - \pi^0$이다. 생산자는 이 금액을 대가로 지불하고 불확실 소득 (π_1^0, π_2^0) 대신 확실소득 π^0만을 얻어도 만족도 W^0를 유지할 수 있다. 따라서 확실등가는 $e(\pi_1^0, \pi_2^0) = \pi^0$이다. 그리고 상대 위험회피도는 그림에서 $\rho_R(\pi_1^0, \pi_2^0) = 0B/0C = \bar{\pi}/\pi^0$이다. 이 비율로 $\bar{\pi}$를 나눈 π^0만을 확실하게 주어도 생산자는 W^0의 만족도를 계속 유지할 수 있다.

〈그림 11−4〉가 보여주는 위험회피도는 일반적으로는 소득수준에도 영향을 받는다. 기대효용이론을 이용했던 제10장의 제1절에서 도입했던 소득과 위험회피성향의 관계는 상태의존 소득이 있을 때에는 〈표 11−1〉과 같이 정리된다. 모든 상태의존 소득을 같은 금액 t만큼 증가시켰을 때 절대 위험프리미엄이 감소하느냐, 불변이냐, 증가하느냐에 따라 제10장에서 사용했던 용어를 적용해 위험회피성향이 각각 DARA, CARA, IARA의 특성을 갖는다고 얘기한다. 그리고 모든 상태의존 소득을 $t(>1)$배로 늘렸을 때 상대 위험프리미엄이 감소하느냐, 불변이냐, 증가하느냐에 따라 위험회피성향은 각각 DRRA, CRRA, IRRA의 특성을 갖는다고 얘기한다. 확실등가는 각각의 위험회피성향하에서 소득이 절대 금액으로 늘어날 때에는 ρ_A와는 반대 방향으로, 그리고 비례적으로 늘어날 때에는 ρ_R과 반대방향으로 반응해야 한다.

▼ 표 11-1 상태의존 소득과 위험회피성향

	위험프리미엄	확실등가
CARA	$\rho_A(\pi_1+t, \pi_2+t) = \rho_A(\pi_1, \pi_2), \ \forall t$	$e(\pi_1+t, \pi_2+t) = e(\pi_1, \pi_2)+t, \ \forall t$
DARA	$\rho_A(\pi_1+t, \pi_2+t) \leq \rho_A(\pi_1, \pi_2), \ \forall t>0$	$e(\pi_1+t, \pi_2+t) \geq e(\pi_1, \pi_2)+t, \ \forall t>0$
IARA	$\rho_A(\pi_1+t, \pi_2+t) \geq \rho_A(\pi_1, \pi_2), \ \forall t>0$	$e(\pi_1+t, \pi_2+t) \leq e(\pi_1, \pi_2)+t, \ \forall t>0$
CRRA	$\rho_R(t\pi_1, t\pi_2) = \rho_R(\pi_1, \pi_2), \ \forall t>0$	$e(t\pi_1, t\pi_2) = te(\pi_1, \pi_2), \ \forall t>0$
DRRA	$\rho_R(t\pi_1, t\pi_2) \leq \rho_R(\pi_1, \pi_2), \ \forall t>1$	$e(t\pi_1, t\pi_2) \geq te(\pi_1, \pi_2), \ \forall t>1$
IRRA	$\rho_R(t\pi_1, t\pi_2) \geq \rho_R(\pi_1, \pi_2), \ \forall t>1$	$e(t\pi_1, t\pi_2) \leq te(\pi_1, \pi_2), \ \forall t>1$

〈표 11−1〉의 위험회피성향은 위험프리미엄이나 확실등가를 이용해 정의되고, 이 두 지표는 또한 특정 상태의존 소득 (π_1, π_2)가 있을 때 생산자의 후생함수 $W(\pi_1, \pi_2)$로부터 도출된다. 따라서 위험회피성향은 후생함수의 구조와 직접적인 관련성을 가진다. 위험회피성향 중 특히 CARA와 CRRA가 많은 관심을 끄는데, 예를 들어 후생함수가 $W(\pi_1 + \alpha, \pi_2 + \alpha) = W(\pi_1, \pi_2) + \alpha$와 같은 성질을 지닌다고 하자. 즉 각 상태의 소득에 동일 금액 α을 더해주면 원래의 상태의존 소득에서 얻던 후생에 α를 더해준 것과 같다.[4] 이 경우 식 (11.3c)는 다음을 의미한다.

$$e(\pi_1 + \alpha, \pi_2 + \alpha) = \min\{c : W(c,c) \geq W(\pi_1 + \alpha, \pi_2 + \alpha)\}$$
$$= \min\{c : W(c,c) \geq W(\pi_1, \pi_2) + \alpha\} = e(\pi_1, \pi_2) + \alpha$$

따라서 이 경우 〈표 11−1〉이 정의하는 CARA가 성립한다. 그리고 후생함수가 동조함수이면, 즉 $W(\pi_1, \pi_2) = F(h(\pi_1, \pi_2))$처럼 $W(\cdot)$가 어떤 선형 동차함수 $h(\cdot)$의 단조증가함수이면, 식 (11.3c)에 의해 아래처럼 〈표 11−1〉의 CRRA가 성립한다.

$$e(\alpha\pi_1, \alpha\pi_2) = \min\{c : F(h(c,c)) \geq F(h(\alpha\pi_1, \alpha\pi_2))\}$$
$$= \min\{c : h(c,c) \geq \alpha h(\pi_1, \pi_2)\} = \min\{c : h(c,c)/\alpha \geq h(\pi_1, \pi_2)\}$$
$$= \alpha\min\{c/\alpha : h(c/\alpha, c/\alpha) \geq h(\pi_1, \pi_2)\} = \alpha e(\pi_1, \pi_2), \ \alpha > 0$$

이제 제10장 제3절에서 도출하였던, 위험회피자의 투자대상 선택행위 특성을 상태의존 의사결정모형을 이용해서도 동일하게 설명할 수 있다. 제10장 제3절 식 (10.13)은 생산자가 CARA의 위험회피성향을 가질 때에는 위험한 자산에 대해 투자하는 액수가 자산규모와는 독립이라는 것을 보였다. α를 기존에 이미 가지고 있는 자산이라 하고, 이 중 일부를 위험자산에 투자하여 추가로 얻는 순소득이 π_1 혹은 π_2라 하자. 즉 π_1과 π_2는 α 중 위험자산에 투자하여 얻는 수입에서 투자액을 빼준 것이다. 이 두 값 중 하나는 음(−)의 값을 가질 것인데, 투자자는 α 중 얼마를 위험한 사업에 지출할지를 선택해 (π_1, π_2)의 크기를 결정할 수 있다. 물론 $\bar{\pi}$는 0보다 커야만 위험자산에 투자한다. 위험회피성향을 가진 생산자는 최종 소득 $(\alpha + \pi_1, \alpha + \pi_2)$의 확실등가 $e(\pi_1 + \alpha, \pi_2 + \alpha)$

---

4 Chamber and Färe(1998)는 함수가 가질 수 있는 이런 성질을 평행이동 동조성(translation homotheticity) 이라 부르고 그 구체적인 특성과 경제학적 의미를 분석하였다: Chambers R. G. and F. Färe, 1998, "Translation Homotheticity," *Economic Theory* 11, pp. 629−641.

를 극대화하는 (π_1, π_2)조합을 선택하려 한다. 하지만 위에서 본 CARA의 성질에 의해 $e(\pi_1 + \alpha, \pi_2 + \alpha) = e(\pi_1, \pi_2) + \alpha$이기 때문에 이 생산자의 (π_1, π_2)조합 선택에는 자산 규모 α가 영향을 미치지 않는다.

생산자의 선호와 관련하여 마지막으로 생산이 '보다 위험한' 선택은 어떤 선택이며, 선택의 위험도 차이에 따라 생산자의 선호순서를 결정할 수 있는지를 확인해보자. 이는 제10장 제2절에서 논의했던 확률적 지배관계(stochastic dominance)와 순위정리를 상태의존 생산에 대해 적용하는 것이다.

상대적으로 더 위험한 선택대상을 정의하기 위해 여기에서는 제10장에서 논의했던 평균유지확산(mean preserving spread, MPS)의 경우만을 분석하고자 한다. 즉 두 상태의존 소득조합이 동일 공정승산선 위에 있어서 기댓값은 서로 동일하며, 선택별로 그 위험한 정도만 다르다. 제10장 제2절에서는 소득과 같은 확률변수가 연속적인 분포를 가진다고 가정하고, 그 평균은 동일하게 유지되지만 평균에서 멀리 벗어난 값이 실현될 확률이 높아질 때 평균유지확산이 발생한다고 하였다. 본장에서의 소득은 상태별로 이산적(discrete)으로 값이 결정된다. 이 경우에 있어서의 MPS를 도입하기 위해 각 상태가 발생할 확률은 (p_1, p_2)로 동일하지만 실현되는 상태소득이 (π_1^0, π_2^0)와 (π_1^1, π_2^1)으로 서로 다른 두 선택대상을 검토하자.

〈그림 11−5〉에는 이 두 가지 선택대상이 점 A와 점 C로 표시되어 있다. 두 선택의 기댓값은 $\bar{\pi}$로 동일하다. 즉 $p_1 \pi_1^0 + p_2 \pi_2^0 = p_1 \pi_1^1 + p_2 \pi_2^1 = \bar{\pi}$이기 때문에 두 생산선택이 동일한 공정승산선 위에 있다. 점 A에서는 $\pi_1^0 > \bar{\pi}$이고 $\pi_2^0 < \bar{\pi}$이다. 점 C는 점 A에 비하면 상태 1의 경우 상대적으로 더 큰 소득을 얻고($\pi_1^1 > \pi_1^0$), 상태 2의 경우 상대적으로 더 작은 소득을 얻는다($\pi_2^1 < \pi_2^0$). 따라서 점 C는 점 A에 비할 때 두 상태 모두에서 평균소득 $\bar{\pi}$와 보다 멀리 떨어진 소득을 얻으므로 점 A보다도 더 가변적이고 더 위험한, MPS이다.

점 D처럼 원점을 지나는 $45°$선 반대쪽에 있는 상태의존 소득조합의 경우 상태 $s = 1$ 보다는 $s = 2$에서 더 높은 소득을 얻는다. 이 점보다 북서쪽에 위치한 공정승산선 위의 모든 점들은 D에 비할 때 두 상태 모두에서 $\bar{\pi}$와 보다 멀리 떨어진 소득을 얻으므로 점 D의 MPS이다. 즉 공정승산선 위에 머물면서 $(\bar{\pi}, \bar{\pi})$로 구성된 확실소득인 점 B로부터 남동쪽이든 북서쪽이든 더 멀어질수록 MPS가 발생한다.

$S \geq 3$일 때에는 π_s^0 $(s = 1,...,S)$ 중 가장 큰 값과 작은 값 사이에 놓인 임의의 값 t를 이용해 MPS 개념을 다음처럼 확장할 수 있다. 이 경우 $(\pi_1^1,...,\pi_S^1)$은 $(\pi_1^0,...,\pi_S^0)$의 MPS이다.

$$(11.4) \qquad (\pi_s^0 - t)(\pi_s^1 - \pi_s^0) \geq 0 \quad \forall s, \quad \sum_{s=1}^{S} p_s \pi_s^0 = \sum_{s=1}^{S} p_s \pi_s^1$$

즉 선택 $(\pi_1^0,...,\pi_S^0)$에서 선택 $(\pi_1^1,...,\pi_S^1)$로 바뀔 때 상태 s에서의 이윤 π_s^0가 기준이 되는 수준 t보다 더 클 경우에는 $\pi_s^1 > \pi_s^0$이어서 소득이 기준점으로부터 큰 쪽으로 더 벗어나고, 반대로 π_s^0가 t보다 작을 경우에는 $\pi_s^1 < \pi_s^0$이어서 소득이 기준점으로부터 작은 쪽으로 더 벗어난다. 따라서 선택 $(\pi_1^1,...,\pi_S^1)$는 선택 $(\pi_1^0,...,\pi_S^0)$의 MPS이다. 〈그림 11-5〉의 점 A와 점 C의 관계는 $S = 2$이고 $t = \bar{\pi}$인, 식 (11.4)가 성립하는 특수한 경우이다.

이런 식으로 MPS를 정의하면, 제10장 제2절에서 본 바와 같이 각 선택별 소득의 누적확률분포함수 값이 만들어내는 면적이 전체 상태의존 소득 영역에서 MPS의 경우가 더 큰 확률적 지배관계가 형성됨을 보여줄 수 있다(Chambers and Quiggin, 2000, pp. 110-112).

이상과 같이 MPS를 정의하면, MPS가 생산자선택에 어떤 영향을 주는지, 즉 제10장 제2절의 순위정리 III에 해당되는 결과가 나타나는지를 검토해야 한다. 제10장 제2절은 기대효용이론에 입각할 때 효용함수가 오목이어서 생산자가 위험회피적이면 MPS를 기피하려 한다는 것을 보였다. 이런 특성이 상태의존이론에서는 어떤 의미를 가지는지를 확인하자.

〈그림 11-5〉를 보면 점 C는 점 A의 MPS인데, 생산자가 위험회피자라면 순위정리 III에 의해 점 A보다 덜 선호된다. 공정승산선 위에 있지만 점 A보다 남동쪽에 위치한 다른 모든 선택대상들도 점 A보다 덜 선호되어야 한다. 이렇게 되기 위해서는 그림이 보여주듯이 점 A를 지나는 무차별곡선이 공정승산선보다 기울기가 완만해야 한다. 그

그림 11-5 MPS와 일반화된 슈어-오목함수

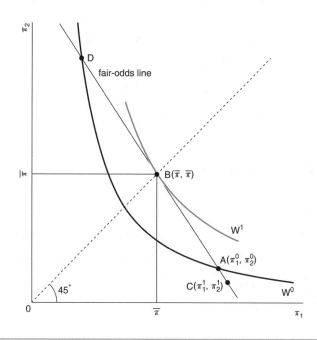

래야만 점 C를 지나는 또 다른 완만한 무차별곡선은 W^0보다 원점에서 더 가깝고, 따라서 MPS인 점 C가 점 A보다 덜 선호되는 선택대상이 된다. 그렇지 않고 만약 무차별곡선이 공정승산성보다 더 가파르다면, 점 C를 지나는 무차별곡선은 점 A를 지나는 무차별곡선 W^0보다 원점에서 더 멀게 될 것이다.

하지만 반대로 상태 2가 상태 1보다 더 양호한 점 D의 경우에는 그림에서처럼 무차별곡선이 공정승산성보다도 기울기가 더 급해야 한다. 점 D보다 북서쪽에 위치한 모든 선택대상들, 즉 MPS들이 점 D보다 덜 선호되기 위해서는 점 D에서는 무차별곡선의 기울기가 공정승산선에 비해 더 급해야 한다.

공정승산선 기울기의 절댓값은 이미 본대로 p_1/p_2이고, 무차별곡선 기울기의 절댓값은 W_1/W_2이다. 따라서 점 A처럼 $\pi_1 > \pi_2$인 영역에서 무차별곡선이 공정승산성보다 완만하고 MPS가 덜 선호되기 위한 조건은 $p_1/p_2 \geq W_1/W_2$인데, 이는 다시 정리하면 $W_2/p_2 - W_1/p_1 \geq 0$이 된다. 그러나 점 D처럼 $\pi_1 < \pi_2$인 영역에서는 이 부호가 반대가 되어야 한다. 따라서 전체 영역에서 MPS가 덜 선호되는, 즉 제10장 제2절의 순위정리 III의 결과가 나타날 조건은 다음과 같다.

$$(11.5) \qquad \left(\frac{W_s(\pi_1, ..., \pi_S)}{p_s} - \frac{W_r(\pi_1, ..., \pi_S)}{p_r} \right)(\pi_s - \pi_r) \leq 0 \quad \forall \, r, \; s$$

식 (11.5)에 의해 각 상태에서의 후생함수의 편도함수를 그 발생확률로 정규화한 것은 각 상태에서의 소득과 음$(-)$의 상관관계를 가져야 한다. Chambers and Quiggin(2000)은 이런 특성을 가지는 후생함수 W를 주어진 확률분포 $(p_1, ..., p_S)$에 있어서의 일반화된 슈어 −오목함수(generalized Schur-concave function)라 불렀다.

‖‖‖ math 11.1   일반화된 슈어-오목함수

주어진 확률 $(p_1, ..., p_S)$에서, $(\pi_1^1, ..., \pi_S^1)$이 식 (11.4)의 조건을 충족하는 $(\pi_1^0, ..., \pi_S^0)$의 MPS일 때 $W(\pi_1^1, ..., \pi_S^1) \leq W(\pi_1^0, ..., \pi_S^0)$인 함수 $W(\cdot)$를 일반화된 슈어−오목함수라 한다. 함수 $W(\pi_1, ..., \pi_S)$가 미분가능한 일반화된 슈어−오목함수이면 모든 상태 s와 r에 있어 식 (11.5)가 성립한다.

원래의 슈어−오목성은 식 (11.5)의 발생확률 p_s가 모든 상태에서 동일하다고 보아 $(W_s(\cdot) - W_r(\cdot))(\pi_s - \pi_r) \leq 0$와 같이 정의되었고, 이 경우에는 공정승산선의 기울기는 −1이다.[5] 하지만 일반화된 슈어−오목성은 발생 상태별 확률이 다를 수 있음을 허용하며(즉 $p_1 \neq p_2$), 이 경우 상태별 발생확률에 따라 공정승산선의 기울기가 달라지기 때문에 주어진 확률에 조건부로 슈어−오목성이 정의된다. 하지만 본서는 간편함을 위해 발생확률이 다를 경우에도 "일반화된"이라는 수식어를 제외하고 식 (11.5)를 그냥 슈어−오목성조건이라 부르기로 한다.

제10장 제2절의 기대효용이론에서는 효용함수 u가 오목이라는 성질이 MPS를 기피하게 했지만, 상태의존 생산이론에서는 W가 슈어−오목함수라는 조건이 MPS를 기피하게 한다. 만약 후생함수가 기대효용함수라면, $W_s = p_s u'(\pi_s)$이므로 식 (11.5)의 조건은 $(u'(\pi_s) - u'(\pi_r))(\pi_s - \pi_r) \leq 0$을 의미한다. 이는 소득과 한계효용이 음$(-)$의 상관관계를 가짐을 의미하므로 한계효용이 감소하는 위험회피성향을 나타낸다. 따라서 조건

---

5 수학개념인 슈어−오목성은 확률적 지배관계를 형성하는 선택대상들의 함수 값 순위를 매기는 데 활용된다: Marshall, A. W., I. Olkin and B. C. Arnold, 2009, *Inequalities: Theory of Majorization and Its Applications*, 2nd ed., Springer (p. 84).

(11.5)는 효용함수가 오목일 때 생산자가 MPS를 회피하려 한다는 기대효용이론의 결론을 포함하고 있다.

한편, 함수 $W(\cdot)$가 슈어-오목함수이면 식 (11.5)의 부등식이 성립할 뿐 아니라 무차별곡선은 〈그림 11-5〉의 점 B처럼 원점을 지나는 45°선과 공정승산선이 만나는 점, 즉 확실소득에서 공정승산선과 접한다. 확실소득 외의 모든 선택대상은 확실소득의 MPS이다. 따라서 공정승산선 위의 다른 모든 점들은 점 B보다는 만족도가 낮고, 점 B를 지나는 W^1보다는 원점에 더 가까운 무차별곡선 위에 놓여 있어야 한다. 그렇게 되기 위해서는 원점에 대해 볼록한 무차별곡선이 점 B에서 공정승산선과 접해야 한다. 예를 들어 후생함수가 역시 기대효용함수이면 무차별곡선의 기울기는 $W_1/W_2 = p_1 u'(\pi_1)/p_2 u'(\pi_2)$인데, 확실소득은 $\pi_1 = \pi_2$이므로 $W_1/W_2 = p_1/p_2$가 되어 확실소득에서 공정승산선과 접한다.

특수한 경우로서 발생확률이 $p_1 = p_2 = 0.5$로 모두 동일하다면, 무차별곡선은 45°선에서 기울기 -1을 가지는 공정승산선과 접하기 때문에 접점부근에서 45°선을 중심으로 대칭이라는 제약을 추가로 가지게 된다. 사실 〈그림 11-5〉가 그런 경우를 보여주는데, 점 D가 점 B를 중심으로 점 A와 마주보는 점일 때 두 점에서의 후생함수 값이 일치하고, $W(\pi_1^0, \pi_2^0) = W(\pi_2^0, \pi_1^0)$와 같은 대칭관계가 성립한다. 하지만 $p_1 \neq p_2$인 보다 일반적인 경우에는 이 성질이 성립하지 않는다. 예를 들어 기대효용함수에서 확실소득이 아닌 한 $p_1 u(\pi_1^0) + p_2 u(\pi_2^0) \neq p_1 u(\pi_2^0) + p_2 u(\pi_1^0)$이다.

연습문제 11.2 식 (11.5)의 부등호 방향이 반대이면 슈어-볼록함수가 정의된다. 후생함수 W가 슈어-오목함수의 성질을 지닐 때 식 (11.3)에서 도입되었던 절대 위험프리미엄 $\rho_A(\pi_1, \pi_2)$, 상대 위험프리미엄 $\rho_R(\pi_1, \pi_2)$, 그리고 확실등가 $e(\pi_1, \pi_2)$는 슈어-오목함수 혹은 슈어-볼록함수가 되는지를 확인해보라.

이상에서와 같이 상태의존 생산기술의 특성을 파악하고, 이어서 생산자가 극대화하고자 하는 후생함수 W의 특성까지 파악하면, 구체적인 문제에서 생산자가 행하는 최적 선택을 도출할 수 있다. 이때의 최적 선택은 물론 상태의존 생산기술이 어떤 유형인지, 그리고 후생함수가 어떤 구조를 가지는지에 의해 영향을 받는다. 본 절에서는 분석의 편의를 위해 후생함수가 미분가능함을 가정하고 생산자 의사결정의 특성을 분석하도록 한다.

1. 상태일반 투입물의 경우

식 (11.1)과 같은 상태일반 투입물의 생산함수에서, y_1은 비가 적절히 올 경우의 단위면적당 생산량이고 y_2는 가뭄이 들 경우의 단위면적당 생산량이었다. 각 상태에서의 이윤은 $\pi_s = q_s f_s(x) - wx - F$와 같다$(s = 1,2)$. q_s는 각 상태별로 달라질 수도 있고 동일할 수도 있는 산출물의 가격이고, w는 x의 가격, 그리고 F는 고정비용이다. 각 상태가 발생할 확률은 p_s라 하자. 그렇다면 생산자는 다음 문제를 가진다.

(11.6) $\max W(\pi_1, \pi_2)$

        s.t., $\pi_s = q_s f_s(x) - wx - F, \ s = 1,2$

최적화조건은 다음과 같다.

(11.7) $-\dfrac{d\pi_2/dx}{d\pi_1/dx} = \dfrac{W_1}{W_2}$

이 최적화조건은 〈그림 11−6〉을 이용해서도 도출할 수 있다. 그림에서 IC는 무차별곡선이고 그 기울기는 $-d\pi_2/d\pi_1 = W_1/W_2$의 관계를 충족한다. 원점에 대해 오목한 또 다른 곡선 Π는 상태의존 소득의 경계를 나타낸다. 편의상 산출물가격의 불확실성은 없어 q는 상태와 독립이라 하자. 곡선 Π는 생산함수가 식 (11.6)과 같을 때 주어진 가격 (q,w)와 고정비용 F에서 x를 달리하면서 얻을 수 있는 π_1과 π_2의 궤적을

그림 11-6 상태의존 생산선택

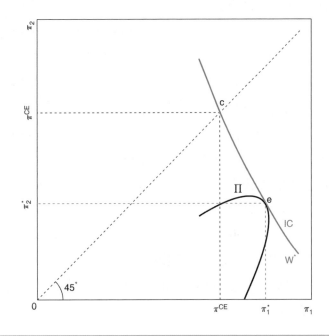

나타낸다. 이는 획득가능한 두 가지 소득 (π_1, π_2)의 경계를 나타내는 곡선이고, 생산자는 x를 선택하여 이 곡선 중 어느 한 점을 택할 수 있다. 이 곡선은 음함수 형태로 $\Pi(\pi_1(x), \pi_2(x)) = 0$처럼 나타낼 수 있는데, 이 곡선 위의 각 점은 (π_1, π_2)의 결합을 나타내지만 이들 두 소득은 투입량 x에 따라 달라진다. 일정한 Π의 값을 유지하게 하는 두 상태의존 소득의 교환비율, 즉 Π곡선의 기울기는 $d\Pi = \Pi_1 \dfrac{d\pi_1}{dx} dx + \Pi_2 \dfrac{d\pi_2}{dx} dx = \Pi_1 d\pi_1 + \Pi_2 d\pi_2 = 0$의 조건으로부터 다음처럼 도출된다.

$$\text{(11.8)} \qquad -\frac{d\pi_2}{d\pi_1} = \frac{\Pi_1}{\Pi_2}$$

〈그림 11−6〉이 보여주듯이 생산자의 최적선택은 곡선 Π의 기울기$(= -\Pi_1/\Pi_2)$와 무차별곡선 IC의 기울기$(= -W_1/W_2)$가 서로 일치하는 점 e에서의 소득조합 (π_1^*, π_2^*)이다. 이 점은 허용되는 소득조합 (π_1, π_2) 중 원점에서 가장 멀리 떨어진 무차별곡선 위에 놓인 점이고, 따라서 곡선 Π의 제약하에서 얻을 수 있는 최대의 후생수준 W^*를 달성한다.

그리고 최적의 투입물선택은 최적 소득조합 (π_1^*, π_2^*)를 얻게 하는 x^*이다. 이 x^*는 또한 식 (11.7)의 최적조건도 충족한다.

〈그림 11−6〉에서 곡선 Π 전체가 45°직선 아래쪽에 위치하기 때문에 획득가능한 모든 소득조합에서 $\pi_1 > \pi_2$임을 알 수 있다. 그리고 이 45°직선이 최적 선택에서의 무차별곡선 IC와 만나는 점이 c로 표시되어 있다. 점 c에서의 상태의존 소득은 45°직선 위에 있으므로 두 상태에서 동일한데, 최적의 후생수준 W^*를 얻게 하되, 상태와 관련 없는 일정한 소득, 즉 확실등가이다. 그림에서는 π^{CE}가 그러한 최적의 확실등가이다.

한편, 상태일반 생산기술로 최적 생산을 했을 때 그 결과가 생산자의 후생함수 구조 혹은 위험선호도에 따라 어떻게 달라지는지를 확인할 필요가 있다. 〈그림 11−6〉처럼 무차별곡선이 (완만하지만) 원점에 대해 볼록한 경우와, 생산자가 위험중립적이라서 $W = p_1\pi_1 + p_2\pi_2$와 같고 그래서 무차별곡선이 $-d\pi_2/d\pi_1 = p_1/p_2$로 직선인 경우는 투입요소 선택 x가 서로 어떻게 다른지에 관심이 있다. W가 (π_1, π_2)에 대해 비선형인 경우 즉 위험회피적인 경우와 선형이어서 위험중립적인 경우의 최적화 원칙은 각각 다음과 같이 다시 정리된다.

$$(11.9a) \qquad \frac{dW}{dx} = W_1[qf_1'(x) - w] + W_2[qf_2'(x) - w] = 0$$

$$(11.9b) \qquad \frac{dW}{dx} = p_1[qf_1'(x) - w] + p_2[qf_2'(x) - w] = 0$$

위험중립적인 식 (11.9b)에서는 $W_1 = p_1$, $W_2 = p_2$로 후생함수의 편도함수 값이 상태별 발생확률에 각각 고정되는 특수한 관계가 형성된다. 식 (11.9b)를 충족하는 위험중립자의 최적 투입량을 $\bar{x}$, 식 (11.19a)를 충족하는 위험회피자의 최적 투입량을 x^*라 하자. $\bar{x}$를 식 (11.9a)의 위험회피자 조건식에 대입했을 때 $dW/dx|_{x=\bar{x}} > 0$이면 x를 늘릴 때 만족도가 커지므로 위험회피자의 최적 투입량 x^*는 $\bar{x}$보다 커야 한다. 하지만 $dW/dx|_{x=\bar{x}} < 0$일 경우에는 x^*는 오히려 $\bar{x}$보다도 작아야 한다. $(\bar{\pi}_1, \bar{\pi}_2)$를 위험중립자가 $\bar{x}$를 선택했을 때의 상태의존 이윤조합이라 하자($\bar{\pi}_1 \neq \bar{\pi}_2$). 식 (11.9a)를 $\bar{x}$를 사용했을 때의 $W_1(\bar{\pi}_1, \bar{\pi}_2)$으로 나누어주면 다음을 얻는다.

$$(11.10) \qquad \frac{dW/dx}{W_1}\Big|_{x=\bar{x}} = [qf_1'(\bar{x}) - w] + \frac{W_2(\bar{\pi}_1, \bar{\pi}_2)}{W_1(\bar{\pi}_1, \bar{\pi}_2)}[qf_2'(\bar{x}) - w]$$

이의 부호는 아직 불분명하지만, 위험중립적 생산자의 경우에는 식 (11.9b)의 각 항을 p_1으로 나누어주면 다음이 성립한다.

$$(11.11) \quad [qf_1{}'(\overline{x}) - w] + \frac{p_2}{p_1}[qf_2{}'(\overline{x}) - w] = 0$$

상태 $s = 2$가 상대적으로 열등한 상태이고, 동일 x를 사용해도 이윤이 더 적다고 하자. 이 경우 $\overline{\pi}_1 > \overline{\pi}_2$이므로, 식 (11.5)의 슈어−오목함수 조건은 $W_1(\overline{\pi}_1, \overline{\pi}_2)/p_1 - W_2(\overline{\pi}_1, \overline{\pi}_2)/p_2 < 0$을 의미한다. 따라서 $W_2(\overline{\pi}_1, \overline{\pi}_2)/W_1(\overline{\pi}_1, \overline{\pi}_2) > p_2/p_1$의 관계가 성립하며, 이때문에 식 (11.10)에서는 식 (11.11)에 비해 더 큰 가중치가 두 번째 항에 부여되어 있다.

식 (11.9b)에 따르면 $\overline{x}$에서 평가했을 때 $qf_1{}'(\overline{x}) - w$와 $qf_2{}'(\overline{x}) - w$의 부호는 서로 반대이므로, 예를 들어 $qf_1{}'(\overline{x}) - w > 0$이고 $qf_2{}'(\overline{x}) - w < 0$이라 하자. 이 경우 식 (11.10)에서는 식 (11.11)에 비해 더 큰 가중치가 0보다 작은 $qf_2{}'(\overline{x}) - w$와 곱해지므로 $dW/dx|_{x = \overline{x}} < 0$이 되고, x^*는 $\overline{x}$보다 작아야 한다. 하지만 두 가지 순한계생산가치의 부호가 서로 바뀌어 $qf_1{}'(\overline{x}) - w < 0$이고 $qf_2{}'(\overline{x}) - w > 0$일 경우에는 x^*는 오히려 $\overline{x}$보다도 커야 하며, 두 상태에서의 생산함수가 서로 다르기 때문에 이도 발생할 수 있는 결과이다. 즉 상태의존 생산함수 $f_s(x)$는 상태별로 다른 형태를 가질 수 있으므로 이 두 가지 상반되는 결과가 발생할 수 있으며, 상태의존 생산 함수의 구조는 위험회피자의 최적 투입물 사용량이 위험중립자에 비해 클지 작을지에 영향을 준다.[6]

연습문제 11.3

$S = 2$를 가정하자. 제10장에서 〈그림 10−7〉을 통해 우리는 생산위험은 없고 가격이 불안정한 상태에서 위험회피 생산자는 위험중립 생산자에 비해 산출량을 줄인다는 것을 확인하였다. 이 결론을 상태의존 생산이론을 이용해 도출해보라. 즉 위의 분석에서 $f_1(x) = f_2(x) = f(x)$로서 생산의 불확실성은 없지만 불확실한 가격이 $q_1 > q_2$로 상태별로 다르다고 하고, 위험회피적 생산자와 위험중립적 생산자의 의사결정을 비교해보라.

---

6 이 결론을 제10장 식 (10.19)에서 확률생산함수를 이용해 도출했던 결론과 비교해보라.

보다 구체적으로, 〈그림 11-1〉과 같은 상태일반 생산기술하의 의사결정 예를 들어보자.[7] 상태의존 생산함수는 식 (11.1)이 보여주었던 다음의 생산함수들로서, 단위면적당 생산량을 나타낸다.

$$y_1 = -1.6 + 0.085x - 0.0005x^2$$
$$y_2 = -1.7 + 0.087x - 0.0006x^2$$

상태 1이 발생할 확률은 $p_1 = 0.7$, 상태 2가 발생할 확률은 $p_2 = 0.3$이다. 그리고 수치 예로 $q = 150$, $w = 0.15$, $F = 110$이라 하자. 총면적은 50이다. 후생함수는 기대효용함수로서 $W(\pi_1, \pi_2) = 0.7u(\pi_1) + 0.3u(\pi_2)$와 같은데, 효용함수는 $u(\pi_s) = 1 - \exp(-0.00008\pi_s)$와 같다.

식 (11.9a)의 최적화 조건을 이 경우에 대해 풀면 $x^* = 78.8$이 도출된다.[8] 그리고 위험중립을 가정하고 식 (11.9b)를 풀면 $\overline{x} = 79.8$이 도출된다. 따라서 이 경우 위험회피성향은 투입물 사용량을 줄인다. 이렇게 되는 이유는 위에서 설명한 바와 같이 $qf_1'(\overline{x}) - w = 31.5$이고 $qf_2'(\overline{x}) - w = -73.2$이어서 각각 0보다 크고 0보다 작기 때문이다. 최적 의사결정에서 상태의존 소득은 $(\pi_1^*, \pi_2^*) = (8,859, 4,634)$이고, 최적의 확실등가는 $\pi^{CE} = 7,435$이다.

2. 상태특화 투입물의 경우

이제 생산기술이 상태특화 투입물의 특성을 지닌다고 하자. 이 경우 생산자의 최적화문제는 다음과 같다.

(11.12) $\max W(\pi_1, \pi_2)$

s.t., $\pi_1 = qf_1(x) - wx - F,$

$\pi_2 = qk - wx - F,$ k는 어떤 상수

---

7 아래의 수치 예는 Hardaker et al.(2014, pp.144-146)이 제시한 예이다.
8 이러한 비선형방정식은 컴퓨터를 이용해 풀어야 한다. R에서는 uniroot이라는 명령어를 사용할 수 있고, 연립비선형방정식을 풀고자 할 경우 BB라는 패키지를 사용할 수도 있다. 〈스크립트 11-1〉을 참고하기 바란다.

즉 투입물 사용량 x는 상태 1의 경우에만 생산량에 영향을 미친다. 농업생산이라면 병충해가 발생할 때에만 생산성에 영향을 주는 농약 사용량 등이 그 예가 된다. x는 상태 1의 산출에만 영향을 미치지만 상태가 선택되기 이전, 즉 사전에 투입되어야 하므로 상태 2의 소득 계산에서도 그 지출액을 빼주어야 한다. 이 문제의 최적화조건은 다음과 같다.

$$\frac{dW}{dx} = W_1[qf_1{}'(x) - w] + W_2[-w] = 0$$

혹은 $W_1 qf_1{}'(x) = w[W_1 + W_2]$

만약 생산자가 위험중립자라서 $W(\pi_1, \pi_2) = p_1\pi_1 + p_2\pi_2$라면, 최적 생산은 $dW/dx = p_1[qf_1{}'(x) - w] + p_2(-w) = 0$ 혹은 $p_1 qf_1{}'(\overline{x}) = w$의 조건을 충족해야 한다($\because p_2 = 1 - p_1$). 위험회피자의 x 선택이 위험중립자에 비해 더 큰지 작은지를 알려면 $dW/dx|_{x=\overline{x}}$의 부호를 확인해야 하는데, 이는 $W_1 qf_1{}'(\overline{x}) - w[W_1 + W_2]$의 부호와 일치한다. 위험중립자의 최적 선택에서 $p_1 qf_1{}'(\overline{x}) = w$임을 여기에 반영하면, 부호는 $W_1 - p_1[W_1 + W_2] = p_2 W_1 - p_1 W_2$의 부호와 같다. 아울러 만약 $\overline{\pi}_1 > \overline{\pi}_2$라면, 슈어-오목성은 $(\overline{\pi}_1, \overline{\pi}_2)$에서는 $(W_1/p_1 - W_2/p_2) < 0$을 충족하므로 $p_2 W_1 < p_1 W_2$을 의미하고, 따라서 이 경우에는 $dW/dx|_{x=\overline{x}} < 0$의 부호를 가진다. 즉 투입요소가 식 (11.12)에서처럼 상대적으로 유리한 상태에서의 산출물 y_1에만 영향을 미친다면 위험회피자는 위험중립자에 비해 더 적은 양을 투입한다. 하지만 반대로 상태특화 투입물이 상대적으로 불리한 상태에서 얻는 산출물 y_2의 생산량에만 영향을 미칠 경우에는 위험회피자는 위험중립자에 비해 투입요소 사용량을 더 늘려 소득위험을 분산함을 확인할 수 있다.

제1절에서 〈그림 11-2〉를 그리기 위해 사용했던 상태특화 투입물의 예를 다시 적용해보자. 상태 1에서는 단위면적당 생산량이 $y_1 = -1.6 + 0.085x - 0.0005x^2$이지만, 상태 2에서는 y_2가 x 사용량과 관련 없이 1.42로 고정되어 있다. 즉 $k = 1.42$이다. 후생함수의 형태와 나머지 가격 변수 등은 앞 소절에서 상태일반 투입물에 대해 적용했던 것과 같다. 최적 조건 $W_1 qf_1{}'(x) = w[W_1 + W_2]$를 적용하면 최적 투입물 사용량은 $x^* = 83.389$이다. 그리고 위험중립적 생산자의 최적화 조건 $p_1 qf_1{}'(\overline{x}) = w$은 $\overline{x} = 83.571$에서 충족된다.

3. 상태배분 투입물의 경우

이어서 상태배분 투입물의 경우이다. 최적화문제는 다음과 같다.

(11.13) $\max W(\pi_1, \pi_2)$

s.t., $\pi_1 = q f_1(x_1) - w(x_1 + x_2) - F,$

$\pi_2 = q f_2(x_2) - w(x_1 + x_2) - F$

x_1과 x_2는 각각 상태 1과 상태 2에서만 산출물 생산에 영향을 준다. 하지만 투입물을 이렇게 용도별로 배정하는 것은 상태가 결정되기 이전에 이루어지기 때문에 어떤 상태가 발생하든 비용은 x_1과 x_2에 대한 지출액을 모두 포함한다. 이윤극대화문제이므로 x_1과 x_2에 대한 상한은 없다고 하자. 만약 $x_1 + x_2 = x$와 같은 투입물 상한이 있으면 이를 최적화에 반영해주면 된다. 그리고 편의상 x_1과 x_2의 가격은 w로 동일하다고 가정한다. 최적화 조건은 다음과 같다.

$$\frac{\partial W}{\partial x_1} = W_1[q f_1'(x_1) - w] + W_2[-w] = 0$$

$$\frac{\partial W}{\partial x_2} = W_2[q f_2'(x_2) - w] + W_1[-w] = 0$$

즉 최적 조건은 $W_s q f_s'(x_s) = w[W_1 + W_2] (s = 1, 2)$의 형태를 지닌다. 그리고 위험중립자의 경우 $W_s = p_s$이므로 $p_1 q f_1'(\overline{x_1}) = p_2 q f_2'(\overline{x_2}) = w$의 조건을 충족한다. 즉, 앞 소절에서 분석된 상태특화 투입물의 경우에서 투입물 사용량에 의해 영향을 받았던 상태의존 산출물($= y_1$)에 대해 적용되었던 최적 조건과 같은 형태의 조건이 두 상태의존 산출물 각각에 대해 적용된다. 따라서 $\overline{\pi}_1 > \overline{\pi}_2$이면, $(\overline{x}_1, \overline{x}_2)$에서 x_1을 더 줄이거나 x_2를 더 늘릴 때 위험회피자의 $W(\cdot)$ 값은 증가한다.

제1절의 〈그림 11-3〉을 그릴 때 사용한 수치 예를 적용해보자. 생산함수는 이제 다음과 같다.

$$y_1 = -1.6 + 0.085 x_1 - 0.0005 x_1^2$$

$$y_2 = -1.7 + 0.087 x_2 - 0.0006 x_2^2$$

상태의존 효용함수 $u(\pi_s) = 1 - \exp(-0.00008\pi_s)$의 기댓값을 극대화할 때의 최적 투입물 선택은 $x_1^* = 83.400$, $x_2^* = 70.277$이며, 위험중립 생산자의 선택은 $\overline{x}_1 = 83.571$, $\overline{x}_2 = 69.722$이 된다. 〈스크립트 11−1〉은 패키지 BB를 이용해 (x_1^*, x_2^*)를 도출한다. 이 스크립트에서 allocable이라 이름 붙은 사용자 정의함수는 f(1)과 f(2) 두 개의 비선형연립방정식을 만들어내며, 명령어 dfsane은 이를 $(x_1^0, x_2^0) = (30, 30)$의 초깃값에서 풀어낸다.

스크립트 11-1 상태배분 투입물의 최적 선택

```
〉 library(BB)
〉 allocable 〈- function(x){
+ f 〈- rep(NA, length(x))
+ W〈- rep(NA, length(x))
+ p〈-c(0.7, 0.3); r〈-0.00008; q〈-150; A〈-50; w〈-0.15; F〈-110
+ W[1]〈-p[1]*r*exp(-r*(A*(q* (-1.6+0.085*x[1]-0.0005*x[1]^2)-w*(x[1]+x[2])-F)))
+ W[2]〈-p[2]*r*exp(-r*(A*(q* (-1.7+0.087*x[2]-0.0006*x[2]^2)-w*(x[1]+x[2])-F)))
+ f[1]〈- W[1]*(A*(q*(0.085-0.001*x[1])))-w*A*(W[1]+W[2])
+ f[2]〈- W[2]*(A*(q*(0.087-0.0012*x[2])))-w*A*(W[1]+W[2])
+ f
+ }
〉 x0 〈- c(30, 30)
〉 dfsane(par = x0, fn = allocable, control = list(trace = FALSE))
```

이상 세 가지 기술특성하에서 논의된 위험회피성향과 투입요소 사용량과의 관계는 모두 $S = 2$, $M = N = 1$인 경우를 가정하고 있다. 즉 발생가능한 상태는 두 가지이지만 산출물과 투입물의 종류는 모두 한 가지인 경우이다. 현실에 있어서는 S는 3 이상, 그리고 N과 M은 2 이상일 수가 있다. 이렇게 발생가능한 상태의 가짓수가 많고, 투입물의 종류도 다수이고 다품목을 생산할 경우에도 최적화 행위 자체는 위에서 사용된 절차를 그대로 적용하여 도출할 수 있다. 그리고 투입물의 종류가 다수일 경우 그 중 일부는 상태일반적이고, 또 다른 일부는 상태특화적이며, 그리고 나머지는 상태배분적일 수도 있다. 이런 경우에도 여전히 최적화원리를 적용해 최적의 투입물 선택을 도출할 수 있다. 그리고 이렇게 투입물의 가짓수가 많을 경우 동일한 상태의존 산출물벡터를 서로 다른 투입물결합들을 통해서 얻을 수 있기 때문에 산출물 간, 투입물 간, 그리고 투입물과 산출물 간에 보다 다양한 기술적 관계를 설정할 수 있고, 이것이 상태의존 생산모형이 가지는 큰 장점이다.

하지만 위험회피적 생산자가 위험중립적 생산자에 비해 특정 투입요소 사용량을 더 늘릴지 줄일지를 판단하는 것은 이렇게 일반적인 상황에서는 더 어려워진다. 앞에서 우리는 이 문제에 대한 논의에서 핵심적 역할을 하는 것은 위험중립자의 선택점에서 평가되는 다음의 슈어−오목성 조건임을 보았다.

$$\big(W_s(\overline{\pi}_1,...,\overline{\pi}_S)/p_s - W_r(\overline{\pi}_1,...,\overline{\pi}_S)/p_r\big)(\overline{\pi}_s - \overline{\pi}_r) \leq 0 \quad \forall r,\ s$$

$S \geq 3$인 경우 $\overline{\pi}_s$의 크기를 기준으로 상태의존 소득들을 순서대로 나열한 후, 위의 조건과 위험중립자의 최적화조건 간의 관계를 모두 비교하는 절차를 거쳐야 하는 어려움이 있다.

SECTION 04 쌍대함수와 최적화

이상 설명한 바와 같이 상태의존 생산이론은 불확실성이 존재할 때 상태의존 산출물을 마치 다수 산출물을 생산하는 경우처럼 처리하고, 본서의 제2장부터 제9장까지가 사용했던 불확실성이 없을 때의 생산이론을 그대로 적용하게 한다. 그렇기 때문에 생산함수나 거리함수는 물론, 비용함수와 같은 쌍대함수를 적용하는 것도 가능하다. 제10장에서는 확률생산함수로부터 비용함수를 적절히 정의하고 실증분석에 반영하는 것이 매우 어렵다는 것을 확인한 바가 있는데, 이런 점에서도 상태의존 생산이론은 확률생산함수와 기대효용함수를 이용하는 기존의 분석법에 비해 장점을 가진다. 아울러 비용함수를 도입할 수 있으면 생산자의 선택을 투입물 선택행위로 분석하지 않고 최적 산출물을 선택하는 행위로 바로 분석할 수도 있다.

(x_1, x_2)로부터 생산되는 상태의존 산출물이 $(y_1,...,y_S)$의 S가지라 하자. 즉 $N=2$, $M=1$이고, 발생가능한 상태는 S가지이다. 이때의 생산기술을 다음과 같은 일반적인 투입물집합으로 정의하자.

(11.14) $V(y_1,...,y_S) = \{(x_1, x_2) : (x_1, x_2)로\ (y_1,...,y_S)\ 생산가능\}$

그리고 비용함수 역시 이에 상응하게 다음처럼 정의할 수 있다.

$$(11.15) \qquad c(w_1, w_2, y_1, ..., y_S) = \min\{w_1 x_1 + w_2 x_2 : (x_1, x_2) \in V(y_1, ..., y_S)\}$$

식 (11.15)의 비용함수는 본서가 제4장에서 불확실성을 가정하지 않은 상태에서 정의했던 비용함수와 개념적으로 다를 바가 없다. 차이라면 이제 산출물 $(y_1, ..., y_S)$는 상태의존 산출물이고, 사후적으로는 이 중 한 가지만 실제로 실현된다는 것 정도이다. 구체적으로 어떤 y_s 값이 실현될지 모르는 상태에서 사전적 의사결정을 하는 생산자는 $(y_1, ..., y_S)$를 다수 산출물을 생산하는 것처럼 고려하여 (x_1, x_2)를 선택하고 비용최소화를 한다. Chambers and Quiggin(2000, pp. 127−132)은 이 비용함수의 일반적인 성질을 (미분이 가능할 경우) 셰퍼드 보조정리까지 포함하여 논의하고 있다. 그리고 상태의존 생산기술의 비용함수가 설정되면 제5장에서 설명된 쌍대성원리를 적용해 이로부터 투입물집합을 역으로 복원하는 것도 가능하다.

이렇게 정의되는 비용함수를 활용해 생산자행위를 분석할 수 있는데, 각 상태 발생확률이 $(p_1, ..., p_S)$로 주어진 상태에서의 판매수입 이득을 $B(y_1, ..., y_S)$라 하면, 생산자는 다음 문제를 풀 것이다.

$$(11.16) \qquad \max_{(y_1, ..., y_S)} B(y_1, ..., y_S) - c(w_1, w_2, y_1, ..., y_S)$$

생산이득 $B(y_1, ..., y_S)$는 상태의존 생산량 $(y_1, ..., y_S)$의 오목함수이다. $B(\cdot)$의 한 예로 $Eu(qy) = \sum_{s=1}^{S} p_s u(q_s y_s)$와 같은 판매수입 기대효용이 사용될 수 있다. 아울러 함수 $B(\cdot) - c(\cdot)$ 대신 후생함수 $W(\pi_1, ..., \pi_S)$를 바로 설정하되, 각 상태의존 소득을 $\pi_s = q_s y_s - c(\cdot)$와 같이 반영할 수 있다.

이처럼 식 (11.16)로부터 최적 상태의존 산출물조합 $(y_1, ..., y_S)$를 도출할 수 있지만, 불확실성이 없는 경우와 달리 식 (11.16)의 비용함수가 상태의존 산출물 y_s에 대해 미분가능하지 않을 수 있다는 문제가 대두된다.

1. 상태일반 투입물의 경우

먼저 상태일반 투입물을 이용한 생산행위를 검토해보자. 앞에서는 두 상태별 생산함수를 $y_1 = f_1(x_1, x_2)$, $y_2 = f_2(x_1, x_2)$와 같이 나타내었었다. 따라서 다음의 두 투입물집합은 각 상태에서 산출물 y_1과 y_2를 각각 생산할 수 있는 투입물집합이다.

$$(11.17) \quad V_1(y_1) = \{(x_1, x_2) : \ y_1 \leq f_1(x_1, x_2)\}$$
$$V_2(y_2) = \{(x_1, x_2) : \ y_2 \leq f_2(x_1, x_2)\}$$

투입물집합이 각각의 상태의존 산출물에 대해 정의되므로 그 비용함수도 상태의존 산출물별로 다음처럼 정의할 수 있다.

$$(11.18) \quad c_1(w_1, w_2, y_1) = \min\{w_1 x_1 + w_2 x_2 : \ (x_1, x_2) \in V_1(y_1)\}$$
$$c_2(w_1, w_2, y_2) = \min\{w_1 x_1 + w_2 x_2 : \ (x_1, x_2) \in V_2(y_2)\}$$

식 (11.18)의 비용함수 $c_s(w_1, w_2, y_s)\,(s=1,2)$는 제4장에서 도입되었던 비용함수의 성질을 모두 충족하는데, 발생 상태 s가 알려질 때의 비용을 나타내므로 사후적($ex-post$) 비용함수라 할 수 있다.

생산자가 실제로 의사결정에 반영하는 비용함수는 어떤 상태가 알려지기 이전의 사전적($ex-ante$) 비용함수이고, 전체 상태의존 산출물 (y_1, y_2)를 모두 대상으로 하므로 $c(w_1, w_2, y_1, y_2)$와 같이 표현되어야 한다. 이 전체 혹은 사전 비용함수 $c(w_1, w_2, y_1, y_2)$는 다음처럼 정의된다.

$$(11.19) \quad c(w_1, w_2, y_1, y_2) = \min\{w_1 x_1 + w_2 x_2 : \ (x_1, x_2) \in V(y_1, y_2)\}$$

사전 비용함수 정의에 사용되는 집합 $V(y_1, y_2)$는 상태 1과 2에서 각각 y_1, y_2를 생산해낼 수 있는 투입물집합으로서, 각 두 사후 투입물집합의 교집합이 되어야 한다. 즉 다음과 같다.

$$(11.20) \quad V(y_1, y_2) = V_1(y_1) \cap V_2(y_2)$$

식 (11.19)의 사전 비용함수 $c(w_1, w_2, y_1, y_2)$는 잘 정의되지만, 실제 관측되는 생산자료는 (y_1, y_2)를 모두 동시에 생산한 자료가 아니라 자연의 선택에 의해 두 상태의존 산출물 중 하나만 생산될 때의 자료이다. 따라서 이 사전 비용함수를 자료를 이용해 바로 도출하거나 할 수는 없으므로 실증분석이 가능한 각 상태별 비용함수 $c_s(w_1, w_2, y_s)$로부터 사전 비용함수 $c(w_1, w_2, y_1, y_2)$를 다시 정의하는 것이 필요하다.

사전 투입물집합 $V(y_1, y_2)$는 식 (11.20)에 의해 $V_1(y_1)$과 $V_2(y_2)$의 교집합이므로

$V_1(y_1)$보다도 작고 $V_2(y_2)$보다도 작다. 더 작은 집합에서 달성되는 동일 함수 w_1x_1 $+w_2x_2$의 최솟값은 더 큰 집합에서 달성되는 최솟값보다 작을 수가 없다. 따라서 $c(w_1,w_2,y_1,y_2)$는 $c_1(w_1,w_2,y_1)$ 및 $c_2(w_1,w_2,y_2)$ 보다 작을 수 없어 다음 관계가 성립한다.

$$(11.21) \qquad c(w_1,w_2,y_1,y_2) \geq \max_{s=1,2}\{c_s(w_1,w_2,y_s)\}$$

각 상태별로 생산함수가 $f_s(x_1,x_2)$와 같이 정의되기 때문에 그에 맞게 상태별 투입물집합 $V_s(y_s)$를 도출할 수 있고, 따라서 상태별 비용함수 $c_s(w_1,w_2,y_s)$의 함수형태도 알 수 있다. 그렇기 때문에 식 (11.21)에 의해 사전 비용함수 $c(w_1,w_2,y_1,y_2)$의 형태도 도출하여 최적 산출물조합 (y_1,y_2)를 선택하는 데 활용할 수 있다. 여기서 추가로 논의할 것은 식 (11.21)의 부등호가 항상 등호(=)로 성립할 수 있느냐 하는 점이다.

〈그림 11-7〉을 이용해 이를 검토한다(Chambers and Quiggin 2000, p. 135, Figure 4.3). $v_1(y_1)$과 $v_2(y_2)$는 각각 두 상태별 생산함수 $f_1(x_1,x_2)$와 $f_2(x_1,x_2)$의 등량곡선이다. 따라서 투입물집합 $V_1(y_1)$과 $V_2(y_2)$는 각각 이 두 등량곡선 위쪽의 집합이다. 그리고 상

그림 11-7 상태일반 투입물집합과 비용최소화

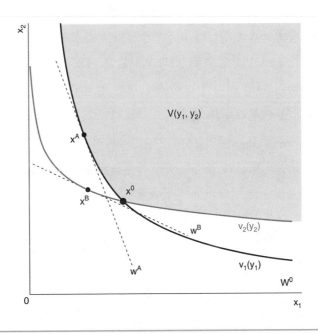

태의존 산출물조합 (y_1, y_2)를 생산할 수 있는 식 (11.20)의 사전 투입물집합은 이 두 집합의 교집합으로서, 그림에서 색칠된 부분이다. 두 투입물의 가격비가 w^A와 같다고 하자. 이 기울기를 가지는 가격선과 두 등량곡선의 접점을 찾아보면 $c_1(w_1^A, w_2^A, y_1) > c_2(w_1^A, w_2^A, y_2)$임을 알 수 있다. 따라서 $c_2(w_1^A, w_2^A, y_2)$는 전체 비용함수 $c(w_1^A, w_2^A, y_1, y_2)$의 크기에 영향을 미치지 않고, $c_1(w_1^A, w_2^A, y_1)$가 $c(w_1^A, w_2^A, y_1, y_2)$와 같거나 혹은 그보다 작다. 비용함수 $c_1(w_1^A, w_2^A, y_1)$상의 비용최소 투입요소 선택은 점 x^A인데, 이 점은 $V(y_1, y_2)$의 경계상의 점이고 이 집합에 속하는 점이다. 따라서 이 경우에는 $c(w_1^A, w_2^A, y_1, y_2) = c_1(w_1^A, w_2^A, y_1)$로서 식 (11.21)이 등식으로 성립한다.

이어서 w^B를 기울기로 가지는 또 다른 가격선과 두 등량곡선의 접점을 찾아보면, $c_1(w_1^B, w_2^B, y_1) < c_2(w_1^B, w_2^B, y_2)$이기 때문에 $c(w_1^B, w_2^B, y_1, y_2)$는 $c_2(w_1^B, w_2^B, y_2)$와 비교되어야 한다. 비용함수 $c_2(w_1^B, w_2^B, y_2)$에서의 비용최소 투입물선택은 점 x^B이다. 하지만 이 점은 $V(y_1, y_2)$에는 속하지 않는다. 가격조건이 w^B일 때 $V(y_1, y_2)$에 속하면서 전체 생산비를 최소화하는 점은 사실 점 x^0이어야 하는데, 이 점에서의 생산비는 $c_2(w_1^B, w_2^B, y_2)$보다도 크다. 따라서 이 경우 $c(w_1^B, w_2^B, y_1, y_2) > c_2(w_1^B, w_2^B, y_2)$이며, 식 (11.21)이 순부등식 관계를 형성한다.

이처럼 상태일반 투입물을 이용한 생산에서 사전 비용함수 $c(w_1, w_2, y_1, y_2)$는 잘 정의되지만 각 개별 상태의존 투입물의 비용함수들과는 부등식관계를 가진다. 또한 산출량 y_s의 크기가 변하면 두 비용함수 $c_1(\cdot)$과 $c_2(\cdot)$ 중 어느 쪽이 더 큰 값을 가지는지도 달라질 수 있다. 따라서 개별 상태별 산출물에 대해 정의되는 비용함수 $c_s(w_1, w_2, y_s)$가 각 산출물 y_s에 대해 미분가능할 경우에도 식 (11.21)의 전체 혹은 사전 비용함수 $c(w_1, w_2, y_1, y_2)$는 산출물 (y_1, y_2)에 대해 미분가능하지 않을 수 있다.

만약 사전 비용함수의 미분이 불가능하면 한계생산비도 정의되지 않는다. 이 경우에도 식 (11.16)의 목적함수를 극대화하는 산출물조합 (y_1, y_2)를 찾을 수는 있다. 하지만 이때에는 미분 외의 다른 방법을 사용하거나, 아니면 비용함수 대신 제3절에서처럼 상태의존 생산함수를 목적함수에 반영해 최적 투입물을 찾아야 할 것이다.

그러나 아래에서 논의되는 상태배분 투입물의 경우에는 비용함수가 미분가능하고 한계생산비도 정의된다. 확률변수를 생산함수에 포함시키는 제10장에서의 확률생산함수 분석법은 비용함수가 미분이 불가능할 수도 있는 상태일반 생산기술만을 분석하는 반면, 상태의존 분석법은 상태배분 투입물을 허용하여 항상 미분가능한 비용함수를 의사결정에 도입할 수 있다는 장점을 가진다.

2. 상태배분 투입물의 경우

상태배분 투입물의 경우 $y_s = f_s(x_{1s}, x_{2s})$ $(s = 1, 2)$와 같이 각 상태별로 생산함수가 정의될 뿐 아니라 각 투입물을 각 상태별 산출물로 사전에 배분할 수 있다. 따라서 이는 제5장에서 논의했던 투입물 비결합성(nonjointness in input)이 성립하는 경우이다. 이 경우 투입물집합은 다음과 같음을 우리는 보았었다.

$$(11.22) \quad V(y_1, y_2) = V_1(y_1) + V_2(y_2)$$

$$V_s(y_s) = \{(x_{1s}, x_{2s}) : \ y_s \leq f_s(x_{1s}, x_{2s})\}, \ s = 1, 2$$

그리고 전체 혹은 사전 비용함수 $c(w_1, w_2, y_1, y_2)$는 역시 제5장에서 보여준 바와 같이 다음처럼 정의되며, 개별 비용함수 $c_s(w_1, w_2, y_s)$가 산출물 y_s에 대해 미분가능하므로 $c(w_1, w_2, y_1, y_2)$도 산출물 (y_1, y_2)에 대해 미분이 가능하다.

$$(11.23) \quad c(w_1, w_2, y_1, y_2) = \sum_{s=1,2} c_s(w_1, w_2, y_s)$$

상태배분 투입물을 사용하는 생산자의 산출물 선택행위를 분석하기 위해 식 (11.16)의 목적함수를 다음처럼 다시 정의하자.

$$(11.24) \quad \max W(\pi_1, \pi_2)$$

$$\pi_s = q_s y_s - c(w_1, w_2, y_1, y_2) = q_s y_s - \sum_{s=1}^{2} c_s(w_1, w_2, y_s), \ s = 1, 2$$

어떤 상태가 발생하기 이전에 비용 $c(w_1, w_2, y_1, y_2)$를 사전 지출하여야 하므로 각 상태의존 이윤 π_s는 상태의존 판매수입에서 이 전체 생산비를 빼준 것이라야 한다. y_1에 대한 최적화조건, 즉 $\partial W / \partial y_1 = 0$의 조건은 다음과 같다.[9]

---

9 편의를 위해 우리는 이하 모든 최적화문제에서 구석 해는 선택되지 않고, 두 상태의존 산출물 y_1과 y_2가 모두 0보다 큰 상태에서 최적해가 얻어진다고 가정한다.

(11.25) $W_1 q_1 = (W_1 + W_2)MC_1$

$$MC_1 = \frac{\partial c(w_1, w_2, y_1, y_2)}{\partial y_1} = \frac{\partial c_1(w_1, w_2, y_1)}{\partial y_1}$$

식 (11.25)의 좌변은 y_1이 하나 더 늘어나서 후생함수 $W(\cdot)$의 값이 증가한 정도, 즉 y_1 증가의 한계편익이다. 우변은 y_1을 하나 더 늘리기 위해서는 총비용이 MC_1만큼 증가하고, 이는 두 상태에서 모두 발생하기 때문에 그로 인한 후생함수 손실을 나타낸다.

식 (11.25)와 같은 조건은 y_2에 대해서도 마찬가지로 도출되므로, 두 산출량 간에 다음의 관계가 성립한다.

(11.26) $$\frac{W_1 q_1}{W_2 q_2} = \frac{MC_1}{MC_2}$$

생산자가 만약 위험중립자라면 $W_s = p_s$와 같으므로 다음의 최적화조건을 충족한다.

(11.27) $p_s q_s = MC_s$

식 (11.27)의 위험중립자의 최적화조건을 모든 상태에 대해 더하면 다음을 얻는다.

(11.28) $$\sum_{s=1}^{2} p_s q_s = \bar{q} = \sum_{s=1}^{2} MC_s$$

즉 위험중립적 생산자는 산출물의 평균가격과 각 상태별 한계생산비의 합이 일치하는 수준에서 생산량을 선택한다. 식 (11.28)의 우변은 모든 상태에 있어 하나씩 추가로 생산을 늘릴 때의 한계비용을 더한 것이므로 발생 상태와 관계없이 확실하게 한 단위 추가생산을 할 때의 한계비용이다. 따라서 식 (11.28)은 확실하게 생산량을 하나 더 늘릴 때 발생하는 비용과 기대 산출물가격이 일치토록 함을 의미한다.

이제 위험회피성향이 산출물 선택에 미치는 영향을 검토하자. 위험중립적 생산자가 식 (11.27)에 의해 선택하는 산출물조합을 $(\bar{y}_1, \bar{y}_2)$라 하고, 그때의 이윤을 $(\bar{\pi}_1, \bar{\pi}_2)$라 하자. 먼저 $\partial W / \partial y_1 |_{\bar{y}_1, \bar{y}_2}$의 부호를 검토해보자. $\partial W / \partial y_1$의 부호는 식 (11.25)을 반영하면 $W_1 q_1 - (W_1 + W_2)MC_1$의 부호와 같다. 여기에 위험중립자의 최적화조건 식 (11.27)을 대입하면 $(\bar{\pi}_1, \bar{\pi}_2)$ 혹은 $(\bar{y}_1, \bar{y}_2)$에서의 $q_1[W_1 - W_1 p_1 - W_2 p_1]$의 부호, 즉 $W_1 - p_1[W_1 + W_2] = p_2 W_1 - p_1 W_2$의 부호를 확인해야 한다. 제3절은 $\bar{\pi}_1 > \bar{\pi}_2$일 때 후생함수의 슈어－오목

성에 의해 $p_2 W_1 < p_1 W_2$가 성립함을 보여주었기 때문에 이 경우 $\partial W/\partial y_1|_{\bar{y}_1, \bar{y}_2} < 0$이다.

마찬가지의 절차를 y_2 선택에 대해 적용하면 $\partial W/\partial y_2|_{\bar{y}_1, \bar{y}_2} > 0$임을 보여줄 수 있다. 따라서 $\bar{\pi}_1 > \bar{\pi}_2$라면, $(\bar{y}_1, \bar{y}_2)$에서 y_1을 더 줄이거나 y_2를 더 늘릴 때 위험회피자의 $W(\cdot)$는 증가한다. 다음 소절에서는 위험회피자의 생산선택과 위험중립자의 생산선택 간의 보다 분명한 관계를 도출할 것이다.

3. 수입-비용함수와 최적화

생산자의 최적행위는 상태의존 생산량 (y_1, y_2)가 아니라 상태의존 판매수입 (r_1, r_2)를 선택하는 것으로 분석을 진행할 수도 있고, 경우에 따라서는 이것이 더 편리하기도 하다. 이를 위해 다음의 수입-비용함수(revenue-cost function)를 도입하자.

(11.29)
$$C(w_1, w_2, r_1, r_2, q_1, q_2)$$
$$= \min_{\{x_i, y_s\}} \left\{ \sum_{i=1}^{2} w_i x_i : (x_1, x_2) \in V(y_1, y_2), \ q_s y_s = r_s, \ s = 1, 2 \right\}$$
$$= \min_{\{y_s\}} \left\{ c(w_1, w_2, y_1, y_2) : q_s y_s = r_s, \ s = 1, 2 \right\}$$

수입-비용함수는 특정 상태의존 수입조합 (r_1, r_2)를 최소비용으로 얻도록 투입요소 (x_1, x_2)와 상태의존 산출량 (y_1, y_2)를 선택할 때의 비용을 나타낸다. 이 함수는 그동안 사용되었던, 산출량이 외부적으로 주어지는 비용함수들과 구분하기 위해 대문자로 표시하자. 지금까지 논의하였던 상태의존 생산기술의 특성으로부터 이 수입-비용함수가 충족해야 할 성질을 도출할 수 있는데(Chambers and Quiggin, 2000, pp. 162-163), 투입물가격 (w_1, w_2)에 대해 증가하는 선형동차이자 오목인 함수이다. 판매수입 (r_1, r_2)에 대해 증가하고, 산출물가격 (q_1, q_2)에 대해서는 감소하며, 산출물가격 (q_1, q_2)와 수입액 (r_1, r_2)에 대해 동시에 0차 동차이다. 그리고 판매수입 (r_1, r_2)의 볼록함수이다.

예를 들어 사후비용함수를 $c(w_1, w_2, y_1, y_2) = \bar{c}(w_1, w_2) \ln\left(\sum_{s=1}^{2} \exp(y_s) \right)$와 같이 설정하면, $\bar{c}(w_1, w_2)$는 두 투입물가격의 증가하는 1차 동차함수여야 한다. 이 경우 $y_s = r_s/q_s$이므로 수입-비용함수는 $C(w_1, w_2, r_1, r_2, q_1, q_2) = \bar{c}(w_1, w_2) \ln\left(\sum_{s=1}^{2} \left[\exp(r_s) - \exp(q_s) \right] \right)$

와 같을 것이다. 혹은 또 다른 예 $c(w_1, w_2, y_1, y_2) = \bar{c}(w_1, w_2)\left(\sum_{s=1}^{2}\sum_{t=1}^{2}\beta_{st}(y_s y_t)^{1/2}\right)$로부터 $C(w_1, w_2, r_1, r_2, q_1, q_2) = \bar{c}(w_1, w_2)\left(\sum_{s=1}^{2}\sum_{t=1}^{2}\beta_{st}(r_s r_t / q_s q_t)^{1/2}\right)$를 도출할 수도 있다.

이들 예처럼 수입−비용함수가 미분가능하다고 가정하고, 생산자가 목표 (r_1, r_2) 조합을 찾는 문제를 검토하자. 이를 위한 생산자 선택문제는 다음과 같다.

(11.30) $\max W(\pi_1, \pi_2)$

$\pi_s = r_s - C(w_1, w_2, r_1, r_2, q_1, q_2), \ s = 1, 2$

r_s에 대해 미분하면 (구석 해를 가정하지 않을 때) 다음의 최적화조건이 얻어진다.

(11.31) $W_s = C_s(w_1, w_2, r_1, r_2, q_1, q_2)\sum_{t=1}^{2} W_t, \quad C_s = \dfrac{\partial C(\cdot)}{\partial r_s}, \ s = 1, 2$

위의 최적화조건식을 모든 s에 대해 더하면 다음의 중요한 조건이 도출된다.

(11.32) $\sum_{s=1}^{2} C_s(w_1, w_2, r_1, r_2, q_1, q_2) = 1$

위 식의 좌변은 r_1과 r_2를 각각 한 단위씩 늘리는, 즉 상태와 관계없이 판매수입을 확실하게 한 단위 늘리는 데 소요되는 비용이고, 이 비용이 확실하게 늘어나는 판매수입인 우변의 1과 같아야 한다는 조건이다. 이 조건은 사실 생산자의 위험태도 혹은 함수 $W(\cdot)$의 형태와 관계없이 항상 성립해야 한다.

식 (11.31)의 최적화조건은 다시 다음을 의미하기 때문에, 두 상태의존 소득이 후생함수에 미치는 한계적 영향의 비율이 두 상태의존 판매수입 한계비용의 비율과 일치해야 한다.

(11.33) $\dfrac{W_1}{W_2} = \dfrac{C_1}{C_2}$

위에서 예로 들었던 $C(w_1, w_2, r_1, r_2, q_1, q_2) = \bar{c}(w_1, w_2)\ln\left(\sum_{s=1}^{2}\left[\exp(r_s) - \exp(q_s)\right]\right)$의 경우 이는 $W_1 / W_2 = \exp(r_1)/\exp(r_2)$의 조건이 된다. 후생함수 $W(\cdot)$에 구체적인 형태를 부여하면 최적 (r_1, r_2)를 찾아낼 수 있는데, W_1 / W_2는 후생함수의 형태, 즉 위험

회피성향에 따라 달라지므로 위험중립자와 위험회피자의 최적 선택은 서로 다를 것이다.

이 선택문제는 〈그림 11−8〉에서도 확인할 수 있다. 그림에서는 $(\bar{r}_1, \bar{r}_2)$와 (r_1^*, r_2^*)가 각각 위험중립자와 위험회피자의 최적 상태의존 판매액이다. 곡선 C^0는 이를 함수 $C(w_1, w_2, r_1, r_2, q_1, q_2)$의 값으로 가지는 등비용곡선(iso-cost curve)이다. 수입비용함수가 (r_1, r_2)에 대해 증가하는 볼록함수이기 때문에 등비용곡선은 우하향하면서 원점에 대해 오목하다. 이 곡선의 위치와 형태는 가격변수 (w_1, w_2)와 (q_1, q_2)들이 특정 수준에 주어져 있을 때를 가정하고 그려진다. 특정 r_s가 반드시 45° 직선의 아래쪽이나 위쪽에만 위치할 이유는 없기 때문에 〈그림 11−8〉의 등비용곡선은 45° 직선의 위쪽과 아래쪽을 모두 지나고 있다. 그러나 이 경우에는 $s = 1$인 상태가 $s = 2$인 상태보다는 판매수입 분포 면에서 유리한 점이 있어 C^0곡선은 세로축에 비해 가로축의 절편이 더 큰 값을 갖는다. 등비용곡선 C^0의 기울기는 $-C_1/C_2$이다.

위험중립 생산자의 경우 $W_s = p_s$이므로 식 (11.33)은 $p_1/p_2 = C_1/C_2$를 의미한다. 확률 (p_1, p_2)에서 판매수입의 공정승산선은 $\bar{r} = p_1 r_1 + p_2 r_2$이고, 그 기울기는 $-p_1/p_2$이 므로, 식 (11.33)의 조건은 판매수입 공정승산선의 기울기가 등비용곡선 C^0의 기울기와 일치해야 함을 의미한다. 그림의 $(\bar{r}_1, \bar{r}_2)$가 바로 그러한 선택이다. $(\bar{r}_1, \bar{r}_2)$는 등비용곡선 위의 점 중에서는 원점에서 가장 먼 공정승산선이 지나가는 점이기 때문에 C^0로 얻을 수 있는 기대판매수입 $\bar{r} = p_1 r_1 + p_2 r_2$를 최대로 하는 선택이다.

반면 생산자가 위험회피자라면, 식 (11.33)을 충족하는 최적 판매수입은 〈그림 11−8〉에서 (r_1^*, r_2^*)이다. 위험회피적 선택 (r_1^*, r_2^*)와 위험중립적 선택 $(\bar{r}_1, \bar{r}_2)$를 비교하면, r_1^*는 $\bar{r}_1$보다 작고 대신 r_2^*는 $\bar{r}_2$보다 크다. 이는 위험회피 생산자는 위험중립자에 비하면 좋은 상태의 판매수입은 줄이는 대신 나쁜 상태의 판매수입을 늘려 위험을 분산함을 의미한다.[10]

---

10 이 결론은 두 선택 $(\bar{r}_1, \bar{r}_2)$와 (r_1^*, r_2^*)가 동일 등비용곡선상에 있다는 것을 전제하고 있다. 일반적으로는 두 선택의 최적 달성비용이 서로 다를 것이므로 이 전제는 성립하지 않을 것이다. 식 (11.32)는 위험회피성향과 관계없이 모든 생산자가 충족해야 할 최적화조건인데, 주어진 가격에서 이 조건을 충족하는 생산비 C^0가 유일하다면, $(\bar{r}_1, \bar{r}_2)$와 (r_1^*, r_2^*)는 동일 등비용곡선상에 놓이게 된다. 이런 현상이 발생할 구체적인 생산기술조건에 대해서는 Chambers and Quiggin(2000, pp. 169−185)이 설명한다.

그림 11-8 수입-비용함수와 생산자 최적선택

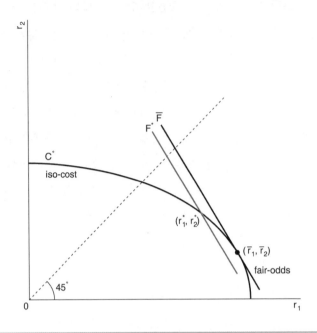

위험회피적 선택과 위험중립적 선택 간의 이러한 차이는 식 (11.31)의 최적화조건과, 후생함수 $W(\pi_1,\pi_2)$가 두 소득의 슈어−오목함수라는 조건을 이용해 설명할 수 있다. 먼저 후생함수의 슈어−오목성 조건은 $\left(\dfrac{W_1(\pi_1,\pi_2)}{p_1}-\dfrac{W_2(\pi_1,\pi_2)}{p_2}\right)(\pi_1-\pi_2)\leq 0$와 같은데, $\pi_s=r_s-C(\cdot)$이므로 이는 일단 $\left(\dfrac{W_1(\pi_1,\pi_2)}{p_1}-\dfrac{W_2(\pi_1,\pi_2)}{p_2}\right)(r_1-r_2)\leq 0$로 바꿀 수 있다. 그리고 식 (11.31)에 의해 각 s에 있어 $W_s=C_s\sum_t W_t$이므로 이를 대입하면 이 슈어−오목성조건은 다음과 같이 바뀐다.

$$\left(\frac{C_1(\cdot)}{p_1}-\frac{C_2(\cdot)}{p_2}\right)(r_1-r_2)\leq 0$$

따라서 위험회피자의 최적 선택점 (r_1^*,r_2^*) 부근에서는 수입−비용함수도 슈어−오목성의 성질을 가져야 하며, 〈그림 11−8〉이 보여주는 바와 같이 등비용곡선이 공정승산선보다도 기울기가 완만해야 한다. 즉 위험중립적 선택 $(\bar r_1,\bar r_2)$에서는 $\dfrac{C_1}{C_2}\big|_{\bar r_1,\bar r_2}=\dfrac{p_1}{p_2}$

이지만, 위험회피적 선택 (r_1^*, r_2^*)에서는 $\dfrac{C_1}{C_2}\big|_{r_1^*, r_2^*} < \dfrac{p_1}{p_2}$이어야 한다. 등비용곡선이 우하향하고 원점에 대해 오목하므로 이는 (r_1^*, r_2^*)가 $(\bar{r}_1, \bar{r}_2)$보다 북서쪽에 위치함을 의미한다. 위험회피자의 이러한 위험분산행위는 기대수입을 일부 희생하면서 이루어진다. 최적 선택점 (r_1^*, r_2^*)를 지나는 공정승산선 F^*와 위험중립적 선택 $(\bar{r}_1, \bar{r}_2)$의 공정승산선 $\bar{F}$를 비교하면 전자의 기대수입이 더 작다는 것을 알 수 있다.

SECTION 05 **선도/선물거래와 재해보험**

상태의존 생산이론은 다양한 환경에서의 생산자 의사결정을 분석할 수 있다. 본절은 위험을 싫어하는 생산자가 위험도를 줄이기 위해 선택하는 행위를 분석한다. 생산자는 위험분산을 위해 각 상태별 생산량의 조합을 바꾸는 비교적 수동적 선택을 할 수도 있지만, 선물시장이나 선도시장(forward market)을 활용하거나 재해보험에 가입하는 등의 보다 적극적인 선택을 할 수도 있다. 선물시장이나 선도시장을 활용하는 것은 주로 가격하락에 따른 위험을 줄이기 위함이고, 재해보험에 가입하는 것은 주로 재해나 병충해 등에 따른 생산손실 위험을 줄이기 위함이다. 본절에서는 이 두 가지 경우에 있어서의 생산자 최적 행위를 상태의존이론을 적용해 분석한다.

1. 선도/선물거래의 활용

선도거래(forward trading)는 생산자가 미래의 어느 시점에 특정 가격에 생산품을 거래하겠다는 계약을 맺는 것이다. 따라서 선도가격은 불확실성을 가지지 않는 확실변수가 된다. 생산량을 y_s라 할 때 그 중 h만큼을 선도가격 q^f에 판매하겠다고 계약한 생산자가 있다면 생산 종료 후의 판매수입은 $q_s y_s + h(q^f - q_s)$가 된다. q_s는 생산물을 판매하는 시점에 시장에서 형성되는 현물가격(spot price)이고, 생산을 시행하는 시점에서는 불확실한 확률변수이다.

선물거래(futures trading)는 선도거래와 유사하지만 당사자 간이 아니라 조직화된 시장 혹은 거래소에서 이루어진다. 그리고 생산자 외에도 투자회사나 금융회사 등의 다양한 거래자가 선물시장에 참여한다. 이들 상당수 거래자에게는 상품을 계약된 날에 실제로 인수/인도하는 것이 목적이 아니고 선물가격 자체가 투자대상이다. 본절은 선도거래와 선물거래를 구분하지 않고 설명하지만 본절의 생산자는 선도거래에 더 가까운 행위를 한다고 보면 된다.

가. 생산위험이 없는 경우

먼저 전통적인 분석법이 가정하는 바와 같이 생산의 위험은 없다고 하자. $N = M = 1$을 가정하고 $S = 2$이지만 가격만 불안정하다면, 생산자의 이윤극대화행위는 다음과 같다.

$$(11.34) \quad \max W(\pi_1, \pi_2)$$
$$\pi_s = q_s y + h(q^f - q_s) - c(w, y), \ s = 1, 2$$

생산위험이 없기 때문에 생산량은 y로 한 가지 값만을 가지며, 비용함수 $c(w, y)$는 불확실성 문제를 가지지 않는다. 생산자는 산출수준 y와 선도거래량 h를 동시에 선택하며, 그 최적화조건은 각각 다음과 같다.

$$(11.35a) \quad \sum_s W_s [q_s - c_y] = 0$$

$$(11.35b) \quad \sum_s W_s [q^f - q_s] = 0$$

먼저 최적 생산량을 도출해보자. 위의 두 식을 결합하면 $\sum_s W_s q_s = c_y \sum_s W_s = q^f \sum_s W_s$ 가 도출된다. 따라서 최적의 생산량 결정조건은 $q^f = c_y$, 즉 선도가격과 한계생산비가 일치하는 조건이다. 이 결과에 의해 선도거래가 가능한 생산자는 그 위험회피성향과 관계없이 모두 동일한 생산량을 선택한다. 이렇게 위험선호가 생산량 결정에 영향을 미치지 않게 되는 현상을 선도/선물거래가 가지는 주요 성질의 하나로 간주하며, 분리성(separation)이라 부르기도 한다.

이어서 최적 선도거래량 h를 도출하여야 한다. 이는 선도가격 q^f와 불확실한 현물시장가격 (q_1, q_2)의 관계가 어떠하냐에 영향을 받는데, 관련하여 가장 자연스러운 가정은 선도가격은 현물가격의 평균값과 같을 것이라는 것이다. 즉 $q^f = \bar{q} = \sum_s p_s q_s$와 같다. 이 경우 생산량 전부를 선도거래하면 $y = h$이고 $\pi_s = h q^f - c(w, y) = \bar{q} h - c(w, y) = \bar{\pi}$가

된다. 즉 생산자의 이윤은 항상 기대이윤 $\bar{\pi}$와 일치하고 소득의 위험성이 모두 사라진다. 위험회피성향을 가진 생산자는 이 경우 가장 큰 후생을 얻으므로 이 선택을 실제로 하며, 따라서 생산량 전체를 선도거래하여 가격위험으로부터 완전 벗어나고자 한다.

나. 생산위험이 있는 경우

이제 가격위험뿐 아니라 생산위험도 있다고 하자. 두 가지 위험요인이 있지만 발생 가능한 상태는 여전히 $S = 2$, 두 가지라고 가정한다. 생산자의 의사결정은 다음과 같다.

$$(11.36) \quad \max W(\pi_1, \pi_2)$$
$$\pi_s = q_s y_s + h(q^f - q_s) - c(w, y_1, y_2), \ s = 1, 2$$

이제는 비용함수는 사전 비용함수가 되고, 생산량도 상태에 따라 달라진다. 비용함수 가 미분가능하다고 가정할 때 목적함수를 y_s와 h에 대해 각각 미분하면 최적화조건은 다음과 같다.

$$(11.37a) \quad W_s(\cdot) q_s - c_s(\cdot) \sum_t W_t(\cdot) = 0$$

$$(11.37b) \quad \sum_s W_s [q^f - q_s] = 0$$

식 (11.35)와 비교하면, 최적 선도거래량을 선택하는 조건은 동일하지만 최적 생산 량을 결정하는 조건은 달라졌다. 식 (11.37)의 두 조건은 좀 더 직관적인 의미를 가지 도록 변환될 수가 있다. 식 (11.37a)를 모든 s에 대해 합하면 $\sum W_s q_s = \sum_t W_t \sum_s c_s$가 얻어지고, 식 (11.37b)의 경우 $q^f \sum_s W_s = \sum_s W_s q_s$를 의미한다. 이 두 관계는 따라서 $\sum_s c_s(\cdot) = q^f$를 의미한다. 아울러 식 (11.37a)의 모든 항을 q_s로 나눈 뒤 이를 모든 s에 대해 더하면 $\sum_s W_s = \sum_t W_t \sum_s (c_s/q_s)$가 성립하며, 따라서 $\sum_s [c_s(\cdot)/q_s] = 1$의 관계가 성립한다. 이렇게 도출된 두 관계식을 아래와 같이 정리하자.

$$(11.38a) \quad \sum_s c_s(\cdot) = q^f$$

$$(11.38b) \quad \sum_s \left[\frac{c_s(\cdot)}{q_s} \right] = 1$$

식 (11.38a)는 모든 상태에서의 산출물을 한 단위씩 확실하게 증가시킬 때 지불해야 하는 비용은 선도가격과 일치해야 한다는 생산 효율성조건이다. 식 (11.38b)는 일단 각 s에 있어 c_s/q_s가 0과 1 사이의 값을 가져야 하므로 각 상태에 있어서 한계생산비는 상태 의존 가격보다는 작아야 함을 의미한다. 그리고 c_s/q_s 합이 1이라는 것은 이 수치가 생산자에게는 각 상태에 대해 부여하는 일종의 확률로서 역할함을 암시하기도 한다. 이는 식 (11.38a)의 각 항을 q_s로 곱하고 나눈 후 다시 합하면 $\sum_s q_s[c_s(\cdot)/q_s] = q^f$가 된다는 사실에서도 확인이 된다. 즉 생산자는 각 상태가 발생할 확률을 c_s/q_s로 간주했을 때 상태의존 가격의 기댓값이 선도가격과 일치하는 생산 및 선도거래 의사결정을 한다.

$S = 2$인 상황에서 식 (11.38a)와 식 (11.38b)를 결합하면 다음이 도출된다.

$$c_1(\cdot) = \frac{q_1(q^f - q_2)}{q_1 - q_2}, \ \ c_2(\cdot) = \frac{q_2(q_1 - q^f)}{q_1 - q_2}$$

이들 조건은 생산자의 후생함수 $W(\cdot)$를 포함하지 않기 때문에 생산량 선택은 위험 회피도에 의해 영향을 받지 않는 분리성이 다시 성립한다. 하지만 앞에서 보았던 생산 위험이 없는 경우의 생산량 선택기준과는 차이점도 있다. 생산위험이 없을 경우 생산자가 $q^f = c_y$의 조건을 지키려 하기 때문에 의사결정에 선도가격 q^f만 반영이 된다. 그러나 생산위험성이 있는 위의 조건식에서는 생산자는 선도가격 q^f는 물론 발생가능한 가격상태 (q_1, q_2) 모두를 의사결정에 반영한다는 차이가 있다.

특히 선도가격이 $q^f = \sum_s p_s q_s = \bar{q}$로서 기대가격과 같다면, 이를 위의 최적 조건에 대입했을 때 다음이 도출되며, 각 상태별 산출물의 한계생산비가 각 상태의 기대한계수입과 같아진다.

$$(11.39) \quad c_1(\cdot) = p_1 q_1, \ \ c_2(\cdot) = p_2 q_2$$

또한 이 경우 위험을 싫어하는 생산자는 선도거래를 활용해 두 상태에서 벌어들이는 판매수입(따라서 소득)이 일치하여 확실한 값이 되게 한다. 즉 다음 조건이 충족되는 h를 선택할 것이다.

$$(11.40) \quad q_1 y_1 + h(q^f - q_1) = q_2 y_2 + h(q^f - q_2)$$

따라서 식 (11.39)와 식 (11.40)의 조건을 충족하는 (y_1, y_2, h)조합이 생산자의 최적 선택이다.

이상에서 도입한 $S = 2$의 가정과 $q^f = \overline{q}$의 가정은 생산자 의사결정을 매우 간단하게 도출하게 한다. 하지만 $S \geq 3$이거나 $q^f \neq \overline{q}$인 경우, 그리고 생산기술이 상태일반 투입물 특성을 가지고 비용함수가 미분 불가능한 경우 등에서는 최적 생산량과 선도거래량 도출이 좀 더 복잡하고 그 특성을 논의하는 것도 더 어려워진다. 그러한 보다 일반적인 경우들에 대해서는 Chambers and Quiggin(2000 제6장; 1997)이 자세히 설명하고 있다.[11]

2. 재해보험 가입의 영향 분석

생산자들은 재해보험에 가입하여 위험을 분산하거나 제거하는 시도를 할 수 있다. 재해보험에는 화재보험과 같은 손해보험도 있고, 농업부문에서 많이 사용되는 작물보험(crop insurance) 같은 보험도 있다. 이들 보험이 설계되는 방식은 다양하기 때문에 어떤 조건에서 어떤 보험금을 지급하는지에 관한 많은 경우를 분석할 수 있다. 여기에서는 작황부진과 같은 수량적 손실을 보상하는 경우를 상태일반 투입물을 예로 들어 살펴보고, 이어서 수량손실과 가격손실을 모두 포함하는 판매수입손실을 보상하는 보험의 효과를 상태배분 투입물을 가정하고 검토한다.

가. 상태일반 투입물의 경우

$S = 2$이고, $s = 1$은 재해가 발생하지 않는 경우, $s = 2$는 발생하는 경우라 하자. 작물보험에 가입하는 생산자는 각 상태별로 I_1과 I_2를 보상금으로 받는데, 대신 상태와 상관없이 τ를 보험료로 사전에 납부해야 한다. 상태 1과 2 중 어느 상태가 발생했는지에 대해서는 보험공급자와 가입자가 사후에 서로 동의할 수 있다고 가정한다.

생산자는 각 상태에 따라 보상받는 금액수준 $\{I_1, I_2\}$를 계약을 통해 선택할 수 있고, 보험료 τ는 이 조건에 의해 결정된다. 그리고 물론 투입물 사용량 x도 스스로 선택할 수 있다. 투입물 x가 상태일반 투입물이라면 생산자의 최적화문제는 다음과 같다.

$$(11.41) \quad \max_{\{x, I_s, \tau\}} \ W(\pi_1, \pi_2)$$
$$\pi_s = q f_s(x) - wx - \tau + I_s, \ \ \tau = \sum_s p_s I_s, \ \ s = 1, 2$$

11 Chambers, R. G. and J. Quiggin, 1997, "Separation and Hedging Results with State−Contingent Production," *Economica* 64, pp. 187−209.

식 (11.41)의 첫 번째 제약식은 보험납입금 τ와 보상액 I_s를 반영했을 때의 상태별 생산자 소득을 나타내고, 두 번째 제약식은 보험납입금과 보상액의 관계를 나타낸다. 이 두 번째 제약식은 보험시장이 완전경쟁적이고 보험판매자가 위험중립자라면[12] $\tau = EI = \sum_s p_s I_s$ 이어서 보험은 기대이윤이 0이 되도록 판매될 것임을 의미한다. 이러한 보험상품을 공정한 보험(actuarially fair insurance)이라 한다.

위험회피적인 생산자가 공정한 보험을 이용하는 것이 가능하다면 보험을 통해 어떤 작황 상태에서도 동일한 소득을 얻는 것이 최선이다. 보험 가입 후 두 상태에서 얻을 수 있는 소득이 동일하게 되는 조건, 즉 $\pi_1 = \pi_2$가 되는 조건을 식 (11.41)의 두 소득제약식을 결합하여 구하면 $I_2 - I_1 = qf_1(x) - qf_2(x)$와 같다. 따라서 공정보험 중에서도 예를 들어 $I_1 = 0$, $I_2 = q[f_1(x) - f_2(x)]$가 되게 보상금 조건을 선택하면, 생산자는 재해 발생여부와 관계없이 동일한 소득을 항상 얻을 수 있다. 그리고 이때의 동일한 소득은 보험가입이 없을 경우의 두 소득의 평균, 즉 $\bar{\pi} = \sum_s p_s \pi_s$와 일치하고, 보험은 생산자로 하여금 기대소득 $\bar{\pi}$를 확실하게 얻는 것을 가능토록 한다.

이처럼 보상액과 보험료가 투입량 x에 따라 달라진다면, 생산자는 다음의 보험조건을 감안하는 최적 투입량 x^{**}를 선택해야 한다.

$$(11.42) \quad I_1 = 0$$
$$I_2 = q[f_1(x^{**}) - f_2(x^{**})]$$
$$\tau = EI = p_2 q[f_1(x^{**}) - f_2(x^{**})]$$

이 보험은 공정하고 기대소득을 확실하게 얻게 하므로, 생산자는 다음처럼 기대소득을 극대화하는 투입량 x^{**}를 선택한다.

$$(11.43) \quad qEf'(x^{**}) = q\sum_s p_s f'_s(x^{**}) = w$$

즉 투입요소의 한계기대가치인 $qEf'(x)$와 한계비용 w가 일치하는 수준까지 x를 투입한다. 보험때문에 위험중립자처럼 행동하는 생산자가 선택하는 투입량 x^{**}는 제3절의 식 (11.8)이나 식 (11.9a)를 충족하는, 보험이 없을 때 위험회피적 생산자가 선택하는

---

[12] 사실 보험회사도 개별 보험계약에서는 위험회피적일 것이다. 그러나 수많은 가입자와 동시에 거래를 하는 보험회사는 소위 대수의 법칙(law of large numbers)에 의해 매년 큰 변화가 없는 건수의 피해보상을 하므로 위험도를 인식하지 않는 위험중립자의 행위를 한다.

투입량 x^*와는 다르다. 즉 보험의 존재는 투입물 사용량과 생산량의 기댓값에도 영향을 준다. 그러나 작물보험 가입으로 인해 생산량이 늘어날지 줄어들지는 일반적으로 얘기할 수는 없고, 제3절에서 식 (11.9a)와 식 (11.9b)를 비교하는 분석이 보여주었듯이 생산함수구조에 따라 결론이 달라진다.[13]

연습 문제 11.4

식 (11−1)과 같은 상태일반 생산함수가 있고, 〈그림 11−6〉을 그렸을 때 사용했던 다음과 같은 정보가 있다: $p_1 = 0.7$, $p_2 = 0.3$, $q = 150$, $w = 0.15$, $F = 110$, 면적 $= 50$, $W(\pi_1, \pi_2) = 0.7u(\pi_1) + 0.3u(\pi_2)$, $u(\pi_s) = 1 - \exp(-0.00008\pi_s)$. 균형에서의 (I_1, I_2, τ)를 구하고, 생산자의 최적 투입물 사용량 x^{**}를 도출하라.

나. 상태배분 투입물의 경우

이제 상태배분 투입물을 사용하고, 비용함수가 모든 산출량 수준에 있어 미분가능한 경우를 검토하자. 그리고 재해보험이 수량과 가격의 영향을 모두 받는 판매수입 r_s에 대해 설정된다고 하자. 즉 판매수입에서 손실이 발생하면 이를 보험회사가 보상해준다. 역시 $s = 1$이 손실이 없는 경우이고 $s = 2$는 손실이 발생하는 경우이다. 생산자의 선택문제는 다음과 같다.

$$(11.44) \quad \max_{\{I_s, r_s, \tau\}} W(\pi_1, \pi_2)$$

$$\pi_s = r_s - C(w, r_1, r_2, q_1, q_2) - \tau + I_s, \quad \sum_s p_s I_s = \tau, \quad s = 1, 2$$

수입조합 (r_1, r_2)를 선택하는 문제로 설정되었기 때문에 비용함수는 식 (11.29)가 정의한 수입−비용함수이다. 식 (11.44)의 첫 번째 제약식의 좌우변에 발생확률을 각각 곱한 후 모두 더해주고, 두 번째 제약식인 공정보험조건 $\sum_s p_s I_s = \tau$을 대입하면 이 문제는 다음처럼 변형된다.

---

[13] 즉 생산위험이 있을 때 보험의 주 기능은 생산량을 늘리는 데 있는 것이 아니라, 보험가입자와 보험판매자 사이 위험분담이 이루어지게 하고, 생산자로 하여금 위험중립자로 행동하게 하는 데에 있다.

$$\max_{\{r_s\}}\left\{W(\pi_1,\pi_2):\sum_s p_s\pi_s=\sum_s p_s r_s-C(w,r_1,r_s,q_1,q_2)\right\}$$

그런데 이 문제는 사실 기대이윤을 극대화하는 다음과 동일한 문제이다.

$$(11.45)\quad \max_{\{r_s\}}\left\{\sum_s p_s r_s-C(w,r_1,r_s,q_1,q_2)\right\}$$

공정한 보험이 있으면 기대이윤 $\sum_s p_s\pi_s$를 유지하면서 어떤 소득조합 (π_1,π_2)도 만들어낼 수 있다. 따라서 기대이윤을 최대로 하지 않을 이유가 없어 생산자는 식 (11.45)의 위험중립자처럼 생산행위를 하며, $p_s=\partial C(\cdot)/\partial r_s$와 같은 최적화행위를 한다. 이렇게 생산선택이 생산자의 위험태도와는 관계없이 결정되므로 또다시 분리성(separation)이 성립한다.

생산자가 마치 위험중립자인 것처럼 기대소득을 극대화하는 생산선택을 하므로, 이때의 상태의존 수입을 $(\bar{r}_1,\bar{r}_2)$라 하자. 생산자는 이어서 각 상태별 보험 보상액과 가입료를 선택해 본인의 최종 수입조합을 결정할 수 있다. 생산자가 만약 $I_1=0$, $I_2=\bar{r}_1-\bar{r}_2$의 보험조건을 선택하면 공정보험료는 $\tau=p_2(\bar{r}_1-\bar{r}_2)$가 된다. 이 경우 보험가입비, 보상금, 그리고 판매수입을 모두 합한 실제 수입은 s가 어떤 값이든 관계없이 항상 $\bar{r}=p_1\bar{r}_1+p_2\bar{r}_2$로 고정된다. 따라서 이 경우 생산자는 위험으로부터 완전히 벗어나며, 위험회피자는 실제로 이런 보험조건을 선택할 것이다.

이 상황은 〈그림 11-8〉을 다시 그린 〈그림 11-9〉를 이용해 설명할 수도 있다. 그림에서 위험중립적 생산선택은 $(\bar{r}_1,\bar{r}_2)$이고, 이는 등비용곡선 C^0상의 점 중에서 기대이윤이 극대가 되게 하는 점이다. 그러나 재해보험을 이용할 수 없으면 위험회피자는 가뭄이나 홍수피해를 방지하기 위한 행동에 투자하거나, 가격폭락에 대비하기 위한 분산투자 등을 시행하고, (r_1^*,r_2^*)를 선택한다. 그 결과 재해가 발생했을 때 얻는 판매수입을 $r_2^*(>\bar{r}_2)$가 되게 유지하여 나쁜 상황이 발생했을 때 부담해야 하는 손실을 위험중립자에 비하면 줄이고자 한다. 하지만 이 선택은 대신 좋은 상황이 발생할 때 얻는 수입 r_1^*를 $\bar{r}_1$보다 많이 줄여야 하기 때문에 기대수입 혹은 기대이윤의 손실을 감내하며 이루어져야 한다.[14]

---

14 각주 12가 지적한 바와 같이 여기에서는 $(\bar{r}_1,\bar{r}_2)$와 (r_1^*,r_2^*)가 동일 등비용곡선 위에 있다고 가정한다. 이 가정이 적용되지 않는 보다 일반적인 경우의 보험가입 효과에 대해서는 다음을 참고하라:

그림 11-9 재해보험과 생산자 최적행위

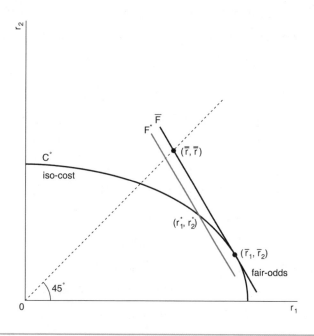

하지만 공정보험이 존재하면 생산자는 일단 $(\bar{r}_1, \bar{r}_2)$를 얻을 수 있는 생산을 한 뒤, 보험회사와의 거래를 통해 $(\bar{r}_1, \bar{r}_2)$조합을 지나는 공정승산선 $\bar{F}$ 위의 어떤 수입조합도 달성할 수 있다. 이는 보상금액 $\{I_1, I_2\}$을 선택함으로써 가능하다. 판매수입에서 보험납입액을 빼고 보상액을 더한 최종 수입을 $r_s = \bar{r}_s - \tau + I_s$라 하자$(s=1,2)$. 공정보험이 있을 경우 $\sum_s p_s I_s = \tau$인데, 이를 반영하면 최종 수입은 $r_1 = \bar{r}_1 + p_2(I_1 - I_2)$와 $r_2 = \bar{r}_2 - p_1(I_1 - I_2)$ 이고, 그 기댓값은 $\sum_s p_s r_s = \sum_s p_s \bar{r}_s = \bar{\bar{r}}$이 된다. 즉 $\{I_1, I_2\}$의 선택과 관계없이 항상 $\bar{\bar{r}}$의 기대 수입을 얻어 공정승산선 $\bar{F}$ 위에 존재할 수 있으며, $\{I_1, I_2\}$의 선택을 어떻게 하느냐에 따라서 $\bar{F}$ 위의 점 중 어느 것이 최종 수입조합이 되느냐가 결정된다.

위험회피 생산자의 만족도는 공정승산선 $\bar{F}$ 위의 점들 중에서는 확실소득이자 45°직선 위의 점인 $(\bar{r}, \bar{r})$에서 극대화된다. 따라서 생산자는 손실을 완전 보상받는 보험을 구입한다. 이미 앞에서 든 예와 같이 $I_1 = 0$, $I_2 = \bar{r}_1 - \bar{r}_2$, $\tau = p_2(\bar{r}_1 - \bar{r}_2)$로 정하면,

Chambers, R. G. and J. Quiggin, 2001, "Decomposing Input Adjustments under Price and Production Uncertainty," *American Journal of Agricultural Economics* 83, pp. 20−34.

$r_1 = \bar{r}_1 - p_2(\bar{r}_1 - \bar{r}_2) = \bar{\bar{r}}$ 이고 $r_2 = \bar{r}_2 - p_2(\bar{r}_1 - \bar{r}_2) + (\bar{r}_1 - \bar{r}_2) = \bar{\bar{r}}$ 이어서 최종 수입은 $\bar{\bar{r}}$ 로 고정된다. 그리고 보험이 없을 때의 선택 (r_1^*, r_2^*) 와 비교하면, 보험은 동일 생산비로 더 높은 수준의 기대소득을 그것도 확실하게 달성하게 하므로 생산자의 후생수준을 높인다. 즉 보험가입 후 수입 $(\bar{\bar{r}}, \bar{\bar{r}})$ 을 선택할 때의 이윤을 $(\bar{\bar{\pi}}, \bar{\bar{\pi}})$, 보험 없이 수입 (r_1^*, r_2^*) 을 선택할 때의 이윤을 (π_1^*, π_2^*) 라 하면, $W(\bar{\bar{\pi}}, \bar{\bar{\pi}}) > W(\pi_1^*, \pi_2^*)$ 의 관계가 성립한다.

이상 본 바와 같이 보험판매자가 손실을 보지 않으면서도 위험회피자인 생산자가 위험으로부터 완전 벗어나게 해주므로 작물보험과 같은 손해보험은 사회 전체 후생을 높이는 역할을 한다. 이렇게 공정한 보험이 있으면 위험회피자는 보험구입을 통해 위험에서 완전 벗어나고, 위험중립적인 보험회사가 모든 위험을 대신 떠안게 되는 현상을 효율적인 위험분할(efficient risk-sharing)이라 부른다. 하지만 생산자 손해보험의 실제 설계와 실행문제는 위의 예처럼 단순하지 않으며, 추가로 많은 요인들을 고려해야 한다. 실제 상황에서는 발생 가능한 수입 상태 s가 두 가지보다는 더 많을 것이고, 각 상태별로 보상금이 달라질 것이다. 또한 보험료는 정부가 보조하기도 한다. 손실보상은 대개 100%에 이르지는 않으며, 정해진 범위 내에서만 가입자가 선택할 수 있고, 이 선택에 따라 보험료가 달라진다. 보험 할증제가 적용되는 경우에는 많은 보상액을 받게 되면 그 때문에 다음 해 보험료가 상승한다. 그리고 보험 자체가 공정하지 않을 수도 있다. 이들보다 다양한 경우에서는 보험에 가입하는 생산자가 손실의 일부만을 보상대상으로 선택하고 위험 중 일부는 스스로 떠안으려 할 수도 있다.

아울러 생산자가 이질적일 경우에는 생산성이 높고 손실발생 확률이 낮은 생산자보다는 상대적으로 손실가능성이 높은 생산자가 우선적으로 보험에 가입하는 역선택(adverse selection) 문제도 개입된다. 이로 인해 보험판매자의 수익성이 문제될 수 있다. 그리고 재해가 발생할 확률은 고정되지 않고 생산자의 예방노력이나 투입요소 사용행위에 영향 받을 수도 있다. 재해가 순전히 자연적 요인에 의해 발생했는지 아니면 보험가입자가 불성실해 발생했는지를 확인하는 것이 어렵다면, 보험가입자는 손실방지에 최선을 다하지 않을 것이다. 따라서 재해발생 확률이 보험가입으로 인해 높아지는 소위 도덕적 해이(moral hazard) 문제도 발생할 수 있다. 이러한 모든 추가요인들이 보험시장의 효율성을 저해하는 이유가 될 수 있으며, 생산자의 보험가입여부와 생산량 선택이 위의 작물보험 예가 보여준 경우와는 달라지게 한다.[15]

---

15 재해보험에 관한 본격적인 논의는 본서의 범위를 넘어서는 것이라 이들 추가요인에 관한 자세한 설명은 생략한다. 재해보험에 관한 대단히 많은 연구들이 있는데, 다음은 이들 추가요인들을 고려하는

상태의존 생산분석법은 이상 논의한 바와 같이 불확실성이 없을 경우를 가정하고 개발된 생산경제학 이론토대를 그대로 확장·적용하여 불확실성하 의사결정을 분석할 수 있고, 원기술함수와 쌍대함수를 모두 적절히 사용할 수 있다는 장점을 가진다. 또한 기존의 확률생산함수 분석법이 상태일반 투입물만을 분석하고, 상태배분 투입물과 같은 보다 신축적인 투입물 사용을 허용하지 않는다는 단점도 해결할 수 있다. 상태의존 분석법은 생산자행위 외에도 소비자행위나 정책효과 분석에도 사용되며, 역선택이나 도덕적 해이와 같은 비대칭적 정보(asymmetric information) 때문에 발생하는 문제를 분석하는 데에도 유용하게 사용되고 있다.[16]

이 이론은 그러나, 실증분석을 실행하기 위해서는 각 상태별 생산함수를 모두 알 수 있어야 한다는 한계를 가진다. 특히 발생가능한 상태가 다수일 경우 우리가 자료로 가질 수 있는 것은 실제로 발생한 상태와 그로부터 얻은 실제 생산량에 국한되기 때문에 모든 y_s 값을 알 수 없다는 문제가 있다. 즉 $y_s = f_s(x_1, x_2)$와 같은 생산함수나 $c_s(w_1, w_2, y_s)$와 같은 비용함수를 자료를 이용해 모든 상태 s에 대해 파악하기가 어렵다. 이 문제 때문에 상태의존 생산이론을 적용한 아직은 많지 않은 실증분석들은 발생가능한 상태를 2~3개로 최소화하기도 한다. 물론 잘 설계된 시험자료가 있을 경우 이를 이용하거나, 아니면 컴퓨터 시뮬레이션기법 등을 적용해 이런 한계를 극복할 수도 있을 것이다. 상태의존 생산이론이 가진 장점 때문에 앞으로는 실증분석에 적용되는 사례도 더욱 늘어날 것으로 기대된다.

이론모형과 실증분석 사례를 보여 준다: Just, R. E., L. Calvin, and J. Quiggin, 1999, "Adverse Selection in Crop Insurance: Actuarial and Asymmetric Information Incentives," *American Journal of Agricultural Economics* 81, pp. 834–849.

16 다음 문헌은 정보 비대칭성하의 생산자행위를 상태의존 생산이론을 이용해 자세히 설명한다: Chambers, R. G., 2002, "Information, Incentives, and the Design of Agricultural Policies," in B. L. Gardner, and G. C. Rausser, eds., *Handbook of Agricultural Economics* Vol 2B, Elsevier, pp. 1751–1825.

References

■ Bikhchandani, S., J. Hirshleifer, and J. Riley, 2013, *The Analytics of Uncertainty and Information*, 2nd ed., Cambridge University Press: 제10장은 물론 본장에서도 주요 참고문헌으로 소개되어야 한다. 저자 중 Hirshleifer교수는 생산행위분석을 위한 것은 아니었지만 상태의존이론을 경제학에 도입한 주요 연구자 중 한 명이다.

■ Chambers, R. G. and J. Quiggin, 2000, *Uncertainty, Production, Choice, and Agency: The State-Contingent Approach*, Cambridge University Press: 상태의존 생산이론을 개발한 중요한 연구서이다. 비교적 난해한 책이지만 많은 후속 연구의 기본 텍스트 역할을 한다.

■ Hardaker, J. B., G. Lien, J. R. Anderson, and R. M. M. Huirne, 2014, *Coping with Risk in Agriculture: Applied Decision Analysis*, 3rd ed., CABI: 역시 제10장에서도 소개되었던 불확실성하 의사결정을 폭넓게 다루는 대단히 유용한 학부생용 서적이다. 상태의존 생산이론도 쉽게 요약하여 설명한다.

CHAPTER
12

수리계획모형과
생산행위

생산경제학
PRODUCTION
ECONOMICS

CHAPTER
12

수리계획모형과 생산행위

수리계획법(mathematical programming)은 원하는 목적함수의 값을 극대화하거나 극소화하되, 주어진 제약조건들을 충족하면서 최적화 방법을 찾는 수리적 분석법이다. 여기에는 목적함수와 제약식이 모두 선형인 선형계획법(linear programming, LP)과 목적함수 혹은 적어도 일부의 제약식이 비선형인 비선형계획법(nonlinear programming, NLP)이 포함된다. 제8장과 제9장에서 여러 차례 논의되었던 DEA는 LP문제의 예가 된다.

선형계획법은 개별 생산자나 산업, 지역 혹은 국가 전체의 의사결정자가 자신이 처한 자원제약, 기술조건, 가격과 같은 시장여건들을 반영하여 최적의 생산행위를 선택할 수 있게 하므로 대단히 유용한 생산행위 분석수단이다. 특히 경영과학이나 산업공학분야에서는 가장 주된 계량분석수단이기도 하고, 경제학 분야에서도 최적의 생산행위 분석을 위해 오래전부터 사용되어 왔다. 하지만 경영학 분야 등과 달리 경제학에서는 이러한 최적화 기법보다는 통계학적 기반을 가진 계량경제모형이 더 선호되고 있는 것도 사실이다. 그 주된 이유로는 우선 계획모형은 확률변수의 영향을 반영하는 데 한계가 있음을 들 수 있다. 그리고 또 다른 이유는 계획모형이 가지는 특유의 과잉특화(over-specialization)문제이다.

수리계획법을 이용해 생산자의 선택을 분석하면 최적화모형의 특성상 수익성이 높은 특정 상품만을 생산하거나, 아니면 비용측면에서 유리한 특정 생산요소 사용에 특화하는 해가 종종 제시된다. 현실에서는 생산자들은 다양한 품목을 선택하고 또한 생산요소 사용도 어느 한쪽으로 치우치지는 않기 때문에 최적화모형이 제시하는 최적 해는 일반적으로 현실 자료와는 큰 괴리를 갖는다. 이러한 과잉특화는 비선형모형보다는 선형계획모형에서 더 심하게 나타난다.

하지만 Howitt(1995)의 연구 이래[1] 실증적 수리계획법(positive mathematical programming,

---

1 Howitt, R. E., 1995, "Positive Mathematical Programming," *American Journal of Agricultural Economics* 77, pp. 329–342.

PMP)이라 불리는 기법이 개발·발전되면서 계획모형이 가지는 이러한 과잉특화문제는 상당부분 해소되었고, 그 결과 계획모형이 다시 생산경제 분석에 사용되는 빈도도 늘어나고 있다. 본장은 수리계획법의 전반적인 내용을 다루기에는 지면이 충분하지 않으므로 이러한 PMP기법 관련 이론과 적용절차에 대해서만 간략히 설명한다.

SECTION 01 PMP분석기법

전형적인 LP 최적화모형은 다음처럼 구축된다.

(12.1)
$$\max\ Z = c_1 x_1 + \ldots + c_N x_N$$
$$\text{s.t.,}\ \ a_{11} x_1 + \ldots + a_{1N} x_N \leq b_1$$
$$\ldots$$
$$a_{M1} x_1 + \ldots + a_{MN} x_N \leq b_M$$
$$x_n \geq 0 \ \ (n = 1, \ldots, N)$$

즉 N가지의 선택변수, 혹은 활동(activity) x_n을 선택하는데, M개의 제약조건을 가지고 있다. 각 제약의 강도는 b_m으로 표시되고($m = 1, \ldots, M$), 대개 이 제약은 자원부존량을 나타낸다. 그리고 각 활동이 필요로 하는 단위당 자원량은 a_{mn}과 같은 파라미터로 표시된다. a_{mn}은 x_n 한 단위가 필요로 하는 m번째 자원량을 의미한다. 이 최적화 문제의 해는 $(x_1^*, \ldots, x_N^*)$와 같이 도출되는데, 일부는 0의 값을, 일부는 양(+)의 값을 가질 것이다.

이러한 LP문제가 과잉특화를 가지게 됨을 확인하기 위해 다음과 같은 단순한 형태의 2변수 1제약 문제를 검토하자.

$$\max\ Z = c_1 x_1 + c_2 x_2$$
$$\text{s.t.,}\ \ x_1 + x_2 \leq b,\ x_1 \geq 0,\ x_2 \geq 0$$

이 문제의 제약식은 〈그림 12-1(a)〉에서 실선으로 주어져 있다. 그리고 생산자가 실제로 행한 선택은 A와 같다고 하자. $dZ = c_1 dx_1 + c_2 dx_2 = 0$으로부터 도출되는 특정 목적함수 값을 가지는 직선의 기울기는 $-\dfrac{dx_2}{dx_1} = \dfrac{c_1}{c_2}$와 같다. 〈그림 12-1(a)〉가 보여주듯이 LP문제는 $\dfrac{c_1}{c_2}$가 1보다 크냐 아니면 작으냐에 따라서 $(x_1^*, x_2^*) = (b, 0)$ 혹은 $(x_1^*, x_2^*) = (0, b)$를 해로 제시할 것이다. 따라서 이 예에서는 실제 생산선택 A를 LP문제를 풀어서는 원칙적으로는 찾아낼 수 없다는 문제가 발생한다. 두 선택변수 중 어느 하나만 양의 값을 가지는 구석 해가 선택되고, 과잉특화현상이 나타나는 것이다.

Howitt(1995)은 수학 정리를 이용해 LP문제에서는 등식으로 성립하는 제약식의 수가 해에서 0이 아닌 선택변수의 수보다 클 수 없음을 보여주었다. 위의 예에서는 등식으로 성립하는 제약식은 $x_1 + x_2 = b$ 하나이기 때문에 해에서 0이 아닌 값을 가지는 변수는 x_1 혹은 x_2 중 하나에 불과하고, 두 변수가 모두 양의 값을 가지는 점 A는 선택될 수 없는 것이다

이 문제는 다음과 같이 목적함수를 비선형으로 만들어주면 해결할 수 있다.

$$\max \ Z = f(x_1, x_2)$$
$$\text{s.t., } x_1 + x_2 \le b, \ x_1 \ge 0, \ x_2 \ge 0$$

〈그림 12-1(b)〉는 목적함수 Z가 특정 값을 가지는 수준곡선(level curve)을 도출하여 점 A에서 제약선과 접하도록 하고 있다. 목적함수가 이렇게 원점에 대해 볼록한 수준곡선을 만들어내도록 하는 비선형함수라면, 점 A가 NLP문제의 해로 선택될 수가 있다.

그림 12-1 LP모형과 과잉특화

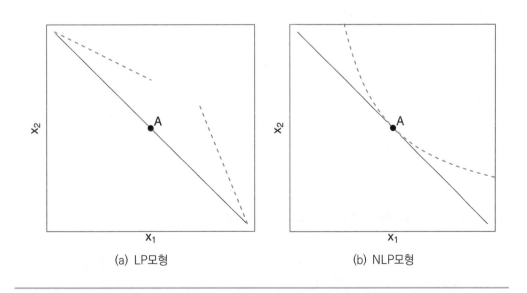

(a) LP모형   (b) NLP모형

그렇다면 검토되어야 할 것은 목적함수를 비선형으로 만들되, 어떻게 해야 그 해가 실제 자료 A와 일치토록 할 수 있느냐이다. 다음과 같은 이윤극대화 문제를 검토하자.

$$(12.2) \qquad \max \ \pi = \sum_{n=1}^{N} (p_n - c_n) x_n$$
$$\text{s.t.,} \ \sum_{n=1}^{N} a_{mn} x_n \leq b_m, \ m = 1, ..., M$$
$$x_n \leq x_n^0 (1 + \epsilon_n), \ x_n \geq 0 \ \forall \, n$$

p_n과 c_n은 각각 x_n의 단위당 가격과 비용이다. 식 (12.2)에는 식 (12.1)에 새로 추가된 N개의 제약식 $x_n \leq x_n^0 (1 + \epsilon_n)$가 있다. x_n^0는 자료에서 관측되는 실제 x_n의 값이고, ϵ_n은 0보다 큰, 그러나 0.001처럼 매우 작은 값이다. 이 제약에 의해 특정 x_n으로만 생산이 모아지는 것을 막을 수 있다. 그리고 매우 작은 값을 ϵ_n으로 부과하기 때문에 식 (12.2)의 해는 $(x_1^0, ..., x_N^0)$와 매우 가까워지며, 사실 ϵ_n의 선택은 이어지는 분석결과에 영향을 미치지는 않는다. 이 문제의 라그랑지안은 다음과 같다.[2]

$$(12.3) \qquad L = \sum_{n=1}^{N} (p_n - c_n) x_n + \sum_{m=1}^{M} \lambda_m \left[b_m - \sum_{n=1}^{N} a_{mn} x_n \right]$$
$$+ \sum_{n=1}^{N} \mu_n \left[x_n^0 (1 + \epsilon_n) - x_n \right]$$

식 (12.2) 혹은 (12.3)의 추가제약 $x_n \leq x_n^0 (1 + \epsilon_n) (n = 1, ..., N)$을 유지하면 실제 자료가 보여주는 해를 LP모형이 해로서 복원하게는 하지만, 분석의 목적이 p_n, c_n, a_{mn}, b_m과 같은 파라미터 값이 변할 때 최적 생산행위가 어떻게 바뀌는지를 찾아내는 데 있다면 이때에도 이 제약을 계속 유지할 수는 없다. 만약 유지한다면 이들 파라미터의 변화에도 불구하고 생산선택이 바뀌지 않도록 강제하게 된다. 따라서 이 제약 없이도 $(x_1^0, ..., x_N^0)$을 해로 제시하는 최적화모형이 필요하다. 〈그림 12-1(b)〉가 보여주듯이 이는 목적함수를 비선형으로 전환하는 것을 필요로 한다. 이때 어떤 모습을 지닌 비선형 목적함수가 도출되어야 하는지를 확인하기 위해 식 (12.2)의 쌍대문제를 다음처럼 도출하자. 이 쌍대문제는 제8장의 math 8.1, 쌍대성 정리를 적용한 것이다.

---

2 라그랑지안에는 $x_n \geq 0 \ \forall n$의 제약도 포함되어야 하지만 간편함을 위해 이 제약을 생략하고 논의를 진행하기로 한다.

$$(12.4) \qquad \min_{(\lambda_m, \mu_n)} \sum_{m=1}^{M} \lambda_m b_m + \sum_{n=1}^{N} \mu_n x_n^0 (1 + \epsilon_n)$$

$$\text{s.t.,} \quad \sum_{m=1}^{M} a_{mn} \lambda_m + \mu_n + c_n = p_n, \ n = 1, ..., N$$

$$\lambda_m \geq 0, \ \mu_n \geq 0 \quad \forall n, m$$

이 문제의 제약식 $\sum_{m=1}^{M} a_{mn} \lambda_m + \mu_n + c_n = p_n$은 최적 선택에서 x_n의 단위당 가격 p_n은 한계비용과 같아야 하고, 한계생산비는 $\sum_{m=1}^{M} a_{mn} \lambda_m + \mu_n + c_n$와 같음을 의미한다. 이 비용 중 $\sum_{m=1}^{M} a_{mn} \lambda_m$는 단위당 가치가 λ_m인 자원 b_m을 x_n 한 단위 생산 위해 a_{mn}만큼 사용해야 하므로 이를 모든 자원에 대해 합해준 것이다. 즉 부존량이 b_m인 고정투입요소들을 사용함에 따른 비용이다. 나머지 두 항목 $\mu_n + c_n$은 생산량에 따라 그 값이 달라질 수 있는 가변투입요소 사용에 따른 한계비용이다. 즉 $\mu_n + c_n$은 가변비용을 이미 x_n에 대해 한 번 미분하여 도출한 것이므로 비용함수 자체는 예를 들면 $c_n(x_n) = \alpha_n x_n + \frac{1}{2} \beta_n x_n^2$과 같이 설정할 수 있다.[3] 이렇게 되면 한계가변생산비는 $\frac{\partial c_n(x_n)}{\partial x_n} = \alpha_n + \beta_n x_n$과 같다. 따라서 비용함수를 2차함수로 만들면서 식 (12.2) 혹은 식 (12.3)과 동일한 최적화문제가 되게 하고, 또한 식 (10.2)에서의 해와 같은 해가 도출되게 하려면 α_n과 β_n은 다음 조건을 충족해야 한다.

$$(12.5) \qquad \mu_n + c_n = \alpha_n + \beta_n x_n^0$$

식 (12.5)에서 c_n과 x_n^0은 자료로서 주어진다. 그리고 μ_n은 식 (12.2)의 LP문제를 풀어 얻을 수 있다. 그렇기 때문에 미지의 α_n과 β_n의 추정치는 다음과 같은 방법을 통해 도출할 수 있다. 이 세 방법 모두 식 (12.5)를 충족한다.

방법 1	방법 2	방법 3
$\hat{\alpha}_n = c_n - \mu_n, \ \hat{\beta}_n = \dfrac{2\mu_n}{x_n^0}$	$\hat{\alpha}_n = c_n, \ \hat{\beta}_n = \dfrac{\mu_n}{x_n^0}$	$\hat{\alpha}_n = 0, \ \hat{\beta}_n = \dfrac{c_n + \mu_n}{x_n^0}$

---

3 2차함수 외에 CES함수나 초월대수함수와 같은 다른 유형의 비선형함수도 설정할 수 있다.

이상의 분석절차를 정리하면, 식 (12.2)는 $x_n \leq x_n^0(1+\epsilon_n)$ $\forall n$의 제약을 통상적인 LP모형에 포함함으로써 실제 자료 $(x_1^0,...,x_N^0)$와 일치하는 해를 LP모형이 찾아내게 한다. 또한 식 (12.4)는 식 (12.2)의 쌍대문제로서, 두 문제는 동일한 목적함수 값을 가지는데, 식 (10.4)의 제약식은 식 (10.2)처럼 자료상의 실제 선택이 해로 구해지기 위해서는 $\sum_{m=1}^{M} a_{mn}\lambda_m + \mu_n + c_n = p_n$의 조건이 성립해야 함을 보여주었다. 여기서 λ_m과 μ_n은 각각 식 (10.2)에서의 자원부존제약식과 제약식 $x_n \leq x_n^0(1+\epsilon_n)$의 승수이다. 이어서 식 (12.5)는 만약 2차 형식의 비용함수를 도입하고 대신 $x_n \leq x_n^0(1+\epsilon_n)$의 제약을 부과하지 않으려면, $\mu_n + c_n = \alpha_n + \beta_n x_n^0$의 조건을 충족하도록 α_n과 β_n을 구해 비용함수를 $c_n(x_n) = \alpha_n x_n + \frac{1}{2}\beta_n x_n^2$와 같이 설정해야 함을 보여주었다. 따라서 Howitt(1995)이 제시한 PMP 적용절차는 다음과 같다.

1. 식 (12.2)의 LP모형을 풀어 승수 μ_n 확보
2. 위에서 제시된 방법 1, 2, 3 중 하나를 사용해 $\hat{\alpha}_n$과 $\hat{\beta}_n$ 식별

이러한 2단계 분석법을 시행하면, 최종적으로 다음과 같은 NLP모형이 얻어진다.

$$(12.6) \qquad \max \pi = \sum_{n=1}^{N}\left(p_n - \hat{\alpha}_n - \frac{1}{2}\hat{\beta}_n x_n\right)x_n$$

$$\text{s.t.,} \sum_{n=1}^{N} a_{mn}x_n \leq b_m, \ m=1,...,M$$

$$x_n \geq 0 \forall n$$

이제 이 NLP모형은 $x_n \leq x_n^0(1+\epsilon_n)$ $\forall n$의 제약이 없어도 그 해가 정확히 $(x_1^0,...,x_N^0)$와 일치하게 된다. 따라서 이 모형을 완성된 최적화모형으로 보고, 이 모형을 이용해 가격 p_n이나 비용 c_n 변화에 따른 $\hat{\alpha}_n$ 혹은 $\hat{\beta}_n$의 변화, 혹은 a_{mn}이나 b_m의 변화가 유발하는 선택변수 $(x_1,...,x_N)$의 변화를 도출할 수 있다.

이제 〈표 12−1〉과 같은 간단한 예를 들어보자. 이 예는 PMP 관련 문헌들이 자주 사용하는 예이다. 이 문제의 선택 활동 수는 $N=2$이고, 자료에서 각각 $x_1^0=3$과 $x_2^0=2$의 값을 보인다. 자원제약 역시 1개이며, $x_1 + x_2 = 5$의 제약을 충족해야 한다.

▼ 표 12-1 최적화 모형 예

변수	산출물 1	산출물 2
x_n^0	3	2
p_n	205.62	144.98
c_n	129.62	109.98
a_{mn}	1	1
b_m	5	

〈스크립트 12−1〉은 이 자료를 이용해 LP문제를 푼다. PMP모형에서는 결국 비선형 모형을 풀어야 하므로 여기에서는 NLP를 풀 수 있는 R 패키지 NlcOptim을 설치하여 사용한다. 이 패키지는 LP문제도 풀 수 있다.

cvec〈-matrix(−c(205.62-129.62, 144.98-109.98), 1,2)는 행렬 $-[p_1 - c_1 \ p_2 - c_2]$ 를 나타낸다. 이 패키지는 최소화문제를 풀도록 되어 있으므로 극대화문제를 만들어주기 위해 선택변수와 곱해질 파라미터에 마이너스 부호를 붙인다. 따라서 profit=function(x) { 이하는 $-\sum_{n=1}^{N}(p_n - c_n)x_n$를 만들어 목적함수를 profit으로 둔다. Amat은 행렬 $[1 \ 1]$이고, Bmat은 5이므로 이 두 행렬은 자원제약식 $\sum_{n=1}^{2}a_{1n}x_n \leq b_1$을 만드는 데 사용된다. lb〈-c(0,0)는 $x_n \geq 0$의 제약을 위해 필요하다.

LPM1〈-solnl(X=c(1,1),objfun = profit, A = Amat, B = Bmat, lb = lb)는 (x_1, x_2)의 해를 찾되, 초깃값을 $(1,1)$로 두고 찾는다. 비선형 최적화모형의 해를 찾는 형식으로 명령어가 작성되지만 목적함수와 제약식이 모두 선형이라 사실은 LP문제이다. LPM1$par 는 이 LP문제의 해를 가지고 있는데 $x_1 = 5$, $x_2 = 0$으로서 구석 해를 보여준다. 따라서 실제 자료의 값 $(x_1^0, x_2^0) = (3, 2)$와는 많은 차이를 보인다.

```
> library(NlcOptim)
> u_price<- c(205.62, 144.98)
> u_cost<- c(129.62, 109.98)

> # 캘리브레이션 제약 없는 LP문제
> cvec<-matrix( -c(205.62-129.62,   144.98-109.98), 1,2 )
> profit=function(x){
+     return(cvec%*%x)
+ }

> Amat<- matrix(c(1,1), 1,2)
> Bmat<- c(5)
> lb<- c(0,0)
> LPM1<-solnl(X=c(1,1),objfun = profit, A = Amat, B = Bmat, lb = lb)
> LPM1$par
         [,1]
[1,]     5
[2,]     0

> # 캘리브레이션 제약가진 LP문제
> x0<- matrix(c(3, 2), 2,1)
> eps<- c(0.001, 0.001)
> AmatE<- rbind(c(1,1), c(1,0), c(0,1))
> BmatE<- rbind(5, x0*(1+eps))
> LPM2<-solnl(X=c(1,1),objfun = profit, A = AmatE, B = BmatE, lb = lb)
> LPM2$par
         [,1]
[1,] 3.003
[2,] 1.997
> (lambda_mu<-LPM2$lambda$ineqlin)
[1] 35 41   0
```

그 다음 문제는 자료상의 값을 LP모형이 재현할 수 있도록 $x_n \leq x_n^0(1+\epsilon_n) \ \forall n$의 제약을 가한 모형이다. 이 제약을 흔히 캘리브레이션(calibration)제약이라 부르는데, 이를 사용하는 목적은 2차 비용함수의 파라미터를 식별하는 데 있다. x0<- matrix(c(3,

2), 2,1)는 자료상의 선택변수를 가지는 행렬이고, eps<- c(0.001, 0.001)은 캘리브레이션 제약에 사용될 ϵ_n의 값들이다. AmatE<- rbind(c(1,1), c(1,0), c(0,1))은 행렬 $A = \begin{bmatrix} 1 & 1 \\ 1 & 0 \\ 0 & 1 \end{bmatrix}$를 만들고, BmatE<- rbind(5, x0*(1+eps))는 행렬 $B = \begin{bmatrix} 5 \\ x_1^0(1+\epsilon_1) \\ x_2^0(1+\epsilon_2) \end{bmatrix}$를 만든다. 따라서 $Ax \le B$는 자원제약과 캘리브레이션제약을 동시에 반영한다. 첫 번째 제약에 붙는 승수를 λ, 나머지 두 제약에 붙는 승수를 (μ_1, μ_2)라 하면, (lambda_mu<-LPM2 $lambda$ineqlin)는 $\lambda = 35$, $\mu_1 = 41$, $\mu_2 = 0$임을 보여준다. 그리고 해는 $(x_1, x_2) = (3.003, 1.997)$로서 이제는 $(x_1^0, x_2^0) = (3,2)$와 매우 가까워졌다.

〈스크립트 12-2〉는 (μ_1, μ_2)로부터 $\hat{\alpha}_n = c_n - \mu_n$, $\hat{\beta}_n = \dfrac{2\mu_n}{x_n^0}$와 같이 α_n과 β_n을 식별하였다. $(\alpha_1, \alpha_2) = (88.62, 109.98)$이, $(\beta_1, \beta_2) = (27.33, 0)$이 도출되었다. profit_PMP는 식 (10.5)의 비선형비용함수를 반영한 목적함수이고, NLP_PMP는 이 목적함수를 반영하지만 이제는 캘리브레이션제약은 가지지 않음도 확인된다. 그리고 그 해는 $(x_1^*, x_2^*) = (3,2)$로, 정확히 자료를 복원한다.

〈스크립트 12-2〉의 마지막 부분은 c_1을 20% 인상한 후, 그에 맞게 α_1을 다시 도출하고, 이를 PMP문제에 반영한 후 다시 풀어 $(x_1, x_2) = (2.05, 2.95)$로 해가 바뀌는 것을 보여준다. 이렇게 비용이나 기술조건이 바뀌거나 정책의 영향 등으로 p_n이 바뀌는 경우, 혹은 부존량 b가 바뀌는 경우의 효과를 구축된 PMP모형을 이용해 분석할 수 있다. 이 시뮬레이션에는 해를 (x_1^0, x_2^0)에 묶는 캘리브레이션 제약이 없으며, 또한 목적함수가 비선형이라 정책효과 등이 어느 한 가지 품목에 집중되는 비현실적인 시뮬레이션 결과도 방지할 수 있다.

스크립트 12-2 PMP모형의 식별과 해 찾기

```
> # 2차 비용함수 도출
> beta<-matrix(0,2,1); beta[1]<- 2*lambda_mu[2]/x0[1]
> beta[2]<- 2*lambda_mu[3]/x0[2]
> alpha<-matrix(0,2,1); alpha[1]<- u_cost[1]-0.5*beta[1]*x0[1]
> alpha[2]<- u_cost[2]-0.5*beta[2]*x0[2]
> alpha
      [,1]
```

```
[1,]  88.62
[2,] 109.98
> beta
          [,1]
[1,] 27.33333
[2,]  0.00000


> # PMP 2차비용함수 NLP문제
> profit_PMP=function(x){
+    return( - ( (u_price[1]-alpha[1])*x[1]+ (u_price[2]-alpha[2])*x[2]
+ - 0.5*(beta[1]*x[1]^2 + beta[2]*x[2]^2)) )
+ }


> NLP_PMP<-solnl(X=c(1,1),objfun = profit_PMP, A = Amat, B = Bmat, lb = lb)
> NLP_PMP$par
       [,1]
[1,]     3
[2,]     2


#시뮬레이션: c[1] 20% 인상
u_cost[1]<- u_cost[1]*1.2
alpha[1]<- u_cost[1]-0.5*beta[1]*x0[1]
alpha[2]<- u_cost[2]-0.5*beta[2]*x0[2]
profit_PMP=function(x){
+   return( - ( (u_price[1]-alpha[1])*x[1]+ (u_price[2]-alpha[2])*x[2]
+ - 0.5*(beta[1]*x[1]^2 + beta[2]*x[2]^2)) )
+ }
> NLP_PMP<-solnl(X=c(1,1),objfun = profit_PMP, A = Amat, B = Bmat, lb = lb)
> NLP_PMP$par
          [,1]
[1,] 2.051561
[2,] 2.948439
```

대안적인 PMP방법과 모형의 확장

Howitt(1995)이 제안한 이상과 같은 절차를 가진 PMP분석법은 실제 경제자료가 보여주는 생산자의 선택을 최적화모형이 그대로 복원할 수 있으면서도 선형함수에 비해서는 신축적인 비용함수를 사용하기 때문에 가격이나 정책변수의 변화에 대한 반응도 LP모형에 비해 보다 유연하고 현실성이 높다. 최적화모형인 수리계획모형은 이렇게 과잉특화문제가 해결되면 계량경제모형과 달리 적은 양의 기술 및 가격관련 자료만으로도 모형을 설정할 수 있고, 부존자원제약을 부등식까지 포함하여 매우 상세하게 반영할 수 있고, 원한다면 생산행위에 관한 볼록성이나 오목성도 부여할 수 있는 유용한 분석법이다. 이때문에 Howitt(1995)의 연구이래 PMP분석법을 적용하는 연구사례가 해외에서는 많이 등장하였으며, 국내에서도 일부 연구가 시행되었다.

하지만 Howitt(1995)의 방법에 대한 비판도 다수 제기되었고, 이에 따른 방법론의 개선도 활발히 이루어지고 있다. 사실 PMP분석법은 이미 과거에도 특히 농업경제학에 기반을 둔 최적화모형 연구자들 사이에서는 잘 알려져 있던 내용이었는데, Howitt(1995)에 의해 이론화되어 처음 논문형식으로 발표되었다.

Howitt(1995)의 PMP분석절차에 대한 비판에는 이 연구가 제시한 2단계 분석법, 즉 먼저 캘리브레이션 제약을 포함하는 LP모형을 풀고, 그 승수를 이용해 2차 비용함수를 식별하여 비선형모형을 구축하는 절차를 유지하면서도 방법론적 대안을 제시하는 연구도 있고, 이 절차 자체를 인정하지 않는 비판적 연구도 있다.

2단계 분석절차를 사용하는 연구 중 대표적인 것이 Paris and Howitt(1998)의 연구이다.[4] 이들의 연구는 2차함수 형태의 비용함수를 설정하되, x_n의 비용함수 $c_n(\cdot)$이 x_n 생산량뿐 아니라 다른 품목의 생산량에 의해서도 영향을 받을 수 있도록, 즉 품목 간 비용측면의 보완성이나 경합성이 존재할 수 있도록 모형을 확장하였다. 이 경우 제한된 자료를 가지고 많은 수의 파라미터를 식별해야 하기 때문에 그것이 가능하게 하는 특수한 방법론을 사용하여야 한다.

Howitt(1995)의 PMP 분석법에 관한 보다 강력한 비판은 이 방법이 사용하는 제1단계 분석, 즉 LP모형을 풀어 그 승수를 구하는 절차에 관한 것이다. 이들 비판들은 결국

---

4 Paris, Q. and R. E. Howitt, 1998, "An Analysis of Ill‒Posed Production Problems Using Maximum Entropy," *American Journal of Agricultural Economics* 80, pp.124‒138.

필요한 것은 비선형모형을 통해 과잉특화가 발생하지 않도록 하는 것이므로 굳이 LP모형을 거칠 필요없이 식 (12.6)과 같은 비선형모형을 바로 구축해야 함을 지적한다. 이 경우 최적화를 위한 라그랑지안은 다음과 같다.

$$(12.7) \quad L = \sum_{n=1}^{N} \left(p_n - \hat{\alpha}_n - \frac{1}{2}\hat{\beta}_n x_n \right) x_n + \sum_{m=1}^{M} \lambda_m \left[b_m - \sum_{n=1}^{N} a_{mn} x_n \right]$$

과잉특화가 있다 해도 해에서 모든 x_n이 0보다 작지는 않아 $x_n \geq 0$의 제약은 우려하지 않아도 된다고 하자. 그렇다면 식 (12.3)과 (12.7)의 최적화조건은 각각 다음과 같다.

$$(12.8a) \quad p_n - c_n - \sum_{m=1}^{M} \lambda_m a_{mn} - \mu_n = 0$$

$$(12.8b) \quad p_n - \hat{\alpha}_n - \hat{\beta} x_n - \sum_{m=1}^{M} \lambda_m a_{mn} = 0, \ \ n = 1, \ \cdots, \ N$$

Howitt(1995)의 PMP 방법은 위의 두 최적화 조건을 비교했을 때, 식 (12.4)가 의미하는 바와 같이 $\mu_n + c_n = \hat{\alpha}_n + \hat{\beta}_n x_n^0$이면 실측자료 $(x_1^0, ..., x_N^0)$에서 서로 일치하게 되므로 식 (12.3)과 식 (12.7)은 동일한 모형이라 간주한다. 하지만 이후의 연구들은 식 (12.8a)의 λ_m은 일부 n에서의 p_n, c_n, a_{mn} 값에 의해 결정되지만, 식 (12.8b)의 λ_m은 모든 n에서의 p_n, c_n, a_{mn}은 물론, $\hat{\alpha}_n$과 $\hat{\beta}_n$에도 의존하기 때문에 사실 서로 같은 변수가 아니고, 그 때문에 조건 $\mu_n + c_n = \hat{\alpha}_n + \hat{\beta}_n x_n^0$이 충족된다고 해서 2차 비용함수 $c_n(x_n) = \alpha_n + \frac{1}{2}\beta_n x_n^2$이 정확히 식별된 것이라 보기 어렵다고 비판을 하였다.

이들 연구들은 따라서 LP모형을 사용하지 않는 대안적 방법들을 제시하였다. p_n, c_n, a_{mn}, b_m 등 모형설정에 필요한 모든 파라미터가 자료로 주어지는 LP모형과 달리 PMP 모형에서는 $c_n(x_n) = \alpha_n + \frac{1}{2}\beta_n x_n^2$과 같은 비용함수에서 파라미터 α_n과 β_n을 식별해야 하므로 이를 위해서는 추가적인 정보가 필요하다. 그 정보를 Howitt(1995)의 PMP모형은 제1단계 LP모형의 승수에서 구했던 것이다. 이에 비판적인 보다 최근의 연구들은 통계자료를 이용해 α_n과 β_n을 바로 추정하기도 한다.[5] 추정 시에는 최적화조건이 실제 자

---

5 Jansson, T., and T. Heckelei, 2011, "Estimating a Primal Model of Regional Crop Supply in the European Union," *Journal of Agricultural Economics* 62, pp. 137－152; Heckelei, T., and H. Wolff, 2003, "Estimation of Constrained Optimisation Models for Agricultural Supply Analysis Based on Generalized Maximum Entropy," *European Review of Agricultural Economics* 30, pp. 27－50.

료 값에서 성립하도록 제약하는 방법을 사용해 과잉특화문제를 완화하는 방법을 찾는다.

또 다른 방법으로서, 공급의 가격탄력성과 같은 정보를 외부에서 받아들여 역시 α_n과 β_n을 바로 식별하는 방법을 사용하기도 한다.[6] 예를 들면 각 산출물별 활동수준 혹은 공급량 x_n의 자기가격에 대한 탄력성 $\dfrac{\partial x_n}{\partial p_n}\dfrac{p_n}{x_n}$이 외부정보를 통해 알려져 있으면, 이 정보를 최적화모형에 반영해 비용함수를 식별하는 절차를 밟는다.

하지만 이런 대안적 방법은 그로부터 구축된 최적화모형이 실제 자료를 완벽하게 복원하지는 못하거나, 비교적 제한된 조건에서만 적용가능하기도 하여, Howitt(1995)의 분석법을 완전히 대체하는 상황에까지는 이르지 못하고 있다.

PMP모형은 여러 방향으로 확장될 수가 있고, 경제 내 다양한 분야의 생산행위 분석에 활용될 수 있다. 예를 들면 위에서는 각 산출물별 활동량 x_n이 곧 그 생산량이라 간주하는 일종의 선형 생산함수를 가정하였으나, CES함수와 같이 비선형이면서 제한된 투입요소 간 대체를 가정하는 생산함수를 반영하여 PMP모형을 구축할 수도 있다.

아울러 제10장, 제11장에서 논의했던 생산관련 불확실성과 위험을 모형에 반영하는 것도 가능하다. 생산관련 불확실성은 최적화모형의 b_m처럼 자원량이 확률변수로서 불확실하거나, a_{mn}처럼 일종의 기술계수가 불확실하거나, p_n이나 c_n처럼 단위 가격이나 비용이 불확실하기 때문에 발생할 수 있다. 또한 이렇게 불확실성이 개입되면 목적함수 자체도 기대이윤과 더불어 그 가변성까지 반영하여 변형을 줄 수 있다. 이런 확률적 요인을 감안하는 PMP모형을 만들 수도 있다.[7]

마지막으로, 산출물가격 자체를 내생화하는 것도 가능하다. 즉 수요곡선에 관한 정보가 알려져 있으면 이를 이용해 시장균형조건이 목적함수에 반영되도록 할 수 있다. 이 경우 정책변화 등이 발생할 때 가격이 시장균형조건을 통해 변할 수 있도록 허용하기 때문에 산업 전체나 국가 전체의 생산 및 소비행위 분석을 PMP모형으로 분석하는 것이 가능하게 한다.[8]

---

6 Mérel, P., L. K. Simon, and F. Yi, 2011, "A Fully Calibrated Generalized Constant−Elasticity−of−Substitution Programming Model of Agricultural Supply," *American Journal of Agricultural Economics* 93, pp. 936−948; 권오상·이승호·조현경, 2019, "PMP모형을 이용한 지역단위 농업 생산반응 분석,"『농업경제연구』 60(1), pp. 19−42.

7 다음 연구가 그 예이다: Paris, Q., 2018, "Estimation of CARA Preferences and Positive Mathematical Programming," *Open Journal of Statistics* 8, pp. 1−13; 권오상·이승호, 2020, "지역단위 최적화모형을 이용한 농업생산자 위험선호와 생산반응 분석,"『농촌계획』 26(3), pp. 25−38.

8 시장균형모형에 PMP기법을 적용하는 것은 다음 연구에 의해 시도되었다: 박경원·권오상·김광수, 2015, "농업부문모형을 이용한 기후변화의 지역별·품목별 경제적 효과 분석,"『경제학연구』 63, pp. 61−92.

References

▪ Hazell, P. B. R. and R. D. Norton, 1986, *Mathematical Programming for Economic Analysis in Agriculture*, Macmillan: 바로 아래의 두 책과 더불어 몇 안 되는 경제학자가 쓴 수리계획법에 관한 책이다. 비교적 오래전에 발간되었지만, 지금 시도를 해도 이 책보다 잘 쓰기는 어려울 것이다.

▪ Kaiser, H. M. and K. D. Messer, 2011, *Mathematical Programming for Agricultural, Environmental, and Resource Economics*, Wiley: 미국 대학의 응용경제학 전공분야에서 가장 많이 사용하는 학부생용 수리계획모형 교재이다.

▪ Paris, Q., 2011, *Economic Foundations of Symmetric Programming*, Cambridge University Press: PMP기법 개발에 대한 기여도가 큰 학자가 쓴 수리계획법에 관한 책이다. 수리계획법 이론과 다양한 경제학적 적용사례를 보여준다.

▪ Vanderbei, R. J. 2008, *Linear Programming: Foundations and Extensions*, 3rd ed., Springer: 수리계획법의 방법론에 관해서는 대단히 많은 교과서가 있는데, 이 책은 이 분야 의 저명한 저자가 비교적 쉽게 이해할 수 있도록 쓴 책이다.

국문색인

기타

영문색인

expansion path / 123

expected utility theory / 486-490

exponential distribution / 384

extended weak separability / 241

F

factor-bias: / 419-424

    Hicks neutral / 419-421

    cost neutral / 421-423

    profit neutral / 423-424

factor demand function / 120

factor elasticity / 18

fair-odds line / 561

Feenstra index / 477-480

Fisher index / 433

fixed cost / 112

fixed input / 14

flexibility / 265-270

flexible distance functions / 286-288

forward/future trading / 589-593

free disposability / 76

G

generalized McFadden function / 283

generalized quadratic function / 270

generalized Schur-concave function / 568

GL cost function / 271-273

Gorman polar form / 252

H

half normal distribution / 381

half-space / 212

Hamilton-Jacobi-Bellman equation / 342

harmonic absolute risk aversion, HARA / 500

Hessian matrix / 56

Hicks composite commodity theorem / 233

Hicks-Moorsteen index / 448, 456-460, 465-466

homogeneous function / 45-48

homothetic function / 50-51

Hotelling's lemma / 181

hypothesis test / 297-299

I

implicit function / 72

implicit function theorem / 196

incremental cost / 158

index formular / 431-441

indifference curve / 561

indirect objective function / 211

input distance function / 89-90

input homotheticity / 98

input requirement set / 77-80

intermediate input / 194

isocline / 47

iso-cost curve / 587

isoquant / 24-30

J

Jensen's inequality / 493

joint production / 72-74

Just-Pope function / 505

L

L'Hôpital's rule / 37

Lagrange multiplier / 118

Laspeyres index / 433

Le Châtelier principle / 153-155

logarithmic mean / 476

long-run cost function / 150-156

Luenberger indicator / 464-465

M

Malmquist index / 449-456

marginal productivity / 14

marginal rate of substitution / 562

marginal rate of technical substitution / 26

marginal rate of transformation / 82

maximum likelihood estimate / 379

mean value of order r / 38-39

mean-preserving spread / 516, 530-532

mean-variance analysis / 539-543

multi-degree of scale economies / 159

N

negative definite / 55

negative exponential function / 540

negative semidefinite / 55

nested CES production function / 339

new inputs and productivity / 474-478

non-increasing returns to scale / 352

non-jointness in input / 74

nonlinear least squares / 304

nonparametric method / 265

O

object / 304-308

ordinary least squares estimate / 295

output distance function / 86-89

output homotheticity / 202-203

output supply function / 178-183

over-specialization / 603

P

Paasche index / 433

panel data / 469

parametric method / 265

partial factor elasticity / 23

PERT(Program Evaluation and Review
Technique) / 517

positive mathematical programming
/ 603-612

price effect / 445-448

primal function / 145

production functions: / 14-22

Leontief / 22

linear / 22

quadratic / 22

Cobb-Douglas / 22

CES / 22

translog / 22

primary input / 194

principle of duality / 210-226

producible output set / 80-85

production / 3

production possibilities frontier / 81

production risk and dual functions /
543-548

profit change / 445-448

profit function / 178

public input / 83

Q

quadratic approximation lemma / 436-437

quasi-concave function / 57-66

quasi-homothetic function / 252

R

R software / 304-308

ray marginal productivity / 43

real value-added / 197

regression / 295

returns to scale / 40-45, 95-98

revenue function / 187-189

revenue-cost function / 585

risk premium / 494, 562-563

risk-averse / 491

risk-decreasing input / 529

risk-increasing input / 529

risk-loving / 492

risk-neutral / 492

권오상(權五祥, Kwon, Oh Sang)

서울대학교 농경제학과 졸업(경제학사)
서울대학교 농경제학과 대학원 졸업(경제학 석사)
University of Maryland at College Park 대학원 졸업(농업 및 자원경제학 박사)
한국농촌경제연구원 근무(책임연구원)
한국환경경제학회장 역임
현 서울대학교 농경제사회학부 농업·자원경제학전공 교수
전공분야: 자원·환경경제학, 생산경제학, 기후변화의 경제학

제2판
생산경제학

초판발행	2019년 7월 20일
제2판발행	2023년 2월 20일
지은이	권오상
펴낸이	안종만·안상준
편 집	전채린
기획/마케팅	손준호
표지디자인	이수빈
제 작	고철민·조영환
펴낸곳	㈜ 박영사
	서울특별시 금천구 가산디지털2로 53, 210호(가산동, 한라시그마밸리)
	등록 1959. 3. 11. 제300-1959-1호(倫)
전 화	02)733-6771
f a x	02)736-4818
e-mail	pys@pybook.co.kr
homepage	www.pybook.co.kr
ISBN	979-11-303-1671-0 93320

copyright©권오상, 2023, Printed in Korea

정 가   42,000원